개정판헌법해설서 1

헌법교리론

이성웅 지음

한국장로교출판사

머리말

우리 교단 헌법 제3편 권징의 해설서로「헌법권징론」(2007)을 써서 출판되고 나니 곧바로 제2편 정치의 해설서를 쓰고 싶은 강한 열정을 느껴「헌법정치론」(2008)을 집필하여 교계에 내놓았다. 그러다가 또 제1편 교리, 나아가 제4편 예배·예식에 관한 해설서를 출판하여 헌법해설서 전집 4권 시리즈를 만들고 싶은 소망이 생겼다. 그래서 먼저「헌법교리론」을 탈고하여 이제 그 머리말을 쓰게 되니, 지난 1년간 숨 가쁘게 집필에 전력투구한 시간과 상황들이 주마등같이 지나간다. 하나님께서 주신 건강, 열정, 지혜, 지식, 보호와 위로가 없었더라면 이 서책이 세상의 빛을 보지 못했을 것이다. 참으로 아버지 하나님께 영광을 올리며 진실로 감사를 드린다.

    성경 다음으로 교리가 중요하다. 그 이유는 성경은 영원불변의 신리이고, 교리는 성경에서 도출되고 수정 가능한 인간 학문의 결실이지만, 목사의 목회 현장이나 신자의 신앙생활에 있어서 기준 역할을 하며 성경을 보충·보완하는 기능을 하기 때문이다. 그러나 현실은 필자를 포함하여 너 나 할 것 없이 대부분의 장로나 평신도들이 헌법 교리에 무관심하고 있는 것 같다. 특히 이단 사이비와의 전투에 있어서 확실한 무기는 성경말씀이지만, 마귀도 성경말씀을 인용하여 도전하는 판국에 현실적으로 적을 저격하여 쓰러뜨리는 실탄은 교리라고 할 수 있다. 교리의 전문가인 목사도 신학교 재학시절에는 교회사, 조직신학을 공부하여 교리를 잘 알고 있었지만, 목회 현장에 나

서면 예배, 설교, 심방, 선교 및 전도, 교회의 인적 및 물적 요소의 관리, 건축, 주차장 확보, 자녀교육, 노회 및 총회 정치 활동, 연합회 활동 등으로 헌법교리와는 점점 멀어져 가는 것 같다. 이러한 연유로 필자는 사명감을 갖고서 간략하게, 핵심적으로, 요긴하게 쓰임 받게 하기 위하여 「헌법교리론」을 집필한 것이다.

나는 참으로 못난 인간이고 졸장부라서 이 세상에서 내가 존경할 인물이 없었던 것을 늘 부끄러워했었다. 이제야 내가 존경할 인물들을 발견하여 행복을 느낀다. 종교개혁 여명기의 얀 후스, 존 위클리프, 종교개혁기의 루터, 츠빙글리, 칼빈, 존 낙스, 19~20세기 세계 3대 칼빈주의 신학자인 카이퍼(Abraham Kuyper), 워필드(Benjamin B. Warfield), 바빙크(Herman Bavinck)를 존경하게 되었고, 그들 중에 25살에 결혼하여 독일로 신혼여행을 가다가 폭풍우 속에서 벼락을 맞아 영구 불구자가 된 아내를 39년간 그녀가 이 세상을 떠날 때까지 수발들고 간병한 워필드의 애정과 인내, 학문과 설교를 존경을 넘어서 사랑하게 되었다. 워필드라는 이름의 뜻은 '전장'(戰場), '전쟁터'인데, 그 이름만큼이나 39년간 전쟁터에서 생활한 덕분에 위대한 신학이 나오지 않았나 생각해 본다. 이 졸저를 감히 벤자민 워필드의 영전에 바치고 싶다.

집필하는 동안 나의 건강을 챙겨 준 아내 박효신 권사와 큰딸 이신정 집사, 큰사위 윤현호 집사에게 고마움을 전하며, 출판을 흔쾌히 허락해 주신 한국장로교출판사 사장 채형욱 목사님께 진심으로 심심한 사의를 표하는 바이다.

2009년 11월 30일
梨泉에서 이성웅

추천사

빌립보서 4:1에 "그러므로 나의 사랑하고 사모하는 형제들, 나의 기쁨이요 면류관인 사랑하는 자들아 이와 같이 주 안에 서라"라는 소중한 말씀이 있습니다. 사도 바울이 성령님의 감동에 따라 빌립보서 신을 써 나갈 때, 빌립보 교회 성도들, 특히 그 교회의 향기롭게 충성하는 보배로운 일꾼들을 생각할 때, 너무 감격하여 자신의 깊은 속마음을 고백하듯이 피력한 말씀입니다. 저는 이 말씀을 읽을 때마다 "우리 한국교회와 세계 교회가 다 빌립보 교회 같게 된다면, 교회의 모든 직분자들이 목회자의 가슴에 이렇게 각인된다면 얼마나 좋을까?"라는 소망을 가슴에 품곤 합니다.

그리고 제가 우리 총회를 생각하며 기도할 때마다 전국 각처에 심겨 하늘의 별처럼 빛을 발하시며, 총회와 한국교회를 위해 충성을 다하시는 보배로우신 여러 목사님들과 장로님들로 인하여 하나님께 크게 감사를 드리곤 합니다.

특히 제가 소중히 여기는 이성웅 장로님을 생각할 때마다 "아하! 이분은 참으로 우리 총회의 사랑과 존경을 한 몸에 받는 분이시며, 모든 총대들의 기쁨이요 면류관 같은 보배로운 하나님의 일꾼이시구나!" 하게 됩니다.

우리 총회와 한국교회를 사랑하시는 하나님께서 이 장로님의 마음을 강하게 감동시키사 이미 이 장로님을 통하여 총회의 법리부서와 모든 지도자들에게 사랑을 받고 있는 우리 총회의 표준 교과서와 같은「헌법권징론」과「헌법정치론」을 집필하게 하셨습니다. 그런데 금번에 다시금「헌법교리론」이라는 기념비적인 저서를 집필하게 하시어 총회와 한국교회를 한층 더 든든히 세워 가게 하심을 인하여 하나님께 감사를 드립니다.

일찍이 서울대학교 법대 법학과를 졸업한 법률 전문가이신 이 장로님은 "어떻게 하면 하나님께서 기뻐하시는 교회다운 교회, 중직자다운 중직자들이 되게 할까?" 하는 불타는 소망 하나를 품고 교회사, 조직신학, 현대신학, 성서신학, 희랍어, 라틴어까지 꾸준히 공부하시면서, 법학과 신학을 잘 접목시키어 설교를 준비하는 목회자처럼 엎드려 기도하면서「헌법교리론」이라는 걸작을 세상에 내놓게 되었습니다. 이 저서는 마치 백과사전같이 기독교 교리에 대한 거의 모든 부분을 다루었고, 목차와 항목도 독자들의 편의를 위하여 철저하게 세분화하였기에 교회의 지도자들과 관심이 있는 모든 분들에게 큰 유익과 도움을 주게 될 것입니다.

한국교회의 보석같이 귀한 이 장로님을 도구로 쓰시어 이 소중한 저서를 세상에 내놓게 하신 하나님을 찬양합니다. 그리고 큰 사명을 가지고 손가락뼈가 튀어나오기까지 전력투구하며, 헌신하신 이 장로님과 비서같이 헌신적으로 동역하신 박효신 권사님께 진심으로 감사드립니다. 이 저서를 통하여 우리 총회와 한국교회가 더 든든히 서게 되고, 이단 사이비의 세력이 쇠퇴하게 되며, 민족복음화와 세계선교의 거룩한 생명운동이 가속화되도록 하나님께서 이 저서를 귀하게 사용하시기를 기도드립니다.

2009년 12월 18일
총회장 양곡교회 지용수 목사

차 례

머리말 / 3
추천사 / 5

제1편 서 설

제1장 헌법의 개념 / 25

 Ⅰ. 헌법의 의의 ··· 25
 Ⅱ. 형식적 의미의 헌법과 실질적 의미의 헌법 ················· 25
 Ⅲ. 헌법의 특성 ··· 26
  1. 규범성 ··· 26
  2. 정치성 ··· 27
  3. 이념성과 추상성 ··· 28

제2장 교리의 개념 / 29

 Ⅰ. 교리와 교의 ··· 29
  1. 로마가톨릭교회의 교의관 ······································· 30
  2. 개신교의 교의관 ··· 30
  3. 교리와 교의의 절충개념 ··· 30
 Ⅱ. 신학과 교리학과의 관계 ··· 31
  1. 신 학 ··· 31
  2. 교의신학 ··· 32
  3. 교의신학과 조직신학 ··· 33
  4. 헌법과 교리와의 관계 ··· 34

제3장 교리법의 구조 / 35

7

제4장 교리법의 개정 / 36
    Ⅰ. 헌법개정의 의의 ·· 36
    Ⅱ. 헌법개정의 제안권자 ······································ 37
    Ⅲ. 헌법개정위원의 선임 ······································ 38
    Ⅳ. 교리법의 개정절차 ·· 38
    Ⅴ. 교리법 개정안의 심의방법 ······························ 39
    Ⅵ. 교리법 개정안의 공포·시행 ···························· 39
    Ⅶ. 교리법 개정의 한계 ······································ 40

제5장 교리법의 유권해석 / 40
    Ⅰ. 유권해석의 질의절차 ······································ 40
    Ⅱ. 유권해석의 기관 ·· 41
    Ⅲ. 헌법위원회의 구성 ·· 41
    Ⅳ. 해석질의와 유권해석의 효과 ·························· 42
        1. 기간진행 정지의 효력 ···························· 42
        2. 즉시시행의 효력 ···································· 42
        3. 기속력(구속력) ······································ 42
        4. 재판국 재심사유의 효력 ······················ 43
    Ⅴ. 총회재판국과의 관계 ···································· 43

제6장 헌법교리론과 인접 학문과의 관계 / 45

제2편 사도신경

제1장 사도신경의 역사 / 47
    Ⅰ. 사도신경의 기원 ·· 47
    Ⅱ. 사도신경의 형성 ·· 49

제2장 사도신경의 배경 / 52
    Ⅰ. 사도신경의 사상적 배경 ································ 52
        1. 적극적 배경 ·· 52
        2. 소극적 배경 ·· 58
    Ⅱ. 사도신경의 정치적 배경 ································ 65
    Ⅲ. 사도신경의 교리적 배경 ································ 70
        1. 니케아 공의회 전 삼위일체 ················ 70

2. 니케아 공의회 시 삼위일체 ·· 74
　　3. 니케아 공의회 후 삼위일체 ·· 76
　　4. 칼케돈 공의회 후의 공의회 ·· 85

제3장 사도신경의 의의 / 86
　Ⅰ. 신경과 신조 ·· 86
　Ⅱ. 성경과 신조 ·· 88
　Ⅲ. 사도신경의 의의 ··· 89
　Ⅳ. 사도신경의 본질 ··· 91
　Ⅴ. 사도신경의 필요성 ·· 93
　　1. 이단성 판단의 기준 ··· 93
　　2. 교인 신앙의 지침 ·· 95
　　3. 교인 교육 ·· 95
　　4. 신앙공동체의 결속 ·· 96

제4장 사도신경의 본문 / 96
　Ⅰ. 라틴어 본문 ·· 96
　Ⅱ. 영어 본문 ·· 97
　　1. 전통적 영어 본문 ·· 97
　　2. 현대 영어 본문 ··· 97
　Ⅲ. 우리나라 사도신경 본문 ·· 98
　　1. 헌법 편입 전 사도신경 ·· 98
　　2. 헌법 편입 후 사도신경 ·· 99
　　3. 우리나라 타 교단 사도신경 ······································ 101
　　4. 새 번역 사도신경의 변경 내용 ································· 104

제5장 사도신경의 구조 / 106
　Ⅰ. 12개 항목 ··· 106
　Ⅱ. 3대 구분 ·· 107
　Ⅲ. 5대 주제 ·· 107

제6장 사도신경의 문제점 / 108
　Ⅰ. 내용상 문제점 ·· 108
　　1. 본디오 빌라도와 예수의 고난 ··································· 108
　　2. 음부강하 ··· 108
　　3. 공교회 ·· 114
　Ⅱ. 번역상의 문제점 ··· 115

차 례 9

      1. 본디오 빌라도에게 ·· 115
      2. 거룩한 공교회와 성도의 교제와 ··· 116

제3편 신 조

제1장 신조의 역사 / 117
  Ⅰ. 신조의 의의 ·· 117
  Ⅱ. 고대 에큐메니칼 신조 ·· 118
      1. 고대 에큐메니칼 신조의 개념 ··· 118
      2. 니케아 신조(325) ·· 119
      3. 니케아-콘스탄티노플 신조(381) ·· 120
      4. 칼케돈 신조(451) ·· 121
      5. 아타나시우스 신조 ·· 122
  Ⅲ. 종교개혁과 신조 ·· 128
      1. 개신교의 신조 ·· 128
      2. 도르트 신조(1619) ·· 130
      3. 스위스 일치신조(1675) ·· 134

제2장 신조의 헌법상 지위 / 137
  Ⅰ. 독노회와 신조 ·· 137
      1. 독노회 창립과 신조 ·· 137
      2. 독노회의 신조 원문 ·· 139
      3. 12신조의 유래 ·· 142
  Ⅱ. 총회헌법과 신조 ·· 148
      1. 총회창립과 12신조 ·· 148
      2. 총회 최초 성문헌법의 제정 ··· 148
      3. 최초 성문헌법의 12신조 원문 ··· 149
      4. 12신조의 개정 연혁 ·· 153
      5. 헌법 12신조의 구조 ·· 153

제3장 신조의 내용 / 154
  Ⅰ. 제1조 성경관 ·· 154
      1. 성경영감론 ·· 154
      2. 영감의 종류·방법 ·· 155

  3. 영감의 범위·정도 …………………………………………… 157
  4. 성경무오설 ………………………………………………… 158
Ⅱ. 제2조 유일신과 하나님의 속성 ……………………………… 161
  1. 유일신 ………………………………………………………… 161
  2. 하나님의 본질과 속성 ……………………………………… 161
  3. 하나님의 명칭 ……………………………………………… 163
Ⅲ. 제3조 삼위일체 ………………………………………………… 165
  1. 삼위일체의 개념 …………………………………………… 165
  2. 삼위일체의 성경 근거 ……………………………………… 167
  3. 성부, 성자, 성령의 사역 …………………………………… 169
  4. 삼위일체의 신앙 …………………………………………… 170
Ⅳ. 제4조 창조와 섭리 …………………………………………… 170
  1. 성경적 창조론 ……………………………………………… 170
  2. 질료창조와 질서창조 ……………………………………… 171
  3. 1절의 제목설, 종속설, 간격설의 문제 …………………… 172
  4. 6일간의 창조 ……………………………………………… 173
  5. 지동설과 천동설 …………………………………………… 174
  6. 진화론 ……………………………………………………… 176
  7. 유신진화론 ………………………………………………… 177
  8. 섭 리 ………………………………………………………… 178
Ⅴ. 제5조 인간창조 ………………………………………………… 184
  1. 인간창조의 사역 …………………………………………… 184
  2. 인간의 구조 ………………………………………………… 186
  3. 인간 영혼의 기원 ………………………………………… 188
  4. 인류토생론 ………………………………………………… 190
  5. 인류진화론 ………………………………………………… 190
  6. 지구와 생물의 주관자 ……………………………………… 192
Ⅵ. 제6조 인죄론 …………………………………………………… 192
  1. 자유의지론 ………………………………………………… 193
  2. 시험과 범죄 ………………………………………………… 193
  3. 죄의 전가론 ………………………………………………… 194
  4. 원죄와 본죄 ………………………………………………… 196
  5. 형 벌 ………………………………………………………… 198
Ⅶ. 제7조 그리스도론 …………………………………………… 199

1. 그리스도의 성육신 ··· 200
2. 그리스도의 속죄 ··· 204
3. 그리스도의 명칭 ··· 212
4. 그리스도의 선재 ··· 214
5. 그리스도의 일위이성 ··· 215
6. 그리스도의 신분 비하 ··· 222
7. 그리스도의 신분 승귀 ··· 225

Ⅷ. 제8조 성령론 ··· 229
1. 12신조와 성령론 ··· 229
2. 성령의 발출 ··· 230
3. 12신조의 성령 사역 ··· 230

Ⅸ. 제9조 구원론 ··· 234
1. 구원의 과정 ··· 234
2. 예정론 ··· 236
3. 은혜론 ··· 244
4. 그리스도와의 연합 ··· 246
5. 소 명 ··· 247
6. 중 생 ··· 249
7. 회 심 ··· 251
8. 신 앙 ··· 254
9. 칭 의 ··· 257
10. 입 양 ··· 259
11. 성 화 ··· 261
12. 성도의 견인 ··· 264
13. 영 화 ··· 266

Ⅹ. 제10~11조 교회론 ··· 267
1. 은혜의 방편 ··· 268
2. 성 례 ··· 268
3. 세 례 ··· 270
4. 성 찬 ··· 270
5. 신자의 본분 ··· 272

Ⅺ. 제12조 내세론 ··· 272
1. 죽음의 개념 ··· 272
2. 중간기 교리 ··· 273

３. 그리스도의 재림의 시기 ·· 274
４. 이중재림과 단일재림 ·· 275
５. 부 활 ·· 276
６. 휴 거 ·· 278
７. 그리스도의 재림 전 사건 ·· 279
８. 그리스도의 재림 ·· 281
９. 천년왕국 ·· 284
１０. 최종 심판 ·· 285
１１. 신천신지 ·· 287

제4편 요리문답

제1장 요리문답의 역사 / 289
Ⅰ. 요리문답의 의의 ··· 289
Ⅱ. 종교개혁과 요리문답 ··· 290
　　１. 종교개혁 전 요리문답 ·· 290
　　２. 종교개혁기의 요리문답 ·· 290
　　３. 루터의 요리문답(1529) ··· 291
　　４. 칼빈의 요리문답(1537, 1542) ···································· 292
　　５. 하이델베르크 요리문답(1563) ··································· 293
　　６. 웨스트민스터 신앙고백서의 요리문답(1647) ············ 295

제2장 요리문답의 헌법상 지위 / 296
Ⅰ. 독노회와 요리문답 ··· 296
Ⅱ. 총회헌법과 요리문답 ··· 296
　　１. 총회창립과 요리문답 ·· 296
　　２. 총회 최초 성문헌법의 제정 ····································· 297
　　３. 최초 성문헌법의 요리문답 원문 ······························ 297
　　４. 요리문답 개정 연혁 ·· 318

제3장 요리문답의 내용 / 319
Ⅰ. 문 1. 인간의 목적 ·· 319
Ⅱ. 문 2~3. 성경의 규범성과 교훈성 ································· 320
Ⅲ. 문 4~6. 하나님의 속성과 신격 ····································· 320

Ⅳ. 문 7~8. 하나님의 작정 ·· 321
Ⅴ. 문 9~11. 하나님의 창조와 섭리 ····························· 322
Ⅵ. 문 12. 행위언약 ··· 323
Ⅶ. 문 13~19. 인간의 범죄와 타락 ······························ 324
   1. 인간의 타락 ··· 325
   2. 죄의 본질 ·· 326
   3. 타락의 원인 ··· 326
   4. 아담의 대표성 ·· 326
   5. 타락의 결과 ··· 327
   6. 원죄와 본죄 ··· 327
   7. 타락의 비참 ··· 327
Ⅷ. 문 20. 은혜언약 ··· 327
   1. 은혜언약의 개념 ··· 328
   2. 언약의 두 가지 ·· 328
   3. 구속언약의 당사자와 내용 ····························· 328
   4. 은혜언약의 당사자 ······································· 329
   5. 은혜언약의 특성 ··· 329
Ⅸ. 문 21~28. 구속자 예수 그리스도 ························· 330
   1. 선택의 구속자와 성육신 ································ 331
   2. 그리스도의 삼중직 ······································· 331
   3. 그리스도의 선지자직 ···································· 332
   4. 그리스도의 제사장직 ···································· 333
   5. 그리스도의 왕직 ··· 336
   6. 그리스도의 신분의 비하와 승귀 ······················ 337
Ⅹ. 문 29~30. 성령의 구속 적용사역 ·························· 337
   1. 구속의 참여방법 ··· 338
   2. 성령의 구속 적용방법 ··································· 339
Ⅺ. 문 31~38. 구원의 과정 ·· 339
Ⅻ. 문 39~81. 십계명 ··· 342
   1. 인간의 의무 ··· 348
   2. 도덕법 ·· 349
   3. 십계명의 규범적 특성 ··································· 350
   4. 십계명의 구조 ··· 351
   5. 십계명의 대강령 ··· 353

6. 십계명의 서문 ·· 354
7. 제1계명 ·· 354
8. 제2계명 ·· 355
9. 제3계명 ·· 355
10. 제4계명 ·· 356
11. 제5계명 ·· 357
12. 제6계명 ·· 357
13. 제7계명 ·· 358
14. 제8계명 ·· 359
15. 제9계명 ·· 360
16. 제10계명 ·· 361
XIII. 문 82~87. 죄와 회개 ··· 361
　1. 계명위반 ·· 363
　2. 죄의 흉악성 ·· 363
　3. 죄의 보응과 면피방법 ·· 364
　4. 믿음과 회개 ·· 364
XIV. 문 88~90. 말씀 ·· 364
　1. 말씀의 효력 ·· 365
　2. 말씀 탐구 방법 ·· 366
XV. 문 91~97. 성례 ··· 366
XVI. 문 98~107. 기도 ·· 367
　1. 주기도문의 지위 ·· 370
　2. 주기도문의 두 형식 ·· 371
　3. 기도의 개념 ·· 372
　4. 기도의 지침 ·· 374
　5. 주기도문의 서문 ·· 374
　6. 주기도문의 첫째 간구 ·· 375
　7. 주기도문의 둘째 간구 ·· 376
　8. 주기도문의 셋째 간구 ·· 379
　9. 주기도문의 넷째 간구 ·· 380
　10. 주기도문의 다섯째 간구 ·· 381
　11. 주기도문의 여섯째 간구 ·· 382
　12. 주기도문의 송영 ·· 384

제5편 웨스트민스터 신앙고백

제1장 신앙고백의 역사 / 385
Ⅰ. 신앙고백의 의의 ·· 385
Ⅱ. 종교개혁과 신앙고백 ·· 386
    1. 종교개혁 전 신앙고백 ·· 386
    2. 종교개혁기의 신앙고백 ·· 386
    3. 아우크스부르크 신앙고백(1530) ······································ 388
    4. 4개 도시 신앙고백(1530) ··· 388
    5. 스위스 신앙고백(1536) ··· 389
    6. 프랑스 신앙고백(1559) ··· 391
    7. 스코틀랜드 신앙고백(1560) ·· 391
    8. 벨기에 신앙고백(1561) ··· 392
    9. 제2 스위스 신앙고백(1566) ·· 394
Ⅲ. 웨스트민스터 신앙고백서의 형성과정 ································· 395
    1. 웨스트민스터 총회 ··· 395
    2. 웨스트민스터 신앙고백서의 역사적 배경 ························ 395
    3. 웨스트민스터 신앙고백서의 구성 ···································· 397
    4. 웨스트민스터 신앙고백의 작성 과정 ······························· 397
    5. 미국판 웨스트민스터 신앙고백의 채택과 신학 및 신앙의 방향 398

제2장 웨스트민스터 신앙고백의 헌법상 지위 / 401
Ⅰ. 독노회와 웨스트민스터 신앙고백 ······································· 401
Ⅱ. 총회 헌법과 웨스트민스터 신앙고백 ·································· 401

제3장 웨스트민스터 신앙고백의 내용 / 402
Ⅰ. 제1장 성경에 관하여 ·· 402
Ⅱ. 제2장 하나님과 성삼위일체에 관하여 ································ 406
Ⅲ. 제3장 하나님의 영원하신 경륜에 관하여 ··························· 408
Ⅳ. 제4장 창조에 관하여 ·· 410
Ⅴ. 제5장 섭리에 관하여 ·· 411
Ⅵ. 제6장 인간의 타락과 죄와 형벌에 관하여 ························· 413
Ⅶ. 제7장 사람과 맺은 하나님의 계약에 관하여 ····················· 414
Ⅷ. 제8장 중보자이신 그리스도에 관하여 ······························· 416
Ⅸ. 제9장 자유의지에 관하여 ··· 419

Ⅹ.	제10장 실제적 부르심에 관하여	421
Ⅺ.	제11장 의인(義認)에 관하여	422
Ⅻ.	제12장 양자(入養)에 관하여	424
XIII.	제13장 성화에 관하여	425
XIV.	제14장 구원에 이르게 하는 믿음에 관하여	426
XV.	제15장 생명에 이르는 회개에 관하여	427
XVI.	제16장 선행에 관하여	428
XVII.	제17장 성도들의 궁극적 구원에 관하여	431
XVIII.	제18장 은혜와 구원의 확실성에 관하여	432
XIX.	제19장 하나님의 율법에 관하여	433
XX.	제20장 신자의 자유와 양심의 자유에 관하여	436
XXI.	제21장 예배와 안식일에 관하여	438
XXII.	제22장 합당한 맹세와 서원에 관하여	441
XXIII.	제23장 관공직에 관하여	443
XXIV.	제24장 결혼과 이혼에 관하여	446
XXV.	제25장 교회에 관하여	447
XXVI.	제26장 성도의 교제에 관하여	449
XXVII.	제27장 성례전에 관하여	450
XXVIII.	제28장 세례에 관하여	451
XXIX.	제29장 주의 만찬에 관하여	453
XXX.	제30장 교회의 권징에 관하여	455
XXXI.	제31장 대회와 회의에 관하여	457
XXXII.	제32장 사람이 사후 상태와 부활에 관하여	458
XXXIII.	제33장 최후의 심판에 관하여	459
XXXIV.	제34장 성령에 관하여	460
XXXV.	제35장 하나님의 사랑의 복음과 선교에 관하여	462

제6편 대한예수교장로회 신앙고백서

제1장 대한예수교장로회 신앙고백서의 의의 / 465

  Ⅰ. 현대 개혁교회의 신앙고백의 의의 ········· 465
  Ⅱ. 현대 개혁교회와 신앙고백 ········· 466
     1. 바르멘 신학선언 ········· 466

         2. 미국연합장로교회 신앙고백(1967) ················· 467
    Ⅲ. 총회 헌법과 현대 개혁교회의 신앙고백 ················· 469
         1. 대한예수교장로회 신앙고백서의 제정 ················· 469
         2. 대한예수교장로회 신앙고백서 개정 ················· 470

  제2장 대한예수교장로회 신앙고백서의 내용 / 470
    Ⅰ. 제1장 성경 ················· 473
    Ⅱ. 제2장 하나님 ················· 475
    Ⅲ. 제3장 예수 그리스도 ················· 476
    Ⅳ. 제4장 성령 ················· 478
    Ⅴ. 제5장 인간 ················· 480
    Ⅵ. 제6장 구원 ················· 481
    Ⅶ. 제7장 교회 ················· 483
    Ⅷ. 제8장 국가 ················· 485
    Ⅸ. 제9장 선교 ················· 487
    Ⅹ. 제10장 종말 ················· 488

제7편 21세기 대한예수교장로회 신앙고백서

  제1장 21세기 대한예수교장로회 신앙고백서의 의의 / 491
    Ⅰ. 21세기와 신앙고백 ················· 491
         1. 21세기 신앙고백의 의의 ················· 491
         2. 미국장로교회 신앙선언(1990) ················· 492
    Ⅱ. 총회 헌법과 21세기 신앙고백 ················· 495

  제2장 21세기 대한예수교장로회 신앙고백서의 내용 / 496
    Ⅰ. 제1장 21세기 대한예수교장로회 신앙고백서(예배용) ········· 497
    Ⅱ. 제2장 21세기 대한예수교장로회 신앙고백서 ············· 498
         1. 사랑과 생명의 근원이신 삼위일체 하나님 ················· 498
         2. 죄로 인해 하나님과 인간과 피조물 사이에 깨어진 교제 ······· 499
         3. 복음을 통하여 새롭게 창조된 하나님과 인간과 피조물 사이의 교제 500
         4. 성령을 통하여 이 땅 위에 실현되는 하나님과 인간과 피조물 사이의
            교제 ················· 500
         5. 교회와 하나님의 나라 ················· 501
         6. 새 하늘과 새 땅 ················· 502

Ⅲ. 제3장 니케아-콘스탄티노플 신조(381) ·················· 504
　　Ⅳ. 21세기 대한예수교장로회 신앙고백서의 문제점 ············ 505

제8편 헌법의 정체성

제1장 헌법의 정체성의 개념 / 507
제2장 에큐메니칼 운동 / 508
　　Ⅰ. 에큐메니칼의 개념 ·································· 508
　　Ⅱ. 에큐메니칼 운동의 범위와 한계 ····················· 509
　　　　1. 에큐메니칼 운동의 범위 ························· 509
　　　　2. 에큐메니칼 운동의 한계 ························· 509
　　　　3. 세계교회협의회의 진보성향 ······················ 510
제3장 칼빈주의의 위기 / 511
　　Ⅰ. 칼빈주의의 개념 ···································· 511
　　Ⅱ. 칼빈주의에의 도전 ································· 512
　　　　1. 1차 도전 ······································· 512
　　　　2. 2차 도전 ······································· 513
　　　　3. 3차 도전 ······································· 513
　　Ⅲ. 칼빈주의의 옹호 ···································· 515

참고문헌

민중서림편집국. 「민중엣센스 국어사전」. 민중서림, 1996.
로고스편집부. 「로고스 헬라어사전」. 로고스, 1999.
가톨릭대학교고전라틴어연구소. 「라틴-한글 사전」. 가톨릭대학교출판부, 2006.
기독교백과사전편찬위원회. 「기독교대백과사전」 제10권. 기독문화사, 1990.
정인찬. 「성서대백과사전」 제4권. 기독지혜사, 1980.
교단헌법 Ⅰ. 「조선예수교장로회 헌법」. 조선야소교서회, 대정 11(1922).
교단헌법 Ⅱ. 「대한예수교장로회 헌법」. 총회교육부, 1985.
교단헌법 Ⅲ. 「대한예수교장로회 헌법」. 한국장로교출판사, 2007.
김인수. 「한국기독교회사」. 한국장로교출판사, 1994.
오덕교. 「장로교회사」. 합동신학대학원출판부, 2006.
정수형 Ⅰ. 「새교회사」 Ⅰ. 규장문화사, 1992.
정수형 Ⅱ. 「새교회사」 Ⅱ. 규장문화사, 1994.
이형기 Ⅱ. 「세계교회사」 Ⅱ. 한국장로교출판사, 1994.
이장식. 「기독교신조사」 제1집. 컨콜디아사, 1979.
이순경. 「사도신경」. 기독교문사, 1981.
정홍렬. 「사도신경연구」. 대한기독교서회, 2005.
배양서. 「사고신경, 바로 알고 맞게 쓰자」. 예찬사, 2001.
나채운. 「주기도·사도신조·축도」. 성지출판사, 2001.
이종윤. 「새 번역 주기노문과 사노신성 해설」. 빌그림사, 2006.
박일민. 「개혁교회의 신조」. 성광문화사, 2002.
이종연. 「하이델베르흐 교리문답」 Ⅰ. 도서출판칼뱅, 2006.
김재진. 「웨스트민스터 소요리문답해설」. 대한기독교서회, 2005.
김남식. 「웨스트민스터 소요리문답해설」. 한국복음문서연구회, 1987.
김영산. 「웨스트민스터 신앙고백서 해설·강론」. 도서출판영문, 2008.
이형기 Ⅰ. 「세계개혁교회의 신앙고백서」. 한국장로교출판사, 2003.
총회교육자원부. 「개혁교회의 신앙고백」. 한국장로교출판사, 2007.
박형룡 Ⅰ. 「교의신학」 서론. 은성문화사, 1976.
박형룡 Ⅱ. 「교의신학」 신론. 개혁주의신행협회, 2005.
박형룡 Ⅲ. 「교의신학」 인죄론. 은성문화사, 1977.
박형룡 Ⅳ. 「교의신학」 기독론. 은성문화사, 1977.

참고문헌

박형룡 Ⅴ.「교의신학」구원론. 은성문화사, 1977.
박형룡 Ⅵ.「교의신학」교회론. 은성문화사, 1977.
박형룡 Ⅶ.「교의신학」내세론. 개혁주의신행협회, 2006.
이종성 Ⅰ.「신론」. 대한기독교출판사, 1984.
이종성 Ⅱ.「그리스도론」. 대한기독교출판사, 1984.
김균진 Ⅰ.「기독교조직신학」Ⅰ. 연세대학교출판부, 1986.
최정원.「참 구원의 길」. 임마누엘사, 1962.
리재학, 윤종곤 18.「D.P.T. 교리강해연구」제18권. 선린출판사, 1993.
선린연구소 19.「D.P.T. 교리강해연구」제19권. 선린출판사, 1994.
리재학, 윤종곤 20.「D.P.T. 교리강해연구」제20권. 선린출판사, 1994.
제자원 Ⅰ.「그랜드종합주석」16. 한국장로교출판사, 2007.
제자원 001.「옥스퍼드원어성경대전」001. 성서교재(주), 1998.
제자원 006.「옥스퍼드원어성경연구」006. 성서교재(주), 1999.
제자원 109.「옥스퍼드원어성경대전」109. 제자원, 2000.
제자원 111.「옥스퍼드원어성경대전」111. 제자원, 2001.
제자원 122.「옥스퍼드원어성경대전」122. 성서교(주), 2001.
제자원 128.「옥스퍼드원어성경대전」128. 제자원, 2002.
로고스문서선교회.「신약원어연구해설」13. 벧엘성서간행사, 1986.
헤세드 Ⅰ.「헤세드 1. 창세기」. 임마누엘출판사, 1991.
송종섭.「풀핏 성경주석장세기(상)」. 보눈출반사, 1981.
김재성.「칼빈의 삶과 종교개혁」. 도서출판이레서원, 2001.
임택진.「장로학」. 도서출판소망사, 1991.
이성웅 Ⅱ.「헌법정치론」. 한국장로교출판사, 2008.
이성웅 Ⅲ.「헌법권징론」. 한국장로교출판사, 2007.
김영훈.「교회법과 국가법」. 도서출판다사랑, 2006.
부산노회회의록발간편집위원.「대한예수교장로회노회록」독노회 제1~5회, 제1회 총회록. 대한예수교장로회부산노회, 1990.

Philip Schaff Ⅱ. *History of the Christian Church*. vol. 1. Grand Rapids, Michigan : Wm. B. Eerdmans Pub. Co., 1950.

참고문헌

J. F. Berthune-Baker. *An Introduction to the Early History of Christian Doctrine*. London, Metheuen & Co. Ltd., 1929.
Benjamin B. Warfield. *The Plan of Salvation*. Grand Rapids, Michigan : Wm. B. Eerdmans Pub. Co., 1977. 모수환 역. 「구원의 계획」. 크리스챤다이제스트사, 2008.
Abraham Kuyper. *Lectures on Calvinism*. Grand Rapids, Michigan : Wm. B. Eerdmans Pub. Co. 김기찬 역. 「칼빈주의 강연」. 크리스챤다이제스트사, 2008.
Herman Bavinck. *Magnalia Dei*. 1909 & 1930. 김영규 역. 「하나님의 큰 일」. 기독교문서선교회, 2007. 원광연 역. 「바빙크의 개혁교의학 개요」. 크리스챤다이제스트사, 2009.
Herman Bavinck. *Gereformeerde Dogmatiek*. vol. 2. *The Doctrine of God*. Grand Rapids : Eerdman, 1951. Grand Rapids : Baker Book House, 1979. 이승구 역. 「개혁주의 신론」. 기독교문서선교회, 2009.
J. N. D. Kelly. *Early Christian Doctrines*. Harper & Row Publishers, 1960. 김광식 역. 「고대기독교교리사」. 맥밀란, 1983.
Louis Berkhof Ⅰ. *History of Christian Doctrine*. 박문재 역. 「기독교교리사」. 크리스챤다이제스트, 2008.
Edwin Palmer. *The Five Points of Calvinism*. 박일민 역. 「칼빈수의 5대교리」. 성광문화사, 1999.
Herbert Lockyer. *All the Doctrines of Bible*. 이상식 역. 「교리(1)(2)」. 출판사로고스, 1986.
William Barclay. *The Man looks at the Apostles' Creed*. 서기산 역. 「사도신경평해」. 기독교문사, 2001.
William Perkins. *An Exposition of the Symbol or Creed of the Apostles*. 박홍규 역. 「사도신경강해 Ⅰ」. 개혁된신앙사, 2004.
Philip Schaff Ⅰ. *The Creed of Christendom*. vol. 1. Grand Rapids, Michigan : Baker Book House, 1990.
John H. Leith. *Creed of the Churches*. Atlanta : John Knox Press, 1977.

참고문헌

Jean Calvin. *Les Catéchisme de L' Église de Genève*. 한인수 역. 「깔뱅의 요리문답」. 도서출판, 1995.
Zacharias Ursinus. *The Commentary of Dr. Zachrias Ursinus on the Heidelberg Catechism*. 원광연 역. 「하이델베르크 요리문답해설」. 크리스챤다이제스트, 2006.
G. I. Williamson. *The Westminster Shorter Catechism Explanation*. 문성출 역. 「웨스트민스터 소요리문답강해」. 양문출판사, 1988.
A. A. Hodge. *The Confession of Faith*. 김종흡 역. 「웨스트민스터 신앙고백해설」. 크리스챤다이제스트, 2008.
Louis Berkhof Ⅱ. *Systematic Theology*. 고영민 역. 「벌콥조직신학」 상. 기독교문사, 2003.
Louis Berkhof Ⅲ. *Systematic Theology*. 고영민 역. 「벌콥조직신학」 하. 기독교문사, 2001.
「가톨릭교회교리문답서」. 1994.
「대한성공회기도서」. 2004.

논 설
정성국. "신조란 무엇인가". 목포그리스도교회 목사, 2008. 4. 13.
허호익. "사도신경의 이해". 대전신학대학교 교수. 2008. 6. 11.
이순성. "사도신경에 대한 역사적 고찰". 광주신학대학교 교수.
박노찬. "사도신경과 이단판단의 기준".
황재범. "대한장로교회신경 혹은 12신조의 작성 및 수용 과정에 대한 연구". 계명대학교 신학과 교수. 재단법인 기독교서회. 「기독교사상」. 2006. 9월호.
노성기. "테르툴리아누스". 광주가톨릭대학 교수, 2008. 11. 30.
라은성. "오늘의 교회사(79)". 국제신학대학원 교수.

약어표

정 ………… 교단 헌법 제2편 정치
권 ………… 교단 헌법 제3편 권징
총규 ……… 대한예수교장로회총회 규칙
헌규 ……… 교단 헌법시행규정
헌위 ……… 대한예수교장로회총회 헌법위원회
영 ………… 영어
독 ………… 독일어
프 ………… 프랑스어
이 ………… 이탈리아어
헬 ………… 헬라어
히 ………… 히브리어
라 ………… 라틴어

제1편 서설

제1장 헌법의 개념

Ⅰ. 헌법의 의의

헌법(憲法, Constitution, 독. Verfassung)이라 함은 대한예수교장로회(통합) 교단의 근본법, 기본법으로써 치리회의 치리조직과 치리작용의 원리를 정하고, 교인과 항존직 및 임시직의 기본권을 보장하는 정치와 교인, 직원, 치리회의 권징과 교인, 교회, 교단이 추구하고 신앙을 고백하는 교리와 교회의 예배와 예식에 관한 준거 기준을 정한 전체법(全體法), 상위법(上位法), 최고법(最高法)을 말한다. 우리 교단 헌법은 4편부제(編部制)의 형식을 취하고 있다. 제1편 교리, 제2편 정치, 제3편 권징, 제4편 예배·예식으로 구성되어 있다.

Ⅱ. 형식적 의미의 헌법과 실질적 의미의 헌법

형식적 의미(形式的 意味)의 헌법이라 함은 법규의 내용을 불문하고「대한예수교장로회 헌법」이라는 성문(成文)형식을 취한 존재형식으로써의 헌법전(憲法典)을 말한다. 실질적 의미(實質的 意味)의 헌법이라 함은 법규의 형식을 불문하고 그 내용이 우리 교단의 근본,

기본, 최고의 효력을 갖고 있는 일정한 사안의 법규를 말한다.

형식적 의미의 헌법은 대체로 실질적 의미의 헌법과 그 내용을 같이 하나 반드시 그 범위나 내용이 일치하는 것은 아니다. 이는 형식적 의미의 헌법에 포함되어 있더라도 실질적 의미의 헌법이 아닌 경우도 있고, 형식적 의미의 헌법에 규정되어 있지 않더라도 헌법시행규정이나 총회규칙에 규정된 사안이 치리회의 기본 조직이나 작용에 관한 규정이라면 실질적 의미의 헌법에 속한다. 예를 들면 총회규칙의 규정 중 상임 부(部), 상임위원회, 정기위원회, 특별위원회의 구성과 조직, 작용, 임원회 조직과 권한 등에 관한 규정은 형식적 의미의 헌법은 아니나 실질적 의미의 헌법이다. 한편 반대로 헌법 제3편 권징의 규정 중에 실질적 의미의 헌법이 아닌 것이 많이 있다. 권징 실체법 중 실체적 진실발견주의, 신속한 재판의 원칙, 공정한 재판의 원칙과 권징절차법 중 재판국의 구성과 조직, 변호인제도, 일사부재리의 원리, 무죄추정의 원리 등을 제외하고 대부분의 규정은 실질적 의미의 헌법이 아니다. 임원선거조례의 규정 중 선거관리위원회의 조직과 권한에 관한 것도 비록 조례이지만 실질적 의미의 헌법에 속한다.

Ⅲ. 헌법의 특성

1. 규범성

국가의 헌법은 이념성이나 추상성을 강하게 나타내고 있으므로 국민에 대한 강제력 또는 규제력이 약하다고 할 수 있다. 따라서 구체적으로 규범성(規範性)이 미약하다. 개인이 헌법의 규정을 위반하여도 처벌하기가 곤란하고, 의무를 강제할 수도 어렵고, 국가가 헌법의 규정을 위반했을 때 언론의 비판투쟁이나 사회 공익단체의 집단행동, 나아가서 최종적으로 국민저항권의 발동에 의존할 수밖에 없다. 사법적 헌법보장제도인 헌법재판소의 각종 헌법재판을 활성화함으로 헌법의 규범력이 증대될 수 있다고 할 수 있으나 그 활동이 아직은 미약하다.

그러나 우리 교단 헌법의 규범성 내지 규범력은 국가 헌법의 그것보다 대단히 위력이 있다. 헌법 제1편 교리 규정에 위반되면 재판규범으로 작용하여 이단 사이비 범죄를 구성하여 처벌을 받는다. 헌법의 제1편 교리, 제2편 정치, 제4편 예배와 예식의 모든 규정이 재판규범으로써의 역할을 하고, 헌법 제3편 권징은 재판의 실체와 절차에 관한 법이지만, 그 규정들은 그 자체가 재판규범이 되고 있어 헌법의 규범력을 발휘하고 있다.

2. 정치성

국가의 헌법은 그 제정, 개정, 변혁, 파괴의 중대한 헌법현상은 정치에 의하여 결정되며, 이러한 현상은 여러 정치세력의 정치타협의 결과 또는 정치투쟁의 소산에 의하여 형성되므로 정치성(政治性)이 강하다.

그러나 우리 교단의 헌법은 그러한 정치세력이나 정치집단의 결집력이나 주체성이 미약하기 때문에 정치의 협상이나 타협의 소산물로써 헌법이 생성, 변혁되거나 제정, 개정이 되는 것이 아니다. 헌법의 제1편 교리와 제4편 예배와 예식 부분은 로마가톨릭교회에 의하여 기독교가 변질되기 전의 초대교회 시절 공인된 에큐메니칼(Ecumenical)의 제도나 신학이론의 논리, 또는 종교개혁의 소산물로 형성되거나 결정된 신조, 요리문답, 신앙고백, 성경의 계시와 말씀에 의한 진리의 요약, 보편화된 신학이론의 논리이므로 정치성의 의한 개정이나 변혁, 파괴가 있을 수 없다. 번역의 실수나 과오가 있어 표현을 수정하거나 현대 국어로 자구수정은 할 수 있고, 발전된 장로교의 교리나 사상 예배와 예식의 개발이 있으면 이를 추가하는 개정은 가능하다 할 것이다. 제2편 정치 부분도 정통 장로정치주의 및 자유민주주의의 이념이나 사상에 반하는 개정은 불가하기 때문에 정치성을 찾아보기는 어려우나 전혀 이를 배제할 수는 없다. 예컨대 목사와 장로

간에 이해관계가 대립되거나 상반되는 경우에 두 집단의 정치세력에 의한 정치성과 정치력에 의하여 헌법이 개정되거나 변혁, 파괴될 수도 있다. 헌법 제3편 권징은 규정의 대부분이 실질적 의미의 헌법이 아니기 때문에 정치성에 의하여 타협이나 투쟁의 소산물로 형성될 수 있다. 그러나 종교재판의 특수성으로 그 한계가 있으며, 또 자유민주주의 헌법의 기본질서를 뛰어넘을 수는 없다.

3. 이념성과 추상성

국가의 헌법은 근대 자유주의, 현대 민주주의, 현대 복지주의 등의 이념과 이상을 당위규범으로 규정하고 있으며, 정치적 통제의 규범으로써 그 나라의 역사와 전통과 문화를 담고 있어 그 이념성(理念性)이나 역사성(歷史性)을 피할 수는 없다. 국민의 복지를 위하여 또는 정당을 육성, 보호하기 위하여 국가 예산이 필요한바 그 규정이 선언적 의미로 전락할 수밖에 없고, 하위 법규인 법률, 시행령, 시행규칙의 보완이 필요하고, 때로는 행정기관의 행정행위나 행정처분이 있어야 헌법의 실효성이 실현되는 것이므로 추상성(抽象性)을 띠고 있다.

그러나 우리 교단의 헌법은 교리, 정치, 권징, 예배와 예식 등 구별할 것 없이 조문 하나하나가 시행령이나 시행규칙의 보완이나 보충이 없더라도 구체적 규범으로써 직접적 효력이 발생하므로 이념성이나 추상성이 없으며 오히려 현실성과 구체성을 갖고 있다. 교리나 예배와 예식에 있어서 초대교회나 종교개혁 시의 역사성을 어느 정도 띠고 있으나, 그 근본은 성경을 통한 하나님의 진리와 계시의 말씀이기 때문에 민족이나 지역의 특수성, 문화와 관습, 전통이라는 역사성을 인정할 수 없다. 로마가톨릭에서 한국의 제사문화(祭祀文化)를 인정하여 제사와 조상신에게 절하는 것을 허용한다면 이는 비진리이며, 진리는 보편성과 불변성이 그 속성인데 이렇게 국가나 지역에 따라서 우상숭배 절대적 금지의 진리가 변한다면 계명을 범하게 되는 것이고, 그렇게 가르치는 자의 책임을 하나님의 진로 앞에서 절대로 피할 수가 없다.

제2장 교리의 개념

I. 교리와 교의

교리(敎理)와 교의(敎義)를 구별하는 학자도 있고, 이를 구별하지 않고 동의어로 쓰는 학자도 있다. 일반적으로 교리는 영어로 Doctrine이며, 이는 라틴어의 Doctrina에서 나왔으며, 이는 가르침, 교육, 교리, 학설, 주장, 주의, 학파, 학문의 뜻이 있으며, 교의는 영어로 Dogma이며, 라틴어 역시 Dogma이며, 이의 뜻은 신조(信條), 교조(敎條), 신앙명제(信仰命題), 정론(定論), 교의, 독단론 등이다. 이와 같이 단어의 본래의 의미에 있어서도 교리는 개인적인 주장이나 가르침의 뉘앙스가 풍기고, 교의는 교리보다는 좀더 강한 의미, 즉 공적으로 또는 교회회의, 최고기관 등에서 공인한 공리(公理)나 정리(定理), 교회회의의 결정과 같은 뜻을 담고 있는 것같이 보인다.

Dogma는 헬라어 $\delta o\kappa \varepsilon \tilde{\iota} \nu$ (도케인)에서 유래되며, $\delta o\kappa \varepsilon \tilde{\iota} \nu \; \mu o\iota$ (도케인 모이)는 '내게 그렇게 보인다'(It seem to me), 또는 '나의 의견은 그렇다'를 의미할 뿐만 아니라 '나는 그것을 통하여 확립된 것으로 생각한다'(I think it as established through), '내게 그것은 기정사실이다', '나는 확실히 안다'의 뜻을 의미하기도 한다. 그러므로 교의는 자명한 진리, 공적 법도, 확고한 결의, 권위에 의한 포고(布告), 종교의 공식적 교조(敎條)를 말하는 것으로 사용되어 왔다.[1]

일반적으로 교리는 종교적 가르침으로써 공인되지 않는 종교적 진리를 개인적으로 표현한 이론이라 할 수 있고, 교의는 이러한 교리가 종교적 진리로 공인된 공적 선언을 의미한다고 할 수 있다. 로마가톨릭교회와 같이 교황정치주의 체제에서는 교리와 교의를 구별할 필요가 있다. 교황무오설(敎皇無誤說)에 입각하여 교황의 칙령이나 교황

---

1) 박형룡 I 전게서, p. 22. Louis Berkhof I 전게서, p. 23.

청의 성직자단(라. Clerus)의 검토를 거쳐서 성경이나 전승(傳承)에 의하여 가르쳐진 교리를 만들고, 그것을 계시된 진리로 선포하고, 강제하면 교의가 되므로 교리와 교의를 구별할 필요가 있어 보인다. 그러나 개신교의 경우 독재자적 무오자(無誤者)가 군림하지 않기 때문에 개인이 주장, 진술, 표현한 교리가 어느 교단이나 교회회의에서 이단 사이비로 판정을 받지 않으면 묵시적 공인 효과가 발생하므로 교의가 된다. 그러므로 구태여 어렵게 교의, 교리를 구별할 필요를 느끼지 않는다.

1. 로마가톨릭교회의 교의관

로마가톨릭교회는 교의를 교황의 칙령으로 또는 성직자단의 결정에 의하여 성경이나 전승에 근거한 교황의 선포로써 절대적 계시의 진리가 되며, 신자의 신앙을 위한 무오한 교회의 제안이며 절대적 불가변성을 주장한다.

2. 개신교의 교의관

개신교회는 교리를 전승이나 기록되지 않는 말씀을 근거로 하지 않고 내용의 출처가 오로지 성경에 유래하여 교회가 공식적으로 선언한 가르침이며, 이는 무오성이 없고 변경이나 개정이 가능하다고 주장한다.

3. 교리와 교의의 절충개념

기독교의 교리(Doctrine) 및 교의(Dogma)란 진리와 계시의 말씀인 성경에 근거를 두고 하나님의 권위에 의거하여 개인의 신앙고백이나 진리선언이 아닌 교회에 의하여 공식적으로 정의되고, 교회가 공적으로 선언한 기독교의 가르침(Doctrine)이라고 정의하여 교의와 교리를 혼합하여 보았다.

Ⅱ. 신학과 교리학과의 관계

1. 신 학

신학(神學)이라는 말은 헬라어의 θεος(데오스, 하나님)와 λόγος(로고스, 말씀)와의 합성어 θεολογια(데오스로기아)에서 나왔다. 이 말은 중세 스콜라 철학자 아벨라르두스(Petrus Abaelardus)[2]가 「기독교 신학」(Theologia Christiana)이란 책 이름에서 처음 사용하여, 기독교의 교리와 진리를 조직적, 체계적으로 연구하는 데 이 말을 처음으로 썼다. 토마스 아퀴나스(Thomas Aquinas)[3]가 「신학대전」(Summa Theologiae)이라는 대작을 저술함으로 신학이 완전한 학문으로 굳혀졌다.

고대에는 교리적 신학서를 오리게네스(Origenes)는 '원리에 대하여'(περὶ ἀρχῶν, Peri Archon)라는 용어를 썼고, 락탄티우스(Lactantius)[4]는 '신의 교훈'(Diviniae Institutiones)[5]이란 말을 사용했고, 아우구스티누스(Augustinus)는 자기의 신학서를 편람(便覽, Enchiridium)[6]이라 하였고, 중세에 와서는 명제(命題, Sententiae), 대전(大全, Summa), 강요(綱要, Institutio)라는 명칭을 책 이름에 붙여 신학 대신에 사용하였다. 토마스 아퀴나스(Thomas Aquinas)의 「신학대전」(Summa Theologiae), 칼빈의 「기독교 강요」(Institutio Christianae Religionis)의 예를 들 수 있다.

초기 기독교는 철학과 사상의 빈약 상태에 있었으므로 헬라 철학 특히 플라톤의 철학과 접목함으로 기독교의 사상적, 논리적 정당성을 보장하고자 하였다. 그리하여 기독교는 단 하나의 확실하고 구원을

---

2) 1079~1142, 영. Peter Abelard, 프랑스 출신 철학자, 신학자, 「신학」이란 책 때문에 이단 정죄, 책은 분서당하였다.
3) 1224/25~1274, 중세 이탈리아 신학자, 철학자.
4) 240?~320, 북아프리카 출신, 변증가, 라틴 교부, 르네상스시대 인문주의자들은 그를 '그리스도교의 키케로'라고 불렀다.
5) 박형룡 Ⅰ 전게서, p. 42, 「신도 원리」(神道原理).
6) 박형룡 Ⅰ 전게서, p. 42, 「약기」(略記).

보장하는 철학 또는 유일하게 참된 철학임을 증명하고자 하였다.[7]

　중세는 기독교 신학의 전성시대라고 하여 중세 초기에는 플라톤 철학을 받아들이고, 중세 중기에 토마스 아퀴나스가 플라톤 철학에서 전향하여 아리스토텔레스 철학과 신학의 접목을 시도하면서 철학과 신학을 구분하였다. 중세 말기에 둔스 스코투스(Duns Scotus)[8]가 신학과 철학을 학문적으로 분리를 주장하였고, 오캄의 윌리암(William of Ockham)[9]은 신학과 철학의 모든 관계를 단절함으로 신학이 철학으로부터 완전히 독립하였다.

2. 교의신학

　종교교리 또는 교의를 체계적으로 연구하는 신학의 한 분야를 교리학 또는 교의학(Dogmatics)이라 하며 신학과 같은 의미로 사용하다가, 17세기 라인하르트(Reinhardt)가 교리신학 또는 교의신학(Dogmatic Theology)이라는 용어를 최초로 사용하였다.

　종교개혁 전에는 교의학이 신학의 전부였기 때문에 신학과 교의학은 거의 같은 말로 생각했으나 종교개혁 이후 개혁신학자들에 의해 신학이 빠른 속도로 크게 넓게 발전하여 신학 안에 여러 분야의 학문 영역이 생겼다. 신학의 분야로 성경신학(Biblical Theology), 역사신학(Historical Theology), 실천신학(Practical Theology), 교의신학이 있다. 성경신학(성서신학)에는 구약학, 신약학 등이 있으며, 역사신학에는 교회사(History of Church), 교리사(History of Doctrinal Theology), 신조학(Symbolics), 교부학(Patrology) 등이 있으며, 실천신학에는 목회학(Pastoral Theology), 설교학(Homiletics), 예배학(Worship), 전도학(Evangelics), 선교학(Missiology), 목회상담학(Pastoral Counseling), 교회성장학(Church Growth), 교회헌법

---

7) 김균진 I 전게서, p. 79.
8) 1266~1308, 스코틀랜드의 철학자, 신학자, 중세 스콜라 신학의 전환점을 마련하며 토마스 아퀴나스의 사상을 비판하였다.
9) 1280~1347, 영국의 철학자, 신학자, 둔스 스코투스의 제자로 모든 스콜라 신학의 와해를 위한 이론을 전개하였다.

학(Church Constitution), 교회행정학(Church Administration), 기독교교육학(Christian Education) 등이 있다.

3. 교의신학과 조직신학

교의신학과 조직신학(組織神學, Systematic Theology)을 같은 학문의 다른 이름으로 보는 견해와 이들을 구별하는 견해가 있다.

구별설은 "교의신학은 교회의 신조에 나타난 교리들을 체계적으로 연구하여 신조들의 성경적 근거를 확립하고 증명하는 신학의 한 분야이고, 조직신학은 신조에서 출발하지 않고 성경에서 시작하여 교회가 무엇을 믿어 왔느냐를 묻지 않고 하나님의 계시와 진리가 무엇이냐를 묻고 이를 조직적으로, 체계적으로 연구하는 신학의 한 분야이다."라고 한다.[10]

동일설은 신조와 성경은 상호 밀접한 관계가 있고, 교회의 신조가 성경의 근거 없이 별도로 존재하는 것이 아니므로 이 둘을 분리해서 고찰할 필요가 없어 교의신학과 조직신학은 동의어로 본다는 것이다.

조직신학은 성경의 진리와 계시의 말씀을 체계적으로 조직적으로 연구하고 논리적으로 진술한다는 점에서 조직이라는 말을 붙여 '조직적'인 것을 강조하여 조직신학이라고 칭하나, 모든 학문이 다 조직적이고 체계적이며 그렇지 않는 것이 있느냐? 조직신학만이 조직적이냐? 행정학의 분야로 조직행정, 인사행정, 재무행정, 복지행정 등의 분야가 있는데, 이때 조직이란 행정 주체인 행정기관의 조직, 구성을 말하는바, 일반적으로도 조직은 기관이나 단체의 구성, 인선, 선출, 권한 등을 의미하므로 조직신학에 있어서 조직이란 말은 어울리지도 않고 뜻도 안 맞다. 그러므로 교의신학이란 용어가 좋은 이름이다. 칼빈의 「기독교 강요」 이후 교의신학의 대작으로는 칼 바르트(Karl Barth)[11]의 「교회 교의학」(*Die Kirchliche Dogmatik*)이 있다.

교의신학의 분야로는 신론(the Doctrine of God),[12] 인간론(Anthro

---

10) 박형룡 I 전게서, pp. 44-45.
11) 1886~1968, 스위스 출신의 개혁교회 신학자, 신정통주의자.

-pology),[13] 기독론(Christology), 교회론(Ecclesiology), 구원론(Soteriology), 종말론(Eschatology)[14] 등 협의의 교의신학 외에 변증학(辨證學, Apologetics)[15]과 험증학(驗證學, Evidentics),[16] 논변학(論辯學, Elenctics),[17] 논쟁학(論爭學, Polemics),[18] 기독교 윤리학(Chriatian Ethics) 등의 분야가 있으나 학자에 따라서 협의의 교의신학만을 교의신학 또는 조직신학이라 하고, 변증학이나 논변학, 논쟁학, 기독교 윤리학은 실천신학에 편입하여 다루기도 한다.

4. 헌법과 교리와의 관계

교의신학에서 연구한 모든 학문적 성과가 다 헌법의 교리에서 규범으로 다루는 것이 아니고, 소위 헌법제정권력자(憲法制定權力者)에 의하여 우리 교단 헌법에 편입된 교리에 한하여 헌법의 재판규범으로써 효력과 가치를 가지며, 법규로써의 타당성과 실효성, 당위성을 보유한다.

헌법의 교리는 교의신학에서 연구한 교리 중 우리 장로교의 체제와 주의 사상과 일치하는 것만 헌법에 들어올 수가 있으며, 역사신학에서 다룬 교리사의 내용도 교의신학의 교의 못지않게 중요하기에 고대 에큐메니칼 신조와 종교개혁 시대의 신앙고백이 헌법에 편입될 수 있는 것이다.

---

12) 삼위일체론, 성령론, 예정론을 신론에서 다른 항목으로 분리하여 다루기도 한다.
13) 인죄론(人罪論).
14) 내세론, 말세론이라고도 하며 사망 후 부활 시까지의 인간상태, 재림, 천년왕국 등을 다룬다.
15) 기독교를 반대, 부인하는 철학과 사상의 공격에서 기독교를 변호 또는 하나님의 존재를 증명하는 학문으로써 근본변증학이라 한다.
16) 비기독교적 과학 만능사상을 가진 과학자의 공격에서 기독교 신앙을 변호하고 성경의 역사성을 증명하는 학문이다.
17) 세계의 여러 종교와 기독교를 서로 비교, 연구하여 기독교의 교리와 신앙을 옹호하는 학문을 선교변증학 또는 비교종교학이라고도 한다.
18) 기독교 자체 내부에서 나타나는 이단, 사이비의 공격으로부터 정통 기독교의 진리와 신앙을 옹호하는 학문으로 이단비판학이라고도 한다.

제3장 교리법의 구조

우리 교단 교리법은 헌법 제1편 교리에 제1부 사도신경, 제2부 신조, 제3부 요리문답, 제4부 웨스트민스터 신앙고백, 제5부 대한예수교장로회 신앙고백서, 제6부 21세기 대한예수교장로회 신앙고백서 등 전부 여섯 부(部)로 구성되어 있다.

제1부 사도신경은 1907년 9월 17~19일 평양 장대재(장대현)예배당에서 열린 '대한국예수교장로회노회' 창설 시 이른바 독노회(獨老會) 시절에 형식적 의미의 헌법인 헌법전을 제정하지 않았으므로 없었고, 실질적 의미의 헌법으로 신경(서문, 12신조, 인가식)과 규칙(본칙 4개조, 세칙 7개항)[19]을 임시 채택했으나 그 당시의 신경은 사도신경을 의미하는 것이 아니고 지금의 헌법 제1편 제2부 신조를 말하는 것이었다.

그 후 1912년 9월 1~4일 평양신학교에서 열린 '조선예수교장로회 총회' 창립(개회예배는 평양여성경학교에서 드림.) 시에도 헌법전은 제정하지 않았고, 1922년 9월 10~15일 경성 승동예배당에서 열린 제11회 총회 시 우리 교단 최초의 성문헌법인 「조선예수교장로회헌법」(Costitution of the Presbyterian Church of Chosen)을 제정 공포하였으나 사도신경은 헌법에 편입되지 않고 종전대로 찬송가 표지 안쪽에 주기도문과 함께 사도신경이 기록되어 있고, 뒤표지 안쪽에는 십계명 전문이 실려 있는 채로 사용하여 왔다.

1983년 8월 24일 7차 헌법 개정 시행 공고 때 사도신경이 처음으로 헌법 제1편 교리 제1부에 편입되어 헌법으로써의 의미를 갖게 되었다. 사도신경은 하나의 본문으로 되어 있다.

제2부 신조는 1922년 5법 체제의 최초 성문헌법 제일 앞에 '1. 신

---

19) 규칙이라는 명칭으로 4개조의 법조문이 있고 세칙 7개항이 있는데, 세칙 7개항을 한 개의 조로 보아 규칙 5개조라고 말할 수 있다. 제2조는 오늘날 헌법 제4편 예배와 예식에 관련된 법조문이고, 나머지 3개조와 세칙 7개항은 모두 오늘날 헌법 제2편 정치에 관한 것들이라 오늘날 헌법의 하위법규인 '규칙'과 구별하기 위하여 규칙이라고 칭하지 않고 정치로 부르기도 한다.

경'이라는 이름으로 신조가 제정 편입되어 있었다. 신조는 12개 조항으로 되어 있다.

　제3부 요리문답도 최초 성문헌법에 '2. 소요리문답'이라는 이름으로 편입되어 있었다. 요리문답은 107개 문답으로 구성되어 있다.

　제4부 웨스트민스터 신앙고백은 1971년 9월 23~27일 인천 제일예배당에서 열린 제56회 총회 때 헌법 개정 시행 공포 시에 「대한예수교장로회헌법」 제1편 교리 제3부(사도신경이 편입되기 전이라 제4부가 아니고 제3부임.)로 처음 헌법에 편입되었다. 1967년 9월 21~25일 제52회 총회에서 이미 헌법에 첨가하기로 결의한 바가 있다. 이전까지는 헌법이 5법 체제였으나 이때부터 4편부제 체제의 헌법이 되었다.

　제5부 대한예수교장로회 신앙고백서는 1986년 9월 25~30일 서울 영락예배당에서 열린 제71회 총회 때 헌법 개정 시행 공포 시에 우리 교단 헌법 제1편 교리 제5부로 처음 헌법에 편입되었다.

　제6부 21세기 대한예수교장로회 신앙고백서는 2002년 9월 9~13일 서울 영락예배당에서 열린 제87회 총회 때 헌법 개정 시행 공포 시에 헌법 제1편 교리 제6부로 처음 헌법에 편입되었다.

제4장　교리법의 개정

Ⅰ. 헌법개정의 의의

　헌법개정(憲法改正)이라 함은 헌법의 조문, 내용, 문구 등을 수정·삽입·추가·신설 등을 하여 고쳐서 바르게 하는 것을 의미한다. 그러므로 장로교의 기본원리나 자유민주주의의 기본이념에 반하는 개정은 진정한 개정이라 할 수 없고 개악(改惡)이라 할 수 있다. 명백한 오기(誤記), 오자(誤字), 탈자(脫字) 등은 개정절차 없이 헌법위원회에서 고칠 수 있다고 하겠으나 그 외에는 간단한 자구수정 하나라도 개정절차에 따라서 하여야 한다.

　우리 교단 헌법을 개정하고자 하면 제2편 정치, 제3편 권징, 제4편 예배와 예식의 분야와 제1편 교리(사도신경, 신조, 요리문답, 웨스트민스터 신앙고백, 대한예수교장로회 신앙고백서, 21세기 대한예수교장로회 신앙고백서)의 두 개의 분야로 나누어 개정절차를 규정하면서 그 의결 정족수와 효력 발생의 요건을 달리하고 있다.

Ⅱ. 헌법개정의 제안권자

헌법시행규정 제36조 헌법해석의 질의 시행 및 재심의 요구 1항에서 "총회 헌법위원회는 9인(목사 5, 장로 4)으로 조직하고 위원장과 서기는 호선하며 헌법과 이 규정을 연구, 해석, 판단하고 개정을 제안한다."라고 규정하고 있다.

그렇다면 이 조문에 의하여 헌법위원회만이 헌법과 헌법시행규정의 제안권을 갖고 있는가?

총회 산하 모든 노회와 각 상임 부·위원회는 총회규칙 제38조(총회) 3항에 "총회의 의안은 하회의 합법적인 헌의 및 상소건, 임원회, 각 부원 및 위원회의 제안으로 하되 개회 1개월 전에 제출하여야 한다. 단 긴급을 요하는 안건은 개회 후에도 제출할 수 있다."라고 규정하고 있는데, 이 규정에 의하면 노회(당회는 노회를 경유하여), 총회의 각 부 및 위원회에서 헌법개정안을 제안할 수 있는 권리가 있다고 본다. 법문에는 각 부원이라고 되어 있으나 각 부 또는 각 부서의 명백한 오자(誤字)인 것 같다. 총회규칙 제38조의 제안권으로 헌법시행규정 제36조에 의한 헌법위원회의 헌법개정의 제안권과의 관계이다. 제36조가 없어도 총회규칙 제38조에 의하여 헌법위원회도 헌법개정의 제안권이 있는데, 이런 특별 규정을 둔 이유는 위의 각 부·위원회에서 제안한 헌법개정안은 반드시 헌법 전문기관인 헌법위원회를 경유 또는 수정을 거쳐야 한다는 의미로 해석된다. 그리고 헌법위원회는 헌의위원회를 통하여 개정안을 본회의에 제출·상정하고, 본회의에서 개정할 것인가 아닌가를 결정하여 개정하기로 하면 다음과 같이 헌법개정위원 15인을 선임하여 최종적인 개정안을 작성케 하여 다음의 개정절차를 밟는 것이다.

여기서 각 부·위원회는 상임 부·위원회를 의미하며 정기위원회(총규 제15조)나 특별위원회(총규 제17조)는 포함되지 아니한다.

Ⅲ. 헌법개정위원의 선임

헌법 제2편 교리를 개정코자 하면 먼저 총회는 개정위원 15인을 선정하여 개정안을 작성케 하여야 하며 그 구성은 목사 과반수, 즉 8인 이상이어야 한다(정 제104조 1항).
개정위원은 한 노회의 총대 회원 중 2인을 선출하지 못한다(정 제104조 2항).
교리의 개정은 신중을 기하여야 하기 때문에 개정위원회로 하여금 반드시 1년간 연구케 한 후 다음 총회에 보고한다(정 제104조 3항).

Ⅳ. 교리법의 개정절차

교리(사도신경, 신조, 요리문답, 웨스트민스터 신앙고백, 대한예수교장로회 신앙고백서, 21세기 대한예수교장로회 신앙고백서)의 개정절차는 총회에서 출석 회원 3분의 2 이상 결의로 개정안이 통과되면 그 다음 절차로 각 노회에 수의(垂議)를 붙인다(정 제103조 1항). 각 노회의 수의에 붙인 개정안은 노회 3분의 2 이상의 가결과 각 노회에서 투표한 투표 총수의 3분의 2 이상의 가표를 얻어야 한다(정 제103조 2항).
노회 3분의 2 이상의 가결이라 함은 총회 산하 전체 노회 수의 3분의 2 이상을 말하며, 노회에서 가결 정족수는 노회원 과반수의 출석과 투표지 제출자의 과반수를 의미한다(헌규 제35조 2항 전단). 출석 과반수가 아니고 개정안의 가부를 묻는 투표지를 제출한 자의 과반수의 찬성을 의미하는 것이다.
투표 총수의 3분의 2 이상이라 함은 전 노회에서 집계표로 보고한 수를 합계한 총수의 3분의 2 이상을 말한다(헌규 제35조 2항 중단). 각 노회는 수의된 안건의 투표 총수와 가부 투표수를 종합하여 총회장에게 보고하는데(정 제103조 3항), 총회에서 정한 기한 내에 곧바로 보고하여야 한다(헌규 제35조 3항 후단). 이 경우 노회는 집계표로 총회에 보고하며 보고한 후 30일이 경과하면 투표지를 폐기할 수 있다(헌규 제35조 2항 후단).

Ⅴ. 교리법 개정안의 심의방법

총회에서 심의함에 있어서 축조심의(逐條審議)가 원칙이다. 축조심의란 헌법 개정안의 조문 하나하나씩의 찬반토론을 거친 후 조문 하나하나의 가부를 묻는 심의방법이다(헌규 제35조 3항 전단).
헌법개정안의 축조심의는 총회에서 했으므로 노회에서는 하지 않으며 노회의 수의방법은 각 노회의 형편에 따라 하되, 우선적으로 문제점 및 개정안 중에 중요하거나 민감한 부분만 설명하고 전체·포괄적으로 가부를 묻는 포괄심의를 하거나, 가부 찬반토론 없이 조문 하나하나의 가부를 묻는 개별심의도 할 수 있다.

Ⅵ. 교리법 개정안의 공포·시행

총회장은 각 노회에서 투표한 투표수를 종합하여 다음 총회에 보고 실시한다(정 제103조 4항).
집계는 노회에서 제출한 총 투표수를 총회(폐회 중에는 임원회)가 수합하여 총회장에게 가결을 보고하면 총회장은 다음 총회에서 공포 시행한다(헌규 제35조 4항 전단).
또한 이러한 공포행위는 회의를 거치는 재량적 행위가 아니고 즉각 실시하는 절차적 행위이므로, 총회장의 가·부결 선포 및 공고행위는 이의신청, 행정쟁송이나 책벌의 대상이 될 수 없다(헌규 제35조 4항 후단).
헌법 정치법과 권징법, 예배예식법은 개정하고 나면 3년 이내에 개정한 조항에 한하여 다시 개정할 수 없으나(정 제102조 5항), 교리법은 그러하지 않다.

헌법이나 헌법시행규정의 시행유보, 효력정지 등은 조문의 신설 없이는 총회의 결의나 법원의 판결, 명령으로 헌법이나 헌법시행규정의 한 조항이라도 시행유보, 효력정지 등을 할 수 없다(헌규 부칙 제7조). 종전에 헌법의 개별적·구체적 규정 하나하나를 총회 본회의 결의로 시행유보, 효력정지 또는 헌법을 잠재하는(위헌적 사항의 결의 등) 관행이 있었으나 이 부칙의 신설로 위헌, 불법을 범하지 못하게 한 것이다.

VII. 교리법 개정의 한계

우리 교단의 헌법제정권력자는 총회 총대인 목사와 장로로 구성되는 총회의 본회의이며, 이는 하나님께서 예수 그리스도를 통하여 최고의 치리회인 총회에 주신 권리이자 법도인 바, 이는 그 누구도 박탈하거나 제한할 수 없는 고유하고도 원천적인 창조성과 자율성이 있는 제정권력이다.

치리회의 구성원인 목사와 장로라는 두 정치적 집단세력의 균형을 위하여 동수(同數)이며, 이는 언제나 동수이어야 하므로 장로교 정치원리의 불변조항이다.

헌법제정권자는 헌법개정권을 당연히 갖는다. 그러나 헌법개정에는 본질적으로 그 한계가 있는 바, 장로정치주의의 기본원리를 침해하거나 그 기본권을 제한, 박탈하는 개정은 하지 못한다. 또 근대 자유주의의 이념이나 사상 및 현대 민주주의의 이념과 사상, 그리고 이들의 결합구조로 생긴 현대 자유민주주의의 이념, 사상 제도를 전부 또는 일부를 부인하는 개정을 할 수 없다.

제5장 교리법의 유권해석

I. 유권해석의 질의절차

헌법과 헌법시행규정에 관한 유권(有權)해석의 질의는 총회 상임 또는 특별 부서장 혹은 각 노회의 노회장이다. 목사나 장로, 개인 자격이나 부원·위원, 직원, 또는 교인의 이름으로 직접 해석 질의할 권리는 없고 다만 이들이 총회 각 부서의 부장이나 위원장 또는 노회장에게 질의를 의뢰할 수 있을 뿐이다. 의뢰를 하였는데도 이들이 거절할 경우 그 사유를 소명한 부전지나 내용증명서(복사본)를 첨부하면 헌법위원회는 접수하여 해석하여야 한다(헌규 제36조 2항).

Ⅱ. 유권해석의 기관

정치 제87조 총회의 직무 4항에는 "총회는 대한예수교장로회 헌법을 해석할 전권이 있다."라고 규정하고 있으며, 총회 규칙 제14조 상임위원회의 임무 2항에 "헌법위원회는 헌법에 관한 연구와 해석을 담당한다."라고 규정하고 있다. 또한 신규 제정된 헌법시행규정 제36조 1항에 의하면 "총회 헌법위원회는······ 헌법과 이 규정을 연구, 해석, 판단하고 개정을 제안한다."라고 되어 있다. 헌법시행규정 제2조 "법해석이라 함은 총회(헌법위원회)의 유권 해석을 말하며······.", 또한 제3조 2항에서 "적용순서는 총회헌법, 헌법시행규정, 총회규칙······.", 제36조 3항에 "헌법해석 권한 있는 기관인 총회(폐회 중에는 헌법위원회)에서 해석한 건에 대하여 당사자나 해당기관은 지체 없이 시행하여야 하고······."라고 규정하고 있다.

위의 법을 종합하여 판단하면 헌법위원회는 헌법과 헌법시행규정의 유권해석의 전권(全權)이 있음을 알 수 있다.

Ⅲ. 헌법위원회의 구성

총회 헌법위원회는 목사 5인, 장로 4인, 계 9인으로 구성된다. 임원으로 위원장과 서기를 두며 이는 호선(互選)으로 선출한다. 총회 공천위원회는 헌법위원회에 반드시 법학사 이상의 학위를 가진 자나 변호사를 1인 이상 공천하여야 하며, 또한 헌법위원회는 3인 이내의 전문위원을 둘 수 있으며, 법학사 이상의 학위를 소지한 자나 변호사 혹은 전임 헌법위원장 중에서 선임한다(헌규 제36조 4항).

헌법위원은 공천할 때 전국 5개 지역(서울강북, 서울강남, 중부·이북, 호남, 영남 지역) 중 1개 지역에서 2명을 초과하여 공천하지 못하며, 총회 폐회 후에 결원이 있으면 총회 임원회가 보선한다(헌규 제36조 5항).

Ⅳ. 해석질의와 유권해석의 효과

1. 기간진행 정지의 효력

재판 계류 중이나 질의 중일 때는 재판국 혹은 헌법위원회에 접수 일부터 기간의 계산이 중지되고, 선고나 답변서를 수령 후부터 계산되므로 재판이나 질의에 소요된 기간만큼 정해진 처리기간에서 자동 연장되는 것으로 본다(헌규 제36조 2항 후단).

2. 즉시시행의 효력

헌법해석 권힌 기관인 총회(폐회 중에는 헌법위원회)에서 해석한 건에 대하여 당사자나 해당기관은 지체 없이 시행하여야 하고, 총회 임원회는 즉시 질의한 기관에 통보해야 한다. 다만 통보하기 전에 이의가 있을 때는 총회 임원회는 헌법위원회에 재심의를 요구할 수 있다(헌규 제36조 3항).

3. 기속력(구속력)

유권해석이라 함은 권위 있는 기관에 의한 구속력(拘束力) 있는 법규의 해석방법을 말하며 해석하는 기관에 따라 입법해석, 사법해석, 행정해석으로 구분된다. 우리 교단의 경우에는 총회(폐회 중에는 헌법위원회)가 유권해석의 전권을 가지는 고로 입법, 사법, 행정해석을 모두 포함한다. 이러한 유권해석을 하기 위하여 문리(文理)해석, 논리(論理)해석 등의 학리(學理)해석을 도입한다.

그러나 재판과 유권해석과는 구별되어야 하는바 재판은 구체적 사건에 있어서 사실인정과 사실판단을 전제로 하여 법규를 적용하는 것이며, 유권해석은 구체적 사건 및 사실인정과는 관계없이 보편성, 타당성, 공정성, 추상성을 전제로 한 법규의 해석이며, 사실판단에 의한 법 적용이 아니고 법규 판단에 의한 법 해석인 점에서 서로 다르다.

신법인 헌법시행규정(헌규 제36조 1항)에는 종전의 연구, 해석의 기능에 추가하여 판단까지 규정하고 있어 이를 잘 나타내고 있다.

따라서 헌법위원회의 유권해석은 기속력(羈束力)을 가지고 있으며, 재판(사법)에 있어서 적용해야 할 규범의 하나이며, 집행(행정)에 있어서 규범이 됨은 당연하다. 그러나 그 규범이 새로운 입법이 되어서는 아니 된다. 새로운 입법은 총회(수의할 수 있는 노회를 포함)만이 할 수 있다.

4. 재판국 재심사유의 효력

권징 제124조(재심사유) 6항 "판결에 영향을 줄 수 있는 헌법위원회의 해석이 있을 때"에 의거 헌법위원회 유권해석의 결과에 따라 확정판결에 대하여 재심사유가 될 수 있어 재심청구를 할 수 있게 되었다. 재심청구는 헌법위원회의 유권해석을 받은 날로부터 30일 이내에 청구하여야 한다. 단 기간 내에 청구할 수 없는 특별한 사정이 있었을 경우에는 기간을 예외로 한다(권 제127조 후문). 판결에 영향을 줄 수 있어야 하므로 이 사유는 이른바 상대적 재심사유에 해당한다.

V. 총회재판국과의 관계

다음의 헌법질의와 유권해석의 답변으로 총회 헌법위원회와 총회 재판국과의 관계를 살펴본다.

헌법위원회는 "헌법기관인 재판국의 판결이 법률상 하위조직인 헌법위원회의 결정에 따라 좌우되는 것이 과연 헌법의 법리체계상 가능한 일인지, 헌법시행규정 제36조 3항의 위헌 여부 건은 ① 헌법에 의하여 조직, 구성되는 재판국, 기소위원회와 총회규칙에 의하여 조직, 구성되는 상임 부·위원회 간에 우열이 있을 수 없다. 재판국도 총회규칙 제11조에 의한 9개의 상임부서 중의 하나에 불과하다. 총회 임원회는 총회규칙 제39조에 의하여 조직, 구성되지만 총회의 최고 상설 집행기관 및 총회 폐회 후의 최고 의사결정기관인데, 헌법에는 임원회의 조직, 구성에 관한 규정이 없다. 그렇다고 하여 임원회를 헌법기관인 재판국의 하위기관이라고 말할 수 있겠는가? 권징 업무의 중요성을 감안하여 재판국과 기소위원회의 조직, 구성을 헌법에 규정하였을 뿐 헌법기관이라 하여 상위, 우위기관이 되는 것은 아니다. ② 유권해석이란 교단의 최고 권위 있는 기관에 의한 구속력(기속력) 있는 법규의 해석방법을 말하며, 해석하는 기관에 따라 입법해석, 사법해석, 행정해석으로 구분된다. 본교단의 경우 헌법위원회의 조직, 구성의 헌법적 근거는 헌법 제2편(정치) 제87조(총회의 직무) 4항, 제124조(재심사유) 6항 및 헌법시행규정 제36조(헌법해석의 질의시행 및 재심의 요구) 3항이며, 또한 위의 조항 및 헌법시행규정 제2조(용어), 제3조(적용범위) 2항, 제36조(헌법해석의 질의시행 및 재심의 요구) 1항 및 총회규칙 제14조 2항에 의하여 헌법위원회가 유권해석의 전권을 갖고 있으므로 입법해석, 사법해석, 행정해석을 할 수 있다. ③ 헌법시행규정 제36조(헌법해석의 질의시행 및 재심의 요구) 3항의 의미는 헌법위원회의 헌법 유권해석은 법적 구속력(기속력)을 갖는 의미를 선언한 것이며, 유권해석의 결과는 재판(사법)에 있어서 적용해야 할 규범(법적 잣대)이 되며, 행정에 있어서 집행의 기준이 된다는 의미이다. ④ 또한 헌법시행규정은 법 체계상, 법 형식상 헌법의 하위 법규임에는 틀림없으나, 헌법시행규정 제1조에 '위임된 사항과 그 집행에 필요한 사항을 규정하고 보완함으로써 타당한 법해석과 시행을 목적으로 한다.'는 의미에서 실질적으로는 헌법의 위임명령 및 집행명령뿐만 아니라 헌법 자신을 보완하는 의미도 갖고 있다. ⑤ 따라서 위 논리로 헌법시행규정 제36조 3항은 위헌이 아니다."라는 것으로 결의하다.[20]

위 헌법위원회의 헌법해석으로 총회재판국과 총회 헌법위원회와의 관계를 잘 알 수 있다.

제6장 헌법교리론과 인접 학문과의 관계

헌법교리론은 우리 교단 헌법 제1편에 편입, 규정된 교리의 규범을 해석하고 연구하고 체계화하는 이론 정립인데, 학문으로 접근한다면 헌법정치론과 헌법권징론 및 헌법예배예식론과 합하여 '교회헌법학'이 되며, 헌법교리론은 그것의 한 분야로써 '교회교리법학'이라 부를 수 있겠다. 보통 교회헌법학이라 하면 헌법정치론과 헌법권징론을 말하나, 이것은 협의의 교회헌법학이고 광의의 교회헌법학은 헌법교리론과 헌법예배예식론을 포함하여 말한다. 최협의의 교회헌법학은 헌법정치론을 의미한다.

밀접한 연관이 있는 인접학문인 교의신학(Dogmatic Theology) 또는 조직신학(Systematic Theology)과 다른 점은 존재(독. Sein)와 당위(독. Sollen) 및 사실과 가치의 차이점에서 찾을 수 있겠다. 헌법교리론(교회교리법학)은 당위와 가치를 추구하는 학문이며 교의신학은 하나님에 관한 성경의 진리와 지식 및 기독교의 교리(교의)의 존재와 사실을 그 연구 대상으로 하는 학문이다.

아무리 교리이 풍부한 발전적 학문의 성과가 있어도 헌법제정권력자가 우리 교단 헌법에 규범으로 편입시키지 않으면 헌법교리론과는 아무 관련이 없다. 교리 이론이 우리 대한예수교장로회의 최고 치리회인 총회의 본회의에서 적법 절차에 따라 제정 또는 개정되고 시행, 공고되지 않는 한, 그 교리는 어느 개인 신학자나 종교집단의 주관적 종교 체험에 관한 진술 표현에 불과하고, 나아가 객관적으로 학문의 성과물로 공인하더라도 우리 교단의 재판법규로써의 규범력은 없다 할 것이다.

---

20) 헌위 제92-2. 2007. 10. 19. 해석결의. 총회재판국과 총회 헌법위원회와의 법적 지위에 관한 건.

제2편 사도신경

제1장 사도신경의 역사

Ⅰ. 사도신경의 기원

사도신경(使徒信經, The Apostles' Creed, 라. Symbolum Apostolicum, Symbolum Apostololum, Apostolicam)은 고대 에큐메니칼 신조 중에서 가장 권위 있는 신조이며, 프로테스탄트 교회의 공중예배 시에 거의 사도신경을 암송해 왔으며, 신자의 개인 신앙생활의 신앙의 지침이요 신앙의 규범(라. Regula Fidei)으로 사용되어 왔다.

전설에 의하면 예수님 승천하신 후 10일째 되던 날 오순절 성령강림의 날에 12사도들이 성령의 감동을 받아 사도들이 돌아가면서 각자가 한 토막씩 말을 하니 12구절의 사도신경이 되었다고 한다. 그러나 학문적으로 볼 때 근거는 없으며 사도들에 대한 존경심의 발로와 신조의 권위를 위함이 아닌가 생각한다. 로렌조 발라(Lorenzo Valla)[1]는 그러한 전설이나 루피누스(Tyrannius Rufinus)[2]의 주장이 허위라

---

1) 1407~1457, 로렌티우스 발라 Laurentius Valla, 로렌티우스 발렌시스 Laurentius Vallensis , AD 15세기 르네상스 시대 인문주의자로서 대표적 문헌비평학자. 콘스탄티누스 기증장(Donatio Constantini)도 콘스탄티누스 대제(ConstantinusⅠ, 영. Constantine, 콘스탄틴)가 작성한 것이 아니고 AD 8세기에 위조된 것으로 밝혀냈다.

는 것을 밝혀냈다. 그러므로 사도들이 사도신경을 직접 썼기 때문에 사도신경이란 이름이 붙은 것이 아니라 사도들의 가르침(Apostolic Teachings)을 요약한 것이기 때문에 사도신경이라 부른다고 함이 타당하다.

오늘날 우리가 사용하고 있는 사도신경의 기원은 바울의 로마서를 기초로 하여 세례문답 교육을 위하여 AD 170~180년경 로마에서 사용하고 있던 로마신경(The Old Roman Creed, 라. Symbolum Romanum)이다. 이는 교인의 세례용이므로 세례신조(Baptismal Creed) 또는 세례신경이라고 한다. 이러한 문답식, 질문식의 신조(Interrogatory Creed)인 세례신조는 AD 215년 히폴리투스(Hippolitus)[3]의 「사도들의 전승」(Apostolic Tradition)[4]에 기록, 다음과 같이 보존되어 있다.

"당신은 모든 것을 주관하시는[5] 하나님 아버지[6]를 믿느냐? 당신은 예수 그리스도께서 하나님의 아들이시며, 동정녀 마리아에게서 성령에 의하여 나시고, 본디오 빌라도에게 십자가에 달려 죽으시고 (그리고 장사되어) 사흘 만에 죽은 자 가운데서 다시 살아나셔서 하늘에 오르시어 아버지 우편에 앉아 계시다가 산 자와 죽은 자를 심판하러 오실 것을 믿느냐?
당신은 성령과 거룩한 교회와 (몸의 부활을) 믿느냐?"[7]

---

2) 345?~410, Rufinus of Aquileia.
3) 170?~235, Hippolitos 또는 Hippolitus of Rome. 라틴 교부, 로마가톨릭의 최초의 대립 로마 감독(교황).
4) 「사도 계승」 또는 「사도적 전통」.
5) 나채운 전게서, p. 277. AD 200년 이레니우스(Irenaeus, 140-203, 이레네우스, 이레나이우스.) 신조에는 헬라어 $παντοκρατορα$인데, 이는 '전체, 모든 것을 지배, 통치, 주관하는'의 뜻이므로 라틴어 Omnipotentem(영. Almighty, 전능하사)과 대동소이하다. 나채운 전게서, p. 277. 정홍열 전게서, p. 87. '천지의 창조주' 대신에 '하늘과 땅과 바다와 그 안에 있는 모든 것을 만드신 분'으로 표현하고 있다.
6) AD 220년 테르툴리아누스(Tertullianus, 155/160-220, 영. Tertulian, 터툴리안) 신조에는 라틴어 In unicum DEUM으로 하나님만 있고 아버지라는 단어는 없다.
7) 이장식 전게서, p. 9. 허호익 전게문, p. 2. 총회교육자원부 전게서, p. 17. ( ) 안에 있는 글은 사본의 차이 때문이다.

Ⅱ. 사도신경의 형성

AD 336~341년경에 마르켈루스(Marcellus of Ancyra)[8]의 헬라어로 되어 있는 선언적, 고백적 신조와 AD 390년 서방교회에서 최초로 라틴어 사도신경의 본문을 작성하고 주석까지 붙인 루피누스(Rufinus)의 선언적, 고백적 신조에 이르기까지 조금씩 용어와 문장이 변경되면서 그 골격과 살이 발전, 형성되어 서방교회에서 사용되었으며, 다음과 같은 내용의 신앙 고백적 사도신경으로 마르켈루스의 신조 또는 루피누스의 신조라 부를 수 있다.

"나는 전능하신 하나님 아버지[9]를 믿으며,
그의 유일하신 아들 우리 주 예수 그리스도를 믿으니, 이는 성령으로 동정녀 마리아에게서 나시고, 본디오 빌라도에게 십자가에 못 박혀 장사 지낸 바 되시고, 사흘 만에[10] 죽은 자 가운데서 살아나시며, 하늘에 오르시어 아버지 우편에 앉으시고, 거기로부터 산 자와 죽은 자를 심판하러 오시리라.
성령과 거룩한 교회와 죄를 사하여 주시는 것과 몸(육체)의 부활을 믿습니다."

AD 2세기경의 로마신조와 비교하면 몇 가지가 변경 또는 추가되었다. '모든 것을 주관하시는'이 '전능하신'으로 변경되었으며, '아들'에 '유일하신'이란 수식어가, 그 외에도 '주', '사흘 만에', '거기로부터', '죄를 사하여 주시는 것'들이 추가되었다.

---

8) 연대 미상. 총회교육자원부 전게서, p. 17. John H. Leith 전게서, p. 23. Philip Schaff 전게서, pp. 15 - 16. 마르셀루스, 마르첼루스, 마르첼로, 헬라어 세례신경은 로마 감독(교황) 율리우스 1세(Julius Ⅰ, 재위 337 - 352)에게 바쳤다. 보통 AD 340년 또는 341년에 썼다고도 한다.
9) AD 340년 마르켈루스(Marcellus) 헬라어 신조에는 '아버지'가 빠져 있다.
10) '사흘 만에'(the third day)는 AD 220년 테르툴리아누스(Tertullianus) 신조에 처음 나타나고 그 전후의 신조에 없다가 AD 340년 마르켈루스 신조에 재등장하여 계속된다.

그 후 AD 6~7세기 현재의 사도신경과 거의 유사한 사도신경이 갈리아[11] 남부지방과 북아프리카 지역 등에서 형성, 사용되었다가 오늘날의 사도신경과 같은 결정적 표준 본문은 7~8세기에 확정되었다.[12]

AD 750년경에 피르미니우스(Pirminius)[13]의 사도신경의 본문(Text of Pirminius)이 서방교회의 표준(the Standard Form in the Western Church) 또는 공인원문(Forma Recepta)으로 채택되었다.

"나는 전능하신 천지의 창조주[14] 하나님 아버지를 믿습니다.
그의 유일하신 우리 주 예수 그리스도를 믿습니다.
그는 성령으로 잉태되어[15] 동정녀 마리아에게서 나시고, 본디오 빌라도에게 고난을 받아[16] 십자가에 못 박혀 죽으시고[17] 장사 지낸 바 되시고 음부에 내려가시며[18] 사흘 만에 죽은 자 가

---

11) 고대 로마시대 이탈리아 북부, 프랑스와 벨기에 전부, 네덜란드와 독일 및 스위스 일부 지역의 로마 속령을 말하나 주로 프랑스 지역을 뜻한다. Gallia, 영. Gaul.
12) 총회교육자원부 전게서, p. 18.
13) 나채운 전게서, p. 279에 피르미니우스 사도신경의 본문이 실려 있다. AD 8세기 독일 라이헤나우(Reichenau)의 베네딕투스(영. 베네딕트) 수도원 창설자, 대수도사. 라은성 전게문에 의하면「스카랍수스」(Scarapsus)라는 책자에 라틴어역 사도신경이 있으며 이는 수용된 형식(Received Form)으로 알려져 있다고 한다. 이순성 전게문에 의하면 AD 710~724에 쓴 '스카랍수스'라고 하는 '그리스도교 안내'에서 'Textus Receptus'라고 하는 사도신경이 발견되고 있다고 한다. 이장식 전게서, p. 10에 AD 700년경 현재 형식의 사도신경을 공적으로 채용한 사도신경 원본(Texus Receptus)은 AD 710~724년경에 나온 프리미니우스의 De singulus libris canonicis scarapsus라는 책에서 발견된 것이고, 이 신조가 로마교회에서 채택한 것이라고 한다.
14) '천지의 창조주'(maker of heaven and earth)는 AD 650년 갈리아 성례전서(聖禮典書, 라. Sacramentarium Gallicanum)에 보이기 시작한다.
15) '잉태되어'(was conceived)는 AD 550년경 유세비우스(Gallus Eusebius) 신조에서 처음으로 보인다.
16) '고난을 받아'(suffered)는 AD 400년 아우구스티누스(Augustinus, 354-430, 영. Augustine 어거스틴, Augustine of Hippo, 히포의 주교) 신조, AD 450년 니케타스(Nicetas of Remesiana, ?-?, 5세기 초 활동, 레메시아의 주교) 신조, AD 650년 갈리아 성례전서에 나타난다.
17) '죽으시고'(dead)는 AD 550년경 유세비우스 신조에 처음 등장한다.
18) '음부로 내려가시며'(He descended into hell)라는 문구가 AD 390년 루피누스의 아퀼레이아 신조에 등장하고, 루피누스의 로마 신조에는 이 말이 없으며

운데서 살아나시며 하늘에 오르시어 전능하신 하나님[19] 아버지 우편에 앉으시고 거기로부터 산 자와 죽은 자를 심판하러 오십니다.

성령과 거룩한 공[20]교회와 성도가 서로 교통하는 것과[21] 죄를 사하여 주시는 것과 몸이 부활하는 것과 영생을[22] 믿습니다."

AD 4세기의 신조보다 약 10가지가 더 추가되었다. '천지의 창조주', '잉태되어', '고난을 받아', '죽으시고', '음부에 내려가시며', '전능하신', '하나님', '공'교회, '성도가 서로 교통하는 것', '영생을'이 추가되었다.

그리고 범교회적으로, 범국가적으로 사용하게 된 것은 샤를마뉴 대제(Charlemagne)[23] 때이며 로마가톨릭교회의 예배 시에 공식적 신앙고백문으로 사용, 채택한 것은 오토 대제(Otto 1세)[24] 때이다.

사도신경이라는 이름은 암브로시우스(Ambrosius)[25]가 AD 390년에 로마 감독(교황) 시리키우스(Siricius)[26]에게 보내는 서신 중 "사

그 전후로 이 문구는 전혀 보이지 않다가, AD 650년경 갈리아 성례전서에 다시 도입되어 사용되다가 AD 750년 서방교회의 최종 확정본문에 나타난다.

19) '전능하신 하나님'(the Father Almighty)는 AD 550년경 유세비우스(Gallus Eusebius) 신조에 처음 나타난다.

20) 공교회의 '공'(catholic)은 AD 450년 니케타스(Nicetas of Remesiana) 신조에 처음 등장한다.

21) '성도가 서로 교통하는 것'(the communion of saints)은 AD 550년 유세비우스 신조에 처음 나타난다.

22) '영생'(the life everlasting)은 AD 390년 루피누스의 아퀼레이아 신조에는 없고 루피누스의 로마 신조로부터 그 후 계속하여 보인다.

23) 742~814, 재위 768~814, 독. Karl der Grosse, 카를 대제, 카를 I세, 프. Charles le Grand, 샤를 대제, 샤를 I세, 라. Carolus Magnus, 카롤루스 마그누스 대제. 총회교육자원부 전게서, p. 18. 프랑크왕국의 카롤링거 왕조 제2대 국왕, AD 800년 로마 교황 레오 3세(Leo Ⅲ, 재위 795 - 816)로부터 황제의 제관을 받아 왕조의 초대 황제가 되었다.

24) 912~973, 재위 936~973. 독일 작센 왕조 제2대 국왕, AD 962년 로마 교황 요안네스 12세(Joannes ⅩⅡ, 요한 12세, 재위 955 - 964)로부터 제국 황제의 제관을 받아 신성로마제국의 초대 황제가 되었다.

25) 340?~397, 영. Ambrose, 암브로스. 총회교육자원부 전게서, p. 18. 라틴 교부, 밀라노의 주교, 아우구스티누스에게 세례를 준 자로 전해져 온다.

제들의 가르침을 접하기 어렵다면…… 로마교회가 항상 보존하고 있는 사도신경을 접할 수 있을 것이다."에 처음으로 등장한다.

제2장 사도신경의 배경

Ⅰ. 사도신경의 사상적 배경

사도신경이 형성, 확정되기까지 많은 유사한 신앙고백이 있었고 이러한 것들이 사상적, 어휘적 배경이 되었으므로 적극적 배경이라 할 수 있다. 또한 많은 이단, 사이비 사상과 교리가 출현함으로 말미암아 이들을 척결하고 성경과 사도의 가르침에 입각하여 진리를 수호하며 복음의 순결을 유지하고 신자의 신앙고백과 교육을 위하여 사도신경이 필요하였으며, 따라서 이러한 이단사상이 자극적, 반사적 배경이 되었으므로 소극적 배경이라 할 수 있다.

1. 적극적 배경

역사적으로 사도신경의 형성, 확정에 영향을 끼친 신조들은 다음과 같이 열기할 수 있다.[27]

1) AD 170 이그나티우스(Ignatius)[28] 신조

이그나티우스는 AD 1세기 말에서 AD 140년경의 속사도시대의 속사도(사도교부, Apostolic Father)로서 이단인 유대복귀주의와 가현설(Docetism)을 공박하였으며, 신약성경이 구약성경의 완성임을 주장하였고, 그리스도의 인성(人性)을 주장했다. 또 보편교회(catholic Church)라는 표현을 처음 사용했다.

---

26) 재위 339~397, 이. Siricio, 시리치오.
27) 나채운 전게서, pp. 246-247.
28) ?~110?, 시리아 안티오크의 주교, Ignatius of Antiock.

2) AD 180 이레니우스(Irenaeus)[29] 신조

"이단 반박"(라. Adversus Haereses)이라는 저작을 통하여 이단인 영지주의(Gnosticism)를 반박하였다.

3) AD 200 테르툴리아누스(Tertullianus)[30] 신조

"마르키온 반박"(라. Adversus Marcionem)이라는 논문에서 이단인 마르키온주의(Marcionism)를 비판하고 또한 "발렌티누스 반박"에서 이단인 영지주의를 공박하였다. 그는 "프락세아스 반박"(라. Adversus Praxean)이라는 논문을 통해 프락세아스(Praxeas)의 삼위일체의 이단인 양태론(樣態論)에 대항하여 본질과 위격이라는 용어를 소개하면서 성부, 성자, 성령의 위격을 구별하고 본질은 동일하다는 '한 본체 안에 세 위격'이라는 삼위일체(Three Persons and One Substance, 라. Tres Personae et Una Substantia)를 주장했다.[31]

4) AD 230 오리게네스(Origenes)[32] 신조

「요한복음 주석」을 통해 영지주의를 논박했다.

5) AD 250 키프리아누스(Cyprianus)[33] 신조

「교회의 일치에 관하여」에서 교회의 통일성과 유일성을 강조하며, 교회의 분열은 박해보다 더 교회에 피해를 주며, 신앙을 타락시키며, 사탄의 장난이라고 말했다.

---

29) 140~203, 갈리아 루그두눔(프랑스 리옹) 주교, 초기 교부시대 헬라 교부.
30) 155/160~220, 영. Tertullian, 터툴리안, 카르타고 출신, 초기 교부시대 최초 라틴 교부, 말년에 이단인 몬타누스파에 기울어졌다. 최초로 라틴어 신학 작품과 수많은 라틴어 신학용어를 만들어 냈다.
31) 리재학, 윤종곤 18 전게서, p. 124. 이형기 I 전게서, p. 27. 정수영 I 전게서, p. 106. 노성기 전게문.
32) 185?~254, 영. Origen, 오리겐. 알렉산드리아 출신, 알렉산드리아의 클레멘트의 제자, 초기 교부시대 헬라 교부.
33) 200?~258, 영. Cyprian, 키프리안. 카르타고의 주교, 초기 교부시대 라틴 교부, 아프리카의 최초 순교자.

6) AD 250 노바티아누스(Novatianus)[34] 신조

「삼위일체에 관하여」(De Trininate)라는 저서를 통해 이단과 투쟁하여 정통 삼위일체의 교리를 요약하고 변호했다.

7) AD 270 그레고리우스 타우마투르구스(Gregorius Thaumaturgus)[35] 신조

이 신조에 "한 분 하나님이 계시니 산 말씀의 아버지요…… 한 분 주님이 계시니 유일로부터 유일이요 하나님으로부터의 하나님이요, …… 한 분 성령이 계시니 하나님께로부터 그분의 존립체를 가지고 계시며 성자에 의하여 나타나게 되었고…… 그 성삼위 안에는 아무 것도 피조된 것도 없고 노예적인 것도 없으며…… 성부에게 성자가 없었던 때도 없고 성자에게 성령이 없었던 때도 없다."[36]와 같이 삼위일체의 교리가 보인다.

8) AD 300 루키아누스(Lucianus)[37] 신조

9) AD 325 유세비우스(Eusebius)[38] 신조

10) AD 325 니케아(Nicaea)[39] 신조

AD 325년 로마 황제 콘스탄티누스 대제(Constantinus I)[40]가 소

---

34) 200?~258?, 영. Novatian, 노바티안, 로마 출신으로서는 최초로 라틴어로 작품을 쓴 로마 신학자, 대립 로마 감독(교황), 로마 황제 발레리아누스 때 순교.
35) ?~300?, 소아시아 폰투스 네오카이사리아(Neocaesarea)의 주교, 오리게네스의 제자.
36) J. N. D. Kelly 전게서, p. 152.
37) 240?~312, 루시아누스, 영. Lucian of Antioch.
38) 260?~340?, Eusebius of Caesarea, Eusebius Pamphili. 교회 역사의 아버지. 「교회사」(Ecclesiastical History)를 썼다.
39) 터키의 북서부에 위치, 현 지명 이즈니크(Iznik).
40) 280?~337, 재위 306~377, 로마제국의 서제(西帝)인 부황(父皇) 콘스탄티우스 1세(Constantius I, 재위 305-306)의 후계자로 서제에 추대 받고, 거의 같은 시기에 서제로 등장한 세베루스(Severus, 재위 306-307)와 막센티우스(Maxentius, 재위 306-312)와의 3인간 대립이 있었으나, 막센티우스는

집한 제1차 공의회인 제1차 니케아 공의회(First Council of Nicaea, 라. Concillium Nicaenum Primum)에서 니케아 신조(The Nicene Creed 라. Symbolum Nicaenum)를 채택하고, 예수는 신이 아니고 피조물이라고 주장하는 아리우스(Arius)를 이단으로 정죄, 추방하고, 삼위일체(Trinity, 라. Trinitas) 교리를 채택, 공인했다. 이 신조는 유세비우스 신조를 기초로 하여 작성되었다. 고대 5대 에큐메니칼 신조 중 하나이다.

11) AD 328 아리우스(Arius)[41] 신조

12) AD 341 마르켈루스(Marcellus)[42] 신조

13) AD 350 키릴루스(Cyrillus)[43] 신조

14) AD 359 아타나시우스(Athanasius)[44] 신조

「아리우스주의를 반박하는 연설」(*Orations against the Arians*) 4편과「아리우스주의 반박」(*Apology against the Arians*)이라는 저서를 통하여 삼위일체에 관한 아리우스의 이단 주장을 맹공하여 정통교리와 신앙을 변호, 확립했다. 고대 5대 에큐메니칼 신조 중 하나인 아타나시우스 신조는 작자 미상의 작품으로 아타나시우스의 사후에 그 누

그의 부황 막시미아누스(Maximianus, 재위 286-305)와 같이 세베루스를 진압, 처형하고, 콘스탄티누스 서제는 312년 밀비아누스교(橋, Milvianus Bridge, 영. Milvian, 밀비안) 전투에서 승리하여 막센티우스를 죽이고, 단독으로 서제가 되고 324년에 동제(東帝) 리키니우스(Licinius, 재위 308-324)에게 승리하여 그를 추방, 처형함으로 로마제국의 통일 황제가 되었다.

41) 250?~336, 알렉산드리아 대주교, 이단으로 정죄, 추방당하고, 다시 교회에 복귀, 타협신조에 동의했다.
42) 아퀼레이아 출신, 로마 사제와 아퀼레이아 수도원 활동으로 인해 두 가지 사도신경이 나왔다. 최초 사도신경 라틴어 작성.
43) 315?~386?, Cyrillus of Jerusalem, 영. Cyrill, 키릴 또는 시릴. 예루살렘 주교. 알렉산드리아의 키릴루스와는 별도의 인물이다.
44) 293?~373, 이집트 출신. 정통교리 수호자, 여러 황제로부터 5회 추방당했다. 니케아회의 시 부제(집사)이나, 회의 후 알렉산드리아 주교가 되었다.

군가에 의하여 작성된 다른 별개의 신조이며, 여기서 말하는 아타나시우스 신조는 그의 생존 시 그의 신앙과 사상을 담은 것을 말한다.

15) AD 374 에피파니우스(Epiphanius)[45] 신조

16) AD 381 니케아-콘스탄티노플[46] 신조

AD 381년 로마제국 황제 테오도시우스 1세(Theodosius Ⅰ)[47]가 소집한 제2차 공의회인 제1차 콘스탄티노플 공의회에서 채택한 이 신조(라. Symbolum Niceano Constantinopolitanum)는 니케아 신조(325)와 합하여 보통 '니케아 신조'라고도 부르기도 하며, '제1 콘스탄티노플 신조'라고 하기도 한다. AD 325년의 니케아 신조와 대동소이하나 성령론의 확장 및 완성과 교회론의 첨가가 이루어졌다. 아리우스는 성령 역시 성자와 마찬가지로 성부에 종속시켰으나, 아타나시우스의 주장이 채택되어 성령의 본질도 성자와 같이 성부와 동질이라는 정통교리를 확정하였다.[48]

17) AD 390 루피누스(Rufinus) 신조

루피누스 신조에는 아퀼레이아(Aquileia) 신조와 로마(Rome) 신조 두 가지가 있다. 전자에는 '전능하신' 앞에 '보이지 않으시고 고난을 받지 않으시는'(라. invisibilem et impassibilem)이란 말과 '음부에 내려가시며'(라. DESCENDIT in INFERNA, He descended into

---

45) 315?~403, Epiphanius of Salamis 또는 Epiphanius of Constantia, 살라미스 주교, 대주교. 오리게네스와 크리소스토무스와 신학논쟁을 한 것으로 유명하고 평생을 이단과 투쟁했다. 살라미스를 콘스탄티누스 2세(재위 337-361) 황제가 콘스탄티아라고 개명했다.
46) 콘스탄티노플은 터키의 흑해 입구 최대 도시, 고대 명 비잔티움(Byzantium), 현 지명 이스탄불(Istanbul).
47) 346~395, 재위 379~395, 테오도시우스 대제(大帝, The Great). 로마제국을 동로마제국과 서로마제국으로 분립시킨 황제. AD 392년 기독교를 로마제국의 국교로 삼으며 로마를 동부, 서부로 분할하여 통치하고 있던 제국을 AD 394년에 재통일하며, 사후 AD 395년 로마는 영구히 동서로 분리되었다.
48) 총회교육자원부 전게서, p. 50. 이형기 Ⅰ 전게서, p. 25.

Hell)라는 말이 있으나 후자에는 둘 다 없으며, 또한 후자에는 '영원히 사는 것'(라. vitam aeternam, the life everlasting)이 있으나, 전자에는 없는 차이점이 있다.

18) AD 400 아우구스티누스(Augustinus) 신조

19) AD 450 니케타스(Nicetas)[49] 신조
'니케아 사도신조 주석'과 '성령의 능력'을 통하여 정통 삼위일체 교리를 강조하고 성령의 피조성을 강조했다.

20) AD 451 칼케돈(Chalcedon)[50] 신조
AD 451년 동로마제국 황제 마르키아누스(Marcianus)[51]가 소집한 제4차 공의회인 칼케돈 공의회에서에서 칼케돈 신조가 채택되었다. 이 신조는 예수의 신성과 인성의 결합 상태에 관하여 신인양성과 위격의 단일성을 주장하고, 두 개의 본성은 한 위격(One Person)과 한 본체(One Hypostasis) 안에 보존, 역사한다고 함으로써 단성론(單性論, 일성론, 一性論, Monopysitism)을 주장한 유티케스(Eutyches)[52]를 이단으로 정죄하고 또한 양성론(兩性論, 이성론, 二性論)을 채택하고, 에페소스 공의회에서 이단으로 정죄된 네스토리우스(Nestorius)[53]의 주장인 두 개의 본성에 두 개의 위격(인격)을 배척했다.

21) AD 550 유세비우스(Gallus Eusebius) 신조

22) AD 553 제2 콘스탄티노플 신조
AD 553년 동로마제국 황제 유스티니아누스 1세(Justinianus Ⅰ)[54]

---

49) 레메니아 주교, 세르비아의 슬라브족을 복음화시켰다.
50) 터키 보스포루스 해협의 동부 해상도시, 현재 이스탄불의 한 구역, 현 지명 카디쾨이(Kadikoi).
51) 396~457, 재위 450~457, 영. Marcian, 마르시안.
52) 375?~454, 콘스탄티노플 대수도원장.
53) ?~451?, 콘스탄티노플 대주교.

가 소집한 제5차 공의회인 제2차 콘스탄티노플 공의회에서 채택한 이 신조는 칼케돈 신조에서 규정한 예수 그리스도의 양성일인격론(兩性一人格論)을 확인하였다.

23) AD 650 갈리아 성례전서

24) AD 680 제3 콘스탄티노플 신조

AD 680년 동로마제국 황제 콘스탄티누스 4세[55]가 소집한 제6차 공의회인 제3차 콘스탄티노플 공의회에서 채택한 이 신조는 예수 그리스도의 단의론(單意論, 일의론, 一意論)과 그 교리를 옹호했던 교황 호노리우스 1세(Honorius I)[56]를 이단으로 정죄하고, 그리스도는 하나의 인격에 신성과 인성의 양성에 의한 두 의지와 두 작용이 있다는 양의론(兩意論, 이의론, 二意論)을 정통 교리로 채택했다.

위의 여러 가지 신조의 긍정적, 적극적 영향을 받아 사도신경이 AD 750년경 확정되었던 것이다.

2. 소극적 배경

초대교회 사도시대에 성경에 의하면 시몬(Simon Magus, 행 8 : 9 - 24)과 니골라당(the Nicolaitans, 계 2 : 6, 14)과 같은 이단이 등장한다. 그 후 많은 이단사상이나 이단주의자들이 출현함으로 적극적으로 이단논쟁에 대항하고 반박하기 위하여 정통 교리가 발생하게 된다. 이러한 이단의 주장과 사상체계는 신조 등 기독교사상의 체계화에 자극제가 됨으로 인하여 사도신경의 작성, 형성에 소극적 사상 배경이 되었다. 사도신경이 형성, 확정되기까지 출현한 이단들은 다

---

54) 483~585, 재위 527~565, 유스티니아누스 대제(the Great) 영. Justinian. AD 534년 유스티니아누스 법전(라. Codex Justinianus) 편찬. 말년에 이단으로 기울어져 아프타르토(Aphtharto) 가현설에 빠졌다.
55) ?~685, 재위 668~685.
56) ?~638, 재위 625~638.

음과 같다.

1) 유대교적 이단

사도 바울이 이방 지역에 있는 유대인의 회당을 중심으로 하여 복음 전파를 주로 하였기 때문에 많은 유대인이 예수 그리스도를 믿고 그리스도인이 되었으나, 진리를 유대교적으로 이해를 하거나 유대교로 복귀하려는 자들이 발생하여 유대교적 분파인 이단이 나타난다.

(1) 나사렛파(the Nazarenes)

예수의 신성과 동정녀 탄생, 십자가의 죽음, 부활, 승천을 부인하며,[57] 단지 예수는 율법적 완전한 인간이므로 세례 요한으로부터 세례를 받을 때 예수는 스스로 신비체험 특별한 존재로의 인식을 하여 자신을 하나님의 아들 구세주로 자처하였다고 주장한다. 예수의 메시야자천설(自薦說), 예수인간설이 나사렛파에서 나오게 된다.

(2) 에비온파(the Ebionites)

이들은 믿음으로 의롭다 함을 받아 구원 받는 이신칭의(以信稱義)의 교리보다 율법을 행함으로 구원을 받는 율법주의를 신봉하며 또한 예수의 신성과 동정녀 탄생을 부인하는 이단의 집단이다. 이러한 사상을 에비온주의(Ebionism)라 하며 예수님 당시의 에세네파와 연관이 있다.[58]

(3) 엘카이파(the Elkesaites)

이들은 접신적(接神的) 신앙을 가진 유대적 기독교 신자들로서 유대인 엘카이(Elkai)[59]라는 자가 천사의 계시를 받고 주창한 데서 출

---

57) 에피파니우스(Epiphanius)와 제롬(Jerom)은 이들이 4세기까지 존재했었다고 증언하고 있다. 에피파니우스의 기록에 의하면 이들은 예수의 신성을 인정하지 않았다고 하며, 제롬의 기록은 이들이 예수의 신성, 동정녀 탄생, 죽음, 부활을 인정하고 있다고 한다.
58) 에비온은 히브리어로 가난한 자의 의미이며, 바울의 사도성을 부인하고 바울 서신을 인정하지 않으며 바울을 배반자라 부른다.

발한 집단이다. 고행과 금욕을 주장하고, 예수의 신성을 부인하며, 구약의 안식일을 지킨다.

2) 이교적 이단

(1) 영지주의

가. 영지주의의 의의
영지주의(靈智主義, Gnosticism)란 말은 헬라어 γνοσις(Gnosis) '그노시스'에서 나왔으며, 일반적 의미의 지식을 포함하여 신비적 합일을 통한 지식, 영적인 지식도 의미하고, 복음 이상의 특별한 신비한 지식을 통하여 구원을 얻을 수 있다는 주의를 말한다. 이러한 영지주의는 유대적인 종교적 요소, 헬라적인 철학적 요소, 동양적인 신비적 요소, 특히 페르시아의 조로아스터교(Zoroastrianism, 배화교, 拜火敎)와 기독교 교리를 혼합, 절충한 사상이다.

나. 영지주의의 기원
영지주의의 창시자는 사도행전에 성령을 베드로에게 돈으로 매수하려고 한 시몬 마구스라고 할 수 있는데, 이 자는 자신을 하나님의 현현이라고 주상하며, 그의 제자 메난더(Menander)는 유대교적 영지주의자라고 할 수 있고, 하나님의 초월성을 강조하면서 자신을 구세주라고 하였다. 사투르닐루스(Saturnilus)는 하나님을 최고의 신과 제2의 신으로 구별하며 창조주는 제2의 하나님이며, 그 구원자가 그리스도라고 하였다.
케린투스(Cerintus)는 기독교적 영지주의자라고 할 수 있고, 예수와 그리스도를 구별하여 예수는 인간으로 마리아와 요셉의 아들이

---

59) 엘카이는 AD 2세기 초에 활동하여 처음에는 동양철학에 심취하여 기독교인이 된 자인데, 2세기 말에 요단강 하류 사해 동편에서 집단생활을 하였으며 엘카이서를 저술하여 그 추종자들이 3세기 초에 로마에서 전도하였으나 쇠퇴, 소멸하였다.

며, 그리스도는 예수가 세례를 받을 때 내려온 신적 존재라고 주장하였다. 그러나 적극적 활동가요, 지도자는 바실리데스(Basilides)[60]와 발렌티누스(Valentinus)[61]이다.

다. 영지주의 사상
영지주의는 헬라 철학의 이원론에 사상적 근거를 두고 가현설을 주장하고, 금욕주의나 감각주의 또는 쾌락주의가 따르며, 유대주의를 배격하고, 성경보다 철학이나 동양의 신비주의 사상이 우위에 있다고 주장한다.[62]

가) 이원론(Dualism, 二元論)
영지주의는 세계를 영계와 물질계로 이원화하고, 선한 하나님은 영계를, 악한 하나님은 물질계를 지배한다고 한다.

나) 가현설(Docetism, 假現設)
영지주의는 물질을 죄악시하므로 그리스도의 육체 탄생을 부인하고 다만 잠시 인간의 몸을 입은 것으로 보일 뿐이며, 그리스도는 진짜 인간이 아니며 십자가에서도 죽지 않았다고 주장한다. 그리스도의 인성은 하나의 환영(幻影, Phantasm)에 불과하며, 예수와 그리스도를 분리시켜 예수는 요셉과 마리아의 아들로 단순히 사람이고 그리스도가 예수의 수세 시 내려오셨다가 십자가에서 예수를 떠나셨다고 한다. 이러한 가현설주의자를 도케테파라고도 한다.

다) 유출설(Emanationism, 流出說)
영지주의자는 최고의 선한 하나님으로부터 유출되어 신이 나오고, 그 신에서 긴 세대를 거쳐 또 신이 유출되어 나오고 마지막에 유출된 신은 저급한 신 데미우르고스(Demiurgos) 신이라 하여 이 자가 물질계의 조물주(造物主), 지배자이고 구약의 여호와 하나님이며, 최초 최고의 선한 하나님은 정신계(영계)의 창조주(創造主), 지배자이며 인간의 몸으로 성육신할 수 없다고 주장한다.

---

60) ?~?, 시리아 출신으로 AD 130년경 알렉산드리아에서 활동.
61) ?~?, 이집트 출신으로 AD 135년경과 165년경 로마와 알렉산드리아에서 활동하며 영지주의의 로마 학파와 알렉산드리아 학파를 창시했다.
62) 리재학, 윤종곤 18 전게서, p. 127. 정수영 I 전게서, p. 142.

(2) 마르키온주의((Marcionism)[63]

영지주의의 영향을 받은 마르키온[64]이 주창한 이단사상이다. 구약과 신약의 하나님은 각각 다른 신이라고 하며, 구약의 하나님은 심판의 하나님이며 물질계와 인간을 조물(造物)하고, 신약의 하나님은 사랑과 구원의 하나님이며 영적 세계를 창조(創造)했다고 한다.

(3) 마니교(Manichaeism)[65]

마니교는 AD 3세기에 페르시아에서 빛의 사도라고 하는 마니(Mani)[66]가 창시한 이원론적 종교운동이다. 마니는 조로아스터교, 불교, 기독교의 계시의 진리를 부분적으로 통합하여 세계적인 보편종교를 만들려고 했다. 진리에 대한 영적인 지식 '그노시스'를 통하여 구원에 이른다는 영지주의적 이원론적 사상을 주장하며, 예수는 실제 현실의 인간이 아니고 환영(幻影)이라고 함으로써 기독교의 구원론과 기독론의 기본교리를 부인했다. 마니교는 페르시아의 조로아스터교의 요소를 많이 받아들이면서 기독교적 요소도 있으므로 기독교의 이단이라고 할 수 있다. 그러면서도 워낙 엄격한 조직과 제도 및 철저한 금욕주의의 교리로 인해 하나의 독립된 종교라고도 할 수 있다.

3) 기독교직 분파

(1) 몬타누스주의(Montanism)[67]

몬타누스주의는 AD 2세기 중엽 소아시아 프리기아[68]의 기독교교회

---

63) 마르시온주의, 마르시온파. 정수영 I 전게서, pp. 143-145.
64) 85?~160?, 소아시아 폰투스(Pontus) 시노페(Sinope) 출신, Marcion of Sinope(시노페의 마르키온). 스스로 사도 바울의 제자라고 했다.
65) 아우구스티누스(어거스틴)도 청년시절 마니교에 심취한 적이 있다.
66) ?~?, 바빌로니아 남부(지금 이라크) 출신, Manes, 마네스, Manichaeus, 마니케우스.
67) 몬타누스파. AD 165년경 입신상태에 들어가고 성령의 감동을 받아 예언을 하기 시작했다고 한다. 테르툴리아누스도 말년에 몬타누스파에 빠졌는데, 유스티니아누스 황제가 국법으로 금지시켰다.

에서 몬타누스(Montanus)[69]가 일으킨 기독교의 분파로서의 이단운동을 일컫는다. 예수님이 보내시기로 약속한 진리의 영 보혜사는 몬타누스와 다른 두 여인 프리스킬라(Priscilla)와 막시밀라(Maximilla)를 통하여 말씀하신다는 신비주의운동이며, 재림의 임박을 역설하고 금식과 순교, 재혼금지 등을 주장하여 말세사상과 금욕주의에 빠졌다. 교회의 순결을 지나치게 강조한 기독교적 분파이다.

(2) 노바티아누스주의(Novatianism)[70]
노바티아누스주의는 AD 3세기 중엽 로마에서 노바티아누스(Novatianus)가 주창한 기독교의 분파로서 이단운동으로 몰린 주의이다. 교회의 순결을 유지하기 위하여 회개와 용서가 필요하나, 용서받을 수 없는 중죄로 성령훼방, 배교, 우상숭배, 살인, 음행 등을 들고, 특히 박해 시 배교한 자는 절대적으로 교회가 받아들일 수 없다는 엄격주의를 취하는 기독교적 분파이다. 배교자들에 대한 온건파인 키프리아누스(Cyprianus)와 코르넬리우스(Cornelius)[71]에 의하여 이단으로 정죄되었다. 그러나 신학적으로 볼 때 어떤 면에서는 정통파로 볼 수 있고, 특히 "삼위일체에 관하여"(De Trinitate)라는 변증서를 써서 그 당시 이단에 대항하고 삼위일체 교리를 요약, 변호했다는 점에서는 정통이라 할 수 있다.

(3) 도나투스주의(Donatism)[72]
도나투스주의는 AD 4세기 초 북아프리카 카르타고에서 도나투스(Donatus)[73]가 주창한 기독교의 분파로서의 이단운동으로 몰린 주의이다. 교회의 엄격한 규칙의 적용과 교인의 순결 유지를 강조하며,

---

68) Phrygia, 터키 아나톨리아 중서부 지역의 고대 터키의 왕국 및 지역명, 프리지아. 사도행전 2 : 10에 나오는 브루기아를 말한다.
69) ?~?, AD 156년경 프리기아에 나타났다.
70) 노바티안주의, 노바티안파.
71) ?~253, 재위 251~253, 로마 감독(교황).
72) 도나투스파, 도나티즘.
73) ?~355, 카르타고 감독.

배교자는 절대적으로 교회에 재영입되어서는 안 되며, 배교한 성직자가 베푼 세례는 무효이어서 재세례를 받아야 한다는 기독교적 분파이다. 세례는 사람이 베풀지만 하나님의 이름으로 받는 것이므로 베풀어진 세례의 유효성을 주장한 아우구스티누스와의 논쟁으로 인하여 도나투스는 이단으로 정죄되었지만 신학적으로 이단 판단은 노바티아누스와 마찬가지로 문제가 있다고 본다.

4) 신플라톤주의(Neo Platonism)[74]

신플라톤주의는 플로티노스(Plotinos)[75]와 프로클로스(Proclos)[76]가 헬라 철학자 플라톤(Platon)[77] 사상을 바탕으로 하여 동양사상을 가미한 사상이다. 기독교에 영향을 미친 플라톤의 사상은 이원론과 영혼불멸설이다. 특히 인간의 영혼선재설(靈魂先在說)을 주장하여, 즉 영혼의 불멸과 비물질성, 그리고 영원한 생명력을 주장하고, 육체는 사후 소멸된다고 하여 기독교의 몸과 영혼의 신령한 부활의 교리와 배치된다.

위와 같이 사도시대로부터 속사도시대를 거쳐 AD 2세기 중엽부터의 초기 교부시대에 이르기까지 유대적 율법주의, 유대교 복귀주의, 영지주의, 이단 또는 이단과 유사한 기독교 분파주의, 동양의 신비주의, 헬라 철학인 신플라톤주의의 공격과 자극으로 기독교는 많은 시련을 겪었다. 그로 인하여 초대교회는 날로 성장하고 교회와 복음과 진리와 신자의 신앙을 수호하기 위하여 각종 신조가 나오게 되었으며, 종국에는 사도신경이 완성되었던 것이다.

---

74) AD 13세기 토마스 아퀴나스가 출현할 때까지 플라톤 사상이 기독교에 큰 영향을 미쳤다. 알렉산드리아의 클레멘트, 오리게네스, 특히 아우구스티누스의 신학사상에 크게 영향을 주었다. 신플라톤주의자들은 자신들을 플라톤주의자라 칭한다.
75) 205~270, 영. Plotinus, 이집트 출신.
76) 410?~485, 영. Proclus, 그리스의 마지막 철학자.
77) BC 428/427~348/347, 영. Plato, 고대 그리스 아테네 출신.

Ⅱ. 사도신경의 정치적 배경

자유와 민주주의는 피를 먹고 산다는 말이 있듯이 우리 기독교도 로마제국으로부터 공인될 때까지 예수 그리스도께서 십자가 위에서 피를 흘리신 이후, 로마제국의 많은 박해와 고난을 받아 믿음의 선진들이 순교하여 피를 흘렸으며, 공인 전이나 후에나 이단교리 논쟁으로 인하여 비록 이단자의 나쁜 피지만 흘리게 했으며, AD 590년 그레고리우스 1세 때부터 AD 1517년 마르틴 루터의 종교개혁의 때까지 약 천 년간 로마가톨릭교회가 얼마나 많은 피를 이 지상에 뿌리게 했던가? 특히 AD 11~13세기에 걸친 십자군전쟁은 피아를 불문하고 예루살렘 일대를 피로 물들게 하지 아니했던가?

종교개혁 후 신구교 간의 대학살 전쟁인 36년간의 프랑스 위그노 전쟁(1562-1598), 80년간의 네덜란드독립전쟁(1568-1648, 80년 전쟁), 독일을 중심으로 한 유럽의 30년전쟁(1618-1648)은 서유럽 대륙을 처참하게 서로가 예수 그리스도의 이름으로 피로써 붉게 물들이지 않았던가? 이제 지금은 교단 내부에서도 교권투쟁으로 인하여 눈에 보이지 않는 피를 흘리고 있지 않은가? 기독교가 공인될 때까지 그 흘린 피 가운데 진실로 값진 피, 순교의 피는 라틴 교부 테르툴리아누스가 "순교자의 피는 그리스도교인의 씨앗"이라고 말했듯이 이 거룩한 피의 역사를 살펴봄으로써 신앙의 규율인 사도신경의 생성을 알 수 있을 것이다. 로마제국의 10대 기독교 박해사건은 다음과 같다.

(1) 네로(Nero) 황제[78]

AD 64년에 로마 대화재사건을 기독교인의 방화로 인한 것이라 하여 박해를 하였다. 이때 베드로, 사도 바울이 순교했다고 전해진다.

---

78) 37~68, 재위 54~68.

(2) 도미티아누스(Domitianus) 황제[79]

AD 90?~96년에 기독교인의 황제숭배 거부를 이유로 로마와 소아시아에서 일시적, 산발적으로 박해를 하였다. 이때 로마의 클레멘트가 순교하고 사도 요한이 밧모 섬으로 유배를 갔다.

(3) 트라야누스(Trajanus) 황제[80]

AD 98~117년 재위기간 동안에 계속하여 기독교인을 박해했지만 로마의 5현제(賢帝)시대의 두 번째 현제로서 "그리스도인을 수색하지 말고 고발된 자들만 처벌하며 그중에서도 배교자는 용서하라."는 비니티아폰투스 총독[81]의 질의서에 회신한 기록을 볼 때, 일제시대처럼 강제수색을 통한 체포, 구금 등은 안 했으며 "익명의 고발은 어떤 법적 가치도 없다."고 답변했던 것을 보아 현제다운 황제인 것을 알 수 있다. 영국의 역사가 기번(Edward Gibbon)[82]은 5현제시대를 가리켜 '인류사상 가장 행복한 시대'라고 찬양했으나, 5현제 중 세 사람의 황제가 다 기독교를 반인륜적, 반국가적 종교로 단정하고 전국적으로 조직적으로 박해를 했으니 현제의 이름이 무색하다 하겠다. 이때 이그나티우스가 순교했다.

(4) 하드리아누스(Hadrianus) 황제[83]

AD 117~138 재위기간 내내 박해를 하였으나 트라야누스 황제의 황제숭배정책을 답습했다. 이때 텔레스포루스(Telesphorus)[84]가 순

---

79) 51~96, 재위 81~96, 영. Domitian, 도미티안. 자신을 '주님이며 신'(dominus et deus)이라고 부르게 했다.
80) 53~117, 재위 98~117, 영. Trajan, 로마 5현제시대의 두 번째 황제.
81) 소아시아 북부 해안에 있는 로마 속주의 총독 플리니우스는 황제와 서신으로 질의, 회신한 것이 그의 서한집에 보존되어 있다.
82) 1737~1794, 「로마제국의 쇠망사」를 쓴 작가.
83) 76~138, 재위 117~138, 영. Hadrian, 로마 5현제시대의 세 번째 황제, 제국의 영토가 사상 최대로 광대하여짐으로 인해 하드리아누스방벽, 게르마니아 방벽을 구축한 것으로 유명하다.
84) ?~136, 로마 감독(교황, 재위 125?-136), 베드로 다음 두 번째 순교한 것으로 인정받는다.

교했다.

(5) 마르쿠스 아우렐리우스(Marcus Aurelius) 황제[85]

AD 161~180 재위기간 내내 박해가 있었으나 초기에는 매우 관대했으며 나중에는 참혹한 고문, 맹수의 밥으로 박해가 극심했다. 5현제 중 선대 황제 네 사람이 양자에게 제위를 물려줌으로 양자 황제로서 현제라고 칭하나 이 자만이 자기 아들에게 제위를 물려준 점으로 보아 현제나 철학자답지 못하다. 그는 기독교를 사상적으로 배격한 스토아주의자이면서 또한 천재지변이나 자연재해까지 기독교인들 때문이라고 비난하였던 것을 볼 때 사색가의 명상이 아깝다는 것을 느낀다. 이때 유스티누스(Justinus)[86]와 폴리카르포스(Policarpos)[87]가 순교했다.

(6) 셉티미우스 세베루스(Septimius Severus) 황제[88]

AD 202~211년에 기독교인을 박해했으나, 다른 황제 때보다 관대했으며, 기독교로의 개종을 금지했다. 이때 이레니우스가 순교했다.

(7) 막시미누스 트락스(Maximinus Thrax) 황제[89]

AD 235~236년 암살당한 전임 황제를 지지했다는 이유로 박해하여 기독교 성직자를 처단하라는 칙령을 선포했다. 이때 히폴리투스가 순교했다.

---

85) 121~180, 재위 161~180, 5현제시대의 마지막 황제, 스토아 철학자, 「명상록」의 저자.
86) 100?~165?, 영. Justin Martyr, 순교자 저스틴, 헬라 철학의 거목, 기독교 변증가, 역사신학의 토대 마련.
87) ?~?, 영. Polycarp, 폴리캅, 스미르나(Smyrna, 오늘날 이즈미르, Izmir, 성경에 나오는 서머나) 주교, 그의 순교에 대하여 역사가 유세비우스가 쓴 교회사에 의하면 AD 167/168으로 보고 있다.
88) 145~211, 재위 193~211, 로마제국의 세베루스 왕조 창시자, 최초 흑인 황제.
89) ?~238, 재위 235~238, 로마제국의 군인황제시대의 첫 번째 황제, 최초 사병 출신 황제.

(8) 데키우스(Decius) 황제

AD 249~251년 재위기간 내내 최초로 제국의 전역에 박해를 하며, 황제숭배를 강요하고, 신전에 제물을 관리가 보는 데에서 바치도록 하였다. 제사증명서인 '리벨루스'(라. Libellus)를 발급하게 하여 통행증으로 대용하게 하고 전국적으로 대대적으로 박해를 하며 기독교 파멸정책을 썼다. 이때 예루살렘의 알렉산더가 순교했다. 데키우스 황제가 죽은 후 갈루스가 황제의 제위를 차지하여 계속 기독교인을 박해했다.[90]

(9) 발레리아누스(Valerianus) 황제[91]

AD 257~260년 기독교인의 재산을 몰수하고, 공민권을 박탈하고, 집회를 금지하며, 2년 전 선대 황제 데키우스의 기독교 박멸정책을 더욱 강화했으며 지금까지의 박해 중 가장 최악의 박해라고 말할 수 있겠다. 이때 오리게네스, 키프리아누스, 노바티아누스, 식스투스 2세(Sixtus Ⅱ)[92]가 순교했다. 그의 아들 갈리에누스(Gallienus)[93]가 제위를 계승하면서 칙령을 내려 기독교를 AD 303년 디오클레티아누스 황제가 다시 기독교 탄압을 하기까지 43년간 '합법적인 종교'(라. Religio Licita)로 인정하였다.

네로의 박해로부터 실로 약 200년 만에 기독교에 평화가 찾아왔던 것이다. 그러나 이 평화의 시기에 박해받을 때의 신앙과 교회의 순수성은 무너지고 각종 이단사상과 동양의 신비주의와 헬라 철학이 교회에 들어와 교회는 교리논쟁으로 혼란에 빠졌으니 하나님 아버지께서 박해를 중단시키지 마시고 출애굽시대에 바로의 마음을 강퍅하게 하시듯이 로마 황제의 마음을 계속 강퍅하게 하시는 것이 더 좋지 않았나 생각해 본다.

---

90) 201?~251, 재위 249~251, 군인 황제.
91) ?~260, 재위 253~260, 군인 황제, 페르시아와의 전쟁에서 포로가 되어 페르시아 황제 샤푸르 1세의 말 발등 노예생활을 하다가 죽었다.
92) ?~258, 재위 257~258, 로마 감독(교황).
93) 218?~268, 재위 253~260 부황과 공동 황제, 260~268 단독 황제.

(10) 디오클레티아누스(Diocletianus) 황제[94]와 갈레리우스(Galerius) 황제[95]

AD 303~311년 로마제국의 기독교에 대한 최대, 최악, 최종의 박해이다. 디오클레티아누스는 칙령을 선포하여 교회의 파괴, 성경의 분서(焚書), 교인의 직분박탈, 성직자 투옥 등을 하게 했다. 그가 퇴위하고 동부 지역의 제위를 계승한 갈레리우스도 계속 기독교를 핍박하다가 중병에 걸리자 AD 311년 기독교인에 대한 관용 칙령을 내렸다. 그의 조카 막시미누스 다이아(Maximinus Daia)[96]가 갈레리우스의 관용정책을 수용하는 척하면서 박해를 하여 기독교인의 추방, 반기독교의 학교교육 등을 강요하다가, AD 313 죽기 전에 몰수 재산을 반환하고 관용정책을 썼다.

로마제국의 기독교 박해는 AD 64년 네로의 박해로부터 도미티아누스의 박해까지는 제1기 박해로 박해가 지역적, 산발적, 우발적이고, 약 AD 100년경 트라야누스의 박해에서 군인 황제 막시미누스의 박해까지는 제2기 박해로 그 성격을 달리하여 기독교를 반국가적, 반인륜적 범죄로 보고 박해를 한 것이고, AD 250년경 데키우스의 박해에서 마지막 박해까지는 제3기 박해로써 전국적으로 기독교의 박멸, 파멸정책으로 종교 자체를 말살하려고 한 것임을 알 수 있다.

우리는 이러한 역사적 박해를 통하여 하나님의 경륜과 섭리를 느낄 수 있다. 새벽이 오기 전에 어둠이 가장 짙으며, 무엇이든지 때가 치야 한다는 것, 시련과 고통, 고난이 없이는 영광도 없다는 것, 오랜 기다림과 오랜 인내 없이는 승리가 없다는 것, 겨울보리는 밟아야 뿌리의 활착이 좋고 봄에 잘 자란다는 것을 다시 한번 되새길 필요가 있다는 것을 느낀다.

---

[94] 245~316, 재위 285~305, 무질서와 하극상과 쿠데타의 군인황제시대를 종식한 황제, 제국을 동서(東西)로 2인의 황제를 두어 통치하는 이분통치(二分統治)를 하다가 각각 정제(正帝, Augustus) 밑에 부제(副帝, Caesar)를 두는 사분통치(四分統治, Tetrachy)를 했다.

[95] ?~311, 재위 305~311, 293년 동부 정제 디오클레티아누스의 부제로 있다가 그가 305년 퇴위하자 동제로서 정제가 되었다.

[96] ?~313, 재위 310~313, 305, 동부 정제 갈레리우스의 부제로 있다가 정제되었다.

교회의 순수성과 교인의 신앙의 순결성을 지키기 위하여 사도신경이 작성되고 변천 형성되는 데 있어서 이러한 박해가 그 정치적 배경이 되었다고 할 수 있다.

Ⅲ. 사도신경의 교리적 배경

종교학의 신론에 관하여는 유일신론(Monotheism), 단일신론(Henotheism), 다신론(Polytheism), 이신론(理神論, Deism, 자연신론, 초연신론, 超然神論), 범신론(Pantheism, 범일론, 汎一論, 만유신론), 범재신론(汎在神論, Panentheism, 만유내재신론, 萬有內在神論) 등이 있으나, 기독교 신론은 이 중 어느 하나에도 속하지 아니하는 삼위일체의 신론을 믿고 불변의 진리로써의 교리를 삼고 있다. 만일 이 교리의 전부나 일부를 부인하거나 또는 왜곡할 때는 이단이 된다. 그 어느 종교나 교리, 사상에서 볼 수 없는 독특하고 신비한 교리이다. 기독교 신관은 유대교의 유일신 사상에서 출발했으나 유일신론과는 그 본질이 다르다. 마태복음 28 : 19의 우리 주님의 마지막 지상명령(至上命令)인 "그러므로 너희는 가서 모든 민족을 제자로 삼아 아버지와 아들과 성령의 이름으로 세례를 베풀고……" 또 고린도후서 13 : 13의 사도 바울의 축도인 "주 예수 그리스도의 은혜와 하나님의 사랑과 성령의 교통하심이 너희 무리와 함께 있을지어다"를 보면 아버지와 아들과 성령의 관계는 무엇인가에 관하여 필히 교리적 논쟁이 나올 수밖에 없다. 이러한 교리논쟁을 거침으로 인하여 사도신경이 결정적으로 형성, 완성되며, 신경의 교리적 배경이 되어 신앙의 규율이 되니, 결국에는 이단 판별의 기준이 되는 것이다.

1. 니케아 공의회 전 삼위일체

1) 초기 교부의 삼위일체론
사도시대의 사도들, 속사도시대의 사도교부들, 변증가시대의 변증가들에게 삼위일체교리에 관한 분명하고도 확고한 인식은 없었다.

(1) 이레니우스

초기 교부시대에 들어와서 폴리카르푸스(Polycarpus)의 제자이며, 헬라 교부의 시조라 할 수 있는 이레니우스(Irenaeus)는 하나님은 한 분이나, 세상의 경륜(經綸, Economy)을 위하여 로고스는 성자로, 지혜는 성령으로 생성(生成, Generation)되었다고 함으로 삼위일체교리의 냄새를 조금 맡을 수 있으나, 성자 성령의 위격에 관한 확실한 언급이 없다.

(2) 테르툴리아누스

라틴신학의 창시자라 할 수 있는 라틴 교부 테르툴리아누스(Tertullianus)가 처음으로 '한 본체 안에 세 위격'(Three Persons and One Substance, 라. Tres Personae et Una Substantia)이라는 용어를 사용함으로 삼위일체의 공식을 시도하여 삼위일체교리의 기초를 낳았다. 'Persona'는 위격(位格), 인격, 품격으로 번역하고, 'Substantia'는 본체, 본성, 실체로 번역한다. 그러나 성부는 본질의 전부이고 성자는 본질의 일부라고 하여 그리스도종속설(從屬說, Subordinationism)을 취하고 있다.

(3) 오리게네스

알렉산드리아의 클레멘트의 제자이며 헬라신학의 기초를 낳은 오리게네스(Origenes)는 로고스(Logos)는 성부와 같은 실체로서 신성을 인정하며, 아버지와 로고스는 두 인격이면서 한 하나님이나 아들은 아버지에게서 생성되었으므로 아버지에게 복종하고 아버지에게 속한다고 하며, 성부는 성자에게 신성을 주되 성부의 신성인 ὀθεος (호데오스, 유일신)를 전해 주지 않고 θεος(데오스, 일반적인 신)라는 신성을 주었고, 또한 성자는 성부에 의하여 영원 생성(Eternal Generation)되었다고 하였다. 또한 아들이 아버지에게 종속됨과 같이 성령은 아들에게 종속되었다고 한다. 성자의 영원생성설은 삼위일체교리의 확립에 크게 공헌하였다. 그러나 이 주장은 부분적으로 타당성이 있을 뿐이고, 또다른 부분에서 볼 때 그리스도종속설에서 벗어날 수 없는 부분이 있어서 부당하다.

2) 군주신론

군주신론(君主神論, Monarchianism)이란 하나님은 한 분이라는 것을 강조하는 사상으로 단일신론(單一神論)으로 번역하기도 한다. 'Monarcha'(영. Monarch)는 군주, 독재적 통치자의 뜻이므로 군주신론이라고 하는 것이 정확한 번역이다. 즉, 하나님이 군주처럼 그리스도와 성령을 지배한다는 의미이다. 단일신론의 종교학적 개념은 여러 신들 중에서 한 신을 주신(主神)으로 또는 집중적으로 섬기는 사상을 말하므로 그럴 때의 단일신론(Henotheism)과는 구별할 필요가 있어 군주신론이라 함이 좋겠다. 이 군주신론에는 두 가지로 나뉜다. 그 하나는 역동적(力動的) 군주신론(Dynamic Monarchianism)이고, 또 하나는 양태적(樣態的) 군주신론(Modalistic Monarchianism)이다.

(1) 역동적 군주신론

① 테오도투스(Theodotus)[97]가 처음 주장하였으며, 그는 선한 그리스도가 세례를 받을 때 하나님이 자신의 신적 능력을 부여하고 양자를 삼았다고 한다. 그러하기 때문에 그리스도양자론(養子論, Adoptionism)이라고 한다.

② 사모사타 바울(Paul of Samosata)[98]은 예수 그리스도가 세례를 통하여 하나님의 양자가 되고, 십자가상의 희생과 부활을 통하여 하나님이 그에게 신성을 부여했다고 한다.

③ 이 양자론은 안디옥의 루키아누스(Lucianus)[99]와 그의 제자 아리우스에게 전수되고 이 자들은 예수는 하나님의 피조물이고 성부보다 열등하다고 주장하며, 아리우스나 니코메디아의 유세비우스도 이들을 추종하고 특히 아리우스가 이 양자론을 가장 발전시킨 이단이

---

97) Theodotus of Byzantium, 비잔티움의 데오도투스, 라오디게아 감독.
98) 200~275, 사모사타 감독(260-270), 터키 남동부의 지역, 현 지명 삼사트(Samsat), 안디옥 지방종교회의에서 이단 정죄를 받았다.
99) 240?~312, 영. Lucian of Antioch, 사모사타 출신, 로마의 기독교 마지막 박해 막시미누스(Maximinus) 황제 때 순교하였다.

므로 이를 추종하는 자들을 아리우스주의자(Arian)라 하고, 이러한 사상을 아리우스주의(Arianism, 라. Arianismus)라 한다. 이러한 주장은 그리스도의 신성(神性)을 부인하는 설에 속한다.

(2) 양태적 군주신론

노에투스(Noetus)[100]와 프락세아스(Praxeas)가 초기 대표 주창자이며, 노에투스의 제자 에피고누스(Epigonus), 에피고누스의 제자 클레오메네스(Cleomenes)[101]를 거쳐 이 주장을 체계적으로 집대성한 자가 사벨리우스(Sabellius)[102]이다. 그래서 이 사상을 사벨리우스주의(Sabellianism)라고 한다.

① 노에투스는 한 하나님 아버지만 계시고 아버지는 아버지가 기뻐하시는 대로 자기 자신을 나타내셨고, 아들은 다만 하나님의 명칭일 뿐이고 아버지가 자신을 세상과 사람들에게 계시하셨다고 한다.[103]

② 프락세아스는 아버지와 아들은 하나의 동일한 위격이며 아버지 자신이 사람이 되어서 그리스도 안에서 굶주리고, 목마르고, 고통받고 죽으셨다고 한다.[104] 이를 가리켜 성부수난설(聖父受難說, Patripassianism)이라 한다. 프락세아스가 누구인가는 모르나, 테르툴리아누스가 AD 213년에 쓴 '프락세아스 반박'에서 삼위일체론을 주장하여 그를 공박하였다.

③ 사벨리우스는 이러한 주장들을 철학적으로 체계화한 자로 성부는 본질이고 성자와 성령은 자기표현의 양태(樣態, Modes), 양식(樣式)이라고 하며, 창조주이며 입법자인 신성의 성부가 먼저 자신을 성자로서 구원을 위하여 나타나셨고 그 다음에 성령으로 발사되어 감동과 은혜를 베푸셨다고 한다.[105] 이 주장을 간단히 양태론(Modalism)

---

100) ?~?, Noetus of Smyrna, 서머나 감독, 로마 감독(교황) 제피리누스(Zephyrinus, ?-217, 재위 199-217) 때 활동한 사람이다.
101) J. N. D. Kelly 전게서, p. 140.
102) ?~?, 217~220년경 로마에서 활동, 로마 감독(교황) 칼리스투스(Callistus, 재위 217-222/223) 때 활동한 사람이다.
103) Bethune-Baker 전게서, p. 104.
104) Philip Schaff Ⅱ 전게서, p. 577.
105) J. N. D. Kelly, pp. 141-142.

이라 부른다. 이러한 모든 주장들은 그리스도의 인성(人性)을 부인하는 설에 속한다.

삼위일체의 예증으로 태양과 물을 드는 경우가 있는데, 즉 태양은 성부이고, 태양에서 나오는 빛은 성자라 하고, 열은 성령이라 하며, 또 물은 성부로 얼음은 성자로, 수증기는 성령으로 비유하여 설명한다. 이는 양태론에 의한 예증으로 볼 수 있어 위험한 발상이다.

2. 니케아 공의회 시 삼위일체

1) 아리우스와 아타나시우스와의 논쟁

(1) 아리우스(Arius)의 주장
① 성부 하나님은 시종이 없고 홀로 영원하신 유일한 존재이시다.
② 아들은 최초의 피조물이며 신성은 불가분, 불변이고 성자는 하나님과는 상이본질(相異本質, ἑτερούσιος, 헤테로우시오스)이므로 성자는 완전한 하나님이 아니다.
③ 그리스도의 영은 사람의 영이 아니고 로고스(λογος)이므로 성자는 완전한 인간이 아니다.
④ 성령도 하나님의 피조물이다. 그러므로 그리스도는 참신도 아니고 참인간도 아니며, 따라서 그리스도의 신성과 인성 모두를 부인한다.
⑤ 성부, 성자, 성령은 독립된 3개의 본질(Ousia)과 실체(Hypos-tasis)를 갖고 있으며, 성자와 성령은 성부로부터 물려받았으나 유한한 존재의 피조물이므로 성부 하나님보다 열등하다.

(2) 아타나시우스(Athanasius)의 논박
아리우스가 그리스도를 반신(半神)으로 전락시켰다고 반박하면서 그리스도의 신성을 강조하였다.
① 아들은 창조되지 않았으며 아들은 말씀(로고스)과 동일하기 때문에 영원하다.

② 아들은 하나님으로서의 일들인 창조와 구속에 동참했다.
③ 성령은 피조물이 아니고 아버지와 아들과 성령의 삼위가 연합되어 한 위격이다.[106]

2) 제1차 공의회(제1차 니케아 회의)

알렉산드리아 감독 알렉산드리아의 알렉산더[107]는 아리우스의 주장을 강력히 반대하여 AD 320년 알렉산드리아 지방종교회의에서 이단으로 아리우스를 정죄하자, 니코메디아(Nicomedia) 감독 유세비우스(Eusebius)[108]가 아리우스를 지지함으로 말미암아 교리논쟁은 알렉산드리아 교회와 안디옥 교회 간의 싸움으로 비화하였다. 이 싸움을 조정하기 위하여 콘스탄티누스 대제가 AD 325년에 제1차 공의회인 제1차 니케아 공의회를 소집하게 된다.

3) 유사본질론과 동일본질론

아리우스는 처음에는 위에서 언급한 바와 같이 그리스도의 본질에 관하여 상이본질을 주장하였으나 아리우스파에 속하는 니코메디아의 유세비우스가 니케아 회의장에 제출한 내용의 핵심은 ① 그리스도는 피조물이고 영원성은 없다. ② 그리스도의 본질은 하나님의 본질과 유사하다.

소위 유사본질(類似本質, 헬. ὁμοιούσιος, 호모이-우시오스, Homoi-ousios, 영. Similar Substance)설을 주장한다. 이 주장이 아타나시우스와 알렉산더에 의하여 맹공을 당하자 회의의 사회자인 카이사리아의 유세비우스가 절충안으로 ① 그리스도는 피조물이 아니고 하나님으로부터 출생한 독생자이다(not made but only begotten Son, 만들어진 것이 아니라 홀로 출생한). ② 본질은 유사하다(Homoi-ousios)고 하였다.

이 절충안도 아타나시우스파가 거절하고 결국은 아타나시우스주

---

106) 리재학, 윤종곤 18 전게서, p. 139.
107) ?~328, 알렉산드리아 감독 재위 312~328, 후임 감독에 아타나시우스.
108) 콘스탄티노플 대주교(재위 339-341).

의인 ① 그리스도는 피조물이 아니고 영원하다. ② 본질은 하나님과 동일하다로 하였다.

소위 동일본질(同一本質, 헬. ὁμοούσιος, 호모-우시오스, Homo-ousios, 영. Same Substance)설이 통과, 채택되었다. 상이본질설에서 유사본질설로 양보한 아리우스파를 반(半)아리우스주의(Semi-Arianism)라고 한다. 이 설(說)로 "그것은 이오타 하나만큼의 차이도 없다."라는 말이 생겨났다. 이러한 헬라어는 성경에 나오는 말이 아니고 헬라 철학 용어이다. 헬라어 ὁμο(Homo, 호모)는 동일하다, 똑같다(Same)는 의미이고, ούςια(Ousia, 우시아)는 본질(Substance), 실체(Essence), 본성을 의미하고, ὁμοι(Homoi, 호모이)는 유사하다, 닮다(Similar)라는 뜻인데 헬라어 이오타(ι), 영어 아이(I) 자로 구별되는 두 개의 단어로 인하여 교리논쟁이 치열했기 때문에 그런 유행어가 생겨났던 것이다.

헬라어권의 동방에서는 본성, 본질, 실체의 뜻으로 ούςια(우시아)를 사용했고, 위격, 품격의 의미로 ὑπόστασις(휘포스타시스)를 썼으며, 라틴어권의 서방으로 이 단어가 들어오자 우시아는 Substantia 또는 Essentia로, 휘포스타시스는 Persona로 표현하게 되었다. 헬라어 휘포스타시스는 원래는 우시아의 동의어로 본질, 본체, 실체의 의미로 사용하고 있었으며, 전자는 스토아적 용어이고 후자는 플라톤적 용어이다. 오리게네스가 휘포스타시스라는 말을 개체적 존립체라는 뜻으로 사용하여 성부와 성자는 존립체에 있어서 다르고, 각 위의 실체가 있는 인격, 품격으로 사용하다가 위격의 의미를 뜻하게 되었던 것이다.

3. 니케아 공의회 후 삼위일체

1) 아리우스주의의 분열

니케아 신조를 반대하는 아리우스주의자들은 성부, 성자의 동일본질을 반대하는 자들인데 이들은 ① 상이본질파(ἀνόμοιος, 아노모이오스, 같지 않다.) ② 유사본질파(ὁμοιούσιος, 호모이우시오스)

③ 동류본질파의 세 파로 분열되었다.

2) 제국의 분열

콘스탄티누스 대제 사후 제국의 영토는 다시 3분 되어 서부 로마는 장남 콘스탄티누스 2세(Constantinus Ⅱ)[109]가, 동부 로마는 차남 콘스탄티우스 2세(Constantius Ⅱ)[110]가, 중부 로마는 3남 콘스탄스(Constans)[111]가 분할 통치하게 되는데, 장남 콘스탄티누스 2세와 3남 콘스탄스는 니케아파, 차남 콘스탄티우스 2세는 반니케아파, 즉 아리우스파인고로 제국 내에서 교리가 확립되지 못하고 분쟁이 극심하였다.

이러한 정치적 상황으로 말미암아 정통교리파인 아타나시우스는 다섯 차례나 유배형을 받아 고난의 길을 걸었다. 이러한 유배생활을 하는 가운데 그는 방대한 신학 저서와 각종 논문을 써서 아리우스를 반박하고 정통 삼위일체 교리의 형성에 큰 공헌을 하였다. 그러나 그는 성령의 신성과 실체를 인정하였으나, 성부, 성자, 성령의 존립체를 그 품격이나 위격으로 설명할 신학적 용어를 구사하지 못한 결함이 있다. 이러한 혼란의 와중에 등장한 인물이 카파도키아의 3교부이다.

3) 카파도키아의 3교부

'위대한 카파도키아인들'(The Great Cappadocians)이라고 부르는 바

---

109) 316~340, 재위 337~340, 브리튼(영국), 갈리아(프랑스), 스페인을 통치하는 서부 황제, 동생이 통치하는 중부를 침략하다가 전사함으로 동생 콘스탄스가 제국의 서부를 흡수, 지배했다.
110) 317~361, 재위 337~361, 트라키아(발칸 반도 남동부), 마케토니아, 그리스, 이집트를 통치하는 동부 황제, AD 351년 반란 황제 마그넨티우스(Magnentius, ?-353, 재위 350-353)를 격파하고 AD 353년 제국의 통일 황제가 되었다.
111) 320~350, 재위 337~350, 이탈리아, 아프리카, 일리리쿰(발칸 반도 서부)을 통치하는 중부 황제, AD 340년 형인 콘스탄티누스 2세와의 싸움에서 승리하여 제국의 서부까지 통치하다가, AD 350년 마그넨티우스의 반란으로 처형당했다.

실리우스(Basilius),[112] 닛사의 그레고리우스(Gregorius of Nyssa),[113] 나지안주스의 그레고리우스(Gregorius of Nazianzus)[114]의 3인이 황제의 지지를 받는 아리우스파와 투쟁하면서 아타나시우스 정통 삼위일체교리의 결함을 보완하고 신성과 위격의 개념을 정립하였다.

이들은 라틴 교부 테르툴리아누스의 삼위일체 공식을 헬라어로 명확히 표현하여 성부, 성자, 성령은 한 실체이며, 세 위격이라고 하며 'One Ousia Three Hypostases'라는 말로 공식화하였다.

4) 아폴리나리우스주의

아폴리나리우스(Apollinarius)[115]는 사람은 몸(Body)과 혼(魂, 마음, Soul, 헬. $\psi\upsilon\chi\acute{\eta}$, 프쉬케)과 영(靈, Spirit, 헬. $\pi\nu\varepsilon\tilde{\upsilon}\mu\alpha$, 프뉴마)으로 구성된다는 삼분설(三分說, Trichotomy)에 따라 예수는 인간의 영 대신에 하나님의 로고스가 들어와서, 로고스와 혼과 몸으로써 하나의 인격을 구성하고 인성은 신성에 흡수되었다고 주장함으로 결국 그리스도의 인성을 제한하는 결과가 되었다. 이러한 주장을 아폴리나리우스주의(Apollinariaism) 또는 그리스도인성제한설(人性制限說)이라고 한다.

5) 마케도니우스주의

마케도니우스(Macedonius)[116]는 성령은 하나의 피조물이며, 성령은 하나님의 위격이 아니고 하나의 힘(Power)이라고 하며, 성부, 성자 두 위격만 인정했다. 이러한 주장을 성령피조물설(聖靈被造物說)이라고 한다.

---

112) 329~379, Basilius of Caesarea, 영. Basil the Great, 바질, 카이사리아 감독, 헬라 수도원운동의 창시자. 그의 동생이 닛사의 그레고리우스이다.
113) 335?~394?, Gregorius of Nyssenus, 영. Gregory of Nyssa, 닛사 감독, 테오도시우스 황제의 신학고문.
114) 329?~390? 영. Gregory of Nazianzus, 나지안주스 장로, 콘스탄티노플 대주교(재위 379 - 381).
115) 310?~390, 영. Apollinaris the Younger, 라오디게아 감독.
116) ?~?, 헬. Machedonios, 마케도니우스, 콘스탄티노플 대주교(재위 342 - 360), AD 360년경 지방종교회의에서 주교직 박탈, 추방당하였다.

6) 제2차 공의회(제1차 콘스탄티노플 공의회)

AD 381년 로마 황제 테오도시우스 1세가 제2차 공의회인 제1차 콘스탄티노플 공의회를 소집하였다. 카파도키아의 두 그레고리우스는 아폴리나리우스의 그리스도인성제한설에 반대하여, 로고스가 성육신함으로 인하여 인성을 모두 취하여 인간적 행위와 감정의 인격체를 형성하여, 그 주체가 완전한 인성을 갖고 있다고 함으로 양자 간의 논쟁이 치열하였다. 이 회의에서 아폴리나리우스의 그리스도인성제한설이 이단으로 정죄되고 니케아 신조를 재확인하고, 카파도키아 교부들의 주장을 받아들여 그리스도의 완전한 인성과 완전한 신성을 갖고 있다는 그리스도신인양성론(神人兩性論, Dyophisitism)을 채택했다.

또한 마케도니우스의 성령론도 이단으로 정죄되고 카파도키아교부들의 주장이 채택되어 성령도 하나님과 동일본질이며 성부와 성자가 하나님인 것같이 성령도 하나님이며, 그 본질은 동일하고 성령은 성부로부터 나오시고 동일한 영광과 예배를 받으실 분이라고 했다. 이 회의에서 삼위일체의 논쟁에 관해서는 종지부를 찍었다고 할 수 있으나 예수의 인성과 신성의 결합과 조화에 관하여 신학적으로 많은 문제점을 안은 채 끝나고 만다.

7) 네스토리우스와 키릴루스의 논쟁

네스토리우스(Nestorius)[117]는 ① 그리스도 안에 있는 인성과 신성의 독립성을 강조하여 명확한 구별을 한다.

② 양성은 기계적 결합이고 상호 교통이 불가하다고 하고, 양성이

---

117) 381?~451, 콘스탄티노플 총대주교(재위 428-431)는 에페소스 공의회 때 총대주교직을 황제로부터 해임당했다. 이단 추방 후 네스토리우스와 그 추종자들은 소아시아와 시리아에서 네스토리우스교라는 기독교 종파를 만들어 활동했으며, 이집트, 인도, 중국, 중앙아시아 타타르, 몽고, 시베리아 동부까지 퍼졌으며, AD 7~10세기 중국 당나라에서는 경교(景敎)라 하여 이 교단이 번창했으며 신라에까지 경교가 들어온 유물이 최근 발견되었다. 오늘날까지 네스토리우스주의자들은 계속되어 시리아, 이라크, 이란, 인도, 러시아 등에서 미미하지만 존재하고 있다.

한 인격 안에서 유기적 연합을 한 통일성을 부인한다.

③ 예수 그리스도는 두 본성을 갖고 있으나 하나님의 아들로서는 신성을, 마리아의 아들로서는 인성을 갖고 있다고 하며 나아가서 인성을 지나치게 강조함으로 말미암아 마리아에게서 태어난 나사렛 예수는 로고스가 거하는 성전이나 도구에 불과하다는 것이다.

④ 신·인(神·人) 대신에 육체가 신성을 지녔다고 말한다. 그러므로 마리아는 인간 예수의 모친일 뿐 $\theta\varepsilon o\tau \acute{o}\kappa o\varsigma$(테오토코스, Theotokos, 하나님을 낳은 분)라는 말은 얼토당토않다고 하며, $\dot{\alpha}\nu\theta\rho\omega\tau \acute{o}\kappa o\varsigma$(안트로토코스, Anthrotokos, 사람을 낳은 분)라 함이 적절하다고 하며, 더 정확한 표현으로 $\chi\rho\iota\sigma\tau o\tau \acute{o}\kappa o\varsigma$(크리스토토코스, 그리스도를 낳은 분, Christotokos)라고 하는 것이 아무 문제가 없다고 한다.[118]

⑤ 예수 그리스도 안에 인격의 이중성(Duality), 즉 두 개의 인격과 두 개의 본성, 즉 이성이인격(二性二人格)이 존재하는 것같이 주장하는 것으로 보인다.

여기에 알렉산드리아의 키릴루스(Cyrilus)[119]는 ① 예수 그리스도는 하나의 위격 안에 두 본성이 통일되어 있다. ② 성육신을 통해 두 본성이 내적으로 통일되어 있음을 설명하기 위하여 마리아를 테오토코스, 하나님을 낳은 분, 즉 신의 어머니로 부를 것을 주장했다.

이 논쟁은 키릴루스의 알렉산드리아 학파와 네스토리우스의 안티오크 학파 간의 싸움으로 쌍방 간에 서로 이단을 정죄하고 파문을 선언하고 대립회의를 소집하는 등 난리를 쳤으나 네스토리우스의 패배로 귀착되었다.

8) 제3차 공의회(에페소스 공의회)[120]

AD 431년 동로마 황제 테오도시우스 2세(Theodosius Ⅱ)[121]가 제3차 공의회인 에페소스 공의회(Council of Ephesos)를 소집하였으나 네

---

118) J. N. D. Kelly 전게서, p. 356.
119) 375?~444, 알렉산드리아 총대주교(재위 412-444).
120) Ephesus, 에페수스, 성경의 에베소.
121) 401~450, 재위 408~450.

스토리우스와 키릴루스는 쌍방 간에 파문, 이단 정죄를 하고 대립회의를 여는 혼란이 일어났다. 황제는 네스토리우스를 이단으로 결정하고 이 자를 추방했다.

9) 유티케스주의

유티케스(Eutyches)[122]는 키릴루스주의를 극단적으로 추종하여 그리스도 안에서 신성의 우월성을 강조하며, 성육신 이전의 두 본성과 성육신 이후의 한 본성을 주장하고, 성육신 때 그리스도의 인성이 신성에 흡수되어 예수의 몸은 사람과는 다르다고 하여 그리스도의 두 본성을 구별하지 못하고 혼합하는 소위 유티케스주의(Eutichianism) 또는 그리스도단성론(單性論, Monophysitism, 일성론, 一性論)을 주창하였다.

10) 제4차 공의회(칼케돈 공의회)

AD 451년 동로마 황제 마르키아누스(Marcianus)가 소집하여 유티케스주의자를 단죄하고 그리스도의 위격에 따른 본성의 논쟁에 종지부를 찍었다. 칼케돈 신조가 작성되며 이를 요약하면 다음과 같다.
① 예수 그리스도는 완전한 신성(perfect in Godhead)과 완전한

---

122) 375?~454, 콘스탄티노플 대수도원장, 네스토리우스를 이단으로 정죄, 파문, 추방한 알렉산드리아 학파이며 키릴루스의 추종자인데, AD 448년 콘스탄티노플 지방교회회의에서 이 자를 이단 정죄, 파문, 해임하고 로마 감독(교황) 레오 1세에게 보고하고 레오 1세도 이 자를 단죄했다. 이 자는 알렉산드리아 총대주교 디오스코루스(Dioscorus, ?-454, 재위 444-451, 키릴루스 후임)에게 호소, 동로마제국 황제 테오도시우스 2세를 설득하여 AD 449년에 에페소스 공의회를 열게 하였고, 디오스코루스는 의장이 되어 무력과 불법으로 회의진행을 하면서 안티오크 학파를 쫓아내고 유티케스를 복권시키고 안티오크 학파 지도자 및 단성론 반대자인 콘스탄티노플 총대주교 플라비아누스(Flavianus, ?-449, 재위 446-449, 영. Flavian)와 로마 감독(교황) 레오 1세를 파문하였다. 훗날에 이를 공의회로 인정하지 않고 '도적회의'(Robber Synod of Ephesus)라고 불렀다. 다음의 칼케돈 공의회에서 유티케스주의와 모든 단성론 교리를 단죄하였으나 이단으로 정죄하지 않았다. 안티오크 학파와 그 출신자를 대거 이단으로 정죄하는 데 선두역할을 했던 알렉산드리아 학파에서 이러한 주장이 나왔다는 것은 참으로 아이러니하다.

인성(perfect in manhood)을 보전하고 있으며, 신성은 성부와 동일본질(consubstantial, coessential)이고 인성은 죄를 제외하고는 사람인 우리와 동일본질이다.

② 예수 그리스도는 참신(truly God)이며, 참인간(truly man)으로서 영혼과 육체를 갖고 있다.

③ 예수 그리스도의 두 본성(nature)인 신성과 인성은 하나의 인격(위격)으로 연합(union)을 이루고 있다.

④ 예수 그리스도는 성육신 후에도 완전한 신성과 인성을 구분되게 가지고 있다. 그리고 혼합이 없이(inconfusedly), 변화가 없이(unchangeably), 분할이 없이(indivisibly), 분리가 없이(inseparably) 존재하며, 한 위격(One Person)과 한 본체(One Hypostasis) 안에서 둘 다 보전되고 함께 역사한다.

⑤ 예수 그리스도는 우리의 구원을 위하여 인성으로 하나님의 어머니(the Mother of God, Theotokos)[123]인 동정녀 마리아(the Virgin

---

123) 제3차 공의회인 에페소스 공의회 때 마리아의 칭호인 '하나님의 어머니', '테오토코스' 문제로 네스토리우스와 키릴루스와의 논쟁 끝에 네스토리우스가 이단으로 정죄받았는데, 기독론에 종지부를 찍었다는 칼케돈 신조에 '하나님의 어머니' 또는 '신모'(神母)의 용어를 첨가시킴으로 인하여 중세 로마가톨릭교회에서의 마리아숭배사상이 나와 기독교를 크게 변질시켜 버렸다. 총회교육자원부 전게서 p. 81에는 "그런데 마리아를 '하나님의 어머니'라고 부른 것이 정통교리로 확정된 것은 사실이지만 이 교리가 왜곡되어 중세시대의 마리아 숭배사상이 나왔다. 우리는 칼케돈 신조가 정통 기독론을 확립하고 있는 것으로 보아, 강조점이 마리아에게 있는 것이 아니라 나사렛 예수께서 하나님이시기 때문에 그를 낳으신 마리아가 논리적으로 하나님의 어머니가 된다고 하는 의미를 기억할 필요가 있다고 보인다."라고 말하고 있는 바 이는 강조점이 어디에 있든 간에 "마리아가 논리적으로 하나님의 어머니가 된다고 하는 의미를 기억할 필요가 있다고 보인다."라는 말은 마리아신모설을 지지하는 표현으로 오해의 소지가 있으므로 주의할 필요가 있다. 프로테스탄트교는 제4차 공의회까지를 에큐메니칼 공의회로 수용하지만 구체적 내용에 가서 종교개혁 후의 각종 개신교의 신앙고백이나 신조, 요리문답과 상충되는 것이 있으므로 에큐메니칼 공의회의 이름이라고 하여 무조건 다 받아들일 수는 없다고 생각한다. 이러한 마리아 신모설에서 로마가톨릭교회는 마리아 종신처녀설, 마리아 무죄잉태설, 마리아 무죄지속설, 마리아 부활승천설을 교황이 교의 선포를 하였으며, 이렇게 나아가면 '마리아는 성령의 배필', '마리아는 하늘의 여왕'이라는 교리가 도출될 수 있는 우려를 금할 수 없다. 현실적으로 로마 교황 피우스 12세(Pius XII, 1876-1958, 재위

Mary)에게서 태어났다.

11) 아우구스티누스의 삼위일체론

아우구스티누스(Augustinus)[124]의 삼위일체교리의 특색은 ① 성부를 출발점으로 삼는 기존 전통과는 달리 신적인 본성, 신성(Godhead) 자체로써 시작한다. ② 삼위의 각자는 신성의 본체를 갖고 있다.

③ 동일한 실체가 세 품격들의 각 개체를 구성하기 때문에 성부가 신성의 면에 있어서 성자보다 더 크지 않으며, 성부와 성자를 합하여도 성령보다 더 크지 않고 삼위 중에 어느 한 품격이라도 삼위일체 자체보다 작지 않다.[125]

④ 성령은 성부와 성자로부터 이중발현(二重發顯, filioque, and from the Son)한다. 성자는 성부의 아들로 태어나셨고(begotten), 성령은 양자로부터 발현하는 양자의 영이다. 성령이 성부와 성자로부터 이중발현(쌍발, 양발)한다고 해서 성령이 두 가지 근원이나 원리를 가지셨다는 의미는 아니다. 성부가 아들을 낳을 적에 성부는 성자를 성령이 발현하는 근원으로 만들었기 때문이고 성부는 원초적인 근원으로 남아 있다는 것이다.[126]

삼위일체 교리는 아우구스티누스 이후로는 더 진전된 이론이 나오지 않았고, 다만 이단이니 사이비에서만 궤도를 이탈하여 이것과는 다른 왜곡된 변화를 시도한 것들을 볼 수 있을 뿐이다.

삼위일체 교리는 하나님의 거룩한 진리요 계시이기 때문에 인간이 개발한 수학이나 논리학으로 만족하게 설명할 수 없다. 성부 하나님, 성자 하나님, 성령 하나님은 세 분의 하나님이 아니라 본질에 있어서 삼위를 가진 유일한 하나님이라는 것을 겸손과 신앙으로 받아들일

1939-1958)는 마리아 몽소승천(夢김昇天) 교리를 사도헌장 '무한하신 하느님'에서 선포할 때 "성모 마리아께서 죽음과 몽소승천으로 하늘에 올라가셨을 때 우리 주님께서는 여왕으로서의 당신의 어머니 머리 위에 관을 씌우셨다."라고 하면서 마리아를 여왕이라고 표현했다.

124) 354~430, 영. Augstine of Hippo, 어거스틴, 히포 주교.
125) J. N. D. Kelly 전게서, p. 308.
126) J. N. D. Kelly 전게서, p. 311.

수밖에 없으며, 이 진리를 경외하는 마음으로 받아들이고 믿는 자는 참으로 복이 있는 자이다.

12) 성령의 발현

(1) 니케아 신조
니케아 신조에는 성령의 발현(發顯) 또는 발출(發出)에 관한 말은 없고 간단히 "성령을 믿는다."라고 표현하고 있다.

(2) 니케아-콘스탄티노플 신조
니케아-콘스탄티노플 신조에서는 성령론의 확장으로 성령을 믿을 뿐만 아니라 "주님이고 생명의 부여자이고 아버지로부터 나오고 아버지와 아들과 함께 예배와 영광을 받을 분이다."라고 하고, 성령은 성부로부터 발출(發出)한다고 하여 단일발현설(單一發顯說, 단발설, 단순발출설)을 말하고 있다.

(3) 서방교회
그러나 서방교회에서는 동방교회와는 상관없이 AD 589년 제3차 톨레도(Toledo) 종교회의[127]에서 성령은 성부와 성자로부터 발출한다고 하면서 니케아 신조와 콘스탄티노플 신조에 없는 '성자로부터'(filioque, 필리오케, and from the Son)라는 말을 삽입하여 성령의 이중발현설(二重發顯說, 쌍발설, 동시발출설)을 확고한 교리로 삼았다.

(4) 동방교회
동방교회는 이를 인정하지 않고 니케아-콘스탄티노플 신조의 단일발현설을 믿고 있다. 성령의 이중발현은 라틴 교부 암브로시우스가 주장하고 아우구스티누스는 더 발전된 논리를 전개하였다.

---

127) 스페인 중부 도시, AD 400년경부터 702년까지 18차례 이곳에서 종교회의가 열렸으나 에큐메니칼 세계교회회의는 아니다. AD 589년 회의는 제3차 톨레도 회의이다.

4. 칼케돈 공의회 후의 공의회

AD 1054년 변질된 기독교이지만 동·서 두 개의 교회집단으로 분리되기 전까지 제8차 공의회가 열렸는데, 동방교회에서는 제7차 공의회까지만 인정하고 개신교는 제4차 공의회까지만 받아들이나, 각각의 공의회의 구체적 내용 중에는 받아들일 수 없는 것도 있음을 알아야 한다. 동과 서로 교회가 분리된 후에도 로마가톨릭교회는 13차 례나 공의회를 열었으며, 그때마다 기발하고 미신적인 교의를 채택해 왔다. 칼케돈 공의회 이후 AD 750년경 사도신경이 확정될 때까지 제5차와 제6차 공의회가 열렸다.

1) 제5차 공의회

AD 553년 동로마제국 황제 유스티니아누스 1세가 칼케돈 신조 지지파와 반대파를 화해시키고 삼장령(三章令, The Three Chapters) 문제를 해결하기 위하여 제5차 공의회인 제2차 콘스탄티노플 공의회를 소집하였다. 이 회의에서 칼케돈 신조를 재확인하고 삼장령에 해당하는 세 사람[128]을 정죄했다.

2) 제6차 공의회

AD 680~681년 동로마제국 황제 콘스탄티누스 4세가 그리스도의 의지가 한 개냐 두 개냐의 논쟁을 해결하기 위하여 소집한 제6차 공의회로서 제3차 콘스탄티노플 공의회를 수집했다. 로마 교황 호노리우스

---

128) 안티오크 학파의 세 신학자가 칼케돈 신조를 반대하는 주장을 반박한 황제의 칙령, 세 사람은 그리스도의 인성을 강조한 몹수에스타의 테오도레(Theodore of Mopsuesta, 350?-428?, 안티오크 신학의 대부, 네스토리우스파의 지도자), 키릴루스의 반대파인 키르루스의 테오도레(Theodoret of Cyrrhus), 그리스도는 신도 인간도 아니고 단지 구세주일 뿐이라고 한 에뎃사의 이바(Ibas of Edessa)를 말한다. 이 회의 후 칼케돈 신조를 반대하고 단성론을 지지하던 사람, 이집트의 지방교회들이 분리하여 독립교회를 이루었으며, 이는 오늘날 이집트의 콥트 교회(Coptic Church), 이디오피아 교회, 시리아의 야곱 교회(Jacobite Church)와 마론 교회(Maronite Church), 아르메니아 교회(Armenian Church)이다.

(Honorius)와 콘스탄티노플 총대주교 세르기우스(Sergius)가 그리스도는 신성과 인성의 두 개의 본성을 갖고 있으나 의지에 있어서는 신적 의지 하나만 갖고 있다는 단의론(單意論, Monotheletismus)을 주장하였다. 일의론(一意論), 단일의지론(單一意志論), 또는 이성일의론(二性一意論)이라고도 한다. 반대로 로마 교황 아가투스(Agathus)[129]는 그리스도는 두 개의 의지를 다 갖고 있으며 이 두 개의 의지는 기계적 물리적 결합이 아니고 신·인 사이의 완전한 조화에서 오는 도덕적 일치로 존재한다는 양의론(兩意論, Dyotheletismus)을 주장하였고, 이를 이의론(二意論) 또는 복의론(複意論)으로 부르기도 한다.

이 공의회에서 그리스도양성설의 당연한 귀결로 단의론을 배격하고 양의론을 채택하고 로마 교황 호노리우스 1세를 비롯하여 단의론 지지자들을 정죄, 파문하였다.

이리하여 AD 325년 니케아 공의회부터 AD 681년 제6차 공의회인 제3차 콘스탄티노플 공의회까지 356년 동안 기독론의 논쟁에 종지부를 찍었다. 생명을 건 처절한 논쟁의 절규로써 단죄, 이단정죄, 파문, 해임, 추방, 유배, 대립회의 개최 등을 통하여 반대파 상대를 내쳤으니 과연 기독교는 피를 먹고 사는 피의 종교란 말인가?

그 후 AD 787년 제7차 공의회인 제2차 니케아 공의회가 성상(聖像) 성화(聖畵) 숭배문제로 열렸으나 사도신경의 형성과 확정 후에 열린 회의이고, 사도신경과는 아무런 관련이 없으므로 언급하지 않는다.

제3장 사도신경의 의의

Ⅰ. 신경과 신조

신조(信條, Creed, Symbol, 라. Symbolum, 헬. σύμβολον)라 함은 기독교의 교리(敎理, Doctrine)나 교의(敎義, Dogma)의 핵심을 간단·명료하게 표현하여 예배나 예식에 신앙의 증진과 확신을

---

129) 577?~681, 재위 678~681, 아가토, Agatho.

도모하기 위하여 사용하는 개개의 조목(條目)을 말한다. 영어의 Creed는 라틴어 Credo(크레도, 나는 믿는다, 영. I believe)에서 나온 말이며, 영어의 Symbol은 헬라어 σύμβολον(symbolon, 쉼볼론, 표어, 표시, 기장, 상징)에서 유래한 라틴어 Symbolum(심볼룸)에서 나온 말이다.

사도신경을 라틴어로 Credo라고 하는데, 이는 라틴어 본문에 '나는 믿는다'의 뜻을 갖고 있는 Credo(영. I believe)가 성부의 고백 부분에, 그리고 성자의 고백의 첫 부분에, 마지막 성령의 고백의 첫 부분에 걸쳐서 세 번 나오기 때문에[130] 아예 서방교회에서는 사도신경을 Credo라고 이름을 붙였다. 사도신경을 헬라어로 'κανών τής πίστεως'(Canon of Faith, Rule of Faith)라고 하는데, 이 말의 뜻은 신앙의 규범, 신앙의 표준이다. 그러므로 그 이름에서 사도신경의 진정한 의미와 의의를 볼 수 있다.

신경(信經)은 신조와 동의어로 볼 수 있으나 '경'(經)의 뜻은 종교의 최고 경전[131]을 말하므로 사도신경은 사도신조로 표기함이 옳다고 생각한다. 신조는 광의로는 신앙고백(信仰告白, Confession of Faith)의 일종이라고 할 수 있다. 키프리아누스(Cyprianus)는 일찍이 신앙고백이란 뜻으로 사용했다.[132]

요리문답(要理問答, 교리문답, Catechizm)도 신조의 일종으로 볼 수 있어 광의로는 신앙고백에 속한다. 그러나 우리 교단 헌법은 사도신경, 신조, 요리문답을 협의로 사용하여 이들을 구별하고 있다.

일부 가톨릭계에서는 신조와 신경과 신앙고백의 개념에 차이를 둔

---

130) 사도신경의 라틴어 본문에는 Credo라는 단어가 한 번 또는 두 번 나온다. 성부에 대한 신앙고백에서 한 번 나오고 그 다음 성자에 대한 신앙고백에는 없고 성령에 대한 신앙고백에 사본에 따라 있는 것도 있고, 없는 것도 있으나, 이는 동일한 단어의 중복을 피하기 위한 문법상 배려이고 실제로 그 내용상으로는 성부, 성자, 성령 세 번 나오는 것으로 볼 수 있다. 정홍열 전게서, p. 44.
131) 유교의 사서삼경(四書三經) 중 시경(詩經), 서경(書經), 역경(易經), 불교의 불경인 금강경, 화엄경, 반야경, 우리 기독교의 성경 등의 경전에 모두 '경' 자를 쓰며 '경'보다 급수가 낮은 것은 '서'(書) 자를 사용한다.
132) 정성국 전게문, p. 1.

다. 신조는 Article of Faith(라. Articulus Fidei)라 하고 기독교 신앙의 근본적 표현이라고 하며, 신경은 Creed(라. Credo)라 하고 기독교의 교리의 핵심을 요약한 공식적, 권위적 진술이라고 하며, 신앙고백은 Cofession of Faith(라. Confessio Fidei) 문자 그대로 개인의 신앙을 대외적, 공식적으로 표명하는 것이라 하여 위의 세 가지 용어를 구별하고 있다.

주기도문이 기도 중의 기도요 십계명이 율법들 중의 최상의 율법이듯이 사도신경은 신조들 중의 신조이다.[133]

Ⅱ. 성경과 신조

성경은 우리 교단 헌법 제1편 교리 제2부 신조 제1조에 "신구약 성경은 하나님의 말씀이니 신앙과 행위에 대하여 무오(無誤)한 유일의 법칙이다."라고 선언, 규정하고 있다.

성경은 하나님의 계시의 말씀, 진리와 복음의 말씀이므로 그 본질은 절대성과 불가변성을 갖고 있으나, 신조는 이 성경을 교회의 예배, 예식과 개인의 신앙을 위하여 인간의 학문과 논리에 따라 작성된 교리 또는 교회의 공의회(종교회의)에서 결정, 선포한 교리, 교의의 요체이므로 그 성질은 상대성과 가변성을 띠고 있다. 그러므로 성경은 가감, 변경할 수 없으나, 신조는 논리와 학문의 발전으로 인해 삭제, 추가, 변경할 수 있는 것이다. 역사적으로 사도신경은 위에서 살펴본 바와 같이 AD 2세기 말에서 8세기에 확정되기까지 수차례 그 내용과 표현에 있어서 변천이 있었다.

성경은 하나님이 우리에게 주신 신앙과 행위의 법칙이며, 하나님은 절대요, 완전자이시므로 성경도 절대적이고 완전한 권위를 갖고 있으나, 인간은 그러하지 않으므로 신조는 상대적 권위를 갖는다. 로마가톨릭교회는 신조가 성경보다 우월하다는 신조우위론을 주장하고, 동방정교회는 성경과 신조는 진리와 신앙에 관하여 동등하다

---

133) Philip Schaff Ⅰ 전게서, p. 14. 허호익 전게문, p. 1.

는 신조동등론(Co-Ordinate Source)을 주장한다. 로마가톨릭교회는 "그러므로 성전(聖傳)[134]과 성서와 교회의 교도권(敎導權, Power of Magisterium, 라. Potesta Magisterii)은 어느 하나가 없으면 다른 것이 성립될 수 없고, 이 세 가지가 동시에 또한 각각 고유한 방법으로 한 성령의 작용 아래 영혼들의 구원을 위하여 효과적으로 기여하도록 상호 간에 연관되어 있고 결합되어 있음은 명백한 일이다."라고 말하고 있다.[135] 이 세 가지가 서로 상충할 때 로마교는 "기록된 하느님의 말씀이나 전해지는 하느님의 말씀에 대한 유권적 해석 임무는 예수 그리스도의 이름으로 권위를 행사하는 교회의 살아 있는 교도권에만 맡겨져 있다."[136]라고 규정하고 있다. 이는 교도권에 의하여 교황의 칙령이나 주교단 회의의 결정이 성경보다 우월하다는 뜻이다.

성경은 신앙의 법칙으로 무조건 믿고 순종하여야 하는 생명의 말씀이나, 신조는 신자의 신앙을 고백하고 신자를 교육시킬 교리적 논리이며 가르침이다.

Ⅲ. 사도신경의 의의

니케아 회의 전 교부들은 사도신경을 신앙의 규범(Rule of Faith), 신앙의 상징(Symbol of Faith), 진리의 규범(Rule of Truth), 사도의 가르침(Apostolic Teaching), 사도의 전통(Apostolic Tradition)이라고 불렀다.

아우구스티누스(Augustinus)는 사도신경에 대하여 말하기를 "가장 어휘가 적으나 가장 의미가 깊은 신앙의 규범이다."라고 하며, 종교개혁가 마르틴 루터(Martin Luther)는 "기독교 진리가 이렇게 짧

---

134) 교회의 전승, 전통을 말한다.
135) 「가톨릭교회 교리문답서」 제1편, p. 45. 박노찬 전게문. 교도권이란 기록된 하나님의 말씀이나 전해지는 하나님의 말씀에 대한 유권적 해석 임무를 이행하는 권리를 말한다.
136) 「가톨릭교회 교리문답서」 제1편, p. 42. 박노찬 전게문.

고 분명한 진술로 표현될 수 있는가?"라고 말하며, 또 그는 "이 사도신경은 우리가 만들지 않았고 생각해 내지도 않았다. 우리의 조상들도 그러하지 못했다. 마치 한 마리의 벌이 여러 아름답고 생생한 작은 꽃에서 꿀을 모으듯이 이 신앙고백은 위대한 사도들의 책에서, 즉 모든 성경으로부터 어린이들이나 단순한 신자들을 위하여 교묘하고 간결하게 신앙을 총괄하여 알게 하였다."[137]라고 했다. 장로정치주의의 창시자이며 종교개혁가인 칼빈(Calvin)은 "사도신경이 사도들의 저작인가 아닌가 하는 문제에 대해서는 나는 전혀 관심이 없고, 다만 한 가지 사실에 관심이 있고 논란의 여지가 없는 것은 우리의 믿음의 전 역사가 그 속에 간결하고도 명확한 순서로 정리되어 있으며, 또한 성경의 순전한 증거들로 보증되지 않는 것은 하나도 거기에 들어 있지 않다는 것이다."[138]라고 말하며, 이는 엄격한 사도적인 구성은 의심이 가나, 기독교 신앙의 찬탄할 만한 진실한 성경적 요약이라는 뜻으로 해석된다.

AD 1563년 하이델베르크 요리문답(The Heidelberg Catechism)에

문 22. "그리스도인이 믿어야 할 필수적인 것이 무엇입니까?"(What is then necessary for a christian to believe?)
답. 모든 것이 복음 안에서 우리에게 약속한 바, 그것은 우리를 간결하게 가르치는 보편적이고 의심할 여지가 없는 그리스도인의 믿음의 조항들이다(All things promised us in the gospel, which the articles of our catholic undoubted christian faith briefly teach us).
문 23. "이 조항들은 무엇입니까?"(What are these articles?)
답. 답은 사도신경의 본문을 기술하고 있다.

이와 같이 사도신경은 고대 기독교 교부는 물론이고 중세 프로테

---

137) 이순경 전게서, p. 23.
138) 정홍열 전게서, pp. 41-42.

스탄트 종교개혁가도 사도신경을 필수적이고 보편적인 신앙의 규범이요, 성경의 요약이라고 한다. 그러나 필립 샤프(Philip Schaff)[139]는 "모든 시기의 기독교와 모든 지역의 기독교를 하나로 묶는 끈(a bond of union)"[140]이라고 하면서, 그러나 그는 "사도신경은 일찍이 만들어진 것 가운데 그렇게 짤막한 것으로 기독교 신앙에 대한 최선의 일반적인 요약이다. 그러나 이 신조가 단순하고 간결하여 신학적 지식이 증가된 단계를 위한 공식적인 교리의 기준이 되기에는 충분하지 않음을 인정하여야 한다."라고 말함으로써 신조의 가변성과 상대성, 불완전성에 대하여 언급하고 있음을 간과해서는 안 된다.

Ⅳ. 사도신경의 본질

사도신경은 삼위일체 하나님을 신앙의 대상으로 고백하는 신앙고백문임에는 틀림없다. 그러나 문제는 그 고백의 대상이 누구냐 하는 것이다. 고백의 대상이 하나님이면 사도신경은 신앙고백으로써의 기도문(祈禱文)이 되는 것이며, 그 고백의 대상이 불신자라면 사도신경은 신앙고백으로써의 선언문(宣言文)이 되는 것이다.

사도신경은 주기도문과 달리 하나님을 대상으로 하는 신앙고백이 아니라는 주장[141]과 하나님에게 고백하는 기도문이라는 상충되는 견해가 있다.

전자 중에는 사도신경이 신조의 일종이고 신조는 화자(話者)나 작자(作者)의 철학, 주장, 신념, 사상 등을 선언하는 말이나 글을 말하는 것이므로 사도신조(신경)도 신자가 교회를 대표하여 모든 불신자에게 선포하는 것이라는 주장[142]도 있다. 선언문의 성격을 띠고 있는 서술문으로 보는 것이다. 따라서 사도신경은 그 고백의 대상이 하나

---

139) 1819~1893, 스위스 출신, 독일 수학, 미국 교수, 교회사가, 「기독교회사」(History of Christian Church, 8권, 1858 - 1892, 34년간 저술)의 저자.
140) 총회교육자원부 전게서, p. 32. Philip Schaff Ⅰ 전게서, p. 15.
141) 나채운 전게서, p. 239.
142) 배양서 전게서, p. 18.

님이 아니고 "믿지 않거나 틀리게 믿는 사람이나 단체 또는 나의 신앙을 알고 싶어 묻는 사람(개인, 교회, 학교, 회사)"[143]이라고 한다. 기도와 신앙고백, 죄의 고백과 신앙고백을 구별하지 못하고 주일 예배시간에 성도가 하나님께 눈을 감고 암송 또는 낭송을 하는 것은 오도된 가르침이라고 한다.[144]

후자는 우리나라 천주교가 기도서에 사도신경을 수록하고 신자들에게 기도로 가르치고 있으므로 기도문이라 한다.

본 저자의 견해는 다음과 같다.

① 기도문이라면 그 내용에 하나님의 찬양(찬송과 영광), 회개, 감사, 간구, 중보, 축복 등이 들어가야 하는데 사도신경에는 이러한 내용이 전혀 없고, 하나님의 속성과 본질인 삼위일체에 관한 고백인 점을 들어 기도문이라 할 수 없다.

② 하나님을 상대로 기도하면서 과연 '그의 유일하신 아들'과 같이 '그의'라는 말을 쓸 수가 있을까?

③ 사도신경의 말미에 '아멘'이란 말은 있는데 기도문이 되려면 "예수님 이름으로 기도합니다."라는 말이 있어야 하는데 그러한 말이 없으므로 기도문이라 할 수 없다.

④ 신조와 신앙고백을 동의어로 보는 견해도 있으며, 이러한 견해 가운데 니케아-콘스탄티노플 신조보다 분량이 적은 사도신경은 '소신조'(라. Symbolum Minus, 小信條)라 부르고 분량이 많은 니케아-콘스탄티노플 신조는 '대신조'(라. Symbolum Maius, 大信條)라 부르기도 하며, 또한 신앙고백은 상위개념이고 신조는 하위개념으로서 신조도 신앙고백의 일종으로 볼 수도 있는 바, 어떻든지 신조는 신앙고백 개념의 내포(內包)를 포함하고 있기에 사도신경은 하나님을 나의 신앙 대상으로 한다는 신앙을 고백하는 선언문이 된다.

⑤ 불신자를 고백의 대상으로 하는 선언문이라면 어떻게 주어를 '나는'으로 번역했는지 또 술어를 '믿습니다'라는 존대어로 사용했는지, 더욱이 개정 전 구 사도신경은 '믿사오며', '믿사옵나이다'라는 극

---
143) 배양서 전게서, p. 24.
144) 배양서 전게서, p. 16.

상 존칭어를 사용했는지, 만약에 불신자에게 선포, 선언하는 서술문이라면 주어가 '나는' 대신에 '우리는'으로, 술어는 '믿습니다' 대신에 '믿는다'로 되어야 한다. 그러므로 고백의 대상은 일차적으로 하나님이다. 그러므로 교회의 공적 예배에서 사도신경을 공동으로 암송 또는 낭송을 할 수 있는 것이다.

⑥ 사도신경의 전신인 초대교회의 초기의 세례신조는 문답형의 의문문으로 시세자(施洗者)가 묻고 수세자(受洗者)는 답하는 형식을 취하여 수세자는 하나님께 고백하는 것으로 세례문답에 응하였을 것이고, 점차 초대교회의 발전과정에서 이단과의 교리투쟁을 할 때 사도신경은 불신자나 이단자에 대한 신자 및 교회의 신앙고백이 되었을 것이다. 이런 역사적 과정을 착안하면 교회에서 예배 시에는 하나님에 대한 신앙고백이요, 교회 밖에서는 불신자나 이단자에 대한 선포, 선언으로써의 신조가 된다고 생각한다.

⑦ 결론적으로 사도신경은 우리가 하나님을 대상으로 하나님께 바치는 신자의 신앙고백임과 동시에 불신자에게도 선언하는 신조이며 또한 교회의 법칙이며 신앙의 규범이다.

V. 사도신경의 필요성

1. 이단성 판단의 기준

주기도문과 십계명은 성경에 있으며 사도신경은 성경에 없는데 왜 이를 신자는 암송 또는 낭송을 하느냐고 이단(異端)들이 정통 보수 기독교인들에게 비아냥거리는 것을 볼 수 있다. 확실히 주기도문은 우리 주님께서 직접 친히 가르쳐 주신 기도로 신약성경에 기록되어 있고, 십계명 역시 우리 아버지 하나님께서 친히 돌판에 써서 모세에게 주신 것으로 구약성경에 나와 있음을 알 수 있다. 그런데 사도신경의 본문은 신·구약성경 어디에도 찾아볼 수 없다. 그러나 이러한 이유로 사도신경을 부인한다면 이단이라 아니할 수 없다. 왜냐하면 사도신경의 내용 하나하나가 성경에 근거하지 않는 것이 하나도 없기 때문이다. 다만 성경의 모든 내용을 사도신경에 다 담을 수는 없지만 주요 핵심적인 내용은 다 진술하고 있다.

"사도신경은 로마가톨릭교회의 가르침이고 신앙고백이라 하면서 왜 개신교가 이를 받아들이는가?"라는 이단성 주장을 하는 경우가 있으나 이는 로마가톨릭교회의 생성연대를 모르고 하는 주장이다. 예수님 사후 AD 100여 년까지 사도시대, 그 후 AD 140년 전후 속사도시대(사도교부시대), 2세기 중엽 변증가시대, 2세기 후반부터 니케아회의 시까지 초기 교부시대, 마지막 교부라고 하는 AD 590년 최초 로마 교황 그레고리우스 1세(Gregorius Ⅰ) 직전 후기 교부시대[145]에 이르기까지는 소위 광의의 초대교회로서 기독교의 본질이 변질되지 않고 명맥을 이어 왔기 때문에 이때까지의 보편적(Ecumenical)인 신조는 기독교 본질을 회복한 종교개혁 후의 개신교의 신조나 신앙고백과 배치되지 않는다. AD 590년 그레고리우스 1세가 로마 감독, 로마 총대주교가 되자 교황이라 칭하고, 그 교황의 칭호가 세습되어 왔고, 그 앞의 모든 로마 감독을 교황이라 추존하고, 심지어 사도 베드로를 자기네들의 초대 교황이라고 하면서 왕통의 정당성과 정통성을 거기에서 찾고 있는 것이며, 그레고리우스 1세 이후 기독교는 로마교(羅馬敎, Roman Catholic Church)가 되어 버렸던 것이다. 그러므로 사도신경은 그 이전에 이미 사실상 확정되어 있었으므로 로마가톨릭교회의 작품이라고 말할 수 없다.

사도신경을 예배 시 낭송하지 않으면 이단인가라고 묻는데, 이를 묵상이나 낭송하지 않은 것이 이단행위가 아니라 사도신경 내용의 전부 또는 일부를 부인하거나 왜곡하는 말이나 행위, 주장을 하면 이단이 되는 것이다.

사도신경을 비롯하여 초대교회 당시 신조들은 이단에 대한 투쟁의 소산물이요, 교회의 저항권 발동이라고 해도 과언은 아니다. 예수님 사후 12사도들의 논리와 철학, 지식을 가지고서는 유대교에서 벗어나기가 곤란하고 헬라 철학과 사상, 동방의 신비주의와의 싸움에서

---

145) 이와 다르게 변증가시대를 따로 분류하지 않는 학자도 있으며, 교부시대를 AD 8세기까지 보는 견해도 있다. 동방교회에서는 다메섹의 요한(AD 725년 사망)을 마지막 교부로 본다.

이길 수가 없었다. 그들은 체험에 의한 계시와 진리에 입각한 신앙뿐이었다. 이단과 투쟁하기 위하여 신앙적 체험을 객관화시킬 이론이 필요하고 계시와 말씀을 체계화하고 조직화하지 않고는 승리할 수가 없었던 것이다.

사도 바울의 신비적 신앙체험과 해박한 히브리사상과 헬라 철학, 로마학문을 바탕으로 하나님의 계시와 성령님의 감동으로 바울서신을 기록하여 신약성경의 많은 부분을 이루고 있지만, 하나님의 말씀인 계시와 진리를 인간의 언어로 나타내는 데 한계가 있어 바울의 성경적 표현과 진술만으로는 이단을 이길 수가 없으므로 신조가 등장한 것이라고 할 수 있다. 진리와 비진리를 구별하여 신자로 하여금 거짓 교훈과 가르침을 경계하게 할 필요가 있는 것이다. 성경의 말씀 자체를 과실(過失)로 오해(誤解)하든 고의(故意)로 곡해(曲解)하든 말씀에 오류와 왜곡이 침투할 때 말씀에 호소한다는 것은 전투에 있어서 병장기 선택이 잘못된 것과 같다. 이 경우에는 말씀 전체를 관통하는 조직적이고 체계적인 이론과 지식이 최고의 무기인고로 신조가 필수적으로 요구되는 것이다.

2. 교인 신앙의 지침

사도신경을 비롯한 고대 에큐메니칼 신조들은 교회를 향한 외부의 이단공격을 방어하기 위한 자구책일 뿐만 아니라 신자 개인의 신앙의 순수성을 지키기 위해 그 사명을 감당하여야 했다.

신자의 개인적 신앙생활의 잣대로 기준이나 표준, 모범이나 규범이 필요하며, 이 욕구를 충족시켜 주기 위하여 사도신경 기타 신조가 필요한 것이다.

3. 교인 교육

사도신경의 기원이 세례신조인 바 교회가 학습자 또는 수세예정자에게 세례를 베풀 때 교육, 교훈용으로 성경에 근거한 요약을 가르치며 자기가 무엇을 믿는가에 대하여 신앙의 지침을 일러 주어 신앙적으로 각성케 하는 역할을 하는 것이다. 특히 개종자의 교육을 위하여 필수적, 절대적으로 필요한 것이다.

4. 신앙공동체의 결속

사도신경뿐만 아니라 모든 신조는 그것을 통하여 신자로 하여금 신앙공동체인 교회의 소속감(所屬感), 신자 간의 일치감(一致感), 교회와 신자 간의 일체감(一體感)을 갖도록 하고 신앙의 유지, 발전의 공감대를 형성하기 위해 필요한 것이다.

제4장 사도신경의 본문

Ⅰ. 라틴어 본문

Credo in DEUM PATREM omnipotentem ; Creatorem caeli et terrae.

Et in JESUM CHRISTUM, Filium ejus unicum, Dominum nostrum ; qui conceptus est de Spiritu Sancto, natus ex Maria virgine ; Passus sub Pontio Pilato, crucifixus, mortuus, et sepultus ; descendit ad inferna ; tertia die resurrexit a mortuis ; ascendit ad caelos ; sedet ad dexteram Dei Patris omnipotentis ; inde venturus (est) judicare vivos et mortuos.

Credo in SPIRITUM SANCTUM ; sanctam ecclesiam catholicam ; sactorum communionem ; remissionem peccatorum ; carnis resurrectionem ; vitam aeternam. Amen.[146]

---

146) 나채운 전게서, p. 269. 총회교육자원부 전게서, pp. 14-15. 박일민 전게서, p. 39.

II. 영어 본문

1. 전통적 영어 본문

(THE TRADITIONAL ENGLISH VERSION)

I believe in GOD THE FATHER Almighty ; Maker of heaven and earth.

And in JESUS CHRIST his only (begotten) Son our Lord ; who was conceived by the Holy Ghost, born of the Virgin Mary ; suffered under Pontius Pilate, was crucified, dead, and buried ; he descended into hell [Hades, spirit-world] ; the third day he rose from the dead ; he ascended into heaven ; and sitteth at the right hand of God the Father Almighty ; from thence he shall come to judge the quick and the dead.

I believe in the HOLY GHOST ; the holy catholic Church ; the communion of saints ; the forgiveness of sins ; the resurrection of the body [flesh] ; and the life everlasting. Amen.[147]

2. 현대 영어 본문

(MODERN ENGLISH VERSION)

I believe in God, the Father almighty, creator of heaven and earth.

I believe in Jesus Christ, God's only Son, our Lord, who was conceived by the Holy Spirit, born of the Virgin Maria, suffered under Pontius Pilate, was crucified, died, and was buried ; he descended to the dead. On the third day he rose again ; he ascended into heaven, he is seated at the right hand of the

---

147) 나채운 전게서, pp. 271-272. 총회교육자원부 전게서, pp. 14-15.

Father, and he will come to judge the living and the dead.

I believe in the Holy Spirit, the holy catholic Church, the communion of saints, the forgiveness of sins, the resurrection of the body, and the life everlasting. Amen.[148]

Ⅲ. 우리나라 사도신경 본문

1. 헌법 편입 전 사도신경

전술한 바 우리나라 사도신경은 우리 교단 헌법에 정식으로 편입되기 전에 이미 각종 찬송가 앞표지 안쪽에 사도신경을 수록하여 통용되고 있었고, 헌법에는 1983년 헌법 개정 시행 공고 때 헌법 제1편 교리 제1부에 수록함으로 법제화, 규범화되었다.

1) 1894년 찬양가 사도신경 원문[149]

나ㅣ텬디를 믄두신 젼능ᄒ신 참신 셩부를 밋으며

그 외아들 우리 쥬 예수그리스도를 밋으며 더ㅣ 셩령으로 잉틱ᄒ샤 동졍녀 마리아끠 나심을 밋으며 본듸오빌나도 손에 고난을 밧으샤 십ᄌ가에 못박혀 죽으시고 뭇치심을 밋으며 디옥에 ᄂ리샤 사흔날에 죽은쟈 가온듸셔 다시 살으심을 밋으며 하늘에 오르샤 젼능ᄒ신 참신 셩부 우편에 좌뎡ᄒ심을 밋으며 뎌리로셔 산이와 죽은이를 심판ᄒ러 오실줄을 밋ᄂ이다.

나ㅣ 셩령을 밋으며 거룩ᄒ고 공번된 회와 모든 셩인이 서로 통공ᄒ믈 밋으며 죄의 샤홈을 밋으며 육신이 다시 살믈 밋으며 영원이 살믈 밋ᄂ이다. 아멘.

---
148) 나채운 전게서, p. 271.
149) 나채운 전게서, p. 275. 언더우드 번역. 배양서 전게서, p. 148. 찬양가는 1893년 언더우드 목사가 출간한 장로교 최초 발행 찬송가이고, 예수성교회당에서 간행하였다.

2) 1905년 찬성시 사도신경 원문[150]

젼능ᄒᆞ샤텬디를문ᄃᆞ신하ᄂᆞ님아바지를내가밋ᄉᆞ오며
그외아들우리쥬예수그리스도를밋ᄉᆞ오니이는셩신으로잉틱ᄒᆞ샤동정녀마리아의게나시고본듸오빌나도의게고난을밧으샤십ᄌᆞ가에못박혀죽으시고뭇치시며음부에ᄂᆞ리셧더니사흘만에죽은자가온듸셔다시살아나시며하늘에오르샤젼능ᄒᆞ신하ᄂᆞ님아바지우편에안져계시다가뎌리로셔산쟈와죽은쟈를심판ᄒᆞ러오시리라
셩신을밋ᄉᆞ오며거룩ᄒᆞᆫ공회와셩도가서로교통ᄒᆞᄂᆞᆫ것과죄를샤ᄒᆞ여주시ᄂᆞᆫ것과몸이다시사ᄂᆞᆫ것과영원이사ᄂᆞᆫ거슬밋습ᄂᆞ이다 아멘

3) 1908년 찬숑가 사도신경 원문[151]

젼능ᄒᆞ샤텬디를믄드신하ᄂᆞ님아바지를내가밋ᄉᆞ오며
그외아들우리쥬예수그리스도를밋ᄉᆞ오니이는셩신으로잉틱ᄒᆞ샤동졍녀마리아의게나시고본듸오빌나도의게고난을밧으샤십ᄌᆞ가에못박혀죽으시고장ᄉᆞᄒᆞᆫ지사흘만에죽은쟈가온듸셔다시살아나시며하늘에오르샤젼능ᄒᆞ신하ᄂᆞ님우편에안져계시다가뎌리로셔산쟈와죽은쟈를심판ᄒᆞ러오시리라
셩신을밋ᄉᆞ오며거룩ᄒᆞᆫ공회와셩도가서로교통ᄒᆞᄂᆞᆫ것과죄를샤ᄒᆞ여주시는것과몸이다시사ᄂᆞᆫ것과영원히사ᄂᆞᆫ거슬밋습ᄂᆞ이다 아멘

2. 헌법 편입 후 사도신경

1) 1983년 헌법 편입 시 사도신경 원문[152]

전능하사 천지를 만드신 하나님 아버지를 내가 믿사오며, 그 외아들 우리 주 예수 그리스도를 믿사오니, 이는 성령으로 잉태하사 동정녀 마리아에게 나시고, 본디오 빌라도에게 고난을 받으사, 십자가에

---
150) 나채운 전게서, p. 276. 장로교. 배양서 전게서, p. 148. 대한장로공의회 편집, 찬성시. 찬성시는 1895년 마펫 목사가 출간하였다.
151) 나채운 전게서, p. 276. 장로교, 감리교, 성결교 합동, 찬송가.
152) 교단헌법 II 전게서, p. 23.

못 박혀 죽으시고, 장사한 지 사흘 만에 죽은 자 가운데서 다시 살아나시며, 하늘에 오르사, 전능하신 하나님 우편에 앉아 계시다가, 저리로서 산 자와 죽은 자를 심판하러 오시리라.

성령을 믿사오며, 거룩한 공교회와 성도가 서로 교통하는 것과 죄를 사하여 주시는 것과 몸이 다시 사는 것과 영원히 사는 것을 믿사옵나이다. 아멘.

2) 2007년 헌법 개정 시 새 번역 사도신경 본문[153]

나는 전능하신 아버지 하나님, 천지의 창조주를 믿습니다.

나는 그의 유일하신 아들, 우리 주 예수 그리스도를 믿습니다. 그는 성령으로 잉태되어 동정녀 마리아에게서 나시고, 본디오 빌라도에게 고난을 받아 십자가에 못 박혀 죽으시고, 장사된 지[154] 사흘 만에 죽은 자 가운데서 다시 살아나셨으며, 하늘에 오르시어 전능하신 아버지 하나님 우편에 앉아 계시다가, 거기로부터 살아 있는 자와 죽은 자를 심판하러 오십니다.

나는 성령을 믿으며, 거룩한 공회와 성도의 교제와 죄를 용서받는 것과 몸의 부활과 영생을 믿습니다. 아멘.

---

153) 교단헌법 Ⅲ 전게서, p. 31. '사도신조'로도 번역할 수 있다고 주석을 달고 있다. 재번역의 원칙은 다음과 같다. ① 750년 공인된 원문(Forma Recepta)을 기초로 하여 번역한다. ② 원문에 충실하되 항목별 개별성을 존중한다. ③ 신학적 검증도 함께한다. ④ 오늘에 사용하는 언어 표현을 따른다. 우리 교단(통합 측)이 2002년 제87회 총회 시 사도신경 재번역 결의를 하고, 2003년 제88회 총회에 보고하였으나 채택을 보류하고, 한국 전체 교회가 다 사용하도록 하기 위하여 한국기독교총연합회와 한국기독교회협의회에 청원하였으며, 양 기관은 사도신경 새 번역 특별위원회를 회원 교단이 추천한 인사들로 조직하여 통합 측 안을 중심으로 검토 합의하여 2004년 12월 3일 공식 발표하였다. 우리 교단은 새 번역 사도신경의 채택 사용은 헌법개정 사항이므로 2006년 제91회 총회에서 통과되고 노회 수의 등 1년의 경과기간이 지난 후 2007년 9월 10일 제92회 총회 시 공포함으로 효력이 발생하여 시행하게 되었다.

154) '장사되시어 지옥에 내려가신 지'가 공인된 원문(Forma Recepta)에는 있으나, 대다수의 본문에는 없다고 주석을 달고 있다.

3. 우리나라 타 교단 사도신경

1) 1897년 감리교 사도신경 원문[155]

나는 텬쥬-아바님 젼능 ᄒᆞ옵시고 텬디를 ᄆᆞᆫᄃᆞ옵심을 밋ᄉᆞ오며 ᄯᅩᄒᆞᆫ 우리 쥬 예수 크리스도ᄭᅴ옵셔 텬쥬의 외 아ᄃᆞᆯ 이신줄 밋ᄉᆞ오며 예수ᄭᅴ옵셔 셩신으로 잉틴ᄒᆞ옵셔셔 동졍 녀 마리아의게 강싱ᄒᆞ옵심을 밋ᄉᆞ오며 예수ᄭᅴ옵셔 본듸오 쓰 벨나도의 손에 고난을 밧으샤 십ᄌᆞ가에 못 박혀 죽스와 쟝ᄉᆞᄒᆞᆫ 제삼일 만에 다시 살아나 하늘에 오ᄅᆞ샤 젼능ᄒᆞ옵신 텬쥬-아바님 우편에 안자 계시다가 후에 그리로셔 강림 ᄒᆞ옵셔셔 산사ᄅᆞᆷ 죽은 사ᄅᆞᆷ을 다 심판 ᄒᆞ옵실 줄 밋ᄉᆞ오며
나는 셩신을 밋ᄉᆞ오며 셩공회를 밋ᄉᆞ오며 셩도가 셔로 교통ᄒᆞᆷ을 밋ᄉᆞ오며 죄 샤ᄒᆞ옵심을 밋ᄉᆞ오며 몸이 다시 살아날줄 밋ᄉᆞ오며 영싱을 밋ᄉᆞ옵ᄂᆞ니다 아멘

2) 천주교 사도신경

(1) 1864년 천주교 종도신경 원문[156]

나ㅣ텬디를조셩ᄒᆞ신젼능텬쥬를밋으며
그외아ᄃᆞᆯ우리쥬예수그리스도를밋으며뎌ㅣ셩신을인ᄒᆞ야강임ᄒᆞ샤마리아동신나심을밋으며본시오빌라도ㅣ벼슬에잇살ᄯᅢ에난을밧으샤십ᄌᆞ가에못박혀죽으시고뭇치심을밋으며디옥에ᄂᆞ리샤사흔날에죽은쟈가온듸로조ᄎᆞ다시살으심을밋으며하늘에오ᄅᆞ샤젼능ᄒᆞ신텬쥬셩부의우편에좌뎡ᄒᆞ심을밋으며뎌리로조ᄎᆞ산이와죽은이를심판ᄒᆞ려오실줄을밋ᄂᆞ이다
나ㅣ셩신을밋으며거륵ᄒᆞ고공번된회와모든셩인이셔로통공ᄒᆞᆷ을밋으며죄의샤ᄒᆞᆷ을밋으며육신이다시살믈밋으며영원히살믈밋ᄂᆞ이다 아멘

---

155) 나채운 전게서, p. 276, 찬미가. 찬미가는 1892년 감리교 존슨 목사가 출간하였다.
156) 배양서 전게서, p. 147. 텬주성교공과, 1864, 한국천주교, 대영출판사.

(2) 1987년 천주교 사도신경 본문[157]

전능(全能)하신 천주 성부(天主 聖父), 천지(天地)의 창조주(創造主)를 믿나이다.

그 외아들 우리 주(主) 예수 그리스도, 성신(聖神)으로 동정녀(童貞女) 마리아께 잉태(孕胎)되어 나시고,[158] 본디오 빌라도 치하(治下)에서 고난(苦難)을 받으시고, 십자가(十字架)에 못 박혀 죽으시고 묻히셨으며, 고성소(古聖所)에 내리시어 사흘날에 죽은 이들 가운데서 부활하시고, 하늘에 올라 전능(全能)하신 천주 성부(天主 聖父) 오른편에 앉으시며, 그리로부터 산 이와 죽은 이를 심판(審判)하러 오시리라 믿나이다.

성신(聖神)을 믿으며, 거룩하고 공변된 교회(敎會)와 모든 성인(聖人)의 통공(通功)을 믿으며, 죄(罪)의 사(赦)함과 육신(肉身)의 부활(復活)을 믿으며, 영원(永遠)히 삶을 믿나이다. 아멘.

(3) 현재의 천주교 사도신경 본문

전능하신 천주 성부 천지의 창조주를 저는 믿나이다

그 외아들 우리 주 예수 그리스도님 성령으로 인하여 동정 마리아께 잉태되어 나시고[159] 본시오 빌라도 통치 아래서 고난을 받으시고 십자가에 못 박혀 돌아가시고 묻히셨으며, 저승에 가시어 사흘날에 죽은 이들 가운데서 부활하시고 하늘에 올라 전능하신 천주 성부 오른편에 앉으시며 그리로부터 산 이와 죽은 이를 심판하러 오시리라 믿나이다.

성령을 믿으며 거룩하고 보편된 교회와 모든 성인의 통공을 믿으며 죄의 용서와 육신의 부활을 믿으며 영원한 삶을 믿나이다. 아멘.

3) 성공회 사도신경

(1) 1966년 성공회 종도신경 본문[160]

---

157) 나채운 전게서, p. 274. 배양서 전게서, p. 146. 한국천주교중앙협의회.
158) "밑줄 부분에서 머리를 숙인다."
159) "밑줄 부분에서 머리를 깊이 숙인다."

나 천지를 내신 천주 성부를 믿으며 ; 그 외아들 우리 주 예수 그리스도를 믿으며 ; 성신을 인하여 강잉하사, 동정녀 마리아에게 나심을 믿으며 ; 본디오 빌라도 때에 고난을 받으사, 십자가에 못 박혀 죽으시고, 묻히심을 믿으며 ; 음간에 내리사, 사흘 만에 죽은 자 가운데로 좇아 다시 살으심을 믿으며 ; 하늘에 오르사, 전능하신 천주 성부 우편에 좌정하심을 믿으며 ; 저리로 좇아 산 이와 죽은 이를 심판하러 오실 줄을 믿나이다.

나 성신을 믿으며 ; 거룩한 공회와 모든 성도의 상통함을 믿으며 ; 죄사함을 믿으며 ; 육신이 다시 삶을 믿으며 ; 영원히 삶을 믿나이다. 아멘.

(2) 2004년 성공회 사도신경 본문[161]

나는 믿나이다. 전능하신 하느님 아버지, 하늘과 땅의 창조주를 믿나이다.

하느님의 외아들, 우리 주 예수 그리스도, 성령으로 동정녀 마리아에게 잉태되어 나시고, 본티오 빌라도 치하에서 고난을 받으시고, 십자가에 못 박혀 죽으시고 묻히셨으며, 죽음의 세계에 내려가시어 사흘 만에 죽은 자들 가운데서 부활하시고, 하늘에 올라 전능하신 하느님 오른편에 앉아 계시며, 산 이와 죽은 이를 심판하러 다시 오시리라 믿나이다.

성령을 믿으며, 거룩한 공교회와, 모든 성도의 상통함을 믿으며, 죄의 용서와 몸의 부활을 믿으며, 영원한 생명을 믿나이다. 아멘.

4) 1930년 성결교 사도신경 원문

전능하샤텬디를만드신하나님아바지를내가밋스오며
그외아달우리쥬예수그리스도를밋스오니이는셩신으로잉태하샤동

---

160) 나채운 전게서, p. 275. 종도신경(宗徒信經). 배양서 전게서, p. 145. 종도신경의 종도라는 말은 '우두머리 제자'의 의미로 예수님의 12제자를 뜻한다. 1966년 대한성공회 공도문.
161) 2004년 대한성공회 기도서.

졍녀마리아의게나시고본듸오빌나도의게고난을밧으샤십즈가에못박
혀죽으시고장사한지사흘만에죽은쟈가온대셔다시살아나시며하늘에
오르샤젼능하신하ᄂ님우편에안져계시다가뎌리로셔산쟈와죽은쟈를
심판하러오시리라

셩신을밋ᄉ오며거륵한공회와셩도가서로통ᄒᄂ것과죄를샤하여주
시ᄂ것과몸이다시사ᄂ것과영원히사ᄂ거슬밋ᄉᄂ이다 아멘

4. 새 번역 사도신경의 변경 내용

2007년 새 번역 사도신경이 총회에서 공포되기 전까지 우리가 암송 또는 낭송해 온 사도신경의 본문이 국어 문법이나 어휘의 사용에 있어서 전문가가 아닌 이상 그 오역이나 오류도 모르고 읊어 온 것을 생각하면 참으로 어처구니가 없다. 새 번역도 약간의 잘못이 있어 비판을 받을 수는 있으나 대체적으로 잘한 수정이었다고 본다.

1) 성 부

① '전능하사 천지를 만드신 하나님 아버지를 내가 믿사오며,'를 '나는 전능하신 아버지 하나님, 천지의 창조주를 믿습니다.'라고 번역함으로 문장 자체를 접속법(接續法) 나열형(羅列形)에서 종결법(終結法) 서술형(敍述形)으로 고쳐 버렸다. 이는 라틴어 원문인 'Credo'(영. I believe=나는 믿는다.)에 충실한 번역이며, 또한 사도신경은 기도문이 아니고 신앙고백문이기 때문에 고백자, 즉 주어가 앞에 나와야 한다는 의미에서 서술형을 취하고 신앙고백자인 '나'라는 주어가 등장하여 확신에 찬 강한 고백의 표현이 되게 한 것이다.

② '하나님 아버지'를 '아버지 하나님'으로 변경한 것은 삼위일체의 하나님 중 성부 하나님을 표현하기 위함으로 해석한다. 또 하나님을 수식하는 말로 '전능하신'과 '아버지'와의 두 개의 말이 나열되어 같이 하나님을 수식함으로 하나님을 부각시키기 위함으로 해석한다. 하나님과 피조물과의 관계에서 신적 존재를 나타내는 하나님의 상대적 속성[162]으로 전능(全能, Omnipotence), 전지(全知, Omniscience), 편

재(遍在, Omnipresence), 지혜, 선하심, 자유가 있는데, 이들 중 대표 격인 '전능'을 나타내고, 또 하나님의 도덕적 속성[163]으로 거룩함, 사랑, 공의, 긍휼, 섭리가 있는데, 이들 중 아버지로서의 속성인 사랑을 나타내기 위하여 아버지를 하나님 앞에 배열한 것으로 생각한다.

2) 성 자

① '그 외아들 우리 주 예수 그리스도를 믿사오니'를 '나는 그의 유일하신 아들, 우리 주 예수 그리스도를 믿습니다.'로 번역한 이유는 위의 성부의 경우와 같다.

② '그'를 '그의'로 고친 것은 인칭대명사 '그' 다음에 소유·소속을 의미하는 관형격(冠形格) 조사(助詞)인 '의'를 넣어야 성부 하나님의 유일하신 아들의 의미가 명확해진다.

③ '외아들'을 '유일하신 아들'로 고쳤다. 외아들의 사전전적 의미[164]는 형제가 없이 단 하나만 있는 아들을 말한다. 이는 형제를 전제로 한 단어이기 때문에 성부 하나님과 동일 본질을 공유하고 영원 전부터 선재(先在)한 상태에서 성부 하나님의 독특하신 아들을 표현하는데 외아들이라는 단어는 역부족이다. 성부는 비발생(非發生, Non‐Generation), 성자는 발생(發生, Generation), 성령은 발출(發出) 또는 발현(發顯, Procession)을 그 특징으로 할 때 외아들은 적절하지 못한 표현이다. 외아들에 해당하는 우리말의 한자어는 독자(獨子)이다. 예수의 신분의 기원에 관해 헬라어에서 $μονογεής$(모노게네스)를 쓰는데, 성자가 성부 하나님과의 관계에서 다른 사람들과 비교하여 유일하고 독특하다(Unique)는 말이다. 물론 성경에서 모노게네스를 독자(눅 7:12), 외딸·외아들(눅 8:42, 9:38), 외아들(히 11:17)로 쓴 경우도 있지만, 본래의 의미는 'his only begotten Son'(KJV 영어 성경)으로 우리말에서는 이를 직역하여 독생자(獨生子)로 하였으나 정확한 표현은 될 수 없

---

162) Herbert Lockyer 전게서, p. 88.
163) Herbert Lockyer 전게서, p. 89.
164) 민중서림편집국 전게서, p. 1691.

다. 출생이란 뜻이 있는 독생이란 단어는 예수의 성부 영원 선재의 발생에 들어맞는 용어는 아니다. 원문에 충실하게 '유일하신 아들'로 잘 고쳤다.

④ '이는'은 '그는'으로, '잉태하사'를 '잉태되어'로, '마리아에게'를 '마리아에게서'로, '받으사'를 '받아'로, '장사한 지'를 '장사된 지'로, '살아나시며'를 '살아나셨으며'로, '오르사'를 '오르시어'로, '저리로서'를 '거기로부터'로, '산 자'를 '살아 있는 자'로, '오시리라.'를 '오십니다.'로 현대 국어 문법에 맞추어 고친 것이다.

3) 성 령

① '성령을 믿사오며'를 '나는 성령을 믿으며'라고 한 것은 위의 성부에서 설명한 것과 같다.

② '공회'를 '공교회'로, '성도가 서로 교통하는 것과'를 '성도의 교제'로, '죄를 사하여 주시는 것과'를 '죄를 용서받는 것과'로, '몸이 다시 사는 것'을 '몸의 부활'로, '영원히 사는 것'을 '영생'으로, '믿사옵나이다.'를 '믿습니다.'로 고친 것도 현대 문법과 원문에 충실하게 잘 수정하였다.

제5장 사도신경의 구조

I. 12개 항목

제1항 성부 하나님, "나는 전능하신 아버지 하나님, 천지의 창조주를 믿습니다." 제2항 성자 하나님, "나는 그의 유일하신 아들, 우리 주 예수 그리스도를 믿습니다." 제3항 출생, "그는 성령으로 잉태되어 동정녀 마리아에게서 나시고," 제4항 고난, "본디오 빌라도에게 고난을 받아 십자가에 못 박혀 죽으시고," 제5항 부활, "장사된 지 사흘 만에 죽은 자 가운데서 다시 살아나셨으며," 제6항 승천, "하늘에 오르시어 전능하신 하나님 우편에 앉아 계시다가," 제7항 재림, "거기로부터 살

아 있는 자와 죽은 자를 심판하러 오십니다." 제8항 성령 하나님, "나는 성령을 믿으며," 제9항 성교회, "거룩한 공교회와 성도의 교제와", 제10항 성도의 사죄, "죄를 용서받는 것과" 제11항 성도의 부활, "몸의 부활과" 제12항 성도의 영생, "영생을 믿습니다. 아멘."

사도신경을 12개 항목으로 나누어 설명하는 데는 이견이 없다.

Ⅱ. 3대 구분

사도신경의 본문 내용에 관한 구분은 전통적으로 3대 구분법을 취하고 있다.

삼위일체이신 성삼위 하나님의 위격 구분에 따라 제1항은 성부 하나님, 제2~7항은 성자 하나님, 제8~12항은 성령 하나님에 대한 신앙고백 항목으로 크게 세 분야로 구분한다. 루터는 이 구분을 따랐으나 칼빈은 교회의 분야를 추가하여 네 분야의 구조를 취한다. 하이델베르크 요리문답서 24문답에는 사도신경은 세 분야로 나누고, 그 내용은 첫째 아버지 하나님과 우리의 창조에 대한 것, 둘째 아들 하나님과 우리의 구속에 대한 것, 셋째 성령 하나님과 우리의 성화에 대한 것이다.

사도신경의 구조를 이와 달리 구분하는 설도 있다. 제1~8항까지 구원의 주체로서 성삼위 하나님에 관한 것, 제9항은 구원의 기관으로 교회에 관한 것, 제10~12항까지는 신앙고백의 주체로서 성도에 관한 것을 고백하는 것으로 하는 3대 구분법도 있다.

Ⅲ. 5대 주제

주제(主題)에 따라 제1항 성부, 제2~7항까지 성자, 제8항 성령, 제9항 성교회, 제10~12항까지 성도로 나누는 5대 주제의 구분법이 있다.

제6장 사도신경의 문제점

Ⅰ. 내용상 문제점

1. 본디오 빌라도와 예수의 고난

"본디오 빌라도에게 고난을 받아 십자가에 못 박혀 죽으시고"에서 예수님은 본디오 빌라도에게 고난을 받아 죽으신 것이 아니고 그 당시 장로들, 대제사장들, 서기관들에 의해 고난받으실 것이라고 예언하셨으며(마 16 : 21, 막 8 : 31, 눅 9 : 22), 그대로 이루어졌는데, 왜 빌라도가 죽였다고 신앙고백을 하느냐고 한다. 문자논리나 형식논리에 의한 문리해석(文理解釋)을 하면 맞는 말이나 그 당시의 시대상황과 법제도를 살펴서 해석하는 논리해석을 해야 한다. 그때 유대는 로마제국의 속국이며 자치권이 제한되어 있어 그들의 자치권으로는 사형선고와 집행권이 없으므로 로마 총독인 빌라도 법정에 예수님을 피고인으로 세웠던 것이고, 빌라도는 법정의 재판장으로 사형선고를 하였다. 비록 빌라도는 본인 스스로 "……무리 앞에서 손을 씻으며 이르되 이 사람의 피에 대하여 나는 무죄하니 너희가 당하라"(마 27 : 24)라고 자기변명을 하였으나, 고난의 최종 가해자요 법적 책임자는 빌라도일 수밖에 없다. 또 역사적 사실을 상기하게 하고 유대인의 대표인 장로들, 대제사장들, 서기관들과 그 당시 서양 문명사회를 대표하는 로마제국의 유대지역 대표자인 총독의 손을 빌림으로 인하여 전 인류에 의한 철저한 합작품이 되어 결국 오늘날을 살고 있는 우리들의 죄악과 과오도 그 속에 있다는 것을 나타낼 수 있다.

2. 음부강하

1) 음부강하의 문구
음부강하(陰府降下) 문구는 라틴어 공인 본문에 'descendit ad

inferna', 즉 '음부에 내려가셨다가'로 되어 있고, 또다른 라틴어 사본에는 'descendit ad inferos', 즉 '영적 세계의 거주자에게로 내려가셨다가'로 되어 있다. 전통적 영어 본문에는 'he descended into hell'의 말, 즉 '지옥에 내려가셨다가'로 번역되어 있고, 현대 영어 본문에는 'he descended to the dead'의 말, 즉 '죽은 자에게 내려가셨다가'로 번역되어 있다. 동방교회의 다른 신조에는 'he descended into Hades'로 되어 있고 그 뜻은 '음부에 내려가셨다가'이고, 현대 영어 사도신경에는 아주 강한 의미를 뜻하는 'hell'(지옥)보다 부드러운 표현인 'the dead'(죽은 자, 사자〈死者〉)로 표현하고 있다.

문헌상으로는 전술한 이레니우스 신조, 테르툴리아누스 신조, 키프리아누스 신조, 노바티아누스 신조, 마르켈루스 신조, 루피누스 로마 신조, 아우구스티누스 신조, 니케타스 신조, 갈루스 유세비우스 신조에도 없고, 루피누스의 아퀼레이아 신조에 나타난 후 사라졌다가 AD 680년 갈리아 성례전서에 다시 등장하여 최종적으로 굳어졌다.

2) 우리나라 사도신경의 음부강하

우리나라 헌법상 사도신경에는 이를 삭제해 버렸다. 그러나 1894년 찬양가에 최초로 나타나는 사도신경에는 '디옥에 ᄂ리샤'가 있으며, 그 후 1905년 장로교 찬성시에도 '음부에 ᄂ리셧더니'로 자구가 지옥에서 음부로 수정되었으며, 1897년 감리교 찬미가에는 음부강하가 없다. 1908년 장로교, 감리교, 성결교 합동 찬송가에는 이런 말이 전혀 없다. 언제 확실히 음부강하의 표현이 없어진지는 알 수 없으나 1906~1907년 사이에 삭제한 것 같다.

우리나라 천주교 사도신경에는 처음에 '지옥에 내리사'로 표현했다가 나중에 '고성소(古聖所)에 내리시어'로 요즈음은 '저승에 가시어'로 말하고, 성공회 종도신경에는 처음에 '음간(陰間)에 내리사'로 지금은 '죽음의 세계에 내려가시어'로 나타내고 있다.

3) 하데스와 스올

라틴어 inferna는 헬라어 ἅδης(Hades, 하데스)이고, 이 뜻은 헬라의 신화에 나오는 지하세계의 신 하데스를 말하고, 죽은 자들이 거처하는 지하세계, 음부, (인격화된) 죽음, 사망[165]이다. 이 하데스는 구약의 히브리어 '스올'(Sheol)과 같으며, 악인이든 의인이든 죽은 모든 사람이 거처하는 불가시적인 영적인 세계(the unseen Spirit-World)[166]를 말한다. 이러한 의미를 갖고 있는 음부(하데스, 스올)를 영어 사도신경에서 지옥(Hell)으로 번역한 것은 아주 잘못되었다.

4) 게엔나와 파라데이소스

신약시대에 와서 예수님은 악인과 죄인이 죽어서 가는 곳, 저주와 형벌이 있는 곳을 헬라어로 $\gamma \acute{\varepsilon}\varepsilon\nu\nu\alpha$(Geenna, 게엔나, 지옥, 마 5 : 29-30)라 하고 구원 받은 자가 머무는 곳을 헬라어로 $\pi\alpha\rho\acute{\alpha}\delta\varepsilon\iota\sigma o\varsigma$ (Paradeisos, 파라데이소스, 낙원, 눅 23 : 43)라 하여, 이를 구별하여 사용하셨다. 그러나 구약시대에도 스올이나 하데스에서 의인과 악인이 섞여서 거처하는 것은 아니라 의인은 의인끼리 모여 거처하는 곳을 낙원이라는 내세의 복지가 있으며, 악인이 거하는 지옥인 게헨나라는 곳이 있어 구별되어 있다고 한다. 누가복음 23 : 43을 보면 "……오늘 네가 나와 함께 낙원에 있으리라……"에서 이미 낙원은 존재했으며, 예수님의 영(靈)도 낙원에 머물렀다는 것을 알 수 있다.

또 누가복음 16 : 19~31의 부자와 거지 나사로의 기사를 보면 나사로가 있는 낙원을 의미하는 '아브라함의 품'과 부자가 있는 지옥인 음부 사이에 '큰 구렁텅이'가 있어 서로가 왕래할 수 없는 것을 볼 때 지옥과 낙원은 음부 안에 두 개로 분리되어 있는 것을 알 수 있다. 헬라어 게엔나는 히브리어 게헨나(Gehenna)에서 나왔으며, 이는 'Ge Hinnom', 즉 예루살렘성의 남쪽 '힌놈의 골짜기'를 말한다. 몰록에게 제사를 드리는 자들이 이 힌놈의 골짜기에서 자기 자녀들을 불태워 죽이는 의식을 행함으로 이 골짜기를 더럽혔으며(왕하 23 : 10), 그 후 쓰레기 공동소각장으로 변해 죽음과 파멸의 골짜기를 상징하는 개념으로 지옥을 의미하게 되었다. 스올(음부)을 영어 사도신경에

---

165) 로고스편집부 전게서, p. 19.
166) 총회교육자원부 전게서, p. 23.

서 게엔나(지옥)를 뜻하는 Hell(지옥)[167]로 번역함은 오역이고 예수님이 죄가 있어 잠시나마 지옥에 간 것으로 생각하는 오해의 소지가 있다. 우리 사도신경에서 이를 삭제한 것은 잘한 일이라 사료된다.

5) 음부강하의 성경적 근거

음부강하설의 성경적 근거는 베드로전서 3 : 19 "그가 또한 영으로 가서 옥에 있는 영들에게 선포하시니라"와 베드로전서 4 : 6 "이를 위하여 죽은 자들에게도 복음이 전파되었으니 이는 육체로는 사람으로 심판을 받으나 영으로는 하나님을 따라 살게 하려 함이라"이다.

6) 음부강하 이유

그러면 왜 예수님은 음부에 갔을까?

(1) 로마가톨릭교회

로마가톨릭교회는 연옥설을 교리로 삼고 림보(Limbus)의 존재를 주장한다. 림보의 뜻은 지옥의 가장자리, 주변인데 이에는 구약시대의 신자들이 죽어 영혼이 구원되기를 기다리고 있는 곳을 선조림보(Limbus Patrum, 고성소, 古聖所)라 하고, 그 외에 세례를 받지 못하고 죽은 영아들이 가는 곳인 유아림보(Limbus Infantum)도 있다. 예수님께서 선조림보에 가셔서 구약의 성도들을 해방, 구원하여 승천하셨다고 한다.[168]

(2) 성공회

영국 국교회는 음부를 낙원으로 해석하고 그리스도의 영이 낙원에 가서 그곳의 신자들에게 구원의 진리를 선포하고 가르쳤다고 한다.[169]

---

167) 현대 영어 지옥(Hell)은 성경의 용어 '스올'이나 '하데스'와는 다른 의미이며, 또 사도신경에서 사용하기에는 적합하지 않다. 미국의 감독교회는 1789년에 제정한 기도에서 '지옥에 내려가셨다.'라는 말을 아예 삭제하거나 다른 표현을 쓰게 했다가 1892년에는 이를 철회하는 등 혼선을 빚고 있다. 오늘날 영어 사도신경에는 거의 '지옥에 내려가셨다가'를 그대로 포함시키고 있다.
168) 이종윤 전게서, p. 113.

(3) 개혁교회

루터는 음부를 지옥으로 해석하고 예수님이 지옥에 가서 사탄과 흑암의 세력과 불신자에게 자신의 승리를 선포하고 전도하였다고 하고, 이는 예수 그리스도의 승리의 첫 단계라고 한다.[170]

칼빈은 예수님이 직접적으로 실제로 음부에 내려가신 것이 아니라 이 말을 비유적, 상징적으로 죽음의 상태와 낮아짐(humiliation)의 정도를 묘사한 것[171]이라 한다. 겟세마네 동산에서의 고뇌와 공포, 십자가의 고난과 고통을 지옥의 경험으로 본다.

본 저자의 견해는 다음과 같다.

① 성경의 문자상으로 분명히 음부에 내려가신 것은 분명하다. 이 점에서 칼빈의 견해와 다르다. 다만 게엔나 지옥뿐만 아니라 파라다이소스 낙원에도 가셨다고 생각한다. 이 점에서 성공회 주장과도 다르고 루터의 견해와도 다르다. 예수님의 육신은 3일간 아리마대 요셉의 무덤에 머물러 있었고, 예수님의 영은 "예수께서 이르시되 내가 진실로 네게 이로노니 오늘 네가 나와 함께 낙원에 있으리라 하시니라"(눅 23 : 43)라고 십자가 어느 한쪽의 강도에게 약속한 대로 낙원에 가셨다가 지옥에도 가신 것은 "사망아 너의 승리가 어디 있느냐 사망아 네가 쏘는 것이 어디 있느냐"(고전 15 : 55)라고 외치면서 사망권세를 이긴 승리의 선언 또는 선포를 하시기 위함이었다.

② 베드로전서 3 : 19에 "그가 또한 영으로 가서 옥에 있는 영들에게 선포하시니라" 하고 있는데, 여기서 옥은 문자상으로 지옥을 말하고 하나님의 주권적 사역이요 전적으로 하나님의 단독사역으로 인하여 이미 지옥에 간 자들에게 복음을 전할 하등의 이유가 없다. 본문에 사용된 동사는 헬라어 ἐκηλύξεν(에케뤽센)으로 이의 원형은 κηρύσσο(케뤼소)이고, 그 뜻은 '공포하다', '크게 선포하다'[172]이다. 복음과 관계있는 부분에 사용되기도 하나 주로 복음 선포와 관계

---

169) 이종윤 전게서, p. 115.
170) 이종윤 전게서, p. 114. 리재학, 윤종곤 20 전게서, p. 180.
171) 나채운 전게서, p. 224. 이종윤 전게서, p. 115.
172) 로고스편집부 전게서, p. 384.

없이 쓰이는 점을 고려할 때 여기의 선포는 복음 전파가 아닌 것을 알 수 있다. 복음 선포와 관계있는 부분에는 εὐαγγελιζο(유앙겔리조)를 주로 쓴 것[173]을 감안할 때 예수님의 영의 선포는 승리의 외침으로 봄이 타당하다.

③ 빌립보서 2 : 9~10의 "이러므로 하나님이 그를 지극히 높여 모든 이름 위에 뛰어난 이름을 주사 하늘에 있는 자들과 땅에 있는 자들과 땅 아래 있는 자들로 모두 무릎을 예수의 이름에 꿇게 하시고"와 같이 이 우주 모든 만유(萬有)와 시공(時空)에 그리스도의 승리의 선포를 위하여 지옥에 내려가신 것이다.

④ 베드로전서 4 : 6 "이를 위하여 죽은 자들에게도 복음이 전파되었으니 이는 육체로는 사람으로 심판을 받으나 영으로는 하나님을 따라 살게 하려 함이라"는 말은 문자적으로 볼 때 죽은 자들에게 복음이 전파되었다고 하는 것이지, 지옥에 가서 죽은 자를 위하여 복음을 전파했다는 말이 아니다. 죽은 자는 지옥에만 있는 것이 아니고 낙원에도 있다. 다만 낙원에는 있는 자는 이 세상에서 죽은 자로 이미 구원 받은 자들인데 복음을 전파하는 이유는 십자가상에서 "다 이루었다"(요 19 : 30)라고 말씀하시는 구원의 완성을 그들에게 고지하고, 그들의 구원을 우리 주님이 직접 확인시켜 주기 위함이다. 또 "예수께서 이르시되 내가 곧 길이요 진리요 생명이니 나로 말미암지 않고는 아버지께로 올 자가 없느니라"(요 14 : 6)라고 하신 말씀에 의하면 예수님 부활 승천하시기 전에 이미 죽어서 그 영혼이 구원 받아 낙원에 가 있는 이들은 메시야를 대망했지만 예수님의 말씀을 듣거나 본 적이 없으므로 구원의 확신과 완성을 위하여 예수님의 낙원강하 및 복음 전파가 필수적으로 요구되는 것이다.

⑤ 결론적으로 많은 신학자의 학설과 주장이 있지만, 예수님의 지옥강하(地獄降下)는 복음 전파를 하기 위함이 아니고 사망권세에 대한 승리의 외침, 승리의 선포를 하기 위함이요, 또한 예수님의 낙원강하(樂園降下)는 사망권세에 대한 승리의 선포를 하기 위함이 아니

---

173) 리재학, 윤종곤 20 전게서, p. 178. 로고스문서선교회 전게서, p. 380. 제자원 Ⅰ 전게서, p. 388.

라 절차상의 복음 전파를 위함이고 이 복음 전파는 구원 완성의 고지, 확인을 위한 것으로 해석, 판단한다.

3. 공교회

공교회는 2007년 사도신경 재번역안이 우리 헌법에 편입, 공포되기 전에는 '공회'(公會)로 되어 있어 원문의 뜻이 잘 전달되지 않고 오해의 소지가 있었다. 공회라 하면 사전적 의미는 "공사(公事)로 인한 모임, 공중의 회합, 공개회의"[174]이며 성경에서는 "⋯⋯형제에 대하여 라가라 하는 자는 공회에 잡혀가게 되고⋯⋯"(마 5 : 22)처럼 공회는 처벌하는 사법기관을 의미하고 있다. 물론 여기서 공회는 '산헤드린'(Sanhedrin)[175]을 말한다. 2007년도 수정은 정말로 잘한 번역이었다는 것을 알 수 있다.

공교회는 라틴어로 'ecclesiam catholicam'이고, 헬라어로 '$\kappa\alpha\theta o\lambda\iota\kappa\grave{\eta}\nu\ \dot{\epsilon}\kappa\kappa\lambda\eta\sigma\acute{\iota}\alpha\nu$'이며, 영어에서는 'catholic Church'이다. 헬라어 형용사 '$\kappa\alpha\theta o\lambda\iota\kappa\acute{o}\varsigma$'에서 라틴어 형용사 'cathlicus'가 나왔으며, '보편적'(ecumenical), '세계적'(universal)이라는 뜻이다. 이는 교회의 속성을 잘 표현한 말이다.

천주교를 지칭하는 서방로마교회를 영어로 'Roman Catholic Church'라고 하는데 사도신경에서 말하는 'the holy catholic Church'와는 전혀 다르다. 천주교를 말할 때는 Catholic의 첫 글자를 대문자로 쓰기 때문에 사도신경의 그것과는 다르다.[176]

교회라는 말 앞에 수식어로 AD 3세기 중엽에서 4세기 말까지는 '거룩한 교회'로 된 것도 있고, 또는 '하나의 보편적인 교회', '하나의 거룩하고 보편적인 교회', '하나의 보편적이고 사도적인 교회', '하나의 거룩하고 보편적이고 사도적인 교회' 등 여러 가지 표현을 쓰다가

---

174) 민중서림편집국 전게서, p. 224.
175) 로마시대 유대의 최고 종교회의 기관으로 정치권, 민사권(民事權), 유대교 율법과 관련있는 범법자를 치리하는 사법권을 갖고 있다.
176) 찬송가를 발행한 출판사가 사도신경의 본문을 실을 때 실수로 대문자를 쓰는 경우를 보았는데 크게 잘못된 일이다.

AD 450경 니케타스 신조에서 처음으로 '거룩하고 보편적인 교회'를 쓴 후, AD 550년경 갈루스 유세비우스 신조를 거쳐 AD 650년 갈리아 성례전서 신조에서 굳어졌다.

우리나라는 1894년 찬양가에 '공번된 회', 1897년 찬미가에 '셩공회', 1905년 찬성시에 '공회', 1908년 '공회'로 번역하여 2007년까지 '공회'로 사용하여 왔던 것이다. 천주교에서는 '공번된 회', '공변된 교회', '보편된 교회'로, 성공회에서는 '공회', '공교회'로 하고 있다. '공변되다'라는 말은 '사정이나 치우침이 없이 공평하고 정당하다'이고, '공번되다'는 '공변되다'의 옛말이다.[177] 중국어 사도신경은 '公之教會', 일본어 사도신경은 '公同の教會'로 번역하여 원문의 뜻을 잘 반영하고 있다.

Ⅱ. 번역상의 문제점

1. 본디오 빌라도에게

라틴어 본문에는 'sub Pontio Pilato'로 되어 있고, 'sub'는 아래, 밑에, 때에, 치하에, 지배하에 관할하에[178]라는 뜻을 갖고 있는데, 원문에 충실하려면 이 뜻을 살리는 것이 좋다고 생각한다. 영어 사도신경에도 'under Pontius Pilate'로 되어 있다.

우리나라 개신교는 1894년 찬양가 사도신경에 '본듸오 빌나도 손에', 1897년 찬미가 사도신경에 '본듸오쓰 벨나도의 손에'라고 되어 있어 원문에 약간 접근하고 있으나, 1905년 찬성시와 1908년 찬송가에는 '본듸오 빌나도의게'로 번역하여 원문에서 조금 벗어나고 있다.

천주교 사도신경에는 '본시오 빌라도 │ 벼슬에 잇살 쩍', '본디오 빌라도 치하(治下)에서', '본시오 빌라도 통치 아래서'로, 성공회 종도신경에는 '본디오 빌라도 때에', '본티오 빌라도 치하에서'라고 번역

---

177) 민중서림편집국 전게서, p. 212.
178) 가톨릭대학교고전라틴어연구소 전게서, p. 891.

하고 있어 원문에 충실하고 있다.

2. 거룩한 공교회와 성도의 교제와

'거룩한 공교회와 성도의 교제' 사이의 조사(助詞) '와' 대신에 부사(副詞) '및'을 써야 한다. '와'를 쓰면 교회와 성도 간의 교제, 교통을 의미하는 것으로 오해할 소지가 있다. 물론 문법상으로 교회와 성도 간의 교제의 뜻이라면 '거룩한 공교회와 성도와의 교제'의 표현을 써서 성도 다음에 '와'를 넣어야 하지만, 보통 대화에서는 '와'를 빼고 쓰는 경우가 있다. 성도와 교회 간에 교제하는 것을 고백하는 것이 아니고, 신앙고백의 대상으로 '거룩한 공교회' 및 '성도의 교제'는 따로따로이다.[179]

---

179) 나채운 전게서, p. 251.

제3편 신 조

제1장 신조의 역사

Ⅰ. 신조의 의의

신조(信條, Creed)의 사전적 의미는 "신앙의 낱낱 조목(條目), 굳게 믿고 있는 생각",[1] "공통의 믿음을 유지시키는 데 꼭 필요한 더 이상 줄일 수 없는 최소한의 믿음을 요약 진술한 것",[2] "의식에 사용하기 위해서 기독교 신앙을 공식적으로 요약해 놓은 것들 중에 하나",[3] "기독교 신앙의 중요한 증언에 대한 권위적인 진술이다."[4] 등이다.

헌법상 신조라 함은 우리 교단 헌법 제1편 제2부 신조에 규정하고 있는 12신조를 말한다. 신조는 광의로 초대교회 신조(에큐메니칼 신조), 로마교 신조, 개신교의 신조, 영국성공회 신조, 동방정교회 신조 등 5가지로 분류할 수 있고, 기독교 중에 크게 그 분파에 따라 개신교회(Protestant Church) 신조, 동방정교회(Eastern Orthodox Church) 신조와 서방 로마가톨릭교회(Roman Catholic Church) 신조로 나눌 수가 있으나 동방정교회나 로마가톨릭교회의 신조는 여기

---

1) 민중서림편집국 전게서, p. 1435.
2) 기독교대백과사전편찬위원회 전게서, p. 439.
3) 웹스터 사전.
4) 정인찬 전게서, p. 702.

서 논할 바가 아니고, 우리 개신교 신조와 공인 채택한 초대교회 에큐메니칼 신조만 다루겠다.

이 신조는 사도신경을 위시한 고대 5대 에큐메니칼 신조, 즉 사도신경(AD 200-750), 니케아 신조(AD 325), 니케아-콘스탄티노플 신조(AD 381), 칼케돈 신조(AD 451), 아타나시우스 신조와 종교개혁 후 각종 장로교회나 개혁교회의 신조(Creed), 요리문답(Catechism), 신앙고백(Confession), 표준(Canon), 신앙규범(Rule of Faith), 신앙상징(Symbol of Faith), 선언(Decree) 등의 명칭으로 표현한 모든 공적 선언문을 말한다. 여기서는 '신조'라는 명칭을 사용한 것만 다루고, 종교개혁 후 요리문답이나 신앙고백의 이름을 붙인 각종 신조는 구별하여 헌법의 그곳에서 다루기로 한다.

우리 교단 헌법은 신조와 요리문답과 신앙고백을 구별하여 사용하고 있으나, 요리문답도 광의의 신조에 포함되며 또한 광의의 신앙고백에 신조도 포함되므로 논리학상으로는 신앙고백이 상위개념이고, 하위개념으로 신조가 있고, 신조의 하위개념으로 요리문답이 있다고 할 수 있다.

II. 고대 에큐메니칼 신조

1. 고대 에큐메니칼 신조의 개념

고대 에큐메니칼 신조라 함은 고대 초대교회 시대에 작성된 신조를 말한다. 초대교회의 범위를 어디까지 잡느냐가 문제이나 협의(狹義)의 초대교회는 예수님 사후 마가의 다락방교회에서 시작한 예루살렘교회부터 12사도 중 최후의 생존자 사도 요한의 죽음 약 AD 100년까지를 보고, 광의로는 AD 325년 니케아 공의회까지로, 최광의로는 중세 로마가톨릭교회의 확고한 성립시기로 보는 AD 590년 전까지를 본다.

이러한 신조의 으뜸이요 대표 격은 전술한 사도신경(사도신조)이고, 공식적 에큐메니칼 공의회(세계종교회의)를 통한 신조인 니케아 신조, 니케아–콘스탄티노플 신조, 칼케돈 신조와 그 외의 아타나시우스 신조이다. 이를 합하여 고대 5대 에큐메니칼 신조라 부른다.

2. 니케아 신조(325)

공의회 소집 배경, 시기, 소집자, 회의내용의 핵심은 제2편 사도신경에서 상술하였으므로 여기서는 생략하고, 본문의 내용만 소개한다.

니케아 신조(The Nicene Creed, 라. Symbolum Nicaeanum, AD 325)
우리는 모든 것을 통치하시고, 보이는 것이나 보이지 않는 것을 창조하시고 유일하신 아버지 하나님을 믿는다.
우리는 예수 그리스도 한 주님을 믿는다. 그는 아버지 하나님의 독생자로 나셨으니, (아버지의 본질에서 나셨으며, 하나님에게서 나오신 하나님이시요), 빛에서 나오신 빛이시요, 참하나님에게서 나오신 참하나님이시며, 창조되지 않고 발생하셨으며,[5] 아버지와 동일본질이시요, 그로 말미암아 (하늘과 땅에 있는) 만물이 창조되었다. 그는 우리 인간과 우리의 구원을 위해 내려오시고,[6] 성육신하여 인간이 되셨으며, 고난을 받으시고, 사흘 만에 부활하시고, 하늘에 오르시고, 산 자와 죽은 자를 심판하러 오실 것이다.
그리고 성령을 믿는다.
(그러나 다음과 같이 말하는 자들, 즉 그는 계시지 않은 때가 있었다든지, 그가 나시기 전에는 계시지 않았다든지, 무로부터 생겨나셨다고 말하거나, 그가 다른 본체나 본질로부터 유래했다든지, 피조물이라든지, 가변적이라든지, 변질한다고 주장하는 자들은 보편적 사도적 교회가 저주한다.)[7]

---

5) 박일민 전게서, p. 44에는 '창조되지 않고 나셨으며', 총회교육자원부 전게서, p. 34에는 '창조되지 않고 출생하셨으며'와 같이 번역할 수 있다.
6) 라틴어 원문에 없는 의역으로 박일민 전게서에 '이 땅에'를 총회교육자원부 전게서에 '하늘에서'를 넣어 의역을 하고 있다.
7) ( ) 안에 있는 말은 니케아–콘스탄티노플 신조에서 삭제된 부분이다.

3. 니케아 – 콘스탄티노플 신조(381)

상세한 것은 제2편 사도신경에서 말하였으므로 여기서는 본문만 소개한다.

니케아–콘스탄티노플 신조

니케아–콘스탄티노플 신조(The Nicene – Constantinopolitan Creed, 라. Symbolum Nicaeano – Constantinopolitanum, AD 381)는 콘스탄티노플 신조라고 약칭하기도 하고, 니케아 신조를 수정한 것이기 때문에 그냥 니케아 신조라고도 한다.

우리는 전능하시고, (하늘과 땅), 보이는 것이나 보이지 않는 것을 창조하시고 유일하신 아버지 하나님을 믿는다.
우리는 한 분 주 예수 그리스도를 믿는다. 그는 (영원히) 아버지(로부터 나신) 하나님의 독생자로서 빛에서 나오신 빛이시요, 참하나님에게서 나오신 참하나님이시며, 창조되지 않고 발생하셨으며, 아버지와 동일본질이시요, 그로 말미암아 만물이 창조되었다. 그는 우리 인간과 우리의 구원을 위해 (하늘로부터) 내려오시고, (성령으로 동정녀 마리아에게서) 성육신하여 인간이 되셨으며, (우리를 위하여 본디오 빌라도에 의하여 십자가에 못 박히시고), 고난을 받으시고, (장사 지낸 바 되셨다가, 성경대로) 사흘 만에 부활하시고, 하늘에 오르시고, (하나님 우편에 앉아 계시다가, 영광 중에) 산 자와 죽은 자를 심판하러 오실 것이며, (그의 나라는 영원할 것을) 믿는다.
우리는 (주님이시고 생명을 주시는) 성령을 믿는다.
(그는 아버지에게서 나오시고, 아버지와 아들과 더불어 예배와 영광을 받으시며, 선지자를 통하여 말씀하신 분이십니다. 우리는 하나의 거룩하고 보편적이며, 사도적인 교회를 믿으며, 죄 사함을 위한 세례를 고백하며, 죽은 자의 부활과 내세의 생명을 믿는다.)[8]

---

8) ( ) 안에 있는 말은 니케아 신조에다 수정하고 추가한 부분이다. 박일민 전게서, pp. 47-48. 총회교육자원부 전게서, pp. 48-49.

4. 칼케돈 신조(451)

이 신조 역시 공의회 소집 배경, 시기 소집자 회의 내용 등은 제2편 사도신경에서 상술한 바 여기서는 생략하고 그 본문만 소개한다.

1) 칼케돈 신조(라. Symbolum Chalcedonense, AD 451)

(1) 영어 칼케돈 신조(The Creed of Chalcedon)

We, then, following the holy Fathers, all with one consent, teach men to confess one and the same Son, our Lord Jesus Christ, the same perfect in Godhead and also perfect in manhood, truly God and truly man, of a reasonable (rational) soul and body, consubstantial (co-essential) with the Father according to the Godhead, and consubstantial with us according to the Manhood, in all things like unto us, without sin, begotten before all ages of the Father according to the Godhead, and in these latter days, for us and for our salvation, born of the Virgin Mary, the Mother of God, according to the Manhood, one and the same Christ, Son, Lord, only begotten, to be acknowledge in two natures, inconfusedly, unchangeably, indivisibly, inseparably,[9] the distinction of natures being by no means taken away by the union, but rather the property of each nature being preserved, and concurring in one Person and one Subsistence, not parted or divided into two persons, but one and the same Son, and only begotten, God the Word, the Lord Jesus Christ, as the prophets from the beginning (have declared) concerning Him, and the Lord Jesus Christ Himself has taught us, and the Creed of the holy Fathers has handed down to us.

---

[9] without confusion, without change, without division, without separation 을 뜻한다.

(2) 우리말 칼케돈 신조

그러므로 우리는 교부들을 따라서 다음 사실을 고백하도록 만장일치로 사람들을 가르치는 바이다. 우리 주 예수 그리스도는 한 분 동일하신 하나님이시며, 그는 신성에 있어서 동일하게 완전하시고, 인성에 있어서 동일하게 완전하시고, 참하나님이시며, 참인간이시며, 이성적인 영혼과 몸을 가지고 계신다. 그는 신성으로는 아버지와 동일본질이시고, 인성으로는 우리와 동일본질이시지만 죄를 제외하고는 우리와 똑같으시다. 그의 신성에 관하여는 창세전에 아버지로부터 태어나시고, 그의 인성에 관하여는 이 동일하신 분이 마지막 날에 우리와 우리의 구원을 위해서 동정녀 마리아에게서 나셨으니 그의 인성과 관련하여 하나님의 어머니[10]이시다. 우리는 한 분 동일하신 그리스도는 하나님의 아들이요, 주님이시요, 독생자이시며 우리에게 두 본성으로 인식되지만, 이 두 본성은 혼합이 없고, 변화도 없으며, 분할될 수도 없으며, 분리될 수도 없다. 이 두 본성의 차이[11]는 이 연합으로 인해서 결코 없어질 수 없으며, 각 본성의 속성들은 한 위격과 한 본체 안에서 다 같이 보존되고 함께 역사한다.[12] 그는 두 위격으로 나뉘거나 떨어지는 것이 아니고, 동일하신 아들이시요, 독생자이시요, 하나님인 말씀이시요, 주 예수 그리스도이시다. 선지자들은 처음부터 그에 관하여 선언하였고, 주 예수 그리스도 자신이 우리에게 가르치셨으며, 교부들의 신조가 우리에게 유전하였다.

5. 아타나시우스 신조

1) 아타나시우스 신조의 유래

아타나시우스 신조(The Athanasian Creed, 라. Symbolum Athana-

---

10) 헬라어로 theotokos, 로마가톨릭에서는 '천주의 성모'로 영국성공회에서는 '천주의 모친'으로 동방정교회에서는 '하느님의 모친'으로 번역한다.
11) '이 두 본성의 구별'로 번역할 수 있다.
12) 박일민 전게서, p. 54에는 "오히려 양성은 각 본성의 특이성을 보존하면서 하나의 품성과 자질로 연합되어 있다."라고 번역한다. 총회교육자원부 전게서, pp. 73-74.

sianum)는 다른 말로 퀴쿤퀘 신조(라. Symbolum Quicunque)라고 하는데, 이는 라틴어 신조의 서두가 'Quicunque vult salvus esse'로 시작되기 때문이다.

이 신조의 저자는 아타나시우스가 아니다. 이 신조에는 아타나시우스의 사후인 AD 451년에 작성된 칼케돈 신조의 기독론과 AD 420년경 아우구스티누스가 체계화한 삼위일체론이 반영되어 있는 점과 AD 589년 톨레도 종교회의에서 서방교회가 채택한 성령의 이중발현설의 내용을 담고 있는 점을 보아 7세기 초 이후 작자 미상의 작품으로 추측되며, 아리우스를 가장 강력히 반대했던 아타나시우스의 이름을 따서 그렇게 붙인 것이 아닌가 생각한다.

2) 아타나시우스 신조의 내용

이 신조는 44개의 문장으로 되어 있고, 처음과 마지막 두 개의 문장을 제외하고 크게 두 부분으로 나눠지는데, 3번부터 28번까지 정통 삼위일체 교리를 말하고, 29번부터 43번까지는 성육신과 그리스도의 두 본성에 관한 기독론을 논하고 있다. 처음 부분에는 이 신앙을 반대하는 자는 영원히 멸망을 받는다는 엄숙한 선언문으로 시작하고 끝 부분에 가서는 악인의 영벌과 불신자의 구원 불가에 관한 저주문으로 끝맺음을 한다.

중세 로마가톨릭교회에서는 사도신경 다음으로 그 권위를 인정했으며 종교개혁자들도 이의 없이 이 신조를 수용했다.

3) 영어 아타나시우스 신조(The Athanasian Creed)

① Whosoever will be saved, before all thing it is necessary that he hold the catholic faith ; ② Which faith except every one do keep whole and undefiled, without doubt he shall perish everlastingly. ③ And the catholic faith is this : That we worship one God in Trinity, and Trinity in Unity ; ④ Neither confounding the persons nor dividing the substance[13].

---

13) essence, 이하 동일.

⑤ For there is one person of the Father, another of the Son, and another of the Holy Spirit[14]. ⑥ But the Godhead of the Father, of the Son, and another of the Holy Spirit is all one, the glory equal, the majesty coeternal. ⑦ Such as the Father is, such is the Son, and such is the Holy Spirit. ⑧ The Father uncreated[15], the Son uncreated, and the Holy Spirit uncreated. ⑨ The Father incomprehensible[16], the Son incomprehensible, and the Holy Spirit incomprehensible. ⑩ The Father eternal, the Son eternal, and the Holy Spirit eternal. ⑪ And yet they are not three eternals but one eternal. ⑫ As also there are not three uncreated nor three incomprehensible[17], but one uncreated and one incomprehensible. ⑬ So likewise the Father is almighty, the Son almighty, and the Holy Spirit almighty. ⑭ And yet they are three almighties, but one almighty. ⑮ So the Father is God, the Son is God, and the Holy Spirit is God ; ⑯ And yet they are not three Gods, but one God. ⑰ So likewise the Father is Lord, the Son Lord, and the Holy Spirit Lord ; ⑱ And yet they are not three Lords but one Lord. ⑲ For like as we are compelled by the Christian verity to acknowledge every Person by himself to be God and Lord ; ⑳ So are we forbidden by the catholic religion to say ; There are[18] three Gods or three Lords. ㉑ The Father is made of none, neither created nor begotten. ㉒ The Son is of the Father alone ; nor made nor created, but begotten. ㉓ The Holy Spirit is the Father and of the Son ; nether made, nor created, nor begotten, but proceeding. ㉔ So three is one Father, not three Fathers ; one Son, not three

---

14) the Holy Ghost, 이하 동일.
15) uncreate, 이하 동일.
16) unlimited, 이하 동일.
17) infinite, 이하 동일.
18) be.

Sons ; one Holy Spirit, not three Holy Spirits. ㉕ And in this Trinity none is afore or after another ; none is greater or less than another.[19] ㉖ But the whole three persons are coeternal, and coequal. ㉗ So that in all things, as aforesaid, the Unity in Trinity and the Trinity in Unity is to be worshipped. ㉘ He therefore that will be saved must[20] thus think of the Trinity. ㉙ Furthermore it is necessary to everlasting salvation that he also believe rightly[21] the incarnation of our Lord Jesus Christ. ㉚ For the right faith is that we believe and confess that our Lord Jesus Christ, the Son of God, is God and man. ㉛ God of the substance of the Father, begotten before the worlds ; and man of substance of His mother, born in the world. ㉜ Perfect God and perfect man, of a reasonable soul and human flesh subsisting. ㉝ Equal to the Father as touching His Godhead, and inferior to the Father as touching His manhood. ㉞ Who, although He is[22] God and man, yet He is not two, but one Christ. ㉟ One, not by conversion of the Godhead into flesh, but by taking[23] of that manhood into God. ㊱ One altogether, not by confusion of substance, but by unity of person. ㊲ For as the reasonable soul and flesh is one man, so God and man is one Christ ; ㊳ Who suffered for our salvation, descended into hell[24], rose again the third day from the dead. ㊴ He ascended into heaven, He sits on the right hand of the Father, God,[25] Almighty ; ㊵ From thence[26] He shall come to judge the

---

19) there is nothing before, or after ; nothing greater or less.
20) let him.
21) faithfully.
22) be.
23) assumption.
24) Hades, spirit-world.
25) God the Father.
26) whence.

quick and the dead. ㊶ At whose coming all men shall rise with their bodies ; ㊷ And shall give account of their own works. ㊸ And they that have done good shall go into everlasting and they that have done evil into everlasting fire. ㊹ This is the catholic faith, which except a man believe faithfully[27] he cannot be saved.

4) 우리말 아타나시우스 신조

① 누구든지 구원을 받으려는 자는 모든 것에 앞서 이 보편적 신앙을 가져야 한다. ② 이 신앙을 온전하고 순결하게 지키지 않는 자는 영원히 멸망할 것이다. ③ 이 보편적 신앙은 우리가 삼위일체이시고 일체로서 삼위이신 한 분 하나님을 경배하는 것이다. ④ 인격의 혼합뿐만 아니라 본체의 분리도 없다. ⑤ 왜냐하면 성부의 한 인격과 다른 성자의 한 인격과 다른 성령의 한 인격이 계시기 때문이다. ⑥ 그러나 성부와 성자와 성령의 신성(神性, Godhead)[28]은 모두 하나이며 그 영광도 동일하고 그 위엄도 동일하게 영원하시다. ⑦ 성부가 계시는 것같이, 성자도 계시고, 그리고 성령도 계신다. ⑧ 성부는 창조되지 않으셨고, 성자도 창조되지 않으셨고, 그리고 성령도 창조되지 않으셨다. ⑨ 성부는 무한하시며[29] 성자도 무한하시고, 그리고 성령도 무한하시다. ⑩ 성부는 영원하시며, 성자도 영원하시고, 그리고 성령도 영원하시다. ⑪ 그럼에도 불구하고 그들은 세 영원한 분들이 아니고, 한 영원한 분이시다. ⑫ 또 역시 세 창조되지 않은 분만 아니라 세 무한한 분이 아니고, 한 창조되지 않은 분이요 한 무한한 분이시다. ⑬ 성부가 전능하신 것처럼, 성자도 전능하시며, 그리고 성령도 전능하시다. ⑭ 그럼에도 불구하고 그들은 세 전능한 분들이 아니고, 한 전능한 분이시다. ⑮ 성부가 하나님이신 것처럼, 성자도 하나님

---

27) truly and firmly.
28) 신격(神格)으로 번역할 수 있다.
29) 신의 속성이 무한하시다는 뜻이고 초월해 계시다고 번역 가능하며, 직역하면 '이해할 수 없는 분이시다'이다.

이시며, 그리고 성령도 하나님이시다. ⑯ 그럼에도 불구하고 그들은 세 하나님이 아니고, 한 하나님이시다. ⑰ 성부가 주님이신 것처럼, 성자도 주님이시며, 그리고 성령도 주님이시다. ⑱ 그럼에도 불구하고 그들은 세 주님이 아니고, 한 주님이시다. ⑲ 우리는 각 위가 스스로 하나님이시고, 주님이심을 기독교진리로 받아들이는 것처럼, ⑳ 세 하나님이 계시고, 세 주가 계신다고 말하는 것을 보편적 종교에 의하여 금지한다. ㉑ 성부는 그 누구로부터 만들어지지 않으시고, 창조되지도 않으시며, 태어나지도 않으셨다. ㉒ 성자는 다만 성부에게서만이시고, 만들어지지 않으시고, 창조되지도 않으시며, 그러나 발생(發生)하신[30] 것이다. ㉓ 성령은 다만 성부와 성자에게서만이시고, 만들어지지 않으시고, 창조되지도 않으시며, 태어나지도 않으시며, 그러나 발현(發顯)하시는[31] 것이다. ㉔ 그러므로 한 성부이고, 세 성부가 아니시며, 한 성자이고 세 성자가 아니시며, 한 성령이 아니고 세 성령이 아니시다.

㉕ 그리고 이 삼위 안에 어느 누구도 다른 위에 앞서거나 뒤서지 않으며, 어느 누구도 다른 위보다 더 위대하거나 못하거나 하지 않으시다. ㉖ 오히려 세 위가 모두 동일 영원하시고, 동일 동등하시다. ㉗ 그래서 앞에서 말한 것처럼 모든 것에 있어서, 삼위로서의 일체와 일체로서의 삼위가 경배를 받으시는 것이다. ㉘ 그러므로 구원을 받으려는 자는 삼위일체에 대하여 이와 같이 생각하여야 한다. ㉙ 더욱이 영원한 구원을 위하여 우리 주 예수 그리스도의 성육신을 올바르게 믿는 것이 필요하다. ㉚ 올바른 믿음이란 우리가 우리 주 예수 그리스도, 성자 하나님께서 하나님이시고 사람이심을 믿고, 고백하는 것이기 때문이다.

㉛ 하나님으로서는 성부의 본체에서 세상 전에 오셨고 사람으로서는 그의 모친의 본체에서 이 세상에 태어나셨다. ㉜ 완전한 하나님이시고, 이성적 영혼과 사람의 육체를 소유하고 계시는 완전한 사람이

---

30) 'be born'은 태어나다의 뜻으로, 'be begotten'은 성자의 나오심을 뜻하는데 '발생(發生)하다'로 표현한다.
31) '발현(發顯)하다', '발출(發出)하다', 'be proceeded'으로 표현한다.

시다. ㉝ 그의 신성에 관하여서는 성부와 동등하시나, 그의 인성에 관하여서는 성부보다 낮으시다. ㉞ 비록 그는 하나님이시고, 사람이시지만, 둘이 아니고 한 그리스도이시다. ㉟ 하나인 것은 신성이 육체로 전환된 것이 아니시고, 그의 인성을 신성 안에 받음으로써 된 것이다.[32] ㊱ 온전히 하나인 것은 본체의 혼돈에 의한 것이 아니고 인격의 연합[33]에 의한 것이다. ㊲ 이성적 영혼과 육체가 한 사람인 것처럼 하나님과 사람이 한 그리스도이시다. ㊳ 그는 우리의 구원을 위하여 고난을 받으시고, 음부[34]에 내려가셨고 삼 일 만에 죽은 자 가운데서 다시 살아나셨다.

㊴ 그는 하늘에 오르셨고, 그는 전능하신 성부 하나님 우편에 앉아 계신다. ㊵ 그곳으로부터 산 자와 죽은 자를 심판하러 오실 것이다. ㊶ 그가 오실 때에 모든 사람들이 그들의 몸으로 다시 살아나고, ㊷ 그리고 그들 자신의 행위대로 판단을 받을 것이다. ㊸ 그리고 선을 행한 자는 영원한 생명에 들어가고 악을 행한 자는 영원한 불에 들어갈 것이다. ㊹ 이것이 보편적 신앙이고 어느 누구라도 신실하게 믿지 않는 사람은 구원을 받지 못할 것이다.

Ⅲ. 종교개혁과 신조

1. 개신교의 신조

AD 1517년 10월 31일 마르틴 루터(Martin Luther)[35]가 독일 비텐베르크(Wittenberg) 성당 문에 95개 조항의 로마교에 대한 반박문을 붙임으로 종교개혁에 관한 성령의 불이 타오르기 시작하고 개혁의

---

32) 신성이 육체화함으로써인 것이 아니고 신성이 사람의 몸을 취함으로써인 것이다.
33) 통일로 번역할 수 있다.
34) 지옥으로도 번역하나 이것은 오역이다.
35) 1483~1546.

기치가 성령의 바람에 의하여 펄럭이기 시작한 이후에 수많은 개혁의 신앙을 표현한 신조, 요리문답, 신앙고백의 이름으로 작성, 공표되었다.

AD 590년 로마교황체제의 시조인 그레고리우스 Ⅰ세부터 1517년 종교개혁 시까지 약 1,000년 동안 변질된 기독교, 기독교 아닌 기독교로부터 성도의 그리스도 안에서의 자유와 인권, 진리와 복음을 보장하고 회복하기 위한 개혁운동을 할 때 많은 기쁨도 있었지만, 고통과 고난이 더 많았다. 개신교 종교개혁 기간에 엄청난 희생을 치른 끝에 AD 1675년 스위스 일치신조(Helvetic Consensus Formular) 작성, 공표로 말미암아 종교개혁으로 인한 교리논쟁의 종지부를 찍었다.

그때까지 프랑스에서는 36년간의 위그노전쟁, 네덜란드에서는 80년간의 독립전쟁, 독일에서는 30년간의 30년전쟁, 영국에서는 9년간 청교도혁명이란 이름의 신구교 간의 갈등과 전쟁을 통하여 많은 피를 흘렸으며, 그 피의 대가로 신조, 신앙고백, 요리문답이 나오고 종교개혁이 완성되었던 것이다.

이렇게 성립된 개신교는 성경의 절대적 권위를 주장하며 성경 외에는 그 어떤 신조도 절대적 권위와 무오성(無誤性)을 주장하지 않는다. 개신교의 여러 교파나 교단에 따라 종래의 교리에 관해 해석의 차이가 있어 신조의 신학적 논리나 이념이 다를 수밖에 없다. 종교개혁 기간에 창설된 개신교의 교파를 크게 나누면 개혁교회(Reformed Church), 루터교회(Lutheran Church), 성공회(Anglican Church), 재세례파(Anabaptist)를 들 수 있다. 우리 장로교회는 그중 개혁교회에 속하나 개혁교회라 함은 협의로는 츠빙글리(Ulrich Zwingli)[36]나 칼빈(John Calvin)[37]의 사상과 신념에 바탕을 둔 종교개혁 교회를

---

36) 1484~1531, 장로교의 기초를 놓은 스위스 취리히의 개혁자. 이성웅 Ⅱ 전게서, p. 55.
37) 1509~1564, 약 1,000년 동안 사라졌던 장로정치체제를 재발견하여 이를 복구시킨 프랑스 출신으로 스위스 제네바에서 활동한 종교개혁가. 프. 장 코뱅(Jean Cauvin), 라. 칼비누스(Calvinus), 칼빈의 프랑스 본명은 장 코뱅인데 우리나라 학자들이 영어식 이름인 칼빈을 프랑스어로 발음하여 '깔뱅'이라고 부르는데 이는 잘못된 호칭이다. 원어에 충실하려며 '코뱅'으로 불러야 한다. 이성웅 Ⅰ 전게서, p. 55.

의미한다.

장로교회와 개혁교회를 같은 개념으로 보는 이도 있으나 엄밀히 말하면 장로교회는 다 개혁교회라 할 수 있으나 개혁교회는 다 장로교회라 할 수 없다. 장로교회는 칼빈주의를 취하고 정치체제에 있어서 장로정치주의를 채택하여야 하기 때문이다. 광의로는 같은 개념으로 보나 보통 영국, 미국 등 영어권의 나라에서는 장로교회(Presbyterian Church)라고 하고, 네덜란드, 독일, 프랑스에서는 개혁교회(Reformed Church)라고 칭한다.

본란에서는 개혁교회에서 신조(Creed)의 명칭을 붙인 신앙고백과 신조로 번역한 신앙고백으로 도르트 신조와 스위스 일치신조를 다루고자 한다.

2. 도르트 신조(1619)

1) 도르트 교회회의

도르트 교회회의(the Synod of Dort)[38]는 1618년 11월 13일에서 1619년 5월 28일까지 네덜란드 도르트레흐트(Dordrecht)에서 네덜란드 목사 장로 58명(아르미니우스파 대표 13명 포함), 네덜란드 의회의원 18명, 외국인 26명(영국, 독일, 스위스의 개혁교회 대표), 총 102명이 참가하여 칼빈주의와 아르미니우스주의 교리논쟁을 처리하기 위하여 개최한 국제적인 종교회의이다. 아르미니우스주의자를 항론파(抗論派, Remonstrant)라 부르고 칼빈주의자를 반항론파(反抗論派) 또는 고마루스(Francis Gomarus)[39]파라고 부른다.

---

38) 학자에 따라서 도르트 총회(박일민 전게서, p. 330.), 도르트 대회(오덕교 전게서, p. 139.), 도르트 노회, 도르트 장로총회(총회교육자원부 전게서, p. 287.), 또는 도르트 회의(정수영 Ⅱ 전게서, p. 293.)로 부르고 있으나, 영어의 Synod는 장로교 치리회 조직에 있어서 총회와 노회의 중간에 있는 조직이므로 도르트 대회라 함이 정확한 번역이다. 그러나 종교개혁기의 치리회 조직이 보편화되지 않았으므로 도르트 교회회의라고 부르는 것이 좋다고 생각한다.

39) 1576~1637, 아르미니우스주의를 철저하게 반대한 칼빈주의자로서 아르미니우스주의의 추종자들이 5가지를 요약한 항의서(Remonstrance)를 네덜란드 의회에 제출하자, 고마루스는 반항의서(反抗議書, Counter-Remonstrance)

2) 아르미니우스주의

네덜란드에서 비로소 칼빈주의가 개화 만발하였고 AD 1578년 칼빈의 장로교를 국교로 삼았다. 원래 아르미니우스(Jacobus Arminius)[40]는 엄격한 칼빈주의자였는데, 칼빈의 예정설에 반론을 제기하고 칼빈의 예정설을 굳게 신봉하고 있는 고마루스와 논쟁하기 시작했고, 아르미니우스 사후에 그의 추종자들이 이러한 소모성 신학 논쟁을 계속하자, 아르미니우스주의에 대한 시비를 판단하기 위하여 의회가 소집한 종교회의가 이 도르트 교회회의인 것이다.

3) 아르미니우스 신조

아르미니우스의 사후 그의 추종자 에피스코피우스(Simon Episcopius)[41]와 위텐보가에르트(Janus Wtenbogaert)[42]가 아르미니우스의 주장을 5가지로 요약하여 "항의서"(Remonstrance)라는 제목을 붙여 네덜란드 의회에 제출하였다. 이 항의서를 아르미니우스 신조라고 부른다. 아르미니우스주의자들의 5대 반박 항론인 아르미니우스 신조의 내용은 다음과 같다.

(1) 조건예정론(條件豫定論)

아르미니우스주의자는 인간의 자유의지에 입각한 예정론을 주장한다. 여기에도 미묘한 차이는 있다. 아르미니우스는 하나님이 장차 누가 믿을지를 알고 예정하셨다는 소위 예지예정설(豫知豫定說)을 주장하는데, 이는 하나님의 선택과 정죄는 인간의 신앙 또는 불신앙을 조건으로 한다는 조건예정론이다. 그의 추종자, 아르미니우스주의자들은 하나님이 장차 믿게 될 자들을 누구나 권하기로 결정하셨다는 개방예정설(開放豫定說, the Open Decree of Predestination)을 주장한다.

를 제출하였다.
40) 1560~1609, 네덜란드식 본명은 야코부스 헤르멘센(Jacobbus Hermensen).
41) 1583~1643, 네덜란드 신학자, 정통 칼빈주의에 대항하여 인간의 자유의지를 강조하는 항론파.
42) 1557~1644, 네덜란드 목사, Johan Uytenbogaert(우이텐보게르).

(2) 보편속죄론(普遍贖罪論)

예수님은 인류 전체를 위하여 돌아가셨다는 보편속죄론을 주장한다. 이를 무제한속죄론(無制限贖罪論)으로 칭하기도 한다. 그러나 그를 믿는 자에게만 구원의 은혜가 임한다는 단서가 있다. 그러므로 구속은 인간이 받아들인다는 행위에 의하여 구체화된다는 것이다.

(3) 부분타락론(部分墮落論)

인간은 자력으로 선행을 할 수 있다고 주장하는 펠라기우스주의(Pelagianism)를 칼빈주의자들이 몰아붙이자, 인간의 선행은 자력으로 할 수 없고, 그것을 위하여 하나님의 은혜가 필요하며, 믿음만이 인간을 구원하며, 그 믿음은 자신에게서 나온다고 하는 부분타락설을 주장한다.

(4) 가항력적 은혜론(可抗力的 恩惠論)

하나님의 은혜는 저항 불가능한 것이 아니고 구원하시는 하나님의 은혜는 인간에 의하여 거부되어질 수도 있다는 것이다.

(5) 견인불확실론(堅忍不確實論)

하나님의 은혜를 받은 자는 인내하여 은혜를 상실하지 않고 마침내 구원에 이르게 될 것인지는 그가 죽을 때까지 지켜보아야만 알 수 있다는 것이다. 인내불확실론(忍耐不確實論)이라고도 한다. 즉, 구원의 보장에 대해 명백한 입장을 표명하지 않으나, 구원을 받은 사람도 믿음과 신앙적 행위를 지키지 않으면 구원을 상실할 수 있다는 의미로 해석된다.

4) 칼빈주의 5대 강령 제정

도르트 회의에서 칼빈주의자들이 승리하고 아르미니우스주의자들은 교직 박탈, 국외 추방을 당했다. 아르미니우스주의의 5대 항론에 반대하는 5대 교리를 승인함으로 칼빈주의가 신학적으로 확고히 형성되었고, 이를 도르트 신조(Cannons of Dort)라 하여 공포하였으며, 이 신조의 주요 내용은 칼빈주의 5대 강령이라 부른다.

(1) 무조건 선택/예정(Unconditional Election)
아르미니우스주의의 예지예정이나 개방예정 등 조건예정을 부정하고 오직 인간이 이해할 수 없는 하나님의 주권과 의지에 의한 예정을 인정한다. 하나님은 인간을 다 같은 운명으로 창조하지 않고 어떤 인간은 영원한 생명으로, 어떤 인간은 영원한 저주로 미리 예정해 놓으셨다는 것으로 이를 칼빈의 이중예정론(二重豫定論, Double Pre-destination)이라 한다. 하나님의 선택 시기에 관해 인간이 타락하기 전에 선택되었다는 타락전선택설(전택설, Supralapsarian)과 인간이 타락한 후에 그중에서 하나님이 원하는 대로 선택하셨다는 타락후선택설(후택설, Inpralapsarian)이 대립하는 가운데 타락후선택설을 채택하였다.

(2) 제한 속죄(Limited Atonement)
아르미니우스주의자들은 예수님이 인류 전체를 위하여 돌아가셨다는 무제한속죄론을 주장하나, 칼빈주의자는 예수님은 그가 선택한 자들만을 위하여 돌아가셨다는 것이다.

(3) 전적 타락(Total Depravity)
인간이 마귀의 유혹으로 하나님을 배반하고 자기 의지 자유의 남용으로 하나님의 은사를 상실하고, 엄청난 암흑과 공허와 왜곡된 판단력에 이르며, 마음과 의지의 사악, 반역, 완고, 감정의 불순에 이르는 전적인 타락에 빠졌으며, 죄 가운데서 죽는 죄의 노예이며, 원죄의 직접적 전가를 주장한다. 그러므로 하나님의 은혜 없이는 구원을 바랄 수도 없다.

(4) 불가항력적 은혜(Irresistible Grace)
하나님의 은혜는 인간이 저항, 거부, 거절할 수 없다.

(5) 성도의 견인/보전(Perseverance of Saints)

하나님이 선택한 자의 구원은 하나님의 주권적 선택에 의하여 이루어졌으므로 은혜 속에서 견인하고, 보전되며, 결코 중도에서 하나님의 은혜로부터 탈락될 수 없다.

세 번째 교리인 전적 타락을 5대 강령의 첫 번째로 내세우고 그다음 순서대로 배열하였을 때 영문의 첫 글자를 따서 조립하면 'TULIP'이라는 꽃 이름이 되기 때문에 이를 쉽게 기억할 수 있다.

5) 도르트 신조의 본문 구조

본문은 라틴어로 작성되었고 서문, 반대자들에 대한 5개 조항, 오류에 대한 반론, 서명, 결론, 항론파에 대한 선고, 국가들과 회의들의 승인 등의 순서로 구성되어 있다.

이 신조의 본문은 항론파 아르미니우스주의자들이 항론하는 5개 조항에 대하여 반대하는 답변 형식으로 작성되었으므로 개혁교회의 모든 교리를 담은 신조는 아니다.

제1교리는 하나님의 예정에 관하여 18개 조항이 있고, 제2교리는 그리스도의 죽음과 이를 통한 인간의 구속에 관하여 9개 조항이 있고, 제3, 4교리는 인간의 타락, 그리고 하나님께로의 회개와 그 방법에 관하여 17개 조항이 있고, 제5교리는 성도의 견인에 관하여 15개 조항이 있으며, 총 59개 조항으로 구성되어 있다.[43]

3. 스위스 일치신조(1675)

1) 소뮈르 학파

도르트 신조는 개혁교회가 아르미니우스주의를 비판하기 위하여 작성되고, 웨스트민스터 신앙고백서는 영국 국교회와의 논쟁 가운데서 작성되었듯이 스위스 일치신조(Helvetic Consensus Formula, 라. Formula Consensus Ecclesiarum Helveticarum)는 프랑스의

---

43) 박일민 전게서, pp. 334-358. 총회교육자원부 전게서, pp. 289-315. 이장식 전게서, pp. 11-28.

소뮈르 학파(Saumur Academy)의 주장을 논박하기 위하여 작성된 것이다.

이 일치신조는 개혁파 정통주의의 신학 교리를 가장 명확하게 보여 주며 기나긴 종교개혁기의 교리 논쟁에 종지부를 찍은 것으로 평가된다.

자유주의 신학의 경향을 띠고 있는 소뮈르 학파의 대표적 인물로는 카펠(Louis Cappel),[44] 플레이스(Josue de la Place),[45] 아미로(Moyse Amyraut)[46]를 들 수 있다.

2) 소뮈르주의

카펠은 구약성경의 맛소라 히브리 본문의 모음 부호의 영감(靈感)을 부정하고, 플레이스는 원죄의 죄책의 직접적 혹은 선행적 전가(轉嫁)를 부정하며 간접적 혹은 결과적 전가를 주장하고, 아미로는 제한속죄론을 부정하고 예수님의 속죄의 은혜는 인류 전체에 제공되지만 실제적 구원은 선택된 사람에게만 제공된다는 가설적(假說的) 또는 가정적(假定的) 보편주의(Hypothetical Universalism)를 주장하였다.[47]

3) 스위스 일치신조의 작성

소뮈르 학파의 사상이 제네바로 확산하자, AD 1675년 취리히의 하이데거(Johann Heinrich Heidegger)를 중심으로 하여 바젤의 게른러(Lucas Gernler), 제네바의 투레틴(Francis Turretin)이 스위스 일치신조를 작성하여 전통적인 개혁주의의 신학을 옹호하고 칼빈주의의 신앙을 수호하고자 하였나.[48]

4) 스위스 일치신조의 내용

스위스 일치신조는 전부 26개 조항으로 되어 있고, 소뮈르주의자

---

44) 1585~1658.
45) 1596~1655, Josua Placaeus.
46) 1596~1664, 모이제 아미라우트로 표기하는 학자도 있다.
47) 오덕교 전게서, pp. 107-108. 아미랄드주의, 아미라우트주의라고도 한다.
48) 오덕교 전게서, p. 108. 투레틴(1623-1687), 프린시스 털틴으로도 표기한다.

인 카펠, 플레이스, 아미로의 주장과 교리를 반대하고 개혁파 정통주의 교리를 선언하며, 그중 아미로의 신학사상을 집중적으로 비판한 것이다.

이 신조의 제1~3조는 카펠의 주장을 반박하고, 히브리어 구약성경과 헬라어 신약성경의 자음과 모음이 하나님의 영감에 의한 것이라 하여 성경영감설을 진술한다.

제4~6조는 아미로의 신학사상을 부인하며, 제4조는 예지예정을 부인하고 타락후선택설을 진술한다. 제5조는 모든 사람들을 선택한다는 보편적 선택설을 부정하며, 제6조는 가설적 보편주의를 거부하고, 칼빈의 이중예정설을 적극적으로 지지하는데, 피유기자(被遺棄者)는 분명히 구원에서 배제되고 피택자(被擇者)는 하나님의 자비로 구원된다는 것이다.

제7~9조는 아미로의 주장인 하나님과 아담과의 자연언약을 부정하고, 하나님의 아담에 대한 언약은 행위언약으로 하나님의 명령을 절대 순종, 준수하면 영원한 생명을 약속한 언약이라고 진술한다. 아미로가 말하는 자연언약이란 아담의 지상에서의 생명과 행복의 연속을 말하는 것이다.

제10~12조는 플레이스의 주장인 죄의 간접전가설을 반대하는 내용이다. 제10조에서 아담의 범죄는 전체 인류에 대하여 대표성이 있다. 그러므로 후손에게 전가된다는 것이다. 제11조는 인간은 대표의 원리에 의하여 전가된 죄와 유전적 죄로 본성이 부패하고 영적으로 죽어 있다는 것이다. 제12조는 원죄의 간접적 결과적 전가를 부정하고, 원죄뿐만 아니라 부패한 본성의 유전이 직접적으로 후손에게 전가된다고 진술한다.

제13~25조는 아미로의 사상과 주장을 비판하는 것이다.

제13~16조는 제한속죄론을 주장하고, 영원 전 선택의 시행을 성부의 선택과 성자의 구속과 성령의 성화라는 삼위일체의 사역을 진술하고 아미로의 보편구원론을 배척한다.

제17~20조는 하나님의 외적 소명은 선택된 자들에게만 유효하며, 소명이 보편적이라는 교리를 부정한다.

제21~22조는 인간은 도덕적 무능력과 본성적 무능력을 토대로 한 본성의 타락으로 인하여 인간 스스로의 힘으로 복음을 믿을 수 없고, 오직 성령만이 할 수 있고, 구원도 성령만이 할 수 있다고 한다.

제23~25조는 행위언약은 죄로 인해 무효가 되고 그리스도 안에서 맺은 은혜의 언약은 영원하고 폐기될 수 없으며, 아미로가 주장하는 자연언약과 율법언약, 복음언약의 주장은 진리를 손상시킬 위험이 있다고 선언한다.

제26조는 종교개혁기의 신조의 끝맺음이 그러하듯이 위협적인 경고문으로써 하나님의 말씀과 스위스 신앙고백과 도르트 신조에 반대되고 하나님의 말씀에 따라 우리들의 공의회에서 공인하지 않은 의심스러운 신앙이나 새로운 교리를 금지한다.

5) 스위스 일치신조의 가치

칼빈주의 신학의 엄격한 완결판으로 종교개혁기의 교리논쟁에 종지부를 찍었다는 것으로 인하여 신조학의 견지에서 큰 의의가 있다. 그러나 웨스트민스터 신앙고백보다 더 철저한 극단적 보수주의 또는 개혁파 정통주의 신학을 대변하고 있어서 프로테스탄트의 스콜라주의 신학의 표본처럼 인식되고 있다. 비록 스위스에서 반세기 후 이 신조가 폐기되었지만, 오늘날 이단이 판치고 있는 시점에 이러한 정통 개혁주의의 신조를 알고서 이단 여부에 관한 어느 정도의 잣대 역할을 했으면 좋겠다는 생각이다.

제2장 신조의 헌법상 지위

Ⅰ. 독노회와 신조

1. 독노회 창립과 신조

미국 남·북장로교와 캐나다장로교, 호주장로교의 각 선교부는 조

선에 노회를 설립할 것을 합의하고, 본국 교회의 허락을 받아 노회 설립을 추진하였다.

1907년 9월 17일 평양 장대재(章臺峴)[49] 교회에서 각 선교부 소속 선교사 33명, 한국인 장로 36명, 기타 찬성회원 9명, 도합 78명[50]이 총대가 되어 창립노회를 개최하였다.

노회 이름은 '대한국예수교쟝로회로회'(대한국예수교장로회노회)[51]이고, 우리는 약칭으로 이를 '독노회'(獨老會)[52]라고 부른다.

독노회 창립 시에 형식적 의미의 헌법인 헌법전(憲法典)은 제정하지 못하고 실질적 의미의 헌법에 해당하는 '신경과 규칙'을 임시로 1년간 채택하고 검사하기로 하였다. 신경과 규칙은 '공의회'에서 택한 대한장로교회의 신경위원과 정치위원이 각각 보고하여 독노회의 본 회의에서 채용한 것이다. 여기서 신경은 사도신경을 말하는 것이

---

49) '장대재'교회가 맞는 이름이고 이를 한자로 표기하면 '재'를 의미하는 현(峴)자를 써서 장대현이 되는 것이다.

50) 김광선 전게서, p. 52, 이성웅 Ⅱ 전게서, p. 63. 기타 찬성회원 9명을 포함하여 합계 78명 중 제1회 독노회 노회 회록에 의하면 "……참석회원 목사는…… 33인이오…… 쟝로는…… 36인이니라(기경흔즉 셔국 회원은 三十八인이오 한국 회원은 四十인이라)."라고 기록되어 있고, 여기서 '셔국 회원'은 외국회원을 말하는데 많은 학자들의 저서나 논문에서 이 숫자는 다 다르다. 회의록의 기록대로 목사(선교사) 33명, 장로 36명, 기타 찬성회원 9명을 넣어서 계수함이 옳으며 국적에 따라 계수하면 외국회원 38명, 한국회원 40명이 된다.

51) 정식 명칭에 많은 이들이 혼선을 빚고 있다. '대한예수교장로회노회' 또는 '조선예수교장로회노회', '예수교장로회대한노회'는 틀린 표기이다. 1907년의 우리나라 국호는 대한제국이며 황제는 순종 황제이고 연호는 융희로써 1907년은 융희 1년이다. 1905년 을사조약으로 외교권과 1907년 정미 7조약으로 군사권을 박탈당한 때이므로 사실상 '대한국'이라 하였고, 노회 이름도 '대한국예수교쟝로회로회'라 하였다. 부산노회회의록발간편집위원 전게서, 제1회 독노회 회록, p. 1.

52) 별칭으로 '독노회'라고 부르는 것은 노회가 전국 단위를 관할하는 한 개뿐이기 때문에 독노회라 부르는 것이다. 미국장로교 선교부로부터 독립을 의미하여 독노회라고 설명하는 학자도 있다(황재범 교수 전게문, 기독교사상 전게서, p. 200.). 창립될 때부터 미국을 비롯한 선교사 33명의 총대와 외국인 찬성회원 5명을 포함하여 도합 38명이 참가하였고, 또한 선교사의 신분의 이중성으로 인하여 미국 선교부로부터 독립을 의미하는 독노회의 '독'이 아닌 것으로 사료된다. 선교사 신분의 이중성이란 그들은 한국 노회와 총회의 회원권을 가지면서 징계와 임명은 종전대로 그들을 파송한 모교회와 동 선교부에 속한다(김인수 전게서, p. 191.).

아니고 헌법의 12신조를 말하는 것이며, 규칙은 본칙 4개 조항과 세칙 7개 항을 말하는데 본칙 제2조 예배절차를 제외하고 모두 정치에 관한 조항이므로 보통 '신경과 정치'라 부른다. 1908년 제2회 독노회 때 완전 채택된 것으로 보나 회의록에는 기록이 빠져 있다.[53] 이 12신조는 웨스트민스터 신앙고백과 하이델베르크 요리문답에 충실한 칼빈주의적 신앙고백이라 할 수 있다.

2. 독노회의 신조 원문

대한쟝로교회 신경[54]

셔문

대한 쟝로교회에서 이아래 긔록ᄒᆞᆫ 몃가지 됴목으로 신경을 삼아 목ᄉᆞ와밋 인허강도인과 쟝로와 집ᄉᆞ로 ᄒᆞ여곰 텽죵케 ᄒᆞᄂᆞᆫ거시 대한 교회를 셜립ᄒᆞᆫ 본 교회의 ᄀᆞᄅᆞ친 바 취지와 표준을 ᄇᆞ림이 아니오 오히려 찬셩ᄒᆞᆷ이니 특별히 웨스드민스터 신경과 셩경요리문답 대쇼칙ᄌᆞ는 셩경을 붉히 히셕ᄒᆞᆫ 칙인즉 우리 교회와 신학 학교에셔 맛당히 ᄀᆞᄅᆞ칠 거스로 알며 그즁에 셩경요리문답 적은 칙을 더욱 교회 문답으로 삼ᄂᆞ니라

신경의 됴목

一 신구약 셩셔는 하ᄂᆞ님의 말ᄉᆞᆷ이시니 밋고 ᄒᆡᆼᄒᆞᆯ 본분의 확실ᄒᆞᆫ 법례인ᄃᆡ 다만 이밧ᄭᅴ 업ᄂᆞ니라

二 하ᄂᆞ님은 홀노 ᄒᆞ나이시니 오직 이만 경빈ᄒᆞᆯ거시라 하ᄂᆞ님은 신이시니 ᄌᆞ연히 계시고 무소부지ᄒᆞ며 다른 신과 모든 형용물과 부

---

53) 신경의 완전 채택의 시기에 관하여 학자마다 다르다. 1910년 제4회 독노회 회록에 "규칙위원이 보고하매 회중이 채용하기를 동의하여 가결하다(보고서는 끝에 있음)."라고 기록되어 있고(부산노회회의록발간편집위원 전게서, 제4회 독노회 회록, p. 24.) 부록에 '조선장로교회신경'(12신조)와 '조선예수교장로회규칙'을 기록하고 있는 것을 보아 1910년에 완전 채택으로 볼 수도 있으나 12신조 외에 다른 규칙의 가결, 채택이 있으므로 12신조는 확인 차원에서 여기에 부언한 것이 아닌가로 판단하여 1908년 제2회 독노회 때 완전 채용한 것으로 사료된다.
54) 부산노회회의록발간편집위원 전게서, 제1회 독노회 회록, pp. 24 – 30.

동ᄒᆞ시며 그 계신것과 지혜와 권능과 거륵ᄒᆞ심과 공의와 인ᄌᆞ하심과 진실ᄒᆞ심과 ᄉᆞ랑ᄒᆞ시ᄂᆞᆫ 일에 ᄃᆡᄒᆞ야 무한ᄒᆞ시며 무궁ᄒᆞ시며 변치아니ᄒᆞ시ᄂᆞ니라

三 하ᄂᆞ님의 본톄에 삼위가 계시니 셩부 셩ᄌᆞ 셩신이신ᄃᆡ 이 삼위는 ᄒᆞᆫ 하ᄂᆞ님이시니 원톄도 ᄀᆞᆺ고 권능과 영광도 동등이시니라

四 하ᄂᆞ님ᄭᅴ셔 그 권능의 말ᄉᆞᆷ으로 유형물들과 무형물들을 창조ᄒᆞ셨고 보호ᄒᆞ야 쥬쟝ᄒᆞ시며 모든 거슬 ᄌᆞ긔의 뎡ᄒᆞ신 ᄯᅳᆺ대로 ᄒᆡᆼᄒᆞ샤 그 지혜롭고 션ᄒᆞ고 거륵ᄒᆞ신 목뎍을 일우게 ᄒᆞ시나 그러나 결단코 죄를 내신이는 아니시니라

五 하ᄂᆞ님이 사ᄅᆞᆷ을 남녀로 지으시ᄃᆡ ᄌᆞ긔의 형샹을 의지ᄒᆞ샤 지식과 의리와 거륵흠으로써 지으샤 동물 우에 쥬쟝ᄒᆞ게 ᄒᆞ셧스니 모든 셰샹 사ᄅᆞᆷ이 다 ᄒᆞᆫ 근원에서 낫슨즉 ᄒᆞᆫ 동포형뎨니라

六 우리의 시조가 션악간 ᄐᆡᆨᄒᆞᆯ ᄌᆞ유능이 잇셧ᄂᆞᆫᄃᆡ 필경 시험을 밧아 하ᄂᆞ님ᄭᅴ 범죄흔지라 모든 인죵들이 그 시조 아담으로브터 범샹ᄒᆞᆫ 셰ᄃᆡ를 니여 ᄂᆞ려옴을 인ᄒᆞ야 그 범죄흔속에 참예ᄒᆞ야 홈ᄭᅴ ᄲᅢ졋스니 사ᄅᆞᆷ의 원죄와 밋 샹흔 셩품을 밧은외에 범죄ᄒᆞᆯ줄 아ᄂᆞᆫ쟈가 일부러 짓ᄂᆞᆫ 죄도 잇ᄂᆞ니 모든사ᄅᆞᆷ이 금셰와 ᄅᆡ셰에 하ᄂᆞ님의 공번된 진노와 형벌을 밧ᄂᆞᆫ거시 맛당ᄒᆞ니라

七 하ᄂᆞ님이 사ᄅᆞᆷ을 무한히 ᄉᆞ랑ᄒᆞ샤 죄를 쇽ᄒᆞ시고 샹흔 셩품을 곳치시고 형벌을 면케 ᄒᆞ시며 영ᄉᆡᆼ을 주시랴고 ᄌᆞ긔의 영원흔 독ᄉᆡᆼᄌᆞ 쥬 예수 그리스도를 이 셰샹에 보ᄂᆡ샤 육신을 일우게 ᄒᆞ신지라 이 예수의 몸밧게는 하ᄂᆞ님ᄭᅴ셔 육신을 닙은거시 업ᄂᆞ니라 다만 예수로 말ᄆᆡ암아 사ᄅᆞᆷ이 능히 구원을 엇ᄂᆞ지라 그 영원흔 아들이 ᄎᆞᆷ 사ᄅᆞᆷ이 되샤 젼과 지금과 영원 ᄭᆞ지 흔 위에 각 다른 두 셩품을 겸ᄒᆞ엿스니 ᄎᆞᆷ 하ᄂᆞ님이시오 ᄎᆞᆷ 사ᄅᆞᆷ이시라 셩신의 권능으로 잉ᄐᆡᄒᆞ샤 동졍녀 마리아의게 낫스되 오직 죄는 업ᄂᆞᆫ쟈라 죄인을 ᄃᆡ신 ᄒᆞ야 하ᄂᆞ님의 법을 완젼히 복죵ᄒᆞ시고 몸을 드려 ᄎᆞᆷ되고 온젼흔 졔물이 되샤 하ᄂᆞ님의 공의에 뎍당ᄒᆞ게 ᄒᆞ시며 사ᄅᆞᆷ으로 ᄒᆞ여곰 하ᄂᆞ님과 화목ᄒᆞ게 ᄒᆞ시려고 십ᄌᆞ가에 도라가시고 뭇치셧다가 죽은 가온ᄃᆡ셔 삼일만에 부활ᄒᆞ샤 하ᄂᆞ님 우편에 승좌ᄒᆞ시고 그 ᄇᆡᆨ셩을 위ᄒᆞ야 긔도ᄒᆞ시다가

그리로서 ᄂᆞ려강ᄒᆞ샤 죽은쟈를 다시 살니시고 셰샹을 심판ᄒᆞ시리라

八 셩부와 셩ᄌᆞ의 보ᄂᆡ신 셩신ᄭᅴ셔 사ᄅᆞᆷ으로 ᄒᆞ여곰 죄와 환난을 ᄭᆡ닷게 ᄒᆞ시며 ᄆᆞ음을 붉게 ᄒᆞ샤 그리스도를 알게 ᄒᆞ시며 ᄯᅳᆺ을 새롭게 ᄒᆞ시고 권면ᄒᆞ샤 복음에 긔록ᄒᆞᆫᄃᆡ로 갑 업시 주시ᄂᆞᆫ 예수 그리스도를 능히 밧게 ᄒᆞ시며 의로운 열ᄆᆡ를 밋게 ᄒᆞ샤 구원을 엇게 ᄒᆞ시ᄂᆞ니라

九 하ᄂᆞ님ᄭᅴ셔 셰샹을 창조ᄒᆞ시기 젼에 그리스도 안에서 ᄌᆞ긔 ᄇᆡᆨ셩을 퇴ᄒᆞ샤 ᄉᆞ랑홈으로 그 압헤셔 거륵ᄒᆞ고 흠이 업게 ᄒᆞ시고 그 깃브신 ᄯᅳᆺᄃᆡ로 뎌희를 미리 쟉뎡ᄒᆞ샤 예수 그리스도로 말미암아 ᄌᆞ긔의 아들을 삼으셧스니 그 ᄉᆞ랑ᄒᆞ시ᄂᆞᆫ 아들의 안에서 뎌희의게 후ᄒᆞ게 주시ᄂᆞᆫ 은혜의 영광을 찬미ᄒᆞ게 ᄒᆞ랴ᄂᆞᆫ거시로되 오직 모든 셰샹 사ᄅᆞᆷ의게 ᄃᆡ하여는 온젼ᄒᆞᆫ 구원을 갑 업시 주시랴ᄒᆞ야 명ᄒᆞ시기를 너희 죄를 회ᄀᆡᄒᆞ고 쥬 예수 그리스도를 ᄌᆞ긔의 구쥬로 밋고 의지ᄒᆞ야 본밧으며 하ᄂᆞ님의 나타내신 ᄯᅳᆺ을 복죵ᄒᆞ야 겸손ᄒᆞ고 거륵ᄒᆞ게 ᄒᆡᆼᄒᆞ라 ᄒᆞ셧스니 그리스도를 밋고 복죵ᄒᆞᄂᆞᆫ쟈는 구원을 엇ᄂᆞᆫ지라 뎌희가 밧ᄂᆞᆫ바 특별ᄒᆞᆫ 리익은 의가 잇게 ᄒᆞ심과 의ᄌᆞ가 되여 하ᄂᆞ님 아들들 수에 참예ᄒᆞ게 ᄒᆞ심과 셩신의 감화로 거륵ᄒᆞ게 ᄒᆞ심과 영원ᄒᆞᆫ 영광이니 밋ᄂᆞᆫ쟈는 이셰샹예셔도 구원엇ᄂᆞᆫ줄을 확실히 알고 깃버홀지라 셩신ᄭᅴ셔 은혜의 직분을 ᄒᆡᆼᄒᆞ실째에 은혜 베프시ᄂᆞᆫ 방도는 특별히 셩경말슴과 셩례와 긔도ᄂᆞ니라

十 그리스도ᄭᅴ셔 셰우신 셩례는 셰례와 셩찬이니 셰례는 셩부 셩ᄌᆞ 셩신의 일홈으로 물노 씨슴이니 그리스도와 련합ᄒᆞ야 셩신으로 말미암아 거듭나고 새롭게 ᄒᆞ심과 우리 쥬의 죵이되는 언약을 밋ᄂᆞᆫ 거슬 인쳐 증거하ᄂᆞᆫ 표인즉 이 례는 그리스도를 밋ᄂᆞᆫ쟈와 밋 그의 ᄌᆞ녀들의게 ᄒᆡᆼᄒᆞᄂᆞᆫ거시오 쥬의 셩찬은 그리스도의 죽으심을 긔념ᄒᆞ야 ᄯᅥᆨ과 잔에 참예ᄒᆞᄂᆞᆫ거시니 이는 밋ᄂᆞᆫ쟈가 그 죽으심으로 말미암아 나ᄂᆞᆫ 리익을 밧ᄂᆞᆫ거슬 인쳐 증거ᄒᆞᄂᆞᆫ 표라 이 례는 쥬ᄭᅴ셔 오실ᄯᅢᄭᅡ지 쥬의 ᄇᆡᆨ셩이ᄒᆡᆼ홀지니 이로 표ᄒᆞᄂᆞᆫ거슨 쥬를 밋고 그 쇽죄졔를 의지홈과 거긔서 좃차나ᄂᆞᆫ 리익을 밧음과 더욱 쥬를 셤기기로 언약홈과 쥬와 밋 여러 교우로 더브러 교통홈이라 셩례의 리익은 셩례의 본

덕으로 말미암음도 아니오 셩례를 베프는쟈의 덕으로 말미암음도 아니오 다만 그리스도의 복주심과 밋 밋음으로써 셩례를 밧는쟈 가온디 계신 셩신의 힝ᄒᆞ심으로 말미암음이니라

十一 모든 밋는쟈의 본분은 그 교회 가온디셔 셔로 합심되여 그리스도의 셩례와 다른 법례를 직히며 쥬의 법을 복종ᄒᆞ며 항샹긔도ᄒᆞ며 쥬일을 거룩ᄒᆞ게 직히며 쥬를 경비ᄒᆞ기 위ᄒᆞ야 홈끠 모히며 쥬의 말ᄉᆞᆷ으로 강도홈을 ᄌᆞ셰히 드르며 하ᄂᆞ님끠셔 뎌희로 ᄒᆞ여곰 풍셩ᄒᆞ게 ᄒᆞ심을 좃차 연보ᄒᆞ며 그리스도의 ᄆᆞ음과 ᄀᆞᆺ흔 ᄆᆞ음으로 셔로 ᄉᆞ랑ᄒᆞ며 ᄯᅩᄒᆞᆫ 모든 사름의게도 그와 ᄀᆞᆺ치 홀거시오 그리스도의 나라가 온 셰샹에 퍼지기 위ᄒᆞ야 힘쓰며 쥬끠셔 영광 가온디셔 나타나심을 ᄇᆞ라고 기ᄃᆞ릴지니라

十二 ᄆᆞᄌᆞ막 날에 죽은쟈가 부활홈을 밧고 그리스도의 심판ᄒᆞ시는 보좌 압헤 셔셔 이 셰샹에셔 션악간 힝흔바를 ᄯᆞ라 보응을 밧을거시니 그리스도를 밋고 복종흔쟈는 현져히 샤홈을 엇고 영광 가온디로 마쟈드리는바 되려니와 오직 밋지아니ᄒᆞ고 악을 힝ᄒᆞ는 쟈는 뎡죄홈을 닙어 그 죄의 뎍당흔 형벌을 밧을지니라

인가식(認可式)

내가 이 교회의 신경은 하ᄂᆞ님의 말ᄉᆞᆷ을 의지ᄒᆞ야 셰운줄노 밋ᄉᆞ오며 곳 나의 신경으로 삼고 공포ᄒᆞ노라

3. 12신조의 유래

1) 인도장로교회 12신조의 제정

(1) 인도장로교회연맹

인도의 장로교는 서구 각 교파의 선교부가 '인도장로교회연맹'(The Presbyterian Alliance of India)을 조직하여 1877년 제1회 총회를 개최했고, 이 후 1901년 '인도장로교회'를 구성하기로 하고, 남인도대회(The Synod of Southern India)를 동년에 열어 11신조를 채택한 것을 1902년 북인도의 장로교회연맹에서 웨스트민스터 신앙고백

의 요약 형식으로 수정하고, 개혁주의 신학적 요소를 보완하고, 조항 한 개를 추가하여 12신조를 만들었다. 이는 1890년 영국장로교회가 영국의 장로교회의 연합을 위하여 작성한 24신조를 요약한 것이다.[55] 1903년 제7회 인도장로교회연맹에서 결의되고 이듬해 1904년 제8회 총회에서 채택되고 같은 해 연맹은 발전적으로 '인도장로교회'가 되고 여기서 다시 확인, 채택했다.[56] 그러므로 12신조가 급조된 것이 아니고 오랜 시간을 두고 연구하여 작성된 것이며, 우리 독노회에서도 그 가치를 인식하고 우리의 신조로 받아들일 때 인도 12신조의 서문만 조금 고치고 본문은 그대로 채택했던 것이다. 이 신조는 웨스트민스터 신앙고백의 내용을 간략 요약한 것과 다름없는 신앙고백이라 할 수 있다.

(2) 인도장로교회

1904년 12월 19일 개최한 제1회 '인도장로교회'(The Presbyterian Church in India)의 총회에서 장로교회의 교리 표준으로 채택한 12신조를 1907년 우리나라에서 장로교회 독노회를 창립할 때 장로교 선교사들이 이를 그대로 받아들였던 것이다. 이 인도의 12신조는 인도와 그 주변 국가의 교회연합에 큰 공헌을 했고, 다른 교파 교회와의 연합에도 역할을 감당했으며, 1890년 중국장로교회들이 연합할 때도 이 신조가 신앙고백으로 채택되었고, 그 후 1970년 후 파키스탄, 미얀마, 실론의 교회에서도 인도의 12신조가 교리의 표준으로 사용되었다.[57]

2) 인도장로교회 12신조 영어 원문

Confession of Faith[58]
Preamble[59]

---

55) 박일민 전게서, p. 539.
56) 황재범 전게문, 기독교사상 전게서, p. 203.
57) 황재범 전게문, 기독교사상 전게서, p. 203.
58) 황재범 전게문, 기독교사상 전게서, pp. 205-208.
59) 인도 12신조 서문 영어원문, 황재범 전게문, 기독교사상 전게서, p. 206.

The Presbyterian Church in India adopting the following as its Confession of Faith, to be subscribed by ministers, licentiates, and elders, does not thereby reject any of the doctrinal standards of the parent churches, but, on the contrary, commends them― especially the Westminster Confession of Faith, the Welsh Calvinistic Confession of Faith, and the Confession and Canons of the Synod of Dort―as worthy exponents of the Word of God, and as systems of doctrine to be taught in our Churches and seminaries.

Preamble[60]

The Presbyterian Church of Korea, adopting the following as its Confession of Faith, to be subscribed by ministers, licentiates, elders, and deacons, does not thereby reject the doctrinal standards of the parent churches, which established the Church in Korea, but, on the contrary, commends them― especially the Westminster Confession of faith, and the Larger and Shorter Catechisms―as worthy exponents of the Word of God, and as systems of doctrine to be taught in our Churches and Seminaries ; and adopts as the catechism of the Church, the Westminster Shorter Catechism.

Article Ⅰ. The Scriptures of the Old and New Testaments are the Word of God, and the only infallible of faith and duty.

Article Ⅱ. There is but one God, and He alone is to be worshipped. He is a Spirit, self-existent, omnipresent yet distinct from all other spirits and from material things ; infinite, eternal, and unchangeable in His being, wisdom, power, holiness, justice, goodness, truth, and love.

Article Ⅲ. In the Godhead there are three Persons, the Father, the Son, and the Holy Spirit. and these three are one

---

60) 한국 12신조 서문 영어원문, 황재범 전게문, p. 211.

God, the same in substance, equal in power and glory.

Article IV. All things visible and invisible were created by God by the word of His power, and are so preserved and governed by Him, that while He is no way the author of sin, He worketh all things according to the counsel of His will, and they serve the fulfillment of His wise and good and holy purposes.

Article V. God created man, male and female, after His own image, in knowledge, righteousness and holiness, with dominion over the creatures. All men have the same origin, and are brethren.

Article VI. Our first parents, being free to choose between good and evil, and being tempted, sinned against God ; and all mankind descending by ordinary generation from Adam, the head of the race, sinned in him fell with him. To their original guilt and corruption, those capable of so doing have added actual transgressions. All justly deserve His wrath and punishment in this present life and in that which is to come.

Article VII. To save men from the guilt, corruption and penalty of sin, and to give them eternal life, God in His infinite love sent into the world His eternal and only-begotten Son, the Lord Jesus Christ, in whom alone God has become incarnate, and through whom alone men can be saved. The eternal Son became true man and so was and continueth to be true God and true man, in two distinct natures and one person for ever. He was conceived by the power of the Holy Spirit, and born of the Virgin Mary, yet without sin. For sinful men, He perfectly obeyed the law of God, and offered Himself a true and perfect sacrifice to satisfy divine justice and reconcile men to God. He died on the cross, was buried, and rose again from the dead on the third day. He ascended to the right hand of God, where He maketh intercession for His people, and whence He shall come again to raise the dead and to judge the world.

Article VIII. The Holy Spirit, who proceedeth from the Father and the Son, maketh men partakers of salvation, convincing them of their sin and misery, enlightening their minds in the knowledge of Christ, renewing their wills, persuading and enabling them to embrace Jesus Christ, freely offered to them in the Gospel, and working in them all the fruits of righteousness.

Article IX. While God chose a people in Christ before the foundation of the world, that they should be holy and without blemish before Him in love ; having foreordained them unto adoption as sons through Jesus Christ unto Himself, according to the good pleasure of His will, to the praise of the glory of His grace, which He freely bestowed on them in the Beloved ; He maketh a full and free offer of salvation to all men, and commandeth them to repent of their sins, to believe in the Lord Jesus Christ as their Saviour, and to live a humble and holy life after His example and in obedience to God's revealed will. Those who believe in Christ and obey Him are saved, the chief benefits which they receive being justification, adoption into the number of the sons of God, sanctification through the indwelling of the Spirit, and eternal glory. Believers may also in this life enjoy assurance of their salvation. In His gracious work, the Holy Spirit useth the means of grace, especially the word, sacraments and prayer.

Article X. The sacraments instituted by Christ are Baptism and Lord's Supper. Baptism is the washing with water in the name of the Father and of the Son and of the Holy spirit, and is a sign and seal of our union to Christ, of regeneration and renewing of the Holy Spirit, and of our engagement to be the Lord's. It is to be administered to those who profess their faith in Christ, and to their children. The Lord's Supper is the partaking of the bread and of the cup as a memorial of Christ's death and is a sign and seal of the benefits there of to believers. It is to be observed by His people till He come, in token of their faith in Him and His sacrifice, of their appropriation of its benefits, of their further engagement to serve Him, and of their communion with Him and with one another. The benefits of the Sacraments are not from any virtue in them, or in him that doth administer them, but only from the blessing of Christ and the working of His Spirit in them that by faith receive them.

Article XI. It is the duty of all believers to unite Church fellowship, to observe the sacraments and other ordinances of Christ, to obey His laws, to continue in prayer, to keep holy the Lord's Day, to meet together for His worship, to wait upon the preaching of His word, to give as God may prosper them, to manifest a Christlike spirit among themselves and towards all men, to labour for the extension of Christ's kingdom throughout the word, and to wait for His glorious appearing.

Article XII. At the last day, the dead shall be raised, and shall appear before the judgment seat of Christ, and shall receive according to the deeds done in the present life whether good or bad. Those who have believed in Christ and obeyed Him shall be openly acquitted and received into glory ; but the unbelieving and wicked, being condemned, shall suffer the punishment due to their sins.

Form of Acceptance

I receive and adopt the Confession of Faith of this Church as based on and in accord with the Word of God ; and I declared it to be the confession of my faith.

Ⅱ. 총회헌법과 신조

1. 총회창립과 12신조

1912년 9월 1일 상오 10시 30분 '예수교장로회조선총회' 제1회로 평안남도 평양 경창문(景昌門) 안 여성경학원(女聖經學院)에서 개회예배를 드리고, 9월 2일 상오 9시에 평양 서문 밖 신학교에서 외국목사(선교사) 44명, 조선목사 52명 합 96명과 장로 합 125명, 도합 221명이 회집하여 총회를 개회했다. 이때 헌법전(憲法典) 제정은 없었다. 그 후 1917년 9월 1~6일 경성 승동교회당에서 제6회 총회에서 제5회 총회의 위임 건(신경, 규칙〈정치〉, 각항 예식서, 권징조례의 제정을 정치편집위원회에 위임한 건)에 관하여 신조는 종전 12신경을 그대로 쓰고 정치, 권징조례, 예배모범은 웨스트민스터 책을 번역, 총회에서 편집 후 채택하였고, 이는 실질적 의미의 헌법으로 개별 부분법이지 형식적 의미의 헌법인 전체법으로써의 헌법전은 아니다.

2. 총회 최초 성문헌법의 제정

1922년 9월 10~15일 경성 승동교회당에서 제11회 총회가 열렸다. 우리 교단 최초의 성문헌법인 「조선예수교장로회헌법」(*Constitution of the Presbyterian Church of Chosen*)이 제정, 채택되고, 대정(大正)[61] 11년(1922년) 10월 18일 조선야소교서회에서 초판 1922년판을 발행했다.

---

61) 일본국의 연호.

이 헌법은 1921년 제10회 총회에서 이미 단일법으로 출간, 배포한 정치, 권징조례, 예배모범을 통과, 노회 수의를 거쳐 확정된 것을 1922년 총회에서 채택, 공포한 것이다. 이 헌법은 5법 체제의 헌법으로 서문, 1. 신경, 2. 소요리문답, 3. 정치, 4. 예배모범, 5. 권징조례로 구성되어 있다. 여기의 신경은 바로 현재 헌법의 신조를 말한다.

3. 최초 성문헌법의 12신조 원문

朝鮮예수교長老會信經(죠션예수교쟝로회신경)[62]
緒言(셔언)
朝鮮長老敎會(죠션장로교회)에셔以下(이하)에記錄(긔록)ᄒᆞᆫ몃가지 條目(됴목)으로信經(신경)을삼아牧師(목ᄉᆞ)와講道師(강도ᄉᆞ)와長老 (쟝로)와執事(집ᄉᆞ)로ᄒᆞ여곰聽從(텽죵)케ᄒᆞᄂᆞ시朝鮮敎會(죠션교 회)를設立(셜립)ᄒᆞᆫ本敎會(본교회)의ᄀᆞᄅᆞ친바趣旨(취지)와標準(표쥰) 을ᄇᆞ림이아니오오히려贊成(찬셩)ᄒᆞᆷ이니特別(특별)히워스드민스터 信經(신경)信道揭要書(신도게요셔)와大小要理問答册子(대쇼요리문 답칙ᄌᆞ)는聖經(셩경)을붉히解釋(히셕)ᄒᆞᆫ册(칙)으로認定(인뎡)ᄒᆞᄂᆞ거 신즉우리敎會(교회)와神學校(신학교)에셔맛당히ᄀᆞᄅᆞ칠거스로알며 그中(즁)에聖經小要理問答册(셩경쇼요리문답칙)은더욱우리敎會問 答册(교회문답칙)으로삼ᄂᆞ거시니라

信經(신경)의條目(됴목)

一, 新舊約聖經(신구약셩경)은하ᄂᆞ님의말ᄉᆞᆷ이시니밋고行(ᄒᆡᆼ)ᄒᆞᆯ本 分(본분)의確實(확실)ᄒᆞᆫ法例(법례)가다만이밧게업ᄂᆞ니라

二, 하ᄂᆞ님은홀노ᄒᆞ나이시니오직그만敬拜(경ᄇᆡ)ᄒᆞᆯ거시라하ᄂᆞ님 은神(신)이시니自然(ᄌᆞ연)히계시고無所不在(무소부ᄌᆡ)ᄒᆞ시며다른 神(신)과모든有形物(유형물)과ᄀᆞᆺ지아니ᄒᆞ시며그계신것과知慧(지혜) 와權能(권능)과거룩ᄒᆞ심과公義(공의)와仁慈(인ᄌᆞ)ᄒᆞ심과眞實(진실)

---

62) 교단헌법Ⅰ 전게서, pp. 3-11. 원문은 세로글이며 한자어는 전부 한자로 표기하고 우측에 작은 글자체로 한글을 병기하였으나 본서는 괄호를 사용하여 같은 고어의 철자법으로 하여 인용하였다.

ᄒᆞ심과ᄉᆞ랑ᄒᆞ시는일에對(ᄃᆡ)ᄒᆞ야無限(무한)ᄒᆞ시며無窮(무궁)ᄒᆞ시며變(변)치아니ᄒᆞ시ᄂᆞ니라

三, 하ᄂᆞ님의本體(본톄)에三位(삼위)가계시니聖父(셩부)聖子(셩ᄌᆞ)聖神(셩신)이신ᄃᆡ이三位(삼위)는 흔하ᄂᆞ님이시니原體(원톄)도ᄀᆞᆺ고權能(권능)과榮光(영광)이同等(동등)이시니라

四, 하ᄂᆞ님끠셔그權能(권능)에말솜으로有形物(유형물)들과無形物(무형물)들을創造(창조)ᄒᆞ셨고保護(보호)ᄒᆞ야主掌(쥬쟝)ᄒᆞ시며모든거슬自己(ᄌᆞ긔)의定(뎡)ᄒᆞ신ᄯᅳᆺᄃᆡ로行(힝)ᄒᆞ샤知慧(지혜)롭고善(션)ᄒᆞ시고거륵ᄒᆞ신目的(목뎍)을일우게ᄒᆞ시나그러나決斷(결단)코罪(죄)를내신이는아니시니라

五, 하ᄂᆞ님이사름을男女(남녀)로지으시ᄃᆡ自己(ᄌᆞ긔)의形像(형샹)을依支(의지)ᄒᆞ야智識(지식)과義理(의리)와거륵홈으로써지으샤動物(동물)우에主掌(쥬쟝)ᄒᆞ게ᄒᆞ셧스니모든世上(셰샹)사름이다 흔根源(근원)에셔낫슨즉흔同胞兄弟(동포형뎨)니라

六, 우리의始祖(시조)가善惡間(션악간)擇(틱)홀自由能(ᄌᆞ유능)이잇셧는ᄃᆡ畢竟(필경)試驗(시험)을밧아하ᄂᆞ님끠犯罪(범죄)ᄒᆞ지라모든人種(인종)들이그始祖(시조)아담으로브터犯上(범샹)흔世代(셰ᄃᆡ)를니어ᄂᆞ려옴을因(인)ᄒᆞ야그罪犯(범죄)흔속에參預(참예)ᄒᆞ야홈끠쌔젓스니사름의原罪(원죄)와밋傷(샹)흔性稟(셩품)을밧은外(외)에犯罪(범죄)홀줄아는者(쟈)가일부러짓는罪(죄)도잇ᄂᆞ니모든사름이今世(금셰)와來世(ᄅᆡ셰)에하ᄂᆞ님의公(공)번된震怒(진노)와刑罰(형벌)을밧는거시맛당ᄒᆞ니라

七, 하ᄂᆞ님이사름을無限(무한)히ᄉᆞ랑ᄒᆞ샤罪(죄)를贖(쇽)ᄒᆞ시고傷(샹)흔性稟(셩품)을곳치시고刑罰(형벌)을免(면)케ᄒᆞ시며永生(영싱)을주시랴고自己(ᄌᆞ긔)의永遠(영원)한獨生子(독싱ᄌᆞ)主(쥬)예수그리스도를이世上(셰샹)에보ᄂᆡ샤肉身(육신)을일우게ᄒᆞ신지라이예수의몸밧게는하ᄂᆞ님끠셔肉身(육신)을닙은거시업ᄂᆞ니라다만예수로말믜암아사름이能(능)히救援(구원)을엇는지라그永遠(영원)흔아들이춤사름되샤前(젼)과至今(지금)과永遠(영원)ᄭᆞ지흔位(위)에各(각)다른두性稟(셩품)을兼(겸)ᄒᆞ엿스니춤하ᄂᆞ님이시오춤사름이시라聖神(셩신)의權能

(권능)으로 孕胎(잉틱)ᄒᆞ샤 童貞女(동정녀) 마리아의게 낫스되 罪(죄)는 업ᄂᆞᆫ者(쟈)시라 罪人(죄인)을 代身(디신)ᄒᆞ야 하ᄂᆞ님의 法(법)을 完全(완젼)히 服從(복종)ᄒᆞ시고 몸을 드려 춤되고 穩全(온젼)ᄒᆞᆫ 祭物(졔물)이 되샤 하ᄂᆞ님의 公義(공의)에 適當(뎍당)ᄒᆞ게 ᄒᆞ시며 사ᄅᆞᆷ으로 ᄒᆞ여곰 하ᄂᆞ님과 和睦(화목)ᄒᆞ게 ᄒᆞ시랴고 十字架(십ᄌᆞ가)에 도라가시고 못치셨다가 죽은 가온디셔 三日(삼일)만에 復活(부활)ᄒᆞ샤 하ᄂᆞ님 右便(우편)에 升坐(승좌)ᄒᆞ시고 그 百姓(빅셩)을 爲(위)ᄒᆞ야 祈禱(긔도)ᄒᆞ시다가 그리로셔 再降(지강)ᄒᆞ샤 죽은 者(쟈)를 다시 살니시고 世上(셰샹)을 審判(심판)ᄒᆞ시리라

八, 聖父(셩부)와 聖子(셩자)의 보니신 聖神(셩신)끠셔 사ᄅᆞᆷ으로 ᄒᆞ여곰 罪(죄)와 患難(환난)을 ᄭᆡ닷게 ᄒᆞ시며 ᄆᆞ음을 붉게 ᄒᆞ샤 그리스도를 알게 ᄒᆞ시며 ᄯᅳᆺ을 새롭게 ᄒᆞ시고 勸勉(권면)ᄒᆞ샤 福音(복음)에 記錄(긔록)ᄒᆞᆫ디로 갑업시 주시ᄂᆞᆫ 예수그리스도를 能(능)히 밧게 ᄒᆞ시며 義(의)로운 열미를 밋게 ᄒᆞ샤 救援(구원)을 엇게 ᄒᆞ시ᄂᆞ니라

九, 하ᄂᆞ님끠셔 셰샹을 創造(창조)ᄒᆞ시기 前(젼)에 그리스도 안에셔 自己 百姓(ᄌᆞ긔 빅셩)을 擇(ᄐᆡᆨ)ᄒᆞ샤 사랑홈으로 그 압헤셔 거룩ᄒᆞ고 欠(흠)이 업게 ᄒᆞ시고 그 깃브신 ᄯᅳᆺ디로 뎌희를 미리 作定(쟉뎡)ᄒᆞ샤 예수그리스도로 말미암아 自己(ᄌᆞ긔)의 아들을 삼으셧스니 그 사랑ᄒᆞ시ᄂᆞᆫ 아들의 안에셔 뎌희의게 厚(후)ᄒᆞ게 주시ᄂᆞᆫ 恩惠(은혜)의 榮光(영광)을 讚美(찬미)ᄒᆞ게 ᄒᆞ랴ᄂᆞᆫ 거시로되 오직 모든 世上(셰샹) 사ᄅᆞᆷ의게 對(딕)ᄒᆞ야ᄂᆞᆫ 穩全(온젼)ᄒᆞᆫ 救援(구원)을 갑업시 주시랴 ᄒᆞ야 命(명)ᄒᆞ시기를 너희 罪(죄)를 悔改(회ᄀᆡ)ᄒᆞ고 主(쥬) 예수그리스도를 自己(ᄌᆞ긔)의 救主(구쥬)로 밋고 依支(의지)ᄒᆞ야 本(본) 밧으며 하ᄂᆞ님의 나티 내신 ᄯᅳᆺ을 服從(복종)ᄒᆞ야 謙遜(겸손)ᄒᆞ고 거룩ᄒᆞ게 行(ᄒᆡᆼ)ᄒᆞ라 ᄒᆞ셧스니 그리스도를 밋고 服從(복종)ᄒᆞᄂᆞᆫ 者(쟈)ᄂᆞᆫ 救援(구원)을 엇ᄂᆞᆫ지라 뎌의 가밧ᄂᆞᆫ 바 特別(특별)ᄒᆞᆫ 利益(리익)은 義(의)가 잇게 ᄒᆞ심과 義子(의ᄌᆞ)가 되여 하ᄂᆞ님의 아들들 數(수)에 參預(참예)ᄒᆞ게 ᄒᆞ심과 聖神(셩신)의 感化(감화)로 거룩ᄒᆞ게 ᄒᆞ심과 永遠(영원)ᄒᆞᆫ 榮光(영광)이니 밋ᄂᆞᆫ 者(쟈)ᄂᆞᆫ 이 世上(셰샹)에셔도 救援(구원) 엇는 줄을 確實(확실)히 알고 깃버 홀지라 聖神(셩신)끠셔 恩惠(은혜)의 職分(직분)을 行(ᄒᆡᆼ)ᄒᆞ실 ᄯᅢ에 恩惠(은혜) 베프시ᄂᆞᆫ 方道(방도)ᄂᆞᆫ 特別(특

별)히聖經(셩경)말씀과聖禮(셩례)祈禱(긔도)니라

十, 그리스도끠셔셰우신聖禮(셩례)는洗禮(셰례)와聖餐(셩찬)이니洗禮(셰례)는聖父(셩부)聖子(셩ᄌᆞ)聖神(셩신)의일흠으로물노씨숨이니그리스도와聯合(련합)ᄒᆞ야聖神(셩신)으로말미암아거듭나고새롭게ᄒᆞ심과우리主(쥬)의죵이되는言約(언약)을밋는거슬印(인)쳐證據(증거)ᄒᆞ는標(표)인즉이禮(례)는그리스도를밋는者(쟈)와밋그의子女(ᄌᆞ녀)들의게行(ᄒᆡᆼ)ᄒᆞ는거시오主(쥬)의聖饌(셩찬)은그리스도의죽으심을紀念(긔념)ᄒᆞ야쎡과盞(잔)에叅預(참예)ᄒᆞᄂᆞ거시니이는밋는者(쟈)가그의죽으심으로말미암아나는利益(리익)을밧는거슬印(인)쳐證據(증거)ᄒᆞ는標(표)라이禮(례)는主(쥬)끠셔오실ᄯᆡᆨ지主(쥬)의百姓(ᄇᆡᆨ셩)이行(ᄒᆡᆼ)ᄒᆞᆯ지니이로標(표)ᄒᆞ는거슨主(쥬)를밋고그贖罪祭(쇽죄졔)를依支(의지)홈과거긔셔좃차나는利益(리익)을밧음과더욱主(쥬)를셤기기로言約(언약)홈과主(쥬)와밋여러敎友(교우)로더브러交通(교통)홈이라聖禮(셩례)의利益(리익)은聖禮(셩례)의本德(본덕)으로말미암음도아니오聖禮(셩례)를베프는者(쟈)의德(덕)으로말미암도아니오다만그리스도의福(복)주심과밋밋음으로써聖禮(셩례)를밧는者(쟈)가온ᄃᆡ계신聖神(셩신)의行(ᄒᆡᆼ)ᄒᆞ심으로말미암음이니라

十一, 모든밋는者(쟈)의本分(본분)은그敎會(교회)가온ᄃᆡ셔셔로合心(합심)되여그리스도의聖禮(셩례)와다른法例(법례)를직히며主(쥬)의法(법)을服從(복죵)ᄒᆞ며恒常(ᄒᆞᆼ샹)祈禱(긔도)ᄒᆞ며主日(쥬일)을거룩ᄒᆞ게직히며主(쥬)를敬拜(경ᄇᆡ)ᄒᆞ기爲(위)ᄒᆞ야함ᄭᅴ모히며主(쥬)의말씀으로講道(강도)홈을仔細(ᄌᆞ셰)히드르며하ᄂᆞ님끠셔뎌희로ᄒᆞ여곰豊盛(풍셩)ᄒᆞ게ᄒᆞ심을좃차捐補(연보)ᄒᆞ며그리스도의ᄆᆞ음과ᄀᆞᆺ흔ᄆᆞ음으로셔로ᄉᆞ랑ᄒᆞ며ᄯᅩ흔모든사람의게도그와ᄀᆞᆺ치ᄒᆞᆯ거시오그리스도의나라가왼世上(셰샹)에퍼지기爲(위)ᄒᆞ야힘쓰며主(쥬)끠셔榮光(영광)가온ᄃᆡ셔나타나심을ᄇᆞ라고기ᄃᆞ릴지니라

十二, ᄆᆞᄌᆞ막날에죽은者(쟈)가復活(부활)홈을밧고그리스도의審判(심판)ᄒᆞ시는寶座(보좌)압헤서셔이世上(셰샹)에셔善惡間(션악간)行(ᄒᆡᆼ)흔바를ᄯᅡ라報應(보응)을밧을거시니그리스도를밋고服從(복죵)흔者(쟈)는顯著(현져)히赦(샤)홈을엇고榮光(영광)가온ᄃᆡ로마져드리는

바되려니와오직밋지아니ᄒ고惡(악)을行(힝)ᄒᄂ者(쟈)는定罪(뎡죄)
흠을닙어그罪(죄)에適當 (뎍당) ᄒ刑罰(형벌)으밧을지니라
  인가식(認可式)
  내가이敎會(교회)의信經(신경)은하ᄂ님의말ᄉᆞᆷ을依支(의지)ᄒ야세
운줄노밋ᄉᆞ오며곳나의信經(신경)으로삼고公佈(공포)ᄒ노라

4. 12신조의 개정 연혁

 1933년 헌법 개정 시 자구수정이 있었고, 1963년 헌법 대폭 개정 시 현재의 국어 문법과 한글 맞춤법에 맞게 또 한글 전용으로 수정하여 현행 신조와 동일한 문체 어법의 신조가 되었다. 다만 서언과 승인식을 그대로 둔 점, 성령을 성신으로 표현한 점을 제외하고는 현행 신조와 동일하다.
 1971년 헌법을 다시 대폭으로 개정하여 종전의 5법체제에서 4편부 체제로 개편하면서 '1. 신조'를 헌법 '제1편 교리 제1부 신조'로 개편했다. 다만 종전의 서언과 승인식을 삭제한 점, 성신을 성령으로 고친 점은 현행 신조와 같으나, 성경을 성서로 용어 변경한 점은 지금과 다르다.
 1983년 헌법 개정 시 사도신경을 처음으로 헌법에 편입함으로 인하여 사도신경이 제1부가 되고 신조는 제2부로 밀려났다. 그러나 성서를 다시 성경으로 고침으로 1983년 개정 헌법의 신조가 지금까지 자구수정 하나 없이 그대로 계속되어 왔다.

5. 헌법 12신조의 구조

 정통 칼빈주의, 역사적 개혁주의와 청교도적 장로교신학을 표방하고 있다. 제1조는 성경관을, 제2~5조는 신론을, 그중에 제2조는 유일신과 하나님의 속성을, 제3조는 하나님의 삼위일체론을, 제4조는 하나님의 창조론과 섭리론을 언급하고 있으며, 제5조는 인간창조에 관하여 진술하고 있으나 이는 신론과 인간론이 중첩되는 조문으로

볼 수 있다. 인간의 창조자가 하나님이라는 점에서는 신론에 속하고 하나님에 의하여 창조된 인간이란 점에서는 인간론에 속한다. 제6조는 인간론(인죄론, 人罪論)을, 제7조는 기독론을, 제8조는 성령론을, 제9조는 구원론을, 제10~11조는 교회론을, 제12조는 종말론(내세론)을 선언하고 있다.

제3장 신조의 내용

"헌법 제1편 교리 제2부 신조[63] 대한예수교장로회 신조는 다음과 같다."

Ⅰ. 제1조 성경관

"1. 신구약성경은 하나님의 말씀이니 신앙과 행위에 대하여 정확 무오한 유일의 법칙이다."

1. 성경영감론

헌법 12신조 제1조는 성경의 무오성과 유일 법칙성을 말하고 있으며, 성경영감론(聖經靈感論)에 관하여 직접적인 언급이 없다. 그러나 성경은 하나님의 영(靈)에 의하여 감동으로 쓴 하나님의 계시된 말씀이라고 정의를 내리기 때문에 성경이라는 개념 속에 영감이 내포되어 있다. 그 성경적 근거는 디모데후서 3 : 16 "모든 성경은 하나님의 감동으로 된 것으로 교훈과 책망과 바르게 함과 의(義)로 교육하기에 유익하니"와 베드로후서 1 : 20~21 "먼저 알 것은 성경의 모든 예언은 사사로이 풀 것이 아니니 예언은 언제든지 사람의 뜻으로 낸 것이 아니요 오직 성령의 감동하심을 받은 사람들이 하나님께 받아 말한 것임이라"에서 찾을 수 있다. 그러므로 성경영감론에 관하여

---

63) 교단헌법 Ⅱ 전게서, pp. 24-28. 교단헌법 Ⅲ 전게서, pp. 34-37.

는 이설(異說)이 없다.

그러나 문제는 영감의 종류 내지 방법과 영감의 정도 내지 범위와 한계에 관하여 신학자 간에 다툼이 있고 학설도 분분하다. 이에 관하여 신학자들이 논리학상의 개념의 혼돈에 빠지는 것 같다. 영감의 종류 내지 방법에 관한 개념은 개념의 내포(內包)의 문제이고, 영감의 정도 내지 범위 또는 한계에 관한 개념은 개념의 외연(外延)의 문제인데, 이를 잘 파악하지 못하므로 특히 기계적 영감과 축자영감 또는 완전영감에 관하여 우리들의 판단을 흐리게 하고 있다.

2. 영감의 종류·방법

1) 기계적 영감설(機械的 靈感說, Mechanical Inspiration)

성경의 기자는 하나님이 말씀을 불러 주시는 그대로 기계적 수동적 도구가 되어 받아 썼다는 주장이다. 입으로 불러 주는 대로 기술했다 하여 이를 구술설(口述說), 구수론(口授論), 또는 받아쓰기 이론이라고 한다. 극단적 보수주의자들의 주장인 것이다.

기계적 영감설과 축자영감설(逐字靈感說)을 동의어로 보는 학자[64]도 있고, 양자를 구별하는 별개의 개념으로 보는 학자[65]도 있다.

기계적 영감은 영감의 종류나 방법의 문제요, 축자영감은 영감의 범위나 정도의 문제이기 때문에 그 개념이 다르다. 그러나 양자 공히 인간적 요소나 생각이 개입할 여지가 없다는 점에서는 같다. 이 기계적 영감설을 취하는 신앙고백이나 신조는 찾아볼 수 없다. 1675년 스위스 일치신조는 이 기계적 영감설에 접근하고 있다.

2) 직관적 영감설(直觀的 靈感說, Intuitional Inspiration)

천재의 타고난 재능에 의하여 자연적 통찰력을 통하여 성경을 기

---

64) 노만 가이슬러(Norman Geisler), 레어드 헬리스(Laird Harris), 황승룡 박사는 기계적 영감설을 축자영감설 또는 완전영감설, 완전축자영감설로 부르기도 한다.
65) 루이스 벌콥(Louis Berkhof).

록하였다는 주장이다. 이를 직관설(Intuition View)이라고도 한다. 이는 인간의 이성을 최고의 가치라 하면서 하나님의 초자연적 능력을 부정하는 인본주의자들이나 현대주의 신학자들의 주장인 것이다.

3) 조명적 영감설(照明的 靈感說)

신앙적 감화와 깨달음이 있는 신자에게 성령이 특별히 그 신자의 지각력(知覺力)을 높여 주셔서 성경을 기록하게 했다는 주장이다. 하나님의 역사에 의하여 이미 전달된 계시를 잘 깨닫게 조명해 주셨다는 주장인 것이다. 이를 조명설(Illumination View)이라고도 한다. 현대주의 신학자들의 주장이다.

4) 감력적 영감설(感力的 靈感說)

위와 같은 조명의 은혜를 받았다 하더라도 새로운 진리를 기록하기에는 불충분했을 것이므로 어떤 개혁 교파에서는 이 설을 슐라이어마허(Schleiermacher)[66]의 영감 이론을 가리키는 것으로 이해하여 감력적 영감설이라 칭한다. 자유주의 신학자들에 의하면 성경도 오류나 실수가 있을 수 있다고 한다.

5) 동력적 영감설(動力的 靈感說, Dynamic Inspiration)

성령께서 특별한 능력을 성경 기자에게 주셔서 성경을 기록할 때 잘못이 없도록 초자연적인 영감을 주셨으나 인간적 요소를 동력적으로 사용하셔서 개인적인 특성이 잘 드러나 있다는 주장이다. 영감의 과정에서 신적 요소와 인간적 요소의 적당한 조화를 가진다는 이론이다. 이를 역동설(力動說, Dynamic Theory)이라고도 한다. 어떤 개혁 교파에서는 조명적 영감설과 동력적 영감설을 동일시한다.

---

66) 1768~1834, Friedrich Ernst Daniel Schleiermacher, 독일의 신학자, 철학자, 자유주의신학의 창시자 또는 현대신학의 아버지. 죄, 칭의, 기독론, 최후의 심판, 지옥, 천국과 같은 신앙적 교리를 부인하고, 기독교를 도덕종교로 전락시킨 자이다.

6) 유기적 영감설(有機的 靈感說, Organic Inspiration)

성령께서 성경의 기자를 유기적인 방법으로 감동시켜 기자의 내적 인간성, 즉 기자의 성품과 기질, 은사와 재능, 교육과 교양, 용어와 문체를 그대로 사용하여 조화를 이루며 오류 없이 기록하게 했다는 주장이다. 어떤 개혁 교파에서는 동력적 영감설을 유기적 영감설로 이해하고 있다.

3. 영감의 범위 · 정도

1) 사상영감설(思想靈感說, Thought Inspiration)

성령께서 성경 기자의 사상만 영감하고, 그 사상을 표현하는 문자나 언어는 기자가 선택했다는 주장이다.

2) 부분영감설(部分靈感說, Partial Inspiration)

성령께서 성경의 어떤 부분은 영감하고 어떤 부분은 영감하지 않았다는 주장이다. 학자에 따라 교리적인 부분은 영감한 하나님의 말씀이고, 역사적인 부분, 연대적 기록, 과학적 기록은 영감하지 않았다고 하며, 어떤 이는 신약성경에만, 어떤 이는 예수님 말씀에만, 또는 산상보훈에만 영감하였다고 한다.

3) 완전영감설(完全靈感設, Plenary Inspiration)

성경의 모든 부분이 영감하였다고 믿는 것이며 성경의 문자 하나하나, 단어 하나하나, 구절 하나하나가 성령께서 영감하였다는 주장이다. 그러므로 성경의 일점일획이라도 오류가 있을 수 없다고 한다. 이를 축자영감설(逐字靈感說, Verbal Inspiration) 또는 완전축자영감설(Plenary Verbal Inspiration)이라고도 한다. '완전영감'은 "성령의 충분하고 충족한 감화가 성경의 모든 부분들에 확장되어 성경을 하나님으로부터 온 권위적 계시로 만든 결과 그 계시는 사람의 마음들과 의지들을 통하여 오되 오히려 엄밀한 의미에서 하나님의 말씀이라는 것을 의미한다.", '축자영감'은 "거룩한 저자들을 둘러싼 신적(神的) 감화는 일반적 사상에만 아니라 그들이 사용한 문자들에도 확장되어 하나님이 우리에게 계시하기로 의도하신 사상들이 무오(無誤) 정확히 전달되었다는 것, 저자들은 하나님이 말씀하신 바를 말씀하였다는 의미에서 하나님의 기관(器官)들이었다는 것을 의미한다."67) 초대교회의 교부, 16세기 종교개혁자, 17세기 루터파, 개혁파 정통주의자, 근본주의 신학자나 정통 보수주의 신학자들이 지지하는 설이다. 축자영감의 개념은 완전영감의 개념에 포함된 것이나 후에 별개의 개념으로 분리하는 학자도 있다. 그러나 이들 개념은 동의어이다.

4. 성경무오설

성경에 오류가 없다고 하는 주장이다. 위의 성경영감론과 성경무오설(聖經無誤說)은 또다른 별개의 문제이다. 극단적 보수주의 신학을 제외하고 보편적 일반적 보수주의 신학 또는 정통 신학은 기계적 영감설을 받아들이지 않고 유기적 영감설을 받아들이고, 완전영감설과 성경무오설을 취한다. 그리고 기계적 영감설을 배척하더라도 성경무오설을 주장할 수 있으며 이는 서로 모순되지 않는다.68)

---

67) 박형룡 Ⅰ 전게서, p. 328 ; Boettner, *Studies in Theology*, p. 11.
68) 한국기독교장로회(기장 측)는 축자영감설(여기서 말하는 축자영감설은 기계적영감설을 의미하는 것 같다.)과 성경무오설을 반대하고 성경비판학을 따르고 있다. 대한예수교장로회의 합동 측, 고신 측, 합신 측은 축자영감설과 성경무오설을 취하고, 대한예수교장로회의 통합 측, 즉 우리 교단은 축자영감설은 거부하나 성경무오설은 지지한다. 한국장로교의 분열은 다른 이유도 있지만 축자영감설과 성경무오설에 따라 분열되었다고 해도 과언은 아니다. 대한예수교장로회에서 한국기독교장로회가 분리해 나간 것은 조선신학교(현 한국신학대학교의 전신) 김재준 교수의 성경유오설이 발단이 되어 박형룡 박사와의 교리논쟁으로 비화되었고, 박형룡은 김재준을 자유주의 신학자라고 했고, 1950년 김재준은 "성서비판의 의의와 그 결과"와 "축자영감설과 성서무오설"이라는 논문에서 축자영감설과 성서무오설은 기독교적인 것이 아니라고 함으로 박형룡의 근본주의 보수신학과 김재준의 자유주의 진보주의 참여신학으로 대립되었다가, 조선신학교 측은 1953년 기독교장로회를 창립하고, 1954년 대한기독교장로회로 개칭 완전 분리해 나갔다. 1961년 한국기독

실제로 성경에는 해석상 난관, 불일치, 변이(變異)가 있다. 그러나 그렇다고 해서 성경유오설(聖經有誤說)을 주장하는 근거가 되지 않으며 이는 성경의 최초 원본이 존재하지 않고, 또 구약 사본이 수십 종, 신약 사본은 무려 약 5,000여 종이 있으며 필사본이기 때문에 필사(筆寫)나 등사(謄寫) 과정에 변이문이 발생할 수 있다.

해석상의 난관은 성경의 기록과 연관이 있는 인간의 학문인 고고학, 인류학, 화석학, 지질학, 생물학, 역사학 등의 발전과 신학설의 주창, 전개로 난관이 해결되기도 하고 또 앞으로 해결될 수 있는 것이므로 결코 오류는 아니다. 이러한 인간의 지혜나 지식, 탐구에 의한 학문이 완전 무결한 진리라고 말할 수 없으며, 시대의 변천에 따라 변할 수 있기 때문이다. 또한 고대 헬라어나 히브리어에 관한 완전한 지식이 없기 때문에 해석상 난관을 초래할 수도 있다. 그러므로 어디까지나 해석상 어려움이 있을 뿐이지 오류는 아니다.

성경 기사의 불일치는 유기적 영감설에 따라 그 기자의 성격과 성질, 교양과 수양, 교육과 재능, 용어와 문체, 사건을 보는 관점과 견해, 각자의 스타일과 폼이 다르기 때문에 기사의 진술과 표현이 불일치할 수도 있으나 결코 이를 논리학상의 오류라고 말할 수 없다.

변이문(變異文)은 실재로 성경에 여러 군데 있다. 그러나 "어떤 것은 특수한 구절들이나 표현들의 의미를 변경하며 혹은 단어들과 어구들을 생략하나 변이문 전체를 집합적으로 취하여 볼 때에 종교의 교리는 하나도 변치 않으며, 한 가지 교훈도 제거되지 않으며, 한 건의 중요한 사실도 달라지지 않는다."[69]

최초의 성경 원본은 물론 무오하리라 확신한다. 원본이 설령 존재하고 그 원본에 지금의 사본과 같은 천문, 지리, 생리, 역사적 사건,

---

교장로회로 개칭하였다. 통합 측과 합동 측의 분리는 1959년 세계교회협의회(WCC)와 복음주의협의회(NAE)와의 지지 세력의 공방전이 그 원인이었으나 이것은 표면적 이유이고, 실제적 이유는 성경의 축자영감설과 성경무오설의 인정 여부이었다. 통합 측은 축자영감설을 거부하고 합동 측은 이를 받아들인다는 것이다. 그러나 성경무오설은 양자 공히 인정한다.
69) 박형룡 I 전게서, p. 335 ; *Moses Stuart Inspiration of the Scriptures*, p. 114.

연대 기록 등에 난관이나 불일치가 있다 하더라도 성경무오설의 주장에는 방해를 받지 않는다고 생각한다. 왜냐하면 인간의 자연과학이나 인문과학, 사회과학 등 학문의 주장, 견해, 이론이 완전 무결한 진리라고 말할 수 없으며 학문 자체가 시공(時空)의 진전에 따라 신학설, 신 주장이 나오고 변천, 발전하기 때문에 현재의 학문을 기준으로 성경이 유오하다, 무오하다고 판단할 수 없기 때문이다.

신조 제1조 "신·구약성경은 하나님의 말씀이니 신앙과 행위에 대하여 정확 무오한 유일의 법칙이다."와 웨스트민스터 신앙고백 제1장 2절 "이 모든 책은 하나님의 영감으로 주어진 것으로 믿음과 생활의 기준이 된다."라는 문장에서 신앙과 행위에 관하여서만 성경이 무오하다는 뜻으로 해석할 여지가 있어 오해의 소지가 있다. 그러나 이 조문은 성경의 정의를 규정한 것이지 성경의 영감이나 무오에 관한 정의가 아니므로 이에 근거해서 제한적 성경유오설을 말하는 것으로 오해해서는 안 될 것이다.

성경유오설을 지지한다 하여도 그 유오의 내용이 성경의 본질적 내용, 즉 하나님의 계시의 말씀으로 예수 그리스도의 구속사업에 관한 것이 아니고, 위에 말한 천문이나 지리, 역사적 사건이나 연대, 동물의 생리에 관한 유오라면 그러한 성경유오설을 주장한다 해서 그 자를 이단이라고 내몰 수는 없다. 왜냐하면 신앙이란 예수 그리스도를 구주로 믿어 영생을 얻는 구원의 길이며, 구원은 살아 계시는 하나님의 선택, 소명, 회개, 중생, 칭의, 양자, 성화, 영화의 길이며, 행위란 도덕규범과 종교규범의 준행을 말하는 바, 이러한 종교적 신앙과 도덕적 행위에 대하여 성경에 기록된 하나님의 말씀이 정확 무오한 유일한 법칙이기 때문이다.

또 성경은 과학교과서가 아니며 철학개론이 생물학이나 고고학 역사학 등의 전문 서적이 아니고, 이러한 지식을 가르치려고 기록된 책도 아니며, 기록할 당시의 학문 수준에서는 오류라고 할 수 없으며, 현대의 학문에서는 오류라 할 수 있어도 언젠가는 오류가 아니고 진리로 밝혀질 것이라고 본다.

Ⅱ. 제2조 유일신과 하나님의 속성

"2. 하나님은 한 분뿐이시니 오직 그만 경배할 것이다. 하나님은 신이시니 스스로 계시고, 아니 계신 곳이 없으시며 다른 신과 모든 물질과 구별하시며, 그의 존재와 지혜와 권능과 거룩하심과 공의와 인자하심과 사랑하심에 대하여 무한하시며 무궁하시며 변치 아니하신다."

1. 유일신

12신조 제2조 전단에서 우리 하나님은 유일신이시고 유일한 경배의 대상이시라는 것을 말하고 있다.

유일신이란 유대교의 유일신론에 의한 유일신 하나님이 아니고 기독교의 독특한 삼위일체 신론에 의한 유일신 하나님을 의미한다. 따라서 제3조와 연관하여 고찰하여야 한다.

2. 하나님의 본질과 속성

12신조 제2조 후단은 하나님의 본질과 속성을 나타내고 있다. 하나님의 본질과 속성에 관하여 본성(本性, Nature) 또는 본질과 속성(屬性, Attributes)을 구별하여 논하는 설[70]과 구별하지 않는 설이 있다. 전자는 하나님의 본질은 하나님이 피조세계와의 직접적인 연관 없이 하나님 자체 안에서 자립적으로 갖고 있는 하나님의 본체 또는 본성을 말하며, 하나님의 속성은 하나님이 인간과의 구체적 관계에 있어서 인간에게 계시되고 서로 교통할 수 있는 본성을 말하는 것으로 구별한다. 후자는 하나님의 본질적 요소는 하나님의 속성이며 양자는 단순한 명칭의 차이뿐이라고 함으로써 구별하지 않는다.

---

70) Herbert Lockyer 전게서, pp. 73, 78. 이종성 전게서, p. 148.

1) 하나님의 본질

① 사랑, ② 영(靈), ③ 창조자, ④ 전지(全知, Omniscience), ⑤ 전능(全能, Omnipotence), ⑥ 전재(全在, Omnipresence, 무소부재, 無所不在, 편재, 遍在), ⑦ 영원, ⑧ 불변의 8가지를 들기도 하고,[71] 또는 ① 사랑, ② 영(靈), ③ 인격성,[72] 학자에 따라 ① 영, ② 인격성, ③ 완전성, ④ 동일성[73]을 들기도 한다.

2) 하나님의 속성

하나님의 속성을 절대적 속성, 상대적 속성, 도덕적 속성으로 구분하고, 절대적 속성이란 하나님 안에 그런 속성이 있음을 의미하며, 그 내용으로 ① 자존성(自存性), ② 무한성, ③ 영원성, ④ 불변성, ⑤ 통일성을 열거하며, 상대적 속성이란 하나님의 피조물 및 피조계에 대한 신적 관계에 있어서의 속성을 말하며, 그 내용으로 ① 전능, ② 전지, ③ 편재(遍在), ④ 지혜, ⑤ 선(善), ⑥ 자유를 들고, 도덕적 속성으로 ① 거룩, ② 사랑, ③ 공의(公義), ④ 긍휼, ⑤ 진실, ⑥ 섭리를 든다.[74]

또한 하나님의 속성으로 ① 사랑, ② 성(聖), ③ 의(義), ④ 선(善)을 들기도 한다.[75]

하나님의 속성을 절대적 속성(비공유적 속성)과 보편적 속성(공유적 속성)으로 나누고 전자에는 ① 자존성, ② 불변성, ③ 무한성이 있고, 이 무한성을 하나님의 존재와 관련시켜 말할 때 완전성이라 하고, 시간과 관련시켜 말할 때 영원성이라 하고, 공간과 관련시켜 말할 때 무변성(無邊性, 편재성)이라고 하며, ④ 단일성(단순성)이 있고, 후자에는 ① 지식, ② 지혜, ③ 선(善), ④ 사랑(은혜, 긍휼, 오래 참음), ⑤ 거룩, ⑥ 의(義), ⑦ 진실, ⑧ 주권(주권적 의지, 전능)이 있다.[76]

---

71) 이종성 Ⅰ 전게서, p. 149.
72) Herbert Lockyer 전게서, p. 73.
73) 임택진 전게서, pp. 422-423.
74) Herbert Lockyer 전게서, pp. 79, 82, 89.
75) 이종성 Ⅰ 전게서, p. 196.

하나님의 무한성을 공간과의 관계에서 무변성 또는 편재성이라고 하는 것이 일반적 견해인데, 이 무한성 안에 편재성 외 무량성(無量性, Immensity)을 드는 학설도 있다. 무량성이란 "하나님은 공간에 의하여 제한되거나 정계(定界)되지 않고 반대로 모든 유한한 공간이 그에게 의존한다는 것을 표현하는 속성"이다. 벌콥(Berkhof)은 이 무량성을 하나님이 모든 공간적 제한을 초월하시되 그 본체적 존재로 전 공간에 임재하시는 속성이라고 말한다. 따라서 무량성은 하나님이 모든 공간을 초월하여 공간에 굴복하지 않는다는 것을 의미하고, 편재성은 오히려 하나님이 전 공간을 채우고 두루 계시면서 아니 계신 곳이 없는, 즉 무소부재를 의미한다. 전자는 초월성에, 후자는 내재성에 중점을 두고 표현한 공간적 무한성을 나타낸 말이다.[77]

3. 하나님의 명칭[78]

하나님의 이름이나 칭호를 통하여 하나님의 본성을 잘 알 수 있다. 구약의 이름으로 여호와, 엘, 또는 엘로힘, 아도나이가 있고, 신약의 이름으로 데오스, 퀴리오스, 파테르가 있다.

1) 여호와(Jehovah)[79]

"나는 스스로 있는 자이니라"(출 3 : 14)의 의미이고 하나님의 자존

---

76) 임택진 전게서, pp. 427-432.
77) 박형룡 II 전게서, pp. 111-112.
78) Herbert Lockyer 전게서, pp. 75-77.
79) '여호와'의 이름은 히브리어 문자 요드, 헤, 와우, 헤(YHWH)의 4개 자음으로 구성되어 있는데 히브리어 문자에는 모음 문자가 없기 때문에 정확한 발음을 알 수 없다. 우리 성경 개역판이나 개역개정판에서는 '여호와', 공동번역판에는 '야훼', 영어 성경에는 'Jehovah'라고 음역하고 있다. 유대인들은 YHWH를 부를 때 '아도나이'(Adonay)로 불렀다. 맛소라 학자들이 구약 본문에 모음 부호를 삽입할 때 Adonay의 모음을 붙인 고로 YaHoWaH(야호야)가 되어야 하는데 첫 음절의 a 모음 금기사항 때문에 e 모음으로 변경하여 YeHoWaH(예호와)로 표기했다는 설이 있고, 또한 후기 헬라어 표기로 iaoue(야웨) 또는 iabe(야베)를 사용한 점을 보아 원래의 발음이 YaHWeH(야훼)였다는 설도 있다.

제3편 신 조 163

성과 불변성을 나타낸다. 하나님의 거룩함과 자비와 은혜, 영원불변이 강조되는 이름이다. 여호와의 복합어로 다음과 같은 것이 있다.

① 여호와 이레(Jehovah Jireh) : 여호와께서 준비하시다(창 22 : 14), ② 여호와 라파(Jehovah Raphah) : 너희를 치료하는 여호와(출 15 : 26), ③ 여호와 닛시(Jehovah Nissi) : 여호와는 나의 깃발(출 17 : 15), ④ 여호와 샬롬(Jehovah Shalom) : 여호와는 평강이라(삿 6 : 24), ⑤ 여호와 라아(Jehovah Raah)[80] : 여호와는 나의 목자시다(시 23 : 1), ⑥ 여호와 치드케누(Jehovah Tsidkenu)[81] : 여호와는 우리의 공의(렘 23 : 6), ⑦ 여호와 사바오트(Jehovah Sabaoth)[82] : 만군의 여호와(삼상 1 : 3), ⑧ 여호와 삼마(Jehovah Shammah) : 여호와께서 거기 계시다(겔 48 : 35), ⑨ 여호와 메카디쉬켐(Jehovah Mekaddishkhem)[83] : 거룩하게 하시는 여호와(출 31 : 13), ⑩ 아도나이 여호와(Adonai Jehovah) : 주 여호와(창 15 : 2).

2) 엘(El)과 엘로힘(Elohim)

엘은 '강한 힘을 가진'의 뜻이 있으며, 엘로힘은 엘의 복수형으로 '탁월, 완전, 위엄, 위대, 초월, 권능 등의 힘'을 말한다. 엘의 복합어로 다음과 같은 것이 있다.

① 엘 엘리욘(El Elijon) : 지극히 높으신 하나님(창 14 : 18), ② 엘 샤다이(El Shaddai) : 전능한 하나님(창 17 : 1), ③ 엘 올람(El Olam) : 영원하신 하나님(창 21 : 33), ④ 여호와 엘로힘(Jehovah Elohim) : 여호와 하나님(창 2 : 4).

3) 아도나이(Adonai, 히. Adonay)

'주'(主, 수 7 : 8 - 11)의 뜻이고, 소유자, 지배자, 통치자의 주권성이 강조되는 이름이다.

---

80) 여호와 로이(Jehovah Roi)라고도 한다.
81) 여호와 트시케누(Jehovah Tsikenu)라고도 한다.
82) 여호와 체바오트(Jehovah Tsebaoth)로 발음하기도 한다.
83) Mekoddishkem, 마카데쳄(Maccaddeshcem)으로 표기하기도 한다.

4) 파테르($\pi\alpha\tau\acute{\eta}\rho$, pater, 라. Pater, Father)

'아버지'의 뜻이고 구약에서는 이스라엘의 아버지(신 32 : 6, 사 63 : 13)이신 하나님과 이와 상응하여 신약에서는 성도의 아버지(마 6 : 9, 롬 8 : 15, 고전 8 : 6, 갈 4 : 5, 엡 3 : 14) 되시는 하나님을 말한다.

5) 데오스($\theta\varepsilon\acute{o}\varsigma$, theos, 라. Deus)

구약의 엘, 엘로힘에 해당하는 헬라어이며, '나의 하나님, 우리의 하나님, 너의 하나님, 너희의 하나님' 등으로 그리스도 안에서 모든 자녀들의 개개인의 하나님을 말한다.

6) 퀴리오스($\kappa\acute{\upsilon}\rho\iota o\varsigma$, kurios)

구약의 아도나이에 대응하는 헬라어로 '주님'을 가리키며 하나님뿐만 아니라 그리스도도 지칭한다.

Ⅲ. 제3조 삼위일체

"3. 하나님의 본체에 삼위가 계시니, 성부, 성자, 성령이시다. 이 삼위는 한 하나님이시다. 본체는 하나요 권능과 영광이 동등이시다."

1. 삼위일체의 개념

12신조 제3조에서 신비의 교리인 삼위일체의 신을 교리로 삼고 있다. 삼위일체(Trinity)라는 말은 라틴어 '트리니타스'(Trinitas)에서 나왔으며, 이는 '하나인 셋', '셋인 하나'의 뜻을 가진 Trinus, 또는 Tresunus에서 파생되었거나 헬라어 트리아스($\tau\rho\iota\alpha\varsigma$)에서 나왔다. 이 말은 결코 '세 겹', '삼중'(三重, Triplex)의 뜻을 가진 라틴어 Triplicitas가 아니다. 삼위일체의 개념과 그 내용에 관한 기독교 교리사적으로 어떻게 태동, 발전, 형성, 확립되었는가는 제2편 사도신경 제2장 사도신경의 배경 Ⅲ. 사도신경의 교리적 배경에서 상술하였으므로 본란에서는 생략한다.

삼위일체의 교리는 하나님은 한 분 하나님, 유일하신 하나님이시나 아버지 하나님, 아들 하나님, 성령 하나님의 세 위격이 있으며, 이 삼위는 동등하시며, 본질은 동일하며, 신적 본체는 하나이고, 삼위의 개체가 연립하여 상호 분리된 것이 아니라 인격적 자아 구별이 있는 신론의 교리이다.

하나님 안에 현현(顯現)의 세 양식이 아니고 존재(Existence) 또는 실존(Subsistence)에 있어서 세 위격이다. 칼빈은 "내가 의미하는 위(位)는 신적 본체 안에 있는 한 실존―다른 둘과 관계되었으되 공유할 수 없는 특성들에 의하여 구별되는 실존이다."라고 하였다.[84] 각 위의 하나님은 하나님의 모든 속성을 보유하며 영원성과 자존성을 가진 동일한 신적 본체를 가진다.

영원부터 신격 안에 실재한 대로의 삼위일체를 '본체적 삼위일체'(Essential Trinity)라 하고, 세계와의 관계에서 나타난 대로의 삼위일체를 '경륜적 삼위일체'(Economy Trinity)라 한다. 전자는 하나님과 세계와의 관계를 떠나 그 본체적 존재에 관하여 논하는 것이고, 그들의 본체적 내면적인 면에서 성부, 성자, 성령의 실체는 동일하고 본질과 속성도 동일하고 영광도 동등하다. 이 본체적 삼위일체에는 일정한 순서가 있으니 제1위가 성부요, 제2위가 성자요, 제3위는 성령이다. 후자는 하나님과 세계를 관련하여 논하는 것이고, 그 사역의 관점에서 보면 내향적 사역(內向的 使役)은 본체적 삼위일체에 귀속하여 성부는 성자를 발생하고, 성부와 성자는 성령을 발출하고, 그 외향적 사역(外向的 使役)은 경륜적 삼위일체의 사역으로 성부는 주로 창조사역을, 성자는 구속사역을, 성령은 성화사역을 역사한다. 그러나 이러한 외향적 사역은 한 위의 독점적 사역이 아니고, 신적 실체 전체의 사역인 것을 간과해서는 안 된다.

특히 삼신론(三神論)과 양태론(樣態論)과 단일신론(單一神論)과는 구별하여야 하며, 유대교의 유일신론(唯一神論)과도 다르다. 구약에

---

84) 박형룡 Ⅱ 전게서, p. 201. 「기독교 강요」 1권 3장 6절.

"이스라엘아 들으라 우리 하나님 여호와는 오직 유일한 여호와이시니"(신 6 : 4)라고 하여 한 분 하나님, 즉 유일신이심을 강조하고 있어 삼위일체 신을 인정하지 않는다. 신약에서는 도처에서 한 분 하나님, 유일하신 하나님으로 표현하면서 삼위의 하나님을 나타내고 있어서 유대교의 유일신론과는 그 개념이 다르다.

삼신론은 아버지와 아들과 영은 분리된 하나님으로 아버지도 한 하나님이며, 아들도 한 하나님이며, 영도 한 하나님이라면 결국 세 하나님이라는 이단 신론이다.

양태론은 양식론(樣式論) 또는 일신삼현론(一神三顯論)이라고도 하며, 앞서 사도신경론에서 상술한 바 있으나, 성부, 성자, 성령이 각각 구별된 세 인격이 아니고 하나님이 자기 자신을 나타내는 세 가지 양식 또는 양태이며, 아버지와 아들과 영은 하나님 자신을 계시하는 수단 또는 행동양식이라는 것이다. 이는 군주신론의 한 주장인데 이를 단일신론으로 번역하는 이도 있으나 잘못된 것이며, 군주신론과 단일신론은 완전 별개의 개념이라는 것은 전술한 바와 같다. 이들 주장은 신적 본체의 유일성을 부정하거나 그 본체 안에 있는 위격 구별의 실재성을 인정하지 않고 있다.

2. 삼위일체의 성경 근거

1) 구약성경의 증거

삼위일체의 교리가 초대교회에서 처음 나타나 교리논쟁의 핵심을 이루었지만 이는 실은 구약성경에 감추어진 교리, 숨겨진 교리가 신약성경에 나타난 것으로 주님과 사도들에 의하여 드러난 것이다.

① "하나님이 이르시되 우리의 형상을 따라 우리의 모양대로 우리가 사람을 만들고……"(창 1 : 26), "……이 사람이 선악을 아는 일에 우리 중 하나같이 되었으니……"(창 3 : 22), "자, 우리가 내려가서 거기서 그들의 언어를 혼잡하게 하여……"(창 11 : 7)라는 말씀에서 하나님은 자신을 '우리'라는 복수 인칭대명사를 사용한 것에서 삼위의 하나님을 나타내고 있다는 것을 의미한다.

하나님을 의미하는 '엘로힘'이라는 신성한 용어는 모세에 의하여 500회 정도, 신약성경에서 5,000회 정도 사용되는 복수형 명사인데도 계속하여 단수형의 동사를 동반하고 있는 점은 하나님은 한 분이시나 하나님 안에 여러 위(位)가 있다는 사실을 나타내고 있다는 것을 의미한다.[85]

② '여호와의 사자'도 신적 인격으로 나타나셨다(창 16 : 7 - 13, 18 : 1 - 21, 19 : 1 - 22).

③ '그의 영'(사 48 : 16), '주의 성령'(사 63 : 10)을 또다른 인격으로 표현하였다.

2) 신약성경의 증거

① "예수께서 대답하시되…… 내게 영광을 돌리시는 이는 내 아버지시니 곧 너희가 너희 하나님이라 칭하시는 그이시라"(요 8 : 54), "태초에 말씀이 계시니라 이 말씀이 하나님과 함께 계셨으니 이 말씀은 곧 하나님이시니라"(요 1 : 1), "……성령을 속이고 땅 값 얼마를 감추었느냐…… 사람에게 거짓말한 것이 아니요 하나님께로다"(행 5 : 3 - 4)와 같이 아버지도 하나님이시요, 아들도 하나님이시요, 성령도 하나님이시라고 말씀하고 있다.

성부께 대한 말씀과 성자의 성육신과 성령의 강림을 명백히 언급하여 삼위가 분명하게 나타난 구절이 많이 있다.

② 예수님이 세례를 받으실 때 성령이 그 위에서 내려오시고 하늘에서 아버지께서 복 주시는 요단강에서의 예수 수세장면을 통하여 삼위일체의 각 위격은 독특한 양태로 나타나셨다(마 3 : 13 - 17, 막 1 : 10 - 11, 눅 3 : 21 - 22, 요 1 : 32 - 34).

③ 예수님은 자신이 하나님의 아들이요, 성령의 권능을 받은 자라고 말씀하셨다(마 22 : 28, 눅 10 : 22, 12 : 12, 22 : 70).

④ 성령의 약속에 관한 예수님의 말씀에서 삼위일체의 삼위의 동등이 나타난다. "보혜사 곧 아버지께서 내 이름으로 보내실 성령 그

---

85) Herbert Lockyer 전게서, p. 324.

가 너희에게 모든 것을 가르치고 내가 너희에게 말한 모든 것을 생각나게 하리라"(요 14 : 26).

⑤ 예수님의 지상명령을 말씀하실 때 "……아버지와 아들과 성령의 이름으로 세례를 베풀고"(마 28 : 19)에서 삼위의 존재를 알 수 있고, 여기서 '이름'이라는 단어가 복수가 아닌 단수를 사용한 점에서 아버지와 아들과 성령의 삼위가 하나의 이름에 함께한다는 것을 알 수 있는데, 이는 삼위는 일체라는 의미를 나타낸다.[86]

⑥ 바울서신에 삼위일체의 교리를 말해 주는 곳이 많이 있다(롬 1 : 7, 3 : 30, 고전 1 : 3, 8 : 4, 고후 1 : 2, 갈 1 : 3, 3 : 20, 엡 1 : 2, 4 : 6, 빌 1 : 2, 살후 1 : 2, 딤전 1 : 2, 딤후 1 : 2, 딛 1 : 4, 3 : 4 - 6).

⑦ 성령과 예수님과 하나님께서 나눠 주시는 은사, 직분, 사역에 관한 말씀은 삼위일체를 전제로 하는 것이다(고전 12 : 4 - 6).

⑧ 사도 바울의 위대한 축복기도인 "주 예수 그리스도의 은혜와 하나님의 사랑과 성령의 교통하심이 너희 무리와 함께 있을지어다"(고후 13 : 13)에서 삼위일체를 알 수 있다.

⑨ 그 외 데살로니가전서 1 : 2~5, 데살로니가후서 2 : 13~14, 디모데후서 1 : 3, 13~14, 디도서 3 : 4~6, 요한계시록 8 : 9 등에 삼위일체의 교리가 나타난다.

3. 성부, 성자, 성령의 사역

성부는 이스라엘의 아버지, 그리스도의 아버지, 성도의 아버지이시며, 비발생(非發生, Non-Generation)이며, 성부의 내향적 사역은 성자의 발생과 성령의 발출이다. 성부의 외향적 사역의 주된 사역은 창조와 섭리의 사역, 구속사업 계획이며, 다른 두 위도 여기에 함께 참여하였다.

성자는 영원부터 성부가 낳으신 분 또는 영원으로부터 성부에서 나셨는 분이며, 인간의 모태 출생과 구별하기 위하여 '발생'(發生,

---

86) Herbert Lockyer 전게서, p. 329.

Generation), '영원한 발생'이란 용어를 쓴다. 주된 사역은 속죄사역이다.

성령은 성부와 성자로부터(필리오케, Filioque, 아들로부터) 오신 분이며 '발현'(發顯, Procession) 또는 '발출'(發出)이란 말을 쓰며, 성부와 성자의 입장에서 보면 '출송'(出送, Spiration)이다. 성령의 명칭에 영, 성령, 하나님의 영, 그리스도의 영이 있으며, 인격을 지니신 분이므로 지성과 애정과 의지를 가지셨다. 성령은 말하시며, 탐구, 증언, 명령, 계시, 노력, 중재하시는 분이다.

4. 삼위일체의 신앙

삼위일체의 교리는 인간의 학문 특히 논리학이나 수학으로 해명할 수 없는 기독교의 독특하고, 신비한 교리이다. 논리학의 어떤 논리의 이론으로도 설명할 수 없으며, 수학의 공식으로도 1+1+1=3인데, 이 교리는 1+1+1=1이므로 수학의 어떠한 공식으로도 증명할 수 없다. 참으로 신비한 하나님의 세계이므로 하나님의 은혜에 의하여 신앙으로 받아들일 수밖에 없고, 이 교리를 받아들이는 이는 진실로 복된 인생인 것이다.

Ⅳ. 제4조 창조와 섭리

"4. 하나님은 모든 유형물과 무형물을 그 권능의 말씀으로 창조하사 보전하시고 주장하시나 결코 죄를 내신 이는 아니시다. 모든 것을 자기 뜻의 계획대로 행하시며 만유는 다 하나님의 선하시고 지혜로우시고 거룩하신 목적을 성취하도록 역사하신다."

1. 성경적 창조론

12신조 제4조 전단은 하나님을 무(無)에서 모든 만물을 창조하신 창조자이신 것을 천명하고 있다. 일반적으로 창조론이라 함은 초월자이며 절대자인 신이 우주와 삼라만상을 창조하였다는 설이다. 그러나 성경적 창조론은 구약성경 창세기 1 : 1 "태초에 하나님이 천지를 창조하시니라"와 3~31절에 엿새 동안 천지만물과 사람을 만드신 과정을 통하여 "나는 스스로 있는 자이니라"(I am who I am, 출 3 : 14)라고 말씀하신 여호와 하나님께서 선재하시고, 자존하셔서, 여호와 하나님의 말씀에 의하여, 여호와 하나님이 완전한 형태로 창조하시고 그 우주만물을 관리, 보호, 보존한다는 설을 의미한다.

2. 질료창조와 질서창조

1) 창조의 개념

창세기 1 : 1의 천지창조는 질료창조(質料創造)[87] 또는 제1차 창조, 원시적 창조, 원천적 창조, 절대창조로, 이는 '무(無)로부터 유(有)로의 천지창조'(Creatio ex Nihilo)를 의미하며, 시간의 시작과 동시에 첫째 날에 이루어진 것이며, 창세기 1 : 3~31까지의 빛의 창조로부터 시작한 6일간의 창조는 질서창조로 이는 엄격한 의미의 창조가 아니고, 하나님께서 1절에서 창조한 질료(재료와 원료)를 사용하여 우주와 생물과 인간을 조성하여 2절의 혼돈과 공허와 깊은 흑암상태의 천지(the Heaven and the Earth)에 혼돈은 질서로, 공허는 충만으로, 깊은 흑암은 광명으로 조성한 창조사역, 즉 조성사역이다.

2) 말씀과 흙과 생기

이 모든 창조와 조성의 사역은 하나님께서 말씀으로 하신 것이 원칙이나 사람(창 2 : 7)과 각종 들짐승과 공중의 각종 새(창 2 : 19)는 하나님께서 말씀 외에 흙으로 지으시는 또 하나의 행위가 있었다는 점과 특히 사람의 창조에는 말씀과 흙을 사용한 행위 외에 코에 생기를 불어넣으신 행위가 하나 더 있음을 간과해서는 아니 된다.

---

[87] 헤세드 1 전게서, p. 33.

3. 1절의 제목설, 종속설, 간격설의 문제

1) 제목설(題目說)

창세기 1 : 1은 창조사역의 시작이 아닌 창조기사 전체의 단순한 제목 또는 창조의 개요라고 하고 창조의 본격적 활동은 3절부터 시작한다는 것이다. 이 주장은 하나님께서 무에서 유로 창조하신 것이 아니고 이미 있던 물질을 재료로 하여 만물을 지어 낸 것에 불과하다는 것이 된다.[88]

2) 종속설(從屬說)

이는 "태초에 하나님이 천지를 창조하시니라"라는 1절의 말을 "하나님께서 천지를 창조하기 시작할 때에"라고 해석하여 1절을 독립의 문장이 아니고 다음 2절에 종속되는 종속절이라 한다. 태초에 해당하는 '뻬레쉬트'에 정관사가 없기 때문에 태초에 해당하는 'In the Beginning'이라는 구(句)는 부사구가 아니고 접속사 'When'이 된다는 말이다. 이 설 역시 무에서 유의 창조가 아니고 혼돈상태에서 천지만물을 조성, 정리하신 것에 불과하다는 것으로 본다.[89]

3) 간격설(間隔說)

1절과 2절 사이에 오랜 시간의 흐름이 있었고, 1절은 최초의 완전한 우주의 창조를, 2절은 오랜 세월이 지난 후 영적 세력 간의 투쟁과 심판으로 인한 혼돈상태를 보여 주고, 3절 이하부터 하나님이 혼돈의 우주를 6일간에 정비하고 천사와 인간은 새로이 조성한다는 주장으로 중건설(重建說) 또는 중조론(重造論)이라고도 한다.[90]

4) 판 단

제목설이나 종속설은 하나님을 완전한 무에서 유의 창조자가 아니

---

88) 제자원 001 전게서, p. 54. 헤세드 1 전게서, p. 33.
89) 제자원 001 전게서, p. 55. 헤세드 1 전게서, p. 33.
90) 제자원 001 전게서, pp. 55-56.

고 단순한 조성자로 그 지위를 격하시키므로 부당하다. 간격설은 성경의 족보기록의 문학적 특성과 유대인의 족보기록의 생략 관습을 도외시하고 문자적 해석에 의한 성경의 창조연대를 BC 4004년으로 보는 설과 지질학의 지질연대기에 의한 지구의 나이를 45억 5천만 년[91]으로 보는 설과 무리한 조화를 시도하는 설로 온당치 못하다.

성경의 천지창조는 하나님께서 무로부터 유로 천지만물을 창조하시고 이를 총 6일간에 걸쳐서 조성하신 단회적 창조사역이며, 우리는 이를 진리로 받아들여야 하며, 이를 신앙으로 수용하는 자는 참으로 복이 있는 자이다.

4. 6일간의 창조

첫째 날에는 성경말씀의 문맥을 보면 3절의 빛 하나만 창조하신 것같이 여겨지는데, 그것이 아니고 제1일에 1절의 천지(하늘과 지구)를 무(無)에서 유(有)로 창조하시고 같은 날에 빛도 창조하신 것이다. 1절에 '태초에'라는 말은 히브리어로 '뻬레쉬트'로 이는 시간이 이제 막 흐르기 시작한 원점, 즉 시간의 원점, 시간의 출발점을 말함으로 이 태초가 바로 첫째 날이 출발되는 그 시점이다. 시간의 시작의 한 점에서 하나님은 질료를 창조하시고, 그 후 휴식을 취하지 않으시고 또 곧바로 조성사역이신 빛을 있게 하신 것이다.

그 1절의 천지라 함은 히브리 원어에서 '그 하늘들을 그리고 그 땅'을 말하고, 창조하신 천지의 상태는 2절의 혼돈과 공허와 흑암 상태이고, "하나님의 영(靈)이 수면 위에 운행하시니라"는 말씀에서 물을 직접 창조하셨다는 말은 없지만 '수면 위에'라는 말씀에서 하나님은

---

91) 지구의 나이에 관한 지질학 견해는 19세기에는 2천만 년, 4천만 년, 20세기에 들어와서는 10억 년, 16억 년을 주장하다가 20세기 중반에 33억 5천만 년, 현대에는 45~50억 년이라 한다. 지질연대표에 의한 시생대(始生代)의 시작을 45억 5천만 년으로 잡고 있다. 앞으로 또 얼마나 엿가락처럼 늘어날지 알 수 없고, 측정방법에 따라 달라질 수 있고, 암석이나 화석, 지층을 대상으로 방사선 동위원소 측정법 말고 또다른 측정법이 개발된다면 지금까지의 주장이 무너지는 것이므로 인간의 지혜와 지식에 의한 학문은 가신성이 없다 할 것이다.

물을 창조하셔서 이 지구 위를 덮게 하신 것이다. '수면 위에'라는 말은 '그 물들의 얼굴 위에'라는 말이며, 하늘과 땅(지구) 사이에는 물이 지구를 완전히 둘러싸서 덮은 상태이며 하늘과 지구는 표면적으로는 그 모든 구성 물질이 액체 상태와 함께 서로 한데 뒤엉켜 있는 거대한 원시 하늘과 지구의 모습으로 그릴 수 있겠다.

3절 이하에서 공기를 만들었다는 기록은 없으나, 공기를 창조하여 이 물을 품게 하였을 것이다. 창세기 2 : 4~6을 보면 하나님이 땅(뭍, 육지)과 하늘을 만드실 때 "안개만 땅에서 올라와 온 지면을 적셨더라"라는 말에서 공기 없이는 안개가 수면이나 지면에서 올라올 수 없기 때문에 질료창조 시 질료로 공기도 창조하셨다고 볼 수 있다. 공기의 이동이 바람이므로 바람은 특별히 창조를 아니하셨다고 해석할 수 있겠다.

천지창조 및 빛의 창조에서부터 마지막 사람의 창조에 이르기까지 6일간의 조성사역을 위한 모든 재료 또는 화학의 원소는 첫째 날에 하늘과 땅과 물과 공기를 창조하실 때 그것들 속에 말씀으로 창조해 놓았다고 생각한다.

5. 지동설과 천동설

로마가톨릭교회는 천동설(天動說)[92]을 주장하여 지동설(地動說)[93]을 적극 지지한 갈릴레오(Galileo Galilei)[94]를 1633년 그 유명한 종

---

92) 지구가 우주의 중심이라고 가정한 태양계에 관한 이론으로 태양이 지구를 돈다는 설이다. 2세기 그리스의 천문학자인 프톨레마이오스(Claudius Ptolemaeus, 영. Ptolemy, ?-?, AD 127-145에 알렉산드리아에서 활동)가 「알마게스트」(*Almagest*)란 책에서 천동설(지구중심설, 지구중심체계, Geocentric System)을 확립하여 16세기까지 통한 이론이다. 프톨레마이오스 체계라고도 한다.
93) 태양을 중심으로 지구와 다른 행성이 태양 주위를 공전한다는 이론으로 지구가 자전축을 중심으로 자전하고 정지해 있는 태양 주위를 공전한다는 설이다. 1543년 폴란드의 천문학자 코페르니쿠스(Nicolaus Copernicus, 1473-1543)가 「천구의 회전에 관하여」를 출판하여 지동설(태양중심체계, Heliocentric System)을 주창했다.
94) 1564~1642, 이탈리아의 물리학자, 천문학자, 1632년 「2개의 주된 우주체계

교재판에 회부하여 유죄판결을 선고하였다.

창세기 1 : 3에 하나님께서 빛을 창조하시고, 4절의 "빛과 어둠을 나누사"와 5절의 "빛을 낮이라 부르시고 어둠을 밤이라 부르시니라 저녁이 되고 아침이 되니 이는 첫째 날이니라"를 깊이 고찰하면, 만약에 지구(땅)가 자전(自轉)을 하지 않았더라면 어느 한 지점 또는 지역에서는 빛과 어둠, 낮과 밤, 저녁과 아침이 나올 수가 없고, 그 어느 한 지점 또는 지역은 계속 낮이고 반대편에 있는 지점 또는 지역은 계속 밤만 있게 되고, 빛과 어둠, 낮과 밤, 저녁과 아침의 교대가 있을 수 없고 따라서 저녁과 아침이 없으므로 날도 존재하지 않게 된다.

발광체인 태양은 넷째 날에 만드셨기 때문에 아직 태양은 존재하지 않고 따라서 태양이 지구를 중심으로 돈다는 천동설은 아예 나올 수가 없다. 지구를 고정시켜 놓고 그 빛을 지구 주위를 돌게 하였다면 저녁과 아침이 있어 날의 진행을 설명할 수도 있으나 태양을 만들기 전이라 3절의 빛은 그 형상이나 형체가 없는 것으로 사료되고 설령 형체가 있다손 치더라도 성경상으로는 그 형체를 알 수 없으므로 그 빛이 돌았다고 생각할 수는 없다.

성경의 문자도 14절의 광명은 원어로 '마오르', 3절의 빛은 '오로'로 표현하여 구별하고 있다. '마오르'는 '빛을 내는 도구' 또는 '빛을 내는 장소',[95] '빛의 휴대자'[96]의 뜻이고 '오르'는 '빛'을 뜻하므로 하나님께서 일정한 도구나 장소의 의미가 없는 3절의 그 빛으로 하여금 지구의 주위를 돌게 하셨다는 것을 논리적으로 도출시킬 수가 없는 것이고, 따라서 그 빛을 중심으로 지구를 돌게 하셨다는 결론에 도달한다.

지구가 자전을 했으니 필히 공전을 해야 하는 법이므로 넷째 날에

- 프톨레마이오스와 코페르니쿠스 - 에 관한 대화」라는 책을 저술, 출간하여, 이 책에서 코페르니쿠스 체계를 적극 옹호함으로 인하여 1616년 로마교의 금서목록에 올라간 코페르니쿠스의 책을 보지 않겠다는 서약 위반으로 종교재판에 회부, 유죄판결, 투옥, 그 후 감형, 가택연금으로 일생을 마쳤다. 재판을 받는 중 그가 한 말은 "그래도 지구는 돈다."로 지금까지 유명한 어록으로 전해지고 있다.

95) 제자원 001 전게서, p. 123.
96) 박형룡 Ⅱ 전게서, p. 373.

일월성신을 만들 때까지 3일간은 첫째 날의 그 빛을 중심으로 하여 공전(公轉)을 하기 시작한 것으로 판단된다. 그렇다면 성경이 천지창조 첫째 날부터 지구가 자전과 공전을 했다는 것이 되므로 성경이 과학과 배치된다는 주장은 성경을 모르고 하는 근거 없는 억지에 불과하다.

6. 진화론

다윈(Charles Darwin)[97]은 「종의 기원」(*On the Origin of Species*)[98]이라는 책을 통하여 "한 생물체의 성공적 번식 확률을 높여 주는 유전적 특성이 세대가 지남에 따라 유전을 통해 더 널리 퍼지고, 반대로 성공적 번식 확률을 낮추는 유전적 특성은 세대가 지남에 따라 더 드물어짐으로써 진화가 일어난다."고 주장한다.[99]

우리가 확신하는 창조론에 진화론이 도전해 왔다. 진화(Evolution)에는 소진화(小進化, Microevolution)와 대진화(大進化, Macroevolution)로 나뉜다. 소진화는 "살아 있는 많은 동물들이 일정한 기간 변화를 거쳐서 새로운 종으로 형성되는 것을 관찰할 수 있다."는 것을 말하며 특수진화라고도 한다. 생물체 내에는 개체마다 변이(變異, Variation)가 있으나, 더 진보 발달된 형태의 진화는 일어나지 않는다. 대진화는 "세계에서 존재하고 있는 모든 형태의 생명체들은 무생물의 형태로부터 나온 단일한 기원에서 유래했다."는 것을 말하며 일반진화라고도 한다.[100] 후자가 일반적으로 말하는 고전적 의미의 진화이다.

---

97) 1809~1882, 영국의 생물학자, 진화론의 아버지.
98) 1859년에 출판한 책으로 생물진화론의 새 장을 열었다. 「종의 기원」이란 책의 최초의 이름은 「자연선택의 방법에 의한 종의 기원, 또는 생존경쟁에 있어서 유리한 종족의 보존에 대하여」(*On the Origin of Species by Means of Natural Selection, or the Preservation of the Favoured Races in the Struggle for Life*)인데, 1862년 6판부터 책명을 바꾸었다.
99) 위키 백과사전.
100) 선린연구소 19 전게서, p. 114. 커쿳(G.A Kerkut)의 학설.

다윈의 진화론은 진화의 요인은 자연도태(自然淘汰)이며, 이는 개체변이, 생존경쟁, 적자생존, 자연선택의 과정을 거쳐 대진화가 일어난다고 한다. 소진화는 우리의 창조론과는 무관하며 상충되지 아니한다. 그러나 대진화는 성경의 창조론과 상충되며 우리의 신앙에 갈등을 일으킨다. 고고학, 지질학, 생물학, 생화학 등 관련된 인간의 과학으로는 실제적이고 직접적인 증거를 찾을 수 없고, 가설과 추론에 불과하며, 다만 화석학에 의한 화석기록에서 간접증거를 발견한다고 하나 각종의 측정방법에 따라 일관성이 없으므로 신뢰성이 없다.

7. 유신진화론

유신진화론(有神進化論, Theistic Evolution)은 유신론을 전제로 하여 진화론을 수용하려는 설로써 하나님이 태초에 시조 세포를 창조하시고 그 후로 지금까지 각종 생물을 진화의 방법으로 출생, 발육, 존재케 하셨다는 것이다.

유신진화론의 아류(亞流)로 점진창조설(漸進創造說)과 날 연대이론(The Day-Age Theory)이 있다. 전자는 오랜 진화의 과정 속에 하나님의 특별한 창조행위가 여러 군데 삽입되어 있다는 설이며, 후자는 창세기 1장의 하루의 개념이 시간적 24시간의 1일을 의미하지 않고 어떤 한 시기나 어떤 한 기간을 의미하는 설인데, 그중 '지질학적 1일설'(The Geological Age Theory)이 대표적인 것이다. 이것은 창조의 6일과 지질학 연대기인 무생대(無生代, The Azoic Age), 시생대(始生代, The Arceozoic Age), 원생대(原生代, The Protozoic Age), 고생대(古生代, Paleozoic Age), 중생대(中生代, Mesozoic Age), 신생대(新生代, The Cainozoic Age)의 6대(代)와 각각 일치시키는 견해이다.[101] 이러한 주장들은 과학과 성경을 접목하려는 시도에서 나왔으나 성경의 진리를 무시, 왜곡시키는 견해이므로 온당치 못하다.

---

101) 리재학, 윤종곤 20 전게서, p. 450.

그 외에 창조는 하루하루씩 이루어졌으나 각 1일의 사이에 긴 시간적 간격이 있다고 하는 '간격을 가진 문자적 1일설'(The Literal Day with Gaps Theory)도 있으며, 또 창세기 1장의 6일은 창조에 소요된 시간을 의미하는 것이 아니고, 오랜 시간에 걸쳐 이루어진 창조의 내용을 계시하는 데 사용된 기간이라는 '계시적 1일설'(The Revelatory Theory)도 있으나 특별히 가치 있는 설이 아니다.[102]

8. 섭 리

1) 섭리의 개념

12신조 제4조에서 하나님은 창조를 창조로 끝내지 않으시고 계속 섭리하고 계신다는 것을 알 수 있다.

섭리(Providence)란 하나님께서 우주만물과 삼라만상을 창조하신 다음에 그대로 방치하시지 않고, 모든 피조물의 존재를 위해 보존하시고 그의 모든 피조물의 활동에 협력하시고 존재 목적을 위해 통치하시는 하나님의 사역을 말한다. 하나님께서 창조의 목적을 달성하시기 위하여 행하시는 준비와 모든 피조물의 유지와 협력과 관리를 의미한다.

핫지(Charles Hodge)[103]는 섭리를 정의하되 "하나님의 섭리의 역사들은 그의 모든 피조물들과 그것들의 모든 행동들 위에 그의 가장 거룩하며 지혜로우며 능력 있는 보전과 정치이다. 그러므로 섭리는 보전과 정치를 포함한다."고 하였다.[104] 이 섭리에는 보전과 정치(政治, 통치, 관리), 두 요소가 있음을 알 수 있다.

벌콥(Louis Berkhof)은 말하기를 "섭리란 창조주가 자기의 모든 피조물을 유지하시며 세계에 생성하는 만사를 공작(工作)하시며 만물을 그 정명(定命)된 목적에 향하여 지도하시는 신적 정력(神的 精

---

102) 리재학, 윤종곤 20 전게서, p. 451.
103) 1797~1878, 미국 프린스턴 신학의 최고 거봉, 조직신학 교수, 세계 4대 칼빈주의 신학자 중 한 사람.
104) 박형룡 Ⅱ 전게서, p. 429 ; *Systematic Theology*, Vol. Ⅰ. p. 575.

力)의 계속적 활동이다."[105]라고 한다. 이 정의에는 위의 보전과 정치 외에 협력이 추가된 것을 알 수 있다.

보전은 주로 만물의 존재에, 정치는 주로 그 지도(指導)에, 협력은 주로 그 활동(공작)에 관여를 하나, 서로 배타적인 것은 아니다.

2) 섭리와 유사한 개념

초연신론(超然神論, 이신론, 理神論, 자연신론)에 의하면 하나님께서 우주만물을 창조하셨으나 창조 이후에는 개입이나 간섭하지 않고 자연법칙에 맡겨 피조물이 그 법칙에 따라 운행하도록 하였다고 한다. 그러나 하나님은 방치나 방관하고 계시지 않는다.

범신론(汎神論)에 의하면 신이 곧 만물이고, 만물이 곧 신이라고 하면서 신과 세계를 구분하지 않고 동일시함으로 사람의 숙명적 운명을 수용한다고 한다. 그러나 인간을 신의 일부로 보고 인간을 신성시함으로 성경에서 말하는 섭리를 부인하게 된다.

숙명론(宿命論, Fatalism)은 세상만사의 모든 과정과 진행이 절대적 맹목적 비합리적 우주과정의 힘에 의하여 미리 결정되어 있으며, 인간의 생로병사, 길흉화복도 변경할 수 없는 자기 자신의 운명을 가지고 출생한다는 철학적 견해를 말한다. 운명론(運命論)이라고도 한다. 이에는 유물론적 숙명론과 필연론적 숙명론이 있다. 전자는 세상만사만물이 물질과 운동의 결과로 보는 숙명론이고, 후자는 모든 만물이 원인에 의한 필연적 결과로 신을 필연의 제일 원인자라고 하는 숙명론이다. 이는 인간 의지의 자유와 창조를 허용하지 않음으로 우리의 섭리개념과는 그 본질이 다르다.

우연론(偶然論, Causalism)은 세상만사의 생성변화가 인과법칙과는 관계없이 궁극적으로 모두 우연에 의하여 지배된다는 철학적 견해이다. 이는 인간을 무식한 자, 의지가 없는 자로 인정함으로 우리의 섭리개념과는 그 본질이 다르다.

결정론(決定論, Determinism)은 세상만사의 운동이 인과법칙에 의하여 결정되며, 특히 인간의 의지나 행위는 어떤 외적인 힘에 의하

---

105) 박형룡 II 전게서, p. 429 ; *Systematic Theology*, p. 166.

여 결정된다고 주장하는 이론을 말하며 비결정론에 반대되는 개념이다. 그 힘의 성질에 다라 심리학적 결정론, 물리학적 결정론, 사회학적 결정론, 신학적 결정론 등이 있다. 숙명론은 어떤 전능의 힘으로 사람의 모든 일을 지배한다고 하며, 결정론은 어떤 의지의 작용이 있다는 점에서 양자는 다르다.

결정론은 자유의지론을 배척함으로 종교개혁 당시에 종교개혁 사상과 결정론과는 친밀성을 나타내는 것같이 보였으나 본질적으로 종교개혁자의 섭리교리는 결정론과는 생소한 관계에 있으며, 섭리는 하나님의 주권적 지배와 은혜를 강조할 따름이다. 루터는 자유의지 교리에 반대하였으나 결정론자는 아니며, 하나님의 전능한 주권을 강조함으로 결정론적 경향을 보인 것이다. 츠빙글리가 자유의지를 부정하는 결론을 내린 것은 피조물이 전적으로 극단적으로 하나님에게 의존한다는 사상으로 인함일 뿐 결정론과는 무관하다. 칼빈은 사람이 타락 후 자유를 박탈당하고 죄의 노예가 되어 선을 행하지 못하게 되었고, 자유의지를 반대하는 것은 사람의 타락과 무능의 상태를 가리킬 뿐 결정론과는 무관하다.[106]

3) 보 존

자연계와 인간을 보존, 유지, 지탱하시는 사역을 말한다. "오직 주는 여호와시라…… 모든 것을 지으시고 다 보전하시오니……"(느 9 : 6), "우리가 그를 힘입어 살며 기동하며 존재하느니라…… 우리가 그의 소생이라 하니"(행 17 : 28), "……그의 능력의 말씀으로 만물을 붙드시며……"(히 1 : 3)의 성경말씀처럼 하나님께서 그의 모든 피조물과 만물의 존재를 그들의 성질과 능력과 함께 유지하시는 계속적 사역을 말한다.

보전은 하나님의 계속적 창조행위가 아니며 신적 권능의 적극적 활동으로 창조의 목적에 배치하지 않고 물질세계와 정신세계의 각각의 특성과 법칙을 통하여 사역하신다.

---

106) 박형룡 Ⅱ 전게서, p. 439.

4) 협력

하나님의 섭리는 모든 피조물의 존재를 위하여 보전 유지의 사역만을 하는 것이 아니라 함께 활동하며, 이것과 동반(同伴)하여 관계하는 것을 포함한다. 사람은 독자적으로 독립적으로 사역하는 것이 아니라 하나님의 의지의 관할을 받는다는 것을 성경말씀에서 찾아볼 수 있다. 하나님은 제일 원인이 되고 인간은 제이 원인이 되어 이른바 신인협력(神人協力)이 이루어진다. 하나님은 자신의 신적 능력으로 친히 주도하시고 인간은 제이 원인으로서의 활동이나 공작의 성립과 발로가 진정하다는 전제 아래 신인협력이 되는 것이다.

신인이 협력한다고 하여 각기 사역의 한 부분을 분담한다는 말은 아니며, 또한 하나님과 사람 사이에 노력의 분담이란 있을 수 없다. 각 행위가 그 전체에서 하나님의 행위도 되고 사람의 행위도 되며 매 순간에 하나님의 의지에 의하여 결정되는 만큼 하나님의 행위이며, 이것을 실현시키는 것인 만큼 사람의 행위가 되는 것이다.[107]

피조세계의 일반법칙과 인간의 자유의지를 침해하지 않고 하나님이 섭리하시는 것이다. 즉, 하나님의 원인은 궁극적 능력이자 궁극적 원인이며, 사람의 원인은 종속적 능력과 종속적 원인이 되어 피조세계의 질서와 인간의 자유의지에게만 모든 것을 맡기지 않고, 하나님의 뜻과 목적에 따라 하나님이 주도하신다.

신인협력과 죄의 원인 관계가 논리적으로 문제가 된다. 12신조 제4조에 "하나님은…… 창조하사 보전하시고 주장하시나 결코 죄를 내신 이는 아니시다."라고 하고 있다. 죄를 내신 이가 아님에는 틀림없으나 바빙크(Herman Bavinck)[108]에 의하면 "사람은 말하고 행하고 신앙하는 데 하나님만이 죄인에게 범죄에 수요하는 모든 생명과 정력을 공급하는 자이시다. 그러나 죄의 주체와 조성자는 사람이요, 하나님이 아니다."[109]라고 한다.

---

107) 박형룡 Ⅱ 전게서, p. 457.
108) 1854~1921, 네덜란드 자유대학교의 신학 교수, Kuyper와 Warfield와 더불어 세계 3대 칼빈주의자로 불리는 네덜란드 개혁교회의 대표적 신학자 중의 한 사람이다.
109) 박형룡 Ⅱ 전게서, p. 461 ; H. Bavinck, *Gereformeerde Dogmatiek*,

죄행(罪行)의 재료(Materia, 실질적 동작)와 형상(Forma, 形相, 동작에 채용된 죄악한 성향)을 구별함으로 또는 죄의 형상을 독점적으로 사람에게 돌림으로써 신인합작이라 하나, 하나님은 죄를 내지 않고 따라서 책임이 없는 것이 된다. 신인합작은 사람에게 힘을 주어 특정의 행동을 작위하도록 유효적으로 결정시키나 행동에 형상적 성질을 주고, 따라서 그것의 죄적 성질 때문에 책임을 지는 자는 사람이다.[110]

죄도 분명히 하나님의 섭리 아래에 있다는 것은 확실하나 하나님이 기계적으로 물리적으로 죄에게 동력을 주는 것이 아니라, 제이 원인으로서의 인간의 대한 자유의지의 수행을 허용하였을 뿐이다.

5) 정 치

신적 정치는 보전 및 협력과 동일하게 하나님의 섭리의 한 부분이 아니라 그것의 전부이다. 신적 정치, 통치, 또는 관리는 하나님의 자기의 영광을 위하여 천지만물을 창조한 그 목적에 따라 신적 계획의 성취를 확실하게 하시는 계속적 활동이다.

하나님은 우주의 왕도 되시고, 아버지도 되시고, 천상과 지상의 모든 권위의 원천이시며, 만왕의 왕이시며, 만주의 주이시다. 그러나 모든 인류의 보편적 아버지는 아니시다. 하나님의 통치는 직접 통치하시다가, 그리스도의 부활 승천 후에는 그리스도를 통하여 통치하신다. 성부가 만물을 성자에게 넘겨주시고 후방에 은퇴하여 폐위를 당하신 것이 아니고, 그리스도 안에서 하나님의 우편에 앉아 계시는 자 예수 그리스도를 통하여 간접적으로 통치하신다는 것이다.

6) 일반섭리와 특별섭리

섭리를 일반섭리(一般攝理)와 특별섭리(特別攝理)로 나눈다. 이를 보편적 섭리와 특별한 섭리라고도 한다. 일반섭리는 우주만물 전체에 관한 신적 관할(神的 管轄)을 말하고, 특별섭리는 구체적인 만물만사에 관하여 전체와 관련하여 행하는 신적 간섭(神的 干涉)을 말한

    Vol. Ⅱ. pp. 575ff.
110) 박형룡 Ⅱ 전게서, p. 461.

다. 이들은 두 개의 섭리를 의미하지는 않고 하나님의 같은 섭리인데 다른 관계에서의 활동일 뿐이다. 특별섭리는 인간의 위급한 상황에서 기도의 응답, 고난의 해방, 고통에서의 구출과 같은 특별한 은혜와 구조 등을 통하여 나타나는 특별한 신적 간섭에서 볼 수 있다.

특별한 상황의 일에 기도의 응답을 부정하는 이들도 많이 있다. 자연신론자들은 하나님이 우주만물을 창조하시고 난 다음에 이 우주로부터 아주 은퇴하지 않았으나 그의 섭리활동은 일반법칙의 유지와 운행에 의하여 제한을 받는다고 하며, 그중 과학적 범신론자 등은 하나님과 자연법칙과 같은 것으로 보기도 하나 다 인정할 수 없는 주장들이다.

7) 통상섭리와 비상섭리

통설에 의하면 섭리를 통상섭리와 비상섭리로 나눈다. 이를 상규적(常規的) 섭리와 비상규적(非常規的) 섭리라고도 한다. 통상섭리는 하나님이 기존의 자연법칙에 따라 엄격하게 엄밀히 운행하여 제이 원인을 통하여 역사하시는 섭리를 말하고, 비상섭리는 제이 원인의 통상공작의 매개, 중재 없이 초자연적으로 역사하여 이적(異蹟)과 기사(奇事)를 행하시는 섭리를 말한다. 신학자에 따라 비상섭리를 부정하는 주장도 있다. 이적은 자연계와의 조화를 파열한다고 하며 또는 자연법칙은 범할 수 없는 것이라고 하고, 어떤 이는 이적의 외적 변화를 부인하고 이적을 주관적 현상뿐으로, 외계는 자연스러운데 내심에서 격변적으로 일어나는 일이라고 한다. 도한 이적을 고등(高等) 혹은 부지(不知)의 자연법칙에 의하여 일어난다고 하여 이적을 하나님의 보편적 활동에 속한다고 한다.

또 어떤 학설은 성경에서 볼 수 있는 이적과 기사는 구속의 준비와 계시의 증명이라는 특수한 목적에서 나타난 것이므로 신약시대 초기에 이적의 쇠퇴를 보이다가 정경이 완성되고 난 후에는 소실하였다고 한다.

개신교회의 일반적 신앙적 견해는 이적시대는 지나갔으며, 신약시대 이후 새로운 계시는 필요 없으며, 완성된 계시인 복음을 세계에 전파하여 인간을 구원하는 지식을 얻게 하는 것이 하나님의 경륜이라고 하여 이적의 필요성을 부인한다.

그러나 전능하신 창조주 섭리의 하나님께서 피조물 위에 하나님의 권능으로 비상섭리를 수시로 단행하실 이유나 그 필요성을 배제하거나 무시할 근거는 발견할 수 없으며, 하나님께서 하시고자 하시면 언제나 그 기쁘신 뜻에 따라 이적과 기사라는 비상섭리를 행하실 가능성이 있다고 본다.

V. 제5조 인간창조

"5. 하나님이 사람을 지으시되 자기의 형상대로 지식과 의와 거룩하심으로 지으사 생물을 주관하게 하셨으니, 세상 모든 사람이 한 근원에서 났은즉 다 동포요 형제다."

1. 인간창조의 사역

1) 창세기 제1장과 제2장과의 관계

12신조 제5조는 하나님의 인간창조를 표명하고 있다. 창세기 제1장의 천지만물의 창조기사는 1절의 천지, 즉 하늘과 땅을 창조하시고 마지막 6일째 사람을 창조하심으로 6일간의 천지창조의 대단원의 막을 내리시고 7일째 안식에 들어가신다. 창세기 1 : 26에 "하나님이 이르시되 우리의 형상을 따라 우리의 모양대로 우리가 사람을 만들고……", 창세기 1 : 27에 "하나님이 자기 형상 곧 하나님의 형상대로 사람을 창조하시되 남자와 여자를 창조하시고"에서 우리는 하나님의 인류창조 사역을 볼 수 있다. 창세기 2 : 7에 "여호와 하나님이 땅의 흙으로 사람을 지으시고 생기를 그 코에 불어넣으시니 사람이 생령이 되니라", 창세기 2 : 22에 "여호와 하나님이 아담에게서 취하신 그 갈빗대로 여자를 만드시고……"라고 함으로 사람의 창조사역을 말씀하고 계신다.

창세기 제1장과 제2장에 걸쳐서 인간창조에 관하여 이중 보도를 하고 있다. 이에 관해 이 두 개의 기사는 두 개의 별도의 문헌에서 나온 것으로 서로 배치된다고 하는 설도 있으나 깊이 상고하면 결코 모순 배치되는 것이 아니다. 제1장은 천지만물의 창조를 그 창조한 순서대로 개략적으로 설명하였으며, 제2장은 제1장의 사람 창조를 중심으로 하여 제1장을 보충, 보완 설명한 것으로 보면 별로 이상할 것도 없다.

땅에 충만하고 땅을 정복하고 바다와 하늘과 땅의 모든 생물을 다스리는 권한을 부여받은 사람(창 1 : 28)이기에 말씀으로만 창조하지 아니하시고, 말씀 외에 하나님의 특별동작으로 흙을 재료로 하여 구체적으로 만드신 작업을 거치시고 나아가서 그 코에 생기를 불어넣는 3단계 작업까지를 하셨으니 제2장의 사역 묘사가 필요한 것이다.

2) 하나님의 형상과 모양

위와 같이 성경에도 하나님의 형상을 따라 하나님의 모양대로 사람을 창조하셨다고 말씀하고 있으며, 12신조 제5조에도 "……자기의 형상대로 지식과 의와 거룩하심으로 지으사……"라고 규정함으로 형상과 모양의 구체적 의미를 말하고 있다.

형상(形像, Image, 히. 첼렘, 라. Imago)과 모양(貌樣, Likeness, Similitude, 히. 떼무트, 라. Similitudo)이 무엇을 의미하는가에 관하여 초대교회의 일부 교부들은 형상을 외형적인 신체의 모습으로, 모양은 하나님의 내부적인 성품으로 해석하기도 했으나 하나님은 영이신 존재이고 육체적인 형상이 없으므로 이 견해는 온당치 못하다. 그러므로 이 두 개의 단어는 별도의 특별한 의미를 갖는 용어가 아니고 히브리어에 같은 뜻이나 유사한 의미를 갖고 있는 단어들을 병행하거나 교대적으로 사용함으로 '의미의 강조' 또는 '완전한 개념'을 나타내기 위한 표현방식으로 봄이 타당하다. 성경에는 형상과 모양을 같이 사용된 곳(창 1 : 26)도 있으나, 형상만이 사용된 곳(창 1 : 27, 9 : 6, 골 3 : 10)도 있으며, 모양만이 사용된 곳(창 5 : 1, 약 3 : 9[111])도 있는 것으로 보아 동의어로 봄이 타당하다.

---

111) 야고보서 3 : 9에 관하여 모든 한글 성경은 모양이나 모습으로 번역하지 않고 형상으로 표현하고 있으나, 원어 성경은 호모이오신(호모이오시스, ὁμ

하나님의 형상과 모양이란 협의로는 하나님의 지식(골 3 : 10)과 의(義)와 진리의 거룩함(聖)(엡 4 : 24)을 말한다. 하나님은 영이시므로 그의 형상에 따라 사람을 영으로 창조하신 것이고, 영의 근본적 속성들로는 이성과 양심과 의지를 들 수 있고, 하나님의 형상으로 창조된 사람의 본성적 요소들은 지적 능력, 천연적 감정, 도덕적 자유 등이고 이러한 본성은 사람이 사람 되기를 포기하여도 이 본성에 침해나 침해의 위험은 있을지라도 완전히 상실되어 동물이나 악마가 되지는 아니한다. 사람은 인격적 존재로 창조되었고 사람의 영혼 또는 인격의 질적 요소로는 단순성, 영성, 불가견성, 불사성 등이 있고, 심리적 요소로는 지(知), 정(情), 의(意) 등이 있기 때문에 인격의 소유는 선 또는 악을 행할 가능성을 포함하고 있다.[112]

2. 인간의 구조

1) 이분설

이분설(二分說, Dichtomy, Dichtomous Theory)은 사람의 본질적 구조는 몸(身體, Body)과 영혼(靈魂, Soul or Spirit)의 두 부분으로 구성되어 있다는 설이며, 인간은 물질적 요소와 영적 요소로 이루어져 있다는 것이다.

마태복음 10 : 28 "몸은 죽여도 영혼은 능히 죽이지 못하는 자들을 두려워하지 말고 오직 몸과 영혼을 능히 지옥에 멸하실 수 있는 이를 두려워하라"라는 말씀에 근거를 두고 있다. 아우구스티누스, 테르툴리아누스 등 라틴 교부들이 주장하고 중세 로마가톨릭이나 종교개혁 후 개신교가 주로 지지한다.

2) 삼분설

삼분설(三分說, Trichotomy, Trichotomous Theory)은 몸과 혼

οἴωοις, 모양, 영. Similitude)으로 되어 있고, 영어 성경은 Likeness로 번역하고 있다.
112) 박형룡 Ⅲ 전게서, pp. 106-107.

(魂, 헬. ψυχή, 프쉬케, Soul)과 영(靈, 헬. πμεῦμα, 프뉴마, Spirit)의 세 부분으로 구성되어 있다고 한다.

삼분설은 플라톤의 심리학설과 아리스토텔레스의 영혼론에 근거를 둔 설이다. 그들은 혼은 동물적 영혼을, 영은 이성적 영혼을 의미했다. 기독교에서의 삼분설은 "······또 너희의 온 영과 혼과 몸이 우리 주 예수 그리스도께서 강림하실 때에 흠 없게 보전되기를 원하노라"(살전 5 : 23)와 "······하나님의 말씀은······ 혼과 영과 및 관절과 골수를 찔러 쪼개기까지 하며······"(히 4 : 12)를 근거로 이를 주장한다. 알렉산드리아의 클레멘트나 오리게네스 등 헬라 교부들은 삼분설을 주장하고 근대 이후 독일 신학자들이 주로 지지한다.

3) 영과 혼

인류 창조의 첫 기록인 창세기 2 : 7에 흙으로 만든 신체와 코에 불어넣은 생기의 두 부분과 두 요소로 구성된 것을 볼 때 사람은 물질적 부분과 비물질적 부분이라는 것을 알 수 있고, 하나님께서 생기를 불어넣고 그것을 받아 혼이 되어 사람은 생령 생혼(生魂)이 된 것이다. 여기서 생기(生氣, 히. 니쉬마트 하임)란 호흡, 생명의 기운을 말하고, 생혼(네페쉬 하임)은 히브리어 성경에서 영(靈)은 '루아흐'(헬. 프뉴마, 영. Spirit), 혼(魂)은 네페쉬(헬. 프쉬케, 영. Soul)로 이들을 구별하므로 여기서 생령이 아니라 생혼이라고 직역할 수 있으나 우리말 성경은 생혼이라 하지 않고 생령으로 번역하고 있다. 그러나 생기의 기운 호흡의 뜻인 '니쉬마트'는 영을 의미하는 '루아흐'와 동의어이므로 하나님이 생기, 즉 영을 불어넣으니 신체가 이를 받아 혼이 되었다는 것으로 문자적 해석을 할 수 있어 생령이 되고 생혼이 됨으로 결국 같은 말이 되는 것이다.

성경에서는 이 두 단어를 구별하지 않고 사용하며, 또한 이 두 단어를 교대적으로 사용하고 있다. 어떤 데에는 몸과 혼(마 6 : 25, 10 : 28)[113]으로, 어떤 구절에는 몸과 영(전 12 : 7, 고전 5 : 3, 5)으로 되어 있으며, 죽음을 묘사하면서 혼이 떠나는 것(창 35 : 18, 왕상 17 :

---

113) 혼(프쉬케)을 우리말 성경에는 목숨, 영혼으로 번역한 곳도 있다.

21, 행 15 : 26)[114]으로 혹은 영이 떠나는 것(시 31 : 5, 눅 23 : 46, 행 7 : 59)[115]으로 사용되고 있다. 더욱이 혼과 영은 죽은 사람의 비물질적인 요소를 나타내는 데 사용되고 있다(벧전 3 : 19, 히 12 : 23, 계 6 : 9, 20 : 4). 벌콥은 "영이라는 단어는 사람 안에 있는 영적인 요소를, 신체를 통제하는 생활과 행동의 원리로 묘사하고 있다. 그러나 혼이라는 단어는 영적인 요소를 사람 안에 있는 행동의 주체로 나타내고 있다."[116]라고 한다.

신명기 6 : 5 "너는 마음을 다하고 뜻을 다하고 힘을 다하여 네 하나님 여호와를 사랑하라", 마태복음 22 : 37 "……네 마음을 다하고 목숨을 다하고 뜻을 다하여 주 너의 하나님을 사랑하라……"라는 말씀에서 인성 삼분설을 주장할 수 없고, 마가복음 12 : 30과 누가복음 10 : 27 "마음과 목숨과 뜻과 힘"에서 인성의 사분설(四分說)을 논할 수 없는 것과 마찬가지로 데살로니가전서 5 : 23이나 히브리서 4 : 12의 말씀에서 삼분설을 주장할 수 없는 것이다. 이러한 용어의 구사(驅使)는 여러 관계를 총괄하는 인간의 정신적 요소의 전부를 표현하고자 하는 기법에 불과한 것이다. 몸과 혼과 영의 세 단어는 인성 전체를 표시하기 위하여 사용된 것이고, 실제로 세 개의 실체가 있다는 것을 말하는 것이 아니다.[117]

결론적으로 '영', '혼', '영혼'의 세 단어를 구별하지 않고 성경은 사용하고 있으며, 이와 유사한 단어로 양심, 마음이 있어 혼란을 일으킨다.

3. 인간 영혼의 기원

아담의 영혼의 기원에 관하여는 성경이 명확히 밝히고 있으나 그 후 개인의 영혼의 기원에 관하여 성경은 분명한 해답을 주지 않고 있

---

114) 혼(프쉬케)을 우리말 성경에는 마음으로 번역한 곳도 있다.
115) 영(프뉴마)을 영혼으로 번역한 곳도 있다.
116) Berkhof Ⅱ 전게서, p. 443.
117) 박형룡 Ⅲ 전게서, pp. 53-54.

다. 전통적으로 다음 세 가지 학설이 있다.

1) 영혼유전설

유전설(Traducianism)은 인간의 영혼은 출생될 때 육체와 마찬가지로 부모로부터 유전된다는 주장이다. 교부들 중 테르툴리아누스, 닛사의 그레고리우스, 아우구스티누스, 종교개혁자들 중 루터, 17세기 루터파 신학자의 다수가 이를 주장한다.

성경적 근거로 하나님이 아담의 코에 생기를 한 번 주입한 후에는 종의 생식에 맡겼으며, 하와의 영혼 창조에 관한 기록이 없으며, 후손들은 그들 조상의 허리에 있었다는 점을 든다.

2) 영혼선재설

선재설(先在說, Pre-existentianism)은 인간의 영혼은 출생 전에 존재했는데 출생 시 육체에 주입된다는 견해이다. 교부들 중에 오리게네스가 주장하고 철학자 칸트도 이 설을 지지하며, 근대에 접신론자, 이단 종파들이 이를 적극 주장한다. 성경적 근거는 별로 없다.

3) 영혼창조설

창조설(Creationism)은 인간의 영혼은 인간의 출생 시 하나님이 각인의 영혼을 창조하여 육체에 주입시킨다는 주장이다. 헬라 철학자 아리스토텔레스가 주장하였고, 헬라교회는 이를 찬성하고 교부들 중에는 제롬이 지지하였고, 라틴교회도 이를 보편적으로 받아들였다. 종교개혁기에 루터는 유전설을 주장하였으나 칼빈, 베자 등 대부분의 개혁파들은 창조설을 지지하였다. 성경적 근거로 육체와 영혼은 서로 다른 기원을 갖는다는 성경의 증거(전 12:7, 사 42:5, 슥 12:1, 히 12:9)를 든다.

유전설과 창조설 공히 장단점이 없는 바는 아니나, 창조설이 성경에 근접하고 있는 것 같으나 거기에도 문제점이 없는 것은 아니다.

4. 인류토생론

성경의 인류창조론에 정면으로 배치되는 설로써 생명체의 기원에 관한 자연발생설(自然發生說, Spontaneous Generation, Abiogenesis)이 있다. 이는 생명체가 자연 상태에서 무생물적 물질에서 자연적으로 발생한다는 설인데, 18세기에 와서 고등생물은 그렇지 않다는 것이 밝혀졌고, 미생물의 기원은 19세기에 와서야 파스퇴르(Louis Pasteur)[118]의 발생실험에 의하여 입증된 것이다. 인류의 기원에 관하여 이 설을 근거로 하여 사람은 자연발생적으로 땅에서 나왔다고 하는 설이 있는데 이를 인류토생설(人類土生說, Autochtonism)이라 한다.

5. 인류진화론

인류진화론은 기독교인인 우리를 심히 참담하게 만들고 인간의 존엄과 가치가 훼손당하고 하나님을 모독하는 것 같은 인상을 준다. 성경이 말하는 인류창조론에 정면으로 도전하고 있는 것이다. 진화론에 의하면 태초의 지구상에 있던 각종 원소들이 특정한 환경이나 유기적 작용에 의하여 원시적 생명체가 생기고, 이것이 점진적 단계적으로 고등 생명체로 변화하고 종국에는 소진화가 거듭되고 돌연변이에 의하여 인간이 출현했다는 주장이다. 인류화석학에 의하면 원숭이에서 유인원(類人猿)[119]으로 유인원에서 화석인류로 진화하고, 화

---

[118] 1882~1895, 프랑스의 미생물학자.
[119] 유인원에는 속하는 동물로는 고릴라(Gorilla, 大猩猩), 침팬지(Chimpanzee), 오랑우탄(Orangutan, 猩猩이), 긴팔원숭이 4가지가 있는데, 웃기는 것은 동물분류학에 의하면(분류방법의 차이에 따라 다르지만) 영장목(靈長目)에 진원아목(眞猿亞目)과 유인원아목(類人猿亞目)으로 분류하고 유인원아목에 긴팔원숭이과(科), 성성이과(科), 사람과(科) 그 외 다른 여러 과(科)가 있는데 사람과를 유인원과 같은 아목에 넣는 것은 인간의 존엄과 가치를 완전히 훼파하는 것으로 볼 수 있다. 다른 분류법을 보면 유인원아목에 사람상과(上科)를 두고 그 밑에 긴팔원숭이과와 사람과를 두고 사람과(科)에 고릴라, 오랑우탄, 침팬지, 사람의 4속(屬) 7종(種)을 포함시키는 해괴한 일을 벌이고 있으니 황당할 따름이다.

석인류에는 원인(猿人), 원인(原人), 구인(舊人), 신인(新人, 현생인류, 現生人類)으로 진화하였다고 한다.[120]

원인(猿人, 오스트랄로피테쿠스, Australopithecus)은 최초의 화석인류라고 하며, 유인원에서 볼 수 없는 인간다운 특징을 들고 있다. 오스트랄로피테쿠스는 '남쪽의 민꼬리원숭이'라는 뜻을 갖고 있으며, 일반적으로 3종으로 분류하나 오스트랄로피테쿠스 아프리카누스 (Australopithecus Africanus)가 최초로 발견된 화석인류라고 한다.

원인(原人, 호모 에렉투스, 라. Homo Erectus)의 최초 화석인류로 자바원인(자바猿人, Java Man, 피테칸트로푸스 에렉투스, 라. Pithecanthropus Erectus, 직립원인, 直立猿人)을 든다. 피테칸트로푸스를 직역하면 원숭이인간(猿人)으로 앞의 원인(猿人)과 같은 뜻이나 인류화석학에서는 원인(猿人)과 구별하여 원인(原人)이라 부른다. 그 후 북경원인(라. Sinanthropus Pekinensis), 하이델베르크인(라. Homo Heidelbergensis) 등이 발견되었다고 한다.

구인(舊人)으로 네안데르탈인(Neanderthal Man, 라. Homo Neanderthalensis)을 든다. 신인인 호모 사피엔스의 한 아종(亞種)으로 분류하기도 한다.

신인(新人, 호모 사피엔스, Neo-Man, 라. Homo Sapiens)의 대표로 크로마뇽인(Cromagnon Man)을 든다. 호모 사피엔스의 뜻은 '지혜있는 인간'이라는 것이며, 이는 현생인류와 동류(同類)라고 한다.

결론적으로 인류의 조상은 유인원이고 유인원의 조상은 원숭이라는 것이다. 아메바에서 시작하여 원숭이가 되고 원숭이가 진화하여 사람이 되었다고 하는 대진화이론을 지지하는 과학적 자료는 하나도 없다.

---

120) 원인(猿人)은 175만 년 전 신생대(代) 제3기(紀) 말 플라이오세(世)에서 제4기 초 플라이스토세(홍적세, 洪績世)에 걸쳐서 존재했다고 하는 화석인류라 하고, 원인(原人)은 60~50만 년 전 구석기시대 초기의 화석인류라고 하고, 구인(舊人)은 15~10만 년 전 홍적세 후기 구석기시대 중기의 화석인류라 하며 신인(新人, 현생인류)은 4~1만 년 전 구석기시대 후기의 화석인류라고 한다.

6. 지구와 생물의 주관자

12신조 제5조 "……생물을 주관하게 하게 하셨으니……"라고 규정함으로 사람이 만물의 영장으로 모든 생물의 지배자, 통치자라는 것을 선포하고 있다. 창세기 1 : 26에 "……그들로 바다의 물고기와 하늘의 새와 가축과 온 땅과 땅에 기는 모든 것을 다스리게 하자 하시고"와 창세기 1 : 28 "……생육하고 번성하여 땅에 충만하라, 땅을 정복하라, 바다의 물고기와 하늘의 새와 땅에 움직이는 모든 생물을 다스리라 하시니라"라고 말씀함으로 지구와 생물의 지배자로 세워 주시고 만물의 영장(靈長)으로 삼으셨다.

생육권과 번성권과 충만권을 사람에게 주셨으므로 그 누구도 이 권리를 제한하거나 박탈하지 못한다. 하나님의 형상과 모양, 하나님의 품성에 따라 인간을 창조하였으므로 당연히 인간의 존엄과 가치를 인정한 존귀한 존재로 삼아 이 땅의 통치자, 모든 생물의 지배자, 주관자가 되게 하셨다. 창세기 1 : 22에는 모든 생물에게도 복을 주시어 생육하고 번성하여 충만하게 하셨는데, 사람에게는 그러한 복 외에 정복권의 복을 하나 더 주시고 나아가 지배권까지 허락하신 것이다.

그러나 사람에 대한 지배권을 주지 아니하시고, 생물과 인간의 구별성을 처음부터 허락하심으로 말미암아 인류진화론은 비성경적인 것을 알 수 있고, 사람 위에 사람 없고 사람 아래 사람 없다는 말같이 12신조 제5조 후단에 "……세상 모든 사람이 한 근원에서 났은즉 다 동포요 형제다"(눅 3 : 38)라고 규정하고 있는 것이다.

VI. 제6조 인죄론

"6. 우리의 시조가 선악 간에 택할 자유가 있었는데 시험을 받아 하나님께 범죄하였다. 아담으로부터 보통 생육법에 의하여 출생하는 모든 사람들이 그의 안에서 그의 범죄에 참여하여 타락하였으니 사람의 원죄와 부패한 성품 외에 범죄할 가능성이 있는 자가 고의로 범죄하는 죄도 있은즉 모든 사람이 금세와 내세에 하나님의 공평한 진노와 형벌을 받는 것이 마땅하다."

1. 자유의지론

12신조 제6조에 "우리의 시조가 선악 간에 택할 자유가 있었는데……"(창 2 : 16 - 17)라고 함으로 선악을 선택할 자유가 있었음을 표현하고 있다.

자유의지에 관하여 펠라기우스(Pelagius)[121]와 아우구스티누스의 논쟁이 유명하다. 펠라기우스는 인간의 의지는 자유이고 타락 전이나 타락 후나 언제든지 선악을 자유롭게 선택할 수 있는 자유의지가 있고 원죄는 없다고 하며, 아우구스티누스는 인간이 하나님의 형상을 따라 창조되었으므로 타락하기 전에는 자유의지를 갖고 있었으나 그 자유의지로 죄를 선택한 후에는 하나님의 형상을 잃어버렸으므로 자유의지도 상실하고 죄의 종이 되고 원죄가 있다고 주장한다.

성경에서 말하는 자유의지는 아무런 동기 없이 선택하는 자유를 말하는 것이 아니고, 죄의 유혹과 하나님의 은혜 사이에 이유 있는 선택을 행하게 하는 성령의 은사를 말한다.

2. 시험과 범죄

12신조 제6조에 "……시험을 받아 하나님께 범죄하였다……."와 같이 우리의 시조는 시험을 받았는데 시험자는 뱀으로 나타난 사탄이고 최초의 피시험자는 여자인 하와이었다. 사탄은 "……하나님이 참으로 너희에게 동산 모든 나무의 열매를 먹지 말라 하시더냐"(창 3 : 1)라고 말하면서 '모든 나무의 열매'라는 말을 첨가함으로 허위과장법을 써서 하와로 하여금 의심을 품게 하고 하와도 "먹지도 말고

---

121) 354?~418?, 영국의 신학자, "자유의지에 관하여"(De Libero Arbitrio)라는 글을 썼는데 이로 인하여 로마가톨릭으로부터 단죄, 파문을 당했다.

만지지도 말라……"라고 답하면서 역시 '만지지도 말고'라는 말을 덧붙임으로 허위과장법을 사용하여 의심을 굳혔다. 이로 인하여 불신 앙과 교만이 생기고 종국에는 정욕이 일어나 사탄의 시험에 빠져 인류 최초의 범죄를 하고 말았다. 요한1서 2 : 16에 인간의 욕심은 육신의 정욕, 안목의 정욕, 이생의 자랑에서 나온다고 하였으니, 창세기 3 : 6의 먹음직도 하고는 육신의 정욕으로 인한 것이고, 보암직도 하고는 안목의 자랑으로 인한 것이고, 지혜롭게 할 만큼 탐스럽기도 한 것은 하나님의 뜻에 대항하여 자기주장을 하는 이생의 자랑으로 인함으로 볼 수 있다.

최초의 범죄는 창세기 2 : 17 "선악을 알게 하는 나무의 열매는 먹지 말라……"라는 말씀을 위반한 것, 즉 무엇 무엇을 하지 말라는 금지규범을 위반함을 말한다. 이는 율법의 불순종과 불순응을 의미한다.

3. 죄의 전가론

1) 전가의 이유

죄의 전가(轉嫁, Transmission of Sin) 또는 전이(轉移) 교리는 전가의 이유와 전가의 내용을 구분하여 고찰할 필요가 있다. 죄의 전가의 이유는 아담의 죄가 어떻게 하여 그 후손에게 전가될 수 있는가 하는 것이다.

(1) 실재론(實在論, Realistic View)
전가의 이유를 설명하는 데 있어 가장 오래된 이론으로 아우구스티누스가 이에 관해 최초로 상론하였으므로 아우구스티누스 죄관(罪觀)이라고도 한다. 인간은 아담 안에서 하나의 총체적 인성으로 창조된 것이며, 따라서 아담이 범죄했을 때 그 안에 통일체로서 실재하던 아담의 개체화된 모든 후손도 실제로 범죄한 것으로 보는 것이다. 이 이론의 성경의 근거는 히브리서 7 : 9~10 "또한 십 분의 일을 받는 레위도 아브라함으로 말미암아 십 분의 일을 바쳤다고 할 수 있나니 이는 멜기세덱이 아브라함을 만날 때에 레위는 이미 자기 조상의 허리에 있었음이라"에 나오는 레위의 존재에 관한 말씀에서이다. 이 이론은 아담의 죄뿐 아니라 모든 조상의 죄가 후손에게 전가되어야 하는 부당성이 따르고 또한 모든 인류가 아담 안에서 집단적으로 타락했다면 그리스도의 무죄성을 설명하지 못하는 부당성이 있으므로 수용될 수가 없다.

(2) 대표론(代表論, Federalism, Federal Theory)
행위언약의 교리라고도 하는데, 아담은 모든 인류의 시조이며 행위언약에서의 모든 인류의 대표이며 원수(元首)이므로 그 후손에게 아담의 죄가 당연히 전가된다는 이론으로 오늘날 지지를 받고 있다. 아담의 범죄행위와 모든 인류들의 죄인 되는 것과의 사이에 직접적 연관성이 있다는 점에서 아우구스티누스의 실재론과 같으나 그 연관성의 원리에 의해서는 다르게 설명한다. 아담이 모든 인류의 혈통적 대표, 조상으로 볼 뿐만 아니라 언약적 대표로 보는 것이 다른 점이다.

2) 전가의 내용

(1) 직접전가론(Direct Transmission)
죄의 결과인 죄책(罪責, Guilt)과 오염(汚染, Pollution)의 전부가 후손에게 직접 전가된다는 것이다.
위의 실재론이나 대표론은 죄의 직접전가론을 전제로 한 이론이다.

(2) 간접전가론(Indirect Transmission)
죄의 결과인 죄책과 오염 가운데 오염만이, 즉 죄로 인한 부패한 성격만이 전가된다는 것이다.
17세기 프랑스의 소뮈르 학파(Saumur Academy)의 플레이스(Place)가 주창한 이론[122]이다. 원죄는 단순히 아담으로부터 나온 패괴(敗壞)

---

[122] 플라케우스(Josua Placaeus)라고도 한다. 1644년 프랑스 개혁교회 대회에서 이 교리를 정죄하였다. 루터파나 개혁파의 모든 정통 신학자들도 이를

로 구성되고 아담이 처음 범한 죄의 죄책의 전가를 포함하지 않는다고 주장한다. 로마서 5：12의 "……모든 사람이 죄를 지었으므로 사망이 모든 사람에게 이르렀느니라"라는 말씀은 "육체적 영적 영원한 사망이 모든 사람에게 이른 것은 모든 사람이 패괴한 성질을 가지므로 범죄하였음이니라"를 뜻한다고 한다.[123)]

타락과 죄의 전가(轉嫁)에 관한 펠라기우스와 아우구스티누스의 논쟁에 의하면, 펠라기우스는 아담의 타락으로 모든 인류가 악의 기질과 습성이 있을 뿐 죄의 유전은 없으며 따라서 인간 개개인은 자기가 지은 죄에 대해서만 책임이 있다고 하고, 아우구스티누스는 인간의 죽음은 모두가 아담의 타락으로 인한 것이며 모든 인류는 죄의 유전에 의하여 타락된 존재이며 모든 인간은 출생 시부터 본성 중에 죄를 가지고 태어난다는 것이다. 이와 같이 펠라기우스는 죄의 전가에 관하여 전가를 부정하며 아담과 그 후손과는 아무런 죄의 연관성이 없다고 한다.

죄의 전가에 관한 성경의 근거는 로마서 5：12 "……한 사람으로 말미암아 죄가 세상에 들어오고…… 이와 같이 모든 사람이 죄를 지었으므로 사망이 모든 사람에게 이르렀느니라"에서 볼 수 있다.

4. 원죄와 본죄

1) 원 죄

원죄(原罪, Original Sin, 라. Peccatum Originale)[124)]는 인류의 대표자인 아담이 자유의지로 하나님의 금지규범을 위반하였기 때문에 생긴 죄책과 부패를 말한다. 이 죄는 생득적(生得的)이며, 다른 모든 죄의 원천이므로 원죄라 칭하는 것이다.

벌콥은 "이 죄를 원죄라 칭함은 ① 이것은 인류의 원시적 근저(原始的 根底)인 아담으로부터 인출되기 때문이며, ② 이것은 각 개인이

배척한다.
123) 박형룡 Ⅲ 전게서, p. 212.
124) 자유주의 신학자는 죄의 보편성을 인정하나 원죄의 교리는 배척한다.

태어날 때부터 그의 생활에 임재하기 때문이며, ③ 이것은 인간 생활을 더럽히는 모든 본죄의 근저이기 때문이다."라고 하여 생득적인 죄, 모든 죄의 원천이라는 것 외에 원죄가 인류의 원시적 근저로부터 나온다는 것을 하나 더 추가하여 설명하고 있다.[125]

원죄에는 원시적 죄책과 원시적 오염으로 구성되며 또한 원시적 오염은 전적 패괴와 전적 무능을 말한다.

2) 본 죄

본죄(本罪, Actual Sin, 라. Peccatum Actuale)는 인간 개개인이 현실적으로 짓는 모든 죄를 말하며, 신체를 이용하여 범행하는 외면적 행위만을 의미하지 않고 원죄로부터 발생하는 마음의 생각이나 사상이나 결의 등을 포함하여 말한다. 전자는 외적 생활의 죄를 말하고, 후자는 내적 생활의 죄를 의미한다. 이러한 본죄를 실죄(實罪)[126]라고도 한다.

학설에 따라서는 내면적인 죄만을 의미하고, 즉 죄행을 하고자 하는 소욕을 본죄라 말하고, 외부적인 행위에 의한 죄는 자범죄(自犯罪)라 하여 구별하기도 하나, 성경상의 죄는 이를 구별할 필요가 없다. 그러나 우리 교단 헌법 제3편 권징 제3조에 규정한 범죄(죄과)는 이를 구별하여야 한다. 왜냐하면 외부적 행위로 동작되었을 때만을 범죄로 보아 처벌하기 때문이다.

본죄의 종류로 성경에는 알고 짓는 죄와 모르고 짓는 죄(눅 12 : 47 - 48, 롬 2 : 12), 과실죄(過失罪)와 고범죄(故犯罪)가 있다. 고범죄는 고의로 짓는 죄를 말하나 헌법 권징법에서는 범죄를 과실범과 고의범으로 분류하여 과실범은 법규에 처벌한다는 규정이 없는 한 처벌하지 않음이 원리이고 원칙적으로 고의범만을 처벌한다.

용서 받지 못할 죄(마 12 : 31 - 32, 막 3 : 29, 눅 12 : 10), 즉 불가사죄(不可赦罪) 또는 불사죄(不赦罪)라 하여 '성령을 모독(훼방)하는 죄' 또 '성령을 거역하여 말하는 죄'는 용서를 받지 못한다[127]고 한다.

---

125) 박형룡 Ⅲ 전게서, p. 259 ; L. Berkhof, *Systematic Theology*, p. 244.
126) 교단헌법 Ⅲ 전게서, p. 81, 제4부 웨스트민스터 신앙고백 제6장 6조.

성령에 대항한 참람죄(僭濫罪)로써 유일한 사죄(死罪)이다. 개혁주의에서는 "이 죄는 그리스도 안에 있는 하나님의 은혜에 관한 성령의 증언을 증거와 확신에 반대하여 의식적, 악의적, 고의적으로 배척하고 악평하며 증오와 적개를 가지고 그것을 악마의 작업으로 돌리는 것을 내용으로 하는 것이다."[128]라고 한다.

5. 형 벌

1) 형벌의 개념

헌법 제3편 권징에 있어서 형벌이라 함은 권징 제5조에 규정한 책벌(責罰)을 말하며 죄형법정주의(罪刑法定主義)에 의하여 제5조에 규정한 9가지의 책벌인 견책(譴責), 근신(謹愼), 수찬정지(受餐停止), 시무정지(視務停止), 시무해임(視務解任), 정직(停職), 면직(免職), 출교(黜敎), 상회총대 파송정지(上會總代 派送停止) 이외의 그 어떠한 책벌도 부과할 수 없으며 처벌할 수도 없다. 국법인 형법에서의 죄형법정주의와 권징법에서의 그것과는 그 내용과 의미는 다르나 그 정신만은 같다고 생각한다. 권징법에 의한 절차와 처벌은 형식적 법리로는 형사재판 절차와 형벌이지만 실질적 법리로 볼 때 절차는 국법의 형사소송법과 같은 형사재판 절차이고, 처벌은 국법의 각종 공무원에 관한 징계법과 같은 징계처분이므로 절차와 처벌이 본질적으로 연관되지 않는다.

헌법 제1편 교리에 있어서 형벌은 위의 형법이나 권징법의 책벌과는 그 개념이 완전히 다르다. 12신조 제6조 후단 "……모든 사람이 금세와 내세에 하나님의 공평한 진노와 형벌을 받는 것이 마땅하다."

---

127) 히에로니무스(347?-419/420, Eusebius Hieronymus, 영. 제롬 St Jerome)와 크리소스토무스(349?-407, Johannes Chrisostomus, 영. 크리소스톰, Chrisostom)는 이 죄는 예수 생존 시에만 범할 수 있는 죄라고 하였다. 아우구스티누스와 루터교의 멜란히톤주의는 이 죄를 끝까지 고집하는 불회개라고 하였고, 후기 루터파 신학자들은 중생한 자들만이 이 죄를 범할 수 있다고 하였다.

128) 박형룡 Ⅲ 전게서, p. 282.

라고 규정하여 하나님의 진노와 형벌을 의미한다.

2) 형벌의 내용

성경상의 형벌의 내용은 죽음뿐이다. 권징법이나 국법의 형법에 있어서는 형벌의 종류와 경중이 있지만 교리상의 죄의 형벌은 단일 형벌인 사망 하나뿐이다. 사망은 육체적 사망과 영적 사망과 영원한 사망을 의미한다.

육체적 사망은 "……먹는 날에는 반드시 죽으리라……"(창 2 : 17), "……너는 흙이니 흙으로 돌아갈 것이니라……"(창 3 : 19)와 같이 성경은 말하고 몸과 영혼의 분리를 의미한다.

영적 사망은 인간의 영혼이 하나님과의 분리와 단절을 의미한다. 사람과 하나님과의 정상적인 관계에서 벗어나서 양심의 고통, 평화의 상실, 영적 비애가 초래되며 하나님과의 단절이 이루어진다. 죄책의 무거운 짐을 지고 있으며, 오염의 해악으로 인하여 사람의 삶을 부패시킨다.

영원한 사망은 영적 사망의 종착역을 말한다.

Ⅶ. 제7조 그리스도론

"7. 하나님이 인류와 죄와 부패함과 죄의 형벌에서 구원하시고 영생을 주시고자 하셔서 무한하신 사랑으로 그의 영원하신 독생자 주 예수 그리스도를 세상에 보내셨으니 그로만 하나님이 육신을 이루셨고 또 그로만 사람이 구원을 얻을 수 있다.

그 영원한 아들이 참사람이 되어 그 후로 한 위에 특수한 두 성품이 있으니 영원토록 참하나님이시며 참사람이시다.

성령의 권능으로 잉태하셔서 동정녀 마리아에게 났으되 오직 죄는 없는 분이시다.

죄인을 대신하여 하나님의 법을 완전히 복종하시고 몸을 드려 참되고 온전한 제물이 되어 하나님의 공의를 만족하게 하시며 사람으로 하여금 하나님과 화목하게 하시려고 십자가에 죽으시고 장사한 바 되었다가 주검에서 삼 일 만에 부활하사 하나님 우편에 앉아 계시고 그 백성을 위하여 기도하시다가 그곳으로부터 죽은 자를 다시 살리시고 세상을 심판하기 위하여 재림하신다."

1. 그리스도의 성육신

1) 성육신의 개념

12신조 제7조 1단 후단에 "……그의 영원하신 독생자 주 예수 그리스도를 세상에 보내셨으니 그로만 하나님이 육신을 이루셨고……"라고 규정함으로 이른바 성육신을 나타내고 있다.

성육신(成肉身, Incarnation)이라 함은 삼위일체의 제2위인 성자 하나님이 구약의 예언대로 동정녀 마리아를 통하여 인간의 육신을 입고 이 땅에 오셔서 인류의 일원이 되신 것을 말한다. '화육'(化肉) 또는 '도성인신'(道成人身)으로 표현하기도 한다. 화육이란 말은 "육신으로 화했다."라는 뜻이고, 도성인신이란 표현은 "도(道, 말씀, Logos)가 사람의 몸을 이루었다."라는 의미이다. 'Incarnation'이란 말은 수육(受肉), 강생(降生), 하나님의 아들이 사람이 되심, 성자가 인성을 취하심, 화신(化身)의 뜻을 갖고 있는 라틴어 'Incarnatio'에서 나왔으며, 이는 고기, 살, 육신, 사람, 인간의 뜻을 갖고 있는 라틴어 'Caro'에서 유래된 말[129]이다.

2) 성육신의 성경 근거

"말씀이 육신이 되어 우리 가운데 거하시매 우리가 그의 영광을 보니 아버지의 독생자의 영광이요 은혜와 진리가 충만하더라"(요 1 : 14), "……곧 예수 그리스도께서 육체로 오신 것을 시인하는 영마다 하나님께 속한 것이요"(요일 4 : 2), "……그는 육신으로 나타난 바 되시고 영으로 의롭다 하심을 받으시고……"(딤전 3 : 16)와 같이 직접 언급한 곳도 있고, 동정녀 탄생에 관한 말씀인 이사야 7 : 4, 9 :

---

129) 가톨릭대학교고고전라틴어연구소 전게서, pp. 417, 125.

6, 마태복음 1 : 21, 누가복음 1 : 31 등에서 간접적으로 성육신을 읽을 수 있다.

 요한복음 1 : 14에서 요한은 육신에 해당하는 헬라어 '사륵스'(σὰ ρξς)를 쓰고 있는데 이는 몸(Body)의 의미도 있지만 근본적으로 '살'(Flesh)의 뜻이 강하고 혈육을 가진 인간, 혈통의 뜻을 내포하고 있다. 70인역에서는 '빠샤르'의 대부분을 '사륵스'라고 번역하고 있는데 '빠샤르'의 의미는 '사륵스'와 마찬가지로 기본적으로 살(Flesh), 짐승의 근육조직(Animal Musculature)을 뜻하는 바 이는 몸보다 더 인간적이고 강한 개념을 사용함으로써 그리스도가 우리 인간과 똑같은 혈육을 가지시고 성육신했다는 것을 강조하기 위한 것으로 볼 수 있다.

3) 성육신의 필요성

 12신조 제7조 1단에 "하나님이 인류의 죄와 부패함과 죄의 형벌에서 구원하시고 영생을 주시고자 하셔서 무한한 사랑으로……"라고 규정함으로 성육신의 필요 또는 동기를 밝히고 있다. 성육신의 동기는 죄악의 인간을 구원하고자 함이고 구원을 베풀고자 하는 그 이유는 하나님의 사랑으로 인함이다.

 아담의 타락의 결과로 범죄하고 그 죄책으로 인하여 필연적으로 하나님의 사랑에 의하여 죄에서 구출하기 위하여 성육신의 역사적 사건이 발생한 것이다. 그러므로 만약 아담이 타락하지 않았더라면 그리스도의 성육신 사건도 필요하지 않았을 것이다. 그리스도께서 직접 말씀하시기를 "인자가 온 것은…… 자기 목숨을 많은 사람의 대속물로 주려 함이니라"(마 20 : 28), "……나는 의인을 부르러 온 것이 아니요 죄인을 부르러 왔노라 하시니라"(막 2 : 17)라고 하심으로 죄인과 연관된 성육신을 말하고 있다. 또 "때가 차매 하나님이 그 아들을 보내사 여자에게서 나게 하시고 율법 아래에 나게 하신 것은 율법 아래에 있는 자들을 속량하시고 우리로 아들의 명분을 얻게 하려 하심이라"(갈 4 : 4–5), "……그리스도 예수께서 죄인을 구원하시려고 세상에 임하셨다 하였도다……"(딤전 1 : 15)의 말씀과 같이 죄를 위함인 것을 알 수 있다.

그러나 일부 죄 없는 성육신론자의 학설에 의하면 "성육신은 죄와 관련이 없이 하나님의 아들 안에 모든 것을 통일되게 하시려는 하나님의 계획은 타락의 때에 기원한 것이 아니라 영원 전부터 기원한 것이라 한다."라고 했다. 그러나 벌콥(Berkhof)은 "성육신이 하나님에게 적당하고 필연하였다고 하는 관념은 세계에서 하나님의 영원한 자기계시라는 범신론(汎神論)의 관념에 인도하려 한다."라고 하였고, 칼빈(Calvin)도 "죄 없는 성육신의 주장에 예리한 공격을 하면서 성육신의 근본적 동기는 죄와 사망으로부터 구원이었다고 치중하고 성경은 이를 지시한다고 확언하였다."[130]라고 했다.

4) 성육신의 실현

12신조 제7조 3단에 "성령의 권능으로 잉태하셔서 동정녀 마리아에게 났으되 오직 죄는 없는 분이다."라고 규정함으로 잉태와 성탄에 관하여 말하고 있다.

예수 그리스도의 잉태와 출생에 관하여는 성경 마태복음 1 : 18~25과 누가복음 1 : 26~38, 2 : 1~7에서 마태와 누가는 비교적 상세하게 기술하고 있다. 마태는 요셉의 입장에서 누가는 마리아의 입장에서 기록한 것을 알 수 있다.

예수 그리스도의 수태와 강탄(降誕)은 인간의 자연적인 생육법에 의한 회임과 출산이 아니고 초자연적 출생이며 그 결과 그는 '하나님의 아들'이라 칭함을 받았다. 마리아의 회임은 성령이 동력적 요인으로 작용하신 것이고 사람이 동력적 요인이 된 것이 아니다.

버스웰(Buswell)은 "그리스도의 처녀성탄은 삼위일체의 제3위에 의해 행해진 이적이었으니 이것에 의해 삼위일체의 제2위, 하나님의 영원하신 아들이 그 자신에 인성을 취하시어 사람이 되셨다."라고 한다.

벌콥(Berkhof)은 "그리스도는 메시야와 메시야적 하나님의 아들

---

130) 박형룡 Ⅳ 전게서, pp. 137-138 ; J. J. Van Oasterzee, *Christologie* Ⅲ, 1861, p. 86 ; L. Berkhof, *Systematic Theology*, p. 334.

로 되실 수밖에 없었다. 그러므로 그는 여인에게서 출생됨이 필요하였으나 또한 인적 의지(人的 意志)의 과실(果實)이 되지 않고 하나님에 의하여 출생됨이 필요하였다. 육정으로 난 것은 육정이다. 짐작컨대 요한이 요한복음 1 : 13의 말씀을 기록할 때에 이 놀랄 만한 출생이 그의 마음의 배경에 있은 듯하다."라고 말한다.

라빈슨(Robinson)은 "우리 주의 신성이 모친을 가지지 않은 것과 같이 그의 인성은 부친을 가지지 않았다. 저 인자(人子)는 사람의 아들이 아니시다. 처녀성탄은 하나님과 사람의 연합을 이해하고 진술하려는 노력에 교회를 지로(指路)하였다."라고 말하였다.[131]

신정통주의(Neo-Orthodoxy) 신학자들 중에서도 처녀탄생에 관하여 부정하는 자는 브루너(Heinrich Emil Brunner)[132]와 페레(N. Ferré), 틸리히(Paul J. Tillich)[133]를 들 수 있고, 긍정하는 자는 바르트(Karl Barth)[134]라고 할 수 있다. 브루너는 처녀탄생을 부정하면서 "어떤 사람은 예수가 원죄를 가지지 않기 위해서는 그 방법을 택할 수밖에 없었다고 하나, 남자의 요소가 없이 여자의 몸에서 났다고 해서 원죄가 없다고도 말할 수 없다. 처녀탄생은 궁극적으로 그리스도의 이성(二性)교리에도 맞지 않는다."라고 하며, 페레는 "이 교리는 초대교회가 예수의 무죄성을 주장하기 위하여 만들어 낸 것이어서 예수의 인성을 이해하는 데 오히려 장애가 된다."라고 하며, 틸리히는 "이 교리는 초대교회가 저지른 과오 중의 하나로써, 긍정적인 종교개념을 부정적인 형식으로 만든 것이며 신약성서의 내용을 합리화하려는 노력의 결과이다."라고 한다. 그러나 바르트는 브루너와는 달리 "성령에 의하여 예수 그리스도기 잉대되었고, 처녀 마리아로부

---

131) 박형룡 Ⅳ 전게서, pp. 146-147 ; J. Oliver Buswell, *A Sysmatic Theology of Christian Religion* Ⅱ, p. 40 ; Louis Berkhof, *Systematic Theology*, p. 336 ; W. C. Robinson, *Article in the Moody Monthly*.
132) 1889~1966, 스위스의 개혁주의 신학자로서 20세기 신정통주의(위기신학)의 대표적인 인물로 자유주의 신학에 반대하면서 과학주의, 진화론에 반대를 하며 개신교의 종교개혁의 중심 주제를 재확인하였다.
133) 1886~1965, 독일계 미국 신학자.
134) 1886~1968, 스위스 신학자.

터 탄생했다는 진리는 그의 역사적 시현에 있어서 이룩한 참신의 참 성육신을 지시해 준다. 그것은 또한 예수 그리스도 안에서 일어난 은총과 계시의 신적 사역을 통해서 형성된 방법이 다른 인간적 행동과는 다르다는 것을 상기해 준다."라고 말한다.[135]

2. 그리스도의 속죄

1) 그리스도의 속죄와 12신조

12신조 제7조 기독론과 제9조 구원론의 규정에서 그리스도의 속죄에 관한 직접적인 언급이 없으나, 제7조 1단의 "하나님이 인류의 죄와 부패함과 죄의 형벌에서 구원하시고……"와 제7조 4단의 "죄인을 대신하여…… 몸을 드려 참되고 온전한 제물이 되어 하나님의 공의를 만족하게 하시고 사람으로 하여금 하나님과 화목하게 하시려고 십자가에 죽으시고……"라는 규정에서 간접적으로 그리스도의 속죄를 파악할 수 있다.

2) 그리스도의 속죄의 가치

기독교의 생명과 가치는 속죄와 부활이고 모든 교리의 초점은 거기에 모아진다.

고겔(Mouris Goguel)은 "그리스도의 사역에서 필수적인 모든 것은 십자가 위에서의 죽음에 집중된다. 십자가는 하나님의 능력과 지혜의 진수이고 그리고 구원과 사도의 진수(眞髓)이다."라고 한다.

에이 에이 핫지(A. A. Hodge)는 "속죄교리는 분명히 루터가 참으로 교회의 성패가 달려 있는 신조라고 단언한 칭의교리(稱義敎理)의 중심적이고 근본적인 요소이다."라고 한다.

신정통주의자인 브루너(H. Emil Brunner)도 "믿음으로만 하나

---

135) 이종성 Ⅱ 전게서, pp. 345-346 ; Brunner, *The Mediator*, pp. 324-326 ; N. Ferré, *The Sun and Umbrella*, 1953, Ⅱ, pp. 28-29 ; Tillich, *Systematic Theology*, 1957, Ⅱ, pp. 126-127, 149 ; Karl Barth, *Dogmatics in Outline*, 1949, p. 95.

께 영광을 돌리려 하는 개혁파 교회의 노력은 곧 십자가에 대한 바른 해석을 하려는 것이다. 이 십자가를 바로 인식하는 자는 곧 생명을 깨닫게 될 것이며, 또 예수 그리스도를 깨닫게 될 것이다. 성경 중에 있는 모든 말은 십자가와 연결된다. 만일 우리가 그리스도께서 말씀하시고 행하신 것을 깨닫게 된다면 그것은 반드시 십자가 형상을 통해서 될 것이며 그렇지 않으면 알 수 없을 것이다. 십자가는 예수의 생활에 대한 전체적 설명이다."[136]

3) 그리스도의 속죄의 본질

12신조 제7조 4단에서 "죄인을 대신하여……"라는 말을 쓰고 있는데 이는 속죄의 본질을 말하는 것으로 사료된다. 기독교회의 정통적 속죄의 본질은 대속론(代贖論)을 취하여 왔고, 그것은 형벌대속론(刑罰代贖論)이었다.

국법에서 범죄자가 유죄판결을 받으면 생명형(사형), 자유형(징역, 금고, 구류), 명예형(자격상실, 자격정지), 재산형(벌금, 과료, 몰수)의 형벌을 받고 예외적인 재산형을 제외하고 무슨 형벌이든지 수형자가 직접 형벌을 받아야 하고 대리적 수난, 대리적 수형이란 있을 수 없다. 그러나 우리 하나님은 민사채무라면 대리로 채무상환이 가능하나 범죄로 인한 형사벌(刑事罰)인데도 불구하고 대리적 속죄(代理的 贖罪)를 인간에게 베풀어 주신 것이다.

4) 그리스도의 속죄의 방법

12신조 제7조 4단 "……몸을 드려 참되고 온전한 제물이 되어……"와 "십자가에 죽으시고"라는 말은 속죄의 방법으로 예수 그리스도께서 자기의 몸을 산 제사(祭祀)의 제물로 드림으로 대속의 사명을 다하시고 피 흘리는 제사의 구체적 방법은 십자가형을 통한 사형으로 피를 흘리게 하신 것이다.

---

136) 박형룡 Ⅳ 전게서, p. 306 ; Mouris Goguel, *The Life of Jesus*, London, 1958, p. 110 ; A. A. Hodge, *The Atonement*, Philadelphia, 1867, p. 13 ; Emil Brunner, *The Mediator*, London, 1946, pp. 510, 524.

레위기의 제사는 "율법을 따라 거의 모든 물건이 피로써 정결하게 되나니 피흘림이 없은즉 사함이 없느니라"(히 9 : 22)라고 하였고, 또한 "하늘에 있는 것들의 모형"(히 9 : 23)이라 하였거늘, "하늘에 있는 그것들은 이런 것보다 더 좋은 제물로 할지니라"(히 9 : 23)와 같이 더 좋은 것으로 예수 그리스도 자신을 제물로 하여 제사를 드렸던 것이다. 그러므로 이는 제사의 방법과 속죄의 성질로 제사성을 나타내는 것으로 볼 수 있다.

5) 그리스도의 속죄의 이유

하나님께서 그리스도를 십자가 형벌로 인한 대속을 통하여 우리를 사죄시켜 주신 이유는 오로지 하나님의 절대적 사랑과 주권적 공의 이외에는 아무것도 고려할 것이 없다.

요한복음 3 : 16과 요한1서 4 : 10을 보면 하나님이 우리를 사랑하셨기 때문에 그리스도가 우리를 위해 죽으신 것이며, 그리스도의 희생은 이 하나님의 사랑을 우리에게 보여 주신 것이다.

로마서 3 : 24~26을 보면 그리스도 예수 안에 있는 속량으로 우리를 의롭다 하시고 전에 지은 죄를 간과하심으로 하나님의 의를 나타내시어 자기도 의로우시며 우리도 의롭다 하시는 것을 알 수 있다. 범죄를 원인으로 하여 그 결과는 형벌을 주는 것이 사회의 정의이고 하나님의 공의인 것이다.

이 사랑과 공의의 발로는 하나님의 전횡적 의지의 발로가 아니라 그 이면에 '하나님의 기쁘신 뜻'이 있어 그러한 것이다.

6) 그리스도의 속죄의 필요성

(1) 절대적 필요설(Absolute Necessity)

하나님의 인류 구원의 역사는 하나님의 의지의 작정이요 그 작정은 자유 주권이지만, 그 구원이 계획된 이상 속죄는 절대적 필요에 의하여 이루어진다는 설이다. 초대교회의 이레니우스가 주장하고, 중세 안셀무스(Anselmus)[137]가 강조하고, 개혁파 신학이 지지하여 각종 신조나 요리문답 등 표준문서에서도 이를 채택, 확인하고 있다.

(2) 상대적 필요설(Relative Necessity)
하나님은 속죄 없이도 능히 인류의 죄를 사하여 주시고 구원하실 수 있으나, 대리적 속죄를 통하여 하나님의 은혜와 주권적 자유의지를 더 탁월하게 나타내기 위하여 속죄의 방편을 취하셨다는 것이다. 가설적 필요설(假說的 必要說, Hypothetical Necissity)이라고도 한다. 초대교회 시절의 위대한 교부인 아타나시우스, 아우구스티누스, 중세의 대신학자인 토마스 아퀴나스도 속죄의 절대적 필요설을 부정하고, 가설적 필요설을 주장하며, 종교개혁자 루터, 츠빙글리, 칼빈도 이 입장을 취하였다.

(3) 속죄불필요론
중세 둔스 스코투스(Duns Scotus)[138]는 속죄는 고유적으로 필요하지 아니하였으나 하나님의 의지에 의하여 전횡적으로 결정된 것이라고 말하였으며, 소키누스주의자들, 휴고 그로티우스(Hugo Grotius),[139] 근대의 슐라이어마허, 리츨 등이 속죄의 필요성을 부인하였다. 근대 자유주의 신학자들은 하나님의 성격에 죄에 대한 형벌, 죄에 대한 하나님의 진노, 인류에 대한 객관적 정죄를 인정하지 않는다.[140]

7) 그리스도의 속죄의 목적
12신조 제7조 4단의 규정에서 그리스도의 속죄의 제1차적 목적은 '하나님 공의의 만족'과 '하나님과 사람과의 화목'이라는 것을 알 수 있고, 7조 1단에서 그리스도의 속죄의 최종적, 궁극적 목적은 '사람의 구원과 영생'이라는 것을 보여 주고 있다.

---

137) 1033~1109, 이탈리아 출신의 영국 캔터베리 대주교, 스콜라 철학의 창시자.
138) 1266?~1308, 스코틀랜드의 철학자, 신학자. 인간의 원죄를 본래적 의의 상실에 불과한 것으로 정의하며 인간이 전적으로 타락한 것이 아니므로 스스로 회개할 수 있다고 하여 반펠라기우스적 경향을 띠고 있다.
139) 1583~1645, 네덜란드의 법학자, 근대 국제법의 원조.
140) 박형룡 Ⅳ 전게서, p. 313.

학자들은 전자를 만족설(Satisfaction Theory)[141]이라고 부르는데 이는 하나님의 응보적 공의(應報的 公義)에 의하여 인간 죄인들이 반드시 받아야 할 형벌을 하나님께서는 하나님의 아들 예수 그리스도로 하여금 대속의 제물로 삼아 형벌을 선고 집행하게 함으로 하나님의 신적 공의를 만족하게 하셨다는 것이다. 이러한 의미의 만족설은 대속설(代贖說) 또는 대상적 속죄론(代償的 贖罪論, Vacarious Atonement Theory, Substitutionary Atonement Theory)을 포함하고 있다.

후자를 학자들은 화목설이라고 한다. 하나님과 사람과의 분리, 소원(疏遠)을 제거하고 하나님과 사람과의 관계를 회복시키기 위함이다. "오직 너희 죄악이 너희와 너희 하나님 사이를 갈라 놓았고 너희 죄가 그의 얼굴을 가리어서……"(사 59 : 2)라고 말씀함으로 죄악으로 말미암아 단절된 하나님과 사람과의 관계를 복원하기 위하여 십자가로 하나님과 화목케 하고 원수 된 것을 십자가로 소멸케 하고 중간에 막힌 담을 그리스도의 육체로 허셨던 것이다(롬 5 : 10, 12, 고후 5 : 20, 엡 2 : 16, 골 1 : 20 - 22).

종국적 목적은 우리를 구원하기 위함이고, 이를 그리스도의 속죄의 구속성 또는 속량성(贖良性)으로 표현하기도 한다. 구속이란 말은 구원과 속죄를 포함하는 말이다.

8) 그리스도의 속죄의 한계

(1) 속죄의 한계의 개념

속죄의 한계의 의미는 그리스도의 구원의 능력에 한계가 있다는 뜻이 아니고, 그리스도는 누구의 대속물이었는가? 즉, 모든 사람을 구원하려 함이었는가 아니면 하나님께서 택한 자들만을 구원하려 함

---

141) 여기의 만족설은 안셀무스의 만족설과는 그 내용이 다르다. 안셀무스는 말하기를 하나님의 내재적 절대적 속성인 존귀와 영광을 사람이 드리지 않음으로 하나님께 모욕죄를 범하였고, 그것을 회복하여 하나님을 만족하게 하려면 사람이 형벌을 받아야 하는데 사람은 원죄로 인하여 하나님께 만족을 드릴 수 없고 신인(神人)이신 예수 그리스도만이 이를 시행할 수 있다는 것이라고 한다.

이었는가의 문제이다.

(2) 제한속죄론

칼빈주의자에 의하면 그리스도는 자기의 택하신 백성만을 구원하려는 목적을 가지고 십자가의 제물이 되셨다는 것이다. 즉, 그리스도는 믿는 자만을 위하여 죽으셨다는 것이다. 이를 제한속죄론(制限贖罪論, Limited Atonement) 또는 제한구원론(制限救援論, Limited Salvation)이라 부른다.

이 설의 성경적 근거로 "아버지께서 내게 주시는 자는 다 내게로 올 것이요 내게 오는 자는 내가 결코 내쫓지 아니하리라…… 나를 보내신 이의 뜻은 내게 주신 자 중에 내가 하나도 잃어버리지 아니하고 마지막 날에 다시 살리는 이것이니라"(요 6 : 37 - 39)를 들 수 있다. 즉, 성부 하나님께서 자기에게 주신 자들만의 죄를 속하기 위하여 자기가 대속하기를 의도하셨고 계획하셨다는 것이다. 만약 그리스도께서 모든 사람의 죄를 위하여 죽으셨다면 이 세상 모든 사람이 다 구원을 받아야 할 터인데 그렇지 않고 지옥에 빠지는 사람들도 있으니 제한속죄가 타당하다고 한다. 또 성경에 '자기 백성'(마 1 : 21), '내 양'(요 10 : 15 - 16), '친구'(요 15 : 13), '교회'(행 20 : 28), '신부'(엡 5 : 25)를 위해 죽으셨다는 구절에서 그 근거를 찾는다.[142]

(3) 보편속죄론

아르미니우스주의자에 의하면 그리스도는 모든 사람에게 무차별적으로 구원하려는 목적을 가지고 십자가의 제물이 되셨다는 것이다. 즉, 그리스도는 모든 사람을 위하여 죽으셨다는 것이다. 이를 무제한속죄론 또는 보편속죄론(普遍贖罪論), 또는 보편구원론(普遍救援論)이라 부른다.

이 설의 성경적 근거로 "그는 우리 죄를 위한 화목 제물이니 우리만 위할 뿐 아니요 온 세상의 죄를 위하심이라"(요일 2 : 2), "……한 사람이 모든 사람을 대신하여 죽었은즉 모든 사람이 죽은 것이라"

---

142) Edwin Palmer 전게서, p. 69.

(고후 5 : 14), "……그가 참으로 세상의 구주신 줄 앎이라……"(요 4 : 42), "그가 모든 사람을 위하여 자기를 대속물로 주셨으니……" (딤전 2 : 6)를 들 수 있다.[143]

(4) 제한속죄의 증명

요한복음 제10장에서 예수 그리스도는 친히 말씀하시기를 양 무리 비유에서 자신은 목자이고 그 목자는 자신의 양 무리를 가진 자로서 그 양 무리를 위하여 목숨을 버린다고 말씀하시는 것에서 제한속죄를 알 수 있다.

사도 바울도 에베소서 제1장에서 그리스도와 교회 그리고 남편과 아내의 비유에서 그리스도께서 교회를 사랑하시고 그 교회를 위하여 자신을 주셨다고 함으로 예수님이 세상을 위하여서가 아니라 자기의 교회를 위하여 목숨을 주신 것을 알 수 있다.

성경에 '세상' 또는 '모든 사람', '전 세계'라는 표현에서 보편속죄론의 근거로 삼고 있으나, 이들의 참뜻은 신약의 복음이 구약의 특수지역에서 세계만방으로 확대되었다는 의미인 것이다. 이 세상에 살고 있는 모든 사람이 아니라 제한된 범위 내의 모든 사람으로 해석된다. 주님께서 택하신 백성 모두를 가리키는 말이며 또 로마서 8 : 31~39에서 "만일 하나님이 우리를 위하시면……", "……우리 모든 사람을 위하여 내주신 이가……" 등에서 보편구원론자들은 이 말씀을 성경의 근거로 삼으나, 이 말은 그 앞 28~30절에서 "우리 모든 사람"이란 '그의 뜻대로 부르심을 입은 자', '하나님이 미리 아신 자', '미리 정하신 그들', 즉 예정되어 선택된 자를 의미하는 것이다.

신학적으로 칼빈의 예정교리를 취한다면 이 제한속죄의 교리는 당연히 서로 대응한다. 하나님이 영원부터 인간의 일부를 구원하고 다른 일부를 유기(遺棄)하기로 작정하셨다면, 하나님이 자기 아들을 이 세상에 보내어 인간의 두 부류를 다 위하여 십자가에 못 박혀 죽게 하셨다고 하는 것은 큰 모순이다. 또한 제한속론은 예지교리와도 부합한다. 하나님이 세상만사를 예지하신다는 것은 칼빈주의자들만이

---

143) Edwin Palmer 전게서, p. 68.

아니라 복음적 아르미니우스주의자들도 시인하는 바, 하나님이 구원 얻지 못할 줄로 예지하신 사람들을 구원하려는 의도로 그리스도를 이 땅에 보내어 죽게 하셨을 이유가 없지 않는가?

9) 제한속죄론과 보편속죄론의 절충과 조화

제한속죄론을 주장하게 되면 보편적으로 모든 사람들에게 전도하여 구원을 얻으라고 권면하는 것은 모순되며 허위적인 행위가 아닌가? 이러한 이유로 엄격한 칼빈주의에서 완화된 칼빈주의적 보편구원론이 등장한다. 또 그리스도가 모든 인류를 위하여 죽으셨다는 보편속죄론은 논리적으로 모든 사람이 현실적으로 다 구원을 얻는 절대적 보편적 구원론이 나오게 된다. 이러한 이유로 절대적 보편적 구원론에서 완화된 복음주의적 아르미니우스주의 또는 가설적, 조건적 보편구원론이 등장한다. 이 논쟁은 양자 다 현실적으로 인류의 한 부분이 구원을 얻는다는 것에는 일치한다. 아르미니우스주의자는 칼빈주의자와 동의하기를 성인은 신앙하는 자들만이 구원을 얻는다 하고, 칼빈주의자는 아르미니우스주의자와 동의하기를 영아기에 죽은 영아는 구속되고 구원을 얻는다고 한다. 이는 그리스도가 피택자(被擇者)만을 위하여 죽으셨다면 그리스도를 믿지 않고 배척한 자들을 정죄함이 타당한가라는 질문에 봉착한다. 하나님이 구원으로 선택한 자 이외의 자는 피유기자가 되는데 버림받은 이들은 버림 받았기 때문에 구원을 못 받는 것이 아니고 자기 자신의 죄악으로 인하여 구원이 없고 지옥에 가는 것일 뿐이다. 어차피 이 세상에 의인은 없나니 하나도 없으므로 피유기자가 지옥에 가는 것은 피유기자 이전에 죄인의 신분으로 지옥에 가기 때문에 억울해 할 필요조차 없는 것이다. 전도자는 누가 피택자이고 누가 피유기자인지 절대로 알 수 없으므로 "그리스도는 죄를 대신해서 죽으셨다. 그는 당신이나 나와 같은 죄인을 위하여 자기 자신을 내어 주셨다. 만일 당신이 구원 받기를 원한다면 그를 믿으라. 이것이 당신의 책임이요 그리하면 하나님께서 값없이 예수님을 통하여 당신에게 구원을 주실 것이다."라고 하면서 계속 복음 전파의 사명을 완수하여야 할 것을 말한다.[144]

3. 그리스도의 명칭

1) 예 수

예수(耶蘇, 야소, Jesus, 지저스, 헬. Ἰησοῦς, 이에수스)라는 이름은 '구원'을 의미하고, "아들을 낳으리니 이름을 예수라 하라 이는 그가 자기 백성을 그들의 죄에서 구원할 자이심이라 하니라"(마 1 : 21), "보라 네가 잉태하여 아들을 낳으리니 그 이름을 예수라 하라"(눅 1 : 31)라는 말씀에서와 같이 천사가 계시한 이름이다. 이는 '여호와는 구원이시다.'라는 뜻을 갖고 있는 히브리어 '예호수아'(여호수아, 수 1 : 1, 슥 3 : 1) 또는 '예수아'(스 2 : 2)라는 이름의 헬라어 음역(音譯)에 해당한다.

2) 그리스도

그리스도(基督, 기독, Christ, 크라이스트, 헬. Χριτός, 크리스토스)는 '기름부음을 받은 자'를 의미하고 히브리어 '마쉬아흐'(메시야)의 헬라어 의역에 해당한다. 구약시대에 이스라엘에서는 왕(삼상 10 : 1), 제사장(출 29 : 7), 선지자(왕상 19 : 16)는 성령의 상징인 기름과 성령의 임재를 상징하는 기름부음을 받았다. 그리스도는 이러한 세 가지 직무와 자격으로 기름부음을 받은 것이다.

3) 인 자

인자(人子, Son of Man)는 예수께서 직접 자기 자신을 지칭하여 즐겨 사용하신 칭호이다. 사람의 아들, 인자라는 칭호는 그리스도의 참사람이요 참된 인성을 소유하신 것을 나타내기 위함이었다. 또 "……인자 같은 이가 하늘 구름을 타고 와서……"(단 7 : 13), "인자가 아버지의 영광으로 그 천사들과 함께 오리니……"(마 16 : 27)와 그 외의 말씀(마 16 : 28, 마 24 : 30, 26 : 64, 눅 21 : 27)과 같이 위엄과 영광으로 구름을 타고 오시는 신적 존엄과 초인간적 특성을 나타

---

144) Edwin Palmer 전게서, p. 89.

내는 것이고 결코 예수님의 인간성의 표시로 인적 비하(人的 卑下)를 나타내는 것이 아님을 알아야 할 것이다.

4) 하나님의 아들

하나님의 아들(Son of God)이라는 명칭은 공관복음에서 주로 삼위일체 하나님의 제2위이신 성자(聖子)의 의미와 자신이 기름부음을 받은 메시야의 의미와의 연합하여 지칭되고 있다. "내 아버지께서 모든 것을 내게 주셨으니 아버지 외에는 아들을 아는 자가 없고 아들과 또 아들의 소원대로 계시를 받는 자 외에는 아버지를 아는 자가 없느니라"(마 11 : 27, 눅 10 : 22)라는 말씀에서 하나님은 아버지이시고 예수는 아들이시며, 모든 것을 아들에게 주셨으니 메시야로서 영원한 자격을 갖고 있는 것을 알 수 있다.

성탄으로 인한 하나님의 아들의 의미와 자격의 인정은 예수의 강탄(降誕)이 성령의 초자연적 역사에 의하였고, 그의 인성의 기원이 하나님의 초자연적 직접적인 부성(父性)에서 왔기 때문이다(눅 1 : 32, 35).

5) 하나님의 독생자

하나님의 독생자(獨生子)라는 말은 헬라어 $\mu o \nu o \gamma \varepsilon \nu \acute{\eta} \varsigma$(모노게네스, 독생)에서 나온 말인데 독특하고 유일한 발생이나 출생을 의미한다(요 1 : 14, 18, 3 : 16, 18, 요일 4 : 9). 이 독생에는 두 가지 의미가 있다. 그 하나는 그리스도의 선재상태(先在狀態)에서의 독특한 영원한 발생(發生)을 의미하기도 하고(요 1 : 1, 14, 18), 다른 하나는 그리스도의 현세에 있어서 특수한 기적적인 출생(出生)을 의미하기도 한다(눅 1 : 35). 전자는 그리스도의 삼위일체 하나님의 아들 성자의 의미로써의 하나님의 아들을 말하게 되는 것이고, 후자는 성탄으로 인한 하나님의 아들의 의미로 말하게 되는 것이다.

6) 기 타

그 외 주(主, 헬. 퀴리오스, $\kappa \acute{v} \rho \iota o \varsigma$), 임마누엘(마 1 : 23), 말씀

(요 1 : 1), 알파와 오메가(계 1 : 7, 18, 22 : 13), 하나님의 본체의 형상(히 1 : 3), 하나님의 능력이요 하나님의 지혜(고전 1 : 24)로 불렸으며, 하나님이라고 직접 불리는 성경 구절도 있다(요 1 : 1, 18, 20 : 28, 행 18 : 28, 롬 9 : 5, 딛 2 : 13, 히 1 : 8).

4. 그리스도의 선재

1) 그리스도의 선재의 개념

예수 그리스도의 성육신 사건이 성립되려면 논리적으로 그리스도의 선재(先在, Preexistence)가 전제된다. 예수 그리스도는 성육신 이전에 태초에 영원한 선재로 성부 하나님과 함께 계셨다는 것이다.

2) 그리스도 선재의 성경 근거

"태초에 말씀이 계시니라 이 말씀이 하나님과 함께 계셨으니 이 말씀은 곧 하나님이시니라"(요 1 : 1)라는 말씀에서 로고스이신 예수 그리스도는 태초에 함께 계셨다는 그리스도의 선재가 인정되며, 로고스, 즉 말씀이 곧 하나님이시니라는 말에서 삼위일체의 하나님이신 것을 알 수 있다. 이 성경 문구에서 말씀의 영원한(Eternal) 선재를 밝히며 말씀이 하나님 자신(God Himself)이라는 것을 알 수 있다.

여기서 태초는 창세기 1 : 1의 태초와 비교할 때 우리말 성경에서 똑같이 '태초에'로, 영어 성경에서도 같이 'In the Beginning'으로 번역하고 있으나, 창세기 1 : 1의 히브리어 '뻬레쉬트'와 요한복음 1 : 1의 헬라어 '아르케'($ἀρχῆ$)가 가리키는 시간의 개념은 다르다. 전자는 우주만물의 창조에 있어서 시간의 출발, 시작을 의미하고, 후자는 우주만물의 창조 이전, 시간과 공간의 창조 전 초시간적 개념, 영원 전의 개념을 의미한다. 이 요한복음의 태초의 개념에서 그리스도의 선재성을 알 수 있다.

사도 바울도 "그는 보이지 아니하는 하나님의 형상이시요 모든 피조물보다 먼저 나신 이시니"(골 1 : 15)라고 함으로 영원 전에 하나님과 함께하신 이로 창조 이전에 계셨다고 하며, "만물이 그에게서 창조되되 하늘과 땅에서 보이는 것들과 보이지 않는 것들과 왕권들과 주권들이나 통치자들이나 권세들이나 만물이 다 그로 말미암고 그를 위하여 창조되었고 또한 그가 만물보다 먼저 계시고 만물이 그 안에 함께 섰느니라"(골 1 : 16 - 17)라는 말씀으로 역시 그리스도가 선재하시면서 창조에 관여하셨다고 한다.

또 "만물이 그로 말미암아 지은 바 되었으니 지은 것이 하나도 그가 없이는 된 것이 없느니라"(요 1 : 3)와 "……세상은 그로 말미암아 지은 바 되었으니……"(요 1 : 10)라는 말씀에서 요한은 그리스도가 선재하면서 창조에 참여하셨다고 한다.

5. 그리스도의 일위이성

1) 그리스도의 일위이성의 개념

그리스도의 일위이성(一位二性)에 관한 교리사적 논쟁과 그 결론은 제2편 사도신경 제2장 사도신경의 배경 Ⅲ. 사도신경의 교리적 배경에서 상론하였으므로 본란에서는 생략한다.

12신조 제7조 2단에 "그 영원한 아들이 참사람이 되어 그 후로 한 위에 특수한 두 성품이 있으니 영원토록 참하나님이시며 참사람이시다."라고 선언함으로 삼위일체 하나님의 제2위이신 성자 하나님은 하나의 위격(Person)에 인성(人性)과 신성(神性)의 두 개의 본성(本性, Nature, 라. Natura)을 갖고 계신다는 것을 말한다. 여기서 본성이란 실체적 존재(Substantive Entity)로서의 본성, 즉 헬라어 우시아(οὐσία)에 해당하는 본질(Substance, 라. Substantia), 실체(Essence, 라. Essentia)를 말하는 것이 아니고, 헬라어 퓌시스(φύσις)에 해당하는 타고난 재능, 조건, 상태(Nature, 라. Natura), 또는 속성들(Attributes)의 복합(Complex)을 말한다.

그리스도의 일위이성은 그리스도의 신인양성(神人兩性)을 의미하며, 사람이 육체와 영혼의 연합으로 하나의 인격을 갖듯이 예수 그리스도도 신성과 인성으로 하나의 위격(位格)을 구성하고 있다.

2) 그리스도 신성의 성경 근거

그리스도의 신성에 관한 구약의 증언으로는 '전능하신 하나님'(사 9 : 6), '여호와 우리의 공의'(렘 23 : 6), "그의 근본은 상고에, 영원에 있느니라"(미 5 : 2), '언약의 사자'(말 3 : 1) 등이 있고, 신약에서는 예수 그리스도 스스로 하나님의 아들 되심을 의식한 사실이 여러 곳에 있으며(마 11 : 27, 22 : 41 - 46), 또다른 구절에서는 하나님을 '내 아버지'로 부르신 것을 찾아볼 수 있다(마 7 : 21, 10 : 33, 11 : 27). 특히 요한복음에서는 성부 하나님과 동등되심을 주장하신 곳도 여러 군데나 있다(요 3 : 13, 5 : 17 - 18).

사도들의 증언으로 베드로는 "주는 그리스도시요 살아 계신 하나님의 아들이시니이다"(마 16 : 16)로, 도마는 "나의 주님이시요 나의 하나님이시니이다"(요 20 : 28)로 증언하였고, 요한은 "태초에 말씀이 계시니라 이 말씀이 하나님과 함께 계셨으니 이 말씀은 곧 하나님이시니라"(요 1 : 1)라고 하여 예수 그리스도의 영원 선재, 하나님의 계시자, 하나님 자신으로 선언하였고, 사도 바울도 도처에서 그리스도의 신격을 가르쳤다(롬 1 : 4, 행 9 : 29, 골 1 : 15, 2 : 9, 고후 5 : 19, 빌 2 : 6, 11).

그 외 마태는 "……그의 이름을 임마누엘이라 하리라……"(마 1 : 23), "……이는 내 사랑하는 아들이요……"(마 3 : 17)로, 누가는 "……지극히 높으신 이의 아들이라……"(눅 1 : 32), "……나실 바 거룩한 이는 하나님의 아들이라……"(눅 1 : 35)로, 세례 요한은 "……보라 세상 죄를 지고 가는 하나님의 어린 양이로다"(요 1 : 29), "……그가 하나님의 아들이심을 증언하였노라……"(요 1 : 34)로 예수의 신성을 증언하였다.

3) 그리스도 인성의 성경 근거

그리스도의 인성에 관한 구약의 증언으로는 "내가 너로 여자와 원수가 되게 하고 네 후손도 여자의 후손과 원수가 되게 하리니 여자의 후손은 네 머리를 상하게 할 것이요 너는 그의 발꿈치를 상하게 할 것이니라 하시고"(창 3 : 15)라는 말씀에서 구속주의 첫 약속을 들 수 있다.[145] 여자의 후손은 동정녀 마리아에 의하여 탄생하시게 될 예수 그리스도를 지칭하는 것으로 해석한다. 그 외 구약성경의 여러 군데에서 그리스도의 이성(二性)에 관한 구절이 있다. 다윗의 후손이 그의 왕위를 영원히 견고하게 하리라는 약속(삼하 7 : 12 – 16, 대하 6 : 16, 시 132 : 11)의 말씀을 하였고, 이사야는 메시야의 탄생(사 9 : 6, 7)과 동정녀 탄생(사 7 : 14)을 예언하였고, 미가는 예수의 베들레헴에서의 출생(미 5 : 2)을 예언하였다.

신약에서는 마태와 누가가 그들의 복음서 서두(마 1 : 1 – 17, 눅 3 : 23 – 38)에 예수의 족보를 기록함으로 그리스도의 사람 됨을 말하였고, 예수께서 자칭 인자라고 하셨고 사람들이 그리스도를 부를 때 '선생'(요 8 : 4), '나사렛 예수'(행 2 : 22), '한 사람 예수 그리스도'(롬 5 : 15), '한 사람'(고전 15 : 21), '사람이신 그리스도 예수'(딤전 2 : 5)라고 하였다.

참사람이신 예수 그리스도도 우리와 같이 인성의 본질적인 요소인 물질적 요소로 육체(마 26 : 26, 28, 38, 눅 24 : 39, 히 2 : 14)와 이성적 요소로 영혼(마 27 : 50, 눅 23 : 46)을 소유하셨다. 인간의 정상적 성장과정(눅 2 : 40, 50)을 거치셨고, 문제에 대하여 질문하시며(눅 2 : 46), 순종을 배우고(히 5 : 8), 시험을 당하시며(마 4 : 1, 히 2 : 18), 고난을 받아 온전하게 되셨다(히 2 : 10). 또한 그는 주리시고(마 4 : 2), 주무시고(마 8 : 24), 불쌍히 여기시고(마 9 : 36), 노하시고(막 3 : 5), 땀이 나시고(눅 22 : 44), 피곤하시고(요 4 : 6), 눈물을 흘리시고(요 11 : 35), 마음이 괴로우시고(요 12 : 27), 기쁨이 있으시고(요 15 : 11), 목마르시고(요 19 : 28), 심한 통곡과 눈물로 간구와 소원을 올리시고(히 5 : 7)라는 말씀과 같이 인간으로서의 감정, 희로애락을 가지셨다.

그리스도의 인성에 완전성과 진정성이 있으나 인적인 유한성으로 인하여 인간적인 제약을 받았다. 백부장의 믿음을 기이히 여기셨고(눅 7 : 9), 종말의 날과 때를 알지 못하셨다(마 24 : 36).

---

145) 박형룡 Ⅳ 전게서, p. 55 ; 제자원 001 전게서, p. 271.

4) 그리스도 인성의 무죄성

12신조 제7조 3단에 그리스도의 무죄성과 완전성을 말하고 있다. 예수 그리스도는 "하늘에서 내려온 자 곧 인자……"(요 3 : 13)라는 말씀은 예수 그리스도의 선재와 성육신을 함께 가리키는 것이며, "말씀이 육신이 되어 우리 가운데 거하시매……"(요 1 : 14)의 말씀은 선재하신 예수께서 육신을 취하셨으나 하나님 그대로 오셨고, 죄 있는 육신의 형체로 오셨으나 죄는 없으셨다는 말이다. 예수는 도덕적 완전성을 가진 완전한 인간이셨으나, 모든 인간이 가지고 있던 죄성은 없으셨다는 말이다.

예수는 성령의 권능으로 잉태되셨기에 원죄의 유전이 차단되고 순결 무죄를 가능케 하였다. 성령에 의한 동정녀 탄생으로 예수 그리스도는 행위언약에 포함되지 않으시고, 죄책과 오염에서 해방되신 것이다. 만약에 그리스도께서 사람의 보편적 생육법에 따라 사람에 의하여 출생하였다면 한 사람으로서의 인적 인격을 취득하여 이로 말미암아 행위언약에 들어가게 되고, 따라서 인류의 공통적인 죄책에 참여하고 또 오염에서 면제될 수는 없었을 것이다. 스트롱(A. H. Strong)은 "로고스가 취하시어 자신과 연합시키신 부분의 인성은 그것이 취하여진 즉시로 또는 그 사실에 의하여 그것의 모든 생득적 패괴(生得的 敗壞)로부터 정화되었다."[146]라고 한다. 그러므로 성령에 의한 이적적 성탄으로 말미암아 예수 그리스도의 자아와 주체와 품위는 아담에게서 오지 아니하였으니 예수 그리스도는 행위언약 아래에 있지 아니하며 죄책과는 아무런 관련이 없으며, 따라서 출생 전과 후에 오염이 발생하지 않는 것이다.

예수는 원죄뿐만 아니라 본죄에 있어서도 완전하셨다. 그러므로 죄를 짓지도 않으시고 죄를 지을 수도 없었다. 인성과 신성의 본질적 결합은 그로 하여금 범죄의 불가능성을 갖게 하였다. 카이퍼(Abraham Kuyper)[147]는 "그러나 예수는 인적 인격을 취하지 않으시고 인적 성질을 취하셨기 때문에 또는 그 안에 인적 자아가 없었고 반대로 인성이

---

146) 박형룡 IV 전게서, p. 148 ; A. H. Strong, *Systematic Theology* II, p. 677.
147) 1837~1920, 네덜란드의 칼빈주의 신학자.

삼위일체의 제2위와 영원히 연합되어 있기 때문에 이 신적 위(位, 인격)의 관할은 범죄가능성이 실재되는 것을 절대적으로 불가능하게 만든다."[148] 라고 했다. "너희 중에 누가 나를 죄로 책잡겠느냐……"(요 8 : 46), "하나님이 죄를 알지도 못하신 이를 우리를 대신하여 죄로 삼으신 것은……"(고후 5 : 21), "……죄는 없으시니라"(히 4 : 15), "영원하신 성령으로 말미암아 흠 없는 자기를 하나님께 드린 그리스도의 피……"(히 9 : 14), "그는 죄를 범하지 아니하시고……"(벧전 2 : 22), "……그에게는 죄가 없느니라"(요일 3 : 5).

5) 그리스도의 이성의 결합

그리스도는 인성을 갖고 계시지만 그리스도의 인격 자체는 하나의 인적 인격, 즉 독립된 인격으로서의 위격을 구성하지 않는다. 이는 인성 자체의 비인격성을 의미하는 것이다. 인격과 신격의 두 개의 위격을 가지신 것이 아니고 하나의 위격을 가지셨다는 말이다. 신적 위(神的 位)가 인성을 취하시어 성육신하셨다는 말이다. 그러므로 그리스도의 인성은 독자적 실존을 가지시지 않는다. 그러나 그리스도의 인성은 완전하고 인성에 속하는 모든 근본적 성질들은 순전하고 무흠한 것이다. 하나님의 아들인 신적 위격 안에서 인성으로서의 개성과 위적 실존을 갖고 계신다.

AD 451년 제4차 공의회인 칼케돈 공의회의 결정에 의하면 신인양성(神人兩性)은 하나의 위격 안에서 연합하고 있으나, 그 연합은 혼합이 없이(inconfusedly), 변화가 없이(unchangeably), 분할이 없이(indivisibly), 분리가 없이(inseparably) 존재하며 한 위격과(One Person) 한 본체(One Hypostasis) 안에서 둘 다 보전되고 함께 역사하신다고 한다. 그러므로 의지 또는 의식도 두 개냐 한 개냐의 문제가 제기되었으나, AD 680~681년에 열린 제6차 공의회인 제3차 콘스탄티노플 공의회에서 단의론(單意論, 단일의지론)이 배척되고 양의론(兩意論)이 채택되어 교회의 정통교리로 받아들이고 있다. 그러나 양성이 조화롭게 연합하듯이 이 두 개의 의지도 혼합, 변화, 분할, 분리

---

148) 박형룡 Ⅳ 전게서, p. 59 ; Kuyper, *Loci* Ⅲ, Cap., Ⅲ, par. 6, p. 11.

없이 연합하여 그 본래의 특징을 보존하고 있다. 그러므로 핫지(C. Hodge)는 말하기를 "그리스도 안에 유한한 지성과 무한한 지성이 함께 있으며 유한한 의지와 무한한 의지가 함께 있다."라고 하였다.[149]

6) 그리스도의 이성에 대한 이단

(1) 그리스도의 신성의 부인

그리스도의 신성을 부인하는 이단들로서는 초대교회 때는 에비온파, 알로기파(Alogi),[150] 종교개혁기에는 소시니안파(Socinians),[151] 현대에는 유니테리안파(Uniterians),[152] 현대 자유주의 신학자를 들 수 있다. 그 외에 그리스도의 완전한 신성을 부인하는 이단으로는 초대교회 때 아리우스주의자(Arians)로 그들은 그리스도의 신성의 완전성을 부인하고 하나님도 아니고 사람도 아닌 반신반인의 피조물로 보았다. 그리스도의 신성을 부인하고 인성 위주의 그리스도론을 주장하는 철학자로는 칸트(Immanuel Kant), 헤겔(Hegel), 슐라이어마허(Schleiermacher), 알브레히트 리츨(Albrecht Ritschl)[153] 등이 있다.

---

149) 박형룡 Ⅳ 전게서, p. 74 ; Charles Hodge, *Systematic Theology* Ⅱ, p. 391.
150) AD 2세기 말경 소아시아에 출현한 이단으로 요한의 로고스 교리를 부인하고, 예수는 단순한 인간이며 수세 시에 예수 안에 로고스가 거하여 다른 사람보다 뛰어났을 뿐이라고 한다. 학자에 따라 후기 양자론의 대표적 분파로 보기도 한다.
151) 소키누스주의(Socinianism) 또는 소시너스(Socinus)주의라고 발음하기도 하며 이러한 주의자를 소시니안(Socinian)이라 한다. 16세기에 이탈리아 출신 소키누스(1539-1604, F. Socinus)가 폴란드에서 일으킨 종교운동으로 삼위일체를 부인하면서 등장한 이단으로 삼위가 동일한 본체를 가졌다는 것은 이성에 모순되며, 성자의 선재를 부인하고, 예수는 성령을 충만히 받으시고 승천 후 만물의 지배권을 받았다고 한다. 예정론을 부인하고 자유의지를 강조하며, 그리스도의 신인양성합일과 대속을 부인하며, 또한 그리스도의 모범과 도덕행위에 의한 구원을 주장함으로 만인구원론으로 흐르게 되었다.
152) 유니테리안 교회는 소시니안 교회의 후신으로 메이휴(1720-1766, Jonathan Mayhew)와 챠닝(1780-1842, William Channing)이 시작한 교회로 삼위일체를 부인하여 하나님의 단일성을 강조하고, 그리스도와 성령의 신성, 대속을 부정하고, 의지의 자유와 도덕행위로 인한 구원을 주장하며, 현재 미국, 영국, 캐나다에서 교파를 형성하여 활동하고 있다.
153) 1822~1889년, 독일 신학자. 칸트, 헤겔, 개신교 자유주의 신학의 창시자인

(2) 그리스도의 인성의 부인

그리스도의 인성을 부인하는 이단들로서는 초대교회 때 영지주의자(그노시스파), 양태적 군주신론자(양태론자, 사벨리우스주의자, Sabellians)가 있다. 그 외에 그리스도의 완전한 인성을 부인한 이단은 아폴리나리우스주의자(Apollinarians)인데 이들의 주장을 그리스도인성제한설이라 한다.

(3) 기 타

그 외에 전술한 바와 같이 그리스도의 본성에 관한 이단들로서는 네스토리우스파와 유티케스파가 있다. 전자는 그리스도의 인성을 지나치게 강조하며 인성과 신성의 진정한 결합인 그리스도의 인격의 통일성을 부인하고 기계적 결합을 주장하고, 후자는 네스토리우스와는 반대로 그리스도의 신성의 우월성을 강조하며 그리스도의 인성이 신성에 흡수되어 결국에는 그리스도의 단성(單性)을 만들어 내는 결과를 초래했다.

또 케노시스파(Kenoticism, Kenotic Theory)가 있다. 19세기 루터파 가운데서 빌립보서 2 : 7의 "오히려 자기를 비워 종의 형체를 가지사 사람들과 같이 되셨고" 중에 "자기를 비워"라는 말에 근거하여 그리스도께서는 신의 속성의 일부 또는 전부를 폐지하셨다가 부활 승천 후 모두 회복하셨다고 한다. 이러한 견해에도 토마시우스(Von G. Thomasius)의 신의 속성일부폐지론(屬性一部廢止論)과 게스(W. F. Gess), 비처(H. W. Beecher)의 신의 속성전폐론(屬性全廢論)이 있다. 일부폐지론은 그리스도가 신의 상대적, 비본질적 속성인 전지, 전능, 편재만을 포기하셨고, 전폐론은 신의 절대적, 본질적, 내재적 속성까지도 포기하셨다는 주장이다.

케노시스($\kappa \acute{\epsilon} \nu \omega \sigma \iota \varsigma$, Kenosis)란 말은 자기 비하(허기, 虛己)를 위하여 신의 속성을 중지시키는 것을 말한다. 이 말은 빌립보서 2 : 7의

슐라이어마허의 영향을 받아 예수 그리스도는 사람인데 하나님의 마음과 뜻을 나타내시고 죽기까지 하나님께 순종하셨고 하나님의 일의 수준으로 하신 그의 사역과 봉사로 말미암아 하나님의 아들로 불리셨을 뿐이라고 한다.

말씀 가운데 "자기를 비워"라는 말에 해당하는 헬라어 '헤아우톤 에케노센'(ἑαυτὸν ἐκένωσεν)에서 나온 말로써 영어 성경에서도 'Emptied Himself' 또는 'Made Himself Nothing'으로 번역하였는데, 여기서 '자기'(Himself)를 의미하는 '헤아우톤'을 '그리스도가 갖고 있는 영광', '그리스도의 독자적인 권위의 행사', '하나님과의 동등성', '신성' 등 여러 가지로 해석하고 있다. 자기를 비웠다는 말은 그리스도가 하나님이 지니는 신성이나 본질을 버렸다는 의미가 아니다. '에케노센'의 원형인 '케노오'(κενόω)는 '비우다', '공허하게 만들다'의 뜻이 있는데 그리스도께서 자기를 헛되게 여겨 자기의 신성을 주장하지 않고 그리스도께서 지니고 있는 영광스러운 지위를 잠시 뒤로한 채 종의 형상을 취하셨다는 의미이다.[154]

6. 그리스도의 신분 비하

12신조 제7조 4단 전반에서는 그리스도의 신분이 낮아지신 내용을 설명하고 후반에서는 높아지신 내용을 언급하고 있다. 그리스도의 신분이 낮아지시는 것을 신분 비하(卑下)라 하고 높아지신 것을 신분 승귀(昇貴)라 한다.

제7조 4단에서는 비하의 단계로 ① 율법 복종, ② 수난, ③ 사망, ④ 장사 네 가지를 들고 있으나, 7조 1단과 3단의 성육신을 비하의 제1단계로 함이 통설이다. 하나님의 아들이 성육신한 것 그 자체가 바로 신분의 비하로 볼 수 있다.[155]

또 우리 헌법 제1편 제1부 사도신경이나 제2부 신조에서는 그리스도의 지옥에 내려가심(지옥강하)을 규정하고 있지 않으므로 이를 신분 비하의 마지막 단계로 넣을 수 없어 본란에서 고찰하지 않으니, 제2편 사도신경 제6장 사도신경의 문제점을 참고하기 바란다.[156]

---

154) 제자원 122 전게서, p. 136.
155) 루터파는 그리스도의 성육신을 신분의 비하로 보지 않는다.
156) 개혁파의 통설은 성육신, 율법 복종, 수난, 사망, 장사의 5단계를 그리스도 신분 비하로 보나, 소수설은 지옥강하를 포함하여 6단계로 보기도 한다.

1) 율법 복종

통설은 성육신을 신분 비하의 제1단계로 보고, 예수 그리스도의 율법 복종(律法 服從)은 비하의 제2단계로 한다.

12신조 제7조 4단에 "죄인을 대신하여 하나님의 법을 완전히 복종하시고……"라고 규정함으로 율법에의 복종을 의미하고 있다.

"때가 차매 하나님이 그 아들을 보내사 여자에게서 나게 하시고 율법 아래에 나게 하신 것은"(갈 4 : 4)과 "그리스도는 모든 믿는 자에게 의를 이루기 위하여 율법의 마침이 되시니라"(롬 10 : 4)의 말씀에서 성육신 사건을 통하여 예수 그리스도는 율법을 전적으로 준수할 의무 아래에 매이게 되었다. 이는 성부 하나님의 정명(定命)이자 그리스도 자신의 자유의지에 의하여 만주(萬主)의 주요, 만왕(萬王)의 왕이신 이 우주만물의 최고 입법자요 제정자이신 예수 그리스도께서 자발적으로, 자원적으로, 대리적으로 자기 백성의 죄를 위하여 율법의 저주를 받고 율법의 마침이 된 것이다.

핫지(Hodge)는 "그리스도는 모든 의(義)를 성취하실, 즉 율법의 모든 형식이 요구하는 매사를 행하실 본무를 인수하심에서 율법을 이 모든 국면에서 복종하신 것이었다. 이 율법에의 복종은 자원적이며 대리적이었다."[157]라고 말한다.

2) 수 난

수난(受難)에 관한 직접적인 표현은 12신조 제7조 4단에 없으나, 수난의 전제 없이 사망이 있을 수 없으므로 비하의 제3단계로 수난을 인정하지 않을 수 없다.

"그는 실로 우리의 질고를 지고 우리의 슬픔을 당하였거늘 우리는 생각하기를 그는 징벌을 받아 하나님께 맞으며 고난을 당한다 하였노라 그가 찔림은 우리의 허물 때문이요 그가 상함은 우리의 죄악 때문이라 그가 징계를 받으므로 우리는 평화를 누리고 그가 채찍에 맞으므로 우리는 나음을 받았도다 우리는 다 양 같아서 그릇 행하여 각

---

157) 박형룡 Ⅳ 전게서, p. 159 ; Charles Hodge, *Systematic Theology* Ⅱ, p. 612.

기 제 길로 갔거늘 여호와께서는 우리 모두의 죄악을 그에게 담당시키셨도다"(사 53 : 4 - 6).

그리스도의 수난은 마지막 고난주간의 수난만을 의미하지 않고 그리스도의 전 생애가 사실상 수난의 생애였고, 육체와 영혼을 포함한 전인(全人)으로서의 수난이었다. 육체적 수난은 성경 도처에서 발견할 수 있고, 영혼의 수난은 "……내 마음이 매우 고민하여 죽게 되었으니……"(마 26 : 38), "……예수께서 크게 소리 질러 이르시되 엘리 엘리 라마 사박다니 하시니……"(마 27 : 46), "지금 내 마음이 괴로우니 무슨 말을 하리요……"(요 12 : 27), "……심한 통곡과 눈물로 간구와 소원을 올렸고……"(히 5 : 7)라는 성경 구절에서 찾아볼 수 있다.

마귀의 시험을 받으신 것(마 4 : 1-11, 눅 22 : 28, 히 4 : 15)도 수난에 속하며, 하나님의 계획과 도모에 의한 수난(마 16 : 21, 막 8 : 31, 눅 9 : 22, 17 : 25, 22 : 37, 24 : 7, 26, 요 3 : 14, 행 17 : 3)도 있으며, 우리의 죄로 인하여 하나님의 진노로 인한 수난(사 53 : 12, 마 27 : 46, 고후 5 : 21)도 있다.

3) 사 망

사망(死亡)은 비하의 제4단계이다.

12신조 제7조 4단에 "……몸을 드려 참되고 온전한 제물이 되어…… 십자가에 죽으시고"라고 규정함으로써 대속(代贖)의 제물과 죽음의 방법에 관하여 설명하고 있다.

"사람의 모양으로 나타나사 자기를 낮추시고 죽기까지 복종하셨으니 곧 십자가에 죽으심이라"(빌 2 : 8)의 말씀에서 그리스도의 죽으심이 비하의 극치요, 절정인 것을 알 수 있다.

로마 총독 빌라도의 법정에서 심문을 받고 최종적으로 사형선고를 받아 그 즉시 십자가형으로 사형이 집행되었다. "그는 곤욕과 심문을 당하고 끌려갔으나 그 세대 중에 누가 생각하기를 그가 살아 있는 자들의 땅에서 끊어짐은 마땅히 형벌 받을 내 백성의 허물 때문이라 하였으리요"(사 53 : 8)라고 구약은 예언하였으며, 체포, 심문, 재판, 사형선고, 사형집행의 일련의 절차와 진행과정은 참으로 최악의 수

욕(羞辱)과 극심한 고통과 저주의 절차였다.

4) 장사

장사(葬事)는 비하의 제5단계이다.

12신조 제7조 4단에 "……장사한 바 되었다가……"라고 규정하여 장사를 말하고 있다.

아리마대 요셉이 빌라도로부터 예수의 시체를 인수하여 바위 속 새 무덤에 장사하였다는 기록은 4복음서에 다 나온다(마 27 : 57 - 60, 막 15 : 43 - 46, 눅 23 : 51 - 53, 요 19 : 38 - 42). 빌라도가 시체를 내어 주기를 허락할 때 죽음을 확인하였고(막 15 : 44), 또한 십자가 위에서도 로마 군병이 확인 사살의 의미로 예수의 옆구리를 창으로 찔러 물과 피를 다 쏟게 한 사실(요 19 : 34)을 보아 죽음은 참죽음이었고, 장사를 지냈으나 그 시체는 썩음을 당하지 아니하였다(행 2 : 27, 31).

7. 그리스도의 신분 승귀

그리스도의 신분 비하의 제5단계인 장사는 신분 승귀(昇貴)의 전조(前兆)인 것을 알 수 있다. 어떤 견해는 그리스도의 신분 비하의 마지막 단계로 지옥강하를 들고 있으나 우리의 사도신경이나 신조에는 규정하고 있지 않는다.

12신조 제7조 4단에서는 승귀의 단계로 ① 부활, ② 승천, ③ 하나님 우편 재위(在位), ④ 재림의 4단계를 규정하고 있다.

승귀의 증명에 관한 대표적 성경 구절로 "이러므로 하나님이 그를 지극히 높여 모든 이름 위에 뛰어난 이름을 주사 하늘에 있는 자들과 땅에 있는 자들과 땅 아래에 있는 자들로 모든 무릎을 예수의 이름에 꿇게 하시고 모든 입으로 예수 그리스도를 주라 시인하여 하나님 아버지께 영광을 돌리게 하셨느니라"(빌 2 : 9 - 11)를 들 수 있고, 또 "그리스도가 이런 고난을 받고 자기의 영광에 들어가야 할 것이 아니냐 하시고"(눅 24 : 26)라는 구절 외에도 성경 여러 군데(막 16 : 19, 엡 1 : 20, 롬 8 : 34)에서 찾아볼 수 있다.

1) 부 활

부활(復活)은 승귀의 제1단계이다.

12신조 제7조 4단에 "……주검에서 삼 일 만에 부활하사……"라고 규정함으로 부활을 언급하고 있다.

기독교를 떠받치고 있는 양대 기둥이 있다면 속죄와 부활이라고 생각한다. 만약에 부활이 없고 우리가 바라는 것이 다만 이 세상의 삶뿐이라면 모든 사람 가운데 우리가 더욱 불쌍한 자이었을 것이다(고전 15 : 19).

예수 그리스도의 부활은 구약 시편 16 : 10에서 예언하였고 이 예언이 성취되었다는 것을 사도들이 증언하였고(행 2 : 24 - 31, 13 : 35), 그리스도 자신도 수난과 죽음과 부활을 예언하셨다(마 16 : 21, 20 : 19, 막 8 : 31, 눅 9 : 22). 이러한 예언뿐만 아니라 복음서 기자들의 증언(마 28 : 9, 막 16 : 9, 12, 14, 눅 24 : 15, 36, 요 20 : 16)과 사도 바울의 증언(고전 15 : 8)이 있다.

예수 그리스도의 부활의 사역자로는 "주께서 내 영혼을 스올에 버리지 아니하시며 주의 거룩한 자를 멸망시키지 않으실 것임이니이다"(시 16 : 10), "하나님께서 그를 사망의 고통에서 풀어 살리셨으니……"(행 2 : 24), "……아버지의 영광으로 말미암아 그리스도를 죽은 자 가운데서 살리심과……"(롬 6 : 4), "그의 능력이 그리스도 안에서 역사하사 죽은 자들 가운데서 다시 살리시고……"(엡 1 : 20)의 성경 구절을 대표로 하여 많은 곳에서 성부 하나님을 가리키고 있다.

또 예수 자신도 "……나는 부활이요 생명이니……"(요 11 : 25)와 "이를 내게서 빼앗는 자가 있는 것이 아니라 내가 스스로 버리노라 나는 버릴 권세도 있고 다시 얻을 권세도 있으니 이 계명은 내 아버지에게서 받았노라"(요 10 : 18)의 말씀에서와 같이 예수 그리스도는 죽은 자 가운데서 살아난 다른 사람들과는 달리 자기 자신의 권능으로 부활하셨다고 말할 수 있다.

또 이러한 부활에 성령께서 삼위일체의 신으로서 공작에 참여 사역하지 아니할 수가 없는 바, "예수를 죽은 자 가운데서 살리신 이의 영(靈)이……"(롬 8 : 11)라는 말씀이 이를 나타내고 있다.

부활의 역사적 사건과 관련하여 빈 무덤에 대하여 기절설, 시체도적설, 다른 무덤 착각설, 빈굴 착각설 등으로 성경 기록을 야유하기도 하고, 예수의 목격에 대하여서는 환상설, 착각설, 환각설, 강령설 등으로 부활을 부정하기도 하고, 그 외 사기설, 신화설 등이 있으나 일고의 가치도 없다.

2) 승 천

승천(昇天)은 승귀의 제2단계이다.

12신조 제7조 4단에 하늘에 오르사 또는 승천이란 직접적 표현은 없으나 헌법 제1편 제1부 사도신경과 제3부 요리문답에는 규정하고 있다.

예수 그리스도께서 부활하시어 승천하시지 않고 이 땅에 머물러 계셨다면 그의 신성이 오히려 의심스럽고, 구속사업의 온전한 완성을 이루지 못했을 것이다. 그러므로 부활에 당연하고도 필연적으로 승천이 뒤따르게 되는 것이다. 그리하여 결과적으로 그리스도의 신성을 증명하게 되는 것이다.

승천에 관하여 예수 그리스도께서 성경 여러 군데에 예언(요 6 : 62, 14 : 2, 12, 16 : 5, 10, 17, 28, 20 : 17)하시고, 누가도 증언(눅 24 : 51, 행 1 : 9-11)하였고, 사도 바울도 바울서신(엡 1 : 20, 4 : 8-10, 딤전 3 : 16)에서 말하고 있다.

그리스도의 승천은 신성과 인성을 포함한 전위(全位)의 승천이며, 유형적(有形的) 승천(행 1 : 9-11)이며, 처소의 변경(요 16 : 28)이었다.

3) 하나님 우편 재위

하나님 우편 재위(右便 在位, Session)는 승귀의 제3단계이다.

12신조 제7조 4단에 "……하나님 우편에 앉아 계시고 그 백성을 위하여 기도하시다가……"라고 규정함으로 하나님 우편 재위를 언급하고 있다.

승천과 하나님 우편 재위는 한 사건의 두 국면으로 특별히 구별할 필요가 없다는 소수설이 있으나 통설은 별개의 사건으로 구별한다.

예수 그리스도의 예언(마 26 : 64), 베드로의 강론(행 2 : 35 - 36, 5 : 31, 벧전 3 : 22), 바울의 증언(엡 1 : 20), 요한의 증언(계 22 : 1)에 하나님 우편 재위가 잘 설명되어 있다. 하나님 우편 재위라는 말은 예수 그리스도께서 하나님의 우편에 그냥 가만히 앉아 안식을 취하고 계신다는 말이 아니고, 하나님으로부터 영광의 광채요 본체의 형상으로서 소극적으로 권위와 영광을 누릴 뿐만 아니라 교회와 우주만물의 통치권을 받아서 적극적으로 사역하고 계신다고 할 수 있다. 예수 그리스도는 성령을 통하여 선지자로서의 사역을 하시고, 멜기세덱의 반차를 통한 영원한 제사장으로서의 사역[158]을 하시며, 성령으로 자기의 교회를 통치하시며, 보호하시며, 직원을 통하여 교회를 관리하시는 왕(王)의 사역을 하고 계신다.

4) 재 림

재림(再臨)은 승귀의 마지막 제4단계이다.

12신조 제7조 4단에 "……그곳으로부터 죽은 자를 다시 살리시고 세상을 심판하기 위하여 재림하신다."라고 규정함으로 심판주로서 재림의 주를 설명하고 있다.

성경에서는 '주의 임함' 또는 '주의 강림'(마 24 : 3, 27, 37, 고전 15 : 23, 살전 2 : 19, 3 : 13, 4 : 15, 5 : 23, 살후 2 : 1, 약 5 : 7 - 8)이라는 표현을, 또한 '주의 나타나심'(살후 1 : 7, 벧전 1 : 7, 13, 4 : 13)이라는 표현을 쓰고 있다. 이는 승천하신 예수 그리스도와 동일한 그 예수님이 이 땅에 오시되 드러나지 않았던 그리스도의 권위와 영광과 통치를 재림에 의하여 계시된다는 말로 쓴 것이다.

예수 그리스도의 부활 승천 후 오순절에 성령이 강림하셨는데 이를 그리스도의 영적 귀환으로 볼 수 있으나 성경은 그리스도가 유형적으로 신령한 몸을 갖고 오시는 것을 기다리라고 말씀한다. "……갈릴리 사람들아 어찌하여 서서 하늘을 쳐다보느냐 너희 가운데 하늘로 올려

---

158) 하나님의 우편에 계시면서 제사장으로서의 사역은 하지 않는다는 반대설은 십자가에서 다 이루었다는 말씀으로 그의 제사장으로서의 사역은 끝났다고 한다.

지신 이 예수는 하늘로 가심을 본 그대로 오시리라 하였느니라"(행 1 : 11). 그 외 그리스도가 다시 오신다는 말씀은 성경 도처(고전 4 : 4, 11 : 26, 빌 3 : 20, 골 3 : 4, 살전 4 : 15-17, 살후 1 : 7-10, 딛 2 : 13, 계 1 : 7)에 기록이 있다.

예수 그리스도는 이 세상의 세상을 심판하는 심판주(審判主)로, 자기 백성의 구원을 완성시키는 구속주(救贖主)로 다시 오시어서 악인은 영벌(永罰)로, 의인은 영생(永生)으로 심판하시는 것이다. 그러나 말세에 불신앙으로 인하여 자유주의 신학자들은 재림에 대하여 부정적 태도를 취하고 있으니, 이는 기독교를 죽음의 종교로 인도하려는 것이다.

Ⅷ. 제8조 성령론

"8. 성부와 성자로부터 오신 성령이 사람으로 하여금 구원에 참여하게 하신다. 사람으로 하여금 죄와 비참을 깨닫게 하시며, 그의 마음을 밝혀 그리스도를 알게 하시고, 그 의지를 새롭게 하시고, 권하시며, 권능을 주셔서 복음을 값없이 주시겠다고 하신 예수 그리스도를 받게 하시며, 또 그 안에서 역사하여 모든 의의 열매를 맺게 하신다."

1. 12신조와 성령론

12신조 제8조의 규정은 이른바 성령론인데 성령에 관한 신학의 중요한 이론을 압축, 요약한 것이 아니고, 그중 성령의 발출 근거와 구원에 관한 성령의 공동사역과 그 사역 중 대표적인 것 5가지만 규정하고 있다. 그리고 그 사역 상호 간에 개인의 구원 과정과 진행의 논리적 선후도 없이 성경의 말씀을 발췌하여 요약한 것으로 성령론에 관한 신조로써는 의미가 중복되고 미비한 점이 많다.

2. 성령의 발출

12신조 제8조에 "성부와 성자로부터 오신 성령이……"라고 규정함으로 성령은 성부와 성자로부터 나오신다고 하고 있어, 이른바 성령의 발현(發顯) 또는 발출(發出)에 관한 신학의 교리 논쟁 중에 쌍발설(雙發說) 또는 이중발출설(二重發出說, Double Procession of the Holy Ghost)을 취하고 있다. "내가 아버지께로부터 너희에게 보낼 보혜사 곧 아버지께로부터 나오시는 진리의 성령이 오실 때에 그가 나를 증언하실 것이요"(요 15 : 26)의 구절에서 성령은 성부와 성자에게서 영원부터 발출한다는 것을 알 수 있다. 이에 관하여 제2편 사도신경 제2장 사도신경의 배경 Ⅲ. 사도신경의 교리적 배경에서 언급하였으니 참고하기 바란다.

3. 12신조의 성령 사역

12신조 법문에는 성령의 사역으로 사람으로 하여금 구원에 참여하게 하신다는 대원칙과 그 구체적 공작으로 ① 사람으로 하여금 죄와 비참을 깨닫게 하시며, ② 그의 마음을 밝혀 그리스도를 알게 하시고, ③ 의지를 새롭게 하시고, ④ 권하시며, 권능을 주셔서 복음을 값없이 주겠다고 하신 예수 그리스도를 받게 하시며, ⑤ 그 안에서 역사하여 모든 의의 열매를 맺게 하신다고 하여 5가지를 규정하고 있으나, 이는 성령의 공작을 그 내용적으로 열거한 예시규정(例示規定)에 불과하고, 이것들 말고도 성령의 사역, 활동에 관하여 성경은 많이 말씀하고 있다.

12신조 제8조에 "……성령이 사람으로 하여금 구원에 참여하게 하시다."라는 규정은 하나님의 창조 사역에도 삼위일체의 제3위이신 성령이 동참하였듯이 인간의 구속 사업에도 마찬가지로 성령이 참여하셨다. 성부 하나님께서는 구원을 계획하시고, 성자 하나님은 그 구원의 계획을 실천하시고, 성령 하나님은 성부 하나님의 구원의 계획과 성자 하나님의 구원의 실천을 인간 개인에게 적용시키고 보증하신다.

삼위일체의 하나님은 구원의 공동사역자가 되신다는 의미이다.

12신조 제8조의 성령의 사역은 요리문답 31의 "효과적인 부르심이란 무엇입니까?"에 대한 답에서도 같은 내용의 성령의 사역을 열거하고 있으며, 단지 12신조에는 성령 안에서 의의 열매를 맺게 한다는 것 한 개가 추가되어 있다.

1) 성령의 회개 사역

12신조 제8조에 "……사람으로 하여금 죄와 비참을 깨닫게 하시며……"라는 규정은 성령이 인간으로 하여금 자기가 죄인임을 알게 하시고 깨닫게 하시어 회개하도록 인도하신다는 의미이다. "그가 와서 죄에 대하여, 의에 대하여, 심판에 대하여 세상을 책망하시리라"(요 16 : 8), "그들이 이 말을 듣고 마음에 찔려…… 형제들아 우리가 어찌할꼬 하거늘"(행 2 : 37), "내가 말을 시작할 때에 성령이 그들에게 임하시기를…… 생명 얻는 회개를 주셨도다 하니라"(행 11 : 15-18)에서 성령의 이러한 공작을 잘 알 수 있다.

2) 성령의 지적 사역

12신조 제8조에 "……그의 마음을 밝혀 그리스도를 알게 하시고……"(엡 1 : 18)라는 규정은 성령이 우리로 하여금 예수 그리스도가 우리의 구주(救主)임을 알게 하신다는 것이다. 성령이 하나님의 말씀을 통하여 그 말씀을 인간의 영혼에 조명(照明)하여 그 말씀 안에서 예수 그리스도가 우리의 구주라는 것을 알게 하시는 것이다. 믿음의 3요소인 지적(知的), 의지적(意志的), 정적(情的) 요소 가운데 첫째인 믿음의 지적 요소를 말한다. 그리스도의 은혜, 즉 십자가의 도(道)는 인간의 힘과 지혜로 알 수 없고, 성령이 감화 감동하게 해 주심으로 말미암아 우리 인간이 속죄의 진리를 깨달을 수 있는 것이다. "내가 아버지로부터 너희에게 보낼 보혜사 곧 아버지께로부터 나오시는 진리의 성령이 오실 때에 그가 나를 증언하실 것이요"(요 15 : 26)라는 말씀에서 성령의 이러한 활동을 잘 알 수 있다. "영생은 곧 유일하신 참하나님과 그가 보내신 자 예수 그리스도를 아는 것이니이다"(요 17 : 3), "……비록 우리가 그리스도도 육신을 따라 알았으나 이제부터는 그같이 알지 아니하노라"(고후 5 : 16)라는 말씀과 같이 예수 그리스도가 참하나님의 독생자요, 우리의 유일한 구주로 알고, 인지하고, 인정하고, 확신해야 한다는 의미이다. 신앙적 지식이 없으면 일시적 믿음으로 예수님의 씨 뿌리는 비유 중 길가나 돌밭에 떨어진 씨와 같게 된다는 것이다.

3) 성령의 의지적 사역

12신조 제8조에 "……그 의지를 새롭게 하시고……"라는 규정은 믿음의 두 번째 요소인 의지적 요소를 말한다. 참하나님과 우리 주 예수 그리스도의 구주성과 십자가의 대속성을 알고 깨달은 후, 하나님의 사랑 앞에 인간의 모든 학문과 지식을 배설물로 여기고 오로지 하나님의 사랑 앞에 굴복하여 순종하는 결단의 의지를 말한다.

4) 성령의 정적 사역

12신조 제8조에 "……권하시며, 권능을 주셔서 복음을 값없이 주시겠다고 하신 예수 그리스도를 받게 하시며……"라는 규정은 예수 그리스도가 구주임을 알게 하시고, 의지의 결단을 하게 하시고, 이를 마음으로 받아들이는 것을 말한다. 법문은 '권하시며, 권능을 주셔서'라고 표현함으로 '성령의 권면, 권고하시는 것' 따로 '그리스도의 복음을 받게 하는 권능'이 별개의 항목인 것같이 오해할 수 있으나, 영어 원문인 "persuading and enable them to embrace Jesus Christ freely offered to them in the Gospel"을 보면 예수 그리스도를 받아들이기 위하여 설득, 권고, 권면하고 가능케 하는 것임을 알 수 있고, 독노회 및 최초 헌법의 12신조에도 "권면하사 복음에 기록된 대로 값없이 주시는 예수 그리스도를 능히 받게 하시며"라고 번역한 것을 보면 '권하시며, 권능을 주셔서'라는 말의 뜻을 더 정확히 알 수 있으며, 요리문답 문 31의 답에도 "……그는 복음 안에서 우리에게 값없이 주신 예수 그리스도를 받아들이도록 우리를 설복하시며 또한 그렇게 할 힘을 주십니다."가 더 정확한 번역임을 알 수 있다. 현행

12신조가 오해의 소지가 있는 번역을 하여 잘못한 것 같다.

"······또 성령으로 아니하고는 누구든지 예수를 주시라 할 수 없느니라"(고전 12 : 3)라는 말씀과 같이 성령의 사역 없이는 인간이 예수 그리스도를 생명의 구주로 인식할 수 없는 것이다. 성령은 그리스도의 영이고 성령을 받지 아니한 자는 그리스도의 사람이라 할 수 없으므로 따라서 예수를 믿고 그 신앙고백을 하는 것도 성령의 사역 없이는 할 수가 없는 것이다.

5) 성령의 열매 사역

12신조 제8조에 "······또 그 안에서 역사하여 모든 의의 열매를 맺게 하신다."라는 말은 신앙의 3요소를 완전히 다 구비하여 신앙의 열매인 의의 열매를 맺게 하신다는 것이다. 구원론의 측면에서 본다면 의롭다 하심을 받는 것, 즉 칭의(稱義) 또는 의인(義認)을 말하는 것으로 볼 수 있다. 칭의의 결과 하나님의 자녀가 되는 입양의 특권을 얻고 성화의 길을 걸어 마지막 영화(榮化)의 상태에 들어가는 것이 된다.

성경상으로 의의 열매를 맺게 하는 방법은 위로부터 난 지혜라 할 수 있는 성결, 화평, 관용, 양순, 긍휼, 선한 열매, 편견이 없는 것, 거짓이 없는 것의 8가지 열매 중에서 최고의 열매인 화평으로 심어 의의 열매를 거두는 것이라고 한다(약 3 : 17). 이는 하나님의 말씀을 순종하는 삶에서 얻어지는 영생이나 성화 그 자체를 의미하기도 한다.

의의 열매를 맺는 목적(目的)은 하나님의 측면에서는 그 열매가 가득하여 하나님의 영광과 찬송이 되기를 원하는 데 있고(빌 1 : 11), 사람 개인의 측면에서 보면 죄에서 해방하여 순종의 종, 의에게 종, 하나님께 종이 되어 거룩함에 이르는 열매를 맺어 그 마지막에 영생을 얻는 것이다(롬 6 : 16 - 22).

의의 열매의 내용(內容)은 회개에 합당한 열매를 맺고(마 3 : 8), 모든 선한 일에 열매를 맺고(골 1 : 10), 모든 착함과 의로움과 진실함을 말하는 빛의 열매를 맺고(엡 5 : 8), 사랑, 희락, 화평, 오래 참음, 자비, 양선, 충성, 온유, 절제의 9가지 성령의 열매를 맺는 것을 말한다고 할 수 있다.

IX. 제9조 구원론

"9. 하나님이 세상을 창조하시기 전에 그리스도 안에서 자기 백성을 택하셔서 사랑하시므로 그 앞에서 거룩하고 흠이 없게 하시고 그 기쁘신 뜻대로 저희를 미리 작정하셔서 예수 그리스도로 말미암아 자기의 아들을 삼으셨다. 그러므로 그 사랑하시는 아들 안에서 저희에게 후하게 주시는 은혜의 영광을 찬미하게 하려는 것이다. 그렇지만 오직 세상 모든 사람에게 대하여는 온전한 구원을 값없이 주시려고 명하시기를, 너희의 죄를 회개하고 주 예수 그리스도를 자기의 구주로 믿고 의지하여 본받으며 하나님의 나타내신 뜻을 복종하여 겸손하고 거룩하게 행하라 하셨으니 그리스도를 믿고 복종하는 자는 구원을 얻는다. 저희가 받은 바 특별한 유익은 의가 있게 하심과 양자가 되어 하나님의 자녀가 되게 하심과 성령의 감화로 거룩하게 하심과 영원한 영광이니 믿는 자는 이 세상에서도 구원·얻는 것을 확실히 알 수 있고 기뻐할 것이다. 성령이 직분을 행하실 때에 은혜를 베푸시는 방도는 특별히 성경과 성례와 기도이다."

1. 구원의 과정

1) 구원론 개관

구원론은 예수 그리스도가 성취하신 속죄사역을 성령이 각자의 신자에게 적용하심에 관한 교리이다. 구속 사업이 예수 그리스도에 의해 조성된 후에라도 성령의 역사가 없으면 인간은 여전히 죄악생활을 계속할 것이므로 그리스도의 대속은 아무런 의미 없는 일이 되고 말 것이다. 구원은 성부 하나님의 작정과 예정에 의한 하나님의 구속 계획과 성자 예수 그리스도의 십자가의 죽음을 통한 대속으로 구속의 실천과 성령 하나님의 신자 각 개인에게 구원의 적용이라는 삼위일체 하나님의 공동 구속사역이다. 그리하여 조직신학에서는 성부의 예정론은 신론에서, 성자의 속죄론은 기독론에서, 성령의 구속적용론은 구원론에서 다룬다. 그러나 본서에서는 예정론을 신론에서 다루지 않고 12신조 제9조 구원론에서 논한다. 그 외 신학적인 이론은 12신조에서 규정한 그 조항에서 다루고, 부수적인 것은 제4편 요리문답이나 제5편 신앙고백에서 다루겠다.

2) 12신조의 구원 과정

12신조 제9조 1단에서 구원의 과정에 관해 하나님의 선택과 예정, 회개에 관해 규정하고, 2단에서 칭의, 양자, 성화, 영화를 규정하고, 3단에서 성령의 은혜의 방도를 말하고 있다.

구원의 과정에서 개혁파 다수설은 소명(召命), 중생(重生), 회개(悔改), 신앙(信仰), 칭의(稱義), 양자(養子), 성화(聖化), 성도의 견인(堅忍), 영화(榮化)의 9단계의 황금 고리를 말하고 있다. 성경은 로마서 8 : 30에서 소명과 칭의와 영화의 3단계의 과정을 말하고 있으나, 성경의 다른 구절과 연관하여 해석하면 이들은 처음과 중간의 일련의 순서를 대표하여 말하는 것으로 볼 수 있고, 또 구원의 마지막 단계를 표현한 것으로 볼 수 있다.

우리 헌법 12신조 제9조에서는 소명, 중생의 표현은 없으나, 제3부 요리문답 문 31에서 "효과적인 부르심이란 무엇입니까?"와 제4부 웨스트민스터 신앙고백 제10장 '실제적 부르심에 관하여'에서 소명에 관해 언급하고 있다. 중생에 관하여는 제1편 교리 전체를 통하여 제목의 대소를 불문하여 찾아볼 수는 없고, 다만 그 내용의 설명 중에 중생이란 용어가 보일 뿐이다. 이는 종교개혁 후 17세기 신학에서 중생을 외적 소명 또는 유효소명과 동일시하거나 또는 포함하여 보았기 때문인 것으로 사료된다.

3) 구원의 과정에 관한 학설

칼빈은 구원 과정의 순서를 소명, 신앙, 중생, 회심, 성화, 칭의, 예정, 부활로 하여 성화가 칭의보다 앞서는 특징이 있고, 루터파는 소명, 조명, 회개, 중생, 신앙, 칭의, 양자, 신비적 연합, 갱신, 성화의 순서를 말하면서 소명에서 중생까지는 그리스도와의 생적(生的) 관계없이 경험되는 것이며, 이들은 죄인을 그리스도에게로 인도하는

데 이바지할 뿐이라고 하는 특징이 있다. 학자에 따라 소명, 신앙, 회심, 칭의, 성화, 영화의 단계를 말하며, 또 어떤 학자는 구원의 순서를 칭의, 중생, 소명, 회심, 신앙, 성화라고 한다.

로마가톨릭교회는 성령이 직접 역사하여 구속하는 것이 아니고 교회가 베푸는 성례를 통하여 구원의 과정이 진행되며, 칭의는 계명의 순종과 선행을 통하여 보존되며, 이러한 칭의는 죄를 통해서 상실될 수 있고 통회와 고백으로 구성되는 고해성사(告解聖事)와 관면(寬免) 및 보속(補贖)의 행사에 의하여 다시 획득할 수 있다고 한다.

2. 예정론

1) 작정과 예정의 개념

신의 작정(作定, Decree, 라. Decretum)과 예정(豫定, Predestination)을 같은 개념으로 보는 신학자의 주장도 있으나 일반적으로 구별하여 사용하며, 따라서 이 경우에 신의 작정은 우주만물 만사에 관계하는 광범위한 하나님의 영원한 일반적, 보편적 계획(計劃)과 도모(圖謀)를 말하고, 예정은 인간의 구원에 관계하는 좁은 범위의 하나님의 특수한 계획과 도모를 뜻한다.

"모든 일을 그의 뜻의 결정대로 일하시는 이의 계획을 따라 우리가 예정을 입어 그 안에서 기업이 되었으니"(엡 1 : 11), "이것이 온 세계를 향하여 정한 경영이며 이것이 열방을 향하여 편 손이라 하셨나니 만군의 여호와께서 경영하셨은즉 누가 능히 그것을 폐하며 그의 손을 펴셨은즉 누가 능히 그것을 돌이키랴"(사 14 : 26 - 27)라는 말씀에서 피조계 전체에 하나님이 영원부터 결정하시고 자기의 주권적 의지를 행사하시고 자기의 선정(先定)하신 계획에 따라 장래 일어날 바를 무엇이든지 하신다는 것이다.

개혁주의 신학은 작정교리를 취하나, 펠라기우스주의, 소시너스주의는 이를 부인하고, 자유주의 신학은 이에 대하여 전혀 관심도 없으며, 로마가톨릭과 아르미니우스주의는 중간 입장을 취한다.

2) 자유의지와 자유행동

인간의 자유의지(自由意志, Freedom of Will)의 인정 여부에 관하여 개혁주의는 인간의 자유의지를 부인하고 죄와 마귀의 노예상태라는 노예의지론을 취한다. 이는 인간 스스로는 구원을 준비하고 구원에 참여할 능력이 없다는 것이다. 그러나 펠라기우스주의(Pelagianism), 로마가톨릭, 소시너스주의, 아르미니우스주의, 자유주의 신학은 자유의지론을 취한다.

개혁주의 신학이 인간의 구원을 향한 자유의지는 없고 노예의지(奴隷意志, Bondage of Will)를 주창하나, 인간은 자유행동(自由行動, Free Agency)을 하는 자라는 것을 부인하지는 않는다. 신의 작정만을 인정하고 자유행동을 부인한다면 숙명론과 다름없다. 하나님은 작정과 인간의 자유행동자임을 함께 인정하고, 제이 원인자의 자유와 우발성을 제거하지 않으시고 오히려 그것을 확립하신다.

3) 신의 작정의 특성

하나님의 작정의 특성은 절대적 무조건적이다. 또한 보편적이며 우주성을 띠고 있다. 또 하나님의 작정은 하나님의 자기 자신의 기쁘신 뜻에 의함으로 자유성을 갖고 있으며, 영원불변의 특성을 지닌다. 작정은 효과적이므로 아무도 이 작정을 방해하지 못하며 반드시 성취된다.

죄에 관한 하나님의 작정은 원인적 작정(原因的 作定, Causal Decree)이 아니고 허용적 작정(許容的 作定, Permissive Decree)이라고 말함이 통설이고, 따라서 하나님은 죄의 조성자가 아니시다. 하나님은 이성적 인간의 자유행동의 결과를 선견하시고 그 결과인 범죄를 허용하기로 작정하셨다는 것이다. 여기서 주의할 점은 하나님이 그런 결과를 선견(先見), 예지(豫知)하시고 작정하신 것이 아니라 하나님이 작정하신 것이 역사 속에 현실로 이루어지는 것이며, 하나님이 작정하신 것이 이루어지는 것을 아시는 것이라는 말이다.

4) 예정의 주체와 대상

삼위일체의 하나님이 예정의 주체이심은 말할 것도 없다. 성경은 하나님의 삼위의 구별을 하지 않고 선택과 유기를 하나님께 귀속시키는 구절이 있는데 이들은 "……내가 야곱은 사랑하고 에서는 미워하였다……"(롬 9 : 13), "……하나님께서 하고자 하시는 자를 긍휼히 여기시고 하고자 하시는 자를 완악하게 하시느니라"(롬 9 : 18)에서 볼 수 있다. 그러나 예정의 주권적 행위는 성부 하나님께 귀속시키는 것이 성경의 가르침이다(요 17 : 6, 9, 롬 8 : 29, 엡 1 : 3, 5, 벧전 1 : 2).

예정의 대상은 이성적 피조물로 타락한 인류, 천사와 마귀이며, 특별하고 제한적 의미에서 중보자이신 그리스도도 이에 포함된다. 그리스도는 예정의 대상이면서 예정의 주체이시기도 하다. "……나는 내가 택한 자들이 누구인지 앎이라……"(요 13 : 18), "너희가 나를 택한 것이 아니요 내가 너희를 택하여 세웠나니……"(요 15 : 16), "……내가 너희를 세상에서 택하였기 때문에 세상이 너희를 미워하느니라"(요 15 : 19)의 말씀에서 이를 알 수 있다.

5) 예정론의 내용

(1) 초기 교부시대 예정론
2~3세기 영지주의자들이 숙명론에 근접한 예정론을 주장할 때 헬라 교부들은 자유의지에 입각한 예정론으로 대항하였다.

(2) 아우구스티누스의 예정론
아우구스티누스는 초기에 조건적 예정론을 주장하였으나 펠라기우스와의 논쟁 시 무조건적, 절대적 예정론을 주장하여 성경적인 예정론을 확립하였다. 하나님은 인간이 믿을 것을 예견하셨기 때문에 하나님이 예정하셨다고 하여 초대 교부들의 사상과 유사하였으나, 펠라기우스와의 논쟁에 있어서 믿음은 선택의 결과이며, 예정은 예지에 기초한 것이 아니라 무조건적 절대적 예정을 주창하였다. 하나님의 은총은 불가항력적이며, 예정된 자에게는 인내의 은사를 주어 구원을 받는다고 한다.

(3) 칼빈의 이중예정론

칼빈의 예정론은 하나님께서 영원한 선택에 의하여 어떤 사람은 구원을 받고 또 어떤 사람은 영벌에 처하도록 예정하셨다는 것이며, 선택과 유기, 구원과 멸망이 예정되었기 때문에 이 예정론을 이중예정론(二重豫定論, Double Predestination)이라고 부른다. 아르미니우스주의자들은 자유의지에 입각한 예정론을 주장하나, 개별적으로는 약간의 차이가 있어 조건예정론 또는 개방예정론을 주장한다.

6) 선택과 유기

칼빈의 예정은 선택(選擇)과 유기(遺棄)의 두 부분이 있으나, 하나님의 선택을 다루기 위하여 유기가 필요한 것이지 유기를 위하여 선택이 필요한 것은 아니며, 하나님의 선택은 하나님의 사랑의 표현이고 유기는 하나님의 공의의 표현이라고 한다. 칼빈에 의하면 예정론의 창시자는 아우구스티누스나 자신이 아니고 성경이라고 하며, 예정론은 성경의 교리라 한다.

선택은 하나님의 주권적 의지요 하나님의 기쁘신 뜻의 표현이며, 하나님께서 자진하여 사람을 선택한 것이며, 사람의 선견(先見)된 신앙이나 선행(先行)에 의하지 않고 배타적으로 하나님의 열의(悅意)에 의해 결정된 무조건적이다. 또 이 선택은 하나님의 영원한 선택으로 불변적이며 불가항적인 것으로 사람이 이것을 항거하거나 좌절시키지 못한다. 하나님의 선택은 '그리스도 안에서의 선택'이라고 하는데 이 말의 의미는 로마가톨릭, 항론파, 루터파의 주장과 같이 그리스도가 선택의 원인, 기초라는 것이 아니고, 바빙크(Bavinck)의 말같이 "그리스도는 성부로부터 온 사랑의 선물인 바, 그 사랑은 성자의 파송보다 앞서기 때문이다. 성자가 성부를 용서와 사죄(赦罪)하시도록 움직이신 것이 아니라, 오직 선택하는 사랑이 성부 자신에서 기원하였다."[159]라는 것으로 해석한다. 개혁주의 신학도 그렇게 말하고 또 무엇보다도 그리스도 자신이 예정과 선택의 대상이고 하나님의 선택

---

159) 박형룡 II 전게서, p. 289 ; Bavinck, *Gereformeerde Dogmatiek*, Vol. II, p. 365.

의 사랑은 성자의 파송보다 먼저이기 때문이다(요 3 : 15, 롬 5 : 8, 딤후 1 : 9, 요일 4 : 9).

선택과 피택자(被擇者)의 개념은 논리적으로 당연히 유기와 피유기자(被遺棄者)의 개념과 상응하게 된다. 유기에 관한 성경의 가르침은 "……말씀을 순종하지 아니하므로 넘어지나니 이는 그들을 이렇게 정하신 것이라"(벧전 2 : 8), "이는 가만히 들어온 사람 몇이 있음이라 그들은 옛적부터 이 판결을 받기로 미리 기록된 자니……"(유 1 : 4), "죽임을 당한 어린 양의 생명책에 창세 이후로 이름이 기록되지 못하고 이 땅에 사는 자들은 다 그 짐승에게 경배하리라"(계 13 : 8), "……마음에 하나님 두기를 싫어하매 하나님께서 그들을 그 상실한 마음대로 내버려 두사 합당하지 못한 일을 하게 하셨으니"(롬 1 : 28), "……멸하기로 준비된 진노의 그릇……"(롬 9 : 22)과 "……영광 받기로 예비하신 바 긍휼의 그릇……"(롬 9 : 23)의 말씀 이외에 야곱은 사랑하고 에서는 미워하신 것(롬 9 : 13), 토기장이의 귀한 그릇과 천한 그릇을 만들 권한의 비유(롬 9 : 21) 등을 들 수 있다.

피유기자들이 유기됨은 자기 자신들의 죄로 인하여 결국 정죄 받아 멸망에 떨어질 인류의 한 무리에 관여하는 하나님의 영원한 작정의 한 국면일 뿐이다. 유기의 교리는 인간의 전적 타락(墮落) 또는 전적 패괴(敗壞)의 교리와 밀접한 관련이 있다. 인간의 전적 타락으로 인하여 하나님은 모든 사람을 공의의 형벌에 버려 두시는 대신, 어떤 인간들에게는 무조건적으로 아무런 이유 없이 구원을 값없이 주시는 동시에 어떤 인간들에게는 단순히 간과(看過, Preterition)하여 멸망에 이르도록 하셨고, 선택받지 못한 이들에게 이유 없는 형벌에 처한 것이 아니라 그들 자신의 정죄(定罪, Condemnation)로 인한 것이다. 하나님의 이런 일방적인 주권적 처분이 불공평하다고 하나님을 비난할 수가 없는 것은 피유기자, 즉 비피택자(非被擇者)는 그들 스스로 고의적 범죄의 길을 향하였음을 받는 자업자득인 셈이기 때문이다.

즉, 선택의 이유와 근거는 하나님의 은혜(롬 9 : 16)에 있으며 피유기자의 영벌의 이유와 근거는 그 자신들에게 있다(요 3 : 18-19). 하나님이 선택을 안 했기 때문에 구원을 못 받은 것이 아니라 그들이 본질상 죄인이기 때문에 영벌을 받는다는 것이다.

벌콥은 "간과는 하나님의 주권적이 행위이나 그의 단순한 기뻐하심의 행위이며, 거기에서 사람의 죄과는 고려되지 않는다. 그러나 정죄는 죄를 형벌하는 법정적인 행위이다. 간과의 이유는 사람에 의해 알려지지 않는다. 죄가 간과의 이유는 될 수 없다. 왜냐하면 모든 사람들은 다 죄인이기 때문이다. 우리가 오직 말할 수 있는 것은 하나님이 그 자신에게 충분하신 선하고 현명한 이유 때문에 간과하셨다는 것이다. 그러나 정죄의 이유는 알려지는데, 그것은 곧 죄이다. 간과는 순전히 수동적이며 사람에게 어떤 행동을 하지 않고 단순히 지나가는 것이지만, 정죄는 유효적이며 적극적이다. 간과되는 자들은 그들의 죄 때문에 정죄되는 것이다."[160]라고 말한다.

이러한 유기에 대하여는 하나님의 선택의 경우와 같은 하나님의 주권적 열의(悅意)와 직접적인 동력은 없으며, 하나님의 기뻐하심도 없으며, 유기의 작정으로 인하여 하나님께 책임을 돌릴 수 없는 것이다. 이러한 유기는 하나님의 영원한 공의의 현현(顯現)이며, 반사적으로 피택자들은 자기의 구원과 영생에 대한 하나님의 사랑을 깊이 인식하고, 더욱 감사하게 되며, 죄를 증오하게 되는 것이다.

벌콥은 "만사가 하나님의 의지와 규범에 의해 일어난다면 하나님은 죄의 창시자도 되신다고 말하는 자들은 무지하고 참람하게 행동하는 것이다. 왜냐하면 그들은 사람들의 타락과 하나님의 숨겨진 선정(先定, Appointments) 사이를 구별하지 못하기 때문이다."[161]라고 한다.

7) 결과론적 예정론

일부 학자들은 칼빈의 이중예정론을 부인하고 예정이 성경에 6번(행 4 : 28, 롬 8 : 29-30, 고전 2 : 7, 엡 1 : 4-5, 11)이나 나오므로 예정론 자체가 성경의 개념임에는 틀림없으나, 그것은 어디까지나

---

160) Louis Berkhof Ⅱ 전게서, p. 350.
161) Louis Berkhof Ⅱ 전게서, p. 351 ; Quoted by Warfield, *Studies in Theology*, p. 194.

믿는 성도에게 국한시켜 이해하여야 할 이론이며, 예수 그리스도를 믿고 구원 받은 성도가 그의 과거와 현재를 믿음의 눈으로 성찰해 봤을 때 고백되어지는 감격을 뜻하며, 장차 내 운명이 어떻게 될 것인지 추측을 불러일으킬 내용이 아니라고 하며, 하나님의 절대 주권에 의한 예정론과 하나님께서 창조한 인간이 자유의지와의 조화를 이루어야 할 것이다.[162) 이 주장은 칼빈의 예정론을 숙명론의 관점에서 본 오류를 범하고 있다. 구원론과 자유의지와는 별개의 문제라는 개념의 출발점에서 착오를 범하고 있다. 이러한 설은 피택자의 피택과 구원에 대하여 하나님께 감사와 영광을 드리고 더 잘 믿고, 더 잘 순종해야겠다는 신앙의 고백과 예정론과 혼돈을 범하고 있다.

8) 다른 교파의 예정론

루터주의교회에서 최초에 루터는 엄격한 아우구스티누스의 절대적 예정론을 지지했으며, 멜란히톤 이후 추종자들은 신인협동론(神人協同論)에 의하여 절대적 예정교리가 수정을 받았으나 그 후 일치신조에서는 신인협동론과 절대적 예정론의 두 주장이 다 채택되지 않았다. 후기 루터교회는 일치신조의 입장을 버리고 선택의 대상은 믿고 끝까지 견인할 것을 하나님께서 예견하신 사람들이라고 함으로 조건예정설을 취하였다.

아르미니우스주의자(아르미니안파)는 전술한 바와 같이 조건적 예정론을 주로 취하고 있다.

웨슬리와 감독주의자들은 아르미니우스교리를 대폭 수정하여 복음적 아르미니우스주의(Evangelical Arminianism)를 취하였다. 타락 후 전적 오염 및 패괴, 신인협동 불가, 칭의에 의한 원죄 제거 등은 칼빈주의에 접근했으나, 예정에 있어서는 하나님께서 신앙이 거룩한 생활을 선행하는 자들을 구원하기로 선택하셨다고 함으로 결국 조건예정론을 채택한 것이 되었고, 이는 구원을 얻고, 못 얻는 결정권이 사람의 손에 맡기는 아르미니우스주의와 같은 것이다.

---

162) 정수형 II 전게서, p. 218.

9) 전택설과 후택설

전택설(前擇說, Supralapsarianism)은 선택과 유기의 예정이 창조와 타락의 작정 전에 있다는 교리로써 타락전선택설이라고도 하며, 후택설(後擇說, Infralapsarianism)은 선택과 유기의 예정이 창조와 타락 작정 후에 있다는 교리로 타락후선택설이라고도 한다.

전택설과 후택설의 차이는 선택의 시기에 관한 문제가 아니고 선택의 대상, 즉 예정의 범위에 관한 문제이다. 양설은 공히 하나님의 창세전 영원의 세계에서 구원의 예정이 타락 전인가 타락 후인가의 논쟁이다. 전택설은 창조와 타락의 작정을 예정의 작정에 포함하여 예정의 대상은 '타락할 인간'이고, 후택설은 창조와 타락은 하나님의 일반적 작정으로 보고 예정의 특별한 작정에서 제외하여 예정의 대상은 이미 창조되고 '타락한 인간'이 되는 것이다.

전택설의 옹호자들은 전택설이 하나님의 절대적 주권에 치중하며, 하나님의 작정의 순서가 논리적이고 통일적이며, 천사들의 예정을 유추할 수 있는 논거가 있다고 하며, 이에 대한 반론으로 무죄자를 정죄의 대상으로 하며, 하나님을 죄의 조성자로 만들며, 유기에도 하나님의 주권적 열의가 있다는 결함이 따른다. 후택설의 옹호자들은 후택설이 구원 실시의 역사적 논리적 순서에 조화되고, 타락을 먼저 생각함과 동시에 우월한 역사적 지위를 갖는다고 하며 이에 대한 반론으로 죄의 문제를 해결하지 못하고, 허용작정설에 난관이 있으며, 유기의 원인을 해명할 수 없고, 신적 작정에 통일성이 결여되었다고 한다.[163]

어느 설을 채택하든 우리들 신앙과는 별로 관계가 없는 것들이다. 루터, 츠빙글리 등 초기 종교개혁자들은 전택설을 주장하고, 칼빈은 어느 설의 지지자인지 명확하지 않으나 그의 제자인 베자(Beza)가 전택설을 주장함에 따라 칼빈도 전택설자로 추정하는 이들이 더러 있다. 아우구스티누스와 그의 추종자들은 후택설을 주장하고, 웨스트민스터 표준문서에 관하여 회의의 의장은 전택설의 적극적 지지자이었으나, 회원들의 절대 다수가 후택설의 지지자였던 관계로 다수

---
163) 박형룡 Ⅱ 전게서, pp. 309-314.

결로 후택설을 함의하는 입장에서 신앙고백과 소요리문답을 작성하였고, 도르트 신조가 이를 따랐다. 성경상으로 볼 때 전택설에 관한 구절들이 있으나 후택설을 배척할 필요는 없다. 현대의 권위 있는 신학자들은 이 두 설이 상호 배척하지 않는다고 한다.

3. 은혜론

1) 보통은혜와 특별은혜

보통은혜란 자연계와 인간 세상에서의 성령의 공작으로 생명의 기원, 유지, 발전과 인간의 도덕적 질서 유지, 탁월한 능력, 출중한 재능, 비상한 기술 등은 성령의 권능에 의한 사역으로 볼 수 있다.

특별은혜란 인간의 구원과 속죄를 위한 모든 성령의 활동, 공작, 사역을 말한다. 성령의 구속적 은혜라 할 수 있는데, 구원의 모든 단계가 다 이러한 성령의 특별은혜의 공작이라 할 수 있다. 모든 단계에 공통적으로 관계를 가지고 또 성도의 신앙생활에 실제적으로 밀접한 관계를 가지는 성령의 공작으로 다음 몇 가지 개념을 정립할 필요가 있다.

2) 성령세례와 성령 충만

세례 요한이 "나는 너희에게 물로 세례를 베풀었거니와 그는 너희에게 성령으로 세례를 베푸시리라"(막 1 : 8)라고 말하였고, 예수께서 "요한은 물로 세례를 베풀었으나 너희는 몇 날이 못되어 성령으로 세례를 받으리라 하셨느니라"(행 1 : 5)라고 하신 말씀을 보면 물세례는 세례의 상징이고, 세례의 실체는 성령세례란 것을 알 수 있다.

그리스도를 믿어 성령으로 중생(重生)하는 것이 성령의 기본적 사역이라면 성령세례는 중생의 역사 위에 두 번째로 일어나는 성령의 사역이다. 그러나 동시에 일어날 수도 있다.

성령세례는 모든 성도들의 공통적이고 보편적인 체험이며, 죄를 제거하여 정화하는 사역인 것이다. 그러나 성령세례를 받았다고 해서 인간이 전인격적으로 거룩해지는 것이 아니고, 죄의 근성을 발본

색원하는 것도 아니다.

성령 충만은 성도가 성령세례를 받고 신앙생활을 하는 중 반복하여 받는 성령의 비상한 은혜를 말한다. 성령세례는 중생할 때 받은 것으로 추정되지만, 성령 충만은 성령세례와는 다른 별개의 은혜이다. 성령세례는 반복불가, 무효불가이나 성령 충만은 충만과 상실의 반복 가능, 계속 유지 보존 가능의 성질을 갖고 있다.

성령 충만을 주시는 목적은 그리스도의 증인과 복음 전파, 봉사와 사명 감당이다. 성령 충만의 증거는 성령의 은사와 성령의 9가지 열매(갈 5 : 22 - 23)이다.

성령 충만의 표시는 ① 시와 찬송과 신령한 노래들로 서로 화답하는 것, ② 마음으로 주께 노래하고 찬송하는 것, ③ 범사에 우리 주 예수 그리스도의 이름으로 항상 아버지 하나님께 감사하는 것, ④ 그리스도를 경외함으로 피차 복종하는 것(엡 5 : 19 - 21)의 4가지이다.

성령 충만의 상실은 ① 성령을 속이는 것(행 5 : 3), ② 성령을 거스르는 것(행 7 : 51), ③ 성령을 근심하게 하는 것(엡 4 : 30), ④ 성령을 소멸하게 하는 것(살전 5 : 19), ⑤ 성령을 따라 행하지 않는 것(갈 5 : 16)과 같은 경우이다.

3) 성령의 은사와 성령의 내주

성령의 은사(恩賜)란 성령께서 하나님의 기쁘신 뜻에 따라 그리스도의 보혈로 구원 받은 성도에게 직접 값없이 주시는 은혜의 선물(God's Gift of Grace)을 말한다. 성령의 은사는 우리가 달성하여 쟁취하는 것이 아니라, 믿음으로 성령께서 나누어 주시는 것이다. 성령의 기본적 은사의 종류에 관하여 고린도전서 12 : 8~10, 28, 로마서 12 : 6~8, 에베소서 4 : 11에서 말씀하고 있다.

성령의 내주(內住)는 구원의 한 요건으로 성령이 모든 중생한 성도의 심령 안에 거주하는 것을 말하고, 성령은 한 번 주어지고 떠나가지 않으신다는 점에서 여러 번 반복되는 성령의 충만과는 다르다. "만일 너희 속에 하나님의 영이 거하시면 너희가 육신에 있지 아니하고 영에 있나니 누구든지 그리스도의 영이 없으면 그리스도의 사람이 아니라"(롬 8 : 9)의 말씀에서 성령의 내주가 없으면 그리스도인이 아니다.

성령의 내주라는 은사의 여러 국면과 상황을 표현하기 위하여 '성령의 기름부음', '성령의 인 치심', '성령의 보증'이라는 말이 있는데, 이들은 성령의 내주와 같은 의미이다. "너희는 거룩하신 자에게서 기름부음을 받고 모든 것을 아느니라"(요일 2 : 20), "……그 안에서 또한 믿어 약속의 성령으로 인 치심을 받았으니"(엡 1 : 13), "……그 안에서 너희가 구원의 날까지 인 치심을 받았느니라"(엡 4 : 30), "그가 또한 우리에게 인 치시고……"(고후 1 : 22), "그가…… 보증으로 우리 마음에 성령을 주셨느니라"(고후 1 : 22), "……보증으로 성령을 우리에게 주신 이는 하나님이시니라"(고후 5 : 5), "약속의 성령으로…… 이는 우리 기업의 보증이 되사……"(엡 1 : 13-14)라는 성경의 말씀에서 성령의 내주로 인 치심을 받고 또 성령의 내주로 인 치심은 완성을 보증한다.

4. 그리스도와의 연합

구원의 전 과정 및 각 단계에서 피택자와 그리스도와의 연합이 없이는 구원의 효과적 적용을 받을 수 없다. 하나님의 보통은혜는 예수 그리스도를 믿지 않는 자, 즉 그리스도 밖에 있는 자도 누리는 것이나, 구원을 허락하는 특별은혜는 그리스도와 연합되어 있는 자들만이 누리는 것이다. 피택자도 이러한 그리스도와의 신비적 연합 없이는 "……그리스도 밖에 있었고 이스라엘 나라 밖의 사람이라 약속의 언약들에 대하여는 외인이요 세상에서 소망이 없고 하나님도 없는 자이더니"(엡 2 : 12)와 "……본질상 진노의 자녀이었더니"(엡 2 : 3)에 해당한 자인 것이다.

개혁파 신학에서는 신자와 그리스도의 연합을 성령에 의하여 형성되고 구원의 과정의 첫 부분에 둔다. 그리스도와의 신비적 연합은 그리스도와 그의 백성의 언약적 연합이요, 그리스도 안에서 객관적으로 실현된 생명의 연합이요, 성령의 사역에 의하여 주관적으로 실현

되는 생명의 연합인 것이다.[164]

이러한 연합의 특성은 포도나무와 가지(요 15 : 5), 교회의 머리와 교회의 몸(엡 1 : 22 - 23, 4 : 15 - 16, 5 : 23), 교회와 몸의 지체(엡 5 : 29 - 30)의 교훈에서 보는 유기적 연합이요, 생명적인 연합(롬 8 : 10, 고후 13 : 5, 갈 4 : 19 - 20)이요, 성령에 의한 중재적 연합(고전 6 : 17, 12 : 13, 고후 3 : 17 - 18, 갈 3 : 2 - 3)이요, 상호적, 동작적 연합(요 14 : 23, 15 : 4 - 5, 갈 2 : 20, 엡 3 : 17)이요, 각 성도는 개인적으로 직접 연합되어 있는 자신적, 개인적 연합(요 14 : 20, 15 : 1 - 7, 고후 5 : 17, 갈 2 : 20, 엡 3 : 17 - 18)이요, 성도들은 그리스도와 협동 생활을 하며 인성을 따라 그리스도의 형상으로 변화하는 협동적, 변형적 연합(마 16 : 24, 롬 6 : 5, 갈 1 : 24, 2 : 24, 3 : 1, 벧전 4 : 13)인 것이다.[165]

5. 소 명

1) 소명의 개념

소명(召命, Calling, Vocation)은 예수 그리스도에 의하여 준비된 구원을 신앙으로 받아들이라고 사람들을 초청한 하나님의 은혜의 행위이다. 성경의 표현은 부르심을 받은 자(롬 1 : 6 - 7, 고전 1 : 2, 24, 26)이다. 개혁파 신학자들은 실물적 소명과 말씀의 소명으로 나누어 설명하는데, 전자는 하나님의 일반계시를 통하여 사람에게 와서 하나님을 창조주로 인정하고 경외하는 것으로써 구원으로 인도하지 못하는 소명을 말하고, 후자는 하나님의 특별계시에 의하여 말씀을 통하여 구원을 받아들이도록 죄인을 초대하여 구원으로 인도하는 소명을 말한다. 구원론에서는 이 말씀의 소명만을 소명으로 본다.

소명은 삼위일체 하나님의 사역으로 성부 하나님이 성자를 통하여 또 성자는 말씀과 성령을 통하여 소명을 발령한다. 복음의 전파 없이 성령이 구속을 적용할 수 없다. 우리 스스로 중생, 칭의, 입양하지

---

164) Louis Berkhof Ⅲ 전게서, pp. 195 - 196. 박형룡 Ⅴ 전게서, pp. 100 - 102.
165) Louis Berkhof Ⅲ 전게서, pp. 147 - 148. 박형룡 Ⅴ 전게서, pp. 105 - 106.

못함과 같이 우리를 소명하지 못하며 소명은 하나님만의 은혜의 행동이다.

2) 외적 소명과 내적 소명

말씀의 소명은 외적 소명(External Call)과 내적 소명(Internal Call)으로 나누고 전자를 외소(外召), 후자를 내소(內召)라 약칭한다.

외적 소명은 복음이 전파되는 곳마다 택한 백성에게나 버림받은 자에게나 구별 없이 임한다. 성경에는 외적 소명이라는 말이 없으나 외적 소명은 마가복음 16 : 15~16 "……너희는 온 천하에 다니며 만민에게 복음을 전파하라 믿고 세례를 받는 사람은 구원을 얻을 것이요 믿지 않는 사람은 정죄를 받으리라"라는 대사명(大使命)에서 예상되며, 또 마태복음 22 : 2~14에 있는 혼인 잔치 비유는 분명히 초청받고 온 자와 오지 않은 자들이 있음을 말하고, 또한 "청함을 받은 자는 많되 택함을 받은 자는 적으니라"라고 말씀하고 있다는 데서 알 수 있다. "외적 소명은 죄인들에게 그리스도의 구원을 선포하고 제시하여 사죄와 영생을 얻기 위하여 신앙으로 그리스도를 받아들여야 한다는 진지한 권고이다."[166] 외적 소명이 필요한 이유는 전도자가 피택자만을 골라서 전도할 수 없기 때문이며, 이러한 특성으로 인하여 외적 소명은 일반적, 보편적이 될 수밖에 없다.

내적 소명은 죄인을 예수 그리스도로 인도하는 하나님의 특별은혜로 구원의 첫 사역이며, 이는 하나님의 권능에 의하여 죄인과 예수와의 구원관계에 연결시켜 주는 구원 순서의 처음 단계이다. 외소가 복음 안에서 모든 사람에게 구별 없이 일반적, 보편적으로 오는 반면에 내소는 피택자들에게만 오는 내면적, 유효적 소명(有效的 召命, Effectual Calling)이다(롬 8 : 28 - 30). 성경에서 '부름', '부르심', '부르시고 부르신', '부르심을 입은 자'라는 말은 예외 없이 복음의 보편적 소명을 말하기보다도 유효적 소명을 가리키는 것으로 볼 수 있다.

내소는 복음 전파의 말씀을 방편으로 시작되는 창조적 소명(創造的

---

166) Louis Berkhof Ⅲ 전게서, p. 210.

召命)이며, 이는 죄인의 실존에 직접 공작하여 죄인의 마음을 변화시킴으로 그를 그리스도 안에서 새로운 피조물로 만드는(고후 5 : 17) 성령의 전능한 불가항력적인 사역인 것이다.

3) 유효적 소명과 중생과의 관계

17세기 신학에서는 유효적 소명과 중생(重生)을 동일시하거나, 또는 동일시하지 않더라도 적어도 중생이 소명에 포함된 것으로 보았다. 웨스트민스터 신앙고백에도 별도의 중생 조항은 없고, 제10장 제2절에 유효적 소명에 포함시켜 논하고 있다. 이는 사도 바울이 오직 한 번 중생이란 용어를 쓰면서(딛 3 : 5) 분명히 이것을 로마서 8 : 30에 있는 소명에 포함시켜 생각한 사실 때문에 정당화된다.

그러나 중생은 사람의 잠재의식적 생활에서 생기나 소명은 각성의식적 생활의 어떤 성향을 내포하고 있으며, 또 중생은 내부로부터 역사하지만 소명은 외부로부터 온다는 사실이다. 중생은 사람의 영적 사망의 상태에서 영적 생명의 상태로 이전하는 성령의 창조적, 초물리적(Hyper-Physical) 사역이고, 유효적 소명은 그 이전을 위한 말씀과 성령의 준비적 사역이다.[167]

소명은 그리스도와 현실적으로 연합시켜 주는 하나님의 행위이며, 하나님의 단독적, 주권적 행동이며, 사도 바울이 로마서 8 : 28~30에서 구원의 단계를 압축하여 소명과 칭의와 영화를 말할 때 하나님의 행동을 제일 순서로 한 것을 보아 소명은 분명히 구원 적용의 시발적(始發的) 행위로 볼 수 있다. 그러므로 유효적 소명이 중생보다 선행한다.

6. 중 생

1) 중생의 개념

중생(重生, Regeneration)이란 유효적 소명에서 성령의 창조적 사

---

167) Louis Berkhof Ⅲ 전게서, p. 223. 박형룡 Ⅴ 전게서, p. 140.

역에 의하여 생기(生起)하는 신자의 영적 도덕적 변화를 말한다. 성경에서 중생에 해당하는 헬라어는 '팔링게네시아'($παλιγγενεσία$)로 디도서 3 : 5과 마태복음 19 : 28에만 나온다. 그 외 간접적으로 중생의 뜻을 내포하거나 그러한 뜻이 있는 것으로 추리할 수 있는 단어로 '거듭나지', '성령으로 나지', '성령으로 난'(요 3 : 3, 5, 8), 진리의 말씀으로 우리를 '낳으셨느니라'(약 1 : 18), 우리는 그가 '만드신' 바라(엡 2 : 10), '새로운 피조물'(고후 5 : 17), '새로 지으심'(갈 6 : 15), '새 사람'(엡 4 : 24), 그리스도와 '함께 살리셨고'(엡 2 : 5), 그와 '함께 살리시고'(골 2 : 13) 등을 들 수 있다.

 중생은 하나님의 창조적 사역이며, 사람은 순전히 수동적인 역사이며, 인간이 협력할 여지가 전혀 없는 분야이다. 중생에 의하여 '새 생명'이 산출되며 그 효과로 그리스도의 부활에 참여하게 되며 새로운 피조물이 되는 것이다. 중생에는 두 요소가 있는데, 그것들은 새 생명의 발생(Generation) 또는 탄생과 출생(Bearing), 또는 출산을 말한다. 발생은 새 생명의 원리를 영혼의 심연에 심는 것이고, 출생은 이 원리가 작동하여 새 생명이 행동으로 나타나는 것을 말한다.[168]

2) 중생의 본질

 중생은 인성(人性)의 실체의 변화가 아니며, 중생은 영혼의 기능들 안에서의 하나 혹은 그 이상의 변화가 아니고 영혼의 중심적, 전관할 적 기관이요, 영혼의 원천인 심정(心情, Heart) 또는 마음에 영향을 줄 뿐이다. 즉, 인성 전체에 영향을 주는 것이고 인성의 전부 또는 일부가 완전히 변화되어 더 이상 죄를 지을 수 없는 상태가 되는 것은 아니다. 중생은 회심과 성화를 포함하지 않고 사람의 거룩한 생활의 시작일 뿐이다.

 그러나 중생은 사람 안에 새로운 영적 생명의 원리를 심어 주어 영혼의 지배적 성향을 근본적으로 변화시켜 주는 것이다. 중생은 지성적, 감성적, 도덕적으로 즉시 전인에게 영향을 미치는 인성의 즉각적

---

168) Louis Berkhpf Ⅲ 전게서, p. 217. 박형룡 Ⅴ 전게서, p. 154.

변화이며, 그 변화는 잠재의식적 생활에서 일어나는 변화이며, 은밀하고 헤아릴 수 없는 하나님의 역사로써 결코 사람에 의해 직접적으로 인식되지 않는다.

또한 중생은 성령의 사역인 유효적 은혜에 의하여 발생 및 출생하며, 이 은혜는 주권적, 불가항적이다.

7. 회 심

1) 회심의 개념

회심(悔心, Conversion)이란 중생한 자가 성령의 특별한 사역에 의하여 죄인의 의식생활에 초래되는 변화로써 이전 생활의 방향이 무지 또는 오착이었다는 확신을 갖고 생활의 전 과정을 고치는 사상과 견해, 욕망과 의도의 변화를 말한다. 그러므로 구약에 나오는 단순한 도덕적 개혁의 성질을 가지는 종교운동인 국민적 회심이나, 중생의 결과가 아닌 진정하지 않은 일시적 회심은 여기서 말하는 진정한 좁은 의미의 회심에 해당되지 않는다.

회심을 나타내는 헬라어 원전에 '메타노이아'($\mu\varepsilon\tau\acute{\alpha}\nu o\iota\alpha$)는 '회개'(悔改, Repentance)의 뜻으로, '에피스토로페'($\dot{\varepsilon}\pi\iota\sigma\tau\rho o\varphi\acute{\eta}$)는 '다시 돌이킴', '되돌아 감', '전환'(轉換, Turing), '귀환'(歸還, Returning)의 뜻으로, '메타멜레이아'($\mu\varepsilon\tau\alpha\mu\varepsilon\lambda\varepsilon\acute{\iota}\alpha$)는 '나중에 관심을 둠'의 뜻으로 사용되나 이러한 의미를 다 합하여 회심으로 봐도 좋다고 생각한다.

2) 회심의 요소

회심은 회개와 신앙의 두 요소로 구성된다. 회개는 회심의 소극적 부분으로 죄로부터의 전환이고, 신앙은 회심의 적극적 부분으로 그리스도에게로의 전환이라 할 수 있다. 그러므로 회개는 "죄인이 죄로부터 돌이키는 그의 의식적 생활에 행해진 변화"라고 정의를 내릴 수 있다.[169] 회개는 세 요소로 구별한다.

(1) 지성적 요소

자신의 유죄와 오염과 무능을 내포하는 것으로 인식하는 것을 말한다(시 51 : 3, 7, 11). 헬라어 성경에서는 죄에 관한 지식(롬 3 : 20)으로, 우리말 성경에는 '죄를 깨달음'으로 나타내고 있다.

(2) 감정적 요소

감정의 변화로 거룩하시고 의로우신 하나님을 대항하여 저지른 죄에 대하여 근심하고 슬퍼하는 것을 말한다(시 51 : 1-2, 10, 14).

(3) 의도적 요소

죄에 대한 의지, 의도의 변화로 목적의 변화, 내면적 전환, 사죄와 정화의 추구 등의 성향을 말한다(시 51 : 5, 7, 10, 렘 25 : 5). 위의 선행하는 두 요소에 연속한 동작으로 회개과정의 최종 귀결이다.

3) 회심의 특징

(1) 회심의 이중구조

회심은 이중(二重)의 구조를 갖고 있다. 하나님이 회심의 창시자(시 85 : 4, 렘 31 : 18, 애 5 : 21, 행 11 : 18, 딤후 2 : 25)로서 중생자로 하여금 의식생활 중에 회개와 신앙을 가지고 하나님 자신에게로 전향케 하시는 사역과 중생자가 하나님의 은혜를 통하여 회개와 신앙을 갖고 하나님에게로 전향하는 의식적 행동이란 두 개의 구조를 띠고 있다. 전자는 타동적(他動的) 회심이라 할 수 있고, 후자는 자동적(自動的) 회심이라 할 수 있다.

그러나 하나님만이 회심의 조성자(造成者)요 사람은 회심의 협력자(協力者)이며, 하나님의 사역이 주(主)요 사람의 동작은 종(從)에 해당한다. 사람의 동작은 항상 사람의 속에 이미 있는 하나님의 사역의 결과인 것이다.

---

169) Louis Berkhof Ⅲ 전게서, p. 241.

(2) 회심의 초자연성과 재창조성
하나님의 구속사역의 한 과정으로써 하나님이 사람의 영혼 속에 일하시는 초자연적 재창조 사역이다.

(3) 회심의 자각의식성
회심은 인간의 잠재의식 속에서 행해지는 것이 아니며 인간의 자각의식에서 이루어지는 것이다.

(4) 회심의 옛 사람과 새 사람
회심은 옛 사람과 그 행위를 벗어 버리고, 새 사람을 입고, 죄를 떠나고, 거룩한 생활을 위하여 애쓰는 일을 의식적으로 시작한다(골 3 : 9 - 10). 이는 첫째 창조에서 부여되었다가 범죄와 타락으로 인하여 상실한 하나님의 형상을 재창조에서 회복됨이니 지식에만 아니고 의와 거룩에도 새 사람이 된다는 말이다. 그러나 옛 사람과 새 사람 간의 투쟁이 회심 즉시 종료된 것이 아니고, 그 투쟁은 평생에 계속된다.

(5) 회심의 단번성
회심은 중생에서 이미 변화된 성질의 최초 경험적 변화이므로 오직 단번에 이루어지고 반복될 수 없는 것이다. 이를 본격적 회심이라 부를 수 있다.
회심한 사람이 잠시 동안 죄의 길에 빠져들었다가 하나님께로 돌이키는 반복적 회심에 관하여 논하건대 회심은 구원론적 의미에서 결코 반복되지 않는다. 그러나 참된 회심을 경험한 자들이 일시적으로 악의 매력에 유인되어 죄에 빠질 수 있으며, 때로는 멀리 방랑할 수도 있으나 그들 속에 새 생명이 필경 다시 약동하여 그들로 하여금 통회하는 심정을 가지고 하나님께 돌아오게 한다.[170]
회심은 단번성을 띠고 있으나 사람에 따라 완급(緩急)에 차이가 있을 수 있다. 바울의 회심(행 9 : 1 - 19, 22 : 3 - 16, 26 : 9 - 20)과 같

---

170) Louis Berkhof Ⅲ 전게서, p. 239. 박형룡 Ⅴ 전게서, p. 201.

은 돌연적 회심도 있고 디모데의 회심(딤후 1:5-6, 3:14-15)과 같은 점진적 회심도 있다. 전자를 급성회심으로, 후자를 만성회심으로 부를 수 있겠다.

4) 회심과 다른 구원의 과정과의 관계

(1) 내적 소명과의 관계
내적 소명과 회심과의 관계는 내적 소명 다음에 중생이 있다고 보는 우리의 견해에 의하면, 회심은 내적 소명, 즉 유효적 소명의 간접적 결과인 것이다.

(2) 중생과의 관계
중생과 회심과의 관계는 중생에서 받아들인 새 생명의 원리가 죄인이 회심될 때 죄인의 의식적 생활에서 능동적으로 표현하게 되는 것이며 논리적으로 중생 다음에 회심이 뒤따른다.

(3) 신앙과의 관계
신앙과 회심의 관계는 회심은 회개와 신앙으로 구성되며 따라서 신앙은 회심의 일부분이다. 문제는 회개와 신앙의 선후인데 논리적으로 회개와 죄에 대한 지식이 그리스도에게 순종하고 신뢰하며 사랑하는 신앙보다 선행한다는 것은 의심의 여지가 없다. 그러나 개혁파 신학의 다수설은 신앙 다음에 회개를 배치하며, 칼빈도 회개는 신앙에 즉각적으로 따를 뿐 아니라 신앙에 의해 산출된다고 한다. 회개와 신앙은 상호의존성이 있으므로 어느 것이 먼저이냐를 따질 실익이 없는 것 같다.

8. 신 앙

1) 신앙의 개념
구원의 과정의 한 순서로써 참된 신앙(信仰, Faith)은 중생한 생명에 뿌리를 두고 마음에 자리 잡은 영적 변화로 회개와 더불어 회심의 한 분야이며, 선택 받고, 부름 받고, 중생한 죄인에 대한 성령의 사역으로 죄인이 예수 그리스도와 접목하고, 그리스도를 받아들이고, 그를 의지하는 신뢰를 말한다.

신앙을 의미하는 헬라어 원전에는 '피스티스'(πίστις)로 그 뜻은 하나님께 대한 신앙, 신뢰, 확신, 그리스도의 이름을 믿는 믿음, 신앙의 특별한 은사 등이며 기본적으로 신임, 신실, 엄숙한 약속, 서약의 뜻이 근저에 깔려 있다.

칼빈은 신앙을 "우리에게 향한 신적 자비의 견고하고 확실한 지식이니 그 지식은 그리스도 안에서 값없이 주는 약속의 진리에 기초한 것으로 성령에 의하여 우리의 마음에 계시되며 확인되는 것이다."라고 정의를 내리고, 찰스 핫지는 신앙을 "그리스도인의 신앙은 성경에 기록된 사실들과 교리들의 진실성을 하나님의 증언에 의해 확신함이다."라고 하며, 루이스 벌콥은 "구원적 신앙이란 성령이 마음에 역사한 결과 복음의 진리에 대한 견고한 확신과 그리스도 안에 있는 하나님의 약속에 대한 성실한 신뢰이다."라고 한다.[171]

요리문답 86은 "예수 그리스도를 믿는다는 것은 일종의 구원의 은총이며 이로 말미암아 우리는 복음에서 우리에게 제시된 대로의 그분만을 받아들이고 의지하여 구원을 얻는 것이다."라고 한다.

이러한 신앙을 구원적 신앙이라 하며, 참된 신앙이라 하며, 이는 도덕적, 영적 목적이 없는 순전한 지성적인 진리의 인식을 말하는 역사적 신앙(마 7 : 26, 행 26 : 27, 약 2 : 19)과 구별되고, 중생한 마음에 뿌리를 박지 못한 종교의 진리에 대한 확신을 의미하는 일시적 신앙(마 13 : 20 - 21)과도 다르다. 이것들과는 달리 이적적 신앙이 있다. 이에는 이적이 자신에 의해 또는 자신을 위하여 수행될 것을 마음에 확신하는 능동적 의미의 이적적 신앙(마 17 : 20, 막 16 : 17 - 18)과 하나님께서 자신을 위해 이적을 수행하실 것이라 확신하는 수동적 의미의 이적적 신앙(마 8 : 10 - 13, 요 11 : 22)이 있

---

171) 박형룡 V 전게서, p. 245 ; *Calvin, Inst. Bk. Ⅲ*, Ch. 11, p. 496 ; Charles Hodge, *Systematic Theology Ⅲ*, p. 67 ; Louis Berkhof Ⅲ 전게서, p. 262.

으나, 양자 공히 구원적 신앙을 수반할 수도 있고 수반하지 않을 수도 있다.[172]

2) 신앙의 요소

(1) 지성적 요소

신앙의 지성적 요소란 인간의 타락과 예수 그리스도 안에 있는 구속에 관한 하나님의 말씀에 관한 확실한 지식의 인식을 말한다. 문제는 지식의 분량인데 신앙의 대상에 관하여 어떤 개념을 제시하기에 충분해야만 하고, 이는 일반적인 신적 계시보다도 중보자와 그의 은혜스러운 사역에 관한 최소한의 지식, 즉 그리스도가 누구이며, 무엇을 하였으며, 무엇을 할 수 있는지를 알아야 한다고 말할 수 있다.

(2) 감정적 요소

신앙의 감정적 요소란 사람이 예수 그리스도를 받아들일 때 그 대상인 진리와 실재성에 대한 깊은 확실성을 가지며, 그 대상이 자기의 생활에 중요한 필요성에 대한 만족을 느끼며, 그것에 대한 재미있는 흥미를 깨닫는 찬동(贊同)을 말한다. 위의 지식과 이 찬동은 같은 요소의 두 국면으로 볼 수도 있으나 지식은 보다 더 수동적이고 수용적인 편으로, 찬동은 보다 더 능동적이고 이전적(移轉的)인 편으로 볼 수 있을 것이다.[173]

(3) 의도적 요소

신앙의 의도적 요소란 예수 그리스도에 대한 사람의 자신적 신뢰를 가지는 영혼의 방향을 결정하는 의지요, 영혼이 그 대상으로 나아가서 그 대상을 자기의 것으로 삼는 행동이라 할 수 있다.

---

172) Louis Berkhof Ⅲ 전게서, pp. 260 - 261. 박형룡 Ⅴ 전게서, pp. 242 - 244.
173) Louis Berkhof Ⅲ 전게서, p. 264. 박형룡 Ⅴ 전게서, pp. 252 - 253 ; L. Berkhof, *Systematic Theology*, p. 505.

9. 칭 의

1) 칭의의 개념

칭의(稱義, Justification)의 성경적 의미는 '의롭다 하심'으로 이것은 재판적 선고에 의한 객관적 관계로 의(義)의 신분을 생성함을 말한다. 우리말에서 다른 표현으로 의인(義認), 득의(得義)라는 용어가 있다. 신약에서 말하는 구원적 의미의 칭의는 다른 사람의 의를 어떤 사람에게 전가시킴으로 그가 내면적으로 불의할지라도 그를 의로운 자로 간주하는 것을 말한다. 헬라어로 칭의는 '디카이오시스'($\delta\iota\kappa\alpha\iota\omega\sigma\iota\varsigma$)로 신약에 단지 두 곳(롬 4 : 25, 5 : 18)에서 발견된다. 사람들이 죄에서 해방되고 하나님께 열납된다는 것을 선언하는 하나님의 행동을 나타낸다.

2) 칭의의 요소

(1) 소극적 요소

칭의의 소극적 요소는 예수 그리스도의 구속사역을 근거로 우리의 죄를 용서하여 주는 것, 즉 사죄(赦罪)를 말한다. 이는 그리스도의 수동적 순종에 기초를 두고 있다. 칼빈과 몇몇의 개혁파 신학자들은 이 소극적 요소를 칭의의 전부로 알았다.

칭의에서 베풀어 주는 용서는 과거, 현재, 미래의 모든 죄들에 적용되며, 모든 죄책과 모든 형벌의 제거를 내포하고 있다. 칭의에는 반복이 없으며, 로마서 5 : 21, 8 : 1, 32~34, 히브리서 10 : 14, 시편 103 : 12, 이사야 44 : 22와 같은 성경말씀이 칭의의 소극적 요소를 증명한다. 그러나 개혁파 신학의 통설은 죄인의 형벌 받을 가능성, 즉 유죄성(有罪性) 또는 가책성(可責性)을 제거하지만, 죄의 내재적 죄책성 또는 고유적 죄악성(Inherent Guiltiness)을 제거하지 않는다고 한다.

(2) 적극적 요소

칭의의 적극적 요소는 입양(入養)으로 말미암아 하나님의 자녀가 되어 영생을 얻을 수 있는 권리를 얻게 되는 것이다(롬 8 : 17). 이는 그리스도의 능동적 순종에 기초를 두고 있다.

3) 칭의의 특징

(1) 칭의의 은혜성(恩惠性)

칭의는 하나님의 사랑에 의하여 무상(無償)으로 증여 받는 하나님의 은혜의 행위이다. 결코 인간의 행위나 선행의 대가나 보수가 아니다. 구원의 모든 단계와 순서가 하나님의 은혜가 아닌 것이 없지만, 그중에 칭의가 가장 현저한 은혜성을 지니고 있는 것이다.

(2) 칭의의 법정성(法廷性)

칭의는 중생, 회심, 성화와 같은 갱신의 과정이 아니고 하나님의 죄인에 대한 법정적(法廷的) 결정의 선언이다. 그러므로 칭의는 죄인의 외부에 일어나며, 그의 내적 생활을 변화시키지 않지만 그 선고는 그에게 주관적으로 임한다.

(3) 칭의의 제정성(制定性)

칭의는 하나님의 법정에서 경건치 아니한 자를 의롭다고 선언하는 데서 끝나는 것이 아니고 더 나아가서 의의 신분관계를 제정(制定)하는 하나님의 행위이다.

(4) 칭의의 즉각 완전 최종성(卽刻 完全 最終性)

칭의는 즉각성은 영혼을 하나님이 열납도 받지 않고 정죄도 받지 않는 중간기가 있을 수 없음을 말하고, 칭의의 완전성은 영혼이 신앙으로 그리스도에게 연합되어 율법의 요구에 향한 그리스도의 완전한 만족에 참여함을 말하며, 칭의의 최종성은 그리스도와의 연합이 해소될 수 없음을 말하는 것이다.

(5) 칭의의 단번성(單番性)

칭의는 단번에 단행되어 반복되지 않으며, 갱신의 과정이 아니고 단번에 완성되는 것이다.

(6) 칭의와 삼위일체

성자 예수 그리스도의 공로에 의하여 재판관이신 성부 하나님께서 경건치 아니한 자를 의롭다고 법적 신분을 설정하는 판정을 하시고, 성령 하나님은 우리의 내부를 치료하여 새롭게 함으로 성화하신다.

4) 칭의와 신앙과의 관계

성경은 말씀하기를 우리가 '믿음으로 말미암아'(through Faith), 또는 '믿음으로'(by Faith)으로 칭의된다고 한다(롬 3:25, 28, 30, 5:1, 갈 2:16, 빌 3:9). '말미암아'(through)의 헬라어 여격 전치사는 신앙이 우리가 그리스도와 그의 의를 전유하게 되는 도구(기구)라는 사실을 강조하며, '으로'(by)의 헬라어 여격 전치사는 신앙이 논리적으로 우리의 개인적 칭의보다 선행하며 칭의는 신앙에서 유래된다는 것을 지시한다. 따라서 성경은 한 번이라도 우리가 '믿음 때문에'(on account of Faith, because of Faith) 칭의된다고 말하지 않는다. 이는 신앙이 도무지 우리의 칭의의 근거가 될 수 없다는 것을 나타내며, 만약 신앙이 칭의의 근거라면 신앙은 우리의 어떤 행위 또는 공로나 선행의 사역으로 간주되어야 할 것인 바, 사도 바울이 이를 철저히 배격한 것과 모순이 될 것이다.[174]

10. 입 양

1) 입양의 개념

입양(入養)이라 함은 우리가 하나님의 양자로 하나님의 자녀가 되어 법적으로 자녀로서의 권세를 부여받아 하나님의 후사(後嗣)가 되

---

174) Louis Berkhof Ⅲ 전게서, p. 283. 박형룡 Ⅴ 전게서, pp. 292-293.

는 것을 말한다. 수양(收養)이라고도 한다. "영접하는 자 곧 그 이름을 믿는 자들에게는 하나님의 자녀가 되는 권세를 주셨으니"(요 1 : 12)라는 말씀이 입양의 성경적 근거라 할 수 있다.

2) 입양의 특징

입양은 순전히 하나님의 은혜의 사역이다. 이는 예수 그리스도를 믿음으로 인하여 취득하는 하나님의 선물이다. 하나님께서 우리를 자신의 가족으로 전입하여 합법적인 양자로 삼아 서출자(庶出子)가 아닌 적출자(嫡出子)로 만드신 하나님의 행위인 것이다. 우리가 하나님을 아버지라고 부를 수 있는 권리를 부여받고 아버지 앞에 기쁨으로 나아갈 수 있는 아들로서 특권을 부여받은 것이다.

3) 입양과 다른 구원의 과정과의 관계

(1) 칭의와의 관계

칭의는 하나님이 우리를 의롭게 여겨 우리의 죄를 용서하시고 우리를 받아들여 영생의 권리를 주시는 것을 말하나, 입양은 여기서 한 단계 더 나아가서 자녀를 삼고 자녀로서의 모든 권세, 특권을 부여하여 그리스도와 함께 하나님의 후사가 되게 하는 것이다. 칭의의 적극적 요소와 밀접한 관계에 있기 때문에 입양을 칭의의 한 요소로 보는 신학자도 있다.

(2) 성화와의 관계

입양은 성도를 합법적인 자녀로 만들고 성화는 하나님의 선하고 거룩한 자녀로 만든 것이다. 입양은 성도에게 성부 하나님의 집을 출입할 수 있는 권리를 주는 것이라면 성화는 성도에게 하나님과 교통할 수 있는 권리를 주는 것이다.

(3) 중생과의 관계

중생은 성화의 전제요건이요, 필요요건이다. 중생 없이 결코 입양이 이루어질 수 없다.

11. 성 화

1) 성화의 개념

성화(聖化, Sanctification)의 성경적 의미는 단순하고 순수한 도덕적 단정이나 도덕적 개선을 말하는 것이 아니고, 하나님과 관계된 상황에서 하나님을 인하여 하나님의 봉사를 위하는 도덕적 개선을 권고하는 것을 말한다. 헬라어 원전에 성화 또는 성결은 '하기아스모스'($ἁγιασμός$)로 여러 군데(롬 6 : 19, 22, 고전 1 : 30, 살전 4 : 3-4, 7, 살후 2 : 13, 딤전 2 : 15, 히 12 : 14, 벧전 1 : 2)에 나타나며, 이는 도덕적 정화(淨化) 및 분리의 의미를 뜻한다. "모든 불순하고 타락한 것으로부터의 영의 분리와 육체 및 마음의 욕망이 우리를 지향 인도하는 죄들의 포기이다." 성화의 사역의 결과를 말하는 헬라어로 '하기오테스'($ἁγιότης$)와 '하기오쉬네'($ἁγιωσύνη$)인데 전자는 고린도전서 1 : 30, 히브리서 12 : 10에서, 후자는 로마서 1 : 4, 고린도후서 7 : 1, 데살로니가전서 3 : 13에서 발견되는데, 이 구절들의 의미는 오예와 불결이 없는 상태는 하나님의 본질이요, 예수 그리스도에 의하여 나타났고, 그리스도인에게 부여된다는 사실을 보여 준다.[175]

2) 성화의 특징

(1) 성화의 초자연성

성화는 하나님의 초자연적 사역으로 중생에서 하나님의 은혜로 다시 태어난 거룩한 성향이 강화되고 거룩한 실천이 증가되는 것이다.

(2) 성화의 사람의 협력성

성화는 하나님이 성령과의 신앙적이고 지성적인 협력을 요구함으로

---

175) Louis Berkhof Ⅲ 전게서, p. 293. 박형룡 V 전게서, p. 332.

써 이성적 실존으로서의 사람을 도구로 하여 부분적으로 역사를 시행하는 것이다. 성경은 성화에 사람이 반드시 성령과 협력하여야 한다고 한다. 악과 시험에 대한 반복 경고(롬 12:9, 16-17, 고전 6:9-10, 갈 5:16, 22)와 끊임없는 거룩한 생활의 권면(미 6:8, 요 15:2, 8, 16, 롬 8:12-13, 12:1-2, 17, 갈 6:7-8, 15)을 말하고 있다.

(3) 성화의 옛 사람과 새 사람

성화는 죄에서 결과하는 인간성의 부패와 타락을 점진적으로 옛 사람을 제거시키는 하나님의 행동과 예수 그리스도 안에서 선행을 위해 창조된 새 사람을 소생시키는 하나님의 행동으로 구성되어 있다.

(4) 성화의 전인적 영향

성화는 육체와 영혼(롬 6:12-13, 12:1, 살전 5:23, 고전 6:20), 지성(렘 31:34, 요 6:45), 감성(갈 5:24), 의지(겔 36:25-27, 빌 2:13), 양심(딛 1:15, 히 9:14)을 포함하는 사람 전체에 영향을 미친다.

(5) 성화의 성장성

성화는 영적 성장이므로 계속적으로 성령의 사역에 의해 진행되는 것이다.

(6) 성화와 죄의 잔존

성도는 그리스도와의 연합에 의해 죄의 권세로부터 해방되고 중생에 의해 죄의 오염으로부터 구출되었으나, 그의 내면에 모든 죄가 다 제거되는 것은 아니고 오히려 그 안에 내주하는 죄가 있다(롬 6:20, 7:14-25, 요일 1:8, 2:1).

(7) 성화의 의식적 협력성

성화는 성령의 직접적 사역에 의해 부분적으로 잠재의식적 생활에서 이루어지고 또한 부분적으로 신앙의 계속적 실천, 말씀연구, 기도, 성도와의 친교와 같은 여러 가지 방편을 통하여 사람의 협력에 의한 각성의식적 생활에서 일어나는 것이다.

(8) 성화의 미완성
성화는 하나의 장구한 과정으로 결코 현세에서 완성에 이르지 못한다. 영혼에 관한 한 죽음의 순간에, 육체에 관한 한 부활의 시에 완성된다고 본다.

3) 성화와 다른 구원의 과정과의 관계

(1) 중생과의 관계
중생은 즉각적으로 완성되는 데 반해 성화는 점진적 변화를 초래하는 하나의 과정이다.

(2) 칭의와의 관계
칭의는 은혜언약에서 성화보다 선행하며, 성화의 기초가 된다. 칭의는 사람을 위하여 일하고 성화는 사람 안에서 일하며, 칭의는 죄책을 제거하고 성화는 오염을 제거하며, 칭의는 외부로부터 의를 우리에게 전가시키고 성화는 우리 자신의 것으로 내재하는 의를 사역하며, 칭의는 단번에 완성되고 성화는 점진적으로 변화시키며 불완전한 상태로 남아 있다.[176]

(3) 신앙과의 관계
신앙은 칭의와 마찬가지로 성화의 중개적 도구적 원인이다. 신앙은 우리를 그리스도와 연합시키며, 우리로 하여금 우리 안에 있는 새 생명의 근원이시며, 새 인류의 머리이신 예수 그리스도와 끊임없이 접촉하게 하므로 그리스도는 신자 안에서 점진적 성화의 근원이 되신다.

---

176) 박형룡 V 전게서, p. 356.

12. 성도의 견인

1) 성도의 견인의 개념

성도의 견인(堅忍)이라 함은 유효적 소명을 받고 중생한 성도는 하나님의 은혜의 상태에서 전적으로 떨어져서 영원한 구원에 도달하지 못하는 일은 없다는 교리를 말한다.

"하나님의 은사와 부르심에는 후회하심이 없느니라"(롬 11 : 29), "하나님의 뜻대로 하는 근심은 후회할 것이 없는 구원에 이르게 하는 회개를 이루는 것이요……"(고후 7 : 10), "내가 그들에게 영생을 주노니 영원히 멸망하지 아니할 것이요 또 그들을 내 손에서 빼앗을 자가 없느니라"(요 10 : 28), "아버지께서 내게 주시는 자는 다 내게로 올 것이요 내게 오는 자는 내가 결코 내쫓지 아니하리라"(요 6 : 37)라는 말씀에서 견인의 교리를 발견할 수 있다.

2) 성도의 견인에 관한 각 교파의 견해

견인의 교리는 아우구스티누스가 최초로 주장한 것이나 약간의 모순이 드러나고 혼선을 빚었다. 이 교리의 절대적 확신을 준 것은 칼빈주의 개혁파 교회이다. 1618년 도르트 종교회의에서 채택된 칼빈주의의 5대 강령 또는 교리 가운데 성도의 견인을 채택, 고백하였다. 로마교회는 반펠라기우스주의(Semi-Pelagianism)에 의하여 성도의 견인 교리를 인정하지 아니하며, 루터파 교회는 구원의 확신은 부정하지 않으나 성도의 견인을 거부한다.

3) 성도의 견인과 다른 교리와의 관계

하나님의 은혜의 불가항성과 성도의 견인과는 밀접한 관련이 있다. 하나님의 은혜의 불가항성은 성도의 견인의 교리를 위하여 증언하며 또 이는 선택의 교리와도 상호 불가분의 관계에 있다. 선택은 불변적이어서 피택자의 구원을 확실케 하여 선택에 든 사람은 궁극적으로 구원될 것이요, 은혜에서 떨어져 나가는 일은 결코 없을 것이다. 견인은 성도 안에 성령의 계속적 사역으로 칭의와 입양과 성화에서 나오는 유익이라 할 수 있다.

4) 일시적 실패의 경우

참성도의 타락은 그 본질상 일시적이요, 영구적이 아니며, 스트롱(A. H. Strong)은 "그리스도인은 산에 올라가는 사람이 비록 이따금 미끄러져 내려올지라도 항상 산꼭대기를 향하여 다시 올라감과 같다. 중생되지 못한 사람은 아래로 향하고 있어서 항상 미끄러져 내려가기만 하는 것이다."라고 말하며, 스펄전(C. H. Spurgeon)[177]은 "그리스도인은 배를 탄 자와 같이 때때로 갑판에는 넘어지지만 바다에는 떨어지지 않는다."[178]라고 말한 것같이 성도의 견인에서 실패자의 회복에 대하여 잘 표현하고 있다.

5) 견인과 기도

견인은 하나님과 사람의 생적 교제에서 실현됨으로 견인은 기도 없이 이루어질 수 없다. 참된 기도는 아무것도 자기 자신에 의존하지 않고, 오로지 모든 것을 하나님께 의뢰하는 것이므로, 이러한 계속적 기도는 성도들의 견인을 추진하는 능력을 발휘한다. 특히 그리스도의 대도(代禱)는 견인에 가장 밀접한 영향을 주고 하나님 우편에서 우리를 위하여 간구하시는 대도로 인하여 누구라도 우리를 그리스도의 사랑에서 끊을 수 없으며(롬 8 : 34 - 35), 이 대도의 효과를 떠나서 견인을 생각할 수 없다. 그리스도뿐만 아니라 성령께서도 우리를 위하여 탄식으로 친히 간구하신다(롬 8 : 26).

6) 견인과 시험

성도의 신앙생활에 많은 위협과 위험과 시험이 있게 마련이다. 시험의 원천은 자신의 마음에도 있고(약 1 : 14), 마귀의 역사에도 있다(약 4 : 7). 어떤 종류의 시험이든 믿음과 기도와 절제와 대적으로 승

---

177) 1834~1892, Charles Haddon Spurgeon, 영국의 위대한 복음전도자, 설교자.
178) 박형룡 V 전게서, p. 397.

리할 수 있게 되어 있다. 사도 바울은 선 줄로 생각하는 자는 넘어질까 조심하라(고전 10 : 12)고 하며, 또 하나님은 감당할 시험만 주시고 감당치 못할 시험은 허락지 아니하시며, 시험당할 때에 또한 피할 길도 내주신다고 하니 하나님의 신실성과 충족성으로 인하여 견인이 회복, 유지되는 것이다.

13. 영 화

1) 영화의 개념

영화(榮化, Glorification)는 구원과정의 마지막 단계로 구속의 전 과정의 완성이다. 피택자들이 성부 하나님의 영원한 목적으로 예정된 목표의 도착이며, 예수 그리스도의 대속사업에 의하여 얻어진 구속의 완성을 의미한다. 로마서 8 : 29~30에서 사도 바울은 영화를 구원과정의 최후 국면으로 보고 있다.

2) 영화의 특징

(1) 영화와 현세

영화는 현세에서는 결코 성취될 수 없다. 영화는 죄와 사망의 권세에서 완전히 해방되는 구속의 최종 완성을 의미하므로 신자의 죽음과 부활에서 이루어진다.

(2) 영화와 죽음

성도의 죽는 그 순간에 영혼의 영화가 완성되어 그 영혼은 영화를 입는다. 이 영화의 완성은 각 사람마다 죽음의 시기가 다르기 때문에 개별적 경험이 되며, 따라서 그 시기가 각각 다르다.

(3) 영화와 부활

성도는 장차 육체의 부활 시 구속의 최종 완성을 볼 것이다. 예수 그리스도를 죽은 자 가운데서 다시 살리신 성령이 성도의 죽은 육체에게 생명을 주시므로(롬 8 : 11), 하나님은 죽은 자의 하나님이 아니라 산 자의 하나님이 되시어 하나님을 영화롭게 하며, 즐거워하게 되는 것이다. 이 영화는 모든 성도가 예수님 재림의 같은 시기에 누리는 부활과 변화의 장엄한 영광이요, 즉각적 변화이다.

(4) 영화의 순간성
영혼의 영화는 성화와 같이 점진적 과정이 아니라 성령의 순간적 행동이다. 성도의 사별의 순간 그의 영혼의 영광스러운 변화를 성취하시는 성령의 사역이다.

X. 제10~11조 교회론

"10. 그리스도가 세우신 성례는 세례와 성찬이다.
세례는 물을 가지고 성부와 성자와 성령의 이름으로 씻음이니 우리가 그리스도와 합하는 표적과 인 침인데 성령으로 거듭남과 새롭게 하심과 주께 속한 것임을 약속하는 것이다.
세례는 그리스도 안에서 신앙을 고백하는 자와 그들의 자녀들에게 베푸는 것이요, 성찬은 그리스도의 죽으심을 기념하여 떡과 잔에 참여하는 것이다. 이는 믿는 자와 그의 죽으심으로 인하여 얻은 유익을 인 쳐 증거하는 표이다.
성찬은 주께서 오실 때까지 주의 백성이 행할 것이니 주를 믿고 그 속죄제를 의지함과 이로 인하여 나오는 유익을 받음과 더욱 주를 섬기기로 언약함과 주와 및 여러 교우로 더불어 교통하는 표이다.
성례의 유익은 성례 자체로 말미암음도 아니요, 성례를 베푸는 자의 덕으로 말미암음도 아니다. 다만 그리스도의 복 주심과 믿음으로써 성례를 받는 자 가운데 계신 성령의 역사하심에 있다.
11. 모든 신자의 본분은 입교하여 서로 교제하며, 그리스도의 성례와 기타 법례를 지키며, 주의 법을 복종하며, 항상 기도하며, 주일을 거룩하게 지키며, 주를 경배하기 위하여 함께 모여 주의 말씀으로 설교함을 자세히 들으며, 하나님이 저희로 하여금 풍성하게 하심을 따

라 헌금하며, 그리스도의 마음과 동일한 마음을 서로 나타내며, 또한 일반 인류에게도 그와 같이 할 것이요, 그리스도의 나라가 온 세계에 확장하기 위하여 힘쓰며, 주께서 영광 가운데서 나타나심을 바라고 기다릴 것이다."

제10조와 제11조는 교회론 중에 교회의 성질, 정치, 권세, 임무를 제외한 은혜의 방편으로써의 성례와 신자의 본분에 관하여 규정하고 있다.

제9조 말미에 "성령이 직분을 행하실 때 은혜를 베푸시는 방도는 성경과 성례와 기도이다."라고 규정함으로 조직신학의 교회론의 서론의 장을 열고 있다. 이는 법조문의 편제상 제10조에서 서술할 부분인데 제9조에서 다루니 잘못되었다.

1. 은혜의 방편

성경과 성례와 기도는 성령께서 우리들의 신앙을 역사하며 강화하는 데 통상적으로 사용하시는 방편들이다. 말씀과 성례는 보통은혜의 도구가 아니고 죄인의 죄를 제거하고 갱신하여 하나님의 형상에 일치하게 하는 특별은혜의 도구들이며, 기도는 성도의 영적 생명을 유지하는 호흡이다. 이러한 방편들은 교회의 공적 은혜의 방편이며 성령의 사역에 사용되는 도구들로써 성령이 특별은혜를 베푸시는 사용되는 독자적이고 특별한 방편들이며, 하나님의 구원하는 은혜의 전달을 위하여 규칙적으로 계속적으로 시행되고 영구한 가치를 지닌 방편들인 것이다. 기도에 관하여는 제4편 요리문답 제3장 요리문답의 내용 XVI 문 98~107 기도를 참조하기 바란다.

2. 성 례

1) 성례의 개념

성례(聖禮, Sacrament, 라. Sacramentum)는 성경에는 없는 용

어이다. 여러 가지의 정의가 있을 수 있으나 벌콥은 "성례란 그리스도에 의해 제정된 거룩한 규례이며 이것에서 감각할 수 있는 표시들에 의해 그리스도 안에 있는 하나님의 은혜와 은혜언약의 유익들이 신자들에게 제시되고 인 쳐지고 적용되며 그들의 하나님께 대한 신앙과 충성을 표현하는 것이다."[179]라고 말한다.

2) 성례의 구성

(1) 성례의 외적 요소
성례의 외적 요소는 외적, 가견적, 유형적 표시, 표징, 또는 표호를 말한다.

(2) 성례의 내적 요소
성례의 내적 요소는 표징되고 인 쳐지는 내면적인 영적 은혜를 의미한다. 이는 은혜의 언약(창 9 : 12-13, 17 : 11), 신앙의 의(롬 4 : 11), 사죄(막 1 : 4, 마 26 : 28), 믿음과 회심(막 1 : 4, 16 : 16), 또는 그리스도의 죽음과 부활을 통한 그리스도와의 연합을 의미한다.

(3) 성례의 본질적 요소
성례의 본질적 요소는 표징과 그 표징하는 바와의 성례적 결합으로 오직 영적인 것이다. 성례가 믿음으로 받아지는 곳에는 하나님의 은혜가 수반된다.

3) 성례의 종류
구약에서는 유혈(流血)성례인 할례(割禮)와 유월절 예식의 두 가지 성례가 있었으며, 신약에서는 예수님이 제정한 무혈(無血)성례인 세례와 성찬의 두 가지뿐이다.

---

179) Louis Berkhof Ⅲ 전게서, p. 397. 박형룡 Ⅵ 전게서, p. 246.

3. 세 례

1) 세례의 개념

세례(洗禮, Baptism, 헬. $βάπτισμα$)의 헬라어 의미는 물로 씻는 것 또는 물에 뛰어드는 것을 가리킨다. 이방인들도 종교적 의식으로 정결(淨潔)의식이 있으며, 구약에도 정결예식과 세척행사가 있었으며, 세례 요한도 세례를 베풀었으며, 예수님 자신도 세례를 받으셨고, 예수님의 제자들도 세례를 베풀었다. 그러나 요한의 세례는 삼위일체 하나님의 이름으로 거행되지 않았고 단순한 회개의 세례, 그리스도를 향한 신앙과 순종의 세례가 아니었으므로 요한의 세례는 예수님의 초림을 준비하기 위한 하나의 구약 경륜에 의한 결례(潔禮)라고 한다.[180]

2) 세례의 양식

세례의 양식에는 침례(浸禮, Immersion) 또는 침수(浸水), 관례(灌禮, Affusion), 적례(滴禮, Aspersion), 살수례(撒水禮, Sprinkling)가 있다. 침례는 필요치 않고 사람의 머리 위에 붓는 관례나 시세자가 손에 물을 적셔 수세자의 머리 위에 뿌리는 살수례나 시세자가 손가락에 물을 적셔 수세자의 머리에 물방울로 적시는 적례의 양식이 적당한 방법이다.

4. 성 찬

1) 성찬의 개념

성찬(聖餐)은 그리스도와 성도와의 결합을 의미하는 떡을 떼고 나눔으로 십자가에서 해를 입은 주님의 몸을 기념하고, 포도주를 마심으로 십자가에서 흘리신 주님의 피를 기념하는 예식이다. 구약에 화목제에서 제물의 일부를 제사장에게 돌리고, 또 일부는 제주와 그의

---

180) 박형룡 Ⅵ 전게서, p. 270 ; A. A. Hodge, *Outlines of Theology*, p. 604, Question 3.

가족 및 기타 사람들이 먹은 것과 유월절 예식에 구운 양고기와 무교병과 쓴 나물과 함께 먹는 것에서 제향(祭饗)이 수반되었다. 우리 주님께서 수난의 전야 예루살렘 다락방 유월절 연회석에서 성찬예식을 제정하고 영구적 권위와 숭고한 존엄으로 거행하여 그리스도의 대속의 죽음을 기억하라고 부탁하신 것이다.

2) 성찬의 성질

(1) 화체설(化體說, Transubstantiation)
로마교는 사제의 축성을 통하여 떡과 포도주의 실체가 그리스도의 살과 피로 변화되어 제단 위에 놓인 것은 더 이상 떡과 포도주가 아니라 그리스도로 화한다고 한다. 파스카시우스(Pascasius)가 강력히 주장했다. "이것은 너희를 위하는 내 몸이니"(고전 11 : 24)라는 말씀에 근거한다.

(2) 동체설(同體說, Consubstantiation)
루터는 떡과 포도주를 믿음으로 받을 때, 그때에 그 떡과 포도주는 곧 그리스도의 살과 피가 된다고 한다. 공재설(共在說)이라고도 한다.

(3) 영적 체현설(靈的 體顯說)
칼빈은 그리스도가 영적으로 나타나 계신다는 것을 의미한다고 한다. 영적 현현설(靈的 顯現說) 또는 영적 임재설(靈的 臨在說)이라고도 한다.

(4) 상징설(象徵說)
츠빙글리는 떡과 포도주는 그리스도의 몸과 피를 상징한다고 한다.

(5) 기념설(紀念說)
재침례교는 떡과 포도주는 주님의 살도 피도 아니고, 다만 주님의 죽으심이 우리를 구속하기 위함이었다는 것을 기념하는 의식일 뿐이라고 한다. 웨스트민스터 신앙고백과 우리 교단 헌법 제4편 예배예식에서 기념설을 취하고 있다. "이것을 행하여 나를 기념하라"(고전 11 : 24)고 하신 말씀대로 기념설이 타당하다고 사료된다.

5. 신자의 본분

신조 제11조는 교인의 교리적 의무를 규정할 뿐만 아니라 교인의 중요한 법적인 의무를 포함하고 있으며, 신앙생활의 방도를 말하고 있다.

XI. 제12조 내세론

"12. 죽은 자가 마지막 날에 부활함을 얻고 그리스도의 심판하시는 보좌 앞에서 이 세상에서 선악 간에 행한 바를 따라 보응을 받을 것이다. 그리스도를 믿고 복종한 자는 현저히 사함을 얻고 영광 중에 영접을 받을 것이다."

내세론 또는 종말론에 관하여 이단 사이비가 난무하므로 이것에 관하여 신중한 태도로 접근을 하며, 신약성경의 요한계시록, 로마서, 고린도전·후서, 에베소서, 데살로니가전·후서, 디모데전·후서, 디도서, 4복음서, 구약성경의 이사야, 예레미야, 에스겔, 다니엘 등을 성경적 근거로 하고 정통보수 신학자의 다수설을 취하여 논하고자 한다.

1. 죽음의 개념

죽음이란 육체와 영혼의 분리로 인한 육체적 생명의 종결이다(약 2 : 26, 마 10 : 28, 전 12 : 7). 형법학에서 사람의 사망 시기에 관하여 호흡이 영구적으로 그쳤을 때를 사망하였다고 보는 호흡종지설과 심장의 고동이 영구적으로 그쳤을 때를 사망하였다고 보는 맥박종지설이 있으나, 통설은 맥박종지설이다. 그러나 현대의학의 발달로 정지된 심장도 전기충격, 마사지, 인공호흡장치 등으로 맥박을 다시 뛰게 할 수도 있으므로 맥박종지설도 정확한 사망 시기를 잡을 수 없다. 그리하여 현대에는 뇌사설이 등장하였으나 이것 또한 구체적 내용에 관해 견해가 일치하지 않는다. 어떠하든 영혼이 분리되는 정확한 시점은 하나님만이 알 수 있다.

성경은 육체적 죽음을 죄의 값, 죄에 대한 형벌로써 죄의 결과라고 한다(롬 5 : 12, 17, 6 : 23, 고전 15 : 21, 약 1 : 15). 그러나 성도의 죽음은 죄로 인한 형벌이 아니고 영광스러운 구원의 완성을 위한 영화요, 성화의 종점인 것이다. "······그리스도 예수 안에 있는 자에게는 결코 정죄함이 없나니 이는 그리스도 예수 안에 있는 생명의 성령의 법이 죄와 사망의 법에서 너를 해방하였음이라"(롬 8 : 1-2), "사망아 너의 승리가 어디 있느냐 사망아 네가 쏘는 것이 어디 있느냐"(고전 15 : 55)의 말씀에서 그 뜻을 찾을 수 있다. 그러므로 성도의 사망은 종말이 아니라 완전한 생의 시작인 것이다.

2. 중간기 교리

중간기 교리란 인간의 죽음과 부활과의 중간기간에 인간이 어떠한 상태에 어디에 가 있는가에 관한 교리다. 이에 관하여 제2편 사도신경 제6장 사도신경의 문제점에서 하데스, 스올, 음부, 게엔나, 파라데이소스를 상술하였으므로 거기를 참고하기 바란다. 로마교에서 말하는 연옥(煉獄)교리나 죽은 자를 위한 기도는 있을 수 없다.

신약시대의 성도는 죽음 직후 즉시 낙원천국에 가서 예수 그리스도와 영적 교통을 하며, 그 영혼이 살아 있으며(눅 23 : 43, 행 7 : 59), 구약시대의 성도는 음부(陰府), 즉 스올 안에 있는 낙원에 있다가 예수 그리스도로 말미암아 음부에서 해방되어 낙원천국에 들어가는 것이다(벧전 3 : 19). 종국적으로 사후에 성도는 낙원천국을 거쳐 천년왕국천국으로 궁극에 영원천국에 들어가는 것이고, 불신자는 죽음으로 인해 지옥에 가고 천년왕국이 끝날 때 사탄의 최후 반란 시 부활하여 하나님의 '크고 흰 보좌의 심판'에 의하여 영원한 지옥인 불못에 던짐을 당한다.

3. 그리스도의 재림의 시기

그리스도의 재림의 시기에 관해 학설이 분분하나 크게 세 가지로 나뉘는데, 그것들은 천년왕국 전에 재림한다는 천년기전재림론(Pre-millennialism)[181]과 천년왕국 후에 재림한다는 천년기후재림론(Postmillennialism)[182]과 재림 이전이나 이후나 천년왕국은 없다는 것, 따라서 그리스도의 재림은 세상 끝날, 일반 부활과 대심판 직전에 있다는 무천년기재림론(Amillennialism)[183]을 말한다. 순차적으로 전천년설(前千年說), 후천년설(後千年說), 무천년설(無千年說)로 약칭하기도 한다.

전천년설은 대환난을 기준으로 대환난 전에 예수님이 재림한다는

---

181) 전천년설은 초대교회 3세기에 걸쳐 성행한 재림관, 대환난후재림론의 주장이며, 유스티누스(저스틴), 이레니우스, 테르툴리아누스 등 대부분의 교부들이 주장하였다.
182) 후천년설은 초대교회 때에는 알려진 학설이 아니고 12세기에 플로리스 요아킴(Joachim of Floris)이 최초 후천년설주의자라 하며, 18세기 영국의 다니엘 휘트비(Daniel Whitby, 1638-1762)가 이론을 체계화하였고, 찰스 핫지, A. A. 핫지, 벤자민 B. 워필드, A. H. 스트롱, 로레인 뵈트너(Loraine Boetter) 등이 주장하였으며, 교회시대 후기에 있을 의와 평화가 지배하는 기독교의 황금시대를 천년왕국으로 본다.
183) 무천년설은 필로(Philo)와 오리게네스(Origenes) 등을 통하여 점진적으로 교회에 들어오고 그 후 아우구스티누스가 이를 받은 후 체계화되었다. 하나님의 나라는 그리스도의 초림부터 재림까지의 긴 기간의 교회시대가 바로 천년왕국이며, 현 시대 다음에 완성되고, 영원한 하나님의 나라가 즉시 나타나는 것이며, 문자적 가시적 천년왕국은 없으나 영적인 천년왕국은 존재한다고 한다. 19~20세기에는 네덜란드의 칼빈주의자 아브라함 카이퍼, 헤르만 바빙크, 표준적 개혁파 및 루터파 신학이 이를 주장하며, 현대에는 루이스 벌콥이 지지하고, 미국의 가장 보수적인 두 신학교인 칼빈 신학교와 웨스트민스터 신학교에서 가르치고 있다. 그래서 학자에 따라 무천년설이 아니고 '실현된 천년왕국'이라고 부른다.

대환난전재림론(Pretribulationism)과 대환난 후에 예수님이 재림한다는 대환난후재림론(Posttribulationism)으로 나뉜다. 또 전자는 시대론적 전천년설에서 주장하고 후자는 역사적 전천년설에서 주장하는 견해들이다. 전자는 시대론(時代論), 경륜주의(經綸主義, Dispensataionalism), 혹은 세대주의(世代主義)[184] 재림론으로 역사적 보수 정통에서 벗어나고 그 학설 자체가 이단 사이비 종교단체와 야합할 개연성이 높아, 성경에 근거가 있든 없든 간에 시대론자가 주장하는 환난전휴거설과 이중재림설 및 삼중부활설은 채택할 바가 못 된다. 후자는 역사적 정통보수 신학에서 주장하는 바 이를 역사적 전천년설이라 한다. 그러나 재림의 정확한 때에 관하여는 예수님께서 친히 말씀하시기를 하늘의 천사도 예수님 자신도 모르고 아버지 하나님만 아신다고 한다(마 24 : 36).

4. 이중재림과 단일재림

그리스도의 재림의 성질을 하나의 단일사건으로 보느냐 또는 두 개의 사건으로 보느냐에 따라서 재림의 성질에 관한 설이 달라진다. 세대주의에 의하면 두 개의 사건으로 보고 대환난전재림론을 취하게 되고, 이는 이중재림(二重再臨)에 귀결되고, 역사적 전천년설에 의하면 하나의 단일사건으로 보고 대환난후재림론을 취하게 되고, 이는 단일재림(單一再臨)에 귀결된다. 이중재림으로 보는 세대주의에 의하면 예수님의 재림은 공중재림(空中再臨)과 지상재림(地上再臨)으로 나누고, 공중재림 시 일차 부활과 비밀 휴거(携去, Rapture)가 있다고 한다.

---

184) 시대론은 아일랜드 출신 다비(1800-1882, John Nelson Darby)에 의하여 창시되었고, 플리머스 형제단(Plymouth Brethren) 운동을 전개하였고, 이를 다비주의(Darbyism)라 한다. 19세기 말에 미국에서 이 운동이 깊은 뿌리를 내렸고, 열렬한 시대주의자인 스코필드(1843-1921, Cyrus Ingerson Scofield)가 편찬한 스코필드 관주성경(The Scofield Reference Bible)에 체계화되었다.

5. 부 활

1) 부활의 시기

세대주의의 이중재림설에 의하면 삼중부활을 들 수 있다. ① 휴거 시에 그리스도에 속한 자, 즉 성도들의 부활(고전 15 : 23, 51-53, 살전 4 : 16), ② 그리스도의 지상재림 시 구약시대와 환난 시의 성도들의 부활, ③ 하나님의 크고 흰 보좌(大白寶座)의 심판 시 구원 받지 못한 자들, 즉 불신자들의 부활(계 20 : 5, 11-14)이다. 혹은 시대론 가운데서 소수설이지만 사중부활설, 오중부활설도 있다. 그러나 단일재림설에 의하면 대환난 후에 그리스도의 재림 시에 성도의 부활과 최종 대심판 시 악인의 부활의 이중부활만 인정한다. 무천년설에 의하면 모든 죽은 자의 일반부활만을 주장하고 이는 최종심판 때의 단일부활만 인정하는 것이 된다.

우리 주님은 생명의 부활과 심판의 부활의 두 가지를 말씀하셨고(요 5 : 29), 사도 요한도 첫째 부활과 그 종말의 둘째 부활의 두 가지를 말하고 있고(계 20 : 4-15), 사도 바울도 재림 시에 있을 성도의 부활(고전 15 : 23, 빌 3 : 11)과 일반적인 죽은 자의 부활(행 23 : 6, 24 : 21)을 말하고 있는 것으로 보아 부활은 두 가지뿐인 것을 알 수 있으므로 대환난전재림론 및 삼중부활설을 취하기에는 성경적 근거가 미약하다. 무천년론의 일반부활, 즉 단일부활은 위의 성경의 말씀을 무시한 것이 된다.

이중재림설에 의하면 그리스도께서 공중재림하시면 마가의 다락방에서 최초 신약교회가 성립하던 오순절 때부터 휴거 직전까지 구원 받은 죽은 성도들은 썩지 아니할 것으로 부활하고, 주님의 공중재림 시 살아 있던 성도들은 변화된 육체로 은밀히 휴거되어 공중에서 주님을 영접하며 어린 양의 혼인예식을 치르고, 혼인 잔치를 공중잔치로 치르는 데 그 기간은 3년 반, 7년, 혹은 70년 등 여러 주장이 있으나 시대론의 다수설은 7년이며, 그동안 지상에는 전 3년 반과 후 3년 반 도합 7년의 대환난이 일어난다고 한다(살전 4 : 15-17, 고전 15 : 51-53).

단일재림설에 의하면 대환난 후 그리스도께서 재림하고 지상에서 어린 양과의 혼인 잔치가 있으나 이는 그리스도와 그의 교회와의 연합을 의미하며 이 연합의 희락을 그림으로 묘사한 것이다.

2) 부활의 성질

(1) 삼위일체 하나님의 사역

부활은 삼위(三位) 하나님의 역사이며 성경은 하나님께서 죽은 자를 살리셨다는 말을 하고 있다(마 22 : 29, 고후 1 : 9). 구체적으로 부활사역은 아들에게 돌려지고 있다(요 5 : 21, 25, 28-29, 6 : 38-40, 44, 54, 롬 8 : 11).[185]

(2) 육신의 부활

성경은 분명히 육신적, 신체적 부활을 가르치고 있다. 그리스도는 부활의 첫 열매(고전 15 : 20, 23) 또는 죽은 자들 가운데 먼저 나신 자(골 1 : 18, 계 1 : 5)라고 함으로 성도의 부활도 그것과 같다는 뜻을 포함하고 있다.

(3) 현재의 육체와 부활체와의 동일성

부활의 첫 열매이신 그리스도께서는 분명히 자신의 몸이 이전의 것과 동일함을 제자들에게 입증하셨다(눅 24 : 36-43, 요 20 : 20). 동시에 그 몸은 크게 변화할 것이라 하였다. 썩을 것에서 썩지 않을 것으로, 욕된 것에서 영광스러운 것으로, 약한 것에서 강한 것으로, 육의 몸에서 신령한 몸으로 다시 살아나는 변화(고전 15 : 42-44)의 가운데서도 그 동일성은 유지되는 것이다. 또 부활의 개념 안에 그러한 뜻이 내포되어 있으며, 하나님은 각 사람을 위하여 새로운 몸을 창조하지 않으시고 땅에 있는 그대로 바로 몸을 일으키실 것이다.

---

[185] Louis Berkhof Ⅲ 전게서, p. 523. 박형룡 Ⅶ 전게서, p. 293.

3) 부활체의 성질

부활체의 성질에 관해 성경은 소극적 표현으로 두 가지가 있으니 부활인은 결혼이 없다(마 22 : 30)는 것과 혈과 육은 하나님 나라를 이어받을 수 없고, 또한 썩는 것은 썩지 아니하는 것을 유업으로 받지 못한다(고전 15 : 50)는 것뿐이니 부활체의 정확한 모습이나 그 성질은 알 수 없다. 그러나 위의 소극적 표현에서 추론할 수 있는 것은 부활체는 썩지 않는 몸, 생명이 영속하는 불사(不死)의 몸, 현재의 육체보다 더 강장(强莊)한 몸, 영광스러운 몸, 신령한 몸일 것이다.

4) 의인과 악인의 부활

의인과 악인의 구별 없이 모두 부활한다. 부활의 시기가 양자에 있어서 다른 바, 의인의 부활은 천년기 직전 그리스도의 재림 시에 부활하고, 악인은 천년기 후 최종의 심판 전에 부활하며, 부활체의 모양도 의인의 부활체는 전술한 바와 같으나 악인의 부활체에 관하여는 성경에 말한 바가 없다. 또 부활의 의의도 다른 바 의인의 부활은 그리스도의 속죄와 그 부활에 근거한 부활이나 악인의 부활은 그것들과는 전혀 관계없는 악인을 영벌(永罰)과 영사(永死)의 극형에 처하기 위한 하나님의 주권적 공의의 행위인 것이다.

6. 휴 거

이중재림설에 의하면 데살로니가전서 4 : 15~17 말씀에 주께서 강림하실 때 그리스도 안에서 죽은 자들이 먼저 일어나고, 우리 살아남은 자들도 그들과 함께 구름 속으로 끌어올려 공중에서 주를 영접하게 하신다고 말하고 있다. 여기서 '강림'이라는 말은 헬라어 원어 성경에 '임재'(臨在, 영. Presence)를 의미하는 '파루시아'(παρουσία)를 쓰고 다른 여러 구절들(고전 1 : 7, 살후 1 : 7, 벧전 1 : 7, 13, 4 : 13)에 '나타남'(Unveiling)을 뜻하는 '아포칼뤼프시스'(ἀποκάλυψις), 또는 다른 구절들(살후 2 : 8, 딤전 6 : 14, 딤후 4 : 1, 8, 딛 2 : 13)에서 쓰고 있는 '나타남'(Appearance)을 의미하는 '에피파네이아'(ἐπι φάνεια)를 사용하지 않았다는 점에서 공중임재(空中臨在)와 지상현현(地上顯現)을 구별하여 공중임재는 공중재림으로, 지상현현은 지상재림으로 말하여 예수님의 공중재림 시 성도가 휴거되어 공중으로 끌려 올라간다는 것이다. 그러나 '파루시아'는 임재뿐만 아니라 강림, 도착의 뜻도 있고 '아포칼뤼프시스'나 '에피파네이아'도 강림하여 나타남의 뜻이 있으므로, 이러한 용어에 따른 이중재림을 인정하여 공중에 오래 체류하는 의미의 비밀의 휴거를 논할 실익이 없다. 공중으로 끌리어 올라가서 주님을 영접하고 그 공중에서 지상재림 시까지 내려오지 않고 공중에 계속 머물러 있는 그러한 휴거가 아니고, 또한 공중영접을 하기 위한 장소적 이전 또는 위치의 변경을 말하는 것이 아니라 육체의 변화, 즉 부활체와 같이 썩지 않을 영광스러운 능력 있는 신령한 몸으로 끌리어 올라가는 의미의 휴거 또는 승천(昇天), 인상(引上)이라는 데 그 핵심적인 뜻이 있는 것이다(고전 15 : 42 – 44).

7. 그리스도의 재림 전 사건

시대론의 이중재림설에 의하면 예수님의 공중재림과 지상재림과의 사이에 지상에 대환난이 있으며, 그 환난 기간 동안에 요한계시록 제6~7장의 일곱 인(印)의 재앙과 제8~14장의 일곱 나팔의 재앙, 제15~18장의 일곱 대접의 재앙을 통한 삼중의 대환난이 일어나고, 소계시록이라고 부르는 마태복음 제24장의 각종 징조(徵兆)와 기사(奇事)가 일어난다는 것이다. 그러나 대환난후재림론에 의하면 그리스도의 재림 전에 그러한 모든 재앙과 징조와 기사가 일어나는 것이다.

1) 복음의 세계적 전파
성경은 우리 주님의 재림 전에 천국의 복음이 모든 민족에게 증언되기 위하여 온 세상 만국에 전파되어야 한다(마 24 : 14, 막 13 : 10, 롬 11 : 25)고 하며, 또 이방인의 상당한 수가 천국에 들어올 것을 말하고 있다(마 8 : 11, 13 : 31 – 32, 눅 2 : 32, 행 15 : 14, 롬 9 : 24 – 26, 엡 2 : 11 – 20).

2) 이스라엘의 회심

성경은 온 이스라엘이 구원을 얻는다(롬 11 : 26)고 말하고 있는데 이는 영적 이스라엘을 가리키는 것이 아니고 민족으로서의 이스라엘을 의미한다. 민족으로서의 이스라엘은 고금의 이스라엘의 각 개인이 다 회심하여 구원을 얻는다는 것이 아니고 예수님의 재림 시 생존하는 이스라엘 민족의 실질적 전수(全數)가 회개하고 돌아올 것을 말한다. 이에 대하여 전 민족이 아니라 그들 중 참이스라엘인, 즉 피택된 자의 전수를 의미한다는 반대설이 있다.

3) 대배교와 대환난

우리 주님은 예수님의 재림 직전에 대배교(大背敎)와 대환난(大患難)이 있다고 한다(마 24 : 9 - 12, 21 - 24, 막 13 : 9 - 22, 눅 21 : 22 - 24). 사도 바울도 대배교에 관해 말하였다(살후 2 : 3, 딤전 4 : 1, 딤후 3 : 1 - 50). 환난의 성격은 이사야 2 : 19, 13 : 6~7, 10~11, 24 : 1, 19~20, 34 : 2~4, 63 : 3~4, 6, 예레미야 25 : 32~33, 요엘 2 : 1~2, 스바냐 1 : 14~15, 마태복음 24 : 7, 11~12, 21~22, 누가복음 21 : 25~26, 데살로니가전서 5 : 2~3, 요한계시록 6 : 12~17의 성경 구절에서 잘 나타내고 있다.

4) 적그리스도의 출현

교회에 반항하여 발전하는 악의 세력은 마침내 말세에 대배교와 대환난을 일으키는 인격화된 적(敵)그리스도가 등장한다. 적그리스도는 헬라어 원전에는 '안티크리스토스'(ἀντίχριστος, 요일 2 : 18, 22, 4 : 3, 요이 1 : 7)라고 하며, 이 경우의 '안티'는 '대신'(代身)과 '대적'(對敵)의 뜻이 있다.

예수님은 자기와 자기의 나라에 대항할 '거짓 선지자'와 '거짓 그리스도'를 말씀하셨고(마 7 : 15, 24 : 5, 24, 막 13 : 21 - 22, 눅 17 : 23), 사도 바울도 배교하는 일이 먼저 있고 불법의 사람, 곧 멸망의 아들이 나타나기 전에는 그날이 이르지 않는다고 하며(살후 2 : 3), 또 그 불법의 사람이란 대적하는 자이며, 신이라고 불리는 모든 것과

숭배함을 받는 것에 대항하여 그 위에 자기를 높이고, 하나님의 성전에 앉아 자기를 하나님이라고 내세운다고 한다(살후 2 : 4).

역사적으로 적그리스도는 로마의 네로 황제라고 하며 종교개혁자들 루터, 칼빈은 로마의 교황위(敎皇位)를 적그리스도라 하였고, 웨스트민스터 신앙고백에서도 그렇게 표현하였다.

5) 징조와 기사

소계시록이라 불리는 우리 주님의 마태복음 24장의 감람산 강론에 주의 임하심과 세상 끝에 있을 징조와 기사에 관해 주님이 친히 말씀하고 계신다. 도처에 전쟁, 기근과 지진, 전염병이 있으니 이는 재난의 시작이라 하셨고(마 6 : 6-8, 막 13 : 7-8), 거짓 선지자와 거짓 그리스도가 출현하여 많은 사람들을 미혹케 하며(마 24 : 5, 막 13 : 5-6, 눅 21 : 8), 하늘의 일월성신에 무서운 징조들이 나타나며, 하늘의 권능이 흔들린다고 하셨다(마 24 : 29-30, 막 13 : 24-25, 눅 21 : 8).

8. 그리스도의 재림

1) 재림의 양식

(1) 인격적 강림

"……너희 가운데서 하늘로 올려지신 이 예수는 하늘로 가심을 본 그대로 오시리라……"(행 1 : 11)고 하였으니 인격적 자신으로 떠나셨고 돌아오실 때도 인격적 자신으로 강림하신다는 말이다.

(2) 육체적 강림

하늘로 가심을 본 그대로 오신다고 하였는데 예수님은 육체를 갖고 가셨으니 재림하실 때도 육체를 갖고 오실 것이다(행 1 : 11).

(3) 가시적 강림

여러 사람이 보는 데서 올려져 가셨으니 재림하실 때도 사람들이 볼 수 있게 오실 것이다(행 1 : 9). 이를 가견적(可見的) 재림 또는 유형적 재림이라고도 한다.

(4) 돌연적 강림

제자들에게 교훈을 마치시고 "축복하실 때 그들을 떠나 하늘로 올려지시니"(눅 24 : 51)라는 말씀에서 돌연히 올라가셨으니 재림하실 때도 돌연히 오실 것이다. "……준비하고 있으라 생각하지도 않은 때에 인자가 오리라"(마 24 : 44), "주의하라 깨어 있으라 그때가 언제인지 알지 못함이라"(막 13 : 33), "보라 내가 도둑같이 오리니……"(계 16 : 15)라는 말씀에서 주님 재림의 돌연성을 알 수 있다.

(5) 영광의 강림

구름에 가리우고 흰 옷 입은 천사들의 호위를 받아 올라가셨으니(행 1 : 9-10) 재림하실 때도 승리의 영광과 위엄 속에 오실 것이다. 하늘의 구름은 그의 마차(마 24 : 30)가 될 것이며, 천사들은 그의 호위병(살후 1 : 7), 천사장은 그의 전령관(살전 4 : 16), 하나님의 성도들은 그의 영광스러운 수행원(살전 3 : 13, 살후 1 : 10)이 될 것이다.

(6) 승리의 강림

예수님은 왕들 중의 왕으로 주들 중의 주로서 모든 악의 세력들에 승리하시고 모든 원수들을 자기 발 아래 두실 것이다(고전 15 : 25, 계 19 : 11-16).

2) 그리스도의 재림의 목적

(1) 의인의 부활

그리스도 안에서 죽은 성도의 부활이 있다. 예수님은 생명의 부활과 심판의 부활(요 5 : 28-29, 살전 4 : 15-16)에 관해 말씀하셨고, 요한은 두 개의 부활을 시간적으로 분리되어 실현될 것이라고 했다(계 20 : 4-6).

(2) 생존 성도의 변형과 휴거

주님의 재림 시에 생존한 성도는 죽지 않고 변형된 몸으로 공중으로 휴거, 인상, 승천하여 주님을 영접한다. 그러나 시대론의 주장과 같은 비밀히 공중으로의 장소적 공간적 이동과 위치적 변경을 하는 휴거는 아니다(살전 4 : 17).

(3) 어린 양의 혼인 잔치

시대론은 공중에서 어린 양과의 비밀 혼인 잔치를 7년간이나 하고 그 후 지상재림을 하여 결혼피로연을 연다고 주장하나, 그런 뜻은 아니고 이 혼인 잔치는 그리스도와 그의 교회와의 연합을 의미하며, 그의 제자들과의 지상교제의 회복을 대표하며(막 14 : 25), 그의 앞에 영광의 교회를 세움을 말한다(엡 5 : 27).

(4) 성도의 상급

예수님 재림 후 예수 그리스도의 심판이 있는데, 이는 성도들을 대상으로 한 심판으로 특정 개인이 천국에 들어갈 수 있는가의 심판도 아니고, 구원 받기 이전이나 이후에 지은 죄에 대하여 성도를 벌하기 위함도 아니고(시 103 : 10-12, 사 38 : 17, 44 : 22, 미 7 : 19, 히 8 : 12, 요일 1 : 7), 단지 구원 받은 성도가 하나님의 청지기로서 그들의 특권과 책임을 어떻게 사용했는가에 대한 심판으로 상 주기 위함의 심판이다. 어떤 성도는 썩지 아니할 면류관(고전 9 : 25-27), 기쁨과 자랑의 면류관(살전 2 : 19-20), 생명의 면류관(계 2 : 10, 약 1 : 12), 의의 면류관(딤후 4 : 8), 영광의 면류관(벧전 5 : 2-4) 등 상급을 받고 어떤 성도는 공력이 불타 해를 받는데, 그 해는 구원을 얻되 불 가운데서 얻은 것과 같다는 것이다(고전 3 : 15).

시대론의 대환난전재림론에 의하면 이 심판을 '베마' 심판이라 하는데, 예수님의 공중재림 시에 하늘에서 '베마' 심판을 하여 공중에서 시상을 한다고 한다. 그 다음에 하늘에서 어린 양의 혼인예식이 비밀히 거행된다(눅 12 : 35-36, 마 22 : 2, 25 : 1, 계 19 : 7)고 한다.

(5) 악한 세력의 파멸

대환난 끝에 그리스도께서 재림하셔서 환난의 원인인 악의 세력을 파멸시키신다. 다니엘 12 : 1, 마태복음 24 : 21, 29, 누가복음 21 : 34~36에 예언한 전무한 대환난의 종말에 재림한 우리 주 예수 그리스도께서 아마겟돈 전쟁에서 짐승과 거짓 선지자와 그의 군대를 파멸하시고(계 19 : 19 - 21, 살후 2 : 8), 사탄과 귀신들을 결박하여 무저갱에 던져 넣으신다(계 20 : 1 - 2).

9. 천년왕국

1) 성경적 근거

요한계시록 20 : 1~6까지 천년이란 말이 6번이나 나오고, 요한계시록 20 : 4에 "……한 자들이 살아서 그리스도와 더불어 천년 동안 왕 노릇하니"와 요한계시록 20 : 6에 "이 첫째 부활에 참여하는 자들은 복이 있고 거룩하도다 둘째 사망이 그들을 다스리는 권세가 없고 도리어 그들이 하나님과 그리스도의 제사장이 되어 천년 동안 그리스도와 더불어 왕 노릇하리라"라는 말에서 천년기와 천년왕국이 조직신학의 내세론에 등장한다. 그리스도의 재림과 천년기와의 시간적 관계에서 전술한 바와 같이 전천년설, 후천년설, 무천년설의 주장이 나오니 거기를 참고하기 바란다.

2) 천년왕국

정통보수주의 신학에 의한 역사적 전천년설에 의하면 그리스도의 재림 직후 옛적 선지자들이 예언했던 하나님의 나라가 완성된 형태로 지상에 건설되고, 예루살렘은 중건되고, 이방인들은 절대 다수로 그 왕국에 편입되고, 천년 동안 그리스도는 그의 왕정을 영광의 방식으로 통치하시며, 부활 변화한 성도들이 그의 통치에 참여하고, 이스라엘이 전체로 주께 돌아와서 복음을 전파하고, 평화와 의의 상태가 전세계에 충만할 것이라는 것이다.

10. 최종 심판

1) 대심판의 시기

결정적 시기는 결정적으로 알 수 없으나 성경은 천년기 직후 사탄이 옥에서 놓여 곡과 마곡의 전쟁을 거친 후 하나님의 최종 대심판이 있는 것으로 말하고 있다(계 20:7-15).

2) 대심판의 단일성과 최종성

심판은 최종 대심판이라 부르는 하나의 심판뿐이다. 성경은 '크고 흰 보좌'(계 20:11)에서 하는 심판으로 묘사하고 있다. 이 심판에서 민족들을 민족들로 심판하시지 않고 오직 개인들로 심판하시며, 오로지 의인과 악인을 함께 심판하는 것이다. 요한복음 5:24에서 예수님께서 "……내 말을 듣고 또 나 보내신 이를 믿는 자는 영생을 얻었고 심판에 이르지 아니하나니 사망에서 생명으로 옮겼느니라"라고 하신 말씀을 근거하여 의인에게는 최종 대심판이 없다고 하나 이는 잘못 해석한 것이다. 여기서의 심판은 정죄(定罪)의 심판, 즉 유죄(有罪)의 심판을 받지 아니한다는 의미이다. "……사람이 무슨 무익한 말을 하든지 심판 날에 이에 대하여 심문을 받으니"(마 12:36), "……그리스도로 말미암아 사람들의 은밀한 것을 심판하시는 그날이라"(롬 2:16)의 말씀과 마태복음 13:30, 40~43, 49, 25:14, 23, 34~40, 46의 말씀에서 의인도 그리스도의 심판대(고후 5:10)에 서야 하는 것을 알 수 있다.

시대론자는 부활도 3차에 걸친 부활론을 주장하듯이 심판도 3차에 걸친 심판론을 전개한다. 이는 주님의 공중재림 시 부활한 성도와 휴거된 성도의 시상을 위한 '베마' 심판과 대환난 직후 그리스도의 지상재림 시 이방민족과 남은 이스라엘의 심판(마 25:31-46)과 부활한 악인을 심판하는 대백보좌심판(계 20:11-15)의 삼중부활과 삼중심판을 주장하나 비성경적이며, 부활과 심판을 어렵게, 기묘하게 주장할 이유가 없어 취할 바가 못 된다.

3) 심판의 과정

이방인은 그들의 마음에 새겨진 자연의 법칙에 의하여, 유대인은 구약의 계시에 의하여, 복음의 광명을 누린 자들은 자연의 법칙과 구약의 계시와 복음에 의하여 심판을 받을 것이다. 심판에 나타날 모든 사람들에게 천국에 들어갈 것인가 못 들어갈 것인가는 그들이 예수 그리스도의 의를 힘입었느냐 안 입었느냐에 의하여 결정될 것이다. 그러나 천국의 행복과 지옥의 형벌에 다 상이한 등급이 있을 것이므로 위와 같은 심판이 있는 것이다. 하나님께서 각 사람에게 그 행한 대로 보응하신다(롬 2 : 6)는 말씀을 심판의 근거로 하여 사람의 현세의 성격, 사상, 언사, 행위를 판단하는 것이다.

그러나 예수 그리스도의 이름을 믿고 영접하는 자들에게는 하나님의 자녀가 되는 권세를 주셨고(요 1 : 12), 예수 그리스도를 믿는 자는 심판을 받지 아니하며 하나님의 독생자의 이름을 믿지 아니한 자는 벌써 심판을 받은 것이며(요 3 : 18), 아들을 믿는 자에게는 영생이 있고 아들에게 순종하지 아니하는 자는 영생이 없고 하나님의 진노가 있으며(요 3 : 36), 그리스도를 믿는 자는 그리스도를 위하여 살 것이며(고후 5 : 15), 그리스도 예수 안에 있는 자에게는 결코 정죄함이 없다(롬 8 : 1)는 말씀에 의하여 복음을 듣고 믿어 구원을 받은 자는 정죄, 즉 유죄의 심판이 있을 수 없다. 그런데도 불구하고 마지막 날에 그리스도의 심판대에 세우는 이유는 용서받고 무죄의 판결을 받은 성도의 모든 죄, 즉 예수 믿기 전후의 모든 죄를 그리스도의 심판대 앞에 공포하여 많은 사람들에게 알게 함은 흉악하고 무수한 죄로부터 그들을 구원하여 주신 하나님의 의와 사랑과 은혜의 절대성을 표명하기 위함이고, 천국의 행복과 상급의 등급을 정하기 위함이다.

4) 선행과 심판과의 관계

성도는 그리스도의 공로에 의하여 구원과 상을 받는다. 성도의 선행(善行)은 신앙의 열매이므로 그리스도의 공로의 전가를 받아 성도의 구원과 상을 위한 근거가 된다. 신앙은 내면적이고 비밀스러운 데가 있어 심판대에서 다른 모든 사람이 인식할 수 있게 하기 위하여 외면적 가견적(可見的) 행위에 의한 신앙의 상당한 시취물이 있어야 하므로 마태복음 25 : 31~46에 나오는 주린 자, 목마른 자, 나그네 된 자, 헐벗은 자, 병들은 자, 옥에 갇힌 자에게 자선과 인애의 행위, 즉 사랑의 사역들을 신앙의 열매로 보아 구원과 상의 근거로 삼는다는 말이다.

5) 판 결
판결의 주문(主文)은 의인은 영생에 악인은 영벌에 처한다(마 25 : 32, 34, 41, 46)는 것이다. 의인은 영원천국에 들어가고 죄인 또는 악인은 둘째 사망 곧 불못(계 20 : 14 - 15)의 영원지옥에 가는 것이다.

11. 신천신지

1) 새 하늘과 새 땅
구약에 "천지는 없어지려니와 주는 영존하시겠고……"(시 102 : 26), "……하늘이 연기같이 사라지고 땅이 옷같이 해어지며……"(사 51 : 6), "보라 내가 새 하늘과 새 땅을 창조하리니……"(사 65 : 17)와 신약에 "……세상이 새롭게 되어……"(마 19 : 28), "……만물을 회복하실 때……"(행 3 : 21), "……진동하지 아니하는 것을 영존하게 하기 위하여 진동할 것들 곧 만드신 것들이 변동될 것을 나타내심이라"(히 12 : 27), "……그날에 하늘이 불에 타서 풀어지고 물질이 뜨거운 불에 녹아지려니와 우리는 그의 약속대로 의가 있는 곳인 새 하늘과 새 땅을 바라보도다"(벧후 3 : 12 - 13), "또 내가 새 하늘과 새 땅을 보니 처음 하늘과 처음 땅이 없어졌고 바다도 다시 있지 않더라"(계 21 : 1)의 말씀을 통하여 신천신지(新天新地)가 조성된 후에야 새 예루살렘이 하나님께로부터 하늘에서 내려올 것이며, 하나님의 장막이 사람들과 함께 있을 것이며, 하나님이 사람들과 함께 계시며, 사람들은 하나님의 백성이 되고 하나님은 친히 사람들과 함께 계셔서 모든 눈물을 그 눈에서 닦아 주시며, 다시는 사망이 없고 애통하는 것이나 곡하는 것이나 아픈 것이 다시 있지 아니하며, 처음 것이 다 지나간 신천신지가 도래하여 성도들의 영원한 행복과 희락이 있는 영원천국에 들어가는 것이다(계 21 : 1-4). 신천신지의 형성에 관하여 루터파 신학자들의 신창조설(新創造說)과 개혁파 신학자들의 현존만유갱신설(現存萬有更新說)이 있으나 후자가 더 성경적이라 할 수 있다. 즉, 무로부터의 새로운 창조가 아니고 구천지의 변형이며, 신 면목, 신 성격을 지닌 신세계 하늘나라를 조성하시는 것이다.

  2) 새 예루살렘
  거룩한 성 새 예루살렘이 하나님께로부터 하늘에서 내려와서 땅들의 왕들이 자기 영광을 가지고 그리로 들어가며, 오직 어린 양의 생명책에 기록된 자들만이 들어가는 성이다(계 21 : 2, 24, 27). 새 예루살렘은 신천신지의 한 부분으로써 신천신지를 대표하는 성역이다.

제4편 요리문답

제1장 요리문답의 역사

Ⅰ. 요리문답의 의의

요리문답(要理問答, Catechism, 독. Katechismus)은 기독교의 교리를 신앙의 교육 또는 고백을 위하여 문답식으로 정리하여 간단하고 평이하게 요약한 것을 말한다. 주로 초신자를 위한 기초적이면서 핵심적인 교리의 요약이라 할 수 있으며, 이를 교리문답(敎理問答)이라고도 한다. 전술한 바와 같이 광의의 신조에, 최광의의 신앙고백에 속한다고 할 수 있다. 사도신경의 최초 전신이라 할 수 있는 로마 신조는 문답형의 신조이나 이는 서술형의 선언문 또는 고백문으로 발전하였고, 요리문답은 교부시대에 오리게네스의 교육용 교리문답이 있었으나 로마교황시대에 요리문답은 사장되고 종교개혁기에 이르러 다시 등장한다.

요리문답은 헬라어로 가르치다, 들어서 알다, 배우다, 지식을 얻다 라는 뜻의 동사 $κατηχέω$(카테케오)의 파생어인 $κατηχιομος$(카테키스모스)라고 한다.

카이퍼는 "신조는 교회 밖에 있는 사람들한테 증거하는 역할을 하고, 이 요리문답은 교회 울타리 안에 있는 사람을 향해서 증거하고 가르치는 것"이라고 하여 성격을 말하고, 클라스 스킬더(Klaas Schilder)는 "그렇다고 해서 교회 밖의 일에도 무관심한 것은 아니다."라고 하여 요리문답의 정신을 말했다.[1]

II. 종교개혁과 요리문답

1. 종교개혁 전 요리문답

마르틴 루터의 종교개혁 전 개혁의 선구자들이 요리문답을 작성, 사용하고 있었으나 로마교에 의하여 이단으로 몰렸다. 발도(Pierre Valdo)[2]파, 보헤미아 형제단,[3] 위클리프(John Wycliffe),[4] 후스(Jan Hus)[5] 등은 어린이용 요리문답을 만들어 사용하였고, 이는 종교개혁자들의 교리교육에 대한 선구자적 역할을 하였다.

2. 종교개혁기의 요리문답

종교개혁기에 요리문답을 최초로 작성한 자는 독일의 브렌즈(Johannes Brenz)와 프랑스의 카피토(Wolfgang Capito)이다. 그러나 종교개혁 시대에 가장 영향력이 있는 요리문답은 루터의 요리문답, 칼빈의 요리문답, 하이델베르크 요리문답을 들 수 있다.

---

1) 이종연 전게서, p. 85.
2) 12세기 프랑스 리용 출신, 영. Peter Waldo, 왈도라고도 발음한다. 발도는 마태복음 19 : 21의 말씀에 따라 모든 재산을 처분하여 나누어 주고, 성경을 번역하여 보급하며, 로마교의 탐욕적 지도자들을 맹비난하였다. 이들은 로마가톨릭을 거부하고 청빈, 금욕, 금식, 경건, 평화, 평신도 설교 권장, 사유재산 포기를 주장하고, 재침례교의 선구자적 역할을 하였고, 지금도 프랑스 피에몽 계곡을 본거지로 하여 유럽 도처에서 활동하고 있다.
3) 15세기 스위스의 후스파가 집단을 이루어 활동을 하니 이들을 보헤미아 형제단이라 불렀다. 발도파와 공통점이 많고, 또 밀접한 관련을 갖고 있다.
4) 1324~1384, 영국 출신의 종교개혁 선구자, 성경만이 신앙의 유일한 기초라는 주장을 하여 루터에게 많은 영향을 주었다.
5) 1369~1415, 보헤미아의 종교개혁 선구자, 교회조직의 개편 특히 상부의 임명이 아닌 회중의 선거로 세워야 한다고 주장하여 칼빈의 장로교에 많은 영향을 주었다.

3. 루터의 요리문답(1529)

1529년 루터는「소요리문답」(*Der Kleine Katechismus*)과「대요리문답」(*Der Großer Katechismus*)을 출판하였다. 루터는 요리문답을 일종의 어린이 설교 또는 평신도의 책이라고 하면서, 특히 소요리문답은 교인들을 지도할 목회자들을 위한 것이라 하여 그 이름도「교구 목사 및 설교자를 위한 소요리문답」이라 하였고 나중 개정판을 낼 때, 책 제목을「세례, 회개, 기도문 등을 포함한 엔키리디온, 소요리문답」이라 하였다.

루터의「소요리문답」의 내용은 십계명, 사도신조, 주의 기도, 세례, 죄의 고백, 성찬, 아침기도와 저녁기도, 식사기도, 가정덕목표의 9가지로 구성되어 있다. 여기서 우리의 신앙생활에 참고될 만한 것 하나를 찾을 수 있다.

식사기도가 특별히 눈에 들어온다.

"가족이 모두 식탁에 앉으면 손을 얹고 모아 간절히 기도하여야 하는데, 먼저 시편 145 : 15~16 말씀으로 기도한다. '모든 사람의 눈이 주를 앙망하오니 주는 때를 따라 그들에게 먹을 것을 주시며 손을 펴사 모든 생물의 소원을 만족하게 하시나이다' 이후에는 주의 기도와 다음의 기도문을 읽도록 하였다. '주 하나님 하늘에 계신 아버지여 우리와 당신의 풍성한 자비로부터 얻는 이 선물에 복을 주시옵소서. 예수 그리스도 우리 주로 인하여 아멘.' 식사를 마친 후에도 기도한다. '여호와께 감사하라 그는 선하시며 그의 인자하심이 영원함이로다'(시 118 : 1). '들짐승과 우는 까마귀 새끼에게 먹을 것을 주시는도다 여호와는 말의 힘이 세다 하여 기뻐하지 아니하시며 사람의 다리가 억세다 하여 기뻐하지 아니하시고 여호와는 자기를 경외하는 자들과 그의 인자하심을 바라는 자들을 기뻐하시는도다'(시 147 : 9-11). 그리고 주의 기도를 드린 후에 '주 하나님 아버지, 우리 주 예수 그리스도를 인하여 우리가 당신의 모든 선하심에 감사드립니다. 당신은 영세무궁하시나이다. 아멘.'[6)]이라고 한다."

4. 칼빈의 요리문답(1537, 1542)

칼빈의 요리문답에는 제1차 요리문답과 제2차 요리문답의 두 가지가 있다. 이 둘을 합쳐서 제네바 요리문답이라 한다.

제1차 요리문답은 1536~1537년에 작성된 것으로 제네바의 종교개혁자 파렐(Guillaume Farel)[7]의 권유로 종교개혁에 참여한 직후에 작성된 것으로 본다. 이 책의 원명은「제네바교회가 사용하는 신앙훈련과 고백」인데 보통 제1차 제네바 요리문답이라고 부른다. 형식은 문답식의 요리문답이라고 하나 그 실질 내용은 문답식이 아니다.

제1차 요리문답의 내용에 관하여는 하나님께 대한 지식과 사람에 대한 지식, 율법, 신앙, 기도, 성례, 교회와 국가의 질서의 6개 대항목으로 되어 있고, 하나님께 대한 지식과 사람에 대한 지식의 항목은 모든 인간은 하나님을 인식하기 위해 태어났다, 참종교와 거짓 종교의 차이, 우리가 하나님께 대해 인식해야 될 일, 인간, 자유의지, 죄와 죽음, 구원과 생명에로의 복귀의 7개 소항목으로, 율법의 항목은 출애굽기 20 : 2~3, 제2~10계명, 율법의 요약, 율법의 의의, 율법은 그리스도께 이르는 전 단계의 13개 소항목으로, 신앙의 항목은 우리는 신앙을 통해 그리스도를 인식한다, 선택과 예정, 참신앙, 신앙은 하나님의 은사이다, 우리는 믿음을 통하여 그리스도 안에서 의롭게 된다, 우리가 신앙을 통해 거룩하게 된 것은 율법에 복종하기 위함이다, 참회와 중생, 선행 의(義)와 신앙 의(義) 상호 관련성, 신조, 소망의 10개 소항목으로, 기도의 항목은 기도에 있어서 주의해야 할 점, 주기도문의 해설, 기도에 있어서의 끈기의 3개 소항목으로, 성례의 항목은 성례란 무엇인가, 세례, 성찬의 3개 소항목으로, 교회와 국가의 질서의 항목은 교회의 목사들과 그들의 권위, 인간의 전통, 출교, 정부의 4개 소항목으로 구성되어 있다.

---

6) 총회교육자원부 전게서, p. 111 ; *Die Bekenntnisschriften der Evangelish - Lutherischen Kirche*, Göttingen, 1992, pp. 6-9.
7) 1489~1565, 스위스의 종교개혁자, 1536년 칼빈을 설득하여 제네바에서 동역자로 사역하게 했다.

칼빈의 제2차 요리문답은 1541~1542년에 작성된 것으로 제네바를 떠나 슈트라스부르크에 3년간 체류할 때 마르틴 부처(Martin Bucer)[8]의 영향을 받아 부처의 요리문답인「간략한 성경적 해석」(Der Kürtzer Schriftliche Erklärung, 1534)과「간략한 요리문답」(Der Kürtzer Katechismus, 1537)과 같은 형식의 새로운 요리문답을 제네바에 귀환한 즉시 만들었다. 이 책의 원명은「제네바교회의 요리문답」으로 목사가 묻고 어린이가 대답하는 373개의 문답식 대화체로 되어 있다.

제네바교회의 요리문답의 내용은 신앙, 율법, 주기도문, 성례의 4개의 대항목으로 되어 있고, 신앙의 항목은 참된 신 인식, 사도신경, 참신앙, 행위, 참회의 6개의 소항목으로, 율법의 항목은 총론, 첫째 계명에서 열째 계명, 율법의 요약, 율법의 이행, 율법의 직무의 14개 소항목으로, 주기도문의 항목은 기도에 관한 일반적 가르침, 주기도문, 기도의 규범으로써의 주기도문의 3개 소항목으로, 성례의 항목은 신앙고백과 하나님의 영광, 하나님의 은총의 수단으로써의 말씀, 하나님의 은총의 수단으로써의 성례의 3개 소항목으로 구성되어 있다.

칼빈의 요리문답은 칼빈의 개혁주의의 전체교회에 권위를 누리지 못했다. 그것은 1563년 하이델베르크 요리문답의 권위에 눌렸기 때문이다. 1618~1619년 도르트 대회에서 하이델베르크 요리문답을 전 칼빈주의자들이 인정함으로 칼빈의 요리문답의 권위는 하강의 길을 걷다가 1791년에 이르러 교회교육에서 그 자취를 감추어 버렸다.[9]

5. 하이델베르크 요리문답(1563)

하이델베르크 요리문답(The Heidelberg Catechism)은 1563년 독일 선제후 팔츠(Pfalz)백[10] 프리드리히 3세(Friedrich Ⅲ)[11]의 주도

---

[8] 1491~1551, 스위스의 개혁파 종교개혁자.
[9] Jean Calvin 전게서, 역자 서문.
[10] 중세 독일 라인 강 중류 양안에 있는 지역, 팔라틴, 영. Palatinate, 팔라티네

아래 자카리아스 우르시누스(Zacharias Ursinus)[12]와 카스파르 올레비아누스(Caspar Olevianus)[13]가 작성, 출판하였다. 이 책의 원명은 「팔츠 선제후의 지역에 있는 교회와 학교에서 가르칠 요리문답, 또는 기독교 교훈집」이다. 이 요리문답은 팔츠 지역에 있는 루터파와 츠빙글리파, 칼빈파와 멜란히톤의 추종자 등 다양한 개신교 분파 간의 신앙고백적 일치의 성격을 띠고 있다.

하이델베르크 요리문답의 내용은 129개의 문답으로 구성되어 있고, 이는 다시 서론부라 할 수 있는 문 1과 문 2와 3개의 부로 나뉜다. 제1부는 문 3~11로 인간의 비참에 관하여, 제2부는 문 12~85까지로 인간의 구속에 관하여, 다시 세분하여 제1장 문 12~17 그리스도를 통한 배상에 관하여, 제2장 문 18~25 복음과 신앙에 관하여, 제3장 문 26~28 성부 하나님에 관하여, 제4장 문 29~52 성자 하나님에 관하여, 제5장 문 53~64 성령 하나님에 관하여, 제6장 문 65~85 성례전에 관하여, 제3부는 문 86~129 감사에 관하여로 구성되어 있다.

우리의 신앙을 위하여 서론부를 소개해 본다.

"문 1. 살든지 죽든지 당신의 유일한 위로가 무엇입니까?

답. 살든지 죽든지 간에 나의 몸과 영혼은 모두 나 자신에게 속한 것이 아니라, 나의 신실하신 구주 예수 그리스도에게 속한 것입니다. 이 예수 그리스도는 그의 십자가의 피 값으로 나의 모든 죄를 속죄하셨고, 나를 악마의 굴레로부터 해방시키셨습니다. 이분이 나를 잘 지켜 주시기 때문에 하늘에 계신 아버지 하나님의 뜻이 아니고는 머리

이트. 14세기 중반에 신성로마제국의 선제후가 되었으며, 종교개혁 초기에는 로마가톨릭을 지지했으나 프리드리히 3세가 집권하던 1560년대에 칼빈주의를 채택하고 독일 프로테스탄트의 대의명분을 지키는 보루의 역할을 하였다.
11) 1515~1576, 신성로마제국의 선제후. 팔츠는 독일 30년 전재의 격전지가 되어 초토화되고 로마교회의 수중으로 넘어가자 하이델베르크 요리문답은 네덜란드와 미국에서 주로 이용하게 되었다.
12) 1534~1583, 멜란히톤의 제자, 라틴어로 초안.
13) 1536~1585, 멜란히톤의 제자, 독일어로 초안.

털 하나라도 상할 수 없습니다. 진실로 모든 것이 나의 구원을 위한 그리스도의 목적에 부합됨이 틀림없습니다. 그래서 이 예수 그리스도는 성령에 의해서 나에게 영생을 보장하셨고, 나로 하여금 이제부터는 전심전력으로 기꺼이 그를 위해서 살도록 준비시키십니다.

문 2. 당신이 이 위로의 축복을 누리고 살다가 죽기 위해서 몇 가지를 알아야 합니까?

답. 세 가지입니다. 첫째는 나의 죄가 얼마나 크며 이 죄로 말미암는 비참이 얼마나 심각한 것인가를 아는 것입니다. 둘째는 내가 어떻게 나의 모든 죄와 이 죄의 비참한 결과에서 해방되었는가를 아는 일입니다. 셋째는 내가 이러한 구속에 대하여 하나님께 드려야 할 감사의 생활이 무엇인가를 아는 것입니다."[14]

6. 웨스트민스터 신앙고백서의 요리문답(1647)

1643년 7월 1일에서 1649년 2월 22일까지 열린 웨스트민스터 총회(Westminster Assembly)의 결과로 웨스트민스터 신앙고백서(웨스트민스터 표준문서)가 제정·채택되고, 그 내용의 5개 항목 중에 요리문답은 1647년에 작성되고, 1648년에 영국 의회와 스코틀랜드 총회가 인정·채택한 대요리문답(大要理問答, Larger Catechism)과 소요리문답(小要理問答, Shorter Catechism) 두 가지가 있다. 전자는 웨스트민스터 신앙고백(信仰告白, Confession of Faith)에 근거하여 장년 교육 및 설교자의 성경해석을 위하여 작성된 요리문답이고, 후자는 어린이와 자녀교육을 위하여 작성된 요리문답이다. 이들 대소요리문답이 독노회 때 신경과 정치의 규범을 채택하면서 신경의 서문에 이미 사용되고 있음을 밝히고 있었다. 우리 헌법에 편입될 때 소요리문답과 신앙고백만이 채택되었다.

---

14) 이형기 Ⅰ 전게서, p. 73-74. 박일민 전게서, pp. 366-367. 총회교육자원부 전게서, pp. 202-203.

제2장 요리문답의 헌법상 지위

Ⅰ. 독노회와 요리문답

1907년 9월 17일 독노회 창립 시 형식적 의미의 헌법인 헌법전은 없었고, 실질적 의미의 헌법으로 볼 수 있는 신경과 정치에도 요리문답은 없었다.

그러나 실질적 의미의 헌법으로 제1회 독노회 때 임시 채택한 신경[15]인 대한장로교회 신경 서문에 "특별히 웨스트민스터 신경과 성경 요리문답 대소 책자[16]는 성경을 밝히 해석한 책인즉 우리 교회와 신학 학교에서 마땅히 가르칠 것으로 알며 그중에 성경요리문답 적은 책[17]을 더욱 교회 문답으로 삼느니라."라고 기술함으로써 독노회 창립 전에 이미 교회에서 웨스트민스터 신앙고백과 대요리문답과 소요리문답이 사용되고 있었다는 것을 알 수 있고, 이것은 이미 다른 책자에 실질적 의미의 헌법으로 존재하고 있었다는 것을 의미한다.

Ⅱ. 총회헌법과 요리문답

1. 총회창립과 요리문답

1912년 9월 1일 조선예수교장로회 총회가 조직될 때에 형식적 의미의 헌법인 헌법전은 독노회 시절과 마찬가지로 없었고, 독노회 때의 실질적 의미의 헌법이라 할 수 있는 신경과 정치를 그대로 갖고 있었으며, 1917년 9월 1~6일에 개최한 제6회 총회 때 신경, 규칙(정

---

15) 현행 헌법 제1편 제2부 신조(12신조)를 말한다.
16) 현행 헌법 제1편 제4부 웨스트민스터 신앙고백과 제3부 요리문답과 우리 헌법에는 없는 웨스트민스터 신앙고백서(표준문서) 중 대요리문답을 말한다.
17) 현행 헌법 제1편 제3부 요리문답(웨스트민스터 신앙고백서 중 소요리문답)을 말한다.

치), 예식서, 권징조례, 예배모범을 채택하였으나 소요리문답은 없었고, 여전히 다른 책자의 실질적 의미의 헌법으로 존재하고 있었다.

2. 총회 최초 성문헌법의 제정

1922년 9월 10~15일에 개최한 제11회 총회 때 비로소 최초로「조선예수교장로회헌법」이라는 헌법전(憲法典)을 제정, 통과, 출판, 발행하였다. 이는 우리 교단의 최초 성문헌법(成文憲法)인 것이다. 이 헌법은 5법 체제로 1. 신경 다음에 2. 소요리문답으로 하여 정식으로 실질적 의미의 헌법에서 성문헌법에 편입된 것이다.

3. 최초 성문헌법의 요리문답 원문

聖經要理問答(셩경요리문답)[18]
一 問(문) 사룸의第一(뎨일)되는目的(목뎍)이무어시뇨
  答(답) 사룸의第一(뎨일)되는目的(목뎍)은하ᄂ님을榮華(영화)롭게ᄒ고永遠(영원)토록하ᄂ님을깃거워ᄒᄂ거시라 롬十一○三十六、고젼十○三十一、 시七十三○二十五—二十六、
二 問(문) 하ᄂ님이우리의게무솜規則(규측)을주샤自己(ᄌ긔)를榮華(영화)롭게ᄒ고自己(ᄌ긔)를깃거워홀거슬ᄀᄅ쳣ᄂ뇨
  答(답) 하ᄂ님의말솜이新舊約聖經(신구약셩경)에잇ᄂ니이册(칙)밧게는自己(ᄌ긔)를榮華(영화)롭게ᄒ고自己(ᄌ긔)를깃거워홀거슬ᄀᄅ치는規則(규측)이업ᄂ니라 딈후三○十六、눅二十四○二十七—四十四、벳후三○二、十五—十六、눅十六○三十一、요十五○十一、요일一○三十四、
三 問(문) 聖經(셩경)이무어슬要緊(요긴)히ᄀᄅ치ᄂ뇨
  答(답) 聖經(셩경)이要緊(요긴)히ᄀᄅ치ᄂ거슨사롬이하ᄂ님을對(디)ᄒ야밋을것과하ᄂ님이사롬을식혀行(ᄒᆡᆼ)홀本分(본분)이니라

---

18) 교단헌법 Ⅰ 전게서, pp. 12-78.

요五○三十九、二十○三十一、요일一○三十四、롬十五○四、고젼十○十一、

四 問(문) 하느님이무어시뇨

答(답) 하느님은神(신)이시니계신것과智慧(지혜)와權能(권능)과거륵ᄒ심과公義(공의)와仁慈(인즈)ᄒ심과춤되심에無限(무한)ᄒ시며無窮(무궁)ᄒ시고變(변)치아니ᄒ시ᄂ니라 요四○二十四、츌三○十四、시百四十五○三、약一○十七、롬十一○三十三、창十七○一、믁四○八、츌三十四○六_七、

五 問(문) 하느님ᄒ분밧게또다른하느님이계시뇨

答(답) ᄒ분쁀이시니살아계셔춤되신하느님이시니라 시六○四、고젼八○四、렘十○十、요十七○三、

六 問(문) 하느님의本體(본톄)에몃位(위)가계시뇨

答(답) 하느님의本體(본톄)에세분이계시니父(부)와子(즈)와聖神(셩신)인뒤이三位(세위)는ᄒ나이시라本質(본질)이ᄀᆺ고權能(권능)과榮光(영광)이一般(일반)이니라 마三○十六_十七、二十八○十九、고후十三○十四、요一○一、五○十八、힝五○三十四、히一○三、

七 問(문) 하느님의章程(쟝졍)은무어시뇨

答(답) 하느님의章程(쟝졍)은永遠(영원)ᄒ신作定(쟉뎡)이신뒤이로말믜암아그主意(쥬의)뒤로自己(즈긔)의榮光(영광)을爲(위)ᄒ샤무어시던지지나가는일을미리作定(쟉뎡)ᄒ신거시니라 롬十一○三十六、엡一○十一、힝二○二十三、

八 問(문) 하느님이엇지ᄒ야그章程(쟝졍)을일우게ᄒ셧ᄂ뇨

答(답) 하느님이그章程(쟝졍)을일우게ᄒ신거슨創造(창조)ᄒ신일과眷顧(권고)ᄒ시는일노ᄒ심이니라 믁四○十一、단四○三十五、사四十○二十六、

九 問(문) 創造(창조)ᄒ신일이무어시뇨

답(답) 創造(창조)ᄒ신일은하느님ᄭᅴ셔말ᄉᆞᆷ의權能(권능)으로써엿쇳동안에아모것도업는中(즁)에셔萬物(만물)을지으샤다善(션)ᄒ게ᄒ셧ᄂ니라 창一○一、히十一○三、창一○三十一、

十 問(문) 하느님이사ᄅᆞᆷ을엇지지으셧ᄂ뇨

答(답) 하ᄂ님이사름을男女(남녀)로지으시디自己(ᄌ긔)의形像(형샹)을依支(의지)ᄒ샤知識(지식)과義理(의리)와거룩흠으로써지으샤動物(동물)우에主掌(쥬쟝)ᄒ게ᄒ셨ᄂ니라 창一ᄋ二十七、골三ᄋ十、엡四ᄋ二十四、창一ᄋ二十八、

十一 問(문) 하ᄂ님의眷顧(권고)ᄒ신일이무어시뇨

答(답) 하ᄂ님의眷顧(권고)ᄒ시ᄂ일은그至極(지극)히거룩ᄒ시고지혜로오시고全能(젼능)ᄒ심으로그모든動物(동물)과밋뎌희의모든行動(힝동)을保存(보존)ᄒ시고다사리시ᄂ거시라 시百四十五ᄋ十七、시百四ᄋ二十四、

十二 問(문) 사름이지으심을밧고그地位(디위)에잇을ᄯ에하ᄂ님이眷顧(권고)ᄒ샤그로더브러무어슬特別(특별)히作定(쟉뎡)ᄒ신거시잇셧ᄂ뇨

答(답) 하ᄂ님이사름을지으실ᄯ에그로더부로生命(싱명)의言約(언약)을ᄆᆼ자穩全(온젼)히順從(슌죵)ᄒ기로作定(쟉뎡)ᄒ디善惡分別(션악분별)ᄒᄂ나무의實果(실과)먹ᄂ일에는死亡(ᄉ망)의罰(벌)노써禁(금)ᄒ셧ᄂ니라 갈三ᄋ十二、창二ᄋ十七、

十三 問(문) 우리始祖(시조)가지으심을밧고그地位(디위)에그냥잇셧ᄂ뇨

答(답) 우리始祖(시조)가自己(ᄌ긔)의任意(임의)디로自由(ᄌ유)ᄒ다가하ᄂ님ᄭᅴ罪(죄)를犯(범)흠으로지으심을밧은地位(디위)에셔ᄯ러젓ᄂ니라 롬五ᄋ十二、창三ᄋ六、

十四 問(문) 罪(죄)가무어시뇨

答(답) 罪(죄)는하ᄂ님의法(법)에對(디)ᄒ야合當(합당)ᄒ디不足(부족)ᄒ거시나어그러지ᄂ거시니라 요일三ᄋ四、롬三ᄋ二十三、갈三ᄋ十、약四ᄋ十七、롬四ᄋ十五、

十五 問(문) 우리始祖(시조)가무슴罪(죄)로지으심을밧은地位(디위)에셔ᄯ러젓ᄂ뇨

答(답) 지으심을밧은地位(디위)에셔ᄯ러진罪(죄)는뎌희가禁(금)ᄒ實果(실과)를먹음이니라 창三ᄋ六、十二、

十六 問(문) 아담의쳣罪(죄)가온디모든人種(인죵)이다ᄲᅡ젓ᄂ뇨

答(답) 아담으로더브러言約(언약)을세운거슨아담만爲(위)ᄒ
신거시아니오그後裔(후예)ᄭᆞ지爲(위)ᄒ야ᄒᆞ신거신ᄃᆡ모든人種(인죵)
들은아담으러브터犯上(범샹)ᄒᆞ世代(셰ᄃᆡ)를니어ᄂᆞ려오다가아담으로
말ᄆᆡ암아罪(죄)를犯(범)ᄒ야그첫罪(죄)에밧졋ᄂᆞ니라 힝十七○二十
六、롬五○十二、고젼十五○二十二、

十七 問(문) 罪(죄)에싸진거시人種(인죵)으로ᄒᆞ여곰엇더ᄒᆞ地位
(디위)에드러가게ᄒ엿ᄂᆞ뇨

答(답) 罪(죄)에싸진거시人種(인죵)으로ᄒᆞ여곰罪(죄)의地位
(디위)와患難(환난)의地位(디위)에드러가게ᄒ엿ᄂᆞ니라 롬五○十二、

十八 問(문) 사ᄅᆞᆷ이ᄯᅥ러진地位(디위)에잇셔罪(죄)되ᄂᆞ거시무어시뇨

答(답) 사ᄅᆞᆷ이ᄯᅥ러진地位(디위)에잇셔罪(죄)되ᄂᆞ거슨아담의
첫罪(죄)에셔맛당히刑罰(형벌)밧을만ᄒᆞ것과根本義(근본의)가업ᄂᆞ것
과그온性稟(셩품)이더러워진거신ᄃᆡ흔히닐ᄋᆞ기를이거시原罪(원죄)
라ᄒᆞᄂᆞ니쏘原罪(원죄)에셔나ᄂᆞ自己(ᄌᆞ긔)의모든行(힝)ᄒᆞ罪(죄)도잇
ᄂᆞ니라 롬五○十二、十九、엡二○一_三、약一○十四_十五、마十
五○十九、

十九 問(문) 사ᄅᆞᆷ이ᄯᅥ러진地位(디위)에잇셔患難(환난)되ᄂᆞ거시무
어시뇨

答(답) 모든人種(인죵)이그ᄯᅥ러짐으로하ᄂᆞ님과ᄀᆞ치交際(교
졔)ᄒᆞᄂᆞ거슬일허바리고하ᄂᆞ님의震怒(진노)ᄒᆞ심과咀呪(져주)ᄒ시ᄂᆞ
아릭잇스니이러흠으로生命(싱명)의모든苦勞(고로)온거슬밧을만ᄒ
고죽ᄂᆞ것ᄭᆞ지밧고永遠(영원)히地獄(디옥)의苦難(고난)을밧을만ᄒ니
라 창三○八、十、二十四、엡二○三、갈三○十、익三○三十九、롬
六○二十三、마二十五○四十一_四十三、

二十 問(문) 하ᄂᆞ님이人種(인죵)을罪(죄)와患難(환난)의地位(디
위)에ᄇᆞ려두샤滅亡(멸망)ᄒ게ᄒ셧ᄂᆞ뇨

答(답) 하ᄂᆞ님이홀노그아름다온ᄯᅳᆺ으로永遠(영원)브터엇던
者(쟈)들을ᄲᅡ셔永生(영싱)을엇게ᄒ시고恩惠(은혜)에言約(언약)을셰
우셧스니뎌희를罪(죄)와患難(환난)의地位(디위)에셔건지시고뎌희들
救贖(구쇽)ᄒ시ᄂᆞ이로말ᄆᆡ암아救援(구원)의地位(디위)에드러가게ᄒ

시랴ᄒᆞ셧ᄂᆞ니라 엡一〇四、뒷一〇二、三〇七、요十七〇六、

二十一 問(문) 하ᄂᆞ님의ᄲᅢ신者(쟈)를救贖(구쇽)ᄒᆞ신이가누구뇨

답(답) 하ᄂᆞ님의ᄲᅢ신者(쟈)를救贖(구쇽)ᄒᆞ신이는主(쥬)예수그리스도ᄲᅮᆫ이시니이는永遠(영원)브터하ᄂᆞ님의아들로사ᄅᆞᆷ이되신지라이러홈으로前(젼)과只今(지금)과永遠(영원)ᄭᅡ지ᄒᆞᆫ몸에各(각)다른두性稟(셩품)으로하ᄂᆞ님과사ᄅᆞᆷ이되시ᄂᆞ니라 딈젼二〇五、六、요一〇十四、갈四〇四、롬九〇五、눅一〇三十五、골二〇九、히七〇二十四—二十五、十三〇八、

二十二 問(문) 그리스도ᄭᅴ셔하ᄂᆞ님아들노셔엇지ᄒᆞ야사ᄅᆞᆷ이되셧ᄂᆞ뇨

답(답) 하ᄂᆞ님의아들그리스도ᄭᅴ셔사ᄅᆞᆷ이되신거시이러ᄒᆞ니自己(ᄌᆞ긔)의게ᄎᆞᆷ몸과理致(리치)ᄃᆡ로順從(슌종)ᄒᆞᄂᆞᆫ靈魂(령혼)을가지시고聖神(셩신)의權能(권능)으로말ᄆᆡ암아童貞女(동졍녀)마리아의게孕胎(잉ᄐᆡ)ᄒᆞ야뎌의게셔나셧스나罪(죄)가업ᄂᆞ니라 히二〇十四、十六、十〇五、마二十六〇三十八、눅一〇二十七、三十一、三十五、四十二、二〇五十二、갈四〇四、히四〇十五、七〇二十六、

二十三 問(문) 그리스도ᄭᅴ셔우리를救贖(구쇽)ᄒᆞ신이가되샤무슴여러가지職分(직분)을ᄒᆞ시ᄂᆞ뇨

答(답) 그리스도ᄭᅴ셔우리를救贖(구쇽)ᄒᆞ신이가되샤賤(쳔)ᄒᆞᆫ地位(디위)와놉흔地位(디위)두곤듸셔先知者(션지쟈)와祭司(졔ᄉᆞ)와王(왕)의職分(직분)을ᄒᆞ시ᄂᆞ니라 힝三〇二十一—二十二、히五〇五—七、七〇二十五、시二〇六—七、二十一〇五、

二十四 問(문) 그리스도ᄭᅴ셔엇지ᄒᆞ야先知者(션지쟈)의職分(직분)을行(ᄒᆡᆼ)ᄒᆞ시ᄂᆞ뇨

答(답) 그리스도ᄭᅴ셔先知者(션지쟈)의職分(직분)을行(ᄒᆡᆼ)ᄒᆞ시ᄂᆞ거슨그말ᄉᆞᆷ과聖神(셩신)으로말ᄆᆡ암아우리를救援(구원)ᄒᆞ시ᄂᆞ거스로우리의게하ᄂᆞ님의ᄯᅳᆺ을나타내심이니라 요一〇十八、벳젼一〇十、十二、요十五〇十五、二十五〇三十一、十四〇二十六、十六〇十三、

二十五 問(문) 그리스도ᄭᅴ셔엇지ᄒᆞ야祭司(졔ᄉᆞ)의職分(직분)을行

(힝)ㅎ시ᄂᆞ뇨

答(답) 그리스도ᄭᅴ셔祭司(졔ᄉᆞ)의職分(직분)을行(힝)ㅎ시
ᄂᆞ거슨흔番(번)自己(ᄌᆞ긔)를祭物(졔물)노드리샤神靈(신령)흔公義(공
의)가豊足(풍족)흔딕ᄉᆞ지니르게ㅎ샤우리를하ᄂᆞ님으로더브러和親
(화친)ㅎ게ㅎ시고ᄯᅩ우리를爲(위)ㅎ야中保(즁보)가되여恒常(흥샹)祈
禱(긔도)ㅎ시ᄂᆞ니라 히九○十四、二十八、二○十七、七○二十四、
二十五、

二十六 問(문) 그리스도ᄭᅴ셔엇지ㅎ야王(왕)의職分(직분)을行(힝)
ㅎ시ᄂᆞ뇨

答(답) 그리스도ᄭᅴ셔王(왕)의職分(직분)을行(힝)ㅎ시ᄂᆞ거
슨우리로ㅎ여곰自己(ᄌᆞ긔)의게服從(복종)ㅎ게ㅎ시고우리를다ᄉᆞ려
保護(보호)ㅎ시며自己(ᄌᆞ긔)와밋우리의모든寃讐(원슈)를禁止(금지)
ㅎ고이긔시ᄂᆞ니라 시百十○三、힝十五○十四、사三十○二十二、三
十二○一_二、힝十八○九_十、고젼十五○二十五、

二十七 問(문) 그리스도의ᄂᆞ져지신거시엇더ᄒᆞ딕잇ᄂᆞ뇨

答(답) 그리스도ᄭᅴ셔ᄂᆞ져지신거슨女人(녀인)의게나시민
그地位(디위)가賤(쳔)ㅎ지라法(법)아릭服從(복종)흠을밧고이世上(세
샹)의患難(환난)과하ᄂᆞ님의震怒(진노)ㅎ심과十字架(십쟈가)의咀呪
(져주)흔死亡(ᄉᆞ망)을밧으시고못치샤死亡(ᄉᆞ망)의權勢(권셰)아릭얼
마동안居(거)ㅎ신거시니라 히十二○二、三、사五十三○二十三、눅
二十二○四十四、마二十七○四十六、빌二○八、갈三○十三、고젼
十五○四、힝二○二十四、二十六、二十七、三十一、

二十八 問(문) 그리스도의놉하지신거시엇더ᄒᆞ딕잇ᄂᆞ뇨

答(답) 그리스도의놉하지거슨三日(삼일)만에죽은가온딕
셔다시살으시고하ᄂᆞ에오르샤하ᄂᆞ님아바지右便(우편)에안즈신것과
밋마즈막날에世上(셰샹)을審判(심판)ㅎ러오실일이니라 고젼十五○
四、막十六○十九、엡一○二十、힝一○十一、十七三十一、

二十九 問(문) 엇지ㅎ야우리로ㅎ여곰그리스도ᄭᅴ셔피로사셔贖罪
(속죄)ㅎ신恩惠(은혜)에參預(참예)ㅎ게하시ᄂᆞ뇨

答(답) 그리스도ᄭᅴ셔피로사셔贖罪(속죄)ㅎ신恩惠(은혜)에

우리를 參預(참예)ᄒ게ᄒ시ᄂ거슨그聖神(셩신)으로말ᄆᆡ암아우리의게붓치샤能(능)히힘있게ᄒ심이니라 요一○十二、三○五_六、뒷三○五_六、

三十 問(문) 聖神(셩신)끠셔엇지ᄒ야그리스도가그피로사셔贖罪(쇽죄)ᄒ신恩惠(은혜)를우리의게부치시ᄂ뇨

答(답) 聖神(셩신)끠셔그리스도가그피로사셔贖罪(쇽죄)ᄒ신恩惠(은혜)를우리의게부치신거슨우리속에셔일을行(ᄒᆡᆼ)ᄒ샤밋음이잇게ᄒ심이니이럼으로우리의確實(확실)ᄒ부르심을依支(의지)ᄒ샤우리를그리스도의게붓게ᄒ시ᄂ니라 엡一○十三_十四、요六○三十七、三十九、엡二○八、三○十七、고젼一○九、갈二○二十、

三十一 問(문) 確實(확실)ᄒ부르심이무어시뇨

答(답) 確實(확실)ᄒ부르심은하ᄂ님의神(신)의일인ᄃᆡ그일노ᄒ여셔우리罪(죄)와患難(환난)을ᄭᆡᄃᆞᆺ게ᄒ시고또그리스도아ᄂ일을우리의ᄆᆞ음에비최시며우리ᄯᅳᆺ을새롭게ᄒ심으로우리를勸(권)ᄒ샤福音(복음)에갑업시주시ᄂ예수그리스도를우리로ᄒ여곰能(능)히밧게ᄒ시ᄂ니라 딤후一○九、살후二○十三_十四、ᄒᆡᆼ二○三十七、二十六○十八、겔三十六○二十六_二十七、요六○四十四_四十五、빌二○十三

三十二 問(문) 確實(확실)ᄒ부르심을엇ᄂ者(쟈)는이世上(셰샹)에셔무ᄉᆞ利益(리익)을밧ᄂ뇨

答(답) 確實(확실)ᄒ부르심을밧ᄂ者(쟈)는이世上(셰샹)에셔義(의)잇게ᄒ심과義子(의ᄌᆞ)가되게ᄒ심과거륵ᄒ게ᄒ심과밋이生命(ᄉᆡᆼ명)이잇ᄂ동안에그ᄒᆞᆫ가지로잇ᄂ利益(리익)이나셔그로말ᄆᆡ암아나ᄂ利益(리익)을밧ᄂ거시니라 롬八○三十、엡一○五、고젼一○二十六_三十、

三十三 問(문) 義(의)잇게ᄒ신거시무어시뇨

答(답) 義(의)잇게ᄒ신거하ᄂ님끠셔갑업슨恩惠(은혜)로定(뎡)ᄒ신거신ᄃᆡ이일노因(인)하야우리의모든罪(죄)를赦(사)ᄒ야주시고그압헤우리를義(의)잇ᄂ것ᄀᆞ치밧으시니이거슨다만우리의게부쳐주신그리스도의義(의)로말ᄆᆡ암아됨이니밋음으로밧을것ᄲᅮᆫ이니라 엡

一〇七、고후五〇二十一、롬三〇二十四、四〇六、五〇十七_十九、갈二〇六、빌三〇九、

三十四 問(문) 義子(의즛)가되게ᄒ신거시무어시뇨

答(답) 義子(의즛)가되게ᄒ신거슨하ᄂ님끠셔갑업슨恩惠(은혜)로定(뎡)ᄒ신거시딘이일노因(인)ᄒ야하ᄂ님子女(즛녀)들數(수)에參預(참예)ᄒ야그모든特別(특별)흔恩惠(은혜)에自主掌(즛쥬쟝)ᄒ게ᄒ신거시니라 요일三〇一、요一〇十二、롬八〇十七、

三十五 問(문) 거륵ᄒ게ᄒ신거시무어시뇨

答(답) 거륵ᄒ게ᄒ신거슨하ᄂ님끠셔갑업슨恩惠(은혜)로일우어가게ᄒ신거시딘이일노因(인)ᄒ야왼사ᄅ이새로워져셔다시하ᄂ님의形像(형샹)을恢復(회복)ᄒ고힘을엇어漸漸(졈졈)더罪(죄)에셔는죽은바되고義(의)에셔는산바되게ᄒ신거시니라 살후二〇十三、벳젼一〇二、엡四〇二十三、롬六〇四十六、八〇一、

三十六 問(문) 이世上(셰샹)에잇셔셔義(의)잇게ᄒ심과義子(의즛)가되게ᄒ심과거륵ᄒ게ᄒ신딘셔좃차나ᄂ利益(리익)과밋ᄒ가지로엇ᄂ利益(리익)이무어시뇨

答(답) 義(의)잇게ᄒ심과義子(의즛)가되게ᄒ심과거륵ᄒ게ᄒ신딘셔좃차나ᄂ利益(리익)과밋ᄒ가지로엇ᄂ利益(리익)은하ᄂ님의ᄉ랑을춤으로아ᄂ것과良心(량심)의平安(평안)ᄒ것과聖神(셩신)에셔난깃븜과恩惠(은혜)에셔일우어가ᄂ것과쏘그中(즁)에셔ᄆᆺᄎᆞᆷᄭᆞ지이긔여가ᄂ거시니라 롬五〇一_二、五、十四〇十七、줌四〇十八、요一〇十六、요일五〇十三、벳젼一〇五、

三十七 問(문) 밋ᄂ者(쟈)가죽을ᄯᅦ에그리스도의게셔무슴利益(리익)을밧ᄂ뇨

答(답) 죽을ᄯᅦ에밋ᄂ사ᄅᆷ의靈魂(령혼)이거륵ᄒ딘셔穩全(온젼)홈을밧아곳榮光(영광)가온딘로드러가고그몸은아즉그리스도로더브러聯合(련합)ᄒ야復活(부활)ᄒ기ᄭᅵ지무덤에셔쉬ᄂ니라 히十二〇二十三、믁十四〇三、고후五〇六、八、빌一〇二十三、눅二十三〇四十三、힝七〇五十五、五十九、살젼四〇十四、욥十九〇二十六_二十七、요五〇二十八、

三十八 問(문) 밋는者(쟈)가復活(부활)홀찌에그리스도의게셔무슴利益(리익)을밧느뇨

答(답) 復活(부활)홀찌에밋는者(쟈)가榮光(영광)가온딕셔니러남을밧아審判(심판)날에붉히안다ᄒᆞ심과罪(죄)업다ᄒᆞ심을밧고穩全(온전)히福(복)을엇어永遠(영원)토록洽足(흡죡)히하느님을즐거워ᄒᆞ리라 고젼十五〇四十三、마二十五〇二十三、十〇三十二、살젼四〇十七、요일三〇二、고젼十三〇十二、

三十九 問(문) 하느님이사름을식혀무슴本分(본분)을ᄒᆞ라ᄒᆞ시느뇨

答(답) 하느님이사름을식혀ᄒᆞ라ᄒᆞ시는本分(본분)은그보이신뜻을服從(복종)ᄒᆞ라ᄒᆞ시는거시라 미六〇八、삼샹十五〇二十二、

四十 問(문) 하느님이쳐음에사름의服從(복종)홀本分(본분)을무어스로써나타내셧느뇨

答(답) 하느님이쳐음에나타내샤사름의게服從(복종)ᄒᆞ라ᄒᆞ신本分(본분)은義理(의리)의律法(률법)이니라 롬二〇十四_十五、十〇五、

四十一 問(문) 義理(의리)의律法大旨(률법대지)는어딕잇느뇨

答(답) 義理(의리)의律法大旨(률법대지)는十誡命(십계명)에잇느니라 신十〇四、마十九〇十七、

四十二 問(문) 十誡命(십계명)의大旨(대지)가무어시뇨

答(답) 十誡命(십계명)의大旨(대지)는우리의온ᄆᆞ음과우리의온靈魂(령혼)과우리의온힘과우리의온精神(정신)으로主(쥬)하느님을ᄉᆞ랑ᄒᆞ고쏘우리의몸을ᄉᆞ랑홈ᄀᆞᆺ치눔을ᄉᆞ랑홈이니라 마二十二〇三十七_四十、

四十三 問(문) 十誡命(십계명)의序文(셔문)이무어시뇨

答(답) 十誡命(십계명)의序文(셔문)은이말숨으로써스니나는너를埃及(애굽)싸죵삼는집에셔쓰으러낸主(쥬)네하느님이라ᄒᆞ셧느니라 츌二十〇一、

四十四 問(문) 십계명(십계명)의序文(셔문)이우리를ᄀᆞᄅᆞ치는거시무어시뇨

答(답) 十誡命(십계명)의序文(셔문)이우리를ᄀᆞᄅᆞ치는거슨하느님이主(쥬)가되시고쏘우리하느님이되여贖罪(쇽죄)ᄒᆞ신이시니

그런고로우리가맛당히모든誡命(계명)을직혀야ᄒᆞ겟다ᄒᆞᆫ거시라 벳젼一○十五、十九、신一○一、

　四十五 問(문) 쳣ᄌᆡ誡命(계명)은무어시뇨

　　　　答(답) 쳣ᄌᆡ誡命(계명)은네압헤셔다른神(신)을네게두지말나ᄒᆞ신거시라 츌二十○三、

　四十六 問(문) 쳣ᄌᆡ誡命(계명)의要求(요구)ᄒᆞᄂᆞᆫ거시무어시뇨

　　　　答(답) 쳣ᄌᆡ誡命(계명)이우리의게要求(요구)ᄒᆞᄂᆞᆫ거슨하ᄂᆞ님이다만ᄎᆞᆷ되샤우리의하ᄂᆞ님이되시ᄂᆞᆫ줄을알고사ᄅᆞᆷ의게알게ᄒᆞ며그ᄃᆡ로敬拜(경ᄇᆡ)ᄒᆞ고讚頌(찬숑)ᄒᆞ라시ᄂᆞᆫ거시니라 ᄃᆡ샹二十八○九、신二十六十七, 마四○十、

　四十七 問(문) 쳣ᄌᆡ誡命(계명)의禁(금)ᄒᆞᄂᆞᆫ거시무어시뇨

　　　　答(답) 쳣ᄌᆡ誡命(계명)이禁(금)ᄒᆞᄂᆞᆫ거슨ᄎᆞᆷ되신하ᄂᆞ님을하ᄂᆞ님으로도아지아니ᄒᆞ고우리하ᄂᆞ님으로아지도아니ᄒᆞ거나敬拜(경ᄇᆡ)ᄒᆞ고讚頌(찬숑)ᄒᆞ지아니ᄒᆞᄂᆞᆫ거슬禁(금)ᄒᆞ며하ᄂᆞ님ᄭᅴ셔밧ᄋᆞ실敬拜(경ᄇᆡ)와讚頌(찬숑)을다른神(신)의게주는거슬ᄯᅩᄒᆞᆫ禁(금)ᄒᆞᄂᆞᆫ거시니라 시十四○一、롬一○二十一、시八十一○十_十一、롬一○二十五、

　四十八 問(문) 쳣ᄌᆡ誡命(계명)에내압헤라ᄒᆞᄂᆞᆫ말이우리를特別(특별)히ᄀᆞᄅᆞ치ᄂᆞᆫ거시무어시뇨

　　　　答(답) 쳣ᄌᆡ誡命(계명)에내압헤라ᄒᆞᄂᆞᆫ말이우리를特別(특별)히ᄀᆞᄅᆞ치ᄂᆞᆫ거슨萬物(만물)을보시ᄂᆞᆫ하ᄂᆞ님ᄭᅴ셔다른神(신)을爲(위)ᄒᆞᄂᆞᆫ罪(죄)를下鑒(하감)ᄒᆞ시고도모지됴화ᄒᆞ지아니ᄒᆞᄂᆞᆫ거슬ᄀᆞᄅᆞ치ᄂᆞᆫ거시라 겔八○五、시百三十九○二_三、

　四十九 問(문) 둘ᄌᆡ誡命(계명)은무어시뇨

　　　　答(답) 둘ᄌᆡ誡命(계명)은너를爲(위)ᄒᆞ야偶像(우샹)을ᄆᆡᆫ들지말며ᄯᅩ우흐로하늘에잇ᄂᆞᆫ거시나짜아래물속에잇ᄂᆞᆫ거세무슴形像(형샹)이던지ᄆᆡᆫ들지말고거긔절ᄒᆞ지말며셤기지말나대개나여호와너의하ᄂᆞ님은怒(노)여워ᄒᆞᄂᆞᆫ하ᄂᆞ님이니나를뮈워ᄒᆞᄂᆞᆫ者(쟈)의게는아비의罪(죄)를子孫(ᄌᆞ손)의게주어三四代(삼ᄉᆞᄃᆡ)ᄭᆞ지니르게ᄒᆞ고나를ᄉᆞ랑ᄒᆞ고내誡命(계명)을직히ᄂᆞᆫ者(쟈)의게는恩惠(은혜)를베프러數千代(수쳔ᄃᆡ)ᄭᆞ지니르게ᄒᆞ리라ᄒᆞ신거시니라 츌二十○四、五、六、

五十 問(문) 둘지誡命(계명)의要求(요구)ᄒᆞᄂᆞᆫ거시무어시뇨
　　答(답) 둘지誡命(계명)의要求(요구)ᄒᆞᄂᆞᆫ거슨하ᄂᆞ님끠셔그말ᄉᆞᆷ가온ᄃᆡ作定(쟉뎡)ᄒᆞ신禮拜(례빅)와規例(규례)를밧아그대로行(힝)ᄒᆞ야찍끗ᄒᆞ고穩全(온뎐)히직히라ᄒᆞᄂᆞᆫ거시니라　신三十八〇四十六、마二十八〇二十、힝二〇四十二、

五十一 問(문) 둘지誡命(계명)에禁(금)ᄒᆞᄂᆞᆫ거시무어시뇨
　　答(답) 둘지誡命(계명)이禁(금)ᄒᆞᄂᆞᆫ거슨偶像(우샹)으로하ᄂᆞ님을셤기는거시나或(혹)그말ᄉᆞᆷ가온ᄃᆡ作定(쟉뎡)업ᄂᆞᆫ다른貌樣(모양)으로셤기ᄂᆞᆫ거시라　신四十五_十九、츌三十二〇八、롬一〇二十二_二十三、신十二〇三十一_三十二、

五十二 問(문) 둘지誡命(계명)을직힐시ᄃᆞᆨ은무어시뇨
　　答(답) 둘지誡命(계명)을직힐시ᄃᆞᆨ은하ᄂᆞ님이우리의人君(인군)되신것과우리가하ᄂᆞ님끠屬(속)ᄒᆞᆫ것과밋自己(ᄌᆞ긔)의게敬拜(경ᄇᆡ)ᄒᆞᄂᆞᆫ거슬보시고熱心(열심)이계신거시니라　시九十五〇二_三、六、츌三十二〇八、롬一〇二十二_二十三、

五十三 問(문) 셋지誡命(계명)은무어시뇨
　　答(답) 셋지誡命(계명)은너희하ᄂᆞ님여호와의일홈을妄佞(망녕)되히닐곳지말나大盖(대개)여호와가自己(ᄌᆞ긔)의일홈을妄佞(망녕)되히닐곳는者(쟈)를罪(죄)업다고아니ᄒᆞ리라ᄒᆞ셧ᄂᆞ니라　츌二十〇七、

五十四 問(문) 셋지誡命(계명)에要求(요구)ᄒᆞᄂᆞᆫ거시무어시뇨
　　答(답) 셋지誡命(계명)이要求(요구)ᄒᆞᄂᆞᆫ거슨하ᄂᆞ님의거륵ᄒᆞᆫ일홈과性質(셩질)과規例(규례)와말ᄉᆞᆷ과밋行(힝)ᄒᆞ신일을사ᄅᆞᆷ이거륵ᄒᆞ고恭敬(공경)ᄒᆞ게쓰ᄂᆞᆫ거시니라　마六〇九、신二十八〇五十八、시六十八〇四、믁十五〇三_四、말一〇十_十四、시百三十八〇二、욥三十六〇二十四、

五十五 問(문) 셋지誡命(계명)에禁(금)ᄒᆞᄂᆞᆫ거시무어시뇨
　　答(답) 셋지誡命(계명)에禁(금)ᄒᆞᄂᆞᆫ거슨하ᄂᆞ님끠셔무어시던지스ᄉᆞ로나타내시ᄂᆞᆫ거슬여러가지로毁謗(훼방)ᄒᆞ고잘쓰지아니ᄒᆞᄂᆞᆫ거시라　말一〇六_七、十二、二〇二、三〇十四、레十九〇十二、

五十六 問(문) 셋지誡命(계명)을직힐시ᄃᆞᆨ은무어시뇨

答(답) 셋지誡命(계명)을직힐시닭은이誡命(계명)에犯ᄒᆞᄂᆞᆫ者(쟈)가사ᄅᆞᆷ의게ᄂᆞᆫ아모리刑罰(형벌)을免(면)ᄒᆞ여도主(쥬)우리하ᄂᆞ님은그거륵ᄒᆞ신審判(심판)을免(면)ᄒᆞ지안케ᄒᆞ시ᄂᆞᆫ거시라 삼샹二〇十二、十七、二十九、三〇十三、신二十八〇五十八—五十九、

五十七 問(문) 넷지誡命(계명)은무어시뇨
答(답) 넷지誡命(계명)은安息日(안식일)을記憶(긔억)ᄒᆞ야그날을거륵ᄒᆞ게ᄒᆞ라엿시동안에힘써네모든일을ᄒᆞ고닐헤되ᄂᆞᆫ날은너의하ᄂᆞ님여호와의安息日(안식일)인즉아모일이던지ᄒᆞ지말지니너나네아들이나네ᄯᆞᆯ이나네男(남)죵이나네女(녀)죵이나育畜(육축)이나네門(문)안에留(류)ᄒᆞᄂᆞᆫ客(객)이라도ᄒᆞ지말나大盖(대개)엿시동안에여호와가하늘과ᄯᅡ와바다와그가온ᄃᆡ萬物(만물)을ᄆᆞᆫ드시고일헤되ᄂᆞᆫ날에쉬셧스니그런故(고)로여호와가安息(안식)을福(복)주어거륵ᄒᆞ게ᄒᆞ셧다ᄒᆞ신거시라 츌二十〇八—十一、

五十八 問(문) 넷지誡命(계명)에要求(요구)ᄒᆞᄂᆞᆫ거시무어시뇨
答(답) 넷지誡命(계명)에要求(요구)ᄒᆞᄂᆞᆫ거슨하ᄂᆞ님압혜셔그말슴가온ᄃᆡ作定(쟉뎡)ᄒᆞ신ᄃᆡ로그作定(쟉뎡)ᄒᆞᆫ ᄯᆡ를거륵히직히ᄂᆞᆫ거시니이는곳닐헤中(즁)에온하로를特別(특별)히擇(퇵)ᄒᆞ야하ᄂᆞ님의게거륵ᄒᆞᆫ安息日(안식일)이되게ᄒᆞ엿ᄂᆞ니라 신五〇十二—十四、

五十九 問(문) 하ᄂᆞ님이어ᄂᆞ날을擇(퇵)ᄒᆞ샤安息日(안식일)이되게ᄒᆞ셧ᄂᆞ뇨
答(답) 世上(셰샹)처음브터그리스도復生(부ᄉᆡᆼ)ᄒᆞ실ᄯᆡᄭᆞ지하ᄂᆞ님ᄭᅴ셔七日中(칠일즁)에닐곱지되ᄂᆞᆫ날을세워安息日(안식일)이되게ᄒᆞ시고그ᄯᆡ브터世上(셰샹)ᄆᆞᆺ날에니르도록닐헤中(즁)에쳣날을擇(퇵)ᄒᆞ야그리스도人(인)의安息日(안식일)을삼앗ᄂᆞ니라 창二〇二、三、고젼十六〇二、힝二十〇七、믁一〇十、

六十 問(문) 엇지ᄒᆞ여야安息日(안식일)을거륵ᄒᆞ게ᄒᆞ겟ᄂᆞ뇨
答(답) 安息日(안식일)을거륵ᄒᆞ게ᄒᆞᄂᆞᆫ거슨온날을거륵ᄒᆞ게쉬여平日(평일)에이世上(셰샹)에셔맛當(당)히홀일과例事(례ᄉᆞ)로히노ᄂᆞᆫ일이라도아니ᄒᆞ고온ᄯᆡ를직혀公(공)번되히하ᄂᆞ님ᄭᅴ禮拜(례비)ᄒᆞᄂᆞᆫ일과私事(ᄉᆞᄉᆞ)로히하ᄂᆞ님ᄭᅴ禮拜(례비)ᄒᆞᄂᆞᆫ일만다못行(ᄒᆡᆼ)ᄒᆞ고

그外(외)에는事勢不得已(亽셰부득이)ᄒᆞ야홀일과慈悲(ᄌᆞ비)ᄒᆞᆫ일을行(ᄒᆡᆼ)홀ᄯᅡ름이니라 츌二十○八、十、十六○二十五、二十八、눅四○十六、레二十三○三、사五十八○十三ㅡ十四、마十二○十二、

六十一 問(문) 넷ᄌᆡ誡命(계명)에禁(금)ᄒᆞ는거시무어시뇨

答(답) 넷ᄌᆡ誡命(계명)이禁(금)ᄒᆞ는거슨사ᄅᆞᆷ이或(혹)맛當(당)히홀職分(직분)을아니ᄒᆞ는거시나或(혹)輕(경)히녁이는것과ᄯᅩ게으른일노그날을더럽게ᄒᆞ는거시나或(혹)罪(죄)를犯(범)ᄒᆞ는일노行(ᄒᆡᆼ)ᄒᆞ는거시나或(혹)世上(셰샹)일이나或(혹)例事(례ᄉᆞ)로히노는일을ᄀᆞᆯ쳐쓸ᄃᆡ업는ᄉᆡᆼ각을ᄒᆞ는거시나말을ᄒᆞ거나일을ᄒᆞ는거시라 겔二十二○二十六、암八○五、말一○十三、겔二十三○三十八、렘十七○二十四、사六十三○十三、

六十二 問(문) 넷ᄌᆡ誡命(계명)을직힐ᄭᅵᆰ은무어시뇨

答(답) 넷ᄌᆡ誡命(계명)을직힐ᄭᅵᆰ은하ᄂᆞ님이우리의홀일을爲(위)ᄒᆞ야닐헤中(즁)여숫날을許給(허급)ᄒᆞ심과닐곱ᄌᆡ날은自己(ᄌᆞ긔)가특별히主掌(쥬쟝)ᄒᆞ는이가되엿다ᄒᆞ심과自己(ᄌᆞ긔)의ᄒᆞ신일이本(본)보기가된것과밋安息日(안식일)을福(복)주심이니라 츌三十一○十五ㅡ十六、레三十三○三、츌三十一○十七、

六十三 問(문) 다ᄉᆞᆺᄌᆡ誡命(계명)은무어시뇨

答(답) 다ᄉᆞᆺᄌᆡ誡命(계명)은네父母(부모)를恭敬(공경)ᄒᆞ라그리ᄒᆞ면너의하ᄂᆞ님여호와가네게주시는ᄯᅡ에오릭살니라ᄒᆞ신거시라 츌二十○二十、

六十四 問(문) 다ᄉᆞᆺᄌᆡ誡命(계명)에要求(요구)ᄒᆞ는거시무어시뇨

答(답) 다ᄉᆞᆺᄌᆡ誡命(계명)에要求(요구)ᄒᆞ는거슨各各(각각)上中下(샹즁하)의次例(ᄎᆞ례)와分數(분수)를ᄯᆞ라맛當(당)히놉힐者(쟈)를놉히고맛當(당)히行(ᄒᆡᆼ)홀거슬行(ᄒᆡᆼ)ᄒᆞ라홈이라 엡五○二十一、벳젼二○十七、롬十二○十、

六十五 問(문) 다ᄉᆞᆺᄌᆡ誡命(계명)에禁(금)ᄒᆞ는거시무어시뇨

答(답) 다ᄉᆞᆺᄌᆡ誡命(계명)이禁(금)ᄒᆞ는거슨各各(각각)그次例(ᄎᆞ례)와分數(분수)를ᄯᆞ라맛當(당)히놉힐것과行(ᄒᆡᆼ)홀일을或(혹)ᄒᆞ지아니ᄒᆞ는거시나或(혹)막는거슬禁(금)하는거시니라 마十五○

四、六、롬十三○八、

六十六 問(문) 다삿재誡命(계명)을직힐신듥은무어시뇨

答(답) 다삿재誡命(계명)을직힐신듥은이誡命(계명)을직히는모든者(쟈)의게許諾(허락)ᄒᆞ샤長壽(쟝슈)ᄒᆞ게ᄒᆞ시고興旺(흥왕)ᄒᆞ게ᄒᆞᄂᆞ거시로되다만하ᄂᆞ님ᄭᅴ돌녀榮華(영화)와뎌의엇을利益(리익)이잇슬동안신지쑨이니라 신五○十六、엡六○二十三、

六十七 問(문) 여삿재誡命(계명)이무어시뇨

答(답) 여삿재誡命(계명)은殺人(살인)ᄒᆞ지말나ᄒᆞ신거시니라 츌二十○十三、

六十八 問(문) 여삿재誡命(계명)에要求(요구)ᄒᆞᄂᆞ거시무어시뇨

答(답) 여삿재誡命(계명)에要求(요구)ᄒᆞᄂᆞ거슨사름으로ᄒᆞ여곰모든義理(의리)의合(합)ᄒᆞᆫ디로自己(ᄌᆞ긔)의生命(싱명)을保全(보젼)ᄒᆞ고ᄂᆞᆷ의生命(싱명)도保全(보젼)ᄒᆞ게ᄒᆞᄂᆞ거시니라 엡五○二十八_二十九、왕샹十八○四、시八十二○三_四、

六十九 問(문) 여삿재誡命(계명)에禁(금)ᄒᆞᄂᆞ거시무어시뇨

答(답) 여삿재誡命(계명)에禁(금)ᄒᆞᄂᆞ거슨사름이自己(ᄌᆞ긔)의生命(싱명)을업시ᄒᆞᄂᆞ거시나或(혹)不義(불의)ᄒᆞ게ᄂᆞᆷ의生命(싱명)을업시ᄒᆞᄂᆞ거시나무어시던지그ᄃᆡ로行(힝)ᄒᆞ야가ᄂᆞᆫ일이니라 힝十六○二十八、창九○六、신二十四○六、즘二十四○十一_十二、

七十 問(문) 닐곱재誡命(계명)이무어시뇨

答(답) 닐곱재誡命(계명)은姦淫(간음)ᄒᆞ지말나ᄒᆞ신거시니라 츌二十○十四、

七十一 問(문) 닐곱재誡命(계명)에要求(요구)ᄒᆞᄂᆞ거시무어시뇨

答(답) 닐곱재誡命(계명)에要求(요구)ᄒᆞᄂᆞ거슨ᄆᆞ음과말과行動(힝동)으로써自己(ᄌᆞ긔)의淨潔(졍결)ᄒᆞᆫ것도직히고ᄂᆞᆷ의淨潔(졍결)ᄒᆞᆫ것신지직히게ᄒᆞᄂᆞ거시라 살젼四○四、딤후二○二十二、엡四○二十九、고젼七○二、골四○六、벳젼三○二、

七十二 問(문) 닐곱재誡命(계명)에禁(금)ᄒᆞᄂᆞ거시무어시뇨

答(답) 닐곱재誡命(계명)에禁(금)ᄒᆞᄂᆞ거슨淨潔(졍결)치못ᄒᆞᆫ生覺(싱각)과말과行實(힝실)이니라 마五○二十八、十五○十、엡

五〇三、四、

七十三 問(문) 여듧직誡命(계명)이무어시뇨

　　　答(답) 여듧직誡命(계명)은盜賊(도적)질ᄒᆞ지말나ᄒᆞ시니라 츌二十〇十五、

七十四 問(문) 여듧직誡命(계명)에要求(요구)ᄒᆞᄂᆞ거시무어시뇨

　　　答(답) 여듧직誡命(계명)에要求(요구)ᄒᆞᄂᆞ거슨우리財物(ᄌᆡ물)과産業(산업)이나ᄂᆞᆷ의財物(ᄌᆡ물)과産業(산업)에或(혹)엇ᄂᆞ일과或(혹)도아주ᄂᆞ일을義理(의리)ᄃᆡ로ᄒᆞ라ᄂᆞᆫ거시니라　창三十〇三十、뒴젼五〇八、레二十五〇三十五、신二十二〇一_五、츌二十三〇四、창四十七〇十四、二十、

七十五 問(문) 여듧직誡命(계명)에禁(금)ᄒᆞᄂᆞ거시무어시뇨

　　　答(답) 여듧직誡命(계명)에禁(금)ᄒᆞᄂᆞ거슨우리財物(ᄌᆡ물)과産業(산업)이나ᄂᆞᆷ의財物(ᄌᆡ물)과産業(산업)에義(의)업시妨害(방ᄒᆡ)되ᄂᆞ일이나將次妨害(쟝ᄎᆞ방ᄒᆡ)ᄒᆞᄂᆞ일이니라　즘二十一〇十七、二十三〇二十、二十一、二十八〇十九、엡四〇二十八、츌二十〇一五、

七十六 問(문) 아홉직誡命(계명)이무어시뇨

　　　答(답) 아홉직誡命(계명)은네리웃을害(ᄒᆡ)ᄒᆞ랴고거즛證據(증거)ᄒᆞ지말나ᄒᆞ신거시니라 츌二十〇十六、

七十七 問(문) 아홉직誡命(계명)에要求(요구)ᄒᆞᄂᆞ거시무어시뇨

　　　答(답) 아홉직誡命(계명)에要求(요구)ᄒᆞᄂᆞ거슨아모ᄃᆡ라도特別(특별)히證據(증거)ᄒᆞᄂᆞ가온ᄃᆡ셔사람으로더브러眞實(진실)ᄒᆞ게홀것과自己(ᄌᆞ긔)의일홈과ᄂᆞᆷ의일홈을保存(보존)ᄒᆞ야ᄎᆡ(흠)업시ᄒᆞ고頒布(반포)ᄒᆞ게ᄒᆞᄂᆞ거시니라　엡四〇二十五、섹八〇十六、요삼十二、즘十四〇二十五、

七十八 問(문) 아홉직誡命(계명)에禁(금)ᄒᆞᄂᆞ거시무어시뇨

　　　答(답) 아홉직誡命(계명)에禁(금)ᄒᆞᄂᆞ거슨무어시던지眞理(진리)를거스리ᄂᆞ거시나우리일홈과ᄂᆞᆷ의欠(흠)업ᄂᆞ일홈을辱(욕)되게ᄒᆞᄂᆞ거시니라 골三〇九、삼샹七十〇三十八、레十九〇十六、시十五〇三、

七十九 問(문) 열직誡命(계명)이무어시뇨

答(답) 열재誡命(계명)은네리웃의집을貪(탐)내지말며네리웃의안히나그男(남)종이나女(녀)종이나소나나귀나무릇네리웃의게잇는거슬貪(탐)내지말나ᄒ신거시니라 출二十○十七、

八十 問(문) 열재誡命(계명)에要求(요구)ᄒᆞ는거시무어시뇨

答(답) 열재誡命(계명)에要求(요구)ᄒᆞ는거슨우리의處地(쳐디)를滿足(만족)히녁이고우리리웃과그잇는모든거세對(ᄃᆡ)ᄒ야올코ᄉᆞ랑ᄒᆞ는ᄆᆞ음을품는거시니라 히十三○五、딈젼六○六、레十九○十八、욥三十一○二十九、롬十二○十五、딈젼一○五、

八十一 問(문) 열재誡命(계명)에禁(금)ᄒᆞ는거시무어시뇨

答(답) 열재誡命(계명)에禁(금)ᄒᆞ는거슨우리處地(쳐디)를怨望(원망)ᄒᆞ는것과리웃의됴흔것을보고或(혹)妒忌(투긔)ᄒ거나恨(한)ᄒᆞ는것과ᄂᆞᆷ의잇는物件(물건)에무어시던지엿보아生覺(싱각)ᄒᆞ는거시니라 에五○十三、고젼十○十、갈五○二十六、약三○十四、十六、롬七○七_八、十三○九、신五○二一、골三十五、

八十二 問(문) 아모나能(능)히ᄒᆞ님의誡命(계명)을穩全(온젼)히직힐수잇ᄂᆞ뇨

答(답) 우리始祖(시조)가罪(죄)에ᄲᅡ져ᄡᅥ옴으로다만사롬의性稟(셩픔)만가진者(쟈)가能(능)히하ᄂᆞ님의誡命(계명)을穩全(온젼)히직히지못ᄒ고生覺(싱각)과말과行實(ᄒᆡᆼ실)노ᄡᅥ날마다犯(범)ᄒᄂᆞ니라 요일一○八、十、갈五○十七、창六○五八、八○二十一、롬三○九、약三○二、

八十三 問(문) 律法(률법)을犯(범)ᄒ여러罪(죄)가다ᄀᆞ치惡(악)ᄒ뇨

答(답) 엇더ᄒᆞᆫ罪(죄)는여러가지얽힌ᄀᆞ치잇슴으로하ᄂᆞ님압헤셔다른罪(죄)보다더惡(악)ᄒᆞᆷ이잇ᄂᆞ니라 겔八○六_十五、요일五○十六、시七十八○十七、三十二、五十六、

八十四 問(문) 犯(범)ᄒᆞᆫ罪(죄)마다맛當(당)히밧을報應(보응)이무어시뇨

答(답) 犯(범)ᄒᆞᆫ罪(죄)마다이生命(싱명)과오ᄂᆞᆫ生命(싱명)에하ᄂᆞ님의震怒(진노)ᄒ심과咀呪(져주)ᄒ심으로맛當(당)히밧을거시니라 엡五○六、갈二○十、마二十五○四十一、

八十五 問(문) 罪(죄)씨둙에우리가그震怒(진노)ᄒᆞ심과咀呪(져주)ᄒᆞ심을밧을터인딕하ᄂᆞ님이우리의게무어슬命(명)ᄒᆞ야避(피)ᄒᆞ라ᄒᆞ셧ᄂᆞ뇨

答(답) 우리가罪(죄)씨둙에맛當(당)히밧을하ᄂᆞ님의震怒(진노)ᄒᆞ심과咀呪(져주)ᄒᆞ심을避(피)ᄒᆞ게ᄒᆞ샤命(명)ᄒᆞ시기를예수그리스도를밋고生命(싱명)엇는悔改(회기)를ᄒᆞ고ᄯᅩ그리스도ᄭᅴ셔우리의게贖罪(쇽죄)ᄒᆞ신恩惠(은혜)를베프시는모든機會(기회)를부즈런히 ᄐᆞ라ᄒᆞ셧ᄂᆞ니라   즙二ㅇ一_五、八ㅇ三十三_三十六、사五十五ㅇ三、히十ㅇ二十五、뒬젼四ㅇ十六、

八十六 問(문) 예수그리스도를밋음이무엇이뇨

答(답) 예수그리스도를밋음이곳救援(구원)엇는恩惠(은혜)인딕이로말ᄆᆡ암아우리가福音(복음)에주어보이신딕로예수를밧고그만依支(의지)ᄒᆞ야救援(구원)을엇ᄂᆞ니라   히十ㅇ三十九、요一ㅇ十二、시二十六ㅇ三_四、빌三ㅇ九、갈二ㅇ十六、

八十七 問(문) 生命(싱명)을엇는딕씨지이르는悔改(회기)가무어시뇨

答(답) 生命(싱명)을엇는딕씨지이르는悔改(회기)는救援(구원)ᄒᆞ는恩惠(은혜)인딕이로말ᄆᆡ암아罪人(죄인)이ᄎᆞᆷ으로自己(즈긔)의罪(죄)를알고ᄯᅩ그리스도안에잇셔하ᄂᆞ님의矜恤(긍휼)이녁이심을알아셔自己(즈긔)의罪(죄)를痛恨(통한)히녁이고뮈워ᄒᆞ야거긔셔써나셔하ᄂᆞ님ᄭᅴ로도라가셔단단히作定(쟉뎡)ᄒᆞ고힘써셔새로하ᄂᆞ님의ᄯᅳᆺ을順從(슌죵)ᄒᆞᄂᆞ니라 고후七ㅇ十、힝十一ㅇ十八、二ㅇ三十七_三十八、욜二ㅇ十二、렘三十一ㅇ十八_十九、겔三十六ㅇ三十一、고후七ㅇ十一、사一ㅇ十六_十七、

八十八 問(문) 그리스도ᄭᅴ셔무슴보이는方法(방법)으러써贖罪(쇽죄)ᄒᆞ시는恩惠(은혜)를우리의게베프셧ᄂᆞ뇨

答(답) 그리스도ᄭᅴ셔贖罪(쇽죄)ᄒᆞ시는恩惠(은혜)를우리의게베프샤보이시는例事(례ᄉᆞ)로온方法(방법)은그禮節(례졀)인딕特別(특별)ᄒᆞᆫ거슨그말ᄉᆞᆷ과聖禮(셩례)와祈禱(긔도)니다이거슨하ᄂᆞ님의ᄲᅡ신百姓(ᄇᆡᆨ셩)으로ᄒᆞ여곰救援(구원)엇는딕效驗(효험)이되게ᄒᆞ심이니라 마二十八ㅇ十九_二十、힝二ㅇ四十二、四十六_四十七、

八十九 問(문) 엇지ᄒᆞ야聖經(성경)이사름으로ᄒᆞ여곰救援(구원)을엇게ᄒᆞᄂᆞᆫ方道(방도)가되ᄂᆞ뇨

答(답) 하ᄂᆞ님의神(신)이사름으로聖經(성경)을외오게만홀ᄲᅮᆫ아니라特別(특별)히말슴을講論(강론)ᄒᆞᄂᆞᆫ거스로일우ᄂᆞᆫ方道(방도)를삼으시ᄂᆞ니聖經(성경)이罪人(죄인)으로ᄒᆞ여곰씨ᄃᆞᆺ게ᄒᆞ며悔改(회기)ᄒᆞ게ᄒᆞ야밋음으로말미암아거룩ᄒᆞᆫ것과慰勞(위로)홈을세우고救援(구원)엇기ᄭᅡ지니르게ᄒᆞᄂᆞ니라 레八○八、고젼十四○二十五、힝二十六○八、시十九○八、힝二十○三十二、롬十五○三、딤후三○十五―十七、롬十○十四、十七、一○十六、

九十 問(문) 우리가엇더케聖經(성경)을외오고드러야반ᄃᆞ시우리로救援(구원)을엇게ᄒᆞᄂᆞᆫ方道(방도)가되겟ᄂᆞ뇨

答(답) 聖經(성경)이우리로ᄒᆞ여곰救援(구원)을엇게ᄒᆞᄂᆞᆫ方道(방도)가되게ᄒᆞ랴면맛當(당)히부즈런홈과豫備(예비)함과祈禱(긔도)홈으로써生覺(ᄉᆡᆼ각)ᄒᆞ며밋음과ᄉᆞ랑홈으로우리ᄆᆞ음에두고行實(힝실)에나타낼지니라 줌八○三十四、신六○六―七、벳젼二○二、시百十九○十八、히四○二、살후二○十、눅八○十五、약一○二十五、

九十一 問(문) 聖禮(셩례)가엇지ᄒᆞ야사름으로ᄒᆞ여곰救援(구원)을엇게ᄒᆞᄂᆞᆫ方道(방도)가되ᄂᆞ뇨

答(답) 聖禮(셩례)가엇지ᄒᆞ야사름으로ᄒᆞ여곰救援(구원)을엇게ᄒᆞᄂᆞᆫ方道(방도)가되ᄂᆞᆫ거슨聖禮(셩례)의本德(본덕)으로말미암음도아니오聖禮(셩례)를베프ᄂᆞᆫ者(쟈)의德(덕)으로말미암음도아니오다만그리스도의주시ᄂᆞᆫ福(복)과밋음으로써聖禮(셩례)를밧ᄂᆞᆫ者(쟈)가온ᄃᆡ계신聖神(셩신)의法(법)으로말미암아되ᄂᆞᆫ거시라 벳젼三○二十一、마三○十一、고젼三○六、七、고젼十二○十三、

九十二 問(문) 聖禮(셩례)가무어시뇨

答(답) 聖禮(셩례)는그리스도ᄭᅴ서세우신거룩ᄒᆞᆫ規則(규측)인ᄃᆡ눈에보이ᄂᆞᆫ票(표)로써그리스도와밋새言約(언약)의恩惠(은혜)를밋ᄂᆞᆫ者(쟈)의게보여印(인)치고붓쳐주는거시니라 창一七○七、十、츌十二○、고젼十○二十三、二十六、

九十三 問(문) 新約(신약)의聖禮(셩례)가무어시뇨

답(답) 新約(신약)의聖禮(셩례)는洗禮(셰례)와聖餐(셩찬)이니라 마二十八ㅇ十九、二十六ㅇ二十六_二十八、고젼十一ㅇ二十三_二十九、

九十四 問(문) 洗禮(셰례)가무어시뇨

답(답) 洗禮(셰례)는聖禮(셩례)인디물노써아바지와아들과聖神(셩신)의일홈으로씻는거시니우리로ᄒᆞ여곰그리스도의게붓치는것과恩惠言約(은혜언약)의效驗(효험)에參預(참예)ᄒᆞ는것과主(쥬)의사ᄅᆞᆷ이되기로作定(쟉뎡)ᄒᆞ거슬票(표)ᄒᆞ야印(인)치는거시니라 롬六ㅇ四、갈三ㅇ二十七、

九十五 問(문) 洗禮(셰례)는엇더ᄒᆞᆫ사ᄅᆞᆷ의게베프ᄂᆞ뇨

답(답) 洗禮(셰례)는敎(교)밧게잇는者(쟈)들이그리스도를밋는다ᄒᆞ며그의게服從(복죵)ᄒᆞ는디신지니르러야베플거시오쏘入敎(입교)ᄒᆞᆫ者(쟈)의子女(ᄌᆞ녀)의게베플지니라 힝八ㅇ三十六_三十七、힝二ㅇ三十八_三十九、고젼七ㅇ十四、

九十六 問(문) 主(쥬)의聖餐(셩찬)이무어시뇨

답(답) 主(쥬)의聖餐(셩찬)은곳聖禮(셩례)니그리스도의定(뎡)ᄒᆞ신디로ᄯᅥᆨ과葡萄汁(포도즙)을주며밧는거스로그쥭으심을나타냄이니合當(합당)ᄒᆞ게밧는者(쟈)들은肉體(육톄)와情慾(졍욕)으로參預(참예)ᄒᆞᆷ이아니오밋음으로써그몸과피에參預(참예)ᄒᆞ야自己(ᄌᆞ긔)의神靈(신령)ᄒᆞ게養育(양육)과恩惠(은혜)中(즁)에셔長成(쟝셩)ᄒᆞᆷ이그의모든效驗(효험)을밧음이니라 고젼十一ㅇ二十三_二十六、十ㅇ十六、

九十七 問(문) 엇더ᄒᆞ여야主(쥬)의聖餐(셩찬)을合當(합당)ᄒᆞ게밧ᄂᆞ뇨

답(답) 主(쥬)의聖餐(셩찬)을合當(합당)ᄒᆞ게밧는者(쟈)들은스스로솗혀主(쥬)의몸을씨드라아는것과그를밧아밋음으로먹는것과罪(죄)를뉘웃는것과ᄉᆞ랑과새로服從(복죵)ᄒᆞ는거슬알아야ᄒᆞᆯ지니或(혹)合當(합당)치안케와셔밧으면두렵건디罪(죄)를먹고마심이니라 고젼十一ㅇ二十八_二十九、고후十三ㅇ五、고젼十一ㅇ三十一、十ㅇ十六_十七、五ㅇ七_八

九十八 問(문) 祈禱(긔도)가무어시뇨

　　　答(답) 祈禱(긔도)는그리스도의일홈을依支(의지)ᄒ야우리의願(원)ᄒᄂᆞ바를하ᄂᆞ님ᄭᅴ求(구)ᄒ며그ᄯᅳᆺ과合(합)ᄒᆫ거슬求(구)ᄒ되罪(죄)를自服(ᄌᆞ복)ᄒ며恩惠(은혜)를感謝(감샤)ᄒ게안다ᄒᄂᆞᆫ거시니라 시十ㅇ七、六十二ㅇ八、요일五ㅇ十四、요十六ㅇ二十、시三十二ㅇ五、단九ㅇ四、빌四ㅇ六、

九十九 問(문) 하ᄂᆞ님이우리의祈禱(긔도)ᄒᄂᆞᆫ거슬ᄀᆞᄅᆞ치시려ᄒ샤무숨법을주셧ᄂᆞ뇨

　　　答(답) 하ᄂᆞ님의말ᄉᆞᆷ이다우리의祈禱(긔도)ᄒᄂᆞᆫ거슬ᄀᆞᄅᆞ침이나特別(특별)히ᄀᆞᄅᆞ치신法(법)은그리스도ᄭᅴ셔그弟子(뎨ᄌᆞ)의게ᄀᆞᄅᆞ친祈禱(긔도)니흔히닐ㅇ기를主(쥬)의祈禱(긔도)라ᄒᄂᆞ니라　요일五ㅇ十四、마六ㅇ九十三、롬八ㅇ二十六、

百 問(문) 主祈禱文(쥬긔도문)에첫말ᄉᆞᆷ이우리의게무어슬ᄀᆞᄅᆞ쳣ᄂᆞ뇨

　　　答(답) 主祈禱文(쥬긔도문)에첫말ᄉᆞᆷ은하늘에계신우리아바지여ᄒᆫ거시니이는子息(ᄌᆞ식)이그能(능)ᄒ고保護(보호)ᄒ기를豫備(예비)한아바지의게가ᄂᆞᆫ것ᄀᆞ치우리가모든거룩ᄒ게恭敬(공경)ᄒᄂᆞᆫᄯᅳᆺ과든든ᄒᆫᄆᆞ음으로하ᄂᆞ님ᄭᅴ갓가이오ᄂᆞᆫ것슬ᄀᆞᄅᆞ치고ᄯᅩ우리가다른사ᄅᆞᆷ으로더브러祈禱(긔도)ᄒ고다른사ᄅᆞᆷ을爲(위)ᄒ야祈禱(긔도)ᄒ라ᄀᆞᄅᆞ친거시라 마六ㅇ九、로八ㅇ十五、눅十一ㅇ十三、힝十二ㅇ五、딤젼二ㅇ一二、

百一 問(문) 우리가첫祈禱(긔도)에무어슬求(구)ᄒᄂᆞ뇨

　　　答(답) 첫祈禱(긔도)는곳일홈이거룩ᄒ옵소셔ᄒᆫ거시니이는하ᄂᆞ님ᄭᅴ셔우리와다른사ᄅᆞᆷ을도으샤우리로ᄒ여곰自己(ᄌᆞ긔)를나타내신모든거스로그를榮華(영화)롭게ᄒ고ᄯᅩ親(친)히榮華(영화)를爲(위)ᄒ야萬物(만물)을쓰시옵소셔ᄒᄂᆞᆫ祈禱(긔도)라　시六十七ㅇ二三、八十三ㅇ、

百二 問(문) 우리가둘ᄌᆡ祈禱(긔도)에무어슬求(구)ᄒᄂᆞ뇨

　　　答(답) 둘ᄌᆡ祈禱(긔도)는곳나라이臨(림)ᄒ옵소셔ᄒᆫ거시니이ᄂᆞᆫ사단의나라이滅亡(멸망)ᄒᆫ바되고恩惠(은혜)의나라이進步(진보)ᄒ야우리와다른사ᄅᆞᆷ으로ᄒ여곰드러가恒常(ᄒᆞᆼ샹)잇게ᄒ고ᄯᅩ榮華(영화)

의나라이急(급)히臨(림)ᄒᆞ옵소셔祈禱(긔도)하는거시라   시八十八〇
一、요十二〇三_一、믁十二〇十_十一、살후三〇一、롬六〇一、
요十七〇九、二十、믁二十二〇二十、

百三 問(문) 우리가셋ᄌᆡ祈禱(긔도)에무어슬求(구)ᄒᆞᄂᆞ뇨

答(답) 셋ᄌᆡ祈禱(긔도)는곳ᄯᅳᆺ이하늘에셔일운것ᄀᆞ치ᄯᅡ에셔도 일우어지이다ᄒᆞ는거시니이는하ᄂᆞ님이그恩惠(은혜)를가지시고우리로 ᄒᆞ여곰願(원)ᄒᆞ는ᄆᆞ음을품고하늘에잇는天使(텬ᄉᆞ)와ᄀᆞ치모든일에能 (능)히그ᄯᅳᆺ을알며그ᄯᅳᆺ의게順從(슌죵)ᄒᆞ고降服(항복)ᄒᆞ게ᄒᆞ옵소셔ᄒᆞ 는祈禱(긔도)니라 마六〇十、시六十七、百十九〇三十六、마二十六 〇三十九、삼하五〇二十五、욥一〇二一、시百三〇二十_二十一、

百四 問(문) 우리가넷ᄌᆡ祈禱(긔도)에무어슬求(구)ᄒᆞᄂᆞ뇨

答(답) 넷ᄌᆡ祈禱(긔도)는곳오늘날우리의게日用(일용)ᄒᆞᆯ糧食 (량식)을주옵소셔ᄒᆞ는거시니우리가하ᄂᆞ님의恩惠(은혜)로이世上(셰 샹)에잇는바善(션)ᄒᆞᆫ것에合當(합당)ᄒᆞᆫ부분을밧고兼(겸)ᄒᆞ야그의주 신福(복)을밧기를願(원)ᄒᆞ는祈禱(긔도)니라 마六〇十一、줌三十〇 八_九、창二十八〇二十、뒴젼四〇四_五、六〇六_八、

百五 問(문) 우리가다셧ᄌᆡ祈禱(긔도)에무어슬求(구)ᄒᆞᄂᆞ뇨

答(답) 다셧ᄌᆡ祈禱(긔도)는곳우리가우리의게罪(죄)지은者 (쟈)를赦(샤)ᄒᆞ야준것ᄀᆞ치우리罪(죄)를赦(샤)ᄒᆞ야주옵소셔ᄒᆞ는거시 니이는하ᄂᆞ님ᄭᅴ셔그리스도를因(인)ᄒᆞ야우리의모든罪(죄)를너그럽 게赦(샤)ᄒᆞ야주옵소셔ᄒᆞ는祈禱(긔도)라우리가能(능)히그의恩惠(은 혜)을힘입어ᄆᆞ음에셔發(발)ᄒᆞ는것스로ᄂᆞᆷ의罪(죄)를赦(샤)ᄒᆞ야줄수 잇스니도로혀이쳐럼求(구)ᄒᆞ기가어렵지아닌줄을아ᄂᆞ니라 마六〇十 二、시五十一〇一_二、七、九、단九〇十七、十九、눅十一〇四、 마十八〇三十五、막十一〇二十五、

百六 問(문) 우리가여섯ᄌᆡ祈禱(긔도)에무어슬求(구)ᄒᆞᄂᆞ뇨

答(답) 여섯ᄌᆡ祈禱(긔도)는곳우리를試驗(시험)에들지말게ᄒᆞ 옵시고다만惡(악)에셔救(구)ᄒᆞ옵소ᄒᆞ는거시니이는하ᄂᆞ님이或(혹)우 리를試驗(시험)에들지아니ᄒᆞ게ᄒᆞ시거나試驗(시험)을當(당)할ᄯᅢ에우 리를保護(보호)ᄒᆞ야救援(구원)ᄒᆞ옵소셔ᄒᆞ는祈禱(긔도)라 마二十六

○四十一、고후十二○八、요十七○十五、고젼十○十三、

百七 問(문) 主祈禱文(쥬긔도문)에마ᄌ막말숨이우리의게무어슬ᄀᆞᄅ치ᄂᆞ뇨

答(답) 主祈禱文(쥬긔도문)에마ᄌ막말숨은곳대개나라와權勢(권셰)와榮光(영광)이아바지씌永遠(영원)히잇스옵ᄂᆞ니다아멘ᄒᆞ는거시니이는우리로ᄒᆞ여곰祈禱(긔도)홀쩍에하ᄂᆞ님만밋고ᄯᅩ祈禱(긔도)홀쩍에그를讚頌(찬숑)ᄒᆞ야나라와權勢(권셰)와榮光(영광)이그의게잇다ᄒᆞ라고ᄀᆞᄅ친거시라ᄯᅩ우리의願(원)ᄒᆞ는뜻의證據(증거)와드르실줄아는票(표)로아멘ᄒᆞᄂᆞ니라 마六○四十三、단九○四十九、듸샹二十九○十、十三、고젼十四○十六、믁二十二○二十_二十一、

聖經要理問答(셩경요리문답) 終(죵)

4. 요리문답 개정 연혁

1922년 헌법의 요리문답은 목차에는 소요리문답, 본문에는 성경요리문답의 제목으로 편입된 후, 한글맞춤법의 변경으로 표기의 변경과 약간의 용어 수정, 현대 국어 구어체 어법에 맞는 문체 수정, 관계 성경 구절의 전면 삭제 및 부활 시 성경 구절의 약간 변경 외에는 지금까지 개정된 것이 없고, 다만 헌법 체제 형식의 변경으로 인한 편입 순서에 변화가 있을 뿐이다.

1971년 9월 23~27일 제56회 총회에서 5법체제의 헌법을 4편부제의 형식으로 체제를 변경하여 제1편 교리, 제1부 신조 다음에 제2부 요리문답의 형식을 취하였다. 그리고 성경요리문답이나 소요리문답이라는 용어를 요리문답으로 통일시킨 것도 이때이다. 그 후 1983년 8월 24일 헌법개정 시행공고 시 체제를 다시 변경하여 제1편 교리 제1부에 처음으로 사도신경을 편입시키고, 제2부에 신조, 제3부에 요리문답으로 그 순서를 개편하여 지금까지 그대로 계속되고 있다.

제3장 요리문답의 내용

헌법 제1편 제3부 요리문답[19]

요리문답의 내용 중 교리적으로 중요한 것은 제2편 사도신경과 제3편 신조에서 교리적으로 상술하였으므로 본란에서는 생략하니 거기를 참조하기 바란다.

Ⅰ. 문 1. 인간의 목적

"문 1. 사람의 제일 되는 목적은 무엇입니까?
답. 사람의 제일 되는 목적은 하나님을 영화롭게 하고 영원토록 그를 즐거워하는 것입니다―고전 10 : 31, 롬 11 : 36, 시 73 : 24 - 26, 요 17 : 22."

문답 1은 인간의 목적, 즉 인간의 존재 목적 또는 존재 이유를 밝히고 있다. 이는 하나님의 인간 창조의 근본 목적을 나타내고 있는 것이다. 사람이 존재 목적과 이유를 모르고 살아간다면 그것은 동물과 다름없는 것이다.
"그런즉 너희가 먹든지 마시든지 무엇을 하든지 다 하나님의 영광을 위하여 하라"(고전 10 : 31), "우리 주 하나님이여 영광과 존귀와 권능을 받으시는 것이 합당하오니 주께서 만물을 지으신지라 만물이 주의 뜻대로 있었고 또 지으심을 받았나이다 하더라"(계 4 : 11), "하늘에서는 주 외에 누가 내게 있으리요 땅에서는 주밖에 내가 사모할 이 없나이다 내 육체와 마음은 쇠약하나 하나님은 내 마음의 반석이시요 영원한 분깃이시라"(시 73 : 25 - 26).

---

19) 교단헌법 Ⅱ 전게서, pp. 29 - 52 ; 교단헌법 Ⅲ 전게서, pp. 40 - 66.

Ⅱ. 문 2~3. 성경의 규범성과 교훈성

"문 2. 우리가 어떻게 하나님을 영화롭게 하며 그를 즐거워할 것인가를 지시하시기 위해 주신 법칙이 무엇입니까?

답. 신·구약성경에 간직된 하나님의 말씀은 우리가 어떻게 하나님을 영화롭게 하며 그를 즐거워할 것인가를 우리에게 지시해 주는 유일한 법칙입니다 ― 딤후 3 : 15 - 17.

문 3. 성경이 주로 가르치는 것이 무엇입니까?

답. 성경은 주로 사람이 하나님께 대하여 어떻게 믿어야 하며, 하나님이 사람에게 요구하는 의무가 무엇인가 하는 것을 가르칩니다 ―
요 20 : 31, 시 119 : 105, 미 6 : 8."

문답 2는 문답 1에서 규정한 인간의 목적을 수행하는 기준은 성경이 인간에게 지시, 지도하는 유일한 규범이요, 법칙이요, 규칙이라는 것을 가르친다. "모든 성경은 하나님의 감동으로 된 것으로 교훈과 책망과 바르게 함과 의로 교육하기에 유익하니"(딤후 3 : 16).

문답 3은 성경의 교훈은 하나님에 대한 신앙과 하나님이 요구하시는 인간의 의무와 본분인 것이다. "오직 이것을 기록함은 너희로 예수께서 하나님의 아들 그리스도이심을 믿게 하려 함이요 또 너희로 믿고 그 이름을 힘입어 생명을 얻게 하려 함이니라"(요 20 : 31), "사람아 주께서 선한 것이 무엇임을 네게 보이셨나니 여호와께서 네게 구하시는 것은 오직 정의를 행하며 인자를 사랑하며 겸손하게 네 하나님과 함께 행하는 것이 아니냐"(미 6 : 8).

Ⅲ. 문 4~6. 하나님의 속성과 신격

"문 4. 하나님은 어떤 분이십니까?

답. 하나님은 그의 존재, 지혜, 능력, 거룩, 공의, 선하심, 그리고 진리에 있어서 무한하시고 영원불변하시는 영이십니다 ― 요 4 : 24, 시 139 : 7 - 13, 렘 23 : 4, 히 4 : 13, 시 139 : 1 - 4, 히 13 : 8, 시 102 :

27, 말 3 : 6, 왕상 8 : 27, 딤후 2 : 13, 출 34 : 6 - 7.

문 5. 하나님은 한 분 외에 더 많은 신들이 있습니까?
답. 하나님은 오직 한 분이시며 살아 계신 참하나님이십니다 ― 고전 8 : 4, 신 4 : 35, 39, 6 : 4, 렘 10 : 10.

문 6. 하나님의 신격에는 몇 위가 계십니까?
답. 하나님에게는 성부, 성자, 성령의 삼위가 있는데 이 셋이 한 하나님이며 본질이 같고, 능력과 영광이 동등합니다 ― 마 3 : 16 - 17, 28 : 19, 빌 2 : 6."

하나님의 속성과 신격에 관하여 제2편 사도신경 제2장 사도신경의 배경 Ⅲ. 사도신경의 교리적 배경과 제3편 신조 제3장 신조의 내용 Ⅲ. 제3조 삼위일체에서 상술하였으므로 거기를 참조하기 바란다.

문답 4는 하나님의 본성 또는 속성에 관한 문답으로 자존성과 전지전능성, 무한성, 영원성, 불변성, 그리고 거룩하시고, 공의로우시고, 선하시고, 진실하시며, 영이시라는 것이다.

문답 5는 하나님은 유일신이시라는 것과 하나님은 참되시고 살아 계시는 인격신(人格神)이라는 것을 말한다.

문답 6은 하나님의 신격에는 성부, 성자, 성령의 삼위가 있고 이 삼위는 일체이며 본질이 같고, 그 능력과 영광이 동등하다는 삼위일체에 관한 문답이다. 참으로 삼위일체의 교리는 신비한 교리이며 우리가 인간의 이성과 지식으로 만족하게 이해하기가 어렵지만, 이것은 순수한 신앙의 대상으로 믿음으로 받아들여야 할 것이다.

Ⅳ. 문 7~8. 하나님의 작정

"문 7. 하나님의 예정이란 무엇입니까?
답. 하나님의 예정이란 그가 뜻하시는 바를 따라 정하신 그의 영원한 목적이며, 이 목적에 의하여 하나님은 자기의 영광을 위하여서 장차 일어날 모든 것을 미리 정해 놓으신 것입니다 ― 엡 1 : 4 - 5, 9, 롬 9 : 22 - 23.

문 8. 하나님이 그 예정을 어떻게 실행하십니까?

답. 하나님께서 그 예정을 실행하시는 것은 창조와 섭리의 일로 하십니다 — 계 4 : 11, 사 40 : 26, 롬 11 : 36, 히 11 : 3."

작정과 예정에 관한 것은 제3편 제3장 신조의 내용 Ⅸ. 제9조 구원론 2. 예정론에서 상술하였으므로 참조하기 바란다.

문답 7은 하나님의 계획과 도모, 경륜을 포함한 작정에 관한 문답인데 여기서 작정과 예정을 구별하여 사용하지 않고 예정이란 용어를 쓰고 있는데, 엄밀히 말해서 예정이 아니고 작정으로 봄이 타당하다. 하나님의 작정은 창세전에 하나님이 그리스도 안에서 하나님의 기쁘신 뜻에 의하여 계획하신 것이다.

문답 8은 예정의 실행방법에 관한 문답인데 여기서도 문답 7과 마찬가지로 예정이 아니고 하나님의 영원한 작정으로 번역함이 옳다. 작정의 실행방법으로 창조와 섭리를 들고 있는 것으로 보아 작정개념이 예정개념보다 광범위한 개념인 것으로 볼 수 있다.

Ⅴ. 문 9~11. 하나님의 창조와 섭리

"문 9. 창조하시는 일이란 무엇입니까?

답. 창조하시는 일이란 하나님이 그의 능력의 말씀에 의하여 엿새 동안에 아무것도 없는 중에서 만물을 지으신 것인데 매우 좋게 지으신 것입니다 — 히 1 : 3, 시 33 : 9, 창 1 : 21.

문 10. 하나님이 사람을 어떻게 창조하셨습니까?

답. 하나님께서 자기의 형상대로 남자와 여자를 창조하셨고 지식과 거룩함이 있게 하사 피조물들을 다스리게 하셨습니다 — 창 1 : 27 - 28, 9 : 2.

문 11. 하나님의 섭리하시는 일이란 무엇입니까?

답. 하나님의 섭리하시는 일이란 그의 모든 피조물과 그들의 활동을 지극히 거룩하고 지혜롭고 능력 있게 보존하고 다스리는 것입니다 — 시 145 : 9, 17, 103 : 19, 104 : 24, 계 11 : 17 - 18, 히 1 : 3."

하나님의 창조와 섭리에 관하여 제3편 신조 제3장 신조의 내용 Ⅳ. 제4조 창조와 섭리를 참조하기 바란다.

문답 9는 하나님의 창조 사역을, 문답 10은 하나님의 인간 창조에 관한 문답이다. 창조는 무(無)에서 하나님의 말씀에 의하여 하나님 보시기에 좋으신 대로 지으신 것이다. 인간 창조는 하나님의 형상대로 창조하시되 하나님의 속성에 따라 지식과 거룩으로 지으셨고 만물의 통치권과 지배권을 그에게 주셨다.

문답 11은 하나님의 섭리에 관한 문답으로 "……내 아버지께서 이제까지 일하시니 나도 일한다……"(요 5 : 17)라는 말씀과 같이 하나님께서는 피조물을 보존, 유지, 통치함으로 창조로써 끝을 낸 것이 아니고 계속 섭리하신다는 말이다.

Ⅵ. 문 12. 행위언약

"문 12. 사람이 창조함을 받아 타고난 신분을 그대로 가지고 있을 때 하나님은 그에게 어떤 특수한 섭리를 행하셨습니까?

답. 하나님이 사람을 창조하셨을 때 완전한 순종을 조건으로 그와 더불어 생명의 언약을 세우시며, 선악과를 먹지 말도록 금하셨고, 먹으면 죽음의 고통이 있을 것이라고 하셨습니다—창 2 : 16 - 17, 롬 5 : 12 - 14, 10 : 5, 눅 10 : 25 - 28"

문답 12는 하나님과 인간 간에 체결한 이른바 행위언약(行爲言約)에 관한 문답이다. 타락 전의 행위언약과 타락 후의 은혜언약에 관한 신학체계를 언약신학(Covenant Theology)이라고 한다. 창세기 2 : 16~17 "여호와 하나님이 그 사람에게 명하여 이르시되 동산 각종 나무의 열매는 네가 임의로 먹되 선악을 알게 하는 나무의 열매는 먹지 말라 네가 먹는 날에는 반드시 죽으리라 하시니라"라는 말씀에서 계약의 당사자는 하나님과 사람이고, 계약의 조건은 선악과를 먹지 말라는 율법의 준행 요구, 즉 순종이며 계약을 위반하면 벌칙으로 사망을 준다는 것이다.

선악과를 먹지 말라는 것은 하나님이 사람에게 최초로 주신 금지 규범으로, 하나님은 절대적 주권자로서 절대적 우월자의 지위에서 내린 일방적 명령이기에 이는 일방적 불평등계약인 것이다. 그러나 선악과를 제외한 에덴동산의 모든 열매를 먹게 해 주신 하나님의 사랑이 있기에 단순한 불평등계약이라 할 수는 없다. 영생을 할 수 있는 생명나무도 먹거리의 범위 내에 두셨으므로 사람이 행위언약을 이행했더라면 영생이 보장되었을 것이다. 이 행위계약의 보증 증거물이 생명나무 열매이다. 이 행위언약은 형식적으로는 불평등계약이지만, 실질적으로는 사람에게 영생을 주시는 하나님과의 생명계약인 것이다.

Ⅶ. 문 13~19. 인간의 범죄와 타락

"문 13. 우리의 처음 시조가 창조 때 타고난 신분을 계속 유지했습니까?

답. 우리들의 처음 시조는 자기들 자신의 의지의 자유를 가졌으며 하나님께 죄를 범함으로써 그들의 창조 때 타고난 신분에서 타락했습니다 — 창 3 : 6 - 8, 22 - 23, 고후 11 : 3.

문 14. 죄가 무엇입니까?

답. 죄는 하나님의 법을 순종함에 부족한 것이나 그것을 범하는 것입니다 — 요 16 : 9, 롬 14 : 23, 약 4 : 17, 요일 3 : 4, 5 : 17.

문 15. 우리의 처음 시조가 창조함을 받았을 때의 타고난 신분에서 타락한 원인이 되는 죄가 무엇입니까?

답. 우리의 처음 시조가 그들의 창조함을 받았을 때의 타고난 신분에서 타락한 원인이 되는 죄는 그들이 그 금지된 열매를 먹은 일입니다 — 창 3 : 6.

문 16. 모든 인류가 아담의 처음 범죄 때 함께 타락했습니까?

답. 아담과 맺어진 언약은 그 자신만을 위한 것이 아니라 그의 후손도 위한 것이기 때문에, 그에게로부터 정상적인 생육법에 의하여 내려온 모든 인류는 그가 처음 범죄할 때 그의 안에서 죄를 지었고 그와 함께 타락하였습니다 — 시 51 : 5, 행 17 : 25 - 26, 롬 5 : 12 - 20, 고전 15 : 21 - 22.

문 17. 그 타락은 인류를 어떠한 상태에 빠뜨렸습니까?

답. 그 타락은 인류를 죄와 비참의 상태에 빠뜨렸습니다—롬 5 : 5, 갈 3 : 10, 엡 2 : 3.

문 18. 사람이 타락하여 빠져 들어간 그 상태의 죄성은 무엇입니까?

답. 사람이 타락하여 빠져 들어간 그 상태의 죄성은 아담의 첫 죄의 허물, 원래 가졌던 의의 결핍, 그의 본 성품 전체의 부패, 곧 일반적으로 원죄라고 부르는 것과 또 그것으로부터 나오는 모든 실제적 범죄 등입니다 — 엡 2 : 1, 고전 15 : 22, 마 15 : 19, 약 1 : 14 - 15.

문 19. 사람이 타락하여 빠져 들어간 상태의 비참이란 무엇입니까?

답. 모든 인류는 그들의 타락으로 말미암아 하나님과의 교제를 잃었으며, 그의 진노와 저주 아래 있으며, 따라서 이생을 온갖 비참 속에서 지내며, 죽게 되며, 그리고 지옥의 영원한 고통을 당해야만 하는 것입니다—창 3 : 8, 엡 2 : 2, 롬 5 : 14, 창 2 : 17, 마 25 : 41."

인간의 범죄와 타락에 관하여는 제3편 신조 제3장 신조의 내용 Ⅵ. 제6조 인죄론을 참조하기 바란다.

1. 인간의 타락

문답 13은 인간의 타락에 관한 문답이다. 인간은 하나님의 형상대로 지음을 받고 또한 자유를 부여받았다. 그러나 그 자유는 율법의 준수와 순종을 조건으로 하는 자유이므로 그 한계가 있는 자유이다. 하나님이 인간에게 자유를 주실 때는 범죄하라고 자유를 주신 것이 아니고, 하나님의 형상에 따라 인격자로 창조된 이상 필수적으로 자유의지가 부여되고, 그 자유의지에 의하여 자신의 행위는 자신이 책임을 지는 것이다.

2. 죄의 본질

문답 14는 죄의 본질에 관한 문답이다. 죄란 하나님의 법을 위반하는 것을 말하며, 위반의 형태에 관하여 문답 14에 이르기를 '순종함에 부족한 것'과 '그것을 범하는 것' 두 가지를 규정하고 있다. 즉, 부족한 죄와 어기는 죄를 말한다. 형법학에서 전자는 '허물'로써 과실범(過失犯)을 일컫고, 후자는 고의범(故意犯)을 말한다. 형법상으로 과실범은 특별한 규정이 없으면 처벌하지 않으며, 고의범만을 범죄라 하여 벌하나 교리법에서는 과실범도 죄가 된다.

3. 타락의 원인

문답 15는 아담의 범죄와 타락의 원인에 관한 문답이다. 범죄하기 전 아담은 무죄의 상태, 완전한 상태의 인간이었으나, 하나님과의 행위언약과 자유의지에 의하여 순종이냐 범죄냐의 가변적 상태의 인간이었다. 먹지 말라는 선악과를 따 먹지 아니하였더라면 모든 인류는 영원한 생명의 상태에 들어갈 터인데, 그렇지 못하였으니 오호라 안타깝기 그지없다.

4. 아담의 대표성

문답 16은 아담의 대표성으로 인한 타락의 참여에 관한 문답이다. 아담은 행위계약의 당사자이지만 한 사람 아담만을 위하여 계약 당사자가 된 것이 아니고, 모든 인류의 대표자로서 그 대표성을 띠고 계약에 임한 것이다. 죄가 있는 인간으로서 에덴에 돌아갈 수는 없고, 죄 없는 예수 그리스도를 통해서만 구원을 얻는다. "아담 안에서 모든 사람이 죽은 것같이 그리스도 안에서 모든 사람이 삶을 얻으리라"(고전 15 : 22)의 말씀에서 우리는 대표 원리를 통하여 죄인이 되었다가 다시 의인이 되었는데, 이것이 가장 은혜롭고 선한 하나님의 방책이 아닌가 싶다. 계약의 범위는 정상적 생육법에 의하여 출생한 모든 인간은 하나님과 아담 간에 세운 행위언약에 다 포함되어 있다. 아담은 행위계약의 당사자로서 인간의 대표이며, 계약 위반자로서 대표이며, 죄의 대표인만큼 죄는 전가된다.

5. 타락의 결과

문답 17은 타락의 결과로 죄와 비참에 관한 문답이다. 죄를 보는 눈이 밝아지고 하나님과의 사이가 멀어짐으로 말미암아 심령이 비참하여졌고, 땅이 저주를 받고 땀 흘리는 수고와 사망이란 비참한 현실을 맞게 되었다.

6. 원죄와 본죄

문답 18은 원죄와 실제적 범죄에 관한 문답이다.

7. 타락의 비참

문답 19는 타락의 비참에 관한 문답이다. 하나님과의 교제가 단절되고, 하나님의 진노와 저주 아래 있으며, 생전의 비참과 죽음과 영원한 지옥의 벌을 받는 것이다.

Ⅷ. 문 20. 은혜언약

"문 20. 하나님이 모든 인류가 죄와 비참한 상태에서 멸망하도록 버려두셨습니까?
답. 하나님께서 오직 그 선하신 뜻대로 영원 전부터 어떤 이들을 영생에로 택하셔서 은혜의 계약으로 들어가게 하셨습니다. 그것은 그들을 한 구속자에 의하여 죄와 비참의 상태에서 건져 내어 구원의 상태로 이끌어 들이려는 것입니다—엡 1 : 4 - 7, 딤전 1 : 14 - 15, 딛 3 : 4 - 7, 롬 3 : 20 - 22."

1. 은혜언약의 개념

문답 20은 은혜언약에 관한 문답이다. 하나님의 영원한 작정 안에 구속의 계획이 포함되어 있었다(엡 1 : 4, 3 : 11, 살후 2 : 13, 딤후 1 : 9, 약 2 : 5, 벧전 1 : 2). 예수 그리스도께서는 성육신하시기 전에 자기에게 맺어진 약속에 관해 말씀하셨고 자기가 성부로부터 받은 사명을 반복하여 언급하셨다(요 5 : 30, 43, 6 : 38 - 40, 17 : 4 - 12). 아담이 행위언약을 이행하지 못함으로 인하여 정죄와 저주를 받아 인류의 영생의 길이 차단되었는데, 하나님이 그 정죄와 저주에서 구원하시기 위하여 그리스도를 중보자로 하여 예수를 주 그리스도로, 또 그가 하나님의 아들이라는 것을 믿는 조건으로 피택자를 구원하는 하나님의 계획을 말한다.

2. 언약의 두 가지

개혁파의 다수설에 의하면 광의의 은혜언약에는 계약의 당사자와 약속과 조건이 다른 두 개의 언약이 있다. 제일차 언약으로 성부와 성자 간에 체결한 구속언약이 있고, 제이차 언약으로 제일차 언약을 근거로 하여 삼위 하나님과 피택자 또는 피택죄인 간에 맺은 은혜언약이다.

3. 구속언약의 당사자와 내용

구속언약에서 계약의 당사자인 성부는 신격 전체를 대표하고, 그리스도는 피택자들을 대표하여 언약하였고, 이 경우 그리스도는 언약의 당사자이면서 한편 구속사업의 보증인이 되는 특이한 지위에 서게 되었던 것이다. 피택죄인들을 위한 보증으로써의 그리스도는 아담의 위치에 들어가서 형벌을 직접 체험하시어 대속의 임무를 완수하시고, 모든 율법의 요구를 다 들어주신 것이다. 이러한 보증은 피택죄인들에 조건을 붙이는 보증이 아니라 원래 형벌을 받아야 할 자인 우리 죄인을 무조건적으로 대속하는 보증이라는 말이다. 약속의 내용과 조건은 성육신하시어 인성을 가질 것, 율법 아래에 서서 율법의 요구를 다 들어줄 것, 자기 백성의 영생을 위하여 구속사역을 실시하는 것이다.

4. 은혜언약의 당사자

은혜언약의 당사자는 삼위 하나님과 피택자 또는 그리스도 안에 있는 사람이고, 그리스도는 당사자가 아니고 중보자로서 언약의 모든 내용과 요구 조건의 성취를 보증하시는 것이다.

5. 은혜언약의 특성

은혜언약의 주요한 특성으로 이 언약은 전적으로 하나님이 값없이 주시는 무조건적 은혜라는 것이다. 그러므로 법적인 의미에서 언약이니, 계약이니 하는 용어를 사용하는 것조차 절대 부당한 말이고, 민법상 계약으로써의 증여가 아닌 단독행위(單獨行爲)로써의 증여(贈與)라 할 수 있다. 우리는 그냥 공짜로 생명을 건진 셈이 된다. 은혜언약은 삼위일체 하나님께서 사역하신다. 아버지께서 창세전에 그리스도 예수 안에서 우리를 택하셨고(엡 1 : 4), 우리가 그리스도 안에서 그의 은혜의 풍성함을 따라 그의 피로 속량, 곧 죄 사함을 받았으며(엡 1 : 7), 약속의 성령으로 인 치심을 받았으니(엡 1 : 13)라는 말씀에서 은혜언약에 삼위일체의 하나님이 사역하신 것을 알 수 있다. 이 은혜언약의 모든 피택자는 중보자 그리스도를 머리로 하고, 그와 유기체가 되어 한 몸을 이룬다. 이 언약은 구속언약을 근거로 하기 때문에 영원한 언약이 되며, 하나님께 전적으로 의존하는 언약이므로 영원불변의 하나님께서 이 은혜언약을 파기하지 못하신다.

이 언약은 성부께서 예정하시어 피택죄인들에게만 적용되는 것으로 보편성이 없다.

IX. 문 21~28. 구속자 예수 그리스도

"문 21. 하나님께서 선택하신 이의 구속자가 누구이십니까?

답. 하나님이 택하신 이의 유일한 구속자는 주 예수 그리스도이십니다. 그는 하나님의 영원한 아들로서 사람이 되셨으며, 그러므로 그는 과거와 미래에 계속하여 하나님이시요, 사람이시며, 두 가지의 특유한 성품을 지니면서도 한 인격이십니다—요 1:1, 14, 딤전 2:5, 롬 9:5, 골 2:9.

문 22. 그리스도가 하나님의 아들이신데 어떻게 사람이 되셨습니까?

답. 하나님의 아들이신 그리스도는 참육신과 영혼을 취하심으로써 사람이 되셨습니다. 그는 성령의 능력에 의하여 동정녀 마리아의 몸에 잉태되어 그에게서 나셨으나 죄는 없으십니다—마 26:38, 눅 1:27-31, 히 2:14, 4:15, 7:26, 요 1:14.

문 23. 그리스도가 우리의 구속자로서 하시는 직무가 무엇입니까?

답. 우리의 구속자이신 그리스도는 그의 낮아지시고 높아지신 두 상태에 있어서 예언자와 제사장과 왕의 직무를 수행하십니다—행 3:22, 눅 4:18, 21, 히 4:14-15, 5:5, 요 18:36-37, 빌 2:6-8, 10, 계 19:16.

문 24. 그리스도가 예언자의 직무를 어떻게 수행하십니까?

답. 그리스도가 예언자의 직무를 수행하심은 그의 말씀과 성령에 의하여 우리의 구원을 위한 하나님의 뜻을 우리에게 계시함으로써 하십니다—사 54:13, 요 6:63, 15:15, 눅 4:18-21.

문 25. 그리스도가 제사장의 직무를 어떻게 수행하십니까?

답. 그리스도가 제사장의 직무를 수행하심은 하나님의 공의를 만족시키시고, 우리를 하나님과 화해시키시기 위하여 단번에 자신을 희생의 제물로 바치신 일과 우리를 위하여 계속 중재하심으로써 하십니다—히 9:26-28, 7:25, 27, 10:10, 7:26-27, 10:14, 9:14, 엡

2 : 16, 롬 3 : 26, 8 : 34, 10 : 4, 요일 2 : 1, 히 9 : 25, 2 : 17.

문 26. 그리스도가 왕의 직무를 어떻게 수행하십니까?

답. 그리스도가 왕의 직무를 수행하심은 그가 우리를 자기에게 복종케 하는 일과 우리를 다스리시고 지켜 주시는 일과 그와 우리의 모든 원수들을 제재하고 정복하심으로써 하십니다―마 28 : 20, 18 : 17-18, 사 63 : 9, 고전 15 : 55-57.

문 27. 그리스도의 낮아지신 내용은 무엇입니까?

답. 그리스도의 낮아지신 것은 그가 비천한 상태에 태어나시고 율법 아래 있으며, 이 세상의 비참과 하나님의 진노와 십자가의 저주의 죽음을 당하신 것과 매장되어 얼마 동안 죽음의 권세 아래 남아 있었던 것입니다―눅 1 : 31, 고후 8 : 9, 빌 2 : 6-9, 마 27 : 46.

문 28. 그리스도의 높아지심의 내용은 무엇입니까?

답. 그리스도의 높아지심은 사흘 만에 죽은 자들 가운데서 다시 살아나신 것과 하늘에 오르신 것과 하나님 아버지의 우편에 앉으신 것과 마지막 날에 세상을 심판하러 오시는 것입니다―고전 15 : 4, 요 20 : 19-23, 막 16 : 19, 눅 24 : 51, 행 1 : 9, 엡 1 : 19-20, 롬 8 : 34, 행 1 : 11, 17 : 31, 딤후 4 : 1."

구속자 예수 그리스도에 관하여 제3편 신조 제3장 신조의 내용 Ⅶ. 제7조 그리스도론에서 상술하였으므로 본란에서는 빠진 부분만 간단히 기술하고자 하니 상세한 것은 거기를 보기 바란다.

1. 선택의 구속자와 성육신

문답 21은 선택의 구속자에 관하여, 문답 22는 그리스도의 성육신에 관한 문답이다.

2. 그리스도의 삼중직

문답 23은 그리스도의 신분의 비하와 승귀의 상태에 있어서 구속자 그리스도의 삼중직(三重職)에 관한 문답이다. '메시야'라는 말은 기름부음을 받은 자란 뜻인데, 구약에서 그리스도를 기름부음을 받은 자(시 2 : 2, 18 : 50, 20 : 6), 신약에서도 기름부음을 받은 자(눅 4 : 18, 행 4 : 27, 10 : 38)라고 했으며, 구약에서 기름부음을 받아 세운 직분으로 제사장(출 29 : 29), 왕(삼하 1 : 14), 선지자(왕상 19 : 16)의 세 직분이 있어 그리스도의 삼중직을 알 수 있다. 또 구약에서 그리스도의 선지자직(신 18 : 18)과 제사장직(시 110 : 4)과 왕직(시 2 : 6, 사 9 : 6-7)에 관하여 예언하고 있으며, 신약에서도 그리스도의 세 직임에 관하여 그리스도 자신이 선지자(요 5 : 46, 시 18 : 18, 눅 13 : 33)로, 제사장(마 22 : 44, 시 110 : 1, 4)으로, 왕(마 16 : 27, 26 : 64, 단 7 : 13, 요 18 : 37)으로 언급하여 스스로 증언하셨고, 제자들도 그리스도를 선지자(행 3 : 22, 히 1 : 1-2)로, 제사장(히 3 : 1, 4 : 14, 5 : 5, 6 : 20, 7 : 26, 8 : 1, 9 : 12)으로, 왕(눅 1 : 32-33, 계 19 : 16)으로 증언하고 있다.

중보자로서의 예수 그리스도는 선지자로서 하나님을 인간에게 나타내 보이셨고, 제사장으로서 자기 백성을 위하여 하나님께 대속의 희생물로 드렸고, 왕으로서 통치권을 행사하셨다.

3. 그리스도의 선지자직

문답 24는 그리스도의 선자자직에 관한 문답이다.

1) 선지자의 개념
선지자(先知者)는 하나님의 뜻을 백성에게 계시하는 자이며, 교훈, 예언, 이적, 경계, 권면, 약속, 책망의 여러 가지 방법으로 하나님으로부터 받은 명령을 전하는 것을 그 직분으로 삼는다. 구약에서 대표적 선지자로는 모세를 들 수 있다.

2) 선지자로서의 그리스도
그리스도는 선지자일 뿐만 아니라 하나님의 아들이시며, 그 자신

하나님의 완전한 계시자요, 예언의 성취자로서 어느 다른 선지자보다 초월하시다.

그는 성육신 이전에 로고스로서 사역하셨으며 여호와의 천사의 계시 또는 선지자들의 교훈에서 계시의 영으로 활동하셨다(벧전 1 : 11). 성육신 이후에는 지상에서 선지자로서의 교훈과 이적을 행하셨으며, 부활 승천 후에도 성령을 통하여 지상 교회를 지도하시고 교훈하심으로 선지자로서의 활동을 하시고, 하나님 우편에 좌정하사 영광 중에 있는 성도들에게 성부의 최종계시를 주신다(요 16 : 25, 17 : 24, 26, 사 64 : 4, 고전 13 : 12).

4. 그리스도의 제사장직

문답 25는 그리스도의 제사장직에 관한 문답이다.

1) 제사장의 개념

제사장(祭司長)의 개념은 히브리서 5 : 1에 잘 나타나고 있듯이 사람 가운데서 택함을 받아 사람을 위하여 하나님께 속한 일을 예물과 속죄하는 제사의 방법을 통하여 수행하는 사람을 말한다. 선지자는 백성을 향한 하나님의 사자, 대언자로 하나님의 뜻의 전달자이나, 제사장은 그와 반대로 하나님을 향한 백성의 대표로 하나님께 제사에 의한 속죄와 중재기도를 드리는 자이다.

2) 그리스도의 속죄자로서의 사역

첫째 임무는 속죄자(贖罪者)로서 세상의 죄를 속하기 위하여 예물과 제물을 올려놓고 제사(祭祀)를 드리는 것이다. "……세상 죄를 지고 가는 하나님의 어린 양이로다"(요 1 : 29), "……우리의 유월절 양 곧 그리스도께서 희생되셨느니라"(고전 5 : 7), "오직 흠 없고 점 없는 어린 양 같은 그리스도의 보배로운 피로 된 것이니라"(벧전 1 : 19)의 말씀과 같이 그리스도는 유월절의 희생양으로 속죄의 예물 및 제물이 되셨던 것이다.

3) 그리스도의 중재자로서의 사역

둘째 임무는 보혜사(保惠師)로서 또는 대언자(代言者)로서 그리스도께서 성부의 우편에 계셔서 우리와 하나님 사이를 중재(仲裁, Intercession) 또는 대언을 하는 것이다.

헬라어 $παράκλητος$(파라클레토스)는 보혜사(요 14 : 16, 26, 15 : 26, 16 : 7)로 번역하고, 꼭 한군데에서 대언자(요일 2 : 1)로 번역하고 있는데, 그 뜻은 '남을 위하여 나타난 자', '돕는 자', '위로자', '중재자'이며, 신약에서 예수 그리스도와 성령을 가리켜서 사용되고 있다. 요한복음 14 : 16에서 "……또다른 보혜사(파라클레토스)를 너희에게 주사……"에서 예수께서 '그냥 보혜사'라고 말씀하지 않으시고 '다른 보혜사'로 표현하신 것은 예수 그리스도 자신도 역시 보혜사(파라클레토스)이시기 때문이다. 이는 하나의 보혜사가 더 있다는 말이다. 그러나 여기서 '다른'이라는 말은 종류의 차이, 질적 차이가 있다는 것을 의미하지 않는다. 즉, 이질적 두 종류의 보혜사란 뜻은 아니고 삼위일체 하나님의 동질성에 따라 본질에 있어서 동일한 보혜사이시다. 요한1서 2 : 1 "……만일 누가 죄를 범하여도 아버지 앞에서 우리에게 대언자(파라클레토스)가 있으니 곧 의로우신 예수 그리스도시라"에서 대언자로 번역하여 하나님 우편에서 성도를 변호하고 돕는 중보자로서의 직무를 강조하고 있다.[20] 보혜사는 그리스도가 아버지께 구하여 우리에 보낼 성령이시고, 영원토록 우리와 함께 있게 되며(요 14 : 16), 대언자는 만일 우리가 죄를 범하여도 아버지 앞에서 우리를 위하여 대언해 주실 의로운 예수 그리스도를 말함이니(요일 2 : 1), 우리의 대언자는 성령과 예수 그리스도의 두 분이라는 것을 알 수 있다. 그러나 우리의 대언자이신 그리스도는 고소자인 사탄에 대항하여 성부에게 신자들의 소송을 변호하시지만, 성령은 세상에 대항하여 신자들의 소송을 변호하실 뿐만 아니라 신자들에게 그리스도의 일을 변호하시며, 또한 그들에게 현명한 조언을 해 주신다(요 14 : 26, 15 : 26, 16 : 14).[21]

---

20) 제자원 111 전게서, p. 149. 제자원 128 전게서, pp. 371-372. 박형룡 Ⅳ 전게서, p. 270.

4) 제사장직의 유일성

모든 인간은 죄인이므로 자기 자신을 위하여 하나님 앞에 나가서 구원을 위한 제사를 드릴 수 없고, 그리스도 외에는 아무도 사죄를 위한 제사를 드릴 수 없다. 구약의 제사장과 제사는 그리스도의 제사장직과 제사의 예표요, 상징일 뿐이다. 이와 같이 구약의 제사장들이 진정한 제사장이 아닐진대 종교개혁 후의 모든 복음 사역자나 목회자들은 더더욱 제사장이 될 수 없다.

로마가톨릭교회에서 사제(司祭)는 사죄의 권한을 갖고 있는 중재자이며, 그들은 생사(生死)의 권한, 천국의 열쇠를 갖고 있다고 한다. 종교개혁자들은 이러한 로마교의 멍에와 속박을 깨뜨리고, 사제는 직임적 의미의 제사장이 아닌 것을 성경을 통해 증명하였던 것이다. 구약의 아론 계통 제사장은 그리스도의 성취로 인하여 그 제사장직은 영원히 폐지되었고(히 10 : 1, 9, 18), 신약성경에서 모든 사역자에게 제사장이라는 말이 적용된 예가 없고 모든 사역자의 임무에는 교훈과 치리뿐이며, 결코 제사장으로서의 직임을 부여하지 않았으므로(고전 12 : 28, 엡 4 : 11 - 12, 딤전 3 : 1 - 13, 벧전 5 : 2) 예수 그리스도 이외에는 제사장이 존재할 수 없으며, 만약 별도의 제사장을 주장하면 이는 이단이며, 또한 스스로 제사장이라 하면 그는 적그리스도인 것이다. 분명히 성경은 예수 그리스도만을 통하여 하나님께 나갈 수 있으며, 또 누구의 중보나 중재 없이 직접 예수 그리스도께 나갈 수가 있는 것이다.

모든 신자는 그리스도를 통하여 하나님께 나아갈 자유를 가지고 있으며, 그리스도는 자기의 모든 백성을 하나님께 왕들과 제사장들로 만드신 것이다. 이러한 의미에서 만인제사장설이 나오는데 이것은 신자가 제사장의 직임을 갖고서 그리스도 대신에 중보자, 중재자가 될 수 있다는 의미가 아니고, 신자는 어떠한 인간 사역자를 통하지 않고 직접 예수 그리스도를 통하여 하나님께 나갈 수가 있으며, 성화에 이르러 거룩한 제사장, 왕 같은 제사장이 되어 찬송, 감사,

---

21) Louis Berkhof Ⅲ 전게서, p. 138. 박형룡 Ⅳ 전게서, pp. 270 - 271.

기도를 하고 생존자를 위한 중보기도, 엄격한 의미에서 중보기도가 아니고 대도(代禱), 즉 대신 기도할 수 있다는 의미이다. 그러므로 하나님과 사람 사이에 유일하신 중보자요, 유일하신 하나님의 접근 통로의 대제사장은 예수 그리스도뿐이시다.

5. 그리스도의 왕직

문답 26은 그리스도의 왕직(王職)에 관한 문답이다.

1) 그리스도의 왕직의 개념
삼위의 제이위이신 성자 그리스도는 모든 피조물에 대한 하나님의 통치권에 참여하신다. 이는 영원한 성자 하나님으로서의 왕권(王權)이며, 그의 본성에 본질적이며 절대적, 영원적, 불변적인 왕권이며, 만유를 통치하는 권력이시다. 이것은 그리스도의 중보적 왕권과는 다르니, 후자는 그리스도가 그의 신성으로서만 왕권을 행사하는 것이 아니고 자기의 순종과 수난의 상급을 성부 하나님으로부터 받은 왕권으로 그의 백성의 구원과 은혜언약의 집행과 연관된 특별한 것이다. 이에는 일반적으로 은혜의 왕국(Regnum Gratiae)과 정권의 왕국(Regnum Potentiae)으로 나눈다.

2) 은혜의 왕국
그리스도의 영적 왕권으로써 그의 백성, 그의 교회에 가지는 그의 군주적 통치권을 행사하는 영적 왕국의 왕직을 말하며, 이 나라와 이 왕직은 세상에 속한 것이 아니다. 그리스도가 그의 은혜로 자기 백성을 다스리시기 때문에 은혜의 왕국이라 한다. 그리스도는 교회의 머리이시라고(엡 1 : 22, 4 : 15, 5 : 25, 골 1 : 18, 2 : 19) 성경은 말하므로 그리스도의 영적 왕권, 왕직이라 한다.

이 왕직의 시작에 관하여 일반적 통설은 그리스도가 영원 전에 중보적인 왕으로 임명을 받으셨으며 또한 타락 이후에 즉각적으로 이와 같은 직무를 수행하셨다는 것이고(잠 8 : 23, 시 2 : 6), 이 왕직의 결말은 여러 학설이 있으나 다수설은 그리스도의 영적인 왕직은 그 본성에 있어서 영원히 계속될 것이지만, 그것은 세계의 종극에 그 사역의 양식에 중대한 변화를 일으킬 것이라는 것이다. 카이퍼(Kuyper)는 그리스도의 왕직이 자기의 백성의 구원을 성취하셨을 때 끝날 것이라고 한다.[22]

3) 정권의 왕국

정권(政權)의 왕국은 그리스도가 우주를 지배하는 왕권을 행사하는 왕국을 의미하며 우주에 대한 신인(神人)인 예수 그리스도의 통치, 교회의 유익을 위한 그의 섭리적이고 재판적인 만물 통치를 말한다.

이 왕직의 시작은 그리스도께서 승천하시기 직전에 공포하셨고 하나님의 우편에 좌정하시는 때에 정식으로 부여받으셨다. 이 수여는 신인(神人)의 승귀(昇貴)의 일부분이며, 하나님의 아들로서 과거에 소유하지 못했던 어떤 권세나 권위가 그에게 더 주어진 것이 아니며, 또한 그의 통치의 영역이 더 확장된 것도 아니었다. 그 종말은 원수에 대한 승리가 완성되고 사망이 폐지될 때까지 계속될 것이다(고전 15 : 24 – 28).[23]

6. 그리스도의 신분의 비하와 승귀

문답 27~28은 그리스도의 신분의 비하(卑下)와 승귀(昇貴)에 관한 문답으로 비하는 그리스도의 낮아지심을 말하고, 승귀는 그리스도의 높아지심을 말한다.

X. 문 29~30. 성령의 구속 적용사역

"문 29. 우리는 어떻게 그리스도가 값 주고 사신 그 구속에 참여자

---

22) Louis Berkhof Ⅲ 전게서, p. 148. 박형룡 Ⅳ 전게서, pp. 293 – 294.
23) Louis Berkhof Ⅲ 전게서, p. 150. 박형룡 Ⅳ 전게서, p. 299.

가 됩니까?

답. 우리가 그리스도께서 값 주고 사신 구속에 참여자가 되는 것은 그의 성령이 효과적으로 우리에게 적용하심으로써입니다 — 요 1:12-13, 16:7-8, 딛 3:5-6.

문 30. 성령께서 그리스도께서 값 주고 사신 구속을 어떻게 우리에게 적용하십니까?

답. 성령께서 그리스도께서 값 주고 사신 구속을 우리에게 적용하심은 우리 안에 믿음을 일으키시고 또 우리를 효과적으로 불러 그리스도와 하나가 되게 하심으로써 하십니다 — 엡 2:8, 2:18-20, 요 6:37-39."

1. 구속의 참여방법

문답 29는 그리스도의 구속사역에 대한 우리의 참여방법에 관한 문답으로 그리스도께서 값 주고 사신 구속에 우리가 참여하는 방법은 성령의 효과적인 사역활동으로 말미암아 성취되는 것이다. 인간을 죄에서 해방시키는 구속사역은 성부와 성자와 성령의 삼위일체의 하나님의 공동사역이며, 구체적으로 성부 하나님께서는 구속의 계획을, 성자 하나님께서는 구속계획의 실천을, 성령 하나님께서는 하나님의 구속을 개인에게 적용하고 보증하는 사역을 담당하신다. 그러므로 성령의 역할 없이는 구원이 각 개인에게 적용, 성취가 있을 수 없다.

"……너희 조상이 물려준 헛된 행실에서 대속함을 받은 것은 은이나 금같이 없어질 것으로 된 것이 아니요 오직 흠 없고 점 없는 어린 양 같은 그리스도의 보배로운 피로 된 것이니라"(벧전 1:18-19), "영접하는 자 곧 그 이름을 믿는 자들에게 하나님의 자녀가 되는 권세를 주셨으니…… 말씀이 육신이 되어……"(요 1:12-14)라는 말씀과 같이 구속은 성육신하신 그리스도의 피로 사신 것이다. 그리스도를 통하여 원죄와 자범죄로부터 구속함을 얻는 것이다.

"우리를 구원하시되 우리가 행한 바 의로운 행위로 말미암지 아니하고 오직 그의 긍휼하심을 따라 씻음과 성령의 새롭게 하심으로 하셨나니"(딛 3 : 5)라는 말씀과 같이 성령께서 우리를 중생하게 하시고 새 사람이 되게 하셔서 구원을 효과 있게 적용하시는 것이다.

2. 성령의 구속 적용방법

문답 30은 성령의 구속 적용의 방법에 관한 문답으로 성령께서 인간 구속의 적용방법은 믿음을 일으키시고(엡 2 : 8, 18 - 20), 효과적으로 부르시고(엡 4 : 4), 우리와 그리스도가 하나 되게 하신 것(요 15 : 4 - 5)이다.

믿음을 일으키신다는 말은 구원의 영역 밖에 있던 우리를 그리스도의 대속의 보혈로 인하여 구원의 후사가 되게 하시려고 하나님께 접근시키는 마음을 성령이 작용하신다는 것이다. 이 믿음은 하나님의 은혜요 성령의 선물이다(엡 2 : 8). 한 성령 안에서 아버지께 나아감으로 말미암아 우리는 외인도 나그네도 아니며, 성도들과 동일한 시민이요, 하나님의 권속이 되며, 사도들과 선지자들의 터 위에 세우심을 입은 자가 된 것이다(엡 2 : 18 - 20).

효과적인 부르심이란 인간의 마음을 깨닫게 하는 은혜의 부르심을 말한다. 성령의 부르심의 한 소망 안에서 부르심을 받아 구원에 참여한다는 것이다(엡 4 : 4).

그리스도와 하나 되게 하신다는 말은 우리와 그리스도와의 연합과 일치를 말한다. 인간과 그리스도와의 관계는 포도나무와 가지와의 관계(요 15 : 4 - 5)와 같다. 그리스도와 완전 합일될 수 있는 길은 성령의 사역으로 중재하시는 것이다.

XI. 문 31~38. 구원의 과정

"문 31. 효과적인 부르심이란 무엇입니까?
답. 효과적인 부르심이란 하나님의 영의 사역인 바, 우리의 죄와 비참을 확실히 알게 하시고, 그리스도에 대한 지식으로 우리의 마음을 밝게 하시며, 우리의 뜻을 새롭게 하십니다. 그는 복음 안에서 우리에게 값없이 주신 예수 그리스도를 받아들이도록 우리를 설복하시며 또한 그렇게 할 힘을 주십니다 — 요 16 : 8, 엡 1 : 18, 계 3 : 17 - 18, 행 26 : 18, 겔 11 : 19, 빌 2 : 13.

문 32. 효과적으로 부르심을 받은 자들이 이 세상에서 누리는 혜택이 무엇입니까?

답. 효과적으로 부르심을 받은 자들은 이 세상에서 의롭다 하심과 양자로 삼으심과 거룩하게 하심과 그리고 이 세상에서 이것들을 곁따르거나 또는 이것들로부터 나오는 여러 가지 혜택을 누립니다 — 롬 3 : 24, 8 : 30, 엡 1 : 5, 롬 8 : 14 - 15, 살전 5 : 23, 고전 1 : 30.

문 33. 의롭다 하심이 무엇입니까?

답. 의롭다 하심은 하나님이 값없이 주시는 은혜의 행동으로써 하나님께서 우리의 모든 죄를 용서하시고 그가 보시기에 의로운 자로 우리를 받아 주시는 것을 말합니다. 그것은 오직 그리스도의 의를 우리에게 덧입혀 주시기 때문이고 그리고 오직 그것을 믿음으로 받아들임으로 이루어지는 것입니다 — 롬 3 : 22 - 24, 행 10 : 43, 고후 5 : 19, 롬 3 : 26, 5 : 1, 19 - 21.

문 34. 양자로 삼으심이란 무엇입니까?

답. 양자로 삼으심이란 하나님이 값없이 주시는 은혜로써 하나님께서 우리를 그의 자녀들의 수효 속에 받아 주시며, 그의 모든 특권을 우리에게 주시는 것입니다 — 요일 3 : 1, 요 1 : 12, 사 44 : 2, 롬 8 : 17.

문 35. 거룩하게 하심이란 무엇입니까?

답. 거룩하게 하심은 하나님이 값없이 주시는 은혜의 사역으로써 우리의 영육 전체가 하나님의 형상을 따라서 새로워지며, 점점 더 죄에 대하여 죽고 의에 대하여 살 수 있게 하시는 것입니다 — 엡 1 : 4, 6, 4 : 23 - 24, 고전 15 : 31, 롬 6 : 11.

문 36. 이 세상에 있어서 의롭다 하심과 양자로 삼으심과 거룩하게 하심과 그리고 이 세상에서 이것들을 곁따르거나 그것으로부터 나오는 혜택들은 무엇입니까?

답. 이 세상에 있어서 의롭다 하심과 양자로 삼으심과 거룩하게 하심과 그리고 이 세상에서 이것들을 곁따르거나 그것들로부터 나오는 혜택들은 하나님의 사랑에 대한 확신과 양심의 평온과 성령 안에서의 기쁨과 은혜의 증진과 또 은혜 안에서 끝까지 굳게 견디는 것입니다 — 롬 8 : 36, 39, 마 11 : 29, 갈 5 : 22, 벧후 3 : 18, 약 1 : 12.

문 37. 신자들이 죽을 때 그리스도로부터 받는 혜택들이 무엇입니까?

답. 신자들은 죽을 때 그들의 영혼은 완전히 거룩하여지며 그 즉시로 영광에 들어가고, 그들의 육체는 그리스도와 연합된 그대로 부활 때까지 무덤에서 쉬게 되는 것입니다 — 요일 3 : 2, 엡 5 : 27, 눅 23 : 43, 살전 4 : 14.

문 38. 신자들이 부활 때에 그리스도로부터 받는 혜택들은 무엇입니까?

답. 부활 때에 신자들은 영광 중에 일으킴을 받아서 심판 날에 신자임을 공적으로 인정받고 무죄 선고를 받으며, 영원토록 하나님을 흡족하게 즐기는 완전한 축복을 받게 되는 것입니다 — 살전 4 : 16, 요 5 : 28, 고전 15 : 42 – 44, 마 10 : 32, 25 : 33 – 34, 시 16 : 11, 살전 4 : 17."

문답 31은 유효소명, 즉 효력 있는 부르심, 효과적인 부르심에 관한 문답으로 제3편 신조 제3장 신조의 내용 Ⅷ. 제8조 성령론에서 상술하였으므로 여기서는 생략한다.

문답 32는 유효소명의 혜택에 관한 문답이다. 유효소명을 받은 자가 이 세상에서 누릴 유익 또는 혜택은 ① 의롭다 하심, ② 양자로 삼으심, ③ 거룩하게 하심, ④ 이들의 부수적으로 또는 본래적으로 나오는 여러 가지 혜택이다. 이러한 유익이 문답 33~38까지 별도의 문답으로 규정하고 있다. 문답 33은 칭의에 관하여, 문답 34는 양자에 관하여, 문답 35는 성화에 관하여, 문답 36은 칭의, 양자, 성화의 혜택에 관하여, 문답 37은 신자의 사후 혜택에 관하여, 문답 38은 신자의 부활 시의 혜택에 관한 문답으로 제3편 신조 제3장 헌법 12신조의 내용 Ⅸ. 제9조 구원론을 참조하기 바란다.

XII. 문 39~81. 십계명

"문 39. 하나님께서 사람에게 요구하시는 의무가 무엇입니까?

답. 하나님께서 사람에게 요구하시는 의무는 그의 계시된 뜻에 복종하는 일입니다 — 신 29 : 26, 마 28 : 20, 미 6 : 8.

문 40. 하나님께서 사람의 복종의 법으로 처음 계시하신 것이 무엇입니까?

답. 하나님께서 사람에게 복종의 법칙으로 처음 계시하신 것은 도덕법이었습니다 — 롬 2 : 14 - 15, 10 : 5, 창 2 : 17.

문 41. 그 도덕법이 요약되어 담겨 있는 곳이 어디입니까?

답. 그 도덕법은 십계명 속에 담겨 있습니다 — 출 20 : 3, 17, 마 19 : 17 - 19.

문 42. 십계명의 요지는 무엇입니까?

답. 십계명의 요지는 우리의 온 마음과 온 영혼과 온 힘과 온 뜻을 다하여 주 우리 하나님을 사랑하고, 또 이웃을 우리 자신처럼 사랑하라는 것입니다 — 마 22 : 37 - 40, 신 6 : 5.

문 43. 십계명의 머리말은 어떤 것입니까?

답. 십계명의 머리말은 이러합니다. '나는 너를 애굽 땅 곧 노예의 집에서 너를 데리고 나온 너의 주 하나님이다' — 출 20 : 2.

문 44. 십계명의 머리말이 우리에게 가르치는 것이 무엇입니까?

답. 십계명의 머리말이 우리에게 가르치는 것은 하나님은 주님이시며, 또 우리 하나님이시요, 구속자이시므로 우리는 그의 모든 계명을 지켜야 한다는 것입니다 — 엡 1 : 2, 롬 3 : 29, 사 43 : 11, 레 18 : 30, 신 11 : 1.

문 45. 첫째 계명이 무엇입니까?

답. 첫째 계명은 '너는 나 외에 다른 신들을 네게 있게 말지니라' 하는 것입니다 — 출 20 : 3.

문 46. 첫째 계명에서 요구하는 것이 무엇입니까?

답. 첫째 계명에서 우리에게 요구하는 것은 하나님을 유일하신 참 하나님과 우리의 하나님으로 알고 인정하며, 그럼으로써 그를 예배하고 영화롭게 하는 것입니다―사 43 : 10, 렘 32 : 37, 마 4 : 10.

문 47. 첫째 계명에서 금한 것이 무엇입니까?

답. 첫째 계명에서 금한 것은 참하나님이시며 또 우리의 하나님이신 것을 부인하거나 그를 예배하며 영화롭게 하지 않는 것이며, 또한 하나님께만 드려야 할 예배와 영광을 다른 신에게 드리는 것입니다. ―시 14 : 1, 렘 2 : 27-28, 단 5 : 23, 신 8 : 8-18.

문 48. 첫째 계명에 있는 '나 외에'라는 말이 우리에게 가르치는 것은 무엇입니까?

답. 첫째 계명에 있는 '나 외에'라는 말이 우리에게 특별히 가르치는 것은 모든 것을 보시는 하나님께서 다른 신을 섬기는 죄를 주목하시며, 또 그것을 매우 불쾌하게 여기신다는 것입니다 ― 시 44 : 20-21, 대상 28 : 9.

문 49. 둘째 계명이 무엇입니까?

답. 둘째 계명은 '너를 위하여 우상을 만들지 말고, 위로 하늘에 있는 것이나, 아래로 땅에 있는 것이나, 땅 아래 물속에 있는 것의 아무 형상이든지 만들지 말며, 그것들에게 절하지 말며, 그것들을 섬기지 말라. 나 여호와 너의 하나님은 질투하는 하나님인즉, 나를 미워하는 자의 죄를 갚되 아비로부터 아들에게로 삼사 대까지 이르게 하거니와 나를 사랑하고 내 계명을 지키는 자에게는 천 대까지 은혜를 베푸느니라' 하는 것입니다―출 20 : 4-6.

문 50. 둘째 계명에서 요구하는 것이 무엇입니까?

답. 둘째 계명에서 요구하는 것은 하나님께서 그의 말씀 가운데서 지정하신 종교적 예배와 법령을 순수하게, 그리고 전부 받아들이고, 행하고 지키는 것입니다―신 32 : 46, 요 4 : 24, 고전 15 : 34, 딤전 6 : 13-14.

문 51. 둘째 계명에서 금한 것이 무엇입니까?

답. 둘째 계명에서 금한 것은 우상을 통하거나 하나님의 말씀에 지정되어 있지 않은 어떤 다른 방법에 의하여 하나님께 예배드리는 일입니다―신 13 : 6-8, 4 : 15-16, 삼하 6 : 7, 레 10 : 1.

문 52. 둘째 계명에 첨부된 이유들이 무엇입니까?

답. 둘째 계명에 첨부된 이유들은 우리에 대한 하나님의 주권과 그의 점유권과 그가 받으시는 예배에 대한 그의 열의(熱意)입니다—계 15 : 3-4, 롬 1 : 6, 출 34 : 14.

문 53. 셋째 계명이 무엇입니까?

답. 셋째 계명은 '너는 너의 하나님 여호와의 이름을 망령되이 일컫지 말라. 나 여호와는 나의 이름을 망령되이 일컫는 자를 죄 없다 하지 아니하리라'입니다—출 20 : 7.

문 54. 셋째 계명에서 요구하는 것이 무엇입니까?

답. 셋째 계명에서 요구하는 것은 하나님의 이름과 칭호와 속성과 법령과 말씀과 사역을 거룩하게, 그리고 존경심을 가지고 사용하는 것입니다—히 12 : 28-29, 계 15 : 3-4, 말 1 : 6-10.

문 55. 셋째 계명에서 금하는 것이 무엇입니까?

답. 셋째 계명에서 금하는 것은 하나님께서 자기를 알게 하시는 데 쓰시는 것은 어떤 것이라도 그것을 모독하거나 남용하는 일입니다—출 5 : 2, 막 7 : 11, 말 2 : 2.

문 56. 셋째 계명에서 첨부된 이유는 무엇입니까?

답. 셋째 계명에 첨부된 이유는 이 계명을 어기는 자들이 어떻게 해서든지 사람들에게서 벌을 피한다 하더라도 주 우리 하나님은 그들이 그의 의로운 심판을 피하도록 버려두시지 않으리라는 것입니다—삼상 2 : 12, 히 4 : 13.

문 57. 넷째 계명이 무엇입니까?

답. 넷째 계명은 '안식일을 기억하여 거룩히 지키라. 엿새 동안은 힘써 네 모든 일을 행할 것이나, 제 칠 일은 너의 하나님 여호와의 안식일인즉, 너나, 네 아들이나, 네 딸이나, 네 남종이나, 네 여종이나, 네 육축이나, 네 문 안에 유하는 객이라도 아무 일도 하지 말라. 이는 엿새 동안에 나 여호와가 하늘과 땅과 바다와 그 가운데 모든 것을 만들고, 제 칠 일에 쉬었음이라. 그러므로 나 여호와가 안식일을 복되게 하여 그날을 거룩하게 하였느니라' 하는 것입니다—출 20 : 8-11.

문 58. 넷째 계명에서 요구하는 것이 무엇입니까?

답. 넷째 계명에서 요구하는 것은 하나님께서 그의 말씀으로 지정하신 바와 같은 그러한 일정한 때들을 하나님 앞에서 거룩하게 지키고 특별히 이레 중 한 날을 온전히 하나님의 거룩한 안식일로 삼으라는 것입니다 — 창 2 : 3, 출 16 : 25 - 29, 신 5 : 12, 사 56 : 2.

문 59. 이레 중 어느 날을 하나님께서 정하셔서 매 주간에 안식일을 삼으셨습니까?

답. 세상 처음부터 그리스도의 부활까지 하나님께서 한 주간의 일곱째 날을 정하여 매 주간의 안식일을 삼으셨으며, 그 후부터 세상 마지막까지는 한 주간의 첫 날을 안식일로 삼으셨습니다. 이날은 그리스도인의 안식일입니다 — 창 2 : 3, 눅 23 : 56, 고전 16 : 1 - 2, 마 12 : 8, 행 20 : 7, 요 20 : 19 - 26.

문 60. 안식일을 거룩하게 하는 방법이 무엇입니까?

답. 안식일을 거룩하게 하려면 다른 날에 할 수 있는 모든 세상의 업무와 오락까지도 끊고, 그날을 종일 거룩하게 쉬며, 공적으로나 사적으로 하나님께 예배드리는 일로 그 모든 시간을 보내야 합니다. 다만 부득이한 일이나 자비를 베푸는 일에 드려야 할 시간만큼은 예외입니다 — 렘 17 : 21 - 22, 사 58 : 13 - 14, 마 12 : 1 - 14, 출 31 : 12 - 17, 20 : 8 - 10.

문 61. 넷째 계명에서 금하는 것이 무엇입니까?

답. 넷째 계명에서 금하는 것은 필요로 하는 의무들을 생략하거나 소홀히 행하는 일과 게으름으로써 또는 본질적으로 죄가 되는 일을 행하거나, 우리의 세상 업무나 오락에 관하여 필요치 않은 생각이나 말이나 일을 함으로써 그날을 더럽히는 일입니다 — 겔 22 : 26, 23 : 38, 말 1 : 13, 사 58 : 13.

문 62. 넷째 계명에 첨부된 이유들이 무엇입니까?

답. 넷째 계명에 첨부된 이유들은 하나님께서 우리 자신의 업무를 위하여 한 주간 중 엿새를 우리에게 허락하신 일과 그가 일곱째 날에 대한 특별한 소유권을 요구하시는 일과 자기 자신이 보이신 본보기와 그가 안식일을 축복하신 일입니다 — 출 30 : 9 - 17, 20 : 11, 레 23 : 3.

문 63. 다섯째 계명이 무엇입니까?

답. 다섯째 계명은 '네 부모를 공경하라 그리하면 너의 하나님 나 여호와가 네게 준 땅에서 네 생명이 길리라' 하는 것입니다 — 출 20 - 12.

문 64. 다섯째 계명에서 요구하는 것이 무엇입니까?

답. 다섯째 계명에서 요구하는 것은 윗사람에게나 아랫사람에게나 동등한 사람에게 여러 가지 위치와 관계에 있는 각 사람에게 마땅히 드릴 존경을 드리고 의무를 수행하는 것입니다 — 엡 6 : 5.

문 65. 다섯째 계명에서 금하는 것이 무엇입니까?

답. 다섯째 계명에서 금하는 것은 여러 가지 지위와 관계에 있는 각 사람에게 마땅히 드릴 존경과 의무를 소홀히 하거나 그것에 배치되는 일을 하는 것입니다 — 마 15 : 4 - 6.

문 66. 다섯째 계명에 첨부된 이유가 무엇입니까?

답. 다섯째 계명에 첨부된 이유는 이 계명을 지키는 모든 사람들에게 장수(長壽)와 번영이 있으리라는(이 약속이 하나님께는 영광이 되고 그들 자신에게는 선이 되는 한에서) 약속입니다 — 신 5 : 16, 엡 6 : 3.

문 67. 여섯째 계명이 무엇입니까?

답. 여섯째 계명은 '살인하지 말지니라' 하는 것입니다 — 출 20 : 13.

문 68. 여섯째 계명에서 요구하는 것이 무엇입니까?

답. 여섯째 계명에서 요구하는 것은 우리가 정당한 노력을 다해서 우리 자신의 생명과 다른 사람들의 생명을 보존하는 일입니다 — 엡 5 : 29, 마 5 : 21.

문 69. 여섯째 계명에서 금하는 것이 무엇입니까?

답. 여섯째 계명에서 금하는 것은 우리 자신의 생명이나 우리 이웃의 생명을 부당하게 끊거나, 또는 그러한 결과로 이끄는 모든 일입니다 — 행 1 : 8, 왕상 21 : 9 - 10.

문 70. 일곱째 계명이 무엇입니까?

답. 일곱째 계명은 '간음하지 말지니라' 하는 것입니다 — 출 20 : 14.

문 71. 일곱째 계명에서 요구하는 것이 무엇입니까?

답. 일곱째 계명에서 요구하는 것은 마음과 말과 행위에 있어서 우리 자신과 우리 이웃의 정절을 보존하는 일입니다 — 마 5 : 27 - 32.

문 72. 일곱째 계명에서 금하는 것이 무엇입니까?

답. 일곱째 계명에서 금하는 것은 모든 정숙하지 못한 생각과 말과 행동입니다 — 엡 4 : 29, 5 : 3 - 4.

문 73. 여덟째 계명이 무엇입니까?

답. 여덟째 계명은 '도적질하지 말지니라' 하는 것입니다 — 출 20 : 15.

문 74. 여덟째 계명에서 요구하는 것이 무엇입니까?

답. 여덟째 계명에서 요구하는 것은 우리 자신과 남들의 재산과 신분을 정당하게 얻고 또 증진시키는 일입니다 — 잠 10 : 4, 12 : 27, 23 : 21, 레 6 : 4 - 6, 살후 3 : 10 - 12.

문 75. 여덟째 계명에서 금하는 것이 무엇입니까?

답. 여덟째 계명에서 금하는 것은 우리 자신이나, 우리 이웃의 재산이나, 신분을 부당하게 방해하는 일이나, 또는 방해할지도 모르는 일들입니다 — 엡 4 : 28, 겔 22 : 29, 렘 52 : 17, 말 3 : 9, 살후 3 : 7 - 10.

문 76. 아홉째 계명이 무엇입니까?

답. 아홉째 계명은 '네 이웃에 대하여 거짓 증거하지 말지니라' 하는 것입니다 — 출 20 : 16.

문 77. 아홉째 계명에서 요구하는 것이 무엇입니까?

답. 아홉째 계명에서 요구하는 것은 사람과 사람 사이의 진실과 우리 자신과 우리 이웃 간의 좋은 평판을 유지하고 증진시키는 일입니다. 특히 증언하는 일에 있어서 그렇게 하라는 것입니다 — 엡 4 : 25, 롬 1 : 8, 고전 13 : 4 - 5, 잠 22 : 1, 빌 4 : 8, 슥 8 : 16, 벧전 3 : 16, 행 25 : 10.

문 78. 아홉째 계명에서 금하는 것이 무엇입니까?

답. 아홉째 계명에서 금하는 것은 진실에 어긋나는 일이나 우리 자신이나 우리 이웃의 좋은 평판을 해치는 모든 일입니다 — 레 19 : 15, 벧후 2 : 2, 빌 3 : 18 - 19, 잠 19 : 5.

문 79. 열째 계명이 무엇입니까?

답. 열째 계명은 '네 이웃의 집을 탐내지 말지니라. 네 이웃의 아내나, 그의 남종이나, 그의 여종이나, 그의 소나, 그의 나귀나, 무릇 네 이웃의 소유를 탐내지 말지니라' 하는 것입니다—출 20 : 17.

문 80. 열째 계명에서 요구하는 것이 무엇입니까?

답. 열째 계명에서 요구하는 것은 우리 이웃과 그에게 속한 모든 것에 대하여 옳고 사랑하는 마음을 가지면서 우리 자신의 처지에 대하여는 완전히 만족을 느끼는 일입니다—히 13 : 5, 딤전 6 : 6, 빌 2 : 4, 딤전 1 : 5.

문 81. 열째 계명에서 금하는 것이 무엇입니까?

답. 열째 계명에서 금하는 것은 우리 이웃의 잘되는 것을 시기하고 싫어하면서 우리 자신의 처지에 불만을 가지는 일과 이웃의 소유에 대하여 부당한 행동을 하거나 탐욕을 가지는 모든 것입니다—고전 10 : 10, 갈 5 : 26, 약 3 : 14 - 16, 롬 7 : 7, 골 3 : 5."

문답 39는 인간의 의무, 본분에 관하여, 문답 40~41은 도덕법에 관하여 문답을 함으로, 문답 42~81까지의 십계명(十誡命, Ten Commandments, Decalogue)에 관한 문답을 유도하고 있다. 십계명은 인간의 삶의 기준(Standard)으로 하나님의 일방적이고도 절대적인 명령(Order)인 동시에 인간이 하나님의 백성으로서의 만복을 누리기 위한 최소한의 의무(Obligation)이다.

1. 인간의 의무

문답 39는 인간의 본분, 의무에 관한 문답으로 하나님께서 인간을 창조하실 때 인간 존재의 의의와 목적을 정하셨고, 그것은 문답 1에서 규정하고 있는 바와 같이 하나님을 영화롭게 하고 영원토록 하나님을 즐거워하는 것이다. 이런 목적을 달성하기 위하여 인간의 의무 또는 본분을 정하셨는데, 그것은 하나님의 계시된 뜻에 복종하는 일인 것이다. 인간의 의무는 하나님께서 나타내 보이신 뜻에 순종하는 삶을 살며 마음과 뜻과 정성을 다하여 주 하나님을 공경하고 중심으로 예배를 드리는 것이다. 중심으로 드리는 예배란 회개와 믿음으로 드리는 예배를 말하며 회개와 믿음의 열매는 공의와 인자와 겸손인 것이다.

2. 도덕법

문답 40~41은 복종의 법으로 하나님께서 사람에게 처음 계시한 것이 도덕법이고, 이 도덕법이 요약되어 담겨 있는 곳이 십계명이라는 것을 말하고 있다.

도덕이란 법의 최소한(最小限)이다. 법의 궁극적 한계는 도덕이며 이는 영원불변의 규범으로 모든 인간이 필수적으로 지켜야 할 법칙인 것이다. 하나님의 의지(뜻)의 현현(顯現) 또는 성경상의 법, 규칙을 율법이라 한다. 히브리어로 '토라'라고 하고 이는 지도, 교훈의 뜻이다. 이 단어에 해당하는 헬라어는 '노모스'($\nu \acute{o} \mu o \varsigma$)인데, 그 뜻은 풍속, 관습, 행위의 법칙, 도덕적 율법이다.

율법은 기본율법(基本律法, Elemental Law)과 제정율법(制定律法, Enacted Law)으로 대별한다. 기본율법에는 자연율과 도덕율이 있다. 자연율은 우주의 물질세계에서 나타난 하나님의 의지의 표현이며, 도덕율은 이성을 갖고 있는 인간의 소질에 나타난 하나님의 의지의 표현이다. 제정율법은 하나님께서 공포한 의지의 표현으로 하나님의 성문율법을 말한다. 기본율법 중 도덕율이 명백하게 또 충분하게 제정율법에 계시되어 있다. 제정율법에는 도덕적 율법과 의식적(儀式的) 율법과 국가적 율법의 세 가지로 구분할 수 있다.

도덕적 율법을 보통 줄여서 도덕법이라 한다. 도덕법이란 기본적 도덕율을 성문법으로 요약한 것을 말하며, 이는 하나님께서 모세를 통하여 공포한 출애굽기 20 : 1~17의 십계명과 예수 그리스도께서 율법과 선지자의 강령(綱領)으로 직접 공포한 마태복음 22 : 37~40의 두 큰 계명이다. 도덕적 율법의 권위는 영구적, 불변적이며 우리 주님께서도 이를 폐하지 않으셨다.

의식적 율법은 하나님께서 모세를 통하여 이스라엘 백성의 영적

훈련을 위한 의식, 제사 등에 관한 계시이다. 그 예로 할례, 제사, 정결과 부정(不淨), 절기와 월삭에 관한 의식이나 예법을 들 수 있다. 제사(祭祀)율법 또는 제의(祭儀)율법이라고도 하며, 이러한 율법은 그리스도로 말미암아 영적으로 성취되고 외면적으로 폐지되었다.

국가적 율법은 하나님께서 모세를 통하여 이스라엘 백성의 현세적 관계나 사회적 상태를 조정, 조절하기 위하여 제정, 공포한 국법 또는 시민법을 말한다. 신정국가(神政國家)의 도덕법과 제사법을 제외한 여타의 모든 법을 말한다. 현대국가의 민사법, 형사법, 보건 위생에 관한 법, 조세에 관한 법 등이 여기에 해당된다. 이런 국법은 이스라엘 백성의 특이한 환경과 정상과 연관하여 적용된 율법이므로 사회의 변천으로 오늘날 법으로 볼 수 없는 것들이 많이 있다. 그러나 그 법의 정신은 현대사회에서도 존중되어야 할 것도 많이 있다.

율법의 구체적 조항 하나하나를 계명이라 하는데, 구약성경 중 율법서로 분류되는 모세5경에 총 613개의 계명이 있다고 한다. 이를 최초로 분류한 자는 중세 유대인 마이모니데스(Moses Maimonides)[24]이다. 그 가운데 '하지 말라'는 소극적, 부정적 명령인 금지규범이 365개이고, '하라'는 적극적, 긍정적 명령인 요구규범이 248개이며, 365는 1년을, 248은 인체의 각 부분의 합계라고 한다.

3. 십계명의 규범적 특성

일반 법학 특히 형법학에서는 행위규범을 금지규범(禁止規範)과 명령규범(命令規範), 또는 요구규범(要求規範)으로 분류하고, 해석법학에서 이들을 엄격히 해석한다. 금지규범이란 일정한 행위를 금지하는 행위의 준칙으로 '하지 말라'는 것이고, 명령규범은 일정한 행위를 명령 또는 요구하는 행위의 준칙으로 '하라'는 것이다. 이러한 행위규범은 동시에 재판규범이 된다. 그러나 교리법에서의 십계명은 종교규범이므로 그 성질을 달리한다.

---

24) 1135~1204, 스페인 출신의 유대인 랍비, 철학자, 사상가, 의사, 본명은 Moses Ben Maimon(모제스 벤 마이몬)이다.

그러므로 헌법 제1편 교리에서의 십계명은 종교규범으로써의 율법이며 따라서 사람에게 행위규범이 될 뿐 재판규범이 되지는 않는다. 그러나 헌법 제3편 권징 제3조 1항에서 말하는 계명 또는 십계명은 재판국원의 재판규범도 되는 것이다.

교리법의 십계명은 금지규범의 형식을 취하더라도 명령규범의 성질도 내포하며, 반대로 명령규범의 형식을 취하더라도 금지규범의 성질을 내포하고 있어 권징법의 십계명과는 성격을 달리한다. 예를 들면 제6계명인 "살인하지 말라."는 금지규범이고, 살인이라는 행위가 죄가 되는 동시에 사람의 생명을 존중하라는 명령규범이 포함되고 있어 타인의 생명을 보존 또는 안전을 도모하지 않는 행위는 죄가 되는 것이다. 그러나 권징법 규범으로써의 십계명은 부작위범(不作爲犯)이 성립되는 경우를 제외하고 그러하지 않다.

교리의 십계명은 613가지의 계명을 10개로 요약한 것이므로 각각의 십계명은 그와 관련된 모든 계명을 그 하나의 십계명이 대표하고 있다. 예를 들면 제8계명인 "도둑질하지 말라."는 절도를 말하지만 강도, 사기, 공갈, 횡령, 배임, 재물손괴 등을 포함한다. 즉, 절도는 재산범죄의 대표성을 띠고 있다는 것이다. 국법인 형법에서는 그러한 해석을 할 수 없다. 그러나 권징법상의 십계명의 해석에도 대표의 원리가 적용된다.

교리법의 십계명의 해석은 확장해석 및 유추해석이 가능하나 권징법의 십계명은 불가하다. 권징 제3조의 죄과가 되는 사유의 행위에도 부분적이지만 죄형법정주의가 적용되므로 그러한 해석은 불가한 것이다. 예를 들면 교리법의 십계명에 관하여 우리 주님은 마태복음 5 : 22~26에서 유추해석을 하여 제6계명 살인의 개념을 확대하시며, 또 마태복음 5 : 28~32에서 유추해석을 하여 제7계명 간음의 개념을 확대하셨다.

4. 십계명의 구조

우리 개신교에서 사용하는 십계명의 배열이 유대교, 루터파 교회나 로마교회의 그것과는 다르다.

　유대교에서는 출애굽기 20：2의 "나는 너를 애굽 땅, 종 되었던 집에서 인도하여 낸 네 하나님 여호와니라"를 제1계명으로 하고 우리의 제1계명과 제2계명을 합하여 제2계명으로 본다. 아우구스티누스와 루터파 교회, 로마가톨릭교회는 우리의 제1계명과 제2계명을 합하여 하나의 계명으로 하여 제1계명으로 하는 점에서 유대교와 동일하나, 아우구스투스는 신명기 5：21의 본문을 취하여 우리의 제10계명을 둘로 나누어 제9계명으로 "너 이웃의 아내를 욕망하지 말지니라."[25]를, 제10계명으로 "네 이웃의 집이나…… 탐내지 말지니라."를 삼았다. 그러나 로마가톨릭은 출애굽기 20：17의 본문을 취하여 우리의 제10계명을 둘로 나누어 제9계명으로 "네 이웃의 집을 탐내지 말라."를, 제10계명으로 "네 이웃의 아내나…… 탐내지 말라."를 삼았다.

　개혁파 교회에서는 요세푸스(Flavius Josephus),[26] 필로(Philo of Alexandria),[27] 오리게네스가 채택하고 헬라교회가 수용하고 아우구스티누스 때까지 로마교회가 채용했던 방식인 오늘날 우리가 쓰고 있는 출애굽기 20：3~17의 본문을 취하여 출애굽기 20：3과 4절을 분리하여 두 개의 계명인 제1계명과 제2계명으로 보고, 출애굽기 20：17은 두 개의 '탐내지 말라.'를 합쳐서 한 개의 계명으로 보아 제10계명으로 삼는 방식을 채택하였다.[28]

　십계명에는 서로 약간 다른 두 가지의 형식이 있다. 그 하나는 출애굽기 20：3~17이고 또 하나는 신명기 5：7~21이다. 양자 간의 차이는 출애굽기에서는 제4계명인 안식일 준수명령의 이유를 하나님께서 천지창조 후 제7일에 쉬신 것에 두고 있으며(출 20：11), 신명기에서는 그 이유를 이스라엘 백성의 애굽 땅 노예로부터 하나님께서 해방시켜 주심에 두고 있다는 점이다. 또 하나는 제10계명인 '탐내지 말라.'는 단어에 관한 해석인데, 출애굽기는 "네 이웃의 집을 탐

---

25) 박형룡 Ⅲ 전게서, p. 317 ; 우리말 성경에는 '탐내지 말지니라'로 번역하고 있으나 히브리 원문에는 '욕망하지 말지니라'의 뜻이다.
26) 37~100?, 유대인 역사가, 제사장.
27) BC 20~AD 50?, 유대인 역사가, 신플라톤주의자.
28) 박형룡 Ⅲ 전게서, p. 318.

내지 말라 네 이웃의 아내나…… 탐내지 말라"(출 20 : 17)에서 두 개의 '탐내다'의 단어가 히브리 원어성경에서 모두 같은 단어인데 반하여, 신명기에서는 "네 이웃의 아내를 탐내지 말지니라 네 이웃의 집이나…… 탐내지 말지니라"(신 5 : 21)에서 두 개의 '탐내다'의 단어가 다른데, 전자는 욕망하다의 단어이고 후자는 탐내다의 단어로 구분되고 있다.[29]

십계명은 두 개의 돌판에 새기어서 모세에게 주어졌는데 그 한 개에는 제1~4계명까지 기록되었고, 이는 사람의 하나님에 대한 의무에 관한 계명, 즉 대신계명(對神誡命)이며, 또 하나의 돌판에는 제5~10계명까지 기록되어 있는데 이는 사람의 사람에 대한 의무에 관한 계명, 즉 대인계명(對人誡命)이다. 위에서 본 바와 같이 제1계명과 제2계명을 합하여 한 계명으로 보는 자들은 세 개의 계명을 첫째 석비에, 나머지 일곱 개 계명을 둘째 석비에 새겨졌다고 하나, 이는 3과 7이란 숫자가 유대인 사회에서 신성하기 때문에 그렇게 주장하는 것이 아닌가 싶다. 여호와 하나님에 관한 계명과 우상숭배 금지에 관한 계명은 본질적으로 서로 다른 계명인데 이들을 합쳐서 한 개의 계명으로 보는 것도 이상하고, 이웃의 집 안에 아내도 있고, 남종과 여종, 소나 나귀가 있는데 이들을 다 포함하여 끝에 이웃의 소유라고 표현하고 있는 점을 보아서 두 개의 계명, 즉 이웃의 아내와 이웃의 집의 두 개로 분리할 논리나 이유가 없는데 이를 두 개의 계명으로 함은 비논리적이다. 더군다나 예수께서 이웃의 아내를 탐내는 죄는 심리적 간음죄로 판정하여 제7계명에 포함시키는 것을 볼 때, 로마 가톨릭교회의 분류법은 그 타당성을 상실할 수밖에 없다.

5. 십계명의 대강령

문답 42는 십계명의 요지에 관한 문답으로 그리스도께서 십계명을 사랑의 두 큰 계명으로 요약하여 율법과 선지자의 강령이라 하셨다

---

29) 박형룡 Ⅲ 전게서, p. 317.

(마 22 : 37 - 40, 눅 10 : 27). 하나님을 사랑하고 사람을 사랑하라는 것이니 결국 십계명의 대강령은 사랑이다.

사도 바울은 로마서 13 : 8에서 "피차 사랑의 빚 외에는 아무에게든지 아무 빚도 지지 말라 남을 사랑하는 자는 율법을 다 이루었느니라"라고 하면서 사랑은 율법의 완성이라고 하였다.

6. 십계명의 서문

문답 43~44는 십계명의 머리말 "나는 너를 애굽 땅, 종 되었던 집에서 인도하여 낸 네 하나님 여호와니라"(출 20 : 2)와 그것이 우리에게 주는 교훈에 관한 문답이다. 십계명의 입법자 및 명령자가 주 여호와 하나님이시라는 것을 밝히고, 십계명의 수여자가 우리 주님이시며, 우리 하나님이시며, 우리의 구속자이시므로 모든 계명의 준수 의무를 선언하고 있다.

7. 제1계명

문답 45~48까지는 제1계명 "너는 나 외에는 다른 신들을 네게 두지 말라"(출 20 : 3)[30]에 관한 여러 가지 문답으로 되어 있다. 제1계명은 금지규범의 형식을 취하여 묻고 답하고 있으면서 문답 46에서 곧 이어 요구규범을 문답하는 것을 볼 때, 종교규범으로써의 십계명과 법규범으로써의 십계명과는 전술한 바와 같이 다르다는 것을 알 수 있다.

---

30) 이하 개역개정판에 따른다. 우리 헌법은 신명기 5 : 6~21의 십계명의 문장을 취하지 아니하고 출애굽기 20 : 3~17의 문장을 취하였다. 헌법은 우리말 성경 개역개정판이 나오기 전의 개역판을 원전으로 하였기 때문에 개역개정판과는 약간의 표현의 차이가 있다. 빨리 헌법개정절차에 의하여 자구수정을 하여야 한다. 개역판에 의하면 "너는 나 외에 다른 신들을 네게 있게 말지니라"로 번역하고 있어 표현이 다른 것을 알 수 있다. 개역개정판 신명기에는 출애굽기와 달리 '말지니라'로 되어 있다. 개역개정판에서도 표현을 통일시키지 못하고 있어서 아쉽다. 이하 제10계명까지 같은 문제점이 있다.

핵심은 참신은 하나님뿐이시며, 하나님만을 섬기라는 것으로 경배의 대상이 누구냐를 분명히 밝히는 것이다. 그러므로 이상하고 헛된 신이나 존재를 경배해서는 안 되며, 따라서 성인(聖人), 천사, 성모 마리아에게 기도하거나 종교적 경배를 드리는 것도 허용될 수 없는 것이며, 하나님의 유일성 사상에 반하는 모든 다신교적 종교사상이나 범신론적 철학사상을 용납하는 행위를 금한다.

8. 제2계명

문답 49~52까지는 제2계명 "너를 위하여 새긴 우상을 만들지 말고 또 위로 하늘에 있는 것이나 아래로 땅에 있는 것이나 땅 아래 물 속에 있는 것의 어떤 형상도 만들지 말며 그것들에게 절하지 말며 그것들을 섬기지 말라 나 네 하나님 여호와는 질투하는 하나님인즉 나를 미워하는 자의 죄를 갚되 아버지로부터 아들에게로 삼사 대까지 이르게 하거니와 나를 사랑하고 내 계명을 지키는 자에게는 천 대까지 은혜를 베푸느니라"(출 20 : 4-6)에 관한 문답으로 되어 있고, 역시 금지규범의 형식이나 요구규범의 내용을 안고 있다. 경배의 방법에 관한 하나님의 금지 및 요구의 명령이다.

우상을 만드는 행위는 우상의 제조·생산·판매·수입·수출·판매 목적의 소지·보관을 말하며, 그것들에 절하고 섬기는 행위는 경배와 봉사를 말하고, 우상의 종류로는 모든 유형물, 생물, 무생물을 불문한다. '너를 위하여'라는 조건이 있으므로 우상숭배가 되려면 단순한 학술·예술·학습·감상·조경·취미 등의 목적인 경우는 우상숭배로 볼 수 없고, 숭배·봉사의 목적이 있어야 한다.

종교규범인 교리로써 우상숭배의 개념에는 사도 바울은 유추, 확대해석을 하여 탐심도 우상숭배(골 3 : 5)라고 한다.

9. 제3계명

문답 53~56까지는 제3계명 "너는 네 하나님 여호와의 이름을 망령되게 부르지 말라 여호와는 그의 이름을 망령되게 부르는 자를 죄 없다 하지 아니하리라"(출 20 : 7)에 관한 문답으로 금지규범의 형식을 취하고 있으나 요구규범으로써 양면성을 가지고 있으며, 경배의 정신에 관한 규범이라 할 수 있다.

여호와 이름은 출애굽 이후 하나님이 우리에게 주신 이름이고 그 이름을 통하여 우리 인간의 구원자이시며, 지배자이시며, 소유자이시며, 계시자이신 것을 알 수 있다. '망령되게'라는 말은 '함부로', '쓸데없이'라는 의미이다. 여호와의 이름을 걸고 거짓 맹세하거나, 저주, 마술, 요술, 사행행위를 하는 것도 포함된다.

10. 제4계명

문답 57~61까지는 제4계명 "안식일을 기억하여 거룩하게 지키라 엿새 동안은 힘써 네 모든 일을 행할 것이나 일곱째 날은 네 하나님 여호와의 안식일인즉 너나 네 아들이나 네 딸이나 네 남종이나 네 여종이나 네 가축이나 네 문안에 머무는 객이라도 아무 일도 하지 말라 이는 엿새 동안에 나 여호와가 하늘과 땅과 바다와 그 가운데 모든 것을 만들고 일곱째 날에 쉬었음이라 그러므로 나 여호와가 안식일을 복되게 하여 그날을 거룩하게 하였느니라"(출 20 : 8 - 11)에 관한 문답으로 경배의 시간에 관한 규범이다. 처음으로 명령규범의 형식을 취하고 있으나 금지규범의 성격도 갖고 있다.

구약시대에는 한 주간의 마지막인 제7일 토요일이었으나 신약시대에는 예수님이 구속사업을 완료하시고 안식 후 첫 날에 부활하셨으므로 이날을 성일(聖日)로 하여 일요일이 안식일이 되어 주일(主日)로 승화하였다.

신약의 안식일인 주의 날에 성수주일(聖守主日)의 방법은 모든 세상의 업무와 오락을 끊고, 심지어 세상 업무나 오락에 관하여 불필요한 말이나 생각, 일까지도 끊어야 하며, 종일 쉬며 공사(公私)의 예배로 그 모든 시간을 보내야 하고, 사세부득이한 경우나 자선을 베풀 경우는 예외를 인정한다. 그러나 종교규범으로써의 교리법을 논할 때는 엄격을 요하나, 재판규범으로 운용할 때는 시대의 변천에 따라 완화할 필요가 있다고 본다.

11. 제5계명

문답 63~66까지는 제5계명 "네 부모를 공경하라 그리하면 네 하나님 여호와가 네게 준 땅에서 네 생명이 길리라"(출 20 : 12)에 관한 문답으로, 부모의 권위에 대한 자녀의 순종에 규범으로 제2석판의 첫 계명이다. 제4계명과 마찬가지로 명령규범의 형식을 취하여 강한 의미를 부여하고 있으나 금지규범의 성격도 갖고 있다.

부모 공경은 인륜의 첫 출발이며 마치 하나님을 경외하듯 섬겨야 함을 의미한다. 자기를 낳아 준 친부모만을 의미하지 않고 자기를 길러 준 양부모, 배우자의 부모도 포함된다고 생각한다.

형법과 연관하여 부모를 공경하지 않는 행위란 존속상해, 존속중상해, 존속폭행, 존속유기, 존속중유기, 존속유기치상, 존속학대, 존속협박, 존속체포·감금, 존속중체포·감금, 존속체포·감금치상 등을 열거할 수 있고, 존속상해치사, 존속중유기치사, 존속체포·감금치사는 결과적 가중범으로 존속이 죽었지만 과실에 의한 죽음이란 점에서 제6계명 "살인하지 말라."는 위반행위가 아니고 제5계명의 위반행위로 봄이 타당하다.

12. 제6계명

문답 67~69까지는 제6계명 "살인하지 말라"(출 20 : 13)에 관한 문답으로 이하 제10계명까지 금지규범의 형식을 취한다. 하나님의 형상으로 창조된 인간의 생명을 박탈할 권리는 그 누구에게도 없으며, 인간의 생명의 존엄성은 그 어떤 가치와도 바꿀 수 없다.

종교규범으로써의 교리법에는 정당방위, 긴급피난, 전쟁, 사형선고 및 집행도 살인으로 보아야 한다고 생각하나 재판규범으로써의 권징법에는 위법성이 조각되어 범죄가 성립되지 않는다. 안락사(安

樂死) 역시 여기서는 살인이며, 존엄사(尊嚴死)는 처음부터 일시적 생명의 연장을 위한 기구기계장치를 사용하지 않은 경우에 존엄사는 살인이라 볼 수 없으나, 장치를 부착한 후 존엄사의 이름으로 그 생명 연장장치를 제거하여 죽게 함은 여기의 살인으로 봐야 한다.

형법상 과실범(過失犯)과 결과적 가중범(結果的 加重犯)은 권징법의 십계명에 있어서는 살인으로 볼 수 없으나 교리법에서는 분명히 살인이며, 다만 형벌과 죄책을 구약에 도피성 제도가 있는 것과 마찬가지로 하나님께서 감경(減輕)하실 것이다. 결과적 가중범이란 기본 범죄행위에서 결과적으로 고의 없이 과실로 인하여 살인에 이르게 한 제2의 결과가 나타난 경우의 범죄를 말하며 이러한 치사(致死)행위는 살인으로 볼 수 없다는 것이다.

자살은 권징법에서는 살인의 개념에 포함되지 않는다. 왜냐하면 살인이란 타인의 생명을 박탈하는 것이기 때문이다. 그러나 교리법에서는 나의 생명도 나의 것이 아니고 하나님께서 주신 것이기 때문에 주신 자만이 거두어 갈 권리를 갖고 있으므로 자살은 죄가 된다.

우리 주님은 살인 개념의 유추 내지 확장으로 ① 형제에게 노하는 행위(마 5:22), ② 형제를 '라가'라 하는 행위, ③ 미련한 놈이라고 하는 행위(마 5:22), ④ 한 푼이라도 남김없이 다 갚지 아니한 행위(마 5:26)도 살인으로 보아 심판을 받고, 공회에 잡혀 가고, 지옥불에 들어가고, 거기서 나오지 못하리라고 처벌성을 강조하여 말씀하신다. 이러한 행위는 권징법의 십계명에서는 살인으로 볼 수 없으나, 교리법의 십계명으로는 예수님께서 말씀하신 대로 죄는 죄이다. 소위 명예훼손적 살인, 경제적 살인이라 칭할 수 있다.

13. 제7계명

문답 70~72까지는 제7계명 "간음하지 말라"(출 20:14)에 관한 문답으로 금지규범이며, 그 배후에는 혼인의 순결과 정조를 지키라는 하나님의 요구 내지 명령규범의 성질도 있다. 여기서 간음이란 광의의 개념이다. 간음이란 배우자 있는 자가 이성과의 성관계를 갖는 간통뿐만 아니라 부부 사이 이외의 모든 자와의 성교, 추행, 음란행위를 의미한다.

남녀 간의 성교뿐만 아니라 대체성교, 구강이나 항문교접, 남녀 간의 신체의 일부, 또는 도구, 짐승을 이용한 유사성교행위를 포함하며, 수간(獸姦), 매매춘, 동성 간의 위의 모든 행위도 간음으로 본다.

행위의 주체는 남녀를 불문하고 행위의 객체, 즉 대상은 성별, 나이, 친족, 비친족을 묻지 않는다. 행위의 객체가 자유의사에 의하여 하든, 심신상실, 항거불능의 상태에서 있든, 행위의 주체가 강제력을 행사하든 불문한다.

역시 우리 주님은 간음에 있어서도 이 개념을 확대하여 ① 심리적 간음(마 5 : 28), ② 눈간음(마 5 : 29), ③ 손간음(마 5 : 30), ④ 이혼간음(마 5 : 32), ⑤ 재혼간음(마 5 : 32, 19 : 9)을 간음이라 하신다. 그러나 권징법에서는 이러한 간음은 범죄로써의 간음행위의 선행(先行)행위가 되나 처벌의 대상이 될 수 없다. 그러나 교리법으로는 죄가 된다. 다윗이 침상에서 일어나 왕궁 지붕 위를 거닐다가 목욕하는 여인을 봄으로 말미암아 간음하게 되었고, "음심이 가득한 눈을 가지고 범죄하기를 그치지 아니하고……"(벧후 2 : 14)라는 말씀과 같이 눈이 범죄로 이끄는 길잡이가 되는 것이기 때문이다.

14. 제8계명

문답 73~75까지는 제8계명 "도둑질하지 말라"(출 20 : 15)에 관한 문답으로 금지규범이지만, 이웃의 재산을 보전하라는 요구규범의 성격도 갖고 있음은 다른 금지규범과 마찬가지이다. 도둑질은 절도만 말하는 것이 아니고 도둑질이 내포되어 있는 개념인 강도·사기·공갈·횡령·배임도 해당하며, 다수설에서 재산범죄로 보는 장물 취득·양도·운반·보관(형 제362조), 재물(문서) 손괴·은닉(형 제366조), 공익건조물파괴(형 제367조), 경계침범(형 제370조), 권리행사방해(형 제323조), 강제집행면탈(형 제327조)은 불법영득 의사가 없으므로 권징법에서는 도둑질로 볼 수 없으나, 여기 교리법에서는 도둑질로 보아야 한다.

단순도박(형 제246조 1항), 상습도박(형 제246조 2항), 도박개장(형 제247조), 복표발매 중개·취득(형 제249조)은 권징법에서는 도둑질에 해당되지 않으나 교리법에서는 해당된다. 그러나 일시 오락의 정도에 불과한 단순도박과 법령에 의한 복표에 관한 행위는 여기서도 죄가 되지 않는다.

불법파업이나 태업은 기업주의 재산 손실에 영향을 주므로 도둑질의 개념에 포함되나, 단순한 나태나 낭비는 교리법에서도 도둑질에 해당되지 않으나 일할 능력 있는 자가 나태로 놀고먹거나 피용자가 고용자의 재산을 낭비할 때는 교리법의 제8계명에 위반된다고 본다. 그러나 합법적인 상속재산이 있어서 놀고먹는 게으름이나 낭비와 사치는 제8계명 위반이 아니다. 사도 바울은 데살로니가후서 3 : 10에서 누구든지 일하기 싫어하거든 먹지도 말게 하라고 하였다.

15. 제9계명

문답 76~78까지는 제9계명 "네 이웃에 대하여 거짓 증거하지 말라"(출 20 : 16)에 관한 문답으로 금지규범임과 동시에 이웃의 명예를 보전하라는 요구규범이기도 하다. 거짓 증거의 예로 선서한 증인이 법정에서 허위 진술을 하는 위증뿐만 아니라 허위 감정·통역·번역행위도 포함되며, 타인의 형사사건 또는 징계사건에 관한 증거를 인멸·은닉·위조·변조하거나 위조·변조한 증거를 사용하는 행위, 증인을 은닉·도피하게 한 행위, 타인으로 하여금 형사처분 또는 징계처분을 받게 할 목적으로 공무소·공무원에 대하여 허위사실을 신고한 행위 등이 있다.

허위사실에 의한 명예훼손, 모욕도 여기의 거짓 증거에 해당하며, "……모든 거짓은 진리에서 나지 않기 때문이라"(요일 2 : 21), "여호와께서 모든 아첨하는 입술과 자랑하는 혀를 끊으시리니"(시 12 : 3)의 말씀과 같이 거짓말로 하는 모략중상, 아첨, 과장, 각종 문서 위조·변조 및 인간의 존엄과 가치를 저하하는 각종 거짓말, 선의의 거짓말, 편의의 거짓말도 교리법의 제9계명의 위반으로 죄악에 해당한다. 이들 중 허위사실 유포에 의한 명예훼손은 권징법 제3조 5호의 행위로 각종 문서 위조·변조는 제3조 1호의 행위에 해당되어 처벌을 받으나, 그 외의 위의 거짓말이나 거짓행위는 종교규범으로써 교리법에만 위반된다.

16. 제10계명

문답 79~81까지는 제10계명 "네 이웃의 집을 탐내지 말라 네 이웃의 아내나 그의 남종이나 그의 여종이나 그의 소나 그의 나귀나 무릇 네 이웃의 소유를 탐내지 말라"(출 20 : 17)에 관한 문답으로 역시 금지규범임과 동시에 이웃의 가정을 보전하라는 요구규범이 내포되어 있다. 이웃이 갖고 있는 모든 소유물, 재산권, 지적 재산권 등 모든 물건, 재산, 권리를 탐내는 것은 물론이고, 이웃의 아내, 남종, 여종 소나 나귀, 짐승, 가축 등을 탐내는 것을 말한다. '탐내다'라는 말은 '바라다', '원하다', '열망하다', '소망하다'라는 말이므로 마음으로 욕심을 내고 있어도 행동으로 표출되지 아니하는 한 권징법의 십계명 위반으로 범죄가 성립되지 않으나, 교리법에서는 이러한 탐욕, 탐심, 욕심은 죄악이 된다. 특히 탐심은 우상숭배에도 해당된다. 이웃에 대한 증오, 시기, 자기 처지의 불만, 이웃의 소유에 대한 부당한 행동을 해서는 아니 된다.

XIII. 문 82~87. 죄와 회개

"**문 82.** 사람이 하나님이 계명을 완전히 지킬 수 있습니까?
답. 인간이 타락한 이래로 이 세상에서 하나님의 계명을 완전히 지킬 수 있는 사람은 하나도 없습니다. 오히려 생각과 말과 행위에 있어서 날마다 계명들을 어깁니다— 전 7 : 20, 요일 1 : 8, 창 8 : 21, 약 1 : 14, 3 : 2-8, 시 19 : 1-12, 왕상 8 : 46.
문 83. 법을 어기는 일이 모두 하나같이 흉악합니까?

답. 어떤 죄는 본질적으로 악하고, 또는 여러 가지 더 무서운 죄로 발전하기 때문에 하나님 보시기에 다른 것들보다 더 흉악한 것입니다—히 2:2-3, 요 19:11, 시 19, 13.

문 84. 모든 죄가 마땅히 받을 보응이 무엇입니까?

답. 모든 죄가 마땅히 받을 보응은 이 세상에서와 또 오는 세상에서 하나님의 진노와 저주를 받는 일입니다—롬 6:23, 마 25:41, 롬 1:18, 신 28:15.

문 85. 죄 때문에 마땅히 당할 하나님의 진노와 저주를 피하게 하시려고 하나님이 우리에게 요구하시는 것이 무엇입니까?

답. 죄 때문에 마땅히 당할 하나님의 진노와 저주를 피하게 하시려고 하나님께서 우리에게 요구하시는 것은 그리스도께서 구속의 혜택을 우리에게 전달하는 데 사용하시는 모든 외형적 방법을 우리가 힘써 사용하면서 예수 그리스도를 믿고 생명에 이르는 회개를 하는 일입니다—요 3:16-18, 막 1:15, 눅 13:34, 마 28:20.

문 86. 예수 그리스도를 믿는다는 것이 무엇입니까?

답. 예수 그리스도를 믿는다는 것은 일종의 구원의 은총입니다. 그것에 의하여 우리는 복음에서 우리에게 제시된 대로의 그분만을 받아들이고 의지하여 구원을 얻는 것입니다—요 1:11-12, 6:40, 잠 3:5, 히 10:3.

문 87. 생명에 이르는 회개란 무엇입니까?

답. 생명에 이르는 회개는 일종의 구원의 은총입니다. 그것에 의하여 죄인이 자기의 죄에 대한 참된 의식을 가지고 그리스도 안에서 베푸신 하나님의 자비를 이해하는 가운데 자기 죄를 슬퍼하고 미워하며 그의 죄에서 돌이켜 하나님을 향하고 새로운 복종을 최고의 목적으로 삼고 또 그것을 위하여 노력하는 것입니다—딤전 2:15, 행 2:37, 11:18, 26:18, 눅 18:13, 렘 14:7, 삼상 7:2, 고후 7:11."

문답 82에서 계명위반의 불가피성과 문답 83에서 죄의 흉악성에 관한 문답을 한 후, 문답 84~85에서 죄의 보응과 그 면피방법을 유도하고, 문답 86~87에서 구체적으로 믿음과 회개를 통한 구원에 관한 문답을 하고 있다.

1. 계명위반

문답 82에서 계명의 준수와 위반에 관한 문답으로 인간의 타락 이후 계명을 완전히 지킬 사람은 하나도 없다는 것이다. 아담의 원죄로 인하여 사람은 영적으로 죽은 존재가 된 것이다. 칼빈은 이를 인간의 전적 무능력(Total Inability)이라고 한다. 이 교리는 타락 이후 모든 인간은 죄의 저주와 하나님의 진노 아래에 있고, 오염된 원리에 의하여 생존하고 있고, 전연 하나님을 경외할 수 없고, 스스로 구원을 얻을 능력도 없고 구원을 위하여 아무것도 할 수 없게 되었던 것이다.

타락과 부패 이후 인간은 날마다 생각과 말과 행위에 있어서 계명을 어기고 죄를 짓는다. 원죄뿐만 아니라 본죄, 즉 자범죄에 있어서 자유로운 인간은 아무도 없다.

2. 죄의 흉악성

문답 83에서 죄의 흉악성에 관하여 더 큰 죄도 있다는 것에 관한 문답이다. 죄의 종류에는 국법상의 죄, 도덕상의 죄, 양심상의 죄, 종교상의 죄로 구분할 수가 있다. 종교상의 죄는 성경에서 말하는 죄로써 "하나님의 법을 순종함에 부족한 것과 그것을 범하는 것"(문답 14)을 말한다. 좀더 구체적으로 논하면 성경상으로 ① 예수를 믿지 않는 것(요 16 : 9), ② 믿음을 따라하지 않는 것(롬 14 : 23), ③ 선을 행할 줄 알고도 행하지 않는 것(약 4 : 17), ④ 불법이 죄이다(요일 3 : 4), ⑤ 불의가 죄이다(요일 5 : 17)라고 말할 수 있다.

이러한 죄 중에 더 큰 흉악한 죄가 있으니 곧 사망에 이르는 죄가 있다. 구약에서는 하나님을 훼방하는 죄(민 15 : 30 - 31), 즉 배교죄요, 신약에서는 성령훼방(모독)죄와 성령을 거역하여 말하는 죄(마 12 : 31 - 32, 막 3 : 29, 눅 12 : 10)를 말한다.

3. 죄의 보응과 면피방법

문답 84에서 죄의 보응은 하나님의 진노와 저주이고, 문답 85에서 이 진노와 저주의 면피하여 구속의 혜택을 받는 방법은 예수를 믿고 회개하는 일이라는 것에 대한 문답이다.

4. 믿음과 회개

문답 86에서 믿음은 일종의 구원의 은총이고, 그리스도의 신성과 인성을 믿고 그리스도만이 유일한 구주가 되심을 믿고 이는 그분을 영접하고 사랑하는 것을 말한다. 문답 87에서 구원에 이르는 회개도 일종의 구원의 은총이고, 이 회개는 구원의 과정의 한 단계이며 구원의 전 과정이 전부 중요하지만, 여기서 회개를 믿음의 대명사로 사용되고 있다. 믿음과 회개에 관하여 제3편 신조 제3장 헌법 12신조의 내용 IX. 제9조 구원론에 상술하였으니 여기서는 그 중복을 피한다.

XIV. 문 88~90. 말씀

"문 88. 그리스도께서 구속의 혜택을 우리에게 전달하시는 데 쓰시는 외형적인 방법들은 무엇입니까?

답. 그리스도께서 구속의 혜택을 우리에게 전달하시는 데 쓰시는 외형적인 통상적 방편은 그의 법령들, 특히 말씀과 성례와 기도이며, 이것들은 모두 택함을 받은 자들을 구원에 이르게 하는 데 효력이 있습니다 — 딤후 3:16-17, 요 6:53-57, 마 28:19-20.

문 89. 말씀이 어떻게 효력이 되어 구원을 얻게 합니까?

답. 하나님의 영께서 말씀의 낭독, 특히 말씀의 설교를 하나의 효과적 방편으로 삼으셔서 죄인들에게 죄를 깨닫게 하시고 회개케 하시며, 또 거룩함과 위안으로써 그들을 튼튼하게 하십니다. 이것은 믿음을 통하여 이루어지며 마침내 구원에 이르게 하는 것입니다 — 요 5 : 39, 17 : 3, 행 2 : 37, 약 2 : 23, 요 4 : 22, 시 19 : 7, 119 : 130, 살전 1 : 6.

문 90. 말씀이 우리를 구원에 이르게 하는 효과 있는 것이 되게 하려면 우리가 말씀을 어떻게 읽고 들어야 합니까?

답. 말씀이 우리를 구원에 이르게 하는 효과 있는 것이 되게 하려면 우리가 부지런함과 준비와 기도로써 거기에 열중하고 믿음과 사랑으로 받아들이고 우리 마음에 간직하며 우리 생활에서 그것을 실천해야 합니다 — (잠 8 : 34, 눅 8 : 18, 벧전 2 : 1-2, 히 4 : 2) — 딤전 4 : 13, 시 119 : 18, 91, 사 66 : 2, 약 1 : 21-22."

문답 88에서 은혜의 방편으로 말씀과 성례와 기도를 들면서 문답을 하고, 문답 89~90에서는 말씀의 효력과 말씀을 배우는 방법에 관해 문답을 하고 있다.

1. 말씀의 효력

말씀의 낭독과 설교를 은혜의 방편으로 삼아 죄인의 회개와 믿음을 통하여 구원에 이르게 하는 것이다. 낭독이란 소리 내어 읽는 것을 말하나 말씀을 읽는 것, 묵상하는 것, 연구하는 것도 포함한다. 성경은 말씀을 읽는 자와 듣는 자가 복이 있다고 하고, 복 있는 사람은 여호와의 율법을 즐거워하여 주야로 묵상한다고 하였다(시 1 : 2). 설교는 성경말씀을 회중이 쉽게 알아들을 수 있도록 해석하고 설명하는 것을 말하며, 설교는 아무나 하는 것이 아니고 헌법 정치 제25조 목사의 직무로 규정하고 있는 바 목사만이 설교함이 원칙이나 예외도 있다.

말씀을 억지로 풀어서도 안 되며(벧후 3 : 16), 성경의 예언을 사사로이 풀어서도 안 되며(벧후 1 : 20), 성경은 성경으로 풀어야 하고, 성경은 성령의 감동하심을 받은 자가 하나님께 받아 말하여야 한다(벧후 1 : 21). 설교자가 성령님의 인도와 감동 감화로 권위 있게 말씀을 전하면 말씀을 듣는 자에게는 변화가 발생하기 때문에 설교를 통하여 죄를 깨닫게 하고, 중생하고, 믿음을 낳으며, 칭의, 입양, 성화의 과정을 거쳐 영화에 이르는 것이다.

2. 말씀 탐구 방법

부지런히 배우고, 준비하고, 기도하며, 열중하여 배우고, 믿음과 사랑으로 받아들이고 마음에 간직하여 실천해야 한다.

XV. 문 91~97. 성례

"문 91. 성례가 어떻게 구원의 효과적 방편이 됩니까?
답. 성례가 구원의 효과적 방편이 되는 것은 성례 자체가 가지는 어떤 효능이나 그것들을 집례하는 사람이 가진 어떤 덕에서 오는 것이 아니라, 그리스도의 축복과 또 성례를 믿음으로 받아들이는 사람들 속에서 활동하시는 그의 성령의 사역에 의한 것입니다 ─ 고전 3:7, 6:11, 12:13, 벧전 3:21, 행 8:13, 23.

문 92. 성례가 무엇입니까?
답. 성례는 그리스도께서 세우신 거룩한 예식입니다. 이 예식에 있어서 사람이 지각할 수 있는 표적들에 의하여 그리스도와 또 새 언약의 혜택들이 신자들에게 표시되고 보증되고 적용되는 것입니다 ─ 마 28:19, 26:26-28, 눅 22:20, 롬 4:11.

문 93. 신약성경이 말하는 성례는 어느 것들입니까?
답. 신약성경이 말하는 성례는 세례와 성찬입니다 ─ 마 28:19-20, 막 14:25, 고전 11:23.

문 94. 세례가 무엇입니까?
답. 세례는 성례의 하나로써 성부와 성자와 성령의 이름으로 물을 가지고 씻는 예식입니다. 그것은 우리가 그리스도께 접붙임을 받음과 은혜의 언약의 혜택들에 참여함과 우리가 주님의 것이 된다는 약속을 표시하고 확증하는 것입니다 ─ 마 28:19, 롬 6:3, 계 1:5,

갈 3 : 26 - 27.

문 95. 세례는 누구에게 베풀 수 있습니까?

답. 세례를 보이는 교회 밖에 있는 사람에게 베풀어서는 안 됩니다. 그들이 그리스도께 대한 자기의 믿음과 복종을 고백한 이후이어야 세례를 받을 수 있습니다. 그러나 보이는 교회의 회원과 같은 사람들의 아기들은 세례를 받을 수 있습니다―행 2 : 38 - 39, 41, 고전 7 : 14, 갈 3 : 27 - 28.

문 96. 성찬이 무엇입니까?

답. 성찬은 성례의 하나로써 그리스도께서 정하신 대로 떡과 포도주를 주고받음으로써 그리스도의 죽으심을 나타내 보이는 예식입니다. 그것은 합당하게 받는 자들은 육체적이고 육욕적인 방식을 따르는 자가 아니라 믿음에 의한 자로서, 그리스도의 몸과 피에 참여하는 자가 되며 그의 모든 혜택을 받고 은혜 가운데서 영적인 양육과 성장을 얻게 되는 것입니다―눅 22 : 15, 고전 11 : 26 - 28, 10 : 16, 요 6 : 55 - 56, 마 26 : 26 - 27, 엡 3 : 17.

문 97. 성찬을 합당하게 받으려면 무엇을 필요로 합니까?

답. 성찬에 합당하게 참여하고자 하는 자들에게 요구되는 것은 주님의 몸을 분간하는 지식에 대해서, 그리스도를 먹고 마시는 그들의 믿음에 대해서, 그리고 그들의 회개와 사랑과 새 복종에 대해서 스스로를 살피는 것입니다. 성찬 때 합당치 않게 참여하다가 결국 자신에게 임하는 심판을 먹고 마셔서는 안 되겠습니다―고전 11 : 27 - 29, 요 6 : 55 - 56, 롬 6 : 4."

성례 또는 성례식에 관하여 개신교에서는 세례와 성찬, 이 두 가지만 인정한다. 성례에 관하여는 제3편 신조 제3장 신조의 내용 Ⅹ. 제10조 성례론을 보기 바란다.

ⅩⅥ. 문 98~107. 기도

"**문 98.** 기도가 무엇입니까?

답. 기도는 우리의 소원을 하나님께 아뢰는 일입니다. 우리의 죄를 고백하며 그리스도의 자비를 감사한 마음으로 인정하면서 하나님의 뜻에 맞는 것들을 그리스도의 이름으로 아뢰는 것입니다—요 6 : 38, 14 : 13 - 14, 16 : 23 - 24, 마 26 : 39 - 42, 요일 5 : 14, 눅 18 : 13, 빌 4 : 6, 마 21 : 22.

문 99. 하나님께서 우리의 기도의 지침이 되게 하시려고 주신 법칙이 무엇입니까?

답. 하나님의 말씀 전체가 우리의 기도의 지침이 됩니다. 그러나 그리스도께서 그의 제자들에게 가르치신 기도의 형식, 곧 보통으로 '주님의 기도'라고 부르는 그 형식이 기도의 특수한 지침입니다—마 6 : 9 - 12, 요일 5 : 14, 딤후 3 : 16 - 17.

문 100. 주님의 기도의 머리말이 우리에게 가르치는 것이 무엇입니까?[31]

답. 주님의 기도의 머리말, 곧 '하늘에 계신 우리 아버지여'가 우리에게 가르치는 것은 자식들이 아버지에게 하는 것처럼 우리를 도울 수 있고, 또 언제나 도울 뜻을 가지고 계시는 하나님께 거룩한 존경심과 확신을 가지고 가까이 가라는 것이며, 또 우리는 남들과 함께, 그리고 남을 위해서 기도해야 한다는 것입니다—사 57 : 15, 눅 11 : 13, 15 : 20, 10 : 12, 사 43 : 1, 64 : 9, 말 1 : 6, 슥 8 : 21, 엡 6 : 18, 롬 8 : 15.

문 101. 첫째 간구에서 우리가 기도하는 것이 무엇입니까?

답. '이름이 거룩히 여김을 받으시오며'라는 첫 간구에서 우리가 기도하는 것은 하나님께서 자기를 알게 하시는 데 방편으로 쓰시는 모든 일에 있어서 우리와 또 남들에게 그를 영화롭게 할 수 있도록 하게 하시며, 또 모든 일을 그 자신의 영광을 위하여 처리하라는 것입니다—롬 11 : 36, 마 5 : 16, 빌 2 : 11 - 20, 롬 11 : 33, 고후 3 : 5, 사 64 : 1 - 2, 시 67 : 1 - 3, 145장.

---

31) 이하 본문에서 주기도문을 인용한 것은 개역판 성경을 따른 것이므로 현재 사용하고 있는 개역개정판과는 그 표현이 다르다. 헌법 개정절차를 밟아 개역개정판에 따라 자구수정을 하여야 한다.

문 102. 둘째 간구에서 우리가 기도하는 것이 무엇입니까?

답. '나라이 임하옵시며'라는 둘째 간구에서 우리가 기도하는 것은 사단의 왕국이 파괴되는 것과 은혜의 왕국이 발전되어 우리들과 또 남들이 그리로 인도되어 그 안에 있게 되는 것과 영광의 왕국이 하루속히 임하는 것입니다—시 68 : 1-2, 마 6 : 33, 슥 14 : 20, 계 22 : 20.

문 103. 셋째 간구에서 우리가 기도하는 것이 무엇입니까?

답. '뜻이 하늘에서 이룬 것같이 땅에서도 이루어지이다'라는 셋째 간구에서 우리가 기도하는 것은 하나님께서 그의 은혜로써 우리에게 능력과 기쁜 마음을 주셔서 천사들이 하늘에서 하는 것처럼 모든 일에 있어서 하나님의 뜻을 알고 그것에 복종하도록 하여 달라는 것입니다—히 12 : 28, 시 119 : 35, 103 : 20-23, 단 7 : 10.

문 104. 넷째 간구에서 우리가 기도하는 것이 무엇입니까?

답. '오늘날 우리에게 일용할 양식을 주옵시고' 하는 넷째 간구에서 우리가 기도하는 것은 하나님께서 거저 주시는 선물 가운데서 우리가 이 세상에서 좋은 것들을 충분히 받고 그것들과 아울러 하나님의 축복을 즐기는 것입니다—잠 30 : 8-9, 10 : 22, 창 28 : 20-21, 딤전 4 : 4-5.

문 105. 다섯째 간구에서 우리가 기도하는 것이 무엇입니까?

답. '우리가 우리에게 죄지은 자를 사하여 준 것같이 우리 죄를 사하여 주옵소서'라는 다섯째 간구에서 기도하는 것은 하나님께서 그리스도를 보시고 우리의 모든 죄를 거저 용서해 주옵소서 하는 것입니다. 그의 은혜에 의해서 우리가 진심으로 남들을 용서할 수 있게 되었기에 우리가 격려를 받아 이런 간구를 하게 된 것입니다—눅 11 : 4, 마 18 : 35, 행 7 : 60, 롬 3 : 24-25.

문 106. 여섯째 간구에서 우리가 기도하는 것이 무엇입니까?

답. '우리를 시험에 들게 하지 마옵시고, 다만 악에서 구하옵소서'라는 여섯째 간구에서 우리가 기도하는 것은 우리가 유혹을 당하려고 할 때 하나님께서 우리를 막아 죄를 짓지 않도록 하시거나, 우리가 이미 유혹을 당할 때에는 우리를 붙들어 구출해 주옵소서 하는 것입니다—마 26 : 41, 시 51 : 10-12, 살전 5 : 23, 고전 10 : 13.

문 107. 주님의 기도의 맺는말이 우리에게 가르치는 것은 무엇입니까?

답. 주님의 기도의 맺는 말, 곧 '대개 나라와 권세와 영광이 아버지께 영원히 있사옵나이다. 아멘.'이 우리에게 가르치는 것은 우리가 오직 하나님께로부터만 기도의 용기를 얻을 것과 우리의 기도에 있어서 왕국과 능력과 영광을 하나님께 돌리며 그를 찬양해야 한다는 것입니다. 우리의 소원을 아뢰며 그것을 하나님께서 들어주시리라고 확신하면서 우리가 '아멘.' 하고 말하는 것입니다—신 32 : 43, 시 104 : 24, 대상 29 : 10 - 13, 롬 11 : 36, 고전 14 : 16, 계 22 : 20 - 21."

문답 98~107까지는 요리문답의 마지막 문답으로 기도에 관한 것이다. 문답 98은 기도의 개념, 문답 99는 기도의 지침, 문답 100은 주기도문의 서문, 문답 101~106까지는 주기도문의 6개 간구의 내용에 관한 문답이고, 문답 107은 주기도문의 송영의 내용에 관해 묻고 답함으로 요리문답의 대미를 장식하고 있다.

1. 주기도문의 지위

우리의 예배의 내용과 절차의 핵심이 설교와 기도, 그리고 찬송이라면 그리스도인의 신앙생활에 있어서 3대 필수 지침은 사도신경과 십계명, 그리고 주기도문이라 할 수 있다.

우리 교단 헌법에서는 전술한 바 사도신경은 헌법 제1편 교리 제1부에 별도로 독립시켜 편제하고 십계명과 주기도문은 제2부 요리문답의 107가지 문답 중에 문답식으로 규정하고 있다. 사도신경은 성경의 교리 부분의 핵심을 요약한 것이고, 십계명은 만고불변의 도덕적 율법을 10개의 계명으로 압축하여 그리스도인의 신앙생활 중 윤리 부분의 지침이며, 주기도문은 우리 주님께서 "너희는 이렇게 기도하라"라고 하신 기도의 모형과 그 기본적 내용을 명령하신 기도문으로 이들은 그리스도인의 신앙생활의 3대 지침이라 할 수 있다.

2. 주기도문의 두 형식

십계명도 출애굽기의 십계명과 신명기의 십계명이 그 표현에 있어서 약간 다른 것과 같이 주기도문도 마태복음의 주기도문과 누가복음의 그것과는 표현에 있어서 약간 다르다.

마태복음 6 : 9~13에는 "하늘에 계신 우리 아버지여 이름이 거룩히 여김을 받으시오며 나라가 임하시오며 뜻이 하늘에서 이루어진 것같이 땅에서도 이루어지이다 오늘 우리에게 일용할 양식을 주시옵고 우리가 우리에게 죄지은 자를 사하여 준 것같이 우리 죄를 사하여 주시옵고 우리를 시험에 들게 하지 마시옵고 다만 악에서 구하시옵소서 (나라와 권세와 영광이 아버지께 영원히 있사옵나이다 아멘)"[32]이고,

누가복음 11 : 2~4에는 "아버지여 이름이 거룩히 여김을 받으시오며 나라가 임하시오며 우리에게 날마다 일용할 양식을 주시옵고 우리가 우리에게 죄지은 모든 사람을 용서하오니 우리 죄도 사하여 주시옵고 우리를 시험에 들게 하지 마시옵소서"로 표현하고 있다.

이 두 가지를 비교해 보면 문장의 길이는 마태의 것이 더 길다. 마태에는 '하늘에 계신 우리'라는 '아버지'에 대한 수식어가 더 있고, '뜻이 하늘에서 이루어진 것같이 땅에서도 이루어지이다'라는 구절이 하나 더 있고, '다만 악에서 구하시옵소서'라는 부가어가 붙어 있고, '(나라와 권세와 영광이 아버지께 영원히 있사옵나이다 아멘)'이라는 송영이 있지만, 반대로 누가의 그것에는 없다. 그러나 용어에 있어서는 누가는 '날마다', '용서하다'와 '사하다'를 구별하여 쓴 점에서 누가의 것이 더 정밀하다.

두 복음서와는 별도로 성경과는 그 번역이나 표현이 다른 또 하나의 주기도문이 있다. 이는 공적 예배나 사적 기도의 용도로 회중 또는 개인이 낭송 또는 묵송할 때 사용하는 예배기도용 주기도문이다.

---

32) 고대 사본에 이 괄호 내 구절이 없음. 개역판을 개정한 1998년 개역개정판에 의한 것이다. 이하 누가의 주기도문도 개역개정판에 의한 것이다. 1998년 성경 개역개정판은 1938년의 성경개역판을 1956년과 1961년 그 당시 우리말 맞춤법에 따라 수정한 한글개역판을 다시 개정한 것이다.

이는 개역판 성경이 나오기 전부터 찬송가 속표지에 등재되어 있던 주기도문으로 성경의 주기도문과는 그 표현이 약간 다르다. 그 내용은 "하늘에 계신 우리 아버지여 이름이 거룩히 여김을 받으시오며 나라이 임하옵시며 뜻이 하늘에서 이룬 것같이 땅에서도 이루어지이다 오늘날 우리에게 일용할 양식을 주옵시고 우리가 우리에게 죄지은 자를 사하여 준 것같이 우리 죄를 사하여 주옵시고 우리를 시험에 들게 하지 마옵시고 다만 악에서 구하옵소서 대개 나라와 권세와 영광이 아버지께 영원히 있사옵나이다. 아멘."이다. 헌법 요리문답의 주기도문은 예배기도용의 주기도문을 따르고 있다.

이를 새로이 번역한 주기도문은 "하늘에 계신 우리 아버지, 아버지의[33] 이름을 거룩하게 하시며[34] 아버지의 나라가 오게 하시며, 아버지의 뜻이 하늘에서와 같이 땅에서도 이루어지게 하소서. 오늘 우리에게 일용할 양식을 주시고, 우리가 우리에게 잘못한 사람을 용서하여 준 것같이 우리 죄를 용서하여 주시고, 우리를 시험에 빠지지 않게 하시고 악에서 구하소서. 나라와 권능과 영광이 영원히 아버지의 것입니다. 아멘."[35]이다.

3. 기도의 개념

문답 98에서 "기도는 우리의 소원을 하나님께 아뢰는 일이라." 하고 기도의 내용은 죄의 고백과 감사와 간구라 한다. 일반적으로 말씀이 영적 양식이라면 기도는 영적 호흡이라 한다. 유대인들은 짧은 기

---

33) 원문(σου)은 '당신의'라는 뜻이다.
34) "아버지께서 우리를 통하여 당신의 이름을 거룩하게 하소서."라는 의미가 함축되어 있다.
35) 새 번역 주기도문은 한국기독교총연합회와 한국기독교교회총연합회 두 기관이 주기도문 새 번역 특별위원회를 회원 교단 추천인사로 구성하여 새 번역문을 2004년 12월 3일 공식 발표한 것을 2006년 9월 우리 교단 제91회 총회에서 통과되었고, 헌법개정사항이 아니므로 즉시 발효, 사용하였으며, 동시에 통과된 새 번역 사도신경은 헌법개정사항이므로 1년 경과 후 2007년 9월 제92회 총회에서 공포하여 발효, 시행하게 되었다.

도의 형태인 카디쉬(Kaddish)와 긴 형태의 기도문인 18번 축복기도문이 있어 하루에 세 번씩 낭송하였다. 신약시대에 와서는 쉬지 말고 끊임없이 기도하기를 권면한다.

기도는 웅변도 아니며, 설교도 아니고, 하나님과의 은밀한 대화이며, 예수의 이름으로 하는 것만이 기도인 것이다. 하나님과 사람과의 대화에 성육신하신 예수 그리스도만이 중보자가 되시어서 기도가 성립이 되고 그 효력이 발생하는 것이다. 예수의 이름으로 기도하는 것은 예수님의 공로를 의지하여 아버지께 구하는 것이다. 기도의 기본적 자세는 하나님의 뜻에 합당한 것을 구하는 것이어야 한다.

외식자(外飾者)의 기도(마 6 : 5)와 이방인(異邦人)의 기도(마 6 : 7)가 아닌 은밀기도(마 6 : 6 전반)는 아버지께서 우리에게 있어야 할 것을 아시고(마 6 : 8) 갚아 주신다(마 6 : 6 후반). 갚아 주신다는 말은 기도의 응답이 있다는 의미이다.

응답의 형태는 ① 우리의 심령에 신령한 은혜를 주셔서 갚아 주시는 것, ② 기도의 대상 자체를 당장 해결하여 주시는 것, ③ 기도의 대상 자체가 장래 성취할 것이라는 것을 믿음으로 알게 하는 것, ④ 이 세상에서는 성취되지 않으나 영원한 세상에서 응답이 무궁하게 이루어지는 것, ⑤ 구하는 것을 주시지 않는 것 등이 있다. 응답의 수단 방법은 ① 하나님께서 직접 갚아 주시는 것, ② 천사를 통하여, ③ 사람을 통하여, ④ 생물을 통하여 등이 있다.

응답이 없는 기도는 성경의 말씀에 의하면 ① 두 마음을 품어 의심하는 자의 기도(약 1 : 5 - 8), ② 정욕으로 쓰려고 잘못 구하는 기도(약 4 : 3), ③ 마음으로 형제를 용서하지 않는 자의 기도(마 18 : 35), ④ 금식과 십일조를 자랑하는 자의 기도(눅 18 : 11 - 14), ⑤ 버린 바가 되어 회개할 기회를 얻지 못한 자의 기도(히 12 : 16 - 17), ⑥ 아내나 남편을 귀히 여기지 않는 자의 기도(벧전 3 : 7), ⑦ 사망에 이르는 죄를 지은 자를 위한 기도(요일 5 : 16), ⑧ 마음에 죄악을 품고 하는 기도(시 66 : 18), ⑨ 율법을 듣지 않고 하는 기도, 즉 말씀 없이 하는 기도(잠 28 : 9), ⑩ 입술로는 하나님을 공경하나 마음은 하나님께로부터 멀리 떠난 자의 기도(사 29 : 13), ⑪ 죄악으로 인하여 하나님과 분리된 자의 기도(사 59 : 2), ⑫ 우상숭배자의 기도(렘 11 : 14), ⑬ 어그러진 길을 사랑하는 자의 기도(렘 14 : 10), ⑭ 성심으로 하나님을 부르지 않고 하는 기도(호 7 : 14), ⑮ 무가치한 제물을 드리는 자의 기도(말 1 : 7-9) 등을 들 수 있다.

4. 기도의 지침

문답 99에서 우리의 기도 지침은 우리 주님께서 직접 가르쳐 주신 주님의 기도라고 하는 문답이며, 이 지침은 기도의 특수한 지침이라 한다.

누가복음 11 : 1에 의하면 주기도는 주님의 제자들이 요구하여 주님이 가르치신 유일한 기도문이라는 것을 알 수 있다. 그러므로 주기도문은 '주님의 기도'인 동시에 '제자들의 기도'라 할 수도 있다.

주기도는 우리 주님께서 친히 가르치신 기도이기 때문에 가장 참된 기도이며, 우리의 기도의 모범이며, 지침이며, 모형이다. 또한 본질적으로는 사도신경과 같은 교리적 신앙고백도 아니요, 십계명과 같은 윤리적 생활규범도 아니나, 주기도문의 전반부인 하나님을 위한 위대한 소원에는 교리적 요소가 있고 후반부인 사람을 위한 소원에는 윤리적인 요소가 있다.

주기도문은 머리말과 기도의 내용과 송영의 3부분으로 구성되어 있다. 기도의 내용의 전반부는 하나님에 관한 기원(祈願, Thou-Petitions)으로 후반부는 사람에 관한 간구(懇求, We-Petitions)로 구성되어 있다. 전자는 하나님의 이름과 하나님의 나라와 하나님의 뜻에 대한 기도이고, 후자는 일용할 양식과 죄의 용서와 시험에 빠지지 않고 악에서 구함에 대한 기도이다.

5. 주기도문의 서문

문답 100은 주기도문의 머리말에 관한 문답으로 "하늘에 계신 우리 아버지여"라고 하여 기도의 대상을 부르고 있는 것이다. 개역개정판 성경도 같다(마 6 : 9). 그러나 예배기도용 새 번역 주기도문에서는 "하늘에 계신 우리 아버지"라고 하여 호격조사 '여'를 삭제하여 친밀감을 나타내게 하였다.

우리는 육체의 욕심을 따라 지내며 육체와 마음의 원하는 것을 하여 남들과 같이 본질상 진노의 자녀(엡 2 : 3)이므로 하나님을 아버지라고 부를 자격이 없는 죄인인데, 영접하는 자 곧 예수님의 이름을 믿는 자들에게 하나님의 자녀가 되는 권세를 주셨으므로 우리는 하나님을 아버지라고 부를 수 있게 된 것이다. 그러므로 여기의 아버지는 만민의 아버지가 아니고 예수 그리스도의 아버지이시며, 그리스도를 믿는 성도의 아버지인 것이다. 또한 여기의 아버지는 인간의 성(Gender)을 나타내는 것이 아니므로 남녀평등의 원칙에 따라 '하늘에 계신 우리 하나님'으로 하자는 것은 타당성이 없다.

아버지는 하늘에 계신 아버지가 되심으로 사람들과 같은 땅의 아버지가 아니라 영광 중의 영광에 계시는 하나님이시므로 하나님의 속성인 초월성을 의미한다. 초월성은 무한성을 내포하고 있고 시간적으로는 영원성을, 공간적으로는 편재성을, 존재론적으로는 완전성을 나타낸다. 또한 나의 아버지가 아니고 우리의 아버지이시며 따라서 헬라인이나 유대인이나 할례파나 무할례파나 야만인이나 스구디아인이나 종이나 자유인이나 차별이 없이(골 3 : 11) 우리의 아버지 하나님이 되시어 천국 백성이라는 신앙공동체의 정체성을 의미하고 있다.

6. 주기도문의 첫째 간구

문답 101은 하나님을 위한 첫째 간구에 관한 문답으로 "이름이 거룩히 여김을 받으시오며"라고 하여 삼위일체의 순서에 따라 성부 하나님에 관한 간구이다. 개역개정판에서는 같은 표현을 썼으나(마 6 : 9), 예배기도용 새 번역에서는 "아버지의 이름을 거룩하게 하시며"라고 하여 원문에 충실한 번역을 하고, 또한 원문에는 헬라어의 당신(σου)으로 되어 있으나 우리말의 2인칭 당신은 낮춤말이기 때문에 당신이라 하지 않고 아버지[36]라 하였다.

하나님께서는 자신의 이름 가운데서 자기 자신을 나타내셨다(출 3 : 13-14). "나는 스스로 있는 자", 즉 그 이름은 여호와이시며 이는 하나님의 속성인 자존성과 불변성을 나타내는 것이다. 아버지의 이름이 신성화되게 해 달라는 간구가 아니라 하나님의 이름은 영원 전부터 영원토록 완전하게 신성한 것인데 인간들이 죄악으로 말미암아 하나님의 이름의 거룩한 줄 모르기 때문에 하나님의 이름이 세상에서 거룩하게 되도록 기원하는 것이다.

7. 주기도문의 둘째 간구

문답 102는 하나님을 위한 두 번째 간구에 관한 문답으로 "나라이 임하옵시며"라고 하여 삼위일체 하나님의 두 번째 위격이신 성자 하나님에 관한 간구이다. 개역개정판에는 "나라가 임하시오며"(마 6 : 10)라고 수정하며, 예배기도용 새 번역에는 "아버지의 나라가 오게 하시며"라고 번역하고 있다. '나라이'가 '나라가'로 하여 주격조사의 용법에 맞게 고쳤으며, 또한 화자(話者) 겸양(謙讓) 선어말어미 '옵'이 청자(聽者) 존칭(尊稱) 선어말어미 '시'보다 앞에 있는 것을 뒤로 가게 고친 것이다. 예배기도용 주기도문은 원문에 충실하면서 '당신'을 피하고 '아버지'라고 한 것은 첫째 간구와 같고 또한 겸양을 뜻하는 '옵'은 쓰지 않았다.[37]

'하나님의 나라', '하늘나라' 또는 '천국'은 예수 그리스도의 복음 전파의 핵심이었다. 이는 신약적 개념이며 구약에서는 볼 수 없는 어휘이다. 예수께서 그의 공생애 첫 출발에 "……회개하라 천국이 가까이 왔느니라……"(마 4 : 17)라고 하셨고, 세례 요한도 동일한 외침을 하였다(마 3 : 2). 여기서의 '나라'는 이 세상의 국가와는 달리 영토의 개념은 없고 단지 하나님의 통치 또는 지배, 하나님의 주권(主權, Sovereignty)을 의미한다. 예수님은 하나님의 나라를 선포하고 확장

---

36) 문답 102~103에도 같은 표현이며 동일한 이유로 설명된다.
37) 문답 107까지 같은 표현이며 동일한 이유가 적용된다.

하고 실현하는 것이 그의 사역의 중심이었다.

주기도문에서의 하나님의 나라가 무엇을 의미하는지에 관하여 여러 학설이 있으나 일반적으로 교회의 선교를 통하여 확장되는 하나님의 나라와 예수님의 재림을 통한 종말론적 천국의 도래를 말한다. 여기에 본 저자도 지지하고 우리가 간과해서는 아니 될 학설이 하나 있어 본 저자의 견해와 함께 소개해 본다.[38]

천국을 5가지로 나누어 설명하고 또 크게 '가는 천국'과 '오는 천국'의 두 가지로 구분한다. 가는 천국은 낙원천국과 영원천국이 있으며, 오는 천국은 심령천국과 교회천국, 천년왕국천국이 있다.

심령천국은 성도의 마음에 자리 잡은 천국을 말한다. 예수님께서 하나님의 나라가 가까이 왔느니라고 말씀하셨을 때, 그 천국은 그리스도 안에 있는 사람 중에 있었다. "하나님의 나라는 너희 안에 있느니라"(눅 17 : 21)라는 말씀과 또 마태복음의 산상수훈에서 "심령이 가난한 자는 복이 있나니 천국이 그들의 것임이요"(마 5 : 3), "마음이 청결한 자는 복이 있나니 그들이 하나님을 볼 것임이요"(마 5 : 8), "화평하게 하는 자는 복이 있나니 그들이 하나님의 아들이라 일컬음을 받을 것임이요"(마 5 : 9), "의를 위하여 박해를 받은 자는 복이 있나니 천국이 그들의 것임이라"(마 5 : 10)의 말씀에서 우리는 심령천국을 알 수가 있다. 이와 같이 하나님의 나라는 만세 전에 그리스도 안에서 택함을 받은 자들이 성령에 의하여 중생함으로 그들의 마음 안에 건설되는 것이다. 이 천국은 우리들 마음에 '오는 천국'인 것이다.

그 다음에 교회천국이다. 교회는 하나님의 나라의 지상 대표기관이다. 예수님은 천국을 비유로 말씀하시기를 "……천국은 마치 여자가 가루 서 말 속에 갖다 넣어 전부 부풀게 한 누룩과 같으니라"(마 13 : 33)라고 하시어 교회천국을 의미하는 것이다. 심령천국을 맛본 성도들이 모인 곳이 교회천국이며, 예수님의 지상 사역과 십자가의 구속, 부활 사건을 통하여 창설된 교회가 선교의 사명을 잘 감당함으로 말미암아 하나님의 나라가 성장, 확장되는 것이다. 교회천국은 다

---

38) 최정원 전게서, pp. 174, 204.

음과 같은 초대교회의 특색의 집합이 진정한 천국을 이룩한 교회라 볼 수 있다고 본 저자는 생각한다.
① 사도의 가르침을 받아 서로 교제하며 떡을 떼며 오로지 기도에 힘쓰는 예루살렘 교회(행 2 : 42), ② 선교를 열심히 하는 안디옥 교회(행 13 : 1-3), ③ 성경을 날마다 상고하는 베뢰아 교회(행 17 : 11), ④ 믿음의 역사와 사랑의 수고와 소망의 인내가 있는 데살로니가 교회(살전 1 : 3), ⑤ 빛과 소금의 사명을 다하는 교회(마 5 : 13-16), ⑥ 주린 자, 목마른 자, 나그네 된 자, 헐벗은 자, 병든 자, 옥에 갇힌 자를 돌보는 교회(마 25 : 35-36), ⑦ 목사와 장로가 낮은 자가 되어 성도를 섬기는 교회(마 20 : 20-28)의 집합체가 진정한 교회천국이라고 본 저자는 생각한다. 이 교회천국도 지상에 '오는 천국'인 것이다.
그 다음은 낙원천국이다. 낙원(樂園, Paradise)이란 말은 신약성경에서 3번 나오는데 우리 주님이 십자가상에서 고난당하실 때 어느 한쪽 강도에게 "……오늘 네가 나와 함께 낙원에 있으리라……"(눅 23 : 43)는 것과 사도 바울이 3층천 하늘에 올라갔을 때 "그가 낙원으로 이끌려 가서 말로 표현할 수 없는 말을 들었으니 사람이 가히 이르지 못할 말이로다"(고후 12 : 4)라는 것과 "……이기는 그에게 내가 하나님의 낙원에 있는 생명나무의 열매를 주어 먹게 하리라"(계 2 : 7)는 것에서 낙원을 볼 수 있다. 예수님이 재림하기 전 우리가 부활하기 전에 '가는 천국'인 것이다. 이는 그 영원한 천국에 우리가 들어가기 전에 우리의 영혼이 예수님의 재림 시까지 머물러 있는 천국으로 이른바 '가는 천국'인 것이다.
그 다음에 이 땅에 '오는 천국'으로 천년왕국천국이 있다. 그 영원한 천국에 들어가기 전에 이 땅에 우리 주님이 천년 동안 왕이 되어 통치하신다는 지상천국으로 오는 천국인 것이다. 그러나 이 천국에 관하여 학설의 대립이 있다. 그리스도의 재림과 관련하여 그리스도의 재림이 천년왕국 전에 있다는 전천년설(前千年說)과 그리스도의 재림이 천년왕국 후에 있다는 후천년설(後千年說)과 천년왕국이 없다는 무천년설(無千年說)이 있다.
그 다음 마지막 우리가 '가는 천국'인 영원천국이 있다. 천년왕국이 끝나고 사탄의 최후 반란인 곡과 마곡의 전쟁(계 20 : 7 - 10)을 거친 후, 크고 흰 보좌심판(대백보좌심판, 계 20 : 11 - 15)이 있고 새 하늘 새 땅이 창조되니(계 21 : 1) 여기가 영원천국인 것이다. 이 천국은 하나님의 장막이 사람들과 함께 있으매 하나님이 그들과 함께 계시리니 그들은 하나님의 백성이 되고 하나님은 친히 그들과 함께 계셔서 모든 눈물을 그 눈에서 닦아 주시니 다시는 사망이 없고 애통하는 것이나 곡하는 것이나 아픈 것이 있지 아니하는(계 21 : 3 - 4) 신천신지와 새 예루살렘, 영원한 천국인 것이다.

그러므로 아버지의 나라가 오게 기원하는 것은 우리가 '가는 천국'인 낙원천국이나 영원천국을 이 땅에 임하게 하는 것은 본질적으로 기도의 대상이 될 수 없고, 우리에게 '오는 천국'인 심령천국과 교회천국과 천년왕국천국을 임하게 간구하는 것을 말한다고 할 수 있다.

8. 주기도문의 셋째 간구

문답 103은 하나님을 위한 세 번째 간구에 관한 문답으로 "뜻이 하늘에서 이룬 것같이 땅에서도 이루어지이다"라고 하여 삼위일체의 하나님이신 세 번째 위격이신 성령 하나님에 관한 간구이다. 개역개정판에는 '이룬 것같이'를 '이루어진 것같이'(마 6 : 10)로 표현을 달리하며, 예배기도용 주기도문에는 "아버지의 뜻이 하늘에서와 같이 땅에서도 이루어지게 하소서"라고 번역하고 있다.

창세전부터 하늘에서 이미 경륜하시고 작정하신 것이 하나님 아버지의 때에 따라 하늘에서 이루어진 것같이 이 땅에도 성령 하나님을 통하여 이루어지게 해 달라는 간구인 것이다. 성부의 이름과 성자의 나라와 성령의 뜻을 위한 간구는 결국 세 개의 독립된 기원이 아니고 서로 연결된 하나님의 이름, 하나님의 나라, 하나님의 뜻에 관한 우리의 청원이요 간구, 기도인 것이다. 하나님 아버지의 뜻은 아버지가 아들에게 주신 자 중에서 아들이 하나도 잃어버리지 아니하고 마지막 날에 다시 살리는 것이며, 아들을 보고 믿는 자마다 영생을 얻는 이것(요 6 : 39 - 40)이므로 이 땅에서 사람들에게 이루어지기 위하여 먼저 중생과 회개가 선결되어야 하고, 이는 성령 하나님의 사역이기에 주기도문의 셋째 간구는 성령에 관한 기도라고 분석할 수 있다.

9. 주기도문의 넷째 간구

문답 104는 인간을 위한 첫 번째 간구로 "오늘날 우리에게 일용할 양식을 주옵시고"라고 하여 다시 우리 인간이 성부 하나님께 간구하는 것이다. 개역개정판에서는 "오늘 우리에게 일용할 양식을 주시옵고"(마 6 : 11)라고 하여 '오늘날'을 '오늘'로 자구수정을 하였으며, 예배기도용 주기도문은 "오늘 우리에게 일용할 양식을 주시고"라고 번역하고 있다. 지금까지는 하나님에 관한 기도로 2인칭 단수 대명사 당신(헬. σου, 영. Thy, 우리말 개역개정판에는 아버지)을 썼으나, 이제부터는 사람을 간구이므로 1인칭 복수 대명사 '우리'가 된다.

기도의 주체에 따라 기도를 개인기도와 회중기도(공중기도)로 나눌 수 있고 기도의 내용에 따라 사적 기도(Private Prayer)와 공적 기도(Communal Prayer)로 분류할 수 있는데, 주기도는 여기서 1인칭 복수대명사를 씀으로 인하여 기도의 주체가 개인이든 회중이든 사적 기도가 아니고 공적 기도에 속한다.

'오늘날'을 '오늘'로 수정한 것은 대단히 잘한 일이다. 우리말에 오늘날이라 하면 하루를 말하는 것이 아니고 오랜 기간으로 이 시대, 오늘의 시대를 의미하기 때문에 원문의 뜻에 부합하지 않는다. 마태의 원문은 '오늘', 누가의 원문은 '당일을 위한', '오늘을 위한', 또는 '날마다'의 뜻[39]이다. 이스라엘 백성이 광야에서 먹은 만나의 교훈이라든지 예수님의 "내일 일을 위하여 염려하지 말라 내일 일은 내일이 염려할 것이요 한 날의 괴로움은 그날로 족하니라"(마 6 : 34)라는 말씀에서 우리가 구할 양식의 시간적 분량은 오늘의 생존에 필요한 양

---

39) 나채운 전게서, p. 68 ; 예수님 시대로부터 처음 아람어 주기도를 해 온 아람어 사용의 유대인 기독교인들은 '내일을 위한 양식'으로 기도해 왔다.

식이지 내일이나 종말적인 미래가 아니라는 것을 알 수 있다.
 이 양식에 관해 여러 학설이 있다. 우리의 육신에 필요한 양식이라는 견해, 영적인 양식으로 보는 견해, 이 양식을 그리스도의 몸으로서 이 기도를 성례를 위한 기도로 보는 견해, 이 양식을 육신을 위한 양식뿐만 아니라 영적 양식까지 포함한다는 견해[40] 등이 있으나, 영적 양식은 믿는 자에게 성령을 통하여 끊임없이 우리에게 주시므로 여기의 양식은 육신의 생명을 위한 양식으로 봄이 타당하다고 생각한다.
 양식이란 우리의 주식(主食)을 말하는 것이지 별식(別食)을 의미하는 것은 아니다. 양식의 분량은 생존에 필요한 만큼 최소한도의 것을 말하며 이는 "……나를 가난하게도 마옵시고 부하게도 마옵시고 오직 필요한 양식으로 나를 먹이시옵소서 혹 내가 배불러서 하나님을 모른다 여호와가 누구냐 할까 하오며 혹 내가 가난하여 도둑질하고 내 하나님의 이름을 욕되게 할까 두려워함이니이다"(잠 30 : 8-9)라는 말씀에서 알 수 있다.

10. 주기도문의 다섯째 간구

 문답 105는 사람을 위한 두 번째 간구로 "우리가 우리에게 죄지은 자를 사하여 준 것같이 우리 죄를 사하여 주옵시고"라고 하여 우리가 성자 하나님께 간구하는 기도이다. 개역개정판에는 '주옵시고'가 '주시옵고'(마 6 : 12)로 수정한 것 이외에는 똑같다. 예배기도용 주기도문에는 완전히 새롭게 번역하기를 "우리가 우리에게 잘못한 사람을 용서하여 준 것같이 우리 죄를 용서하여 주시고"로 하였다. '죄지은 자'를 '잘못한 사람'으로, '사하여'를 '용서하여'로, '주옵시고'를 '주시고'로 수정하였다.
 "너희가 사람의 잘못을 용서하면 너희 하늘 아버지께서도 너희 잘못을 용서하시려니와 너희가 사람의 잘못을 용서하지 아니하면 너희 아버지께서도 너희 잘못을 용서하지 아니하시리라"(마 6 : 14-15),

---

40) 나채운 전게서, pp. 71-72.

"서서 기도할 때에 아무에게나 혐의가 있거든 용서하라 그리하여야 하늘에 계신 너희 아버지께서도 너희 허물을 사하여 주시리라 하시니라"(막 11 : 25), "······정죄하지 말라 그리하면 너희가 정죄를 받지 않을 것이요 용서하라 그리하면 너희가 용서를 받을 것이요"(눅 6 : 37), "······서로 용서하기를 하나님이 그리스도 안에서 너희를 용서하심과 같이 하라"(엡 4 : 32)라는 말씀과 같이 용서를 강조하고 있다.

그러나 우리 죄의 용서, 즉 사죄가 우리가 남의 죄를 용서해 주는 것을 조건으로 하는 것 같은 뜻은 결코 아니다. 우리의 죄에 대한 하나님의 사죄는 하나님의 은혜로 말미암은 자유로운 선물, 즉 하나님의 사죄행위는 하나님의 은사인 것이다. 여기서의 용서의 원리는 예수 그리스도의 속죄사역으로 인하여 이미 하나님으로부터 용서함을 받은 우리가 일상생활에서 하나님께 구원 받은 후에 지은 죄, 반복해서 지은 죄 등의 자범죄의 용서를 하나님께 구할 때 가져야 할 정신적 자세를 의미하는 것이다.

11. 주기도문의 여섯째 간구

문답 106은 사람을 위한 세 번째 간구로 "우리를 시험에 들게 하지 마옵시고, 다만 악에서 구하옵소서"라고 하여 우리가 성령 하나님께 간구하는 기도이다. 개역개정판에는 '마옵시고'를 '마시옵고'로, '구하옵소서'를 '구하시옵소서'(마 6 : 13)로 표현을 달리하고, 예배기도용에는 "우리를 시험에 빠지지 않게 하시고 악에서 구하소서"라고 하여 '들게 하지 마옵시고'를 '빠지지 않게 하시고'로 수정하고 '다만'을 삭제하여 버렸다. 우리를 시험과 유혹, 악에서 구하는 것은 성령 하나님의 사역이다. 보혜사 성령, 진리의 영의 활동에 의하여 모든 시험과 환난을 극복할 수 있는 것이다.

시험의 주체에는 3가지가 있다. ① 하나님이 하시는 시험이 있다. 아브라함의 시험(창 22 : 1 - 19), 욥의 시험 허락(욥 1 : 6 - 12). 그러나 감당할 수 없는 시험은 하지 않으신다(고전 10 : 13). 하나님의 시험은 다음의 마귀의 시험과는 달리 우리를 더 유익한 길로 인도하기 위하여 일시적으로 어려움을 경험하게 하시는 시련(Test, Trial)인 것이다. ② 마귀가 하는 시험이 있다. 예수님 40일 금식기도 후 시험(마 4 : 2-11), 절제하지 못함으로 인한 마귀의 시험(고전 7 : 5) 등 마귀의 시험은 우리를 죄와 악에 빠지게 하기 위한 유혹(Temptation)인 것이다. ③ 사람이 하는 시험이 있다. 사람 스스로 하는 시험으로 자기 욕심에 미혹되는 시험(약 1 : 14), 사람이 사람에 대하여 하는 시험(계 2 : 2, 고후 13 : 5), 사람이 하나님께 대하여 하는 시험(출 17 : 2, 민 14 : 22, 고전 10 : 9, 히 3 : 8-9), 성령에 대한 시험(행 5 : 9), 바리새인, 사두개인, 서기관, 율법사가 예수님을 시험한 것 등을 들 수 있다.

마귀의 시험이나 보통 사람들이 받는 시험의 수단은 3가지가 있으니 육신의 정욕과 안목의 정욕과 이생의 자랑이다(요일 2 : 16). 에덴동산에서 하와가 시험 받을 때도 이 세 가지 수단이 동원되었다. 먹음직하고, 보암직하고, 지혜롭게 할 만큼 탐스럽기도 하였다고 한다(창 3 : 6). 예수님에 대한 마귀의 시험도 돌로 떡이 되게 하라, 성전 꼭대기에서 뛰어내리라, 절하면 천하만국과 그 영광을 주겠다고 함으로 이 세 가지의 방법이 동원되었다.

"시험에 들게 하지 마옵소서"의 뜻은 시험을 면제하여 달라는 것이 아니고 그 시험 안에서 보전, 극복, 승리하게 해 달라는 것이다. 시험은 보편적이며 불가피하기 때문에 시험을 견디고 이겨 내어야 하는 것이다.

아우구스티누스는 전반부인 "시험에 들게 하지 마옵시고"와 후반부인 "다만 악에서 구하옵소서"를 두 개의 간구로 보아 전반부는 여섯째 간구로 미래의 죄에 대하여, 후반부는 일곱째의 간구로 이미 범한 죄로부터 구해 주시기를 간구하는 것이라 한다.[41] 그러나 이는 하나의 간구로 보는 것이 통설이며, 이 구절의 뜻은 본성적으로 연약한 우리들이 유혹에 빠져들지 않게 구하고, 만약 그러한 유혹에 빠지거나 넘어졌을 때는 우리들 힘으로 빠져 나오거나 일어서기가 힘들고

---

41) 나채운 전게서, p. 87.

어려우니 하나님께서 건져 내어 주시라는 간구의 뜻으로 본다.

12. 주기도문의 송영

문답 107은 요리문답의 끝이자 주기도문의 맺는말로 "대개[42] 나라와 권세와 영광이 아버지께 영원히 있사옵나이다. 아멘."이라는 송영에 해당한다. 개역개정판 성경은 "(나라와 권세와 영광이 아버지께 영원히 있사옵나이다. 아멘.)"으로 번역하고 있어 '대개'를 삭제하고 고대 사본에는 이런 구절이 없으므로 괄호를 치고 있는 것이다. 예배기도용 주기도문은 "나라와 권능과 영광이 영원히 아버지의 것입니다. 아멘."으로 새 번역을 하여 '대개'는 같이 삭제하고, '권세'는 '권능'으로 수정하고 괄호를 없게 하였다.

'대개'라는 말은 헬라어 원문에 있는 '호티'(ὅτι)를 번역한 것인데 '왜냐하면 ……이기 때문이다'(Because, Since, For)라는 뜻이다. 한자로 대개는 대개(大蓋)를 쓰는데 '큰 원칙으로 말하건대'라는 의미이고, 동음이의어인 대개(大概)는 '대강, 대충 말하여', '대체적으로'라는 의미이므로 그 뜻이 판이하게 다르다. 그리하여 혼동을 피하기 위하여 개역판, 개역개정판, 예배기도용의 주기도문에서 이를 삭제한 것인데 잘한 일이다.

나라와 권세와 영광이 전부 하나님께 있기 때문에 하나님을 위한 기도도 하나님께 사람을 위한 기도도 하나님께 하는 것이라는 이유를 아뢰는 것이 된다. 그래서 '대개'라는 단어가 있는 것이다. 나라는 금세나 내세가 다 성자 하나님 예수 그리스도에게 속하며, 권세는 천지만물의 존재와 조화, 인간의 책망, 회개, 중생, 중보, 권능의 성령에게 속하며, 영광은 영광의 본체이신 성부에게 속하므로 믿음으로 하는 기도자의 청원이며 동시에 기도자의 서원이기도 하다.

---

42) 1938년 성경개역판이 나오기 전 모든 성경 '신약젼서'(1895년, 1898년, 1904년, 1920년, 1933년), '新約全書국한문'(1906년), '신약젼서관주'(1922년), '新約全書'(1925년), '鮮漢文貫珠 聖經全書'(1926년), '신약성서'(1936년)에는 '대개'가 다 들어 있다. 개역판과 개역개정판에는 '대개'를 삭제하였다.

제5편 웨스트민스터 신앙고백

제1장 신앙고백의 역사

Ⅰ. 신앙고백의 의의

신앙고백(信仰告白, Confession)이라 함은 하나님의 계시의 진리를 조직적으로 체계화하여 진술한 교리를 신앙의 내용으로 하여 공적으로 하나님께 고백하고 신자 및 불신자에게 선언하는 언어의 표현이라 할 수 있다. 광의의 신앙고백에는 신조와 요리문답이 포함되며, 신조는 그 교리를 간단명료하게 요약하여 고백·선언하는 신앙고백이라 할 수 있고, 요리문답은 신앙의 내용을 고백·선언할 뿐만 아니라 교육의 목적을 위하여 문답의 형식을 취한 신앙고백이라 할 수 있다. 고백은 신자 자신이 하나님을 찬양하며, 다른 신자에 대하여 확신을 심어 주며, 불신자에 대한 신앙의 증거를 공언하는 것이다.

성경상으로 최초의 신앙고백은 베드로의 신앙고백을 들 수 있다(마 16 : 16). 예수님이 "너희는 나를 누구라 하느냐?"라고 물으시니 사도 베드로가 대답하기를 "주는 그리스도시요 살아 계신 하나님의 아들이니시이다"라고 대답하였다.

Ⅱ. 종교개혁과 신앙고백

1. 종교개혁 전 신앙고백

초대교회의 5대 고대 에큐메니칼 신조로 불리는 사도신경, 니케아 신조, 니케아-콘스탄티노플 신조, 칼케돈 신조, 아타나시우스 신조를 광의의 신앙고백이라 할 수 있으나, 종교개혁기의 신앙고백과는 그 성격이 다르다. 또 고대 에큐메니칼 신조 이후 중세 로마가톨릭에서 AD 681년 제6차 공의회에서 예수 그리스도의 단의론(單意論)을 배격하고 양의론(兩意論)을 채택한 것, AD 787년 제7차 공의회에서 성상논쟁에 관하여 성상을 숭배·예배는 불가하나 절하며 입 맞출 수 있다는 것, AD 1215년 제4차 라테란 회의에서 성찬의 화체설 공식 인정과 성인 남녀 신자 1년 1회 고해를 의무화한 것, AD 1302년 우남 상탐(Unam Sactam) 교령에서 오직 하나의 거룩한 보편적 사도적 교회만이 존재하고, 이 교회 밖에는 구원도 사죄도 없으며 국가도 이 교회의 지도를 받아야 한다는 것, AD 1438~1445년 플로렌스 회의에서 7성례 교리를 확립한 것 등은 신앙고백과는 그 성격이 전혀 다른 하나의 신앙선언 또는 교리공포인 것이다.

2. 종교개혁기의 신앙고백

신앙고백은 주로 종교개혁 시대에 선언·공포되고 고백한 신조이고, 신조 또는 신경은 초대교회 시대에 선언·공포된 신앙고백인 것으로 구별하나 이 경우에는 신앙고백이나 신조는 같은 말로 인식되며, 단지 짧고 간결한 것은 신조로 볼 수 있고, 길고 객관적, 사변적, 논쟁적인 것은 신앙고백으로 볼 수 있다.

대표적 신앙고백으로 루터파 교회에서는 1530년 아우크스부르크 신앙고백, 개혁파 교회에서는 1530년 4개 도시 신앙고백, 1536년 제1 스위스 신앙고백, 1559년 프랑스 신앙고백, 1560년 스코틀랜드 신앙고백, 1561년 벨기에 신앙고백, 1566년 제2 스위스 신앙고백, 1647년 웨스트민스터 신앙고백을 들 수 있다.

이들 외에 종교개혁기에 루터파 교회에서는 아우크스부르크 신앙고백의 변호서, 슈말칼트(Schmalcald) 신조, 협화 신조(Form of Concord)가 있으나 이는 신조라기보다 신앙고백이라 할 수 있다. 아우크스부르크 신앙고백변호서는 1530년 멜란히톤이 작성하고, 1537년 독일의 슈말칼트에서 개신교 신학자들이 서면 지지한 신앙고백이며, 슈말칼드 신조는 1536년 루터가 작성하고 멜란히톤과의 협의를 거쳐 1537년 루터교회의 제후들과 신학자들의 회의에서 44명이 지지 서명한 신앙고백문이며, 협화 신조는 1577년 안드레아와 여러 신학자들이 루터교회 내에 발생한 논쟁들을 해결하기 위한 신앙고백이다.

개혁파 교회에서 츠빙글리의 67개 조항, 베른 신앙고백, 바젤 신앙고백, 취리히 일치 신앙고백이 있으나 이들은 오히려 신조로 분류함이 타당하고, 영국 국교회에서는 성공회 39개조 신조가 있으나 이는 신조라 하기보다 오히려 신앙고백으로 볼 수 있다.

베른 신앙고백은 1528년 베른(Bern)의 종교개혁자 할러(Berthold Haller)와 콜프(Franz Kolb)가 작성하고 츠빙글리가 수정한 '베른 10개 조항'이며, 바젤 신앙고백은 1532년 바젤(Basel)의 종교개혁자 외콜람파디우스(Johannes Oecolampadius)[1]가 작성하고 미코니우스(Oswald Miconius)가 수정하고 1534년 바젤 당국이 채택한 '제1차 바젤 신앙고백'을 말하며, 취리히 일치 신앙고백은 1549년 칼빈과 츠빙글리파의 불링거와의 사이에 협약한 신학적 일치와 합의에 의한 신조를 말한다. 영국 국교회인 성공회의 39개조 신조는 에드워드 6세의 신교정책으로 크랜머(Thomas Ceanmer)[2]가 슈트라스부르크의 종교개혁자 부처(Bucer)를 초청하여 1552년 개혁주의에 입각한 41개조 신조를 작성 완성하고, 1553년 런던 총회와 국왕의 승인을 받고, 그 후 1571년 엘리자베스 1세가 수정 서명하여 39개조 신조가

---

1) 1482~1531, 독일명 Johannes Huszgen(요하네스 후스겐), 독일 출신의 스위스 바젤 종교개혁가.
2) 1489~1556, 영국 최초의 개신교 캔터베리 대주교.

된 것이다.

3. 아우크스부르크 신앙고백(1530)

아우크스부르크 신앙고백(The Augsburg Confession)은 1530년 루터의 동역자 멜란히톤이 작성하여 아우크스부르크 제국회의 때 신성로마제국 황제 카를 5세에게 제출한 신앙고백문이다. 이 신앙고백은 2부로 구성되는데 제1부는 루터가 츠빙글리와 화해하기 위하여 만든 슈바바흐 신조(Schwabacher Artikel)를 중심으로, 제2부는 교회의 폐단에 관해 진술하고 있는 토르가우 신조(Torgauer Artikel)를 바탕으로 하여 작성한 것이다.

이러한 신앙고백은 제1부 신앙과 교리, 제1조 하나님, 제2조 원죄, 제3조 하나님의 아들, 제4조 의인(義認), 제5조 목회 직책, 제6조 새로운 복종, 제7조 교회, 제8조 교회는 무엇인가, 제9조 세례, 제10조 주의 성만찬, 제11조 고백, 제12조 회개, 제13조 성례전의 사용, 제14조 교회의 직제, 제15조 교회의 관습, 제16조 정부와 공민생활, 제17조 그리스도의 재림과 심판, 제18조 의지의 자유, 제19조 죄의 원인, 제20조 신앙과 선행, 제21조 성자숭배, 제2부 개정된 폐단들에 대한 논의, 제22조 성만찬의 떡과 잔, 제23조 사제의 결혼, 제24조 미사, 제25조 고해, 제26조 음식물의 구별, 제27조 수도원 서약, 제28조 감독들의 교권, 결론으로 구성되어 있다.

이 신앙고백은 루터교회의 기본교리를 천명하고, 특히 칭의의 교리를 강조하였으며, 루터파의 다른 신앙고백에 많은 영향을 주었고, 로마가톨릭의 신조 이외에 최초로 제국의회에서 공인된 것이라는 점에서 큰 의의가 있다.

4. 4개 도시 신앙고백(1530)

4개 도시 신앙고백(The Tetrapolitan Confession)은 1530년 신성로마제국 황제 카를 5세의 요구에 의하여 부처(Martin Bucer), 카피토(Wolfgang Capito), 헤디오(Casper Hedio)가 슈트라스부르크(Strasbourg), 콘스탄츠(Konstanz), 멤밍겐(Memmingen), 린다우(Lindau)의 4개 도시의 이름으로 작성하여 황제에게 제출한 신앙고백문이다. 루터의 견해와 츠빙글리의 주장을 중재한 것이다.

　이 신앙고백은 서론, 제1장 설교의 주제와 내용에 관하여, 제2장 성삼위일체와 성육신하신 그리스도의 신비에 관하여, 제3장 칭의와 신앙에 관하여, 제4장 신앙으로부터 나오고 사랑을 통한 선행에 관하여, 제5장 선행은 누구로부터 기인하며 어떻게 필요한가?, 제6장 그리스도인의 의무에 관하여, 제7장 기도와 금식에 관하여, 제8장 축일의 명령에 관하여, 제9장 육류의 선택에 관하여, 제10장 기도와 금식에 의해 우리가 어떤 공적을 쌓는 것처럼 생각해서는 안 된다, 제11장 한 하나님께서 그리스도를 통해서 예배를 받으신다, 제12장 수도원에 관하여, 제13장 교회의 직분과 위엄과 힘에 관하여, 제14장 인간의 전통에 관하여, 제15장 교회에 관하여, 제16장 성례전에 관하여, 제17장 세례에 관하여, 제18장 성찬에 관하여, 제19장 미사에 관하여, 제20장 고백에 관하여, 제21장 교회용 찬송가와 기도문에 관하여, 제22장 조상(造像)과 형상에 관하여, 제23장 행정관에 관하여, 결론으로 구성되어 있다.

5. 스위스 신앙고백(1536)

　스위스 신앙고백(The Helvetic Confession)은 1536년 스위스의 바젤, 취리히, 베른 등의 개혁운동이 추진되고 있는 도시의 지도자들의 합의에 따라 추진하여, 불링거, 미코니우스(Miconius), 그리내우스(Grynaeus), 레오 유다(Leo Judoe), 메간더(Megander)가 바젤에서 스위스 교회 전체가 사용할 수 있게 하기 위하여 작성한 신앙고백문이다. 1534년에 작성된 바젤 신앙고백과 구별하기 위하여 '제2 바젤 신앙고백'이라고도 하고, 1566년에 작성된 제2 스위스 신앙고백과 구별하기 위하여 '제1 스위스 신앙고백'이라 하는 것이다. '헬베티아 신앙고백'[3]이라고도 한다. 이 신앙고백은 스위스 전체를 위한 것으로 개혁교회로서는 처음으로 국가적 권위를 인정받는 신앙고백이 되었다.

신앙고백의 최초 라틴어판은 28개조였으나 나중 독일어판은 27개조였다. 성례나 성찬에 관해 츠빙글리의 신학사상을 따르고 있으나 성례의 의의나 성찬에 있어서 그리스도의 임재 방식은 칼빈의 견해를 따랐다. 그 내용은 제1장 성경에 관하여, 제2장 성경의 해석에 관하여, 제3장 고대 교부에 관하여, 제4장 인간이 발명한 교리에 관하여, 제5장 성경은 무엇을 목표로 삼는가?, 또 성경이 결국 가르치는 것은 무엇인가?, 제6장 하나님에 관하여, 제7장 인간에 관하여, 제8장 원죄에 관하여, 제9장 자유의지라고 불리는 자유로운 자의(恣意)에 관하여, 제10장 하나님은 그의 영원한 결의로써 인류를 어떻게 회복시켰는가?, 제11장 주 그리스도에 관하여, 또 우리가 그로부터 얻어 가진 것에 관하여, 제12장 복음적 교리의 목적이 무엇인가?, 제13장 그리스도의 은혜와 그의 공로가 어떻게 우리에게 전해지며, 그것으로 생기는 결실이 무엇인가?, 제14장 신앙이란 무엇인가?, 제15장 교회에 관하여, 제16장 하나님의 말씀의 사역자와 교회의 역할에 관하여, 제17장 교회의 권능에 관하여, 제18장 교회의 직분의 선거에 관하여, 제19장 교회의 목자와 머리는 누구인가?, 제20장 교역자와 교회의 직책이 무엇인가?, 제21장 성례전의 힘과 효력에 관하여, 제22장 세례에 관하여, 제23장 주의 만찬, 즉 유카리스트에 관하여, 제24장 신자의 거룩한 모임과 사귐에 관하여, 제25장 명령된 것도 아니고 금지된 것도 아닌 것으로써 중간적이며 자유로운 것에 관하여, 제26장 그릇된 원리에 따라 그리스도의 교회를 분열시키거나 교회에서 떨어져 나가서 도당을 만드는 사람들에 관하여, 제27장 현세의 위정자에 관하여, 제28장 거룩한 혼인에 관하여, 이 신앙고백은 위에 기록한 여러 도시의 대표들에게서 인정을 받아 다 같이 수리한 것이다.

---

3) 중세 스위스 지역 일대를 라틴어로 '헬베티아'라고 칭했다. 헬베티아의 형용사형이 헬베틱(Helvetic)인데, 이 신앙고백을 우리말로 표기할 때 헬베틱 신앙고백으로 함은 틀린 표현이다.

6. 프랑스 신앙고백(1559)

프랑스 신앙고백(The French Confession of Faith)은 1559년 프랑스 개혁교회 창립총회가 칼빈의 초안에 약간의 수정을 하여 임시채택한 것이 출판되고, 칼빈의 후계자인 베자가 서문과 함께 프랑스 국왕에게 제출한 신앙고백문이다. 1571년 로셸(Rochelle)에서 열린 프랑스 개혁교회 7차 총회에서 공식 승인을 한 관계로 라 로셸 신앙고백(Confession de foi de La Rochelle)이라고도 한다. 갈리아 신앙고백(The Gallican Confession of Faith)[4]이라고도 부른다.

제1~8조는 하나님과 그 계시에 관하여, 제9~11조는 인간과 그 죄에 관하여, 제12~15조는 예수 그리스도에 관하여, 제16~24조는 구원사업에 관하여, 제25~28조는 교회와 그 성격에 관하여, 제29~33조는 교회와 그 조직에 관하여, 제34~38조는 성례전에 관하여, 제39~40조는 정부의 권위에 관하여 진술하고 있다.

7. 스코틀랜드 신앙고백(1560)

스코틀랜드 신앙고백(The Scottish Confession of Faith)은 1560년 칼빈의 친구이자 제자인 존 낙스(John Knox)가 작성, 의회에 제출하여 인준을 받고, 의회가 공포한 스코틀랜드 개혁 칼빈주의에 입각한 신앙고백문이다. 7년 후인 1567년에 스코틀랜드장로교회가 의회 법령에 의하여 공식적으로 수립되었다. 1580년 스코틀랜드교회는 로마교회가 발표한 트랜트 회의 결정을 반박하기 위하여 신앙고백을 작성한 바가 있는데, 이를 1560년의 것과 구별하기 위하여 '제2 스코틀랜드 신앙고백'이라 부르고, 1560년의 것을 '제1 스코틀랜드 신앙고백'이라 칭한다.

---

4) 프랑스를 로마시대 라틴어로 갈리아로 불렀으므로 '갈리아 신앙고백'이라 한다. 갈리칸은 갈리아의 형용사형이므로 우리말로 번역할 때 갈리칸 신앙고백이라 함은 잘못된 표기이다.

이 신앙고백은 제1장 하나님에 관하여, 제2장 인간의 창조에 관하여, 제3장 원죄에 관하여, 제4장 약속의 계시에 관하여, 제5장 교회의 지속과 증가와 보존에 관하여, 제6장 예수 그리스도의 성육신에 관하여, 제7장 왜 중보자, 화해자는 참하나님이며 참사람이어야 하는가?, 제8장 선택에 관하여, 제9장 그리스도의 죽음, 고난, 그리고 장사에 관하여, 제10장 부활에 관하여, 제11장 승천에 관하여, 제12장 성령의 신앙에 관하여, 제13장 선한 행위의 원인에 관하여, 제14장 어떠한 행위가 하나님 앞에 선한 것으로 인정되는가?, 제15장 율법의 완전과 인간의 불완전에 관하여, 제16장 교회에 관하여, 제17장 영혼의 불멸에 관하여, 제18장 무엇으로 참된 교회는 거짓된 교회와 구별되며, 교회의 교의의 바른 판단은 무엇인지에 관하여, 제19장 성서의 권위에 관하여, 제20장 총회와 그 힘과 권위 및 총회의 소집의 이유에 관하여, 제21장 성례전에 관하여, 제22장 성례전의 올바른 집행에 관하여, 제23장 성례전의 참여자에 관하여, 제24장 관공리에 관하여, 제25장 교회에 거저 주신 은사들에 관하여, 아멘. 주여 일어나 주의 원수를 대적하사, 당신의 거룩하신 이름을 싫어하는 자들이 당신 앞에서 도망하게 하소서. 당신의 종에게 힘을 주사 확신을 가지고 용감하게 당신의 말씀을 전하게 하소서. 열방으로 당신의 참된 지식을 알게 하소서. 아멘. 이 조항들은 의회에서의 낭독을 거쳐 1560년 8월 17일 에든버러에서 (성직자, 귀족, 평민으로 구성된) 3부회에서 인준을 받았다고 구성되어 있다.

8. 벨기에 신앙고백(1561)

벨기에 신앙고백(The Belgic Confession of Faith)[5]은 1561년 칼빈과 베자 밑에서 수학한 구이도 드 브레스(Guido de Bres)가 벨기

---

5) 1648년 네덜란드가 스페인으로부터 독립하였고 벨기에는 1830년 네덜란드로부터 독립을 하였는데, 그전에 이 지역을 라틴어로 벨기카(Belgica)로 불렀다. 벨직(Belgic)은 벨지움(Belgium, 벨기에의 영어식 표기)의 형용사형이므로 벨기에 신앙고백을 우리말로 번역할 때 벨직 신앙고백으로 표기함은 틀린 것이다.

에의 개혁교회를 위하여 작성한 신앙고백문으로 1568년 독일 베젤(베셀)의 개혁교회 노회에서 채택되고, 1571년 네덜란드 개혁교회 엠덴(Emden) 창립총회에서 공인되었고, 도르트 회의에서 약간 수정을 하였다. 이를 '네덜란드 신앙고백'이라고도 칭한다.

 이 신앙고백은 제1장 삼위일체, 제2장 하나님께서 우리에게 알려 주시는 수단, 제3장 기록된 하나님의 말씀에 관하여, 제4장 성경의 정경, 제5장 성경의 위엄과 권위의 근원, 제6장 정경과 외경의 차이점, 제7장 믿음의 유일한 규범인 성경의 충족성, 제8장 하나님의 본체는 하나이나 인격은 셋이다, 제9장 한 하나님 안에 세 인격이 있다는 삼위일체교리에 대한 증거, 제10장 예수 그리스도는 참되고 영원하신 하나님이시다, 제11장 성령은 참되고 영원하신 하나님이시다, 제12장 창조에 관하여, 제13장 하나님의 섭리에 관하여, 제14장 인간의 창조와 타락, 그리고 참된 선을 행할 수 없음에 관하여, 제15장 원죄에 관하여, 제16장 영원한 선택에 관하여, 제17장 타락한 인간의 회복에 관하여, 제18장 예수 그리스도의 성육신에 관하여, 제19장 그리스도 안에서의 두 본성의 연합과 구분에 관하여, 제20장 하나님께서는 그리스도 안에서 그의 공의로우심과 자비하심을 나타내셨다, 제21장 우리를 위한 유일한 대제사장이신 그리스도의 속죄에 관하여, 제22장 예수 그리스도에 대한 믿음으로 말미암는 우리의 칭의에 관하여, 제23장 사죄와 그리스도의 의의 전가로 구성되는 우리의 칭의에 관하여, 제24장 사람의 성화와 선행에 관하여, 제25장 의식법의 폐지에 관하여, 제26장 그리스도의 중보에 관하여, 제27장 보편적인 교회에 관하여, 제28장 각 사람은 참교회에 연합되어 있다, 제29장 거짓된 교회와 구별되는 참교회의 표지에 관하여, 제30장 교회의 정치와 직분에 관하여, 제31장 목사, 장로, 집사에 관하여, 제32장 교회의 질서와 권징에 관하여, 제33장 성례에 관하여, 제34장 세례에 관하여, 제35장 우리 주 예수 그리스도의 성찬에 관하여, 제36장 행정관리에 관하여, 제37장 최후 심판에 관하여, 아멘. 주 예수여 오시옵소서. 요한계시록 22 : 20으로 구성되어 있다.

9. 제2 스위스 신앙고백(1566)

제2 스위스 신앙고백(The Second Helvetic Confession of Faith)은 츠빙글리의 후계자 불링거가 개인적으로 작성해 둔 신앙고백문을 팔츠 선제후 프리드리히 3세와 스위스의 여러 지역의 개혁교회에 회람, 검토, 수정한 후 1566년「참된 그리스도교를 위한 바른 신앙과 보편타당한 교리에 관한 서술과 고백」이라는 제목으로 출판하고 제2 스위스 신앙고백이란 이름으로 공식 공표한 신앙고백문이다. 1536년의 제1 스위스 신앙고백과 1549년 취리히 일치 신앙고백에서 이루지 못한 부분을 성사시키고, 스위스 개혁교회의 공동 신앙고백서의 의의가 있으며, 로마가톨릭의 오류를 절대 용납하지 않으며, 루터교회와의 차이를 최소화하며, 특히 고대 초대교회의 신앙과 잘 조화됨으로 인하여 개혁교회의 신앙고백 중 가장 탁월하고 위대한 신앙고백이라 할 수 있고, 이로부터 백년 이상 유럽 전역 개혁교회의 기본 신앙고백서가 되었다.

이 신앙고백은 신앙고백의 작성 목적을 서술한 서문과 제1장 하나님의 참되신 말씀인 성경에 관하여, 제2장 성경의 해석, 교부(敎父), 회의, 전통에 관하여, 제3장 하나님, 삼위일체에 관하여, 제4장 우상, 즉 하나님이나 그리스도나 성자들의 형상들에 관하여, 제5장 오직 중보자 예수 그리스도만을 통하여 하나님을 찬양하고, 예배하고, 기도함에 관하여, 제6장 하나님의 섭리에 관하여, 제7장 만물, 즉 천사, 마귀, 사람의 창조에 관하여, 제8장 사람의 타락, 즉 죄와 죄의 원인에 관하여, 제9장 자유의지, 즉 인간의 능력과 가능성에 관하여, 제10장 하나님의 예정과 성도의 선택에 관하여, 제11장 참하나님과 참사람이시며, 세상의 유일한 구주이신 예수 그리스도에 관하여, 제12장 하나님의 율법에 관하여, 제13장 예수 그리스도의 복음과 약속, 즉 신령한 것과 의문(儀文)에 관하여, 제14장 사람의 회개와 회심에 관하여, 제15장 신자의 진정한 칭의에 관하여, 제16장 믿음과 선행, 즉 사람의 공로와 그 보상에 관하여, 제17장 하나님의 보편적이고 거룩한 교회와 교회의 유일한 머리에 관하여, 제18장 교회의 사역자와 제도와 직분에 관하여, 제19장 그리스도의 교회와 성례에 관하여, 제20장 세례에 관하여, 제21장 성찬에 관하여, 제22장 교회의 거룩한 모임에 관하여, 제23장 교회에서의 기도, 찬송, 법규에 의한 일곱 번의 기도에 관하여, 제24장 주일, 금식, 음식을 가리는 것에 관하여, 제25장 자녀들의 교육과 병든 자를 위로하고 심방하는 일에 관하여, 제26장 신자의 장례, 죽은 자들에 대한 관심, 연옥과 영의 나타남에 관하여, 제27장 의식, 의례, 교회의 다양성에 관하여, 제28장 교회의 재산과 그 정당한 이용에 관하여, 제29장 독신생활, 결혼생활, 가정을 다스림에 관하여, 제30장 행정관리에 관하여, 아멘으로 구성되어 있다.

Ⅲ. 웨스트민스터 신앙고백서의 형성과정

1. 웨스트민스터 총회

웨스트민스터 신앙고백서는 '웨스트민스터 표준문서'라 하기도 하고 또는 '웨스트민스터 신도게요서'(信道揭要書)라 부르기도 한다. 이 신앙고백서는 웨스트민스터 사원(Westminster Abbey)에서 잉글랜드 목사 121명, 평신도 대표로 상원의원(지방 제후인 귀족) 10명, 하원의원 20명 계 30명, 총 대표 151명과 스코틀랜드 참관인으로 목사 4명, 장로 2명 계 6명이 참가하여 1643년 7월 1일에 개회하고, 1649년 2월 22일에 폐회하여 5년 7개월 22일 동안 열렸던 웨스트민스터 총회(Westminster Assembly)에서 1,163회의 회의를 거쳐, 초안 심의, 수정, 관주구절 첨가, 하원 통과, 상원 통과를 하여 이 세상에 출현하여, 온 세계의 개혁교회 또는 장로교회의 모범적 표준 교리문서가 되었을 뿐만 아니라 침례교의 회중주의 교파나 감리교의 감독주의 교파에도 지대한 영향을 미쳤다.

2. 웨스트민스터 신앙고백서의 역사적 배경

잉글랜드의 튜더 왕가의 헨리 8세(Henry Ⅷ)가 1534년 수장법(首長

法)을 공포함으로 영국 국교회 성공회가 탄생되어 종교개혁 없이 로마교로부터 분리되었다. 그 후 에드워드 6세의 신교정책과 메리 1세의 구교정책을 거쳐, 엘리자베스 1세가 수장법을 다시 의회에 통과시킴으로 영국 국왕이 교회의 수장이 되는 제도를 회복하였다. 그 후 튜더 왕가가 단절되자 스코틀랜드의 제임스 6세가 영국의 왕위를 계승하여 제임스 1세(James I)[6]가 되어 스튜어트 왕가(The House of Stuart)[7]를 창시한다. 이 자는 스코틀랜드 재위 시절에는 "세상에서 가장 진실된 하나님의 교회는 장로교회이다."라고 선언한 장로교인이었는데, 나중에 감독주의로 변절하여 "감독 없이는 국왕도 없다."(No Bishop No King)라는 원리를 주장하였으며, 1642년 찰스 1세(Charles I)[8]가 즉위하면서 "감독 없이는 참교회가 있을 수 없다."라고 하면서 절대왕정과 교회의 감독주의를 강화하여 청교도의 개혁운동[9]을 탄압하였다.

찰스 1세가 스코틀랜드와의 제2차 주교전쟁(主敎戰爭, Bishops' War)의 전비를 마련코자 1640년 단기의회와 장기의회(長期議會, Long Parliament)[10]를 소집하였고, 이 장기의회가 종교회의 소집에 관한 국왕의 허락을 받지 못한 상태에서 청교도들의 요구에 의하여 의회 자체의 명령권[11]을 발동하여 웨스트민스터 총회를 소집한 것이다.

---

6) 1566~1625, 재위, 잉글랜드 왕으로 1603~1625, 스코틀랜드 왕으로 1567~1625.
7) 1603~1714.
8) 1600~1649, 재위 1625~1649.
9) 청교도란 영국의 칼빈주의의 프로테스탄트 신자를 말한다. 청교도운동은 영국의 국교회인 성공회를 개혁하자는 운동이다. 청교도혁명은 1642~1660년 동안 청교도를 중심으로 일어난 무력혁명으로 일명 영국내란이라 한다. 크롬웰의 의회파와 왕당파 간의 전쟁으로 의회파가 승리하여 1649년 찰스 1세를 처형하나, 크롬웰의 독재로 인하여 1660년 왕정복고가 이루어진다.
10) 1640년 4~5월에 열린 의회를 단기의회라 부르고, 1640년 11월에 소집한 의회를 장기의회라 부르는데, 크롬웰의 군대에 의하여 의원이 강제 축출된 1653년 4월까지를 장기의회라 하기도 하고, 또는 의회해산을 위한 법안이 통과된 1660년 3월까지를 장기의회라고 하기도 한다.
11) 1643년 6월 12일에 영국 의회는 '영국교회의 치리와 예배형식을 결정하며 교리에서 거짓된 비평과 해석을 일소하기 위하여 의회의 상하 양원의 자문기관으로서 성직자들과 기타 인사들로 된 대회를 소집하는 법안'을 통과시킴으로

3. 웨스트민스터 신앙고백서의 구성

웨스트민스터 신앙고백서는 5개 분야로 구성되어 있다. ① 웨스트민스터 신앙고백(Westminster Confession of Faith), 이는 장로교회의 신앙의 핵심이며 칼빈주의의 금자탑이다. ② 대요리문답(Larger Catechism), 이는 위의 신앙고백에 근거하여 장년 교육을 위하여 작성한 요리문답이다. ③ 소요리문답(Shorter Catechism), 이는 어린이와 자녀의 교육을 위하여 작성된 요리문답이다. ④ 공예배지침(예배모범, Directory of Public Worship), 이는 예배에 대한 성경적 원리를 제시한 지침이다. ⑤ 장로교회 정부형태론(Form of Presby-terian Church Government), 이는 성경에 입각한 교회정치형태를 취급한 정치체제에 관한 규정이다.

4. 웨스트민스터 신앙고백의 작성 과정

웨스트민스터 총회는 의회로부터 처음에는 영국 성공회의 39개 신조를 개정하는 것을 위임 받아 개정작업을 하다가, 다시 의회로부터 왕국 전체를 위한 새로운 신앙고백의 작성을 위임 받아 신규 제정의 작업을 1646년 12월 4일에 완성하고 상하 양원에 송부하였으나, 하원의 요구인 성경 구절 관주작업을 하여 1647년 4월 29일 완성하고, 하원은 1648년 3월 22일 수정 통과, 상원은 1648년 6월 3일 수정 통과하여 1660년 왕정복고에 의하여 영국 국교회에 의하여 폐지될 때까지 영국 전체의 신앙고백의 표준으로 권위를 갖게 되었고, 1690년 영국의 윌리엄 3세와 메리 2세[12] 공동 국왕 때 국왕의 비준을 득하였다.

스코틀랜드교회 총회에서는 잉글랜드보다 1년 먼저인 1647년 8월 27일 에든버러 총회에서 이를 채택하고, 스코틀랜드 의회는 2년 늦

총회가 소집되고, 1643년 7월 1일 웨스트민스터 총회가 개회된 것이다.
12) William 3세(1650-1702, 재위 1689-1702), Mary 2세(1662-1694, 재위 1689-1694), 명예혁명(무혈혁명)으로 영국의 공동 국왕이 되었다.

게 1649년 2월 7일 웨스트민스터 신앙고백을 승인하였다.

이 신앙고백은 영국 성공회 39개 신조에서 출발하고 스코틀랜드의 군대와 의회 및 총회의 영향을 많이 받았으나 어셔(James Ussher)[13]가 작성하고 1615년 아일랜드 개신교에 의해 채택된 아일랜드 신앙고백의 영향을 크게 받았다.

5. 미국판 웨스트민스터 신앙고백의 채택과 신학 및 신앙의 방향

1) 미국 초기 개신교의 수용

1648년 매사추세츠 회중교회가 교회 정치 부분을 수정하고 웨스트민스터 신앙고백을 채택하였으며, 그 후 미국의 많은 회중교회와 침례교회가 약간의 수정을 하여 이를 수용하였다.

미국장로교회는 1729년에 대·소요리문답과 함께 웨스트민스터 신앙고백을 채택하였다.

2) 1788년 미국장로교회(미국 북장로교) 수정판

에라스투스주의[14]를 극복하기 위하여 다음 몇 개의 항목을 수정하였다.

① 제20장 신자의 자유와 양심의 자유에 관하여, 제4절의 그리스도인의 자유의 제한성에 관한 진술 가운데 "일반관리의 권한에 의해서 처분될 것이다.(또는 그리고 세속적 위정자들의 권세에 의해, 또는 행정관리들의 권한에 따라서)"를 삭제하였다.

② 제23장 관공직에 관하여(국가의 위정자에 관하여), 제3절 국가위정자의 의무에 관한 진술 전체를 수정하였다.

③ 제31장 대회와 회의에 관하여, 제1절 교회회의들의 필요성과 근

---

13) 1581~1656, 아일랜드계 영국 대주교.
14) Erastianism, 종교문제에 있어서 국가가 교회보다 우위에 있어야 한다는 국가권력지상주의를 말한다. 에라스투스(Thomas Erastus, 1524-1583, 스위스의 의사, 종교논쟁가)는 교회의 재판에서 출교나 파문은 있을 수 없고, 세속적인 국가가 처벌해야 한다고 주장한다.

거에 관한 진술에 보완 첨가하였다.

④ 제31장 대회와 회의에 관하여, 제2절 국가 위정자들의 회의 소집 전체를 생략 삭제 등을 수정하여 채택하였다.

위의 것 이외에 제24장 결혼과 이혼에 관하여, 제25장 교회에 관하여 조항을 어느 정도 수정하였다. 이 수정작업에 의해 국가 위정자가 교회에 간섭할 수 없게 하고, 교회의 독립성을 확실히 정착시켜 놓은 것에 대하여 칭찬을 해야 한다. 1886년에 제24장 결혼과 이혼에 관하여, 친족 결혼 금지규정을 삭제한 바 있다.

3) 1903년 미국장로교회(미국 북장로교) 수정판
① 보편구원론적인 '선언문' 추가, 채택하였다.
② 제34장 성령에 관하여 추가, 채택하였다.
③ 제35장 하나님의 사랑의 복음과 선교에 관하여 추가, 채택하였다.
④ 제16장 선행에 관하여 제7절 중생하지 못한 자들의 행위에 관한 진술 가운데, 중생하지 못한 자의 선행은 죄라는 문구를 삭제하고, 그것은 하나님이 요구하시는 것에는 미치지 못하는 것이며, 동시에 아무도 하나님의 은혜를 받도록 하지 못한다고 한 단계 완화하여 수정하였다.
⑤ 제22장 합당한 맹세와 서원에 관하여 제3절 맹세의 내용에 관한 진술 가운데, 합당한 맹세에 대한 요구의 거절은 죄라는 문구를 삭제, 제7절 서원해서는 안 되는 것들에 관한 진술 가운데 교황청의 라는 문구를 삭제하였다
⑥ 제25장 교회에 관하여 제6절 교회의 머리에 관한 진술 가운데, "로마의 교황도 어떠한 의미에서라도 교회의 머리가 될 수가 없다. 오히려 그는 적그리스도요, 죄의 소유자요, 지옥의 아들이요, 교회에서 그리스도에 대항하여 자신을 높이 올리며 하나님을 훼방하는 자이다."라는 문구를 삭제하고 특정인을 지적하지 않고 일반론적인 입장에서 이런 이러한 자는 비성경적이요, 근거 없는 말이고, 그리스도를 모독하는 권리침범이라는 문장으로 완화하여 수정하였다.

4) 칼빈주의의 수정과 완화

(1) 이중예정론과 제한속죄론의 위기
1903년 신설한 유권적 선언문에서 "하나님의 영원한 칙령에 관한 교리는 전 인류에 대한 그의 사랑의 교리와 조화되는 것으로 이해하며, 그의 아들의 은사는 전 세계의 죄를 위한 화해로 이해하며"라고 고백함으로 정통 보수주의인 칼빈주의 신학의 이른바 '이중예정론'과 '제한속죄론'(제한구원론)이 심각한 도전을 받았다. 이는 1618년 칼빈주의의 완결판이라고도 할 수 있는 도르트 회의에서 결정한 칼빈주의를 부인하고 있으면서 '선언문'의 표현은 하나님의 사랑의 교리와 조화되는 것으로 이해한다고 하여, 하나님의 사랑의 이름을 빌려 칼빈주의의 이중예정론과 제한구원론을 희석, 호도하고 있는 것이다. 도르트 회의에서 축출당한 아르미니우스주의자들의 주장인 조건예정론과 보편구원론으로 미국장로교가 전향과 선회를 한 것 같은 풍조가 보인다. 이는 정통 보수주의 신학에서 궤도 이탈을 하여 신정통주의 신학으로 넘어가고 있는 것 같다. 웨스트민스터 신앙고백이라는 하나의 고백 안에 제3장은 이중예정론의 고백과 진술을 하고 또 그것을 그냥 그대로 둔 채 말미에 선언문이라는 이름 안에 이중예정론을 하나님의 사랑의 교리와 조화되는 것으로 이해하자고 하니, 이는 교리적으로나 논리적으로나 법제적으로나 큰 모순을 안고 있는 것이다.

(2) 영아의 구원문제
1903년 수정 전 1647년 영국판에 영아의 구원문제는 웨스트민스터 신앙고백 제10장 실제적 부르심에 관하여, 제3절에서 "택함을 받은 영아는 어려서 죽는다 할지라도 성령을 통해서 그리스도로 말미암아 중생하고 구원을 받는다."라고 함으로 '선택받은 영아'만이 구원을 받는다고 고백하여 분명히 칼빈의 제한구원론을 선언하고 있는데, 1903년 미국판에 "유아 시절에 죽는 모든 아이는 구원의 선택에 포함되어 있으며"라고 함으로 '모든 아이'가 구원을 받는다고 진술하여 칼빈의 제한구원론을 부정하고 나선다.

제2장 웨스트민스터 신앙고백의 헌법상 지위

Ⅰ. 독노회와 웨스트민스터 신앙고백

1907년 9월 17일 독노회 창립 시 요리문답과 마찬가지로 실질적 의미의 헌법인 신경과 정치에는 없었고, 신경 서문에 특별히 웨스트민스터 신경[15]과 성경요리문답 대소 책자에 관한 언급을 보아서 독노회 이전부터 별도의 책자로 하여 실질적 의미의 헌법으로 웨스트민스터 신앙고백이 있었다는 것을 알 수 있다.

Ⅱ. 총회 헌법과 웨스트민스터 신앙고백

1912년 9월 1일 우리 교단 총회가 창립될 때에도 헌법전(憲法典)은 별도로 존재하지 않았고 따라서 웨스트민스터 신앙고백은 독노회의 경우와 마찬가지의 형태로 인정을 하였고, 1917년 제6회 총회 때 신경, 정치, 예식서, 권징조례, 예배모범을 채택할 때도 헌법전으로써의 이 신앙고백은 없었다. 1922년 9월 10~15일에 개최한 제11회 총회 때 우리 교단 최초의 성문헌법인 헌법전을 제정, 공포하였을 때도 소요리문답을 헌법에 편입시켰으나 이 신앙고백은 헌법에 편입시키지 않았다.

그러나 1967년 6월 21~25일 제52회 총회에서 웨스트민스터 신앙고백을 통과시키고, 1968년 제53회 총회에서 헌법개정위원회를 구성하여 헌법의 대폭 개정을 2년간 연구하도록 하였다. 동시에 이미 통과된 웨스트민스터 신앙고백을 헌법에 편입시키기로 하고, 1970년 제55회 총회에서 헌법 개정안이 통과, 노회 수의 후, 1971년 9월 23~27일 제56회 총회 시 헌법 개정 시행 공포를 함으로 5법 구성 헌법체

---

15) 독노회 때 신경 서문에 나와 있는 웨스트민스터 신앙고백은 '웨스드민스터 신경'이라 하고, 1922년 최초 성문헌법 신경 서문에는 '워스드민스터신경신도게요서'(信經信道揭要書)로 표현하고 있다.

제에서 4편부 체제로 법제를 변경하고, 헌법 제1편 교리, 제1부 신조(종전의 신경, 12신조), 제2부 요리문답, 제3부 웨스트민스터 신앙고백으로 편입함으로 공식적으로 실질적 의미의 헌법에서 형식적 의미의 헌법인 헌법전의 일부분이 되었다. 그 후 1983년 8월 24일 헌법 개정 시행 공고 시 사도신경을 헌법 제1편 교리 제1부에 편입함으로 말미암아 웨스트민스터 신앙고백은 제3부에서 제4부로 밀려났다.

제3장   웨스트민스터 신앙고백의 내용

헌법 제1편 교리 제4부 웨스트민스터 신앙고백
웨스트민스터 신앙고백[16]

Ⅰ. 제1장 성경에 관하여

"1. 자연의 빛과 창조의 업적과 섭리가 하나님의 선과 지혜와 권능을 잘 나타냄으로 사람이 핑계할 수 없게 되었다(롬 1 : 19 - 20, 2 : 14 - 15, 1 : 32, 2 : 1, 시 19 : 1 - 3[17]). 그러나 그것은 구원을 얻기에 필요한 하나님과 그의 뜻에 관한 지식을 얻기에 충분치 못하였으므로(고전 1 : 21, 2 : 13 - 14) 주님은 여러 기회에 여러 가지 방법으로 교회에 대하여 자신을 계시하시고 자기의 뜻을 선포하시기를 기뻐하셨다(히 1 : 1). 그리고 나중에는 진리를 더 잘 보존하시고 전파하시

---

16) 교단헌법 Ⅲ 전게서, pp. 68 - 132. 이하 각주 16~42는 헌법 원문의 각주 1~27에 해당한다. 웨스트민스터 신앙고백과 소요리문답은 1643년 영국의 "장기의회"에 의해서 소집된 신학자 총회에서 작성된 것이다. 이 총회의 고백서는 1648년의 의회에서 공인한 것이다. 이에 앞서 1647년에 스코틀랜드 의회에서 준비되었다. 웨스트민스터 신앙고백서의 원본은 1958년도 판에 이르기까지의 여러 가지 수정(修正)의 역사를 더듬어 보지도 않았다. 주에 나타나는 구독법(句讀法), 철자법, 그리고 대문자 쓰기는 1647년 판에 따른다.
17) 1967년도의 미국판 웨스트민스터 신앙고백에는 성구가 인용되어 있지 않으나 이 번역은 독자의 편의를 돕기 위하여 1647년 판에서 성구를 인용하였음을 밝힌다.

며, 육신의 부패와 사단과 이 세상의 악에 대하여 교회를 더 견고하게 건설하시고 또한 위안하시기 위하여 주님의 뜻을 온전히 기록해 두시기를 기뻐하셨다(잠 22 : 19 - 21, 눅 1 : 3 - 4, 롬 15 : 4, 마 4 : 4, 10, 사 8 : 19 - 20). 이것이 성경이 가장 필요하게 된 원인이다(딤후 3 : 15, 벧후 1 : 19). 그러나 하나님이 자기의 뜻을 자기 백성에게 계시해 주시던 이전 방법은 현재 중지되어 버렸다(히 1 : 1 - 2).

2. 성경 또는 하나님의 쓰여진 말씀이라는 명칭하에 현재 신·구약성경의 모든 책이 포함되어 있다. 그 책은 :

구약
창세기, 출애굽기, 레위기, 민수기, 신명기, 여호수아, 사사기, 룻기, 사무엘상, 사무엘하, 열왕기상, 열왕기하, 역대상, 역대하, 에스라, 느헤미야, 에스더, 욥기, 시편, 잠언, 전도서, 아가, 이사야, 예레미야, 예레미야애가, 에스겔, 다니엘, 호세아, 요엘, 아모스, 오바댜, 요나, 미가, 나훔, 하박국, 스바냐, 학개, 스가랴, 말라기

신약
마태복음, 마가복음, 누가복음, 요한복음, 사도행전, 로마서, 고린도전서, 고린도후서, 갈라디아서, 에베소서, 빌립보서, 골로새서, 데살로니가전서, 데살로니가후서, 디모데전서, 디모데후서, 디도서, 빌레몬서, 히브리서, 야고보서, 베드로전서, 베드로후서, 요한1서, 요한2서, 요한3서, 유다서, [요한]계시록[18]

이 모든 책은 하나님의 영감으로 주어진 것으로 믿음과 생활의 기준이 된다(눅 16 : 29, 31, 엡 2 : 20, 계 22 : 18 - 19, 딤후 3 : 16).

3. 보통 외경이라고 부르는 책은 영감에 의해서 된 것이 아니며 경전의 일부도 아니다. 따라서 하나님의 교회 안에서는 권위가 없다. 또한 다른 인간적 저서보다 더 사용가치가 있는 것도 아니다(눅 24 : 27, 44, 롬 3 : 2, 벧후 1 : 21).

---

18) [ ] 안에 있는 것은 1967년 판에는 없으나 1647년 판에는 있는 것을 의미한다.

4. 성경의 권위에 대하여 우리는 그것을 믿고 복종해야 한다. 그 권위는 어떤 사람이나 교회의 증언에 의거하는 것이 아니라 진리 자체이시며 저자가 되시는 하나님께 전적으로 매여 있다. 그것은 하나님의 말씀이다. 따라서 우리는 그것을 받아들여야 한다(벧후 1 : 19, 21, 딤후 3 : 16, 요일 5 : 9, 살전 2 : 13).

5. 우리는 교회의 증언에 따라 성경을 고귀한 것으로 평가한다(딤전 3 : 15). 내용의 고귀함, 교리의 적절함, 문제의 장엄성, 모든 부분의 통일성, 성경 전체의 목표, 그것은 하나님께 모든 영광을 돌린다는 것이다. 인간의 유일한 구원의 길을 보여 주는 모든 발견, 그 밖에 여러 가지 비교할 수도 없는 훌륭한 내용과 거기에 나타나는 전체적 완전성, 이와 같은 모든 줄거리는 성경이 하나님의 말씀이라는 것을 충분히 증거해 준다. 그러나 우리가 그것을 충분히 납득하고 또한 그것이 틀림없는 진리이며 신적 권위를 가지고 있다고 확신할 수 있는 것은 우리의 마음속에서 말씀을 통해서 증거하시는 성령의 내적 활동에 의한 것이다(요일 2 : 20, 27, 요 16 : 13 - 14, 고전 2 : 10 - 12, 사 59 : 21).

6. 하나님 자신의 영광과 인간의 구원과 믿음과 생에 필요한 모든 것에 관하여 하나님이 가지시는 모든 계획은 성경 안에 분명히 나타나 있거나 그렇지 않으면 좋고 필요한 귀결로써 성경에서 찾아낼 수 있다. 이 성경에 대하여 어느 때를 막론하고 성령의 새로운 계시로써나, 인간의 전통으로서도 더 첨가할 수 없다(딤후 3 : 15 - 17, 갈 1 : 8 - 9, 살후 2 : 2). 그리고 우리는 또한 하나님의 영의 내적 비침이 말씀 안에 계시된 그것을 이해하는 데 필요하다는 것을 인정한다. 그와 동시에 하나님을 예배하는 데는 여러 가지 형식이 있으며 교회 정치나 인간의 행동과 사회에도 여러 가지 종류가 있다는 것도 인정한다. 이와 같은 예배와 교회 정치는 언제든지 지켜야 할 그 말씀의 일반적 규칙에 따라서 자연의 도리와 신자의 사려 분별을 통해서 조직되어야 한다(고전 11 : 13 - 14, 14 : 26, 40).

7. 성경 안에 있는 모든 것이 그 자체가 자명하거나 모든 사람에게 분명한 것은 아니다(벧후 3 : 16). 그러나 구원을 얻기 위해서 알아야

하고, 믿어야 하고, 지켜야 할 것은 그 안에 분명히 지시되고 계시되어 있으므로 교육을 받은 사람이나 받지 않은 사람이라도 적당히 방법만 사용한다면 그것에 대한 충분한 이해를 가질 수 있는 것이다(시 119 : 105, 130).

8. 옛날 하나님의 백성의 국어였던 히브리말로 기록된 구약성경이나 그 당시 여러 민족에게 가장 보편적으로 알려져 있던 헬라말로 기록된 신약성경은 하나님의 감동을 직접 받았을 뿐만 아니라 하나님의 단독적인 보호와 섭리로써 세세토록 순결하게 보존되어 왔으므로 신뢰할 만한 것이다(마 5 : 18). 그러므로 그것은 종교에 관한 모든 논쟁에 있어서 교회가 최종적으로 의거할 수 있을 것이다(사 8 : 20, 행 15 : 15, 요 5 : 39, 46). 그러나 성경을 읽을 권리를 가지고 그것에 관심을 가지는 동시에 두려운 마음으로 읽고 탐구하도록(요 5 : 39) 명령을 받은 하나님의 백성들이라도 이 원어를 다 알지 못했다. 그러므로 성경은 누구나 읽을 수 있도록(고전 14 : 6, 9, 11-12, 24, 27-28) [각 민족의][19] 쉬운 방언으로 번역되어야 한다. 그렇게 함으로써 하나님의 말씀은 모든 사람 안에 풍성히 거하며(골 3 : 16), 그들이 옳은 방법으로 하나님을 예배하며 성경이 가르쳐 주는 인내와 위로를 통해서 소망을 가지게 된다(롬 15 : 4).

9. 성경을 해석하는 틀림없는 법칙은 성경 자체이다. 그러므로 어느 성경 한 구절이 내포하고 있는 참되고 충족한 의미에 관하여(여러 가지 의미가 있는 것이 아니라 하나밖에 없다.) 무슨 의문이 있을 때는 더 분명하게 말한 다른 성구를 통해서 고찰하고 이해해야 한다(벧후 1 : 20-21, 행 15 : 15, 요 5 : 46, 미국판에는 must가 아니라 may로 되어 있음).

10. 최고 심판자는 성경 안에서 말씀하시는 성령 이외에 아무도 있을 수가 없다(마 22 : 29, 31, 엡 2 : 20, 행 28 : 25). 이로 말미암아 모든 종교적 논쟁은 결정되어야 하고 교회 회의의 모든 명령과 고대 학자들의 의견과 인간론과 개인의 정신 문제도 이 심판자의 감독을 받아야 하며 그의 판결에 순응해야 한다."

---

19) 1647년 판에는 '각 나라의' 쉬운 방언으로 되었음.

제1절은 제1장 성경에 관하여의 서문에 해당하며 성경의 필요성과 종결성에 관하여, 제2절은 신·구약 66권 정경(正經, Canon)에 관하여, 제3절은 외경(外經, Apocrypha)에 관하여, 제4절은 성경 권위의 근거에 관하여, 제5절은 성경의 신적 권위의 증거와 확신에 관하여, 제6절은 성경의 충족성에 관하여, 제7절은 성경의 명료성에 관하여, 제8절은 성경 번역의 중요성과 필요성에 관하여, 제9절은 성경 해석의 법칙에 관하여, 제10절은 성경의 최고 심판성에 관하여 고백하고 있다.

Ⅱ. 제2장 하나님과 성삼위일체에 관하여

"1. 살아 계시고, 참되신 하나님은 한 분뿐이시다(시 6 : 4, 고전 8 : 4, 6). 그의 존재는 무한하시고 완전하시고(욥 11 : 7 - 9, 26 : 14), 가장 순결하신 영이시다(요 4 : 24). 볼 수 없고(딤 1 : 17), 육체를 가지시지 않고 어떤 것의 부분이 되시거나(신 4 : 15 - 16, 요 4 : 22, 눅 22 : 39), 성정을 가지지도 않으신다(행 14 : 11, 15). 그는 또한 변치 않으시고(약 1 : 17, 말 3 : 6), 광대하시고(왕상 8 : 27, 렘 23 : 23 - 24), 영원하시고(시 90 : 2, 딤전 1 : 17) 측량할 수도 없다(시 145 : 3). 전능하시고(창 17 : 1, 계 4 : 8), 가장 지혜로우시고(롬 16 : 27), 가장 거룩하시고(사 6 : 3, 계 4 : 8), 가장 자유하시고(시 115 : 3), 절대하시며(출 3 : 14), 모든 일을 자기의 영광을 위하여 불변하고 의로우신 뜻의 계획에 따라 행하신다(엡 1 : 11). 그는 사랑이 가장 많으시고(요일 4 : 8, 16), 은혜스럽고, 자비롭고, 너그러우시며, 선과 진리에 충만하시고, 부정과 위법의 죄를 용서하신다(출 31 : 6 - 7). 자기를 열심히 찾는 자에게는 상을 주신다(히 11 : 6). 그뿐만 아니라 그의 심판은 가장 바르고 무서운 것이다(느 9 : 32 - 33). 모든 죄를 미워하시고(시 5 : 5 - 6), 죄를 결코 사하지 않으신다(나 1 : 2 - 3, 출 34 : 7).

2. 하나님은 모든 생명(요 5 : 26)과 영광(행 7 : 2)과 선(시 119 : 68)과 축복(딤전 6 : 15, 롬 9 : 5)을 자기 안에 가지고 계실 뿐만 아니

라 외부에 나타나게도 하신다. 하나님은 자신 안에 있어서나 자신에 대해서나 모든 면에 있어서 자족하시다. 피조물에서(행 17 : 24-25) 보충을 받아야 하거나, 무슨 영광이 피조물에서 나오는 것이 아니라 (욥 22 : 2, 23), 모든 피조물 안에서나 피조물을 통해서나, 또는 그것에 대해서, 또는 그 위에서 자기의 영광을 나타내신다. 하나님만 모든 존재의 근원이 되신다. 모든 것은(롬 11 : 36) 그에게서, 그를 통해서, 그를 향해서 존재한다. 그는 무엇이든지 자기가 기뻐하시는 대로(계 4 : 11, 딤전 6 : 15, 단 4 : 25, 35) 모든 것을 주관하시고 사용하시고 보호하시고 명령하신다. 그의 앞에서는 모든 것이 노출된다(히 4 : 13). 그의 지식은 무한하고 틀림이 없고 피조물에 의지하지 않는다(롬 11 : 33-34, 시 147 : 5). 그러므로 하나님에게는 우연한 것이나 불확실한 것은 하나도 없다(행 15 : 18, 겔 11 : 5). 모든 계획이나 역사나 명령에 있어서 가장 거룩하시다(시 145 : 17, 롬 7 : 12). 천사나 사람이나 또는 모든 피조물이 드리는 예배나 봉사나 복종은 하나님에게 돌려야 하며, 또한 그는 그것을 기뻐 요구하신다(계 5 : 12-14).

3. 하나님의 본체는 하나이시나 삼위로 계신다. 즉, 한 본체와 한 권능과 한 영원성이다. 아버지로서의 하나님, 아들로서의 하나님, 성령으로서의 하나님이시다(요일 5 : 7, 마 3 : 16-17, 28 : 19, 고후 13 : 14). 성부는 무슨 물질로 구성되거나 거시서 나오거나 그것에서 유출되는 것은 아니다. 성자는 영원토록 성부에게서 탄생하시고(요 1 : 14, 18), 성령은 영원토록 성부와 성자에게서 나온다(요 15 : 26, 갈 4 : 6)."

제1절은 하나님의 속성, 제2절은 하나님과 피조물과의 관계, 제3절은 삼위일체의 본질에 관하여 고백하고 있다. 제1절 말미에 "……모든 죄를 미워하시고 죄를 결코 사하지 않으신다."에서 하나님께서 "죄를 사하지 않으신다."라는 번역의 말에 오해의 소지가 있어 "……모든 죄를 미워하시고 유죄한 자를 결코 그냥 내버려 두시지 않으신다."로 또는 "……모든 죄를 미워하시고 죄를 회개치 않고 스스로 고집하여 죄짐을 지고 있는 자를 결코 면죄(용서)하지 않으신다."로 또

는 "……모든 죄를 미워하시며 죄 있는 자를 결단코 면죄하여 주지 않으신다."로 번역함이 옳다.

Ⅲ. 제3장 하나님의 영원하신 경륜에 관하여[20]

"1. 하나님은 영원 전부터 자신의 뜻으로 말미암아 가장 현명하고 거룩한 계획에 따라 장차 일어날 모든 것을 자유롭게 또한 변함이 없게 제정하셨다(엡 1 : 1, 롬 11 : 33, 히 6 : 17, 롬 9 : 15, 18). 그러나 하나님이 죄를 조성하시거나(약 1 : 13, 17, 요일 1 : 5), 인간에게 허락하신 의지를 부정하시거나, 또는 제2의 원인의 자유와 우연성이 없어지는 것이 아니라, 오히려 그것을 확립하신다(행 2 : 23, 마 17 : 12, 행 4 : 27-28, 요 19 : 11, 잠 16 : 33).

2. 하나님은 생각할 수 있는 모든 상태에서 일어나든지 일어날 수 있는 모든 것을 아신다(행 15 : 18, 삼상 23 : 11-12, 마 11 : 21, 23). 그러나 하나님이 그것을 미래로 예견하셨거나 또는 일정한 상태로 일어날 것이라고 해서 그것을 정하신 것은 아니다(롬 9 : 11, 13 : 16, 18).

3. 하나님의 경륜으로 말미암아 자기의 영광을 나타내기 위하여 인간과 천사들 중에(딤전 5 : 21, 마 25 : 41) 어떤 이는 영생으로 어떤 이는 영원한 죽음에 미리 경륜되었다(롬 9 : 22-23, 엡 1 : 5-6, 잠 15 : 4).

4. 이와 같이 예정되고 미리 작정된 천사들이나 인간은 특별하고 변함이 없게 결정되어 있어서 그들의 수는 매우 확실하고 확정적이므로 더 증가되거나 감소될 수가 없다(딤후 2 : 19, 요 13 : 18).

5. 생명으로 예정된 사람들은 하나님이 벌써 이 세상의 기초를 놓으시기 전에 영원하고, 변함이 없는 목적과 자기의 뜻에 의한 비밀의 계획과 선한 기쁨에 따라서 그리스도 안에서 택하셨다. 자기의 (온전

---

20) 이 신앙고백서 끝에 있는 선언문을 참조할 것. 이 선언문은 제3장에 대한 유권적 해석이다.

히) 자유로운 은혜와 사랑에 그들을 영원한 영광으로 예정하셨다(엡 1 : 4, 9, 11, 롬 8 : 30, 딤후 1 : 9, 살전 5 : 9). 이렇게 예정하실 때 하나님은 자의 결정의 원인이 될 만한(롬 9 : 11, 13, 16, 엡 1 : 4, 9) 그들의 신앙이나, 선한 행실이나, 또는 그들 안에나 다른 피조물 안에 최종적 구원을 미리 보시고 한 것은 아니다. 모든 것은 하나님의 영화로운 은혜를 찬양하기 위해서 택한 것이다(엡 1 : 6, 12).

6. 하나님이 선택을 입은 자들을 영광의 자리에 앉게 하신 것과 같이 자기 뜻의 영원하시고 가장 자유로우신 목적을 통하여 그것에 필요한 모든 방법을 미리 정하셨다(벧전 1 : 2, 엡 1 : 4 - 5, 2 : 10, 살후 2 : 13). 그러므로 택함을 받은 사람은 아담 안에서 타락했으나 그리스도 안에서 구속을 받으며(살전 5 : 9 - 10, 딛 2 : 14), 때를 따라 역사하시는 성령을 통하여 믿음에 이르도록 실제로 부르심을 받는다. 그들은 또 의롭게 되고, 하나님의 자녀가 되고, 성화되고(롬 8 : 30, 엡 1 : 5, 살후 2 : 13), 믿음을 통해서 구원을(벧전 1 : 5) 얻을 때까지 그리스도의 힘의 보호를 받는다. 택함을 받은 자 외에는(요 17 : 9, 롬 8 : 28, 요 6 : 64 - 65, 8 : 47, 10 : 26, 요일 2 : 19) 아무도 구속을 받거나, 실제로 부르심을 받거나, 의롭게 되거나, 하나님의 자녀가 되거나, 성화가 되어서 구원을 받지는 못한다.

7. 하나님은 자기의 뜻의 측량할 수 없는 계획에 따라서 택함을 입지 못한 사람들에게 대하여 자기가 기뻐하시는 대로 자비를 베풀기도 하시고 베풀지 않기도 하셨다. 모든 피조물에 대한 하나님의 절대적 권능의 영광을 위하여 용서도 하시고, 부끄럽게도 하시고, 그들의 죄에 대하여 노하기도 하시고, 자기의 영광스러운 의를 칭찬하기를 기뻐하시기도 하셨다(마 11 : 25 - 26, 롬 9 : 17 - 18, 21 - 22, 딤후 2 : 19 - 20, 유 1 : 4, 벧전 2 : 8).

8. 깊은 신비에 싸인 이 예정 교리는 특별한 명철과 조심을 가지고 (롬 9 : 20, 11 : 33, 신 29 : 29) 취급해야 한다. 그렇게 함으로 그의 말씀에 나타난 하나님의 뜻을 알고 각기 영원한 선택을 믿을 수 있게 된다(벧후 1 : 10). 따라서 이 교리는 하나님께 대한 칭송과 공경과 동경이 일어나게 한다(엡 1 : 6, 롬 11 : 33). 그뿐만 아니라 겸손과

부지런함과 복음에 진심으로 복종하는(롬 11 : 5 - 6, 20, 벧후 1 : 10, 롬 8 : 33, 눅 10 : 20) 모든 사람들에게 무한한 위로를 베풀어 줄 것이다."

경륜은 작정, 계획으로 번역할 수 있으며, 제1절은 작정의 개념에 관하여, 제2절은 작정과 예지와의 관계에 관하여, 제3절은 '미리 경륜'을 '예정'으로 번역할 수 있고, 이중예정에 관하여, 제4절은 예정의 개별적, 불변적 성격에 관하여, 제5절은 선택의 전적 은혜성에 관하여, 제6절은 구원의 수단, 예정에 관하여, 제7절은 유기의 목적에 관하여, 제8절은 예정교리의 유익에 관하여 고백하고 있다.

Ⅳ. 제4장 창조에 관하여

"1. 성부, 성자, 성령(히 1 : 2, 요 1 : 2 - 3, 창 1 : 2, 욥 26 : 13, 33 : 4)이 되시는 하나님은 영원하신 권능과 지혜와 선하신(롬 1 : 20, 렘 10 : 12, 시 104 : 24, 33 : 5 - 6) 영광을 나타내시기 위하여 태초에 무에서 모든 것, 즉 보이는 것이나 보이지 않는 것을 지으시기를 기뻐하셨다. 그리고 지으신 모든 것은 다 선하였다(창 1장, 히 11 : 3, 골 1 : 16, 행 17 : 24).

 2. 하나님께서 모든 다른 피조물을 지으신 후에 사람을 창조하시되 남자와 여자로 지으셨다(창 1 : 27). 이 사람에게 이성적이고 불멸의 영혼을 주시고(창 2 : 7, 전 12 : 7, 눅 23 : 43, 마 10 : 28), 하나님의 형상에(창 1 : 26, 골 3 : 10, 엡 4 : 21) 따라 지식과 의의 참된 거룩한 성품을 부여하셨고, 마음에(롬 2 : 14 - 15) 기록된 하나님의 법과 또한 그것을 성취할 힘을 주셨다(전 7 : 29). 그와 동시에 사람을 벌할 수밖에 없는(창 3 : 6, 전 7 : 29) 인간의 의지의 자유에 맡겨 두셨고, 범죄할 가능성 아래 버려두셨다. 그들은 마음속에 쓰여진 법 이외에 선악을 아는 나무의 열매를 먹지 말라는 명령을 받았다. 그 명령을 지키고 있는 동안 그들은 하나님과 교제하고(창 2 : 27, 3 : 8 - 11, 23) 또한 피조물을 다스릴 수가 있었다(창 1 : 26, 28, 미국판

에는 시 8 : 6 - 8이 첨가되었음)."

제1절은 만물 창조에 관하여, 제2절은 사람 창조에 관하여 고백하고 있다.

V. 제5장 섭리에 관하여

"1. 만물의 위대한 창조자이신 하나님은 자기의 지혜와 권능과 의와 선과 자비의(사 63 : 14, 엡 3 : 10, 롬 9 : 17, 창 45 : 7, 시 145 : 7) 영광을 찬양하기 위하여 틀림없는 예지와(행 15 : 18, 시 94 : 8 - 11) 자유롭고 변함이 없는 자신의 뜻의(엡 1 : 11, 시 33 : 10 - 11) 계획에 따라 가장 지혜롭고 거룩하신 섭리(잠 15 : 3, 시 104 : 24, 145 : 17, 미국판에는 대하 16 : 9 첨가)로써 가장 위대한 것에서부터 가장 작은 것에(마 10 : 29 - 31, 미국판에는 마 6 : 26, 30) 이르기까지 모든 피조물과 행동과 물질을(단 4 : 34 - 35, 시 135 : 6, 행 17 : 25 - 26, 28, 욥 38 - 41장) 보호하시고 지도하시고 처분하시고 통치하신다.

2. 제일 원인이 되시는 하나님의 예지와 경륜에 따라 만물은 변함이나 틀림이 없이(행 2 : 23) 생성, 소멸한다. 그러나 같은 섭리로써 하나님은 그들이 제이 원인의 본질에 따라서 필연적으로 자유롭게 또는 우연적으로(창 8 : 22, 렘 31 : 35, 출 21 : 13, 신 19 : 5, 왕상 22 : 28, 34, 사 10 : 6 - 7) 타락되도록 정하셨다.

3. 하나님의 일반적 섭리에 있어서 여러 가지 방법을(행 27 : 31, 44, 사 55 : 10 - 11, 호 2 : 21 - 22) 사용하신다. 그러나 그 방법이 없이(호 1 : 7, 마 4 : 4, 욥 34 : 10) 또는 그 이상의 것과(롬 4 : 19 - 21) 또는 그것에 반대되는 것이라도 자기의 기뻐하시는(왕하 6 : 6, 단 3 : 27) 대로 자유롭게 역사하신다.

4. 하나님의 전능하신 권능과 측량할 수 없는 지혜와 무한하신 선하심이 섭리 가운데서 나타나고 있다. 그것은 첫 타락에까지 확대될 뿐만 아니라 그 외의 천사들과 사람들의(롬 11 : 32 - 34, 삼하 21 : 1,

대상 21 : 1, 왕상 22 : 22, 33, 대상 10 : 4, 13 - 14, 삼하 16 : 10, 행 2 : 23, 4 : 27 - 28) 모든 죄에도 적용되며 또한 단지 허용(행 14 : 16) 하실 뿐만 아니라 오히려 가장 현명하시고 능력이 많으신 연결로(시 76 : 10, 왕하 19 : 28) 그것과 결합된다. 또는 여러 가지 복잡한 지배 방법 안에서 자기 자신의 거룩한 목적에 따라서(창 1 : 20, 사 10 : 6 - 7, 12) 그들을 정하시고 지배하신다. 그러나 거기서 초래되는 죄악성은 하나님에게서 나오는 것이 아니라 피조물에서만 산출된다. 하나님은 가장 거룩하시고 의로우시므로 죄를 만드시거나(약 1 : 13 - 14, 17, 요일 2 : 16, 시 50 : 21) 그것을 인정하시지 않을 뿐만 아니라 하실 수도 없다.

5. 가장 현명하시고 의롭고 은혜로우신 하나님은 때때로 자기의 자녀를 얼마 동안 여러 가지 시험과 그들의 마음의 부패성에 잠기도록 버려두신다. 그렇게 함으로써 그들이 이전에 범한 자기들의 죄를 징벌하고, 부패의 숨은 힘과 그들의 마음의 불성실을 발견해서 겸손해지고(대하 32 : 25 - 26, 31, 삼하 24 : 1) 따라서 하나님께 전보다도 더 간절하고 굳게 의지하게 하며, 또한 그들이 그 후부터는 범죄의 기회에 대해서나 여러 가지 다른 의와 거룩한 목적에(고후 12 : 7 - 9, 시 73 : 1 - 10, 12, 막 14 : 66 이하, 요 21 : 15 - 17) 대하여 주의 깊게 관찰하도록 하신다.

6. 사악하고 불경건한 사람에 대하여 하나님은 의로우신 재판장으로서 그들이 범한 전의 죄에 대해서 그들의 눈을 어둡게 하시고 마음을 강퍅케 하신다(롬 1 : 24, 26, 28, 11 : 7 - 8). 하나님은 그들의 이해가 밝아지고 그들의 마음에(신 29 : 4) 역사할 은혜를 베풀어 주시지 않을 뿐만 아니라, 때로는 그들이 이미 가지고 있던 은사(마 13 : 12, 25 : 29)조차 빼앗으신다. 또한 그들의 부패성이 죄의 기회가 된다는 것을(신 2 : 30, 왕하 8 : 12 - 13) 그들에게 알게 하신다. 그뿐만 아니라 그들 자신의 탐욕과 이 세상에 대한 시험과 사단의 권세에(시 81 : 11 - 12, 살후 2 : 10 - 12) 빠지게 하신다. 이과 같은 원인으로 그들은 심지어 하나님이 다른 사람들의 마음을 부드럽게 하기 위해서 쓰시는 방법에 대해서도 자신을 완악케 한다(출 7 : 3, 8 : 15,

32, 고후 2 : 15 - 16, 사 8 : 14, 벧전 2 : 7 - 8, 사 6 : 9 - 10, 행 28 : 26 - 27).

7. 하나님의 섭리가 전체적으로는 모든 피조물에게 미치는 것과 마찬가지로 특별하신 방법으로 교회를 보호하시며 모든 일을 합하여 선을 이루도록 처리하신다(딤전 4 : 10, 암 9 : 8 - 9, 롬 8 : 28, 사 43 : 3 - 5, 13)."

제1절은 섭리의 개념에 관하여, 제2절은 일반 섭리와 특별섭리, 다른 표현으로 일반적 또는 보편적 섭리와 특별한 섭리에 관하여, 제3절은 통상섭리와 비상섭리에 관하여, 제4절은 섭리와 죄와의 관계에 관하여, 제5절은 성도의 죄 문제에 관하여, 제6절은 악인들에 대한 섭리에 관하여, 제7절은 교회에 대한 섭리에 관하여 고백하고 있다.

Ⅵ. 제6장 인간의 타락과 죄와 형벌에 관하여

"1. 우리의 처음 부모는 사단의 간계와 시험에 유혹을 받아 금단의 열매를(창 3 : 13, 고후 11 : 3) 먹음으로써 죄를 범했다. 하나님은 그들이 범한 이 죄를 자기의 현명하고 거룩한 계획에 따라 자신의 영광에(롬 11 : 32) 부합되도록 허용하시기를 기뻐하셨다.

2. 이 죄로 말미암아 그들은 본래 가졌던 의와 하나님과 가졌던 교제에서(창 3 : 6 - 8, 전 7 : 29, 롬 3 : 23) 떨어지고 말았다. 그 결과 죄에서 죽게 되었을(창 2 : 17, 엡 2 : 1, 미국판에는 롬 5 : 12 첨가) 뿐만 아니라 영혼과 육체의(딛 1 : 15, 창 6 : 5, 렘 7 : 9, 롬 3 : 10 - 19) 모든 기능과 부분이 전적으로 더럽게 되고 말았다.

3. 우리의 처음 부모는 모든 인류의(창 1 : 27 - 28, 2 : 16 - 17, 행 17 : 26, 롬 5 : 12, 15 - 19, 고전 15 : 21 - 22, 45, 49) 시조이었으므로 이 죄에 대한 값이 우리에게 전가되었으며 죄 안에 있던 같은 죽음과 부패한 본성이 정상적 생식방법으로 그들에게서 나온 후손에게까지 유전되었다.

4. 이 원 부패성으로 말미암아 우리는 모든 선에 대하여(롬 5 : 7,

7:18, 8:7, 골 1:21, 미국판 요 3:6 첨가) 완전히 싫증이 나고 불능해지고 선에 반대하게 되며 또는 모든 악을(창 6:5, 8:21, 롬 3:10-12) 좋아하는 경향을 가지게 되었다. 이 원 부패성에서 모든 실제적 범죄가(약 1:14-15, 엡 2:2-3, 마 15:19) 나오게 된다.

  5. 본성의 이 부패성은 이 세상에 사는 동안 중생한(요일 1:8, 10, 롬 7:14, 17-18, 23, 약 3:2, 잠 20:9, 전 7:20) 사람들 안에도 남아 있다. 그것은 그리스도를 통해서 용서되었고 죽었으나 그 자체와 그것에서 나오는 모든 움직임은 틀림없이 죄이다(롬 7:5, 7-8, 25, 갈 5:17).

  6. 원죄와 실죄는 다 같이 하나님의 의로우신 율법을 위반한 것이요, 그것에 반대되는 것이므로(요일 3:4) 죄는 본질적으로 죄인에게(롬 2:15, 3:9, 19) 죄 값을 가져온다. 그 죄 값으로 말미암아 죄인은 하나님의 진노와(엡 2:3) 그 율법의(갈 3:10) 저주에 매여 있다. 그 결과(롬 8:20, 애 3:39), 영원한(마 25:41 이하, 살후 1:9) 비참함을 피할 수가 없다."

  제1절은 '우리의 처음 부모는'을 '우리의 최초의 조상은'으로 번역할 수 있고, 사람의 타락에 관하여, 제2절은 '이 죄로 말미암아'는 '최초의 인류의 조상은 이 원죄(原罪)로 말미암아'로 번역할 수 있고, 타락의 결과에 관하여, 제3절은 원죄의 전가에 관하여, 제4절은 원죄의 부패성과 실제적 범죄에 관하여, 제5절은 부패성과 중생과의 관계에 관하여, 제6절은 '실죄'는 '실제죄' 또는 '실지로 지은 죄'로, '죄 값'은 '죄책'으로 번역할 수 있고, 죄의 결과에 관하여 고백하고 있다.

Ⅶ. 제7장 사람과 맺은 하나님의 계약에 관하여

  "1. 하나님과 피조물 사이에 있던 간격이 너무나 컸으므로 이성을 가진 피조물조차 하나님을 그들의 창조주로 알고 그에게 복종하여야 한다. 그러나 하나님으로부터 무슨 축복이나 보상으로써의 결실을 얻을 수가 있는 것이 아니다. 하나님의 자발적인 겸양으로써만 결실을 얻을 수가 있었다. 그것을 하나님은 계약의 방법으로 표현하시기를 기뻐하셨다(사 40 : 13 - 17, 욥 9 : 32 - 33, 삼상 2 : 25, 시 100 : 2 - 3, 113 : 5 - 6, 욥 22 : 2 - 3, 35 : 7 - 8, 눅 17 : 10, 행 17 : 24 - 25).

2. 인간과 처음에 맺은 계약은 행위의 계약이었다(갈 3 : 12, 미국판 호 6 : 7, 창 2 : 16 - 17 첨가). 거기에서 아담에게는 생명이 약속되었다. 그리고 그의 후손이라도(롬 5 : 12 - 20, 10 : 5) 완전하고 주체적인 복종만 한다면(창 2 : 17, 갈 3 : 10) 아담 안에서 생명이 약속되었다.

3. 사람이 타락함으로써 스스로 계약에 의한 생명을 얻을 수 없게 되었으므로 주님은 둘째 계약을(갈 3 : 21, 롬 3 : 20 - 21, 8 : 3, 창 3 : 15, 사 42 : 6) 맺으시기를 기뻐하셨다. 이것을 보통 은총의 계약이라고 부른다. 여기에서 하나님은 죄인에게도 예수를 통한 생명과 구원을 자유롭게 제공하신다. 단지 그들에게 요구하는 것은 그들이 구원을(막 16 : 15 - 16, 요 3 : 16, 롬 10 : 6, 9, 갈 3 : 11) 얻기 위해서 예수 그리스도를 믿으라는 것이다. 그와 동시에 그는 생명을 얻도록 결정된 모든 사람에게 믿을 것을(겔 36 : 26 - 27, 요 6 : 44 - 45, 미국판 5 : 37 첨가) 요구하고 또한 믿을 수 있게 하기 위하여 성령을 주시겠다고 약속하신다.

4. 이 은총의 계약은 예언자 예수 그리스도의 죽음과 그것에 속한 모든 것과 함께 받을 상속에 관하여 성경에서 언약이라는 이름으로 자주 기록되어 있다. 만물은 그에게 소속될 뿐만 아니라 증여되어 있다(히 9 : 15 - 17, 7 : 22, 눅 22 : 20, 고전 11 : 25).

5. 이 계약이 실시되는 방법에 있어서는 율법시대와 복음시대가 동일치 않다(고후 3 : 6 - 9). 율법시대에는 약속과 예언과 제물과 할례와 유월절에 드리는 어린 양과 그 외에도 유대 백성에게 부여된 의식에 따라서 집행되었다. 이와 같은 것은 장차 오실 그리스도를 의미한다(히 8 - 10장, 롬 4 : 11, 골 2 : 11 - 12, 고전 5 : 7, 미국판 골 2 : 17 첨가). 그 시대에는 성령의 역사를 통하여 택함을 받은 백성이 약속된 메시야(고전 10 : 1 - 4, 히 11 : 13, 요 8 : 56)에 대한 신앙을 얻

고 굳세게 하기 위하여 이것으로도 충분하고도 효과적이었다. 이 메시야를 통하여 그들의 죄는 완전히 사하여졌으며 영원한 구원을 얻었다. 그것을 구약이라고 불렀다(갈 3 : 7 - 9, 14).

6. 복음시대에 있어서 그 복음의 본체이신(갈 2 : 17, 미국판 골 2 : 17) 그리스도가 나타나시게 되자 이 계약을 시행하는 의식은 말씀의 선교와 세례와 성만찬의 예전으로(마 28 : 19 - 20, 고전 11 : 23 - 25, 미국판 고후 3 : 7 - 11) 대치되었다. 이 의식은 수적으로는 적고 그 형식이 훨씬 더 간단하고, 외부적으로 화려함은 없으나 그 내용에 있어서는 유대인뿐만 아니라 모든 이방인에게도(마 28 : 19, 엡 2 : 15 - 19) 그리스도를 더 충분하고 분명하게 나타내며 영적인 효과를 가져온다(히 12 : 22 - 28, 렘 31 : 33 - 34). 이것을 신약이라(눅 22 : 20, 미국판 히 8 : 7 - 9)고 부른다. 그러므로 본체가 같지 않은 두 종류의 은총의 계약이 있는 것이 아니라 한 가지 계약, 즉 여러 가지 모양으로 집행이 되기는 하나 같은 계약이 있을 뿐이다(갈 3 : 14, 16, 행 15 : 11, 롬 3 : 21 - 23, 30, 시 32 : 1, 롬 4 : 3, 6, 16 - 17, 23 - 24, 히 13 : 8)."

제1절은 언약의 기본 성격에 관하여, 제2절은 '복종'을 '순종'으로 번역할 수 있고, 행위언약에 관하여, 제3절은 '은총의 계약'을 '은혜의 계약'으로 번역할 수 있고, 은혜언약에 관하여, 제4절은 '은총의 계약'을 '은혜의 계약'으로 번역할 수 있고, 은혜언약의 유언적 성격에 관하여, 제5절은 '율법시대와 복음시대'를 '구약시대와 신약시대'로 번역할 수 있고, 언약의 시행방법으로써의 구약에 관하여, 제6절은 언약의 시행방법으로 신약에 관하여 고백하고 있다.

Ⅷ. 제8장 중보자이신 그리스도에 관하여

"1. 하나님은 영원한 목적을 가지시고, 독생자 주 예수 그리스도를 택하여 하나님과 사람 사이의(사 42 : 1, 벧전 1 : 19 - 20, 요 3 : 16, 딤후 2 : 5) 중보자가 되게 하시고 동시에 예언자와(행 3 : 22, 미국판 신 18 : 15) 제사장과(히 5 : 5 - 6) 왕이(시 2 : 6, 눅 1 : 33) 되게 하시는 것을 기뻐하셨다. 그는 교회의 머리와 구주가 되시며(엡 5 : 23) 만물의 후사와(히 1 : 2) 세상의 심판자(행 17 : 31)가 되신다. 하나님은 그리스도에게 영원 전부터 한 백성을 주사 그의 씨가(요 17 : 6, 시 22 : 30, 사 53 : 10) 되게 하시고 그로 말미암아 그 백성이 구속을 받고 부르심을 받아 의롭게 되고 성화되어 영광에 이르게 하셨다(딤전 2 : 6, 사 55 : 4 - 5, 고전 1 : 30).

2. 삼위 중의 둘째 위가 되시는 하나님의 아들은 참하나님인 동시에 영원하신 하나님으로서 아버지 되시는 하나님과 동일한 본체에서 나왔으며 따라서 아버지와 동일하시다. 그는 때가 이르매 사람의 본체를(요 1 : 1 - 14, 요일 5 : 20, 빌 2 : 6, 갈 4 : 4) 입으셨다. 사람이 가지는 모든 근본적 요소와 거기서 나오는 일반적 결점을 가졌으나 죄만은 가지지 않으셨다(히 2 : 14, 16 - 17, 4 : 15). 그는 성령의 힘으로 동정녀 마리아에게 잉태되어 그 여인의 몸에서(눅 1 : 27, 31, 35, 갈 4 : 4) 탄생하셨다. 이와 같이 온전하고 독특한 두 본성, 즉 신성과 인성을 끊을 수 없게 한 인격 안에 결합되어 변경되거나 혼성이 되거나 혼동될 수 없게 되었다(눅 1 : 35, 골 2 : 9, 롬 9 : 5, 벧전 3 : 18, 딤전 3 : 16). 이분은 참하나님인 동시에 참사람이며, 한 그리스도요 하나님과 사람 사이에 있는 유일한 중보자가 되신다(롬 1 : 3 - 4, 딤전 2 : 5).

3. 주 예수는 그의 사람의 본체가 하나님의 본체와 결합이 되어 있어서 성령으로 말미암아 한량없이(시 45 : 7, 요 3 : 34) 성화되고, 기름부음을 받으셨다. 그에게는 지혜와 지식의(골 2 : 3) 모든 보화가 있다. 하나님은 그에게 모든 충만이(골 1 : 19) 있는 것을 기뻐하셨다. 또한 마지막 때에 그리스도께서 거룩하고 상처를 입지 않으시고, 더럽힘을 당치 않으시고 은사와 진리에(히 7 : 26, 요 1 : 14) 차고 넘쳐서 중보자와 보증인의 직책을 수행하기에 조금도 부족함이 없음을 기뻐하셨다(행 10 : 38, 히 12 : 24, 7 : 22). 이 직책은 예수께서 자신을 위하여 택하신 것이 아니라, 아버지께서(히 5 : 4 - 5) 이 직책을 그에게 주신 것이다. 그는 모든 권능과 판단을 예수의 손에

주시고 또한 그것을 수행하도록 명령하셨다(요 5 : 22, 27, 마 28 : 18, 행 2 : 36).

4. 주 예수는 이 직책을 매우 기쁘게 맡으셨다(시 40 : 7-8, 히 10 : 5-10, 요 10 : 18, 빌 2 : 8). 그는 그 일을 이행하기 위하여 오히려 율법 아래(갈 4 : 4) 나셨으나 그것을 완전히 성취하셨다(마 3 : 15, 5 : 17). 그는 또한 가장 무거운 영적 고통과(마 26 : 37-38, 눅 22 : 44, 마 27 : 46) 가장 괴로운 육적 상처를 입으시고(마 26-27장) 십자가에 못 박혀 죽으셨다(빌 2 : 8). 그는 매장되어 죽음의 권세 아래 있었으나 썩지 않았다(행 2 : 23-24, 27, 13 : 37, 롬 6 : 9). 사흘 만에 죽을 때와 같은 몸(요 20 : 25, 27)을 가지시고 죽은 자(고전 15 : 3-4) 가운데서 부활하셨다. 그 몸으로 하늘에 오르사 아버지의(막 16 : 19) 우편에 앉아 계시면서 중재하고(롬 8 : 34, 히 9 : 24, 7 : 25) 계시다가 다시 오셔서 세상 끝 날에(롬 14 : 9-10, 행 1 : 11, 10 : 42, 마 13 : 40-42, 유 1 : 6, 벧후 2 : 4) 사람과 천사를 심판하실 것이다.

5. 주 예수는 완전한 복종과 영원한 성령을 통해서 자신을 희생의 제물로 하나님께 바침으로써 그의 아버지의(롬 5 : 19, 히 9 : 14, 16, 10 : 14, 엡 5 : 2, 롬 3 : 25-26) 의를 충분히 만족케 하셨으며, 아버지께서 맡겨 주신 모든 사람들을 위하여(단 9 : 24, 26, 골 1 : 19-20, 엡 1 : 11, 14, 요 17 : 2, 히 9 : 12, 15) 화목뿐만 아니라 하늘나라에서 얻을 영원한 상속권을 획득하셨다.

6. 그리스도께서는 구속 사업을 성육하시기까지는 실지로 성취하시지 않았다 할지라도, 구속의 힘과 효력과 덕분은 세상 처음부터 오늘까지 계속적으로 모든 택한 사람들에게 전달되었다. 이와 같은 약속과 모형과 제물 안에서 또는 그것을 통해서 그리스도는 어제나 오늘이나 영원까지 항상(갈 3 : 4-5, 창 3 : 15, 계 13 : 8, 히 13 : 8) 뱀의 머리를 상하게 한 여자의 씨로서 또한 세상 처음부터 죽임을 당한 어린 양으로서 계시되고 알리어졌다.

7. 그리스도는 두 가지 본성에 따라서 중보사업을 하셨다. 각각 그 본성에(히 9 : 14, 벧전 3 : 18) 고유한 것만 하셨다. 그러나 두 인격이 한 인격 안에 통일되어 있었으므로 한 본성에 고유한 것이라도 성

경에 의하면 때로는 다른 본성에(행 20 : 28, 요 3 : 13, 요일 3 : 16) 소속되는 것으로 나타나고 있다.

8. 그리스도가 구속을 주시기로 계획한 그 사람들에게 구속을 효과적으로 틀림없이 적용하시고 전달하셨다(요 6 : 37, 39, 10 : 15 - 16). 그들을 위하여 중재하시고(요일 2 : 1 - 2, 롬 8 : 34) 구원의 비의를 말씀 안에서와 그 말씀을 통해서 그들에게 나타내셨다. 성령을 통해서 효과적으로 믿고 복종하도록 그들을 설복시키고 그의 말씀과 성령으로써(요 14 : 16, 히 12 : 2, 고후 4 : 13, 롬 8 : 9, 14, 15 : 18 - 19, 요 17 : 17) 그들의 마음을 다스리신다. 그리스도의 놀랍고도 신비스러운 지배(시 110 : 1, 고전 15 : 25 - 26, 말 4 : 2 - 3, 골 2 : 15)에 가장 합치되는 방법으로 그의 권능과 지혜로써 그들의 적을 물리친다."

제1절은 하나님이 정하신 중보자에 관하여, 제2절은 이성일인격(二性一人格)에 관하여, 제3절은 '주 예수는 그의 사람의 본체가 하나님의 본체와 결합이 되어 있어서'는 '인성과 신성의 연합체이신 주 예수는'으로, '직책'은 '직무'로 번역할 수 있고, 신성과 인성의 연합에 관하여, 제4절은 예수 그리스도의 낮아지심과 높아지심에 관하여, 제5절은 '복종'은 '순종'으로, '화목'은 '화해'로 번역할 수 있고, 예수 그리스도의 속죄사역에 관하여, 제6절은 '제물'은 '희생제물'로, '세상 처음부터 오늘까지'는 '창세 이래로'로 번역할 수 있고, 예수 그리스도의 구속사업의 효력의 소급성에 관하여, 제7절은 신앙적 활동에 관하여, 제8절은 '중재하시고'는 '중보기도를 올리시고' 또는 '그들을 위하여 간구하시고'로, '구원의 비의를'은 '구원의 비밀을'로 번역할 수 있고, 속죄사역의 효과 있는 적용에 관하여 고백하고 있다.

Ⅸ. 제9장 자유의지에 관하여

"1. 하나님은 본성적 자유와 함께 인간의 의지를 부여하셨다. 즉, 누구에게 강요를 당하거나 또는 본성의 절대적 필연성에 의해서 선이나 악을 [행하도록]²¹⁾ 결정되어 있지 않았다(마 17 : 12, 약 1 : 14, 신 30 : 19, 미국판 요 5 : 40).

  2. 무죄한 상태에 있던 사람은 선과 하나님을 잘 기쁘게(전 7 : 29, 창 1 : 26) 하려고 생각하고 또한 그렇게 할 자유의 힘을 가지고 있었다. 그러나 그 상태에서 타락(창 2 : 16 - 17, 3 : 6)해서 변할 수도 있는 것이었다.

  3. 사람은 죄의 상태에 타락함으로써 구원에(롬 5 : 6, 8 : 7, 요 15 : 5) 따르는 어떤 영적 선을 원하는 모든 능력을 전부 상실하였다. 그러므로 자연인은 선을 행하기를 싫어하며(롬 3 : 10, 12) 죄 안에 죽어 있어서(엡 2 : 1, 5, 골 2 : 13) 자기의 힘으로써는 회개하거나 회개할 수 있도록 준비할 수도 없다(요 6 : 44, 65, 고전 2 : 14, 딛 3 : 3 - 5, 엡 2 : 2 - 5).

  4. 하나님이 죄인을 회개케 하고 은총의 상태에 옮기실 때 그 죄인을 죄 아래(골 1 : 13, 요 8 : 34, 36)에 있던 자연의 멍에에서 해방시켰다. 그리고 그로 하여금 영적 선(빌 2 : 13, 롬 6 : 18, 22)을 원하고 행할 수 있게 하는 것은 하나님의 은총이었다. 그러나 그 안에는 아직도 부패한 일부분이 남아 있어서 선한 것을 완전히 원하지 않을 뿐만 아니라, 조금도 원치 않고 오히려 악한 것을 원한다(갈 5 : 17, 롬 7 : 15, 18 - 19, 21, 23).

  5. 영화의 상태에 있을 때만 사람의 의지는 전적으로 변함없이 선만을 원하는 자유를 가진다(엡 4 : 13, 히 12 : 23, 요일 3 : 2, 유 1 : 24)."

제1절은 본성적 자유에 관하여, 제2절은 '그러나 그 상태에서 타락해서 변할 수도 있는 것이었다.'를 '이와는 정반대의 가능성도 소유했으므로 그는 타락하고 말았다.'로 번역할 수 있고, 무죄상태에서의 자유의지에 관하여, 제3절은 죄의 상태에서의 자유의지에 관하여, 제4절은 은혜의 상태에서의 자유의지에 관하여, 제5절은 영화의 상태에서의 자유의지에 관하여 고백하고 있다.

---

21) [ ] 안의 것은 1967년 판에는 없으나 1647년 판에는 있는 것을 의미함.

X. 제10장 실제적 부르심에 관하여

"1. 생명으로 예정된 모든 사람과 하나님이 기뻐하시는 자들만을 자기가 정하시고 적당하다고 인정한 때에 말씀과 성령을 통해서(살후 2:13-14, 고후 3:3, 6) 죄와 죽음의 상태에서 실제로 불러서(롬 8:30, 11:7, 엡 1:10-11) 예수 그리스도로(롬 8:2, 엡 2:1-5, 딤후 1:9-10) 말미암아 은총과 구원의 자리에 들어가게 하신다. 또한 그들의 마음이 하나님의 일을 알 수 있도록 영적으로 또한 구속적으로 계몽하신다(행 26:18, 고전 2:10, 12, 엡 1:17-18). 돌과 같이 굳은 마음을 없게 하고 살과 같이 부드러운 마음을 주셨다(겔 36:27, 엡 1:19, 요 6:44-45). 선을 원하게 하는 절대적인 권능으로써 그들의 뜻을 새롭게 하고(겔 11:19, 빌 2:13, 신 30:6, 겔 36:27) 예수 그리스도에게 실제로 가까이 나오게 하신다(엡 1:19, 요 6:44-45). 이때에 그들은 가장 자유롭게 나아오며 은총으로써(사 1:4, 시 110:3, 요 6:37, 롬 6:16-18) 그것을 원하도록 변화를 받는다.

2. 이와 같은 실제적 부르심은 사람 안에서 일어날 예견된 무엇에서가 아니라 하나님의 자유롭고 특별하신 은혜에서만 나온 것이다(딤후 1:9, 딛 3:4-5, 엡 2:4-5, 8-9, 롬 9:11). 사람은 성령의 힘으로 깨우쳐지고 새롭게 되기까지는(고전 2:14, 롬 8:7, 엡 2:5) 피동적인 상태에 있다. 그러나 성령의 역사를 받게 되면 이 부르심에 응답할 수가 있고, 이 부르심을 통해서 제공되고 전달된 은혜를(요 6:37, 겔 36:27, 요 5:25) 받아들일 수 있게 된다.

3. [22]택함을 받은 영아는 어려서 죽는다 할지라도 성령을(눅 18:15-16, 행 2:38-39, 요 3:3, 5, 요일 5:12, 롬 8:9을 비교할 것) 통해서 그리스도로 말미암아 중생하고 구원을 받는다. 이 성령은 자기가 원하는 대로(요 3:8) 언제든지 어디서든지, 또 어떠한 방법

---

22) 이 신앙고백서의 끝에 있는 선언서를 참조할 것. 이 선언서는 제10장 3에 대한 유권적 해석이다.

으로든지 역사하신다. 이와 마찬가지로 다른 모든 택함을 받은 사람들도 말씀의 전도(요일 5 : 12, 행 4 : 12)를 통해서 외적으로는 부르심을 받지 못했다 할지라도 중생하고 구원을 받는다.

4. 택함을 받지 못한 사람들은 가령 그들이 말씀의 전도(마 22 : 14)를 통하여 부름을 받고 성령의 일반적 역사(마 7 : 22, 13 : 20 - 21, 히 6 : 4 - 5)를 소유한다 할지라도 그들은 그리스도에게(미국판은 "to"로 되어 있음.) 바로 오지 못한다. 따라서 구원을 얻지 못한다(요 6 : 64 - 66, 8 : 24). 하물며 그리스도교를 믿지 않는 사람들은 (그리스도에 의하지 않는)[23] 어떠한 방법으로도 구원을 얻을 수 없다. 가령 그들이 종교의 본질과 법의 견지에 따라서 그들의 생을 꾸며 맞추는데 매우 열심히 있고(행 4 : 12, 요 14 : 6, 엡 2 : 12, 요 4 : 22, 17 : 13) 그들이 원하는 것을 주장하고 유지한다 할지라도 그것은 치명적이요 미움 받을 행동이다(요이 1 : 9 - 11, 고전 16 : 22, 갈 1 : 6 - 8)."

'실제적 부르심'은 '효과적 부르심' 또는 '효과적 소명'으로 번역할 수 있고, 제1절은 피택자의 내면적 소명에 관하여, 제2절은 전적 은혜성에 관하여, 제3절은 영아(嬰兒)는 유아(乳兒)로 번역할 수 있고, 선택된 영아의 구원에 관하여, 제4절은 선택되지 못한 자들의 구원 불가에 관하여 고백하고 있다.

XI. 제11장 의인(義認)에 관하여

"1. 하나님은 실제로 부르신 이들을 또한 거리낌 없이 의롭게 하셨다(롬 8 : 30, 3 : 24). 그들 안에 의를 주입하신 것이 아니라 그들의 죄를 용서하시고 그들을 의롭다고 간주하시고 용납하심으로써 의롭게 하셨다. 그들 안에서 무엇이 일어났거나 그들이 무엇을 행해서가 아니라 오로지 그리스도만 보아서 의롭게 하셨다. 또는 신앙 자체나 믿는 행동이나 그 밖에 무슨 신앙적인 복종을 의로운 것으로 그들에

---

23) ( ) 안의 것은 1947년 판에는 없으나 1967년 판에는 첨가된 것을 말함.

게(롬 4 : 5 - 8, 고후 5 : 19, 21, 롬 3 : 22, 24 - 25, 27 - 28, 딛 3 : 5, 7, 엡 1 : 7, 렘 23 : 6, 고전 1 : 30 - 31, 롬 5 : 17 - 19) 돌림으로써 그들을 의롭게 하신 것이 아니라, 그리스도의 복종과 만족을 그들에게 돌림으로써 그들은 믿음으로 그리스도를 영접하고 그에게 쉼을 얻고 그의 의를 얻게 된다. 이 믿음은 그들 자신의 믿음이 아니라 하나님의 선물이다(행 10 : 44, 갈 2 : 16, 빌 3 : 9, 행 13 : 36, 38, 엡 2 : 7 - 8).

2. 그리스도와 그의 의를 얻고 그에게 의지하는 믿음은 의롭게 되는 유일의 도구이다(요 1 : 12, 롬 3 : 28, 5 : 1). 이 믿음은 의롭게 된 사람 안에서 단독으로 있는 것이 아니라 언제든지 다른 모든 구속적 은사와 함께 있다. 이 믿음은 또한 죽음이 아니라 사랑으로 역사하는 믿음이다(약 2 : 17, 22, 26, 갈 5 : 6).

3. 그리스도는 복종과 죽음을 통해서 의롭게 된 모든 사람들이 가지고 있던 빚을 전부 갚아 주셨을 뿐만 아니라, 그들을 대신하여(롬 5 : 8 - 10, 19, 딤전 2 : 5 - 6, 히 10 : 10, 14, 단 9 : 24, 26, 사 53 : 4 - 6, 10 - 12) 아버지의 의를 정식으로 실제로 또한 충분히 만족케 하셨다. 그러나 피들을 위해서(롬 8 : 32) 그리스도가 아버지로 말미암아 보내심을 받았고 그들 대신에(고후 5 : 21, 마 3 : 17, 엡 5 : 2) 그리스도의 복종과 만족이 그들의 복종과 만족을 대신해서 용납되었다. 이것은 그들 안에 무슨 가치 있는 것이 있어서가 아니라 값없이 용납된 것이다. 따라서 그들의 의인(義認)은 온전히 자유로우신 은총에서(롬 3 : 24, 엡 1 : 7) 온 것이다. 또한 하나님의 엄밀한 의와 풍성한 은총은 죄인을 의롭게 함으로써 영광을 받으신다(롬 3 : 26, 엡 2 : 7).

4. 하나님은 영원 전부터 택함을 받은 모든 사람을(갈 3 : 8, 벧전 1 : 2, 19 - 20, 롬 8 : 30) 의롭게 하시려고 작정하셨다. 그리스도는 때가 차매 그들의 죄를 위하여 죽으시고 그들의 의인을 의하여(갈 4 : 4, 딤전 2 : 6, 롬 4 : 25) 부활하셨다. 그러나 성령이 인정한 때에 그리스도를 실제로 그들에게(골 1 : 21 - 22, 갈 2 : 16, 딛 3 : 4 - 7) 적용하기 전에는 의롭게 될 수 없다.

5. 하나님은 의롭게 된 사람들의 죄를 계속적으로 용서하신다(마 6 : 12, 요일 1 : 7, 9, 2 : 1 - 2). 그들은 의인의 자리에서(눅 22 : 32, 요 10 : 28, 히 10 : 24) 절대로 떨어질 수는 없으나 그들의 죄로 말미암아 하나님의 부성적(父性的)인 노(怒)를 살 수도 있다. 이러한 경우에는 그들이 자신을 낮추고, 죄를 고백하고, 용서를 구하고, 믿음과 회개를 새롭게 하기 전에는(시 89 : 31 - 33, 51 : 7 - 12, 32 : 5, 마 26 : 75, 고전 11 : 30, 32, 눅 1 : 20) 그들은 회복된 하나님의 얼굴의 빛을 볼 수가 없다.

6. 구약시대의 신자들의 의인(義認)은 이와 같은 모든 면에 있어서 신약시대의 신자들의 의인과 하나이며 동일하다(갈 3 : 9, 13 - 14, 롬 4 : 22 - 24, 히 13 : 8)."

의인(義認)은 칭의(稱義)로 번역할 수 있으며, 제1절은 칭의 개념에 관하여, 제2절은 칭의의 수단인 믿음에 관하여, 제3절은 칭의의 전적 은혜성에 관하여, 제4절은 칭의의 시기에 관하여, 제5절은 칭의 후의 죄 문제에 관하여, 제6절은 구약시대 신자의 칭의에 관하여 고백하고 있다.

XII. 제12장 양자(入養)에 관하여

"1. 하나님께서는 의롭게 된 모든 사람들을 독생자 예수 그리스도 안에서 또한 그를 위하여 양자가 되게 하시는 은혜에 참여할 수 있게 하셨다(엡 1 : 15, 갈 4 : 4 - 5). 양자가 됨으로 그들은 하나님의 자녀의 수에 들어가게 되며, 또한 하나님의 자녀가 받을 수 있는 자유와 특권을 즐기게 되었다(롬 8 : 17, 요 1 : 12). 그들은 또한 하나님의 이름을 그들 자신에게 기록하며(렘 14 : 9, 고후 6 : 18, 계 3 : 12), 양자의 성령을 받고(롬 8 : 15), 담대하게 은혜의 보좌 앞에 나갈 수 있으며(엡 3 : 12, 롬 5 : 2), 아바 아버지라고 부를 수 있으며(갈 4 : 6), 불쌍히 여김과(시 103 : 13) 보호를 받으며(잠 14 : 26), 또한 하나님이 우리에게 필요한 것을 베풀어 주시고(마 6 : 30, 32, 벧전 5 :

7), 자기 아버지에게 징계를 받은 것과 같이 하나님께 징계를 받는다. 그러나 그들은 결코 버림을 받지 않고(애 3 : 31) 오히려 구속의 날에 인 치심을 받았으며(엡 4 : 30), 한 구원의 계승자로서(벧전 1 : 3 - 4) 약속을 받는다(히 6 : 12)."

양자의 개념과 권리에 관하여 고백하고 있다.

XIII. 제13장 성화에 관하여

"1. 실제로 부르심을 받고 그들 속에 새 마음과 새 영을 가지므로 중생을 입은 사람들은 그리스도의 죽음과 부활의 공로를 통하여(고전 6 : 31, 행 20 : 32, 빌 3 : 10, 롬 6 : 5 - 6) 그들 안에 있는 그의 말씀과 성령으로 말미암아(요 17 : 17, 엡 5 : 26, 살후 2 : 13) 실제로 또한 주체적으로 성화된다. 몸 전체를 지배하던 죄의 권세는 파괴되고(롬 6 : 6, 14), 그 죄에서 나타나는 여러 가지 욕심은 점점 약해져서 죽고(갈 5 : 24, 롬 8 : 13) 그들은 모든 구속적 은혜 안에서(골 1 : 11, 엡 3 : 16 - 19) 참다운 거룩한 행동을 실천하기 위하여 점점 자극을 받고 강건하게 된다. 사실 거룩한 행실이 없이는 아무도 주를 볼 수가 없다(고후 7 : 1, 히 12 : 14).

2. 이 성화는 온몸을 통해서 이루어진다(살전 5 : 23). 그러나 이생에 있어서는 불완전하다. 육체의 모든 부분에는 부패된 어떤 부스러기가 아직도 남아 있다(요일 1 : 10, 롬 7 : 18, 23, 빌 3 : 12). 거기에서 계속적으로 화해할 수 없는 싸움이 일어난다. 육신은 영에 반대하고, 영은 육신에 반대한다(갈 5 : 17, 벧전 2 : 11).

3. 이 싸움에 있어서 남아 있는 부패한 부분이 일시적으로는 우세하나(롬 7 : 23), 그리스도의 성화하는 영에서 계속적으로 힘의 보충을 받으므로 중생을 입은 부분이 이기게 된다(롬 6 : 14, 요일 5 : 4, 엡 4 : 15 - 16). 그러므로 성도는 은혜 안에서 장성하고(벧후 3 : 18, 고후 3 : 18) 하나님을 경외함으로 거룩함을 온전케 한다(고후 7 : 1)."

제1절은 성화의 개념에 관하여, 제2절은 성화의 미완성에 관하여, 제3절은 성화의 성장성에 관하여 고백하고 있다.

XIV. 제14장 구원에 이르게 하는 믿음에 관하여

"1. 믿음의 은사는 그들 마음속에서 활동하시는 그리스도의 영의 역사이다(고후 4 : 13, 엡 1 : 17 - 19, 2 : 8). 그것으로 말미암아 택함을 받은 사람들은 자기들의 영혼의 구원을 믿을 수 있게 된다(히 10 : 39). 그것은 보통 말씀을 전파함으로써(롬 10 : 14, 17) 역사한다. 또한 성례전을 집행하고 기도함으로써 증가되고 강화된다(벧전 2 : 2, 행 20 : 32, 롬 4 : 11, 눅 17 : 5, 롬 1 : 26 - 17).

2. 이 믿음으로 신자는 무엇이든지 말씀 안에서 계시된 것은 참된 것으로 믿게 된다. 왜냐하면 하나님의 권능 자체가 그 안에서 말씀하시기 때문이다(요 4 : 42, 살전 2 : 13, 요일 5 : 10, 행 22 : 14). 그리고 각 구절에 포함되어 있는 내용에 따라서 각각 다른 모양으로 역사한다. 때로는 계명에 복종하고(롬 16 : 26) 때로는 경고에 대하여 두려워한다(사 66 : 2). 그래서 이생이나 내생을 위한 하나님의 약속을 받는다(히 11 : 13, 딤전 4 : 8). 그러나 구원에 이르게 하는 믿음의 주요 역할은 신자들로 하여금 은혜의 약속의 힘으로(요 1 : 12, 행 16 : 31, 갈 2 : 20, 행 15 : 11) 의인과 성화와 영생을 얻기 위하여 그리스도만 영접하고 받아들이고 그의 안에 쉬게 하는 것이다.

3. 이 신앙은 약할 때도 있고 강할 때도 있다(히 5 : 13 - 14, 롬 4 : 19 - 20, 마 6 : 30, 8 : 10). 때로는 여러 가지 모양으로 논란을 당하여 약하여지기도 한다. 그러나 승리를 얻는다(눅 22 : 31 - 32, 엡 6 : 16, 요일 5 : 4 - 5). 그리스도를 통하여 온전한 확신을 얻는 데 이르기까지 여러 가지 모양으로 장성한다(히 6 : 11 - 12, 10 : 22, 골 2 : 2). 그리스도는 우리의 믿음의 조성자시요 완성자시다(히 12 : 2)."

제1절은 믿음의 원천에 관하여, 제2절은 믿음의 내용에 관하여, 제3절은 믿음의 정도에 관하여 고백하고 있다.

XV. 제15장 생명에 이르는 회개에 관하여

"1. 생명에 이르게 하는 회개는 기쁨을 가져오는 은혜이다(슥 12 : 10, 행 11 : 18). 그리스도 안에 있는 믿음의 교리에 관해서 하는 것과 마찬가지로 복음을 전파하는 모든 전도자들은 이 회개에 관한 교리를 설교해야 한다(눅 21 : 27, 막 1 : 15, 행 20 : 21).

2. 이 회개로 말미암아 죄인은 자기의 죄가 무서운 것이라는 것뿐만 아니라 더럽고 추악한 것이며, 그것이 하나님의 거룩하신 성품과 공의로운 율법에 반대되는 것이라는 데 대한 시각과 감각을 가지게 되며, 또한 그 죄를 회개하는 사람에게는 그리스도 안에 있는 하나님의 자비를 베풀어 주시는 것을 이해함으로써 자기의 죄를 슬퍼하고 미워하며, 그 결과 죄에서 떠나 하나님께로 향하게 된다(겔 18 : 30 - 31, 36 : 31, 사 30 : 22, 시 51 : 4, 렘 31 : 18 - 19, 욜 2 : 12 - 13, 암 5 : 15, 시 119 : 128, 고후 7 : 11). 그래서 하나님의 계명이 가르치는 모든 면에 있어서 하나님과 동행하는 것을 목적하고 또한 노력하게 된다(시 119 : 6, 59, 106, 눅 1 : 6, 왕하 23 : 25).

3. 회개는 죄에 대한 어떤 만족을 주는 것이라든가 또는 죄를 용서해 주는 무슨 원인이 되는 것은 아니다(겔 36 : 31 - 32, 16 : 61 - 63). 그러나 회개는 모든 죄인에게는 불가피한 것이므로 누구든지 회개하지 않고는 죄의 용서를 기대할 수 없다(눅 13 : 3, 5, 행 17 : 30 - 31).

4. 아무리 작은 죄라도 저주를 받는 데 해당되지 않는 죄가 없는 것과 같이(롬 6 : 23, 5 : 12, 마 12 : 36) 아무리 큰 죄라도 참으로 회개하는 자에게까지 저주를 가져오는 죄는 없다(사 55 : 7, 롬 8 : 1, 사 1 : 16 - 18).

5. 누구든지 죄에 대해서 전체적으로 회개했다고 해서 스스로 만족해서는 안 된다. 오히려 죄 하나하나에 대해서 일일이 회개하도록 노력하는 것이 모든 사람의 의무이다(시 19 : 13, 눅 19 : 8, 딤전 1 : 13 - 15).

6. 각자는 죄의 용서를 얻도록 기도함으로써 자기의 죄를 위하여

하나님께 사적으로 고백을 해야 한다(시 51:4-5, 7, 9, 14, 32: 5-6). 그렇게 함으로써 죄의 용서를 얻게 되며 또한 자비를 발견하게 될 것이다(잠 28:13, 요일 1:9). 그러므로 형제나 그리스도의 교회를 중상한 사람은 사적으로든지 공적으로든지 자기의 죄에 대하여 고백하고 사과함으로써 중상을 당한 자에게 자기의 회개를 발표하도록 해야 한다(약 5:16, 눅 17:3-4, 수 7:19, 시 51:2). 중상을 당한 사람은 이 회개를 통하여 화목케 되고 그를 사랑으로써 용납해 주어야 한다(고후 2:8, 미국판 갈 6:1-2)."

제1절은 '기쁨을 가져오는 은혜'를 '복음적 은혜'로 번역할 수 있고, 복음적 은혜에 관하여, 제2절은 회개의 요소에 관하여, 제3절은 회개의 은혜성과 절대적 필요성에 관하여, 제4절은 회개의 효력에 관하여, 제5절은 구체적 회개에 관하여, 제6절은 개인적 고백과 공적 고백에 관하여 고백하고 있다.

XVI. 제16장 선행에 관하여

"1. 선행은 하나님께서 자기의 거룩한 말씀 안에서 명령하신 것뿐이다(미 6:8, 롬 12:2, 히 13:21). 아무 정당한 이유 없이 사람이 맹목적인 열성으로 고안해 낸 것이거나 또는 선한 의욕에서 나온 무슨 가장에 있는 것이 아니다(마 15:9, 사 29:13, 벧전 1:18, 롬 10:2, 요 16:2, 삼상 15:21-23).

2. 하나님의 계명에 복종함으로써 이루어지는 선행은 참되고 살아 있는 믿음의 결실이며 증거이다(약 2:18, 22). 그리고 신자들은 이 선행을 통하여 자기들의 감사를 나타내며(시 116:12-13, 벧전 2:9), 확신을 견고케 하며(요일 2:3, 5, 벧후 1:5-10), 형제에게 감사하고(고후 9:2, 마 5:19), 복음의 말씀을 존경하고(딛 2: 5, 9-12, 딤전 6:1), 반대자들의 입을 막고(벧전 2:15), 하나님을 영화롭게 한다(벧전 2:12, 빌 1:11, 요 15:8). 그들은 하나님의 지으신 바요 예수 그리스도 안에서 창조된 것이므로(엡 2:10) 성화

에 이르는 열매를 가지므로 결국에는 영생을 가지게 될 것이다(롬 6 : 22).

3. 그들이 선을 행할 수 있는 힘은 조금도 그들 자신에게서 나온 것이 아니라 전적으로 그리스도의 영에서 나온 것이다(요 15 : 4 - 6, 겔 36 : 26 - 27). 또한 선을 행할 수 있으려면 이미 받은 은혜 이외에 다 같은 성령의 실제적 영향이 필요하다. 이 영향을 받아서 하나님이 기뻐하시는 것을 원하고 행하게 된다(빌 2 : 13, 4 : 13, 고후 3 : 5). 그렇다고 해서 성령의 특별한 역사가 없이는 아무 의무를 실천할 필요가 없는 것같이 생각해서 태만에 빠져서는 안 된다. 오히려 그들 안에 있는 하나님의 은혜를 분기시키도록 노력해야 할 것이다(빌 2 : 12, 히 6 : 11 - 12, 벧후 1 : 3, 5 : 10 - 11, 사 64 : 7, 딤후 1 : 6, 행 26 : 6 - 7, 유 1 : 20 - 21).

4. 복종을 통해서 이생에서 할 수 있는 가장 높은 정도의 선행에 도달할 수 있는 사람이라도 여공을 세운다든가 하나님이 요구하시는 것보다 더할 수 있는 것은 아니므로 그들이 마땅히 해야 할 의무를 도저히 다할 수는 없다(눅 17 : 10, 느 13 : 22, 욥 9 : 2 - 3, 갈 5 : 17).

5. 우리는 우리의 최선의 행동을 통해서도 죄의 용서나 하나님의 손에 있는 영생을 얻을 수 없다. 그들과 장차 받을 영광 사이에 큰 불균형이 있고, 또한 인간과 하나님 사이에 무한한 거리가 있다 해서 그것으로써 우리에게 도움을 얻는다든가 전에 범한 죄의 빚을 탕감할 수 있는 것은 아니다(롬 3 : 20, 4 : 2, 6, 엡 2 : 8 - 9, 딛 3 : 5 - 7, 롬 8 : 18, 시 16 : 2, 욥 22 : 2 - 3, 35 : 7 - 8). 가령 우리가 할 수 있는 모든 일을 다했다고 해도 그것은 우리의 의무를 행한 것뿐이요, 우리는 무익한 종에 지나지 않는다(눅 17 : 10). 그것이 선한 행동이라면 그것이 성령에서 나왔기 때문이다(갈 5 : 22 - 23). 그러한 행동이 우리로 말미암아 이루어졌기 때문에 그것은 여러 가지 약점과 불완전성에 심히 더럽게 되었고 또한 그런 것이 많이 섞여 있기 때문에 그것은 도저히 하나님의 무서운 심판에 견딜 수 없다(사 64 : 6, 갈 5 : 17, 롬 7 : 15, 18, 시 143 : 2, 130 : 3).

6. 그럼에도 불구하고 신자들은 그리스도를 통해서 용납되었으므

로 그들의 선행은 그리스도 안에서 인정되었다(엡 1 : 6, 벧전 2 : 5, 출 28 : 38, 창 4 : 4, 히 11 : 4). 그러나 그들이 이 세상에서 하나님 앞에 전적으로 흠이 없거나 비난받을 것이 없다는 뜻에서가 아니라 (욥 9 : 20, 시 143 : 2), 하나님께서 그리스도 안에서 그들의 행동에 여러 가지 약점과 불완전성이 있기는 하나 거기에 성실함이 있으므로 그것을 용납하고 상 주기를 기뻐하셨다(히 13 : 20 - 21, 고후 8 : 12, 히 6 : 10, 마 25 : 21, 23).

7. [24)]중생하지 않은 사람들이 행한 일은 가령 그것이 하나님께서 명령하시는 일이며 그 자체 안에 칭찬을 받을 만하고 사용가치가 있는 것이며, 또한 그와 같은 일을 무시하는 것이 죄적이며, 따라서 하나님을 기쁘게 하지 못하는 것이라 할지라도 그것은 믿음으로써 청결케 된 마음에서 나온 것도 아니며, 하나님께 영광을 돌린다고 하는 옳은 목적에 따라서 한 것이 아니므로, 그것은 하나님이 요구하시는 것에는 미치지 못하는 것이며, 동시에 아무도 하나님의 은혜를 받도록 하지는 못한다."

제1절은 선행과 하나님의 말씀에 관하여, 제2절은 선행과 믿음에 관하여, 제3절은 선행과 성령에 관하여, 제4절은 선행과 공로에 관하여, 제5절은 선행과 구원에 관하여, 제6절은 선행과 상급에 관하여, 제7절은 중생하지 못한 자들의 행위에 관하여 고백하고 있다.

---

24) 1647년 판에는 다음과 같이 되어 있다.
 7. 중생하지 않은 사람들이 행한 일은 가령 그들이 하나님의 명령에 따라서 행한 일이며 그들 자신에게뿐만 아니라 다른 사람에게도 좋은 일이라 할지라도(왕하 10 : 30 - 31, 왕상 21 : 27, 29, 빌 1 : 15 - 16, 18) 그들이 믿음으로써 청결케 된 마음에서나(창 4 : 3 - 5, 히 11 : 4, 6) 말씀에 의지해서 올바르게 행했거나(고전 13 : 3, 사 1 : 12) 하나님께 영광을 돌린다는(마 6 : 2, 5, 16) 옳은 목적을 위하여 행한 것이 아니기 때문에 그것은 죄에 물든 것이요, 하나님을 기쁘시게 할 수 없으며, 또한 그들로 하여금 하나님의 은혜를 받을 수 있게 하지는 못한다(학 2 : 14, 딛 1 : 15, 암 5 : 21 - 22, 호 1 : 4, 롬 9 : 16, 딛 3 : 5). 그러나 선행을 무시하는 것은 한층 더 죄를 범하게 되며 하나님을 기쁘시게 못하는 것이다(시 14 : 4, 36 : 3, 욥 21 : 14 - 15, 마 23 : 23, 25 : 41 - 45).

XVII. 제17장 성도들의 궁극적 구원에 관하여

"1. 하나님께서 자기의 사랑하시는 자 안에서 용납하시고, 실제로 부르시고, 또한 성령으로 거룩하게 하신 자들은 은혜의 자리에서 전적으로 또는 최종적으로 타락할 수는 없다. 그들은 마지막 날까지 그 상태에 있을 것이며 또한 영원히 구원을 받을 것이다(빌 1 : 6, 벧후 1 : 10, 요 10 : 28 - 29, 요일 3 : 9, 벧전 1 : 5, 9, 미국판 요 17 : 9).

2. 성도들의 궁극적인 구원은 그들 자신의 자유의지에 의한 것이 아니라 하나님 아버지의 자유롭고 변치 않는 사랑에서 나오는 선택의 불변한 결정에 의한 것이다(딤후 2 : 18 - 19, 렘 31 : 3). 또한 예수 그리스도의 공로와 중보의 효력에 있는 것이다(히 10 : 10, 14, 13 : 20 - 21, 9 : 12 - 15, 롬 8 : 33 - 39, 요 17 : 11, 24, 눅 22 : 32, 히 7 : 25). 성령의 내재와 그들과 같이 있는 하나님의 씨로 말미암은 것이요(요 14 : 16 - 17, 요일 2 : 27, 3 : 9), 이와 같은 모든 것에서 또한 구원의 확실성과 무오성이 나타난다(요 10 : 28, 살후 3 : 3, 요일 2 : 19, 미국판 살전 5 : 23 - 24).

3. 그러나 그들은 사단과 이 세상의 유혹과 그들 안에 남아 있는 부패성이 강해짐과 자신을 보호하는 방법을 무시하므로 무서운 죄에 빠지기도 한다(마 26 : 70, 72, 74). 또 얼마 동안은 그 안에 있기도 한다(시 51 : 14, 미국판 삼하 12 : 9, 13). 그렇게 함으로 그들은 하나님의 불쾌를 사고(사 64 : 5, 7, 9, 삼하 11 : 27), 성령으로 하여금 탄식케 한다(엡 4 : 30). 그들이 받은 은혜와 위로 중의 어느 부분은 빼앗기게 되며(시 51 : 8, 10, 12, 계 2 : 4, 아 5 : 2 - 4, 6), 그들의 마음이 완악해지고(사 36 : 17, 막 6 : 52, 16 : 14, 미국판 시 95 : 8), 양심은 상처를 입고(시 32 : 3 - 4, 51 : 8), 남을 해치고 중상하여(삼하 12 : 14) 그들 자신에게 일시적 심판을 가져오게 한다(시 89 : 31 - 32, 고전 11 : 32)."

성도들의 '궁극적 구원'은 '끝까지 견딤' 또는 '견인'(堅忍)으로 번역할 수 있고, 제1절은 견인의 개념에 관하여, 제2절은 견인의 근거에 관하여, 제3절은 견인과 일시적 범죄에 관하여 고백하고 있다.

XVIII. 제18장 은혜와 구원의 확실성에 관하여

"1. 위선자나 그 밖에 중생하지 않은 사람들은 하나님의 호의와 구원을 소유하고 있는 것처럼(욥 8:13-14, 미 3:11, 신 29:9, 요 8:41) 거짓 소망과 육적 오만에 빠져서 허망하게도 자기 자신을 속이고 있다. 그들이 가지는 이 소망은 사라지고 말 것이다(마 7:22-23, 미국판 욥 8:13). 그러나 예수 그리스도를 참으로 믿고 성실하게 그를 사랑하고 그의 앞에서 모든 선한 양심에 따라서 행동하기를 노력하는 사람은 이 세상에 있어서도 그들이 은혜의 자리에 있다는 확신을 가질 수 있으며(요일 2:3, 3:14, 18-19, 21, 24, 5:13) 하나님의 영광의 소망 중에서 즐길 수 있을 것이다. 이 소망은 그들을 절대로 부끄럽게 하지는 않을 것이다(롬 5:2, 5).

2. 이 확실성은 허망한 소망에 근거한(히 6:11, 19) 단순한 억측이거나 그럴듯한 신념은 아니다. 그것은 구원을 약속한(히 6:17-18) 신적 진리에 근거한 믿음의 틀림없는 확신이다. 그것은 약속된 은혜의 내적 증거요(벧후 1:4-5, 10-11, 요일 2:3, 3:14, 고후 1:12) 우리가 하나님의 자녀라고, 우리의 영에게 증거해 주는 양자의 영의 증거이다(롬 8:15-16). 이 영은 우리의 기업에 대한 증거이다. 그것으로 우리는 구속의 날까지 인 침을 받았다(엡 1:13-14, 4:30, 고후 1:21-22).

3. 이 틀림없는 확신은 믿음의 본질에 속하는 것이 아니라 참신자가 오랫동안 기다리고 또한 그가 믿음의 진수의 참여자가 되기 전에 많은 고난을 당하기는 하나(요일 5:13, 사 1:10, 막 9:24, 시 77:1-12, 88장) 그러나 하나님께서 그에게 값없이 주신 것을 그가 성령을 통해서 알 수 있어서 무슨 특별한 계시 없이도 정상적인 방법을 옳게 사용하므로 그 상태에 도달할 수 있게 하는 것이다(고전 2:12, 요일 4:13, 히 6:11-12, 엡 3:17, 19). 그러므로 모든 신자는 자기의 부르심과 선택을 확실하게 하기 위하여 열심을 다할 것이 각자에게

부여된 의무이다(벧후 1 : 10). 그렇게 함으로써 그의 마음은 평화에 넘치며, 성령 안에서 기쁨을 맛보고, 하나님께 사랑과 감사를 드리고, 또한 복종하는 일에 있어서는 힘 있고 유쾌하게 된다. 이것이 이 확신이 주는 정당한 결과이다(롬 5 : 1-2, 5, 14 : 17, 15 : 13, 엡 1 : 3-4, 시 4 : 6-7, 시 119 : 32). 적어도 이것은 사람으로 하여금 방탕한 생활에서 떠나게 한다(요일 2 : 1-2, 롬 6 : 1-2, 딛 2 : 11-12, 14, 고후 7 : 1, 롬 8 : 1, 12, 요 3 : 2-3, 시 130 : 4, 요일 1 : 6-7).

4. 참신자는 자기의 구원에 대한 확신을 가지고 있을 것이다. 때로는 그들이 그 확신을 보존하기를 게을리 한다. 양심을 아프게 하고 성령을 탄식케 하는 특별한 죄를 범하기도 한다. 갑작스럽고 강렬한 시험에 빠지기도 한다. 때로는 하나님이 자기의 얼굴빛을 돌이킴으로 그들이 어두움에 다니게 되어 전연 빛을 가지지 않을까 두려워하므로 그들의 구원에 대한 확신은 여러 가지 모양으로 동요되고 약해지고 중단되기도 한다(아 5 : 2-3, 6, 시 51 : 8, 12, 14, 엡 4 : 30-31, 시 77 : 1-10, 마 26 : 69-72, 시 31 : 22, 88 : 1-18, 사 1 : 10). 그러나 그들이 하나님의 씨를 소유하지 않을 때는 절대로 없다. 믿음의 생활이나, 그리스도와 형제에 대한 그 사랑, 마음의 진실성, 의무에 대한 양심, 이와 같은 것이 결핍한 때가 없다. 이와 같은 것에서 이 확신은 성령의 역사를 통하여 때에 따라 소생한다(요일 3 : 9, 눅 22 : 32, 욥 13 : 15, 시 73 : 15, 51 : 8, 12, 사 1 : 10). 또한 그들은 심한 실망 속에서도 그 보증의 도움을 받는다(미 7 : 7-9, 렘 52 : 40, 시 54 : 7-10, 시 22 : 1, 88 : 1-18)."

제1절은 거짓된 확신과 참된 확신에 관하여, 제2절은 확신의 근거에 관하여, 제3절은 확신을 얻는 방법과 유익에 관하여, 제4절은 확신의 상실과 회복에 관하여 고백하고 있다.

XIX. 제19장 하나님의 율법에 관하여

"1. 하나님은 한 율법을 행위에 대한 약속으로써 아담에게 주시었다. 이 율법을 통하여 하나님은 아담 자신뿐만 아니라 모든 후손을 개인적이고, 온전하고, 거부할 수도 없고, 항구적인 복종에 매이게 하셨다. 그와 동시에 하나님은 이 율법을 완성할 때에는 생명을 주고 범할 때에는 죽음을 준다고 경고하셨다. 또한 아담에게는 이 율법을 지킬 수 있는 힘과 능력을 부여해 주셨다(창 1 : 26 – 27, 2 : 17, 롬 2 : 14 – 15, 10 : 15, 5 : 12, 19, 갈 3 : 10, 12, 전 7 : 29, 욥 28 : 28).

2. 아담이 타락한 후에 이 율법은 의에 관한 완전한 규칙으로써 존속하게 되었다. 시내산에서 하나님이 십계명의 형식으로 전하여 주셔서 두 돌비에 새겨졌다(약 1 : 25, 2 : 5, 10 – 12, 롬 13 : 8 – 9, 신 5 : 32, 10 : 4, 출 34 : 1, 미국판 롬 3 : 19 첨가). 처음 네 계명은 하나님께 대한 우리의 의무를 기록했고, 나머지 여섯 계명은 타인에게 대한 우리의 의무를 기록해 두었다(마 22 : 37 – 40, 미국판 출 20 : 3 – 18).

3. 이 율법은 보통 도덕적 율법이라고 부른다. 하나님은 이외에도 이스라엘 사람에게와 그 후에는 교회의 의식에 관한 율법을 주시기를 원하셨다. 여기에는 몇 가지 독특한 의식에 관한 것이 있다. 그중 하나는 예배에 관한 것인데 그리스도와 그의 은총, 행동, 고난, 그리고 공로를 예표로 해서 보여 준다(히 9 : 1, 갈 4 : 1 – 3, 골 2 : 17). 또한 어떤 부분은 도덕적 의무에 관한 여러 가지 교훈이 있다(고전 5 : 7, 고후 6 : 17, 유 1 : 23). 모든 의식에 관한 율법은 신약성경시대에 있어서는 폐기되었다(골 2 : 14, 16 – 17, 단 9 : 27, 엡 2 : 15 – 16).

4. 하나님은 한 국가로서와 그들에게 여러 가지 법률을 정해 주셨다. 그것은 그 민족과 더불어 없어졌으며 현재는 그 법률에 있는 일반적인 정당성 이외에는 아무에게도 강요하지 않는다(출 21장, 22 : 1 – 29, 창 49 : 10, 벧전 2 : 13 – 14, 마 5 : 17, 38 – 39, 고전 9 : 8 – 10).

5. 도덕법은 의롭게 된 사람이나 그렇지 않은 사람까지도 그것에 대하여 영원토록 복종케 한다(롬 13 : 8 – 10, 엡 6 : 2, 요일 2 :

3-4, 7-8, 미국판 롬 3 : 31, 6 : 15). 또한 단지 그 안에 있는 내용에 대해서 뿐만 아니라 그것을 주신 창조주 하나님의 권위에 대해서도 복종케 한다(약 2 : 10-11). 그리스도는 이 의무를 복음서 안에서도 제외하지 않고 오히려 더 강화하셨다(마 5 : 17-19, 약 2 : 8, 롬 3 : 31).

  6. 참신자는 행위에 대한 약속으로써의 율법 아래에 있어서 그것으로서 의롭게 되거나 저주를 받는 것은 아니다(롬 6 : 14, 갈 2 : 16, 3 : 13, 4 : 4-5, 행 13 : 39, 롬 8 : 1). 그러나 율법은 그들 자신에게나 다른 사람에게도 매우 중요하다. 그것은 생활의 표준으로써 하나님의 뜻과 또한 그들이 해야 할 의무를 그들에게 알게 해 준다. 또는 그들을 지도하고 그것에 따라 걷도록 한다(롬 7 : 12, 22, 25, 시 119 : 4-6, 고전 7 : 19, 갈 5 : 14, 16, 18-23). 그들의 본질과 마음과 생활에 있는 사악한 타락성을 발견케 한다(롬 7 : 7, 3 : 20). 따라서 그들은 율법에 따라 자신을 반성해서 그것에 대한 신뢰감을 가지고 겸손하게 되고, 또한 죄에 대한 증오감을 가질 수 있게 된다(약 1 : 23-25, 롬 7 : 9, 14, 24). 그들에게 그리스도가 필요하다는 것을 더 분명하게 아는 동시에, 그의 완전한 복종에 관하여도 더 분명한 이해를 가지게 될 것이다(갈 3 : 24, 롬 7 : 21, 25, 8 : 3-4). 그것은 또한 중생한 자들이 율법이 죄를 금하고 있는 데 따라서 그들의 부패성을 막는 데 사용된다(약 2 : 11, 시 119 : 101, 104, 128). 그리고 율법의 경고는 가령 그들이 율법이 발하는 경고에서는 해방되었다 할지라도 그들의 죄가 무엇에 해당하며 이생에서 그것에 대한 대가로써 무엇을 기대해야 한다는 것을 보여 주는 구실을 한다(스 9 : 13-14, 시 89 : 30-34). 그와 마찬가지로 율법의 약속은 그들에게 복종에 대한 하나님의 인정과 또한 그것을 완수한 데 대하여 그들이 무슨 축복을 기대할 수 있다는 것을 보여 준다(레 26 : 1, 10, 14, 고후 6 : 16, 엡 6 : 2-3, 시 37 : 11, 마 5 : 5, 시 19 : 11). 그러나 그것은 율법을 행위에 대한 약속으로 그들이 지켰다고 해서 그들에게 주는 보상이 아니다(갈 2 : 16, 눅 17 : 10). 마찬가지로 율법이 선을 권하고 악을 금하고 있기 때문에 사람이 선을 행하고 악을 멀리한다고

해서 그것이 곧 그가 은총 아래 있는 것이 아니라 율법 아래 있다는 증거는 될 수 없다(롬 6 : 12, 14, 벧전 3 : 8-12, 시 34 : 12-16, 히 12 : 28-29).

7. 상기한 바와 같은 율법의 사용법은 복음의 은총에 반대되는 것이 아니라 오히려 그것에 잘 따르는 것이다(갈 3 : 21, 미국판 딛 2 : 11-14 첨가). 그리스도의 영은 인간의 의지를 억제하고 자유롭고 기쁜 마음으로 그것을 행할 수 있게 해서 율법 안에서 계시된 하나님의 뜻이 이루어지기를 요구하신다(겔 39 : 27, 히 8 : 10, 렘 31 : 33)."

제1절은 아담에게 준 율법에 관하여, 제2절은 십계명과 도덕율법에 관하여, 제3절은 의식율법과 폐기에 관하여, 제4절은 재판율법 및 국법율법에 관하여, 제5절은 도덕율법의 영속성에 관하여, 제6절은 도덕율법의 유익들에 관하여, 제7절은 도덕율법과 복음의 은혜에 관하여 고백하고 있다.

XX. 제20장 신자의 자유와 양심의 자유에 관하여

"1. 그리스도가 복음시대에 있는 신자들을 위하여 값 주고 사신 자유는 그들이 죄와 하나님의 정죄와 도덕법의 저주에서 해방되었다는 사실에 있다(딛 2 : 14, 살전 1 : 10, 갈 3 : 13). 또한 그 자유는 현재 이 악한 세상과 사단의 멍에와 죄의 지배에서 해방되었다는 사실과(갈 1 : 4, 골 1 : 13, 행 26 : 18, 롬 6 : 14), 그리고 악한 고뇌와 죽음의 고통과 무덤에서의 승리와 영원한 파멸에서의 해방에 있다(롬 8 : 28, 시 119 : 71, 고전 15 : 54-57, 롬 8 : 1). 또한 이 자유는 하나님에게 접근할 수 있고(롬 5 : 1-2) 노예적인 공포에서가 아니라 어린아이와 같은 사랑과 자발적인 마음으로(롬 8 : 14-15, 요일 4 : 18) 하나님께 순종하는 데 있다. 이것은 율법 아래 있던 모든 신자에게도 있었던 일이다(갈 3 : 9, 14). 그러나 신약에서는 유대교회가 복종했던(갈 4 : 1 - 3, 6 - 7, 5 : 1, 행 15 : 10 - 11) 의식적인 율법의 멍에에서 자유함을 얻으므로 신자의 자유가 더욱 확대되었으며(히 4 : 14, 16, 10 : 19 - 22) 대개 율법 아래서 믿던 이들보다(요 7 : 38 - 39, 고후 3 : 13, 17 - 18) 더 큰 담력을 가지고 은혜로우신 하나님께 접근하며 하나님의 영과 [더]²⁵⁾ 충분한 고통을 가지는 데 이 자유가 있다.

2. 하나님만이 양심의 주가 되신다(약 4 : 12, 롬 14 : 4). 이 하나님은 자기의 말씀에 배치되는 어떤 것에서나 혹은 신앙과 예배에 관한 인간적인 교리와 계명에서 벗어날 자유를 주셨다(행 4 : 19, 5 : 29, 고전 7 : 23, 마 23 : 8 - 10, 고후 1 : 24, 마 15 : 9). 따라서 그와 같은 교리를 믿거나 그와 같은 명령에 대하여 양심적으로 순종하는 것은 진정한 양심의 자유를 위반하는 것이다(골 2 : 20 - 23, 갈 1 : 10, 5 : 1, 2 : 4 - 5, 시 5 : 1). 그리고 맹신을 강요하거나 절대적이고 맹목적 복종은 양심과 이성을 파멸시키는 것이다(롬 10 : 17, 14 : 23, 사 8 : 20, 행 17 : 11, 요 4 : 22, 호 5 : 11, 계 13 : 12, 16 - 17, 렘 8 : 9).

3. 신자의 자유를 구실 삼아 죄를 범하거나 욕심을 품거나 하는 것은 신자의 자유의 목적을 파괴하는 것이다. 신자의 자유의 목적은 우리가 원수의 손에서 구원을 얻어 우리의 전 생애를 통하여 두려움 없이 주님을 섬기며 주님 앞에서 거룩하고 의롭게 되는 것이다(갈 5 : 13, 벧전 2 : 16, 벧후 2 : 19, 요 8 : 3 - 4, 눅 1 : 74 - 75).

4. 그리고 하나님이 부여해 주신 힘과(미국판에는 '힘'이라는 말이 복수로 되어 있음) 그리스도가 값 주고 사신 자유는 하나님이 고의적으로 상대방을 파멸시키려는 것이 아니라, 오히려 서로 도와서 보존하시려 하기 때문에 신자의 자유를 구실 삼는 어떤 사람들이 법적 권력에 반대하든지 혹은 세속적이든 교회적이든 간에 그것을 행사하는 데 반대하는 사람은 곧 하나님의 제정에 반대하는 것이다(마 12 : 25, 벧전 2 : 13 - 14, 16, 롬 13 : 1 - 8, 히 13 : 17). 그들이 그와 같은 의견을 발표하거나 계속적으로 그와 같은 자유를 행사하

---

25) [ ] 안에 있는 것은 1647년도 판에 있는 것임.

는 것은 자연의 도리에 반대되고, 또는 믿음이나 예배나 대화에 관한 널리 알려져 있는 그리스도교 원리에 반대되며, 신령한 힘과도 반대되는 것이다. 또는 그들 자신의 본성에서든지 혹은 그것을 발표하고 지속하는 방법에 있어서 그와 같은 그릇된 의견과 행사를 하는 것은 그리스도가 교회 안에서 확립한 영원한 평화와 질서에 대해서 파괴적인 행동을 하는 것이다. 그들은 법적으로 문책을 받을 것이요, 교회가 책망하여(롬 1 : 32, 고전 5 : 1, 5, 11, 13, 요이 1 : 10 - 11, 살후 3 : 14, 딤전 6 : 3 - 5, 딛 1 : 10 - 11, 마 18 : 15 - 17, 딤전 1 : 19 - 20, 계 2 : 2, 14 : 15, 20, 3 : 9) 처분한 것이며 [일반 관리의 권한에 의해서 처분될 것이다.][26] (신 13 : 6 - 12, 롬 13 : 3 - 4, 요 5 : 10 - 11, 스 7 : 23 - 28, 계 17 : 12, 16 - 17, 느 13 : 15, 17, 21 - 22, 25, 30, 왕하 23 : 5 - 6, 9, 20 - 21, 대하 34 : 33, 15 : 12 - 13, 16, 단 3 : 29, 딤전 2 : 2, 사 49 : 23, 슥 13 : 2 - 3)."

제1절은 그리스도인의 자유에 관하여, 제2절은 양심의 자유에 관하여, 제3절은 그리스도인의 자유의 목적에 관하여, 제4절은 '힘'을 '권세'로, '교회가 책망하여 처분한 것이며'를 '교회의 권징을 받는 것이 합당하다.' 또는 '교회로서 견책절차를 밟을 수 있다.'로 번역할 수 있고, 그리스도인의 자유의 제한에 관하여 고백하고 있다.

XXI. 제21장 예배와 안식일에 관하여

"1. 자연은 하나님이 계신다는 것을 보여 준다. 그 하나님은 만물의 주가 되시고 통치권을 가지신다. 그는 선하시고 만물에 대하여 선을 행하신다. 그러므로 사람은 온 마음과 정성과 힘을 다하여 그를 경외하고 사랑하고 찬양하고 부르고 의지하고 섬겨야 한다(롬 1 : 20, 행 17 : 22, 시 119 : 68, 렘 10 : 7, 시 31 : 28, 18 : 3, 롬 10 : 12,

---

26) [ ] 안에 있는 것은 1647년도 판에 있는 것임.

시 62 : 8, 수 24 : 14, 막 12 : 33). 그러나 참하나님을 예배하는 좋은 방법은 하나님 자신이 정해 주셨다. 하나님을 인간의 어떤 망상이나 의향에 따라서 예배하거나, 또는 어떤 가견적인 물질을 사용하거나 성경에 기록되어 있지 않은(신 12 : 32, 마 15 : 9, 행 17 : 25, 마 4 : 9 - 10, 신 4 : 15 - 20, 출 20 : 4 - 6, 골 2 : 33) 어떤 방법을 통하여 사단이 지시에 따라 예배하지 못하게 하기 위하여 하나님은 계시된 자기의 뜻에만 따라서 예배하도록 정하셨다.

2. 예배는 성부, 성자, 성령이신 하나님께 드려야 한다. 또한 그에게만 드려야 한다(마 4 : 10, 요 5 : 23, 고후 13 : 14, 미국판에는 계 5 : 11 - 13 첨가). 천사에게나 그 밖에 어떠한 피조물에게도 예배를 드려서는 안 된다(골 2 : 18, 계 19 : 10, 롬 1 : 25). 인간의 타락 이후에는 중보자 없이 또는 무슨 다른 중보자를 통해서 예배를 드릴 것이 아니라 그리스도를 통해서만 드려야 한다(요 14 : 6, 딤전 2 : 5, 엡 2 : 18, 골 3 : 17).

3. 감사의 기도를 드리는 것은 예배의 특별한 한 부분이다(빌 4 : 6). 이 기도는 하나님께서 모든 사람에게 요구하시는 것이다(시 65 : 2). 이 기도가 용납되려면, 각자가 이해력과 존경과 겸손과 열성과 믿음과 사랑과 인내심을 가지고(시 47 : 7, 전 5 : 1 - 2, 히 12 : 28, 창 18 : 27, 약 5 : 16, 1 : 6 - 7, 막 11 : 24, 마 6 : 12, 14 - 15, 골 4 : 2, 엡 6 : 18) 하나님의 뜻에 따라(요일 5 : 14) 성령의 도움을 얻어 성자의 이름으로 해야 한다(요 14 : 13 - 14, 벧전 2 : 5). 만약 음성을 내어서 기도할 때는 알 수 있는 말로 해야 한다(고전 14 : 14).

4. 기도는 모든 것을 들어주시게 하기 위한 것이다(요 5 : 14). 그리고 현재 살아 있거나 장차 출생할 모든 사람을 위해서 할 것이로되 죽은 사람을 위해서 할 것은 아니다(삼하 12 : 21 - 23, 눅 16 : 25 - 26, 계 14 : 13).[27]

5. 성경을 읽을 때는 경건한 두려움을 가지고 읽어야 한다(행 15 :

---

27) 1647년 판에는 다음의 것이 포함되었음.
 (또는 죽음에 이르는 죄를 범한 것이 확실한 사람을 위해서는 할 것이 아니다. 요일 5 : 16)

21, 계 1 : 3). 설교는 흠이 없게 하고(딤후 4 : 2) 신자는 그 말씀을 정성껏 들어야 한다. 하나님께 복종하는 마음을 가지고 이해력과 믿음과 경건한 마음으로 들어야 한다(약 1 : 22, 행 10 : 33, 마 13 : 19, 히 4 : 2, 사 66 : 2). 마음에 감사를 품고 시를 부르며(골 3 : 16, 엡 5 : 19, 약 5 : 13) 그리스도께서 정하신 성례전을 합당하게 실시하고 또한 값있게 받아야 한다. 이와 같은 것이 하나님께 드리는 일반적 예배의 모든 부분이다(마 28 : 19, 고전 11 : 23-29, 행 2 : 42). 이 외에 종교적 맹세와(신 6 : 13, 느 10 : 29) [그리고][28] 서원과(사 19 : 21, 전 5 : 4-5, 미국판 행 18 : 18 첨가) 엄숙한 금식과(욜 2 : 12, 에 4 : 16, 마 9 : 15, 고전 7 : 5) 특별한 절기에 따라(시 107 : 1-43, 에 9 : 22) 드리는 감사예배가 있다. 이와 같은 것은 여러 절기에 따라 거룩하고 종교적인 방법으로 할 것이다(히 12 : 28).

6. 기도나 그 밖에 예배의 무슨 부분이 복음의 시대에 있는 현재 예배드리는 그 장소가 고정되어 있거나, 또는 장소나 대상에 따라서 그 예배가 더 훌륭한 것은 아니다(요 4 : 21). 하나님은 어디서든지(말 1 : 11, 딤전 2 : 8) 영과 진리 [안에서](요 4 : 23-24) 예배를 드려야 한다. 각 가정에서(렘 10 : 25, 신 6 : 6-7, 욥 1 : 5, 삼하 6 : 18-20, 벧전 3 : 7, 행 10 : 2) 매일(마 6 : 11, 미국판에서는 수 24 : 15 첨가) 드리든지, 혼자서(마 6 : 6, 엡 6 : 18) 은밀한 곳에서 드리든지, 또는 공동적으로는 더 엄숙하게 드려야 한다. 하나님께서 자기의 말씀이나 섭리에 따라서 부르실 때에는(사 56 : 7, 히 10 : 25, 잠 1 : 20-21, 24, 8 : 32, 행 13 : 42, 눅 4 : 16, 행 2 : 42) 경솔하게 움직이거나 의식적으로 무시하거나 하여서는 안 된다.

7. 보통 시간의 일부분을 구별하여 하나님께 예배를 드리는 것이 자연의 법칙에 합당한 것이다. 그러므로 하나님은 그의 말씀을 통하여 적극적이고 도덕적이고 항구적인 명령으로써 모든 시대의 모든 사람에게 명령하여 이레(七日) 중 특히 하루를 안식일로 택하여 하나님께 거룩한 날로 지키게 했다(출 20 : 8, 11, 사 56 : 2, 4, 6-7, 미국

---

28) [ ] 안의 것은 1647년도 판에 없었음.

판에는 사 56 : 6이 있음). 이날은 창세 때부터 그리스도가 부활하신 날까지는 일주간의 마지막 날이었다. 그리고 그리스도의 부활부터는 일주간의 첫 날로(창 2 : 2-3, 고전 16 : 1-2, 행 20 : 7) 변경되었다. 성경에서는 이날을 주일이라고 부른다(계 1 : 10). 이날은 세상 끝 날 까지 그리스도교의 안식일로 지켜질 것이다(출 20 : 8, 10, 마 5 : 7-18).

8. 이날을 신자는 마음으로 잘 준비하고 미리 모든 일을 정돈해서 주님께 거룩하게 지켜야 한다. 이날에는 하루 종일 모든 일이나 말이나 생각에서 떠나서 거룩하게 쉬며, 이 세상의 고용주나 오락에서도 떠나 쉬어야 할 뿐만 아니라(출 20 : 8, 16 : 23, 25-26, 29-30, 31 : 15-17, 사 58 : 13, 느 13 : 15-22) 모든 시간을 공적으로나 사적으로 하나님을 예배하는 데 쓰며, 필요한 의무에나 자비를 베푸는 일에 바칠 것이다(사 58 : 13, 마 12 : 1-13)."

제1절은 예배의 올바른 방법에 관하여, 제2절은 예배의 대상과 중보자에 관하여, 제3절은 기도의 방법에 관하여, 제4절은 기도의 제목에 관하여, 제5절은 예배의 요소에 관하여, 제6절은 예배의 장소에 관하여, 제7절은 안식일에 관하여, 제8절은 안식일을 거룩히 지키는 방법에 관하여 고백하고 있다.

XXII. 제22장 합당한 맹세와 서원에 관하여

"1. 합당한 맹세를 하는 것은 경건한 예배의 한 부분이다(신 10 : 20). 예배에 있어서 예배드리는 자는 때를 따라 엄숙히 선서하면서 그가 주장하고 약속한 것을 증거하기 위하여 하나님을 부른다. 그뿐만 아니라 그는 진리에 따라 판단하고, 또 그가 서원한 것에 허위가 없는가(출 20 : 7, 레 19 : 12, 고후 1 : 23, 대하 6 : 22-23) 판단하기 위하여 하나님을 부른다.

2. 하나님의 이름에 대해서만 사람은 서원해야 한다. 그때 그 이름

을 거룩한 두려움과 존숭하는 마음으로(신 6 : 13) 사용해야 한다. 그러므로 그 영광스럽고 두려운 이름에 대하여 헛되이 또는 경솔하게 서원하거나 또는 다른 무엇으로씨 시원한다면 그것은 죄를 범하는 것이어서 증오를 받아야 할 것이다(출 20 : 7, 렘 5 : 7, 마 5 : 34, 37, 약 5 : 12). 맹세는 그 중요성과 시기에 따라 하나님의 말씀에 의하여 보증된 것으로 신·구약성경에 다 마찬가지로 허락된 것이다(히 16장, 고후 1 : 23, 사 65 : 16). 따라서 합당한 맹세는 합법적인 권위자로 말미암아 요구될 때에는 이를 행해야 한다(왕상 8 : 31, 느 13 : 25, 스 10 : 25).

3. 누구든지 맹세할 때에는 그것이 매우 중요하고 엄숙한 행사라는 점을 충분히 생각해야 한다. 그때에 자기가 진리라고 확신할 수 있는 것 이외에는 아무것도 확언해서는 안 된다(출 20 : 7, 렘 4 : 2). 누구든지 맹세할 때에는 선하고 옳은 것 이외의 것에 대해서 맹세해서는 안 된다. 그리고 옳다고 믿는 것이나 자기가 실제로 행하려고 결심한 것 이외의 것에 대해서 맹세하여도 안 된다(창 24 : 2-3, 5-6, 8-9).[29]

4. 맹세를 할 때는 모호한 말이나 애매한 말로 하지 말고 쉽고 평범한 말로 하여야 한다(렘 4 : 2, 시 24 : 4). 비록 한 개인에게는 해가 될지 모르나 죄악이 아닌 사실을 맹세한다면 이것은 죄라고 할 수 없다(삼상 25 : 22, 32-34, 시 15 : 4). 또한 이단자나 불신자에게 행할지라도 죄가 되지는 않는다(겔 17 : 16, 18-19, 수 9 : 18-19, 삼하 21 : 1).

5. 서원도 서약과 같은 성격을 띠고 있다. 그것을 행할 때도 같은 경건한 주의와 성실성을 가지고 해야 한다(사 19 : 21, 전 5 : 4-6, 시 61 : 8, 66 : 13-14).

6. 서원은 어떤 피조물에 대해서 할 것이 아니라 하나님께 대해서만 할 것이다(시 76 : 11, 렘 44 : 25-26). 그것이 용납되려면 자발

---

29) 1647년 판에 다음의 것이 계속된다.
　　그와 동시에 합법적인 권위자가 선하고 옳은 것에 대한 맹세를 요구할 때 그 맹세를 거절하는 것은 죄이다(민 5 : 19, 느 5 : 12, 출 22 : 7-11).

적이며 믿음과 의무감에서 해야 한다. 또한 이미 우리가 받은 은사나 또는 원하는 것이 허락될 것에 대한 감사의 뜻에서 해야 한다. 그것이 서원의 뜻에 합치되는 한 우리는 그것을 더욱 열심히 충실해야 한다(신 23 : 21, 23, 시 50 : 14, 창 28 : 20 - 22, 삼상 1 : 11, 시 66 : 13 - 14, 132 : 2 - 5).

7. 아무도 하나님의 말씀이 금하는 것에 대하여 서원해서는 안 된다. 또는 받은 명령을 실천하는 데 방해되거나 자기 자신의 힘으로 할 수 없는 것이나, 그것을 이행하는 데 있어서 하나님으로부터 아무 약속이나 힘을 받지 못한 것에 대해서도 서원해서는 안 된다(행 23 : 12, 14, 막 6 : 26, 민 30 : 5, 8, 12 - 13). 이점에 비추어 볼 때 [법왕청의][30) 수도원 안에서 일생 동안 독신으로 살겠다고 하는 서원이나 공언한 궁핍생활과 규칙적인 복종을 서원하는 것은 그것이 가지는 고상한 의미에서 너무나 먼 것이므로 그리스도교 신자로서는 도저히 관여할 수 없을 정도로 미신적이고 사악한 함정이다(마 19 : 11 - 12, 고전 7 : 2, 9, 엡 4 : 28, 벧전 4 : 2, 고전 7 : 23)."

제1절은 맹세의 의미에 관하여, 제2절은 맹세와 하나님의 이름에 관하여, 제3절은 맹세의 내용에 관하여, 제4절은 맹세의 말과 구속력에 관하여, 제5절 서원의 의미에 관하여, 제6절 서원의 방법과 대상에 관하여, 제7절 서원해서는 안 되는 것들에 관하여 고백하고 있다.

XXIII. 제23장 관공직에 관하여

"1. 최고주가 되시고 전 세계의 왕이 되시는 하나님은 자기의 영광과 공동선을 위하여 관공직 제도를 두셔서 자기의 관할하에 두셨다. 이것은 대중을 다스린다. 이 목적을 달성하기 위하여 그들에게 칼의 힘을 주어 선한 무리를 보호하고 격려하는 반면, 악을 행하는 자를

---

30) [ ] 안의 것은 1647년 판에 있는 것임.

처벌하게 하셨다(롬 13 : 1 - 4, 벧전 2 : 13 - 14).

2. 신자가 이 관공직에 임명될 때에 그것을 수락하고 그 일을 집행하는 것은 정당한 일이다(잠 8 : 15 - 16, 롬 13 : 1 - 2, 4). 그들이 이 일에 종사할 때는 특별히 그 나라의 좋은 법에 따라서 경건과 정의와 평화를 유지하도록 해야 한다(시 2 : 10 - 12, 딤전 2 : 2, 시 82 : 3 - 4, 삼하 23 : 3, 벧전 2 : 13). 이 목적을 위해서 신약시대에 있는 신자가 옳고 필요한 기회에 전쟁을 일으키는 것은 정당하다(눅 3 : 14, 롬 13 : 4, 마 8 : 9 - 10, 행 10 : 1 - 2, 계 17 : 14, 16).

3. [31]공무원은 그들 자신이 말씀과 예전을 취급할 행정권을 가지고 있지 않다. 하늘 왕국의 열쇠를 취급할 권세도 가지지 않는다. 하물며 믿음에 관한 일에 간섭해서는 안 된다. 그러나 양육하는 아버지와 같이 어떤 한 교파에다 다른 교파보다 우선권을 부여해 주는 일이 없이, 우리의 동일한 주의 교회를 보호하는 것이 공무원의 임무이다. 모든 신자들이 폭력에나 위험에 부딪치지 않고 그들의 성스러운 기능이 모든 부분은 발휘할 수 있는 충분하고 의심의 여지가 없는 자유를 즐길 수 있도록 보호해야 한다. 그리고 예수 그리스도가 그의 교회 안에서 정규적인 치리회와 훈련책을 정하셨으므로 어떠한 국가의 법이라도 교회의 어떤 교파의 자발적인 회원들이 그들 자신의 고백과 신념에 따라서 행하려는 정당한 신앙생활에 간섭하거나 방해를 해서는 안 된다. 공무원의 할 일은 아무도 종교의 구실

---

31) 1647년 판에는 다음과 같이 되어 있음.
[3. 공무원은 주의 말씀을 주관하거나 성례전을 집행해서는 안 된다. 또는 하나님의 나라의 열쇠의 권세를 사용할 수도 없다(대하 26 : 18, 마 18 : 17, 고전 12 : 28 - 29, 엡 4 : 11 - 12, 고전 4 : 1 - 2, 롬 10 : 15, 히 5 : 4). 그러나 교회의 질서를 보장하고, 따라서 통일과 평화를 유지하며, 하나님의 진리가 순수하게 또는 하나도 빠짐없이 보존되며, 모든 불경건한 자와 이단을 억제하며, 모든 부패와 예배나 훈련에 있어서의 악용을 방지하거나 개혁하고, 하나님의 모든 제도가 정당하게 조직되고 집행되고 지켜져 나가도록(사 49 : 23, 시 122 : 9, 스 7 : 23 - 28, 레 24 : 16, 신 13 : 5 - 6, 12, 왕하 18 : 4, 대상 13 : 1 - 9, 왕하 23 : 1 - 26, 대하 34 : 33, 15 : 12 - 13) 하는 권한을 가지고 있으며 또한 그것이 관공리의 의무이다. 이 일을 더 효과적으로 하기 위하여 그들은 회의를 소집하고 거기에 참석하고 무엇이든지 거기서 처리되는 것은 하나님의 뜻에 따라서 처리되도록 노력해야 한다(대하 19 : 8 - 11, 29 : 30, 마 2 : 4 - 5).]

로나 불신의 이유로 괴로움을 받지 않도록 그들의 모든 시민을 보호하고 그들의 신앙을 지켜 주는 동시에 어떠한 사람에게든지 냉대와 폭력이나 악용이나 손상을 주지 않도록 지켜 주며, 모든 종교적, 교회적, 모임이 방해나 소란을 받지 않고 가질 수 있도록 명령을 내리는 일이다.

4. 모든 관공리를 위하여 기도하고(딤전 2 : 1 - 2), 그들의 인격을 존경하며, 공세나 그 밖의 공납금을 바치고, 양심에 따라(롬 13 : 5, 딛 1 : 3) 그들의 정당한 명령에 복종하며, 그들의 권위에 복종하는 것이 모든 사람들의 의무이다. 신앙생활을 하지 않거나 신봉하는 종교가 다르다고 해서 관공리가 가지는 옳고 합법적인 권위를 인정치 않거나, 그들에게 대하여 마땅히 해야 할 복종을 거절할 수는 없다(벧전 2 : 13 - 14, 16). 신자는 예외가 아니다(롬 13 : 1, 왕상 2 : 35, 행 25 : 9 - 11, 벧후 2 : 1, 10 - 11, 유 1 : 8 - 11). 하물며 법왕도 그들의 영토 안에서 그들에게나 민중에게 대하여 아무런 권력이나 사법권은 가지지 않는다. 가령 그들을 이단이라고 판단하거나 그 밖에 어떠한 가식적인 이유를 붙이더라도(살후 2 : 4, 계 13 : 15 - 17) 그들의 주권이나 생명을 빼앗을 권한은 전연 없다."

'관공직에 관하여'는 '국가의 공직자에 관하여'로 번역할 수 있고, 제1절은 '관공직 제도'를 '국가의 공직자' 또는 '정부의 책임자'로, '대중'을 '백성'으로 번역할 수 있고, 국가 권세의 원천과 목적 또는 국가의 위정자에 관하여, 제2절은 '관공직'을 '직책' 또는 '정부 책임자의 직책'으로 번역할 수 있고, 그리스도인의 공직문제에 관하여, 제3절은 '공무원'을 '국가의 공직자' 또는 '정부 책임자들'로, '치리회와 훈련책'을 '정치체제와 치리기관' 또는 '치리제도와 권징법'으로, '시민'을 '국민'으로 번역할 수 있고, 국가위정자의 의무에 관하여, 제4절은 '관공리'를 '국가의 공직자들' 또는 '정부의 책임자'로, '공세나 그 밖의 공납금'을 '국세나 기타 세금'으로 번역할 수 있고, 위정자에 대한 교인의 의무에 관하여 고백하고 있다.

XXIV. 제24장 결혼과 이혼에 관하여[32]

"1. 기독교의 결혼은 하나님이 제정하시고 우리 주 예수 그리스도에 의해서 축복을 받은 제도이다. 이것은 인류의 행복과 복지를 위하여 제정되었고 성별된 것이다. 한 남자와 한 여자가 정신적으로나 육체적으로 하나가 되는 상태에 들어가며 서로의 존경과 사랑을 가슴

---

32) 1647년 판에는 다음과 같이 되어 있음.
   1. 결혼은 한 남자와 한 여자 사이에 이루어진다. 어느 남자가 동시에 둘 이상의 부인을 두거나, 어느 여자가 동시에 둘 이상의 남편을 가지는 것은 정당치 않다(창 2 : 24, 마 19 : 5-6, 잠 2 : 17, 미국판에는 고전 7 : 2, 막 10 : 6-9 첨가됨).
   2. 결혼은 남편과 아내의 상호부조를 위하여 제정되었다(창 2 : 18). 또한 합법적인 자손으로서 인류의 번식을 위하여, 또는 거룩한 종자를(말 2 : 15) 통하여 교회를 증가케 하고 부정을 막기 위하여(고전 7 : 2, 9) 제정된 것이다.
   3. 결혼에 응할 수 있는 판단력을 가진 사람이면 누구라도 결혼할 수 있다(히 13 : 4, 딤전 4 : 3, 고전 7 : 36-38, 창 24 : 57-58). 그러나 신자는 오직 주 안에서만 결혼하여야 할 의무를 가지고 있다(고전 7 : 39). 그리고 참다운 개혁종교를 신봉하는 사람은 이방인이나 법왕 추종자나 기타 우상숭배자와 결혼할 수 없다. 또한 경건한 작가 사악한 인간이라고 평판을 받는 사람이나 계속적으로 저주에 합당한 이단적인 행동을 하고 있는 사람과 결혼하여 함께 어울려 지낼 수 없다(창 34 : 14, 출 34 : 16, 신 7 : 3-4, 왕상 11 : 4, 느 13 : 25-27, 말 2 : 11-12, 고후 6 : 14).
   4. 하나님의 말씀에 금지되어 있는 혈족이나 친족끼리는 서로 결혼을 하지 못한다(레 18장, 고전 5 : 1, 암 2 : 7). 어떠한 인간의 법이나 단체의 허락으로도 인척이 되는 남녀 한 쌍이 같이 삶으로써 이루어지는 친족 간통을 정당화하지는 못한다(막 6 : 18, 레 18 : 24-28). 남자는 처형이나 처제와 결혼할 수 없다. 또한 여자는 남편의 형이나 동생과도 결혼할 수 없다.
   5. 약혼 후에 범한 간통이나 사통이 결혼 전에 발견되면 순결한 편은 약혼을 파기할 수 있는 정당한 기회를 가지게 된다(마 1 : 18-20). 만약 결혼 후에 간통한 사실이 있을 때에는 순결한 편은 상대편을 죽은 것으로 간주하여(마 19 : 9, 롬 7 : 2-3) 이혼하고 다른 사람과 결혼할 수 있다(마 5 : 31, 72).
   6. 남자 편에 무슨 부정이 있다고 할 때 그것을 조사하는 것이 옳다. 그러나 하나님이 짝 지어 주신 한 사람을 정당치 않은 방법으로 분리시켜서는 안 된다. 간음만이라도 또는 교회나 법이 어떻게 할 수 없는 고의적인 부부동서 거절은 결혼의 약속을 취소할 충분한 원인이 된다(마 19 : 5, 9, 고전 7 : 15, 마 19 : 6). 이혼을 할 때에는 공적으로 제정된 수속을 밟아서 해야 한다. 이때에 당사자들은 자기 자신들의 의사와 자기 자신들의 경우를 잘 분별해야 한다(신 24 : 1-4, 미국판에는 스 10 : 3 첨가됨).

에 품고 상대방의 부족함과 약함을 참고 견디며, 어려움을 당할 때 서로 위로하고, 그들 자신과 가정을 위하여 성실과 부지런한 가운데서 준비하며, 서로 위하여 기도하고 삶의 은총의 계승자로서 그들의 수명대로 같이 산다.

2. 사람의 부패는 결혼을 통하여 하나님이 결합시킨 그들을 부정하게 둘로 쪼개기 쉬우며, 교회는 주 안에서 이루어진 결혼은 성경이 가르치는 대로 된 것이라는 점에 관심을 가지며, 파혼이 된 그들이 현재 참회하고 있는 동시에 과거의 결백이나 책임에 관심을 가지고 있기 때문에 그 거룩한 관계의 끊어짐은 이혼을 초래할 수 있다. 성경 안에서 분명히 기록되어 있거나 그리스도의 복음 안에서 함축성 있게 기록된 이유로 허락된 이혼 후의 재혼은(당사자들의) 죄와 실패에 대한 충분한 참회가 나타나고 기독교의 결혼의 확고한 목적에 순응하도록 노력하는 것이 나타났을 때에 허락될 수 있다."

제1절은 결혼에 관하여, 제2절은 이혼과 재혼에 관하여 고백하고 있다. 1647년판의 제1절은 일부일처의 원리에 관하여, 제2절은 결혼의 목적에 관하여, 제3절은 불신자와의 결혼 금지에 관하여, 제4절은 친족결혼 금지에 관하여, 제5절은 간통과 파혼 및 이혼과 재혼에 관하여, 제6절은 이혼에 관하여 고백하고 있다.

XXV. 제25장 교회에 관하여

"1. 보편적(Catholic)이고 우주적(Universal)인 교회는 불가견적이다. 이 교회는 과거나 현재나 미래에 있어서 머리 되시는 그리스도를 중심하여 모이는 택함을 받은 모든 사람들로 말미암아 구성된다. 그것은 그리스도의 신부요, 그의 몸이며, 만물 안에서 만물을 충만케 하시는 자 중의 충만이시다(엡 1:10, 22-23, 5:23, 27, 32, 골 1:18).

2. 가견적인 교회도 복음 아래 있는 보편적이요 우주적인 교회이다. 이 교회는 율법시대와 같이 한 민족에게만 국한된 것이 아니라 전 세계를 통하여 참종교를 신봉하는(고전 1:2, 12:12-13, 시 2:

8, 계 7 : 9, 롬 15 : 9 - 12) 모든 사람과 [그들의 자손들로서]^33) (고전 7 : 14, 행 2 : 39, 겔 16 : 20 - 21, 롬 11 : 16, 창 3 : 15, 17 : 7, 미국판에는 갈 3 : 7, 9, 14, 롬 4징이 첨가됨.) 구성된다. 이 교회는 주 예수 그리스도의 왕국이요(마 13 : 47, 사 9 : 7), 하나님의 집이요, 권속이다(엡 2 : 19, 3 : 15, 미국판에는 잠 29 : 18 첨가됨). [이곳을 떠나서는 구원의 정상적 가능성은 없다(행 2 : 47).]^34) 이 교회를 통하여 사람은 보통 구원을 받으며 그것과의 결합은 그들의 최선의 성장과 봉사에 가장 요긴한 것이다.

3. 그리스도는 이 보편적이고 가견적인 교회에게 이들의 모임과 세상 마지막 날까지 이 세상에서 성도의 생을 완수하게 하기 위하여 성직과 예언과 의식을 주셨다. 그리고 자기의 약속에 따라 그리스도 자신과 성령이 임재하셔서 그것을 효과적으로 나타나게 하신다(고전 12 : 23, 엡 4 : 11 - 13, 마 28 : 19 - 20, 사 59 : 21).

4. 이 보편적 교회는 때로는 더 쉽게 볼 수 있고 때로는 보기가 더 어렵다(롬 11 : 3 - 4, 계 12 : 6, 14, 미국판에는 행 9 : 31이 첨가됨). 이 보편적 교회에 속하는 개체교회는 복음의 교리를 가르치고 받드는 데 따라 또한 의식이 시행되고 공동 예배를 순수하게 가지고 못 가지는 데 따라 순결하기도 하고 적게 순결하기도 하다(계 2 - 3장, 고전 5 : 6 - 7).

5. 천하에 있는 가장 순결한 교회도 혼합과 과오에 사로잡혀 있다(고전 13 : 12, 계 2 - 3장, 마 13 : 24 - 30, 47). 어떤 교회는 너무나 타락해서 그리스도의 교회라 하기보다 [사단의 공회당]^35)이라고 부를 수밖에 없다(계 18 : 2, 11 : 18 - 22). 그럼에도 불구하고 지상에는 언제든지 하나님의 뜻에 따라(마 16 : 18, 시 72 : 17, 102 : 28, 마 28 : 19 - 20) 하나님께 예배를 드리는 교회가 있을 것이다.

6. ^36)주 예수 그리스도는 교회의 유일의 머리가 되신다. 따라서 어

---

33) [ ] 안의 것은 1647년 판에 있는 것임.
34) [ ] 안의 것은 1647년 판에 있는 것임.
35) [ ] 안의 것은 1647년 판에 있는 것임.
36) 1647년 판에는 다음과 같이 되어 있음.
   6. 주 예수 그리스도밖에는 교회의 머리가 없다(골 1 : 18, 엡 1 : 22). 로마의

떤 사람이 자기가 그리스도의 대리자요, 교회의 머리라고 주장하는 것은 비성경적이요, 사실 근거가 없는 말이다. 또한 주 예수 그리스도를 모독하는 권리 침범이다."

제1절은 '불가견적'은 '불가시적'으로 번역할 수 있고, 무형적 교회에 관하여, 제2절은 '가견적'은 '가시적'으로 번역할 수 있고, 유형적 교회에 관하여, 제3절은 직분과 규례에 관하여, 제4절은 유형성과 순결성의 정도에 관하여, 제5절은 연약성과 불멸성에 관하여, 제6절은 교회의 머리에 관하여 고백하고 있다.

XXVI. 제26장 성도의 교제에 관하여

"1. 성령과 믿음으로써 머리가 되시는 예수 그리스도에 결합이 된 모든 성도는 그리스도의 은총과 고난과 죽음의 부활과 영광 안에서 그와 교제를 가진다(요일 1:3, 엡 3:16-19, 요 1:16, 엡 2:5-6, 빌 3:10, 롬 6:5-6, 딤후 2:12). 그리고 성도들끼리는 사랑으로 서로 결합되어 있어서 각자가 받은 은사와 은총을 나눈다(엡 4:15-16, 고전 12:7, 3:21-23, 골 2:19). 그들은 내적으로나 외적으로나(살전 5:11, 14, 롬 1:11-12, 14, 요일 3:16-18, 갈 6:10), 사적으로나 공적으로 상호 간의 선을 이루기 위한 의무를 행해야 한다.

2. 공적으로 성자의 생활을 하겠다고 공포한 성자는 하나님께 대한 예배에 있어서 거룩한 교제와 교통을 지속할 의무가 있다. 또한 상호 간의 감화에(히 10:24-25, 행 2:42, 46, 사 2:3, 고전 11:20) 도움이 될 수 있는 영적 봉사를 해야 한다. 그리고 물질적으로도 각자의 능력과 필요성에 의해서 서로 도와야 한다. 하나님이 부여해 주신 이 교제는 어느 곳에서든지 주 예수의 이름을 부르는 모든 사람에

법왕도 어떠한 의미에서라도 교회의 머리가 될 수 없다. 오히려 그는 적그리스도요, 죄의 소유자요, 지옥의 아들이요, 교회에서 그리스도에 대항하여 자신을 높이 올리며 하나님을 훼방하는 자이다(마 23:8-10, 살후 2:3-4, 8-9, 계 13:6).

게까지 확장된다(행 2 : 44-45, 요일 3 : 17, 고후 8-9장, 행 11 : 29-30).

3. 성도들이 그리스도와 더불어 가지는 이 교제는 그들로 하여금 그리스도의 신성의 본체에 참여할 수 있다든가, 어떤 면으로나 그리스도와 동일하다는 것을 의미하는 것은 절대 아니다. 이것을 인정한다면 그는 불경건하거나 하나님을 욕하는 것을 스스로 증명하게 되는 것이다(골 1 : 8, 19, 고전 8 : 6, 사 42 : 8, 딤전 6 : 15-16, 시 45 : 7, 히 1 : 8-9). 또는 성도가 서로 가지는 이 교제는 각자가 소유하는 감투나 소유를 탈취하거나 깨뜨리지는 않는다(출 20 : 15, 엡 4 : 28, 행 5 : 4).”

제1절은 예수 그리스도와 성도의 연합과 교제와 성도 간의 연합과 교제에 관하여, 제2절은 교제의 방법에 관하여, 제3절은 교제의 주의점에 관하여 고백하고 있다.

XXVII. 제27장 성례전에 관하여

“1. 성례전은 그리스도와 그의 은혜를 나타내고 그 안에 있는 우리의 도움을 확증하기 위하여(고전 10 : 16, 11 : 25-26, 갈 3 : 27) 하나님께서(마 28 : 19, 고전 11 : 23) 직접 제정하여 주신 거룩한 표요, 은총의 계약(롬 4 : 11, 창 17 : 9-10)에 대한 인 치심이다. 그와 동시에 교회에 속한 사람과 세상에 속한 사람을(롬 15 : 8, 출 12 : 48, 창 34 : 14, 미국판에는 고전 10 : 21 이하가 첨가됨) 구별하기 위해서 주신 보이는 표지이다. 또한 성도들로 하여금 하나님의 말씀에 따라(롬 6 : 3-4, 고전 10 : 26, 21) 그리스도 안에서 하나님께 대하여 봉사하게 하기 위하여 제정하신 것이다.

2. 모든 성례전에서 사용되는 표지와 물질 사이에 영적 관계 또는 신성한 합일이 있다. 그러므로 한편의 이름과 그 효과는 상대방에게 영향을 준다(창 17 : 10, 마 26 : 27-28, 딛 3 : 5).

3. 정당하게 집행될 성례전을 통해서 나타나는 은혜는 성례전 안

에 있는 무슨 힘으로써 부여되거나 그것을 집행하는 사람의(롬 2 : 28-29, 벧전 3 : 21) 믿음이나 뜻에 따라서 그 효력이 나타나는 것은 아니다. 그것은 성령의 역사(마 3 : 11, 고전 12 : 13)로 말미암아 나타나는 것이며 성례전에 사용되는 말씀에 의한 것이다. 그 말씀에는 그것을 사용할 수 있는 권한을 부여하는 명령과 함께 성례전을 가치 있게 받는 사람에게(마 26 : 27-28, 28 : 19-20) 은사를 주겠다는 약속이 포함되어 있다.

4. 복음서에서 우리 주 그리스도께서 정하신 성례전은 두 가지가 있다. 즉, 세례와 주의 만찬이다. 이 두 예전은 반드시 합법적으로 안수를 받은(마 28 : 19, 고전 11 : 20, 23, 4 : 1, 히 5 : 4) 하나님의 말씀의 사역자로 말미암아 집행되어야 한다.

5. 구약에 있는 성례전이 표현하고 상징하는 영적 뜻은 본질적으로 신약의 그것과 동일하다(고전 10 : 1-4, 미국판에는 고전 5 : 7-8이 첨가됨)."

제1절은 '은총'을 '은혜'로 번역할 수 있고, 성례전의 의미에 관하여, 제2절은 '표지'를 '표시'로 번역할 수 있고, 상징적 연합에 관하여, 제3절은 성례전의 효력에 관하여, 제4절은 '복음서'를 '신약'으로, '주의 만찬'을 '성만찬'으로 번역할 수 있고, 신약의 성례에 관하여, 제5절은 구약의 성례에 관하여 고백하고 있다.

XXVIII. 제28장 세례에 관하여

"1. 세례는 예수 그리스도께서(마 28 : 19, 미국판에는 막 16 : 16 첨가됨.) 제정하신 신약성경이 가르치는 예전이다. 그것은 보이는 교회에서(고전 12 : 13, 미국판에는 갈 3 : 27-28이 첨가됨.) 세례를 받은 무리들이 그 교회에 참가하는 엄숙한 입회를 의미하는 것뿐만 아니라, 본인에 대해서는 은혜의 계약에 인침을 받는 표가 되며(롬 4 : 11, 골 2 : 11-12) 그리스도에게 접붙임을 받고(갈 3 : 27, 롬 6 : 5) 중생과(딛 3 : 5) 사죄와(막 1 : 4, 미국판에는 행 2 : 38, 22 : 16이 첨가됨.) 예수 그리스도를 통하여 새 생명으로 살겠다고 하나님께 대하여 자신을 봉헌하는(롬 6 : 3 - 4) 표와 인침을 의미한다. 이 예전은 그리스도 자신이 제정한 것이며, 세상 끝 날까지 교회 안에서 집행될 것이다(마 28 : 19 - 20).

2. 이 예전에서 사용되는 외부적인 요소는 물이다. 합법적으로 안수를 받은 목사는(마 3 : 11, 요 1 : 33, 마 28 : 19 - 20, 미국판에는 행 10 : 47, 8 : 36, 38이 첨가됨.) 이 물로써 성부와 성자와 성령의 이름으로 세례를 줄 것이다.

3. 세례 받을 사람을 물속에 잠그는 것은 필요치 않다. 물은 그 사람의 머리 위에(히 9 : 10, 19 - 22, 행 2 : 41, 16 : 33, 막 7 : 4) 붓든지 뿌려서 베푸는 것이 정당한 방법이다.

4. 그리스도에 대하여 실지로 믿음과 복종을 고백한 사람뿐만 아니라 부모가 다 믿거나 한 편만 믿는 집 아이도 세례를 받을 수 있다(창 17 : 7, 9, 갈 3 : 9, 14, 골 2 : 11 - 12, 행 2 : 38 - 39, 롬 4 : 11 - 12, 고전 7 : 14, 마 28 : 19, 막 10 : 13 - 16, 눅 18 : 15, 미국판에는 행 16 : 14 - 15, 33이 첨가됨).

5. 이 예전을 모독하거나 무시하는 것은 큰 죄이다(눅 7 : 30, 출 4 : 24 - 26). 그러나 세례를 안 받았다고 해서 그 사람이 중생을 할 수 없다든가 구원을 받을 수 없다든가(롬 4 : 11, 행 10 : 2, 4, 22, 31, 45, 47), 또는 세례를 받은 사람이 모두 분명히 중생했다고 할 만큼(행 8 : 13, 23) 이 세례와 은혜와 구원이 부착되어 있는 것은 아니다.

6. 세례의 효력은 그것이 행해진 시간과 연결되어 있다고는 할 수 없다(요 3 : 5, 8). 그럼에도 불구하고 이 예전을 옳게 집행하므로 약속된 은혜가 하나님의 뜻에 따라 일정한 때에 연령의 차이가 없이 어른에게나 아이에게나 한결같이 성령으로 말미암아 제공될 뿐만 아니라 실지로 부여된다.

7. 세례 성례는 어느 사람에게든지 한 번만 베풀 것이다(딛 3 : 5)."

제1절은 세례의 의미에 관하여, 제2절은 세례의 방법에 관하여, 제3절은 침수에 관하여, 제4절은 세례의 대상에 관하여, 제5절은 세

례와 구원에 관하여, 제6절은 세례의 효력에 관하여, 제7절은 세례의 횟수에 관하여 고백하고 있다.

XXIX. 제29장 주의 만찬에 관하여

"1. 우리 주 예수께서 배반을 당하시던 날 밤에 주의 만찬이라고 부르는 자기의 몸과 피에 의한 성례전을 자기의 교회에서 세상 끝 날까지 지키게 하기 위하여 제정하셨다. 이것은 자기의 죽음을 통해서 이룩하신 희생을 언제든지 기억케 하시고, 참신자에게 모든 은사를 인 치시고, 그의 안에서 신자들이 영적인 양식을 얻어 장성케 하고, 그들이 띠고 있는 모든 의무에 관여하고 그와 더불어 가질 교제의 매는 줄이 되고 약속이 되고, 또한 이것이 그의 신비적인 몸의 지체로서 서로 교제하기 위하여 정해 주신 것이다(고전 11:23-26, 10:16-17, 21, 12:13).

2. 이 예전에 있어서 그리스도는 그의 성부에게 바쳐진 것은 아니다. 또는 산 자나 죽은 자의 사죄를 위하여 드린 참희생의 제물도 아니다(히 1:22, 25-26, 28). 다만 그가 십자가 위에서 단 한 번만 자기 자신을 스스로 바친 그 제물에 대한 기억이다. 또한 그 일을 위하여 하나님께 드릴 수 있는 모든 가능한 칭송에 대한 영적 봉헌이다. 그러므로 소위 미사의 제물은 택함을 받은 자의 모든 죄를 위한 단 하나의 속죄로써의 그리스도 자신의 제물과는 전적으로 반대되는 것이다.[37]

3. 주 예수는 이 예전을 집행하기 위하여 목사를 택하였다. 그들은 신자들에게 이 예전에 필요한 말씀을 선포하고 기도하고 떡과 포도

---

37) 1647년 판에는 다음과 같이 되어 있음.
다만 이것은 자기 자신이 십자가 위에서 단 한 번 자신을 봉헌한 그 제물을 기념하는 것에 지나지 않는다. 이것은 하나님께 드릴 수 있는 모든 칭송의 영적 봉헌이다(고전 11:24-26, 마 26:26-27, 미국판에는 눅 22:19-20이 첨가됨). 그러므로 법왕의 미사라고 부르는 제사는 그리스도께서만이 모든 택함을 받은 사람의 죄를 위하여 드리신 화목 제물임을 가장 극단적으로 손상시키는 것이다(히 7:23-24, 27, 10:11-12, 14, 18).

주를 축사해서 그것을 다른 것과 구별하여 거룩하게 사용한다. 또한 떡을 떼고 잔을 들어 그들 자신이 나눌 뿐만 아니라 여러 배찬자들에게 나누어 준다(마 26 : 26 - 28, 막 14 : 22 - 24, 눅 22 : 19 - 20, 고전 11 : 23 - 27). 그러나 그때 그 자리에 참석치 않은 자에게는 나누지 못한다(행 20 : 7, 고전 11 : 20).

4. 사적인 미사나 이 예전을 신부에게나 그 밖의 사람에게만 받거나(고전 10 : 9), 또는 일반 신자에게 잔을 나주어 주지 않거나(막 4 : 23, 고전 11 : 25 - 29), 떡과 포도주에 절을 하거나 높이 들어 올리거나 동경하는 마음으로 들고 다니거나 또는 무슨 정상적이 아닌 종교적 사용을 위하여 보관하는 일이 있다면, 이와 같은 모든 행동은 이 예전의 본질에 대해서 뿐만 아니라 그리스도의 제정하신 뜻에도 모순되는 것이다(마 15 : 9).

5. 이 예전의 외적 요소는 그리스도께서 정하신 대로 정당하게 사용하도록 구별되어야 한다. 이 요소는 십자가에 달리신 그리스도와 깊은 관계를 가지고 있으므로 상징적으로 그것을 때로는 물질 그대로의 명칭으로 부르기도 하나 때로는, 즉 그리스도의 살과 피라고도 부른다(마 26 : 26 - 28). 그렇게 부른다 해도 실체와 본질에 있어서는 전과 조금도 다름이 없이 단순히 떡과 포도주 그대로 남아 있다(고전 11 : 26 - 28, 마 26 : 29).

6. 신부가 축사하거나 혹은 다른 방법을 통해서 떡과 포도주의 실체가 그리스도의 살과 피의 실체로 변한다고 주장하는 소위 화체설은 성경에 모순될 뿐만 아니라 상식과 이성에도 모순된다. 또한 예전의 본질을 전도시키는 생각이며 과거나 현재나 여러 가지 미신의 원인이 되었으며 그야말로 큰 우상숭배의 원인이 되었다(행 3 : 21, 고전 11 : 24 - 26, 눅 22 : 6, 39).

7. 이 예전에 있어서(고전 11 : 28, 미국판에는 고전 5 : 7 - 8이 첨가됨.) 보이는 요소를 외적으로 받음으로써 이 예전을 값있게 대하는 사람은 내적으로도 진정코 믿음으로 받는다. 세속적으로나 육체적으로가 아니라 영적으로 십자가에 달리신 그리스도를 받아들이고 그에게 양육을 받는다. 또한 그의 죽음이 가지고 있는 모든 은사를 받는

다. 그리스도의 살과 피는 세속적으로나 육체적인 뜻에서 떡과 포도주 안에 있는 것은 아니다. 그러나 이 예전에 있어서는 살과 피가 의미하는 그대로(고전 10 : 16, 미국판에는 고전 10 : 3, 4 : 1이 첨가됨.) 신자들의 믿음에 대하여 현실적인 동시에 영적으로 나타난다.

8. 이 예전에 있어서 가령 무지하고 사악한 사람들이 이 외적인 요소를 받는다 해도 그들은 그 물질이 상징하는 것을 받을 수 있다는 것은 아니다. 그들은 다만 무가치하게 그것을 대했으므로 주의 살과 피에 대하여 책임이 있으며 그들 자신의 심판을[저주를][38] 자초하게 된다. 그러므로 모든 무지하고 불경건한 사람들은 그리스도와의 교제를 즐기기에 합당치 않으므로 그들은 주의 만찬에 배찬할 자격이 없다. 그리고 그리스도에 대하여 큰 죄를 범하지는 않았으나 무지하고 불경건한 상태로 있으면서 이 거룩한 신비에 참여한다든가(고전 11 : 27 - 29, 고후 6 : 14 - 16, 미국판에는 고전 10 : 21이 첨가됨.) 참여가 허락된다는 것은(고전 5 : 6 - 8, 살후 3 : 6, 14 - 15, 마 7 : 6) 불가능한 일이다."

'주의 만찬'은 '주의 성만찬' 또는 '주의 성찬'으로 번역할 수 있고, 제1절은 주의 만찬의 의미에 관하여, 제2절은 '기억'을 '기념'으로 번역할 수 있고, 미사 행위의 잘못에 관하여, 제3절은 '목사'를 '교역자' 또는 '성직자'로 번역할 수 있고, 성찬의 방식에 관하여, 제4절은 '일반 신자'를 '평신도'로, '존숭'을 '존중' 또는 '숭상'으로 번역할 수 있고, 성찬의 오용에 관하여, 제5절은 그리스도와 성찬과의 관계에 관하여, 제6절은 화체설에 관하여, 제7절은 성찬의 표지의 의미에 관하여, 제8절은 합당치 못한 참여의 죄에 관하여 고백하고 있다.

XXX. 제30장 교회의 권징에 관하여

"1. 주 예수는 교회의 왕과 머리로서 세속 행정기구와는 다른(사

---

38) [ ] 안의 것은 1647년 판에 있는 것임.

9 : 6-7, 딤전 5 : 17, 살전 5 : 12, 행 20 : 17, 28, 히 13 : 7, 17, 24, 고전 12 : 28, 마 28 : 18-20, 미국판에는 시 2 : 6-9, 요 18 : 36이 첨가됨.) 교회의 제직의 손에 한 통제 기관을 정해 주셨다.

2. 이 제직에게 하늘 왕국의 열쇠가 맡겨져 있다. 거기에서 나타나는 덕행에 따라서 제직들은 죄를 보유하기도 하고 감소할 수도 있으며, 말씀과 징계로 회개치 않은 자에게는 천국문을 닫을 권한을 각각 가지고 있다. 그리고 복음을 전하고 때에 따라(마 16 : 19, 요 20 : 21-23, 고후 2 : 6-8) 징계를 용서함으로써 회개하는 죄인에게 천국 문을 열어 준다.

3. 교회의 권징은 과오를 범한 형제를 교정하고 잃어버리지 않기 위해서 필요하다. 다른 사람들이 같은 과오를 범하는 것을 방지하며 많은 사람들에게 좋지 못한 영향을 줄지 모르는 누룩을 없애 버리고, 그리스도의 명예와 복음의 거룩한 직업을 옹호하고 하나님의 진노를 막는 데 필요하다. 만약 교회가 하나님과 맺은 계약을 범하고 악명이 높고 완고한 훼방자로 말미암아(고전 5장, 딤전 5 : 20, 마 7 : 6, 딤전 1 : 20, 고전 11 : 27-34, 유 1 : 23) 그의 인 치심이 모독을 당할 때 하나님은 그의 진로를 교회 위에 떨어뜨리신다.

4. 이 목적을 더 효과적으로 달성하기 위하여 교회의 제직은 먼저 충고로부터 시작해서 다음에는 얼마 동안 주의 만찬에 대한 배찬을 정지하고 범죄의 성격과 본인의 과실에 따라서는(살전 5 : 12, 살후 3 : 6, 14-15, 고전 5 : 4-5, 13, 마 18 : 17, 딛 3 : 10) 교회에서 제명도 한다."

'교회의 권징'은 '교회의 치리'로 번역할 수 있고, 제1절은 '세속 행정기구'를 '민간정부'로, '교회의 제직'을 '교역자들' 또는 '교회의 직분'으로 번역할 수 있고, 치리제도에 관하여, 제2절은 책벌의 권세에 관하여, 제3절은 권징의 필요성에 관하여, 제4절은 책벌의 방법에 관하여 고백하고 있다.

XXXI. 제31장 대회와 회의에 관하여

"1. 교회는 더 좋은 통제 기관을 가지고 덕성의 함양을 위하여 소위 대회나 회의와 같은 모임이 필요하다(행 15 : 2, 4, 6). [그리고 그들의 직책과, 그리스도가 파괴를 위해서가 아니라 교회를 위하여 그들에게 준 권리로써 그러한 모임을 정하고, 교회의 유익을 위하여 될 수 있는 대로 자주 모이는 것이 편리하다고 판단될 때 그들을 소집하는 것은 특수 교회의 감독자와 지배자에 속한다.]³⁹⁾

2. ⁴⁰⁾믿음에 관한 논쟁과 양심의 문제를 결정하고 하나님께 대한 공적 예배에 관하여 결정할 것은 목사들이 모이는 대회와 회의에 속한다. 또한 관리에 실수가 있어서 불평을 하거나 그것을 권위 있게 결정하는 것도 이 대회에 속한다. 이 회에서 발표한 명령이나 결정은 그것이 하나님의 말씀에 합치되는 한 귀중하게, 또한 복종하는 마음으로 받아들여야 한다. 그것이 하나님의 말씀에 합치되었다는 이유에서뿐만 아니라 그 말씀 안에서(행 15 : 15, 19, 24, 27 - 31, 16 : 4, 마 18 : 17 - 20) 정해 주신 하나님의 제도로써 권위가 부여되어 있기 때문이다.

3. 사도시대로부터 총회나 특별한 모임의 구별 없이 가진 모든 대회와 회의는 과오를 범할 수도 있었으며 사실 여러 번 과오를 범했다. 그러므로 그 회의를 믿음과 실생활의 법칙으로 생각지 말고, 이 두 가지를 돕는 것에 사용해야 한다(엡 2 : 20, 행 17 : 11, 고전 2 : 5, 고후 1 : 24).

---

39) [ ] 안에 있는 부분은 1788년에 첨가된 것.
40) 1647년 판에는 다음과 같다. 1788년 판부터 2는 생략하고 1~4만 포함함.
   2. 공무원들은 종교 문제에 관하여 의논도 하고 충고를 받기 위하여 목사나 그의 합당한 사람을 상대로 합법적으로 대회를 소집해야 한다(사 48 : 23, 딤전 2 : 1 - 2, 대하 19 : 8 - 11, 29, 30장, 마 2 : 4 - 5, 잠 11 : 14). 마찬가지로 만약 공무원들이 교회에 대한 공적인 적대행동을 할 때에는 그리스도의 목사들은 스스로 가지는 직무에 따라 다른 적당한 사람과 같이 교회의 대표들로서 그와 같은 모임을 가질 것이다(행 15 : 2, 4, 22 - 23, 25).

4. 대회와 회의는 교회에 관한 사건 이외의 것은 취급하거나 결정 짓지 않는다. 그리고 특별한 경우에 있어서 겸손한 청원이나 일반 관 공청으로부터(눅 12 : 13 - 14, 요 18 : 36) 요구가 있을 때에는 양심 의 만족을 위한 충고를 할 수 있으나 그 밖의 방법으로써는 나라에 관한 일반 사건에 우리가 간섭할 수 없다."

'대회와 회의'는 '노회와 총회'로 번역할 수 있고, 제1절은 '대회와 회의'를 '노회와 총회' 또는 '대회와 종교회의'로 번역할 수 있고, 대회 와 회의의 필요성에 관하여, 제2절은 대회와 회의의 처리사항과 권위 에 관하여, 제3절은 대회와 회의의 권위의 한계에 관하여, 제4절은 대 회와 회의의 처리사항의 한계에 관하여 고백하고 있다. 1647년판의 제2절은 국가 위정자들의 회의 소집에 관하여 진술하고 위의 제2절이 제3절, 위의 제3절이 제4절, 위의 제4절이 제5절로 고백하였다.

XXXII. 제32장 사람의 사후 상태와 부활에 관하여

"1. 사람의 육체는 죽은 후에 티끌로 돌아가서 썩어 버린다(창 3 : 19, 행 13 : 36). 그러나 그들의 영혼은 죽거나 자는 것이 아니라 죽 지 않는 생을 가지며 죽은 후에는 그것을 주신 하나님께로 돌아간다 (눅 23 : 43, 전 12 : 7). 의로운 자의 영혼은 완전히 거룩하게 되어 가 장 높은 하늘에 올라간다. 거기서 그들은 빛과 영광 가운데서 하나님 의 얼굴을 보며 그들의 육신이 완전히 구속되기를 기다린다(히 12 : 23, 고후 5 : 1, 6, 8, 빌 1 : 23, 행 3 : 21, 엡 4 : 10, 미국판에는 요일 3 : 2 첨가됨). 사악한 자의 영혼은 지옥에 던지운다. 거기서 그들은 고통과 어두움 가운데서 대심판의 날을 기다리고 있다(눅 16 : 23 - 24, 행 1 : 25, 유 1 : 6 - 7, 벧전 3 : 19). 성경은 육신이 죽은 후 에 영혼이 갈 장소로써 이 두 가지 외에는 아무것도 가르쳐 주지 않 는다.
2. 마지막 날에 살아남아 있는 자는 죽지 않고 변화될 것이다(살전 4 : 17, 고전 15 : 51 - 52). 모든 죽은 자들은 전과 같은 몸으로 부활

할 것이다. 이 부활체는 질적으로 전과 다를 것이나, 영혼은 이 육체와 하나가 되어서 영원토록 계속될 것이다(욥 19 : 26 - 27, 고전 15 : 42 - 44).

3. 불의한 자들의 육체는 그리스도의 힘으로 굴욕을 당하기 위하여 부활한다. 의로운 자들의 몸은 그리스도의 영으로 말미암아 영광을 얻기 위하여 부활해서 그리스도 자신의 영광스러운 몸과 동일하게 된다(행 24 : 15, 요 5 : 28 - 29, 고전 15 : 42, 빌 3 : 21)."

제1절은 죽은 후의 상태에 관하여, 제2절은 마지막 날의 변화에 관하여, 제3절은 두 종류의 부활에 관하여 고백하고 있다.

XXXIII. 제33장 최후의 심판에 관하여

"1. 하나님은 예수 그리스도로 말미암아 의로 세상을 심판하시기 위하여 한 날을 정하셨다(행 17 : 31). 예수 그리스도에게 하나님의 모든 권능과 심판을 부여해 주셨다(요 5 : 22, 27). 그날에는 배신한 천사가 심판을 받을 뿐만 아니라(고전 6 : 3, 유 1 : 6, 벧후 2 : 4) 이 땅에서 살던 모든 사람이 그리스도의 심판대 앞에 나타나 자기들의 생각과 말과 행실의 청산을 받으며, 그들이 육신으로 선을 행했든지 악을 행했든지 그들이 행한 그 일에 따라서 심판을 받을 것이다(고후 5 : 10, 전 12 : 14, 롬 2 : 16, 14 : 10, 12, 마 12 : 36 - 37).

2. 하나님이 이날을 정하신 목적은 택하신 자의 영원한 구원을 통하여 자기의 자비에 관한 영광을 나타내기 위한 것과(롬 9 : 23, 마 25 : 21) 사악하고 불복종하는(롬 2 : 5 - 6, 살후 1 : 7 - 8, 롬 9 : 22) 버림받은 자들을 통해서 자기의 의를 나타내시기 위한 것이다. 그때부터 의로운 사람은 영생에 들어가서 주님 앞에서 얻을 수 있는 충만한 기쁨과 시원함을 얻을 것이다(마 25 : 31 - 34, 행 3 : 19, 살후 1 : 7). 그러나 하나님을 모르고 예수 그리스도의 복음에 복종치 않은 사악한 사람들은 영원한 고통에 던져져 주님 앞에서 처벌을 받아 그의 권능의 영광으로부터 오는 영원한 파멸에 빠지게 될 것이다(마

25 : 41, 46, 살후 1 : 9, 미국판에는 사 66 : 24 첨가됨).

3. 죄를 버린 모든 사람에게와 역경 가운데서도 믿음을 지킨 사람들에 대하여 큰 위로를 주기 위한 심판 날이 있다는 것을 우리가 확신하기를 그리스도는 원하셨다(벧후 3 : 11, 14, 고후 5 : 10 - 11, 살후 1 : 5 - 7, 눅 21 : 27 - 28, 롬 8 : 23 - 25). 마찬가지로 그날을 모든 사람에게 감추어 두어서 그들이 모든 육적 안전감을 버리고 주님이 언제 오실지 모르므로 항상 깨어 있어서 언제든지 주 예수여, 어서 오시옵소서라고 할 수 있도록 준비케 하셨다(마 24 : 36, 42 - 44, 막 13 : 35 - 37, 눅 12 : 35 - 36, 계 22 : 20). 아멘."

제1절은 최후의 심판의 의미에 관하여, 제2절은 최후의 심판의 목적과 결과에 관하여, 제3절은 최후심판 교리의 유익성에 관하여 고백하고 있다.

XXXIV. 제34장 성령에 관하여[41]

"1. 성령은 삼위일체 신의 제삼위로서 성부와 성자에서 나왔으나 동일한 실체를 가지시고 권능과 영광에 있어서 동등하시다. 이 성령은 성부와 성자와 함께 모든 사람들이 세세토록 믿고 사랑하고 복종하고 예배드렸다.

2. 그는 주요, 생명의 부여자다. 어느 곳에든지 계시고 모든 선한 생각과 순결한 욕구와 사람 안에 있어서의 거룩한 고문이 되신다. 그에 의해서 예언자들은 하나님의 말씀을 선포하도록 충동을 받았고, 모든 성경 기자들이 하나님의 마음과 뜻을 무오하게 기록하도록 영감을 받았다. 복음의 경륜은 특히 그에게 위임되었다. 그는 그 길을 준비하시고 그의 설득력으로써 동행하신다. 그리고 사람의 이성과 양심 위에 복음의 사신(使信)을 주어 그러한 자비로우신 은사를 거절

---

[41] 34~35장은 1903년에 당시 미국 북장로회가 웨스트민스터 신앙고백에 첨가하여 사용하게 되었고, 미국 남장로회는 이것을 1842년에 정식으로 받아들여 현재까지 사용 중에 있다.

하는 사람은 용서를 받을 구실이 없게 되고 성령을 거역하는 책임을 지게 된다.

3. 하나님은 누구든지 원하는 사람에게 언제든지 성령을 주시기를 원하신다. 이 성령은 구속을 적용하는 데 있어서 단 하나의 효율적인 기관이다. 그는 사람을 그의 은혜로 중생케 하고, 그들의 죄를 시인케 하고, 참회토록 마음을 움직이시고, 믿음으로 예수 그리스도를 받아들이도록 설득하고 그렇게 할 수 있도록 한다. 그는 모든 신자들을 그리스도에게 결합시키고 위로자와 성화자로서 그들 안에 남아 있어서 그들에게 입양(入養)의 영과 기도를 주신다. 또한 모든 은혜로운 일을 행하여 그것으로써 신자들이 구속의 날까지 성화되고 인 치심을 받는다.

4. 성령이 내재함으로써 모든 신자는 먼저 머리이신 그리스도에게 강하게 결합이 되며 그리스도의 몸이신 교회 안에서 서로 연합이 된다. 그는 그의 교역자들을 부르고 그들의 거룩한 일을 위하여 기름을 부어 주신다. 그리고 그들의 특수한 일을 위하여 교회 안에서의 모든 다른 직책을 위한 자격을 준다. 또한 그의 회원에게 여러 가지 은사와 은총을 부여해 준다. 그에 의해서 교회는 보존되고 증가되고 성결케 되어, 마지막에는 하나님 앞에서 완전히 거룩하게 된다."

제34장은 성령론이다. 1647년 웨스트민스터 신앙고백에서 취급하지 않았던 성령에 관한 내용이며, AD 381년 니케아-콘스탄티노플 신조에서 확정되고 AD 586년 톨레도 회의에서 '필리오케'(Filioque)가 첨가된 이후의 서방교회의 성령론을 취하고 있다. 제1절은 성령의 본질과 발출 근거에 관하여, 제2절은 성령의 사역에 관하여, 제3절은 성령의 구속사역에 관하여, 제4절은 성령의 내재와 연합에 관하여 고백하고 있다.

성령론으로 영국판에는 별도의 독립된 장(章)이 없어서 미국판에는 성령론을 추가하였으나 기존의 영국판과의 모순점이 보이지 않으므로 그대로 수용하여도 좋다고 생각한다. 그러나 제2장에서 하나님과 성 삼위일체에 관하여 성령을 진술하고 있는데, 말미에 별도의 장을 추가함은 법제적으로 체계성과 통일성을 상실하므로 모양이 좋지 않음을 느낀다.

XXXV. 제35장 하나님의 사랑의 복음과 선교에 관하여

"1. 하나님은 무한하시고 완전한 사랑 가운데서 주 예수 그리스도의 중보와 희생을 통하여 은혜의 언약을 마련하셨다. 그는 생명과 구원의 길이다. 사람의 모든 잃어버린 족속을 위해서는 충분하고 적합하다. 그리고 이 구원은 복음 안에서 모든 사람에게 자유로이 제공되었다.

2. 복음 안에서 하나님은 세상을 위한 그의 사랑과 모든 사람이 구원을 받을 것을 원하시는 그의 뜻이 선언되었으며, 구원의 유일의 방법이 충분하고도 명백하게 나타나 있다. 또한 참으로 참회하고, 그리스도를 믿는 모든 사람에게 영생을 약속하시고, 주어진 자비를 받아들이도록 권하시고 명령하신다. 그리고 말씀에 따르는 그의 영에 의하여 그의 은혜로우신 초청을 받도록 사람에게 역설한다.

3. 누구든지 복음을 듣고 주저 없이 그의 자비로우신 준비를 받아들이는 것은 그들의 의무요, 특권이다. 반면에 참회도 하지 않고 불신에 머물러 있는 사람은 악화된 죄책을 초래하게 되며 그들 자신의 잘못으로 망하게 된다.

4. 복음 안에서 계시된 것 이외에 구원의 길은 없으며 신적 확립과 보통 방법을 통해서 주어진 은혜 안에서 믿음은 하나님의 말씀을 듣는 것을 통해서 오는 것이므로 그리스도는 그의 교회에 위탁하기를 온 세상에 나가 모든 족속을 제자로 삼으라고 하셨다. 그러므로 모든 신자는 이미 질서가 확립되어 있는 기독교의 질서를 지지할 의무와 그들의 기도와 기부와 개개적인 노력을 통해 그리스도의 왕국을 온 세상에 확장하는 데 공헌해야 할 의무를 가지고 있다."

영국의 원판에는 선교의 장이 없다고 비판을 받아 온 것은 사실이나, 기존의 고백서 제15장 생명에 이른 회개에 관하여 제1절에 "그리스도 안에 있는 믿음의 교리에 관해서 하는 것과 마찬가지로 복음을 전파하는 모든 전도자들은 이 회개에 관한 교리를 설교해야 한다."라고 진술함으로 선교에 관한 고백이 있는데, 선교를 중시하는 시대상을 반영하는 의도는 있으나 제34장의 성령론의 신설 추가와 마찬가지로 법제적으로 꼴이 깔끔하지 못하다.

선언문[42]

"교회 정치에 규정된 대로 교역자와 치리장로와 집사들의 안수 시에 하는 서약은 신앙고백을 받아들이고 적용하는 것을 요구한다. 그것은 다만 성경에서 가르치는 교리의 체계를 포함한 것으로써 받아들인다. 그럼에도 불구하고 신앙고백 안에 있는 표현에서 얻은 어떤 추론에 대하여 교회가 부인할 뜻을 정식으로 표현하였으며, 계시된 진리의 어떤 부분이 현재에는 더 명백하게 표현하는 선언문이 필요하다고 교회가 정식으로 원하고 있으므로 미국 연합장로교회는 다음과 같이 유권적인 선언문을 발표한다.

첫째, 신앙고백서의 제3장에 관련하여 그리스도 안에서 구원을 받은 사람들에 관하여 하나님의 영원하신 칙령(勅令)에 관한 교리는 전 인류에 대한 그의 사랑의 교리와 조화되는 것으로 이해하며, 그의 아들의 은사는 전 세계의 죄를 위한 화해로 이해하며, 그의 구원의 은혜를 구하는 사람에게는 누구에게든지 주실 준비가 되어 있다는 것이다. 멸망한 사람들에 관하여 하나님의 영원하신 칙령(勅令)은 하나님이 어느 죄인의 죽음을 원하시는 것이 아니라 그리스도 안에서 모든 사람에게 충분한 구원을 준비하셨고, 모든 사람에게 적용되고, 복음 안에서 모든 사람에게 자유롭게 제공되어 있다는 것이다. 그리고 사람은 하나님의 은혜로우신 제공을 어떻게 취급할 것인가? 그것은 전적으로 사람에게 있다. 그리고 아무도 자기가 범한 죄 이외의 죄

---

42) 이 선언문은 1903년에 채택된 것이다.
1967년 대한예수교장로회 제52회 총회는 본 신앙고백을 총회 헌법에 첨가하기로 하였다.

값으로 정죄를 받지 않는다는 것이다.

둘째, 신앙고백의 제10장 3절에 관련하여, 유아 시절에 죽은 아이는 구원을 받지 못한다는 것을 가르치는 것으로 이해해서는 안 된다. 유아 시절에 죽는 모든 아이는 구원의 선택에 포함되어 있으며, 성령을 통하여 그리스도에 의해서 거듭나고 구원을 받는다고 우리는 믿는다. 성령은 자기가 언제 어디서 어떻게 일하실 것인지 자신이 원하는 대로 역사하신다."

우리 헌법이 1647년의 영국판 웨스트민스터 신앙고백을 채택하지 않고 1903년 제34~35장과 선언문이 추가 신설한 미국판을 채택함으로 말미암아 이 선언문의 내용과 비판에 관하여 본편 제1장 신앙고백의 역사 Ⅲ, 5, 미국판 웨스트민스터 신앙고백의 채택과 신학 및 신앙의 방향에서 논한 고민을 우리도 안고 있어 참으로 큰 문제이며, 거기를 참고하기 바란다.

칼빈주의와 아르미니우스주의와의 조화나 절충은 이론적으로 논리적으로나 있을 수 없는 일인데, 이러한 칼빈주의 변질, 수정, 왜곡을 사랑과 화해의 이름으로 이해하라고 하니 하나의 통일된 헌법 안에서는 불가하다. 차라리 헌법을 개정하여 칼빈주의 정통 개혁주의 신앙과 신학을 고수하든지, 그렇지 않으면 복음주의적 아르미니우스주의로 아예 방향을 잡든지 양자택일을 하여야 할 것이다.

제6편 대한예수교장로회 신앙고백서

제1장 대한예수교장로회 신앙고백서의 의의

Ⅰ. 현대 개혁교회의 신앙고백의 의의

초대교회부터 현대에 이르기까지 2천 년의 기독교 역사에 등장한 광의의 신앙고백을 간추려 보면, 초대교회의 5대 에큐메니칼 신조와 16~17세기 종교개혁기의 신앙고백과 현대의 신앙고백으로 크게 세 가지로 나눌 수 있다.

18세기의 계몽주의운동(Enlightment)과 경건주의(Pietism)는 17세기의 신앙고백주의에 반대하고, 또 18세기의 복음주의에 의한 부흥운동도 신앙고백을 무시하였고, 19세기에는 경건주의와 관념주의 철학과 낭만주의의 영향을 받아 자유주의 신학이 등장하고 이에 대한 반동으로 나타난 근본주의와 신정통주의가 출현하였다. 19세기 정치적 자유주의와 20세기 정치적 민주주의와의 결합인 자유민주주의, 19~20세기 과학주의, 국가사회주의와 공산주의, 현대의 고도 자본주의, 독재 민족주의 등 다양한 사상과 이념 거기에 따른 정치체제 및 권력 형태가 나타났다. 이로 인하여 기독교는 외부세력으로 공격을 받게 되고 또 자체의 개혁 필요성에 의해 현대에 걸맞은 새로운 신앙고백의 채택, 선언이 불가피하게 되었다. 우리 교단의 최초 독자적 신앙고백인 대한예수교장로회 신앙고백이 나오기까지 등장한 중요한 신앙고백의 예를 들면 1904년 12신조, 1934년의 바르멘 신학선언, 1967년 미국연합장로교회의 신앙고백을 들 수 있다. 12신조는 제3편 신조에서 논한 바와 같이 칼빈주의 신학에 충실한 신조이며, 1907년 우리 교단 독노회 창립 때 실질적 의미의 헌법으로 채택하여 지금까지 헌법의 규범으로 그 효력을 유지하고 있다.

II. 현대 개혁교회와 신앙고백

1. 바르멘 신학선언

1) 바르멘 신학선언의 의의

바르멘 신학선언이란 1934년 5월 29~31일까지 독일 바르멘에서 독일의 루터교회, 개혁교회, 연합교회들이 모여 하나의 거룩한 사도적 교회의 한 주님을 한 마음으로 고백하면서 발표한 하나의 공동선언문인 동시에 개혁교회의 에큐메니칼 신앙고백을 말한다.

2) 바르멘 신학선언의 배경

히틀러의 민족적 국가사회주의(Nazism)를 찬동한 '독일의 그리스도인들'(German Christian)이란 어용단체에 항거하고, 19세기 자유주의 신학의 낙관론을 비판하고 나온 신정통주의 칼 바르트(Karl Barth)의 작품으로써 독일의 고백교회운동에 가담한 고백교회의 고백서 중의 하나이다. 독재에 저항하는 독일 고백교회는 제3세계의 반독재 신앙고백에 많은 영향을 끼쳤다. 이러한 신앙고백은 특수한 역사적, 정치적, 사회적 상황에 대처하여 특히 국가권력으로부터 교회를 수호하기 위하여서는 계속적, 반복적으로 선언되어야 할 것이다. 그러나 정통 개혁주의, 칼빈주의의 신학을 약화, 수정하는 것은 문제가 있다.

3) 바르멘 신학선언의 내용

이 선언문은 중요한 부분은 크게 두 가지이다. 첫째 '독일 내의 개신교 교회들과 기독교인들에 대한 호소'와 둘째 '독일 개신교회의 현 상황에 관한 신학선언'이다. 전자에서 우리가 관심을 둘 것은 교회의 일치는 국가가 이데올로기에 입각하여 이루어지는 것이 아니라 '오직 성령을 통한 말씀에 대한 신앙'으로만 가능하다는 고백이다. 후자는 6항목으로 되어 있고, 각 항목은 ① 성경 구절, ② 신학적 명제, ③ 히틀러주의와 이에 동조하는 '독일 기독교인들'과 국가교회에 대한 반박으로 구성되어 있다.

제1항은 독일 국가교회에 항거하여 '오직 그리스도', '오직 성경'이라는 종교개혁 신학의 표어를 확인하고 있다. 제2항은 하나님의 말씀이신 예수 그리스도가 인류의 구주시요, 우리의 주님이시요, 종교개혁 신학과 성경의 중심이라고 한다. 제3항은 그리스도는 교회의 머리시요, 교회의 통치자이심을 말하고 교회는 종교개혁 신학에 의한 교회로서 예수 그리스도께서 그 안에서 성령을 통하여 말씀과 성례전으로 현재 역사하시는 주님의 형제자매들의 회중이라고 정의를 내린다. 제4항은 교회의 직책이나 직분에 대하여 말하면서 직분자는 마태복음 20 : 25~26에 근거하여 섬기는 자세를 지녀야 할 것을 촉구한다. 제5항은 국가공동체의 권위와 임무 및 임무의 한계를 말하면서 교회와 국가의 엄격한 분리를 선언하고 교회와 국가는 각각의 고유한 사명과 권한을 갖고 있다고 선포하고 있다. 제6항은 종말론적 소망을 가지고 교회를 교회 되게 하라는 메시지를 던지고 있다.

2. 미국연합장로교회 신앙고백(1967)

1) 미국연합장로교회 신앙고백의 의의

이는 1967년 미국연합장로교회(UPCUSA)가 초대교회의 니케아 신조와 사도신경, 종교개혁기의 스코틀랜드 신앙고백, 하이델베르크 요리문답, 제2 스위스 신앙고백, 17세기 웨스트민스터 신앙고백과 소요리문답, 20세기 바르멘 신학선언을 전제로 수용하면서 칼 바르트의 신정통주의 신학의 영향을 받아 채택한 신앙고백을 말한다. 이를 '1967년 신앙고백'이라 부른다. 이는 다위(Edward A. Dowey)가 화해를 주제로 하여 초안한 것이다.

2) 1967년 신앙고백의 배경

이는 1958년 미국의 장로교가 미국장로교회(PCUSA, The Presbyterian Church in the United States of America, 우리가 보통 미국 북장로교라고 부른다.)와 북미연합장로교회(UPCNA, The United Presbyterian Church of the North America)를 통합하여 '미국연합장로교회'(UPCUSA, The United Presbyterian Church in the United States of America)로 출범함으로 인하여 새로운 신앙고백의 채택을 위한 특별위원회를 구성하고, 7년의 연구 끝에 1965년 총회에 제출하여 보고하고, 1966년 총회의 승인을 받아 1967년 세상에 나와 출판한 신앙고백이다.

3) 1967년 신앙고백의 내용

이 신앙고백은 제1부 하나님의 화해사역, 제1장 우리 주 예수 그리스도의 은혜, 제1절 예수 그리스도, 제2절 인간의 죄, 제2장 하나님의 사랑, 제3장 성령의 교제, 제1절 새로운 삶, 제2절 성경, 제2부 화해의 교역, 제1장 교회의 사명, 제1절 방향, 제2절 형식과 직제, 제3절 계시와 종교, 제4절 사회에서의 화해, 제2장 교회의 장비, 제1절 설교와 가르침, 제2절 찬양과 기도, 제3절 세례, 제4절 주의 성만찬, 제3부 화해의 실현으로 구성되어 있다.

4) 1967년 신앙고백의 특징

이 신앙고백은 예수 그리스도의 십자가 사건은 온 인류의 유죄판결을 받아야 할 심판을 예수 그리스도가 받았고, 부활하신 예수는 모든 인류의 구주라고 주장하고, 또 이 신앙고백은 하나님의 본질을 사랑으로 설정하는 한 17세기 개혁 정통주의 신학이 규정한 웨스트민스터 신앙고백의 제3장 하나님의 영원하신 경륜(작정)에 관하여와 그의 핵심인 이중예정설을 약화시키고, 또한 도르트 신조 가운데 제한속죄론 또는 제한구원론과도 충돌된다. 1967년 신앙고백은 20세기 미국장로교의 신학과 기풍이나 성격에 큰 영향을 준 신정통주의 자 칼 바르트 신학을 반영하고 있다.

"따라서 본 신앙고백은 고대교회의 신조나 개혁교회의 고전적 신앙고백서들을 배격하는 것이 아니라, 이와 같은 것들 이외에 그 당시 미국의 역사적 상황과 사회적, 정치적 컨텍스트를 의식하면서 이에 상응하는 신학적인 주제를 부각시키고 있다."[1]라고 변명하는 신학자가 있으나 신정통주의는 칼빈주의에서 벗어나고 있음이 분명하다. 이는 장로교 신학에 있어서 근본주의 신학은 극우파이고, 개혁 정통주의 신학은 우파이고, 자유주의 신학과 해방신학 및 민중신학은 극좌파로 분류한다면, 신정통주의는 중도적 좌파로 자리매김을 할 수 있다. 다음에 후술하는 우리 교단의 두 개의 신앙고백은 종교개혁기의 고전적 신앙고백의 이중예정론과 배치됨으로 우리 교단의 하나의 헌법 안에 두 개의 상충하는 교리를 품고 있으니 교단 헌법학상으로 비판의 여지가 있다.

1967년 신앙고백은 1934년 바르멘 신앙고백의 영향을 받았고, 우리 교단의 독자적인 두 개의 신앙고백은 1967년 신앙고백의 영향을 받았다고 볼 수 있다.

III. 총회 헌법과 현대 개혁교회의 신앙고백

1. 대한예수교장로회 신앙고백서의 제정

1986년 9월 25~30일 제71회 총회에서 우리 교단 헌법 제1편 교리 제5부에 대한예수교장로회 신앙고백서를 편입하기로 헌법개정 공포를 함으로 우리가 직접 작성한 최초의 신앙고백이 등장하게 된 것이다.

1983년 9월 23~28일 제68회 총회에서 우리 자신의 신앙고백서의 제정을 결의하고, 1984년 제69회 총회에 1차 초안을 제출하고, 1985년 제70회 총회에서 2차 초안 및 헌법 제1편 교리에 제5부로 삽입하는

---

1) 총회교육부 전게서, p. 413.

신설안이 통과하고, 전국 노회에 수의를 거쳐 확정되고, 위와 같이 1986년 제71회 총회에서 공포하여 세상의 빛을 보게 되었다.

2. 대한예수교장로회 신앙고백서 개정

1990년 9월 12~16일 제73회 총회에서 헌법 제1편 교리 제5부 대한예수교장로회 신앙고백서 제3장 예수 그리스도 제1절에 "그는 성령으로 잉태하사"를 삽입 개정을 공포하였다.

1991년 9월 12~18일 제76회 총회에서 헌법 제1편 교리 제5부 대한예수교장로회 신앙고백서 제4장 성령 제5절 "그리스도의 교회는 오순절 때 성령의 강림에 의해서 시작되었다(행 2 : 1 - 40)."라는 문장을 "성령께서 오순절에 강림하셔서 교회에 권능을 주시고(행 1 : 8) 십자가에 못 박혀 죽으시고 부활하신 그리스도의 복음을 만민에게 전파하게 하셨다(막 16 : 15)."로 보완, 수정하였다.

1999년 9월 13~17일 제84회 총회에서 헌법 제1편 교리 제5부 대한예수교장로회 신앙고백서 제5절 "종교 간의 대화에는…… 대화를 게을리 하지 않아야 할 것이다(행 17 : 22 - 31)."의 전부를 제4절 후미에 합치는 편제 수정을 하였다.

제2장　대한예수교장로회 신앙고백서의 내용

헌법 제1편 교리 제5부 대한예수교장로회 신앙고백서[2]

머리말

"1983년 제68회 총회는 한국교회 100주년을 기하여 우리 자신의 신앙고백서를 제정하도록 결의하고, 그 제작 임무를 우리들에게 위임하였다. 우리 위원회는 여러 번 회합을 거듭하여서 작성한 첫 초안

---

[2] 교단헌법 Ⅲ 전게서, pp. 134-155.

을 1984년 제69회 총회에 제출하였고, 다시 이를 보완한 후 두 번째 초안을 1985년 제70회 총회에 제출하여 만장일치의 통과를 보게 되었다. 이 초안은 다시 전국 노회에 수의한 바 전 노회의 인준을 받아 1986년 제71회 총회에서 선포됨으로 확정된 것이다.

본 신앙고백서는 그간 우리 교회가 받아 오는 사도신경, 웨스트민스터 신앙고백서와 소요리문답 및 12신조를 토대로 하고, 그간 총회가 채택 공포한 총회신학자지침서(제63회 총회), 총회신학협의회 보고서(제65회 총회), 이단 사이비지침서(제68회 총회), 그리고 역사적 개혁교회 신앙고백서들과 세계교회의 신앙고백서들을 참조하여 작성하였고, 거기에 현 한국교회의 시대성을 가미하여 완성한 것이다.

본 고백서는 우리 총회가 만든 최초의 신앙고백서이고, 또 제정 기간도 길지 못하였으므로 미비한 점이 많은 것으로 알고 있다. 그러나 우리 총회 자체가 우리의 신앙고백서를 작성한 데 그 뜻이 있고, 앞으로 계속 보완함으로 보다 완비되리라 믿는다. 본 신앙고백서를 통해 전 교회가 신학적으로 단합함으로 교회가 내적으로 충실해지고 나아가 외적으로 더욱 부흥되기를 바란다. 하나님의 크신 은총이 본 신앙고백서를 통해 우리 전 교회 위에 임하시기를 기원한다."

1986. 9. 26.
대한예수교장로회 신앙고백서 제정위원회

대한예수교장로회 신앙고백서

서 문

"우리는 성삼위일체 하나님의 성호를 찬미하며, 그 신비하신 섭리와 은총에 감사를 드린다. 우리 주 예수 그리스도의 복음이 우리 한국에 전해진 지 100년이 되었다. 그간 우리 교회는 사도시대로부터 전승된 신앙을 토대로 겨레의 영광과 고난을 함께 나누면서 꾸준히

성장을 거듭하여, 오늘날 안으로는 민족 사회 속에서 무게 있는 위치를 차지하고, 밖으로는 세계의 교회가 주목하는 교회로 성장하게 되었다.

돌이켜 보면 우리 교회는 수난의 민족사 속에서 수난의 길을 걸어 왔다. 한국교회의 초창기는 우리 민족의 국권이 열강에 의해 침해를 당하고 있을 때였다. 계속하여 일제의 군국 통치, 조국 광복에 이은 남북분단과 한국전쟁 등 격동의 연속 속에서 우리 교회는 때로는 신앙의 자유를 속박 당했고, 때로는 정면적인 탄압을 받아 수많은 순교자를 내기도 했다. 그러나 우리 한국교회는 불타는 떨기나무처럼 환난 중에서 오히려 빛난 성장에 속도를 더해 왔다.

그러나 오늘날 우리 한국교회는 그 외형적 성장 이면에 여러 가지 문제들을 가지고 있다. 그 문제들을 해결함으로 우리 교회가 더 든든한 기반 위에서 계속적인 성장을 기하게 하는 것이 이 시점에 선 우리들의 사명일 것이다.

교회의 건전한 발전은 신앙고백의 정착에서 시작된다. 현재 우리 한국교회는 시대적인 여러 과제들을 안고 있다. 그러나 우리들의 첫째 과제는 우리가 믿는 신앙 내용을 보다 명백하게 정리하고 이를 정착시키는 일이며, 그렇게 함으로써 모든 시대적 과제들을 보다 신속하게 그리고 복음적으로 해결할 수 있을 것이다. 이와 같은 사정에서 우리 교회가 100주년을 맞는 이 역사적 시점에 그간 우리 교회가 지켜 온 신조들과 총회가 채택한 신앙지침서 등을 골격으로 한 우리의 신앙 내용을 우리 교회의 오늘의 말로 정리하여 보다 조직적으로 제시함으로써 우리의 신앙과 신학을 통일하고, 보다 조화된 신앙공동체로서 계속적인 전진을 촉진하고자 한다.

우리 한국교회는 그 초창기부터 복음을 전하는 교회로 성장하여 왔다. 그리고 현재도 민족복음화는 한국의 모든 교회의 공동목표가 되고 있다. 교회가 그 시대와 지역을 따라 복음선교를 위주로 하는 것은 한국교회의 전통이기도 하다. 그러므로 우리 대한예수교장로회 총회는 지난날 우리의 복음선교에 풍성한 결실로 응답하신 하나님의 은총에 감사하면서, 앞으로 다른 교회들과 대열을 가다듬고 민족복음화라는 시대적 사명을 다하고자 한다.
　본 신앙고백서는 이와 같은 우리의 시대적 사명을 명시하고 그 수행을 효과적으로 하기 위하여 엮어진다."

Ⅰ. 제1장 성경

　"1. 우리는 신·구약성경이 하나님의 말씀이며, 종교개혁자들이 내건 '성경만'이라는 기치처럼 우리의 신앙과 행위에 대한 정확 무오한 유일의 법칙임을 믿는다. 신비체험이나 기적 등이 신앙에 도움이 될 수는 있으나 그 근거는 될 수 없다. 성경은 신앙과 행위에 관한 가장 정확한 표준이므로 그것에 관련된 모든 것은 성경에 의해서 판단 받아야 한다.
　2. 성경은 39권의 구약과 27권의 신약을 합한 66권으로 된 정경을 가리킨다. 외경 또는 위경도 있으나 그것들은 정경보다 열등하며, 그 가치는 성경에 의해 판단 받아야 한다.
　3. 성경은 하나님의 영감으로 기록되었다(딤후 3:16-17, 벧후 1:21). 성경은 인간의 말로 기록된 하나님의 말씀이요, 따라서 거기에는 인간적 요소와 신적인 요소가 함께 있다. 그러나 하나님은 저자가 지니고 있던 시대적이며, 문화적인 배경 등 인간적 요소들을 그의 섭리를 성취하기 위하여 사용하셨으므로 성경은 전적으로 하나님의 말씀이다.
　4. 하나님의 계시는 자연이나(롬 1:20), 역사나(단 2:36-45), 혹은 인간의 본능을 통해서도(행 17:27, 롬 1:19) 어느 정도 나타나지만 완전한 계시는 성육신하신 예수 그리스도시다. 성경은 그리스도에 대해 증언하는 것이므로(요 5:39, 46) 결국 성경은 가장 확실한 계시서이다.
　5. 구약성경은 천지창조에서 시작하여 이스라엘 민족의 성공과 실패의 자취를 따르면서 오실 메시야에게 초점을 두고 있다. 즉, 구약성경의 모든 사건은 직접 또는 간접으로 그리스도에 대한 준비와 예언이다. 신약성경은 이미 오신 그리스도의 생애와 가르침과 사도들

의 예수 그리스도에 대한 증언과 가르침을 수록한 것으로써, 그리스도에 대한 증언이다. 그러므로 신약은 구약의 배경에서 이해되어야 한다. 따라서 구약을 떠나 신약을 바로 이해할 수 없고, 신약을 떠나서는 구약의 참뜻을 이해할 수 없게 된다.

6. 성경의 이해와 해석과 응용은 각각 구분되어야 한다. 성경의 해석이란 본문의 원뜻을 밝히는 것으로 그 기록의 배경을 상고하고 그 속에서 하나님의 뜻을 밝혀내는 것을 가리킨다. 그리고 성경은 같은 하나님의 영감으로 된 것으로 전체가 하나님의 말씀이다. 그러므로 성경은 성경으로써 해석하여야 하고, 성경 전체에 흐르고 있는 기본적인 교리를 파악하고, 그 빛 아래서 부분을 해석하여야 할 것이다. 성경의 응용이란 이해되고 해석된 성경의 가르침을 신자들이 현실생활에서 만나는 여러 가지 문제들을 해결하기 위하여 활용하는 것을 의미한다.

7. 성경의 가르침은 계속해서 개혁되고 갱신되어야 할 개인과 교회와 사회와 역사의 원리가 된다. 하나님은 성경과 세계 안에서 사역하시는 성령에 의해서 모든 것을 새롭게 만드신다. 그러므로 성경은 모든 개혁운동의 원리인 동시에 원동력이 된다(딤후 3 : 16 - 17)."

제1절은 신앙과 생활의 근거, 성경의 신앙과 행위에 대한 무오성과 유일성과 법칙성에 관하여 진술하며, 성경의 중심은 성부 하나님이 성자 예수 그리스도와 성령을 통하여 성취하시는 인간의 구속활동에 관한 진술이며, 나아가서 삼위일체 하나님의 역사 섭리와 우주통치 및 세상의 종말과 심판에 관한 말씀인 것을 고백하고 있다.

제2절은 성경의 정경성과 외경에 관하여, 제3절은 성경의 영감에 관하여, 제4절은 성경은 계시의 책, 예수 그리스도에 관한 성경의 완전 계시성에 관하여, 제5절은 구약과 신약과의 상호 관련에 관하여, 제6절은 성경의 해석과 응용에 관하여, 제7절은 성경의 개혁운동의 원리와 원동력에 관하여 고백하고 있다.

Ⅱ. 제2장 하나님

"1. 우리는 스스로 계시며(출 3 : 14), 사랑이시고(요일 4 : 16), 홀로 한 분이신(신 6 : 4, 요 17 : 3, 고전 8 : 4) 하나님을 믿는다. 하나님은 전능하시며(출 15 : 11, 딤전 6 : 15), 전지하시며(시 139 : 1 - 4, 롬 8 : 29), 편재하시고(시 139 : 1 - 10, 행 17 : 24), 영원하시며(시 90 : 2, 102 : 26 - 27, 계 10 : 6), 무한히 거룩하시며(사 6 : 3, 계 4 : 8), 무한히 의로우시며(신 32 : 4, 행 10 : 34), 무한히 지혜로우시며(롬 11 : 33 - 36, 16 : 27), 무한히 자비로우시며(출 34 : 6, 마 5 : 45), 무한히 선하시며(시 119 : 68, 눅 18 : 19), 무한히 자유하시고(시 115 : 3, 롬 9 : 14 - 21), 그리고 광대하시고(시 145 : 3), 불변하사(약 1 : 17) 항상 영광 중에 계신다(왕상 8 : 11, 롬 11 : 36).

2. 하나님은 본질에 있어서 한 분이시나 삼위로 계신다. 삼위는 성부와 성자와 성령이시다. 삼위는 서로 혼돈되거나 혼합할 수 없고, 완전히 분리할 수도 없다. 삼위는 그 신성과 능력과 존재와 서열과 영광에 있어서 완전히 동등하시다.

성자는 성부에게서 영원히 나시고(요 1 : 14, 18), 성령은 성부와 성자에게서 나오신다(요 15 : 26). 사람은 성자를 통하지 않고는 성부에게 갈 수 없으며(요 14 : 6), 성부께서 이끌어 주시지 않으면 성자에게 갈 수 없으며(요 6 : 44), 또 성령을 통하지 않고는 성자를 주라고 말할 수도 없다(고전 12 : 3). 성삼위는 모든 사역에서 공동으로 사역하시나, 성부는 주로 계획하시고(마 24 : 36, 행 1 : 7), 성자는 계획된 것을 실현시키시며(요 1 : 18, 19 : 30), 성령은 모든 은총을 보존하고(엡 1 : 13) 더하신다.

3. 하나님은 창조하시고 섭리하시고 심판하신다. 하나님의 창조는 태초에 아무것도 없는 데서 보이는 것이나 보이지 않는 모든 것을 창조하셨다(창 1 : 1). 창조는 하나님의 신성과 영광을 선포하시기 위한 것이며(시 104 : 24, 롬 1 : 10), 하나님은 지으신 만물을 보시고 선하다 하시며 기뻐하셨다(창 1 : 4, 31, 딤전 4 : 4). 하나님은 모든 피조물을 지으신 후에 하나님의 형상을 따라 사람을 창조하셔서 다른 피

조물들을 주관하게 하셨다(창 1 : 26 - 27, 시 8 - 6).

4. 하나님의 섭리는 그의 창조 목적을 실현하기 위하여 창조하신 만물을 보존하시며, 지배하시고, 인도하심을 가리킨다. 하나님은 그의 섭리에 따라 자연법, 동물의 본능, 인간의 이성과 양심 등을 사용하시나 그의 공의와 지혜와 능력과 사랑으로 섭리하사 그의 영원하신 창조 목적을 성취하신다(롬 11 : 33 - 36). 그러나 가장 의로우시고 선하신 하나님은 죄를 만드시거나 인정하시지 않는다(약 1 : 13, 요일 2 : 16). 하나님은 절대자이시고, 만물의 창조자이시므로 다른 신적 존재를 허용하지 않으신다(출 20 : 3). 그의 지음을 받은 모든 존재들은 여호와 하나님만을 절대자로 믿고 예배해야 하며(출 20 : 4 - 5), 따라서 우리는 다른 신을 섬기는 모든 종교의 구속적 가치를 인정하지 않는다(행 4 : 12).

5. 하나님의 최후 심판은 그의 우주 섭리의 종결로써 의와 불의를 가려 상벌하심을 가리킨다(마 25 : 31 - 46). 하나님의 심판은 현 역사 속에서 정확하고도 강력한 판단의 힘으로 나타나기도 하나(출 14 : 13 - 14, 단 5 : 1 - 30), 그것은 오히려 표본적이며(눅 13 : 1 - 5) 하나님은 역사의 종말에 가서 명백하고도 공정한 대심판을 행하신다 (계 20 : 11 - 15)."

제1절은 하나님의 본질과 속성에 관하여, 제2절은 삼위일체 하나님에 관하여, 제3절은 하나님의 창조에 관하여, 제4절은 하나님의 섭리에 관하여, 제5절은 하나님의 역사 내적 심판과 종말적 최후 심판에 관하여 고백하고 있다.

Ⅲ. 제3장 예수 그리스도

"1. 우리는 예수 그리스도가 하나님의 아들로서 사람이 되셨다는 것과(요 1 : 14) 그가 하나님이시요, 또한 사람이시며, 하나님과 사람 사이의 유일의 중보자가 되신 것을 믿는다(엡 2 : 13 - 16, 딤전 2 : 5). 그는 성령으로 잉태하사 동정녀 마리아의 몸에서 나시사 완전한 사람이 되어 인류 역사 안에서 생활하셨다(마 1 : 23). 이와 같은 그리스도의 성육신은 단 한 번으로써 완결된 사건이요, 최대의 기적에 속하는 사건이다(히 9 : 28).

2. 하나님과 사람 사이의 중보자가 되신 그리스도는 사람에 대한 하나님의 완전한 계시이다. 이 계시는 자연에 나타난 계시나(시 19 : 1-4, 롬 1 : 20), 구약성경의 예언적 계시(히 1 : 2) 이상이요, 모든 계시의 완성이다. 그리스도가 하나님의 완전한 계시이므로 사람은 그를 통하지 않고는 하나님을 완전히 알 수 없고(요 1 : 18, 14 : 9), 그가 보여 주신 이상의 하나님을 알 수도 없다. 그리스도의 계시성은 성경에서 증언되고 있으며(요 5 : 39), 그의 절대적인 예언자직을 가리킨다. 그리스도교는 이와 같은 그리스도의 계시에 입각한 계시종교다. 그것은 인간 문화에 의해 발생한 것, 인간의 깨달음에서 조직된 것도 아니다. 그리스도교는 그와 같은 요소를 가지면서도 그 신앙의 근거를 오직 그리스도의 계시에 두는 계시종교이다.

3. 성육신사건은 낮아지심을 의미하는 것이요, 그의 낮아지심은 십자가의 죽음에서 그 극에 이르렀다(빌 2 : 6-8). 그는 이와 같은 극단의 낮아지심으로 인한 죽음을 통해 만민의 죄를 대속하셨다(막 10 : 45). 그것은 구약의 속죄제물의 완성으로써 그 자신이 완전한 제물이 되시고 또 완전한 대제사장이 되시어, 단번으로 영원하신 속죄제사를 드리셨다(히 7 : 17, 27). 그리스도의 이와 같은 대속의 죽음은 하나님의 공의에 따라 드린 화목제물이었으며(창 2 : 17, 히 7 : 22, 요일 2 : 2, 사 53 : 11) 범죄로 인해 멀어졌던 하나님과 인간 사이를 화목케 하셨다(고후 5 : 18-19, 엡 2 : 13-18).

4. 십자가에서 죽으신 그리스도는 사흘 만에 부활하심으로써 다시 높아지셨다(빌 2 : 9-11). 그의 죽음이 우리 죄의 대속인 것처럼, 그의 부활은 우리의 새로운 삶의 시작이 되신 것이다(고전 15 : 20). 부활하신 그리스도는 승천하사 하나님 보좌 우편에서 우리를 위해 계속 기도하시며(히 7 : 25, 9 : 24), 만물 위의 모든 권세를 잡으시고 왕권을 행사하심으로(마 28 : 18, 엡 1 : 21, 계 11 : 15) 그를 의지하는 모든 성도를 끝까지 다스리신다.

5. 예수 그리스도의 십자가와 부활은 인간을 죄와 죽음의 권세에서 해방시켜 하나님의 자녀가 되게 하신 사건이다(롬 6 : 18, 22, 8 : 2, 22).

6. 그리스도 안에서 하나님과 화목하고(고후 5 : 18 - 19, 골 1 : 20), 새 생명을 얻은 그리스도인들은 먼저 모든 사람들과 화해하고, 이 화해의 복음을 다른 사람들에게 전할 사명이 있다(고후 5 : 18). 그러므로 그 화해의 근본이 된 그리스도의 십자가와 부활이 언제나 선교의 주제가 되어야 한다(행 2 : 32 - 36, 10 : 39 - 43, 13 : 34, 25 : 19). 현재 우리는 다른 그리스도인과 화해하지 못하고 심한 분열에 빠져 있음을 회개하는 동시에 주 안에서 하나가 되어 복음을 더 효과적으로 전파하도록 노력해야 한다."

제1절은 그리스도의 위격과 중보자, 성육신의 완결성에 관하여, 제2절은 하나님의 자기계시, 예수 그리스도의 계시성과 예언자직과 그리스도교의 계시종교성에 관하여, 제3절은 십자가, 그리스도의 낮아지심과 대제사장직에 관하여, 제4절은 부활, 그리스도의 높아지심과 왕직에 관하여, 제5절은 예수 그리스도의 십자가사건과 부활의 의미에 관하여, 제6절은 선교의 주제, 그리스도인의 화해사명과 선교사명에 관하여 고백하고 있다.

Ⅳ. 제4장 성령

"1. 우리는 예수 그리스도께서 부활 승천하신 후 성부와 성자로부터 보내심을 받아 오신 성령이(요 15 : 26, 16 : 7) 신자에게 임재하시면서 신자들을 은총 안에 머물게 하시고, 가르치시고, 구원으로 이끄시고, 교회를 세우시고, 성장케 하시는 일을 믿는다. 성령은 영원 전부터 성부와 성자와 함께 계시면서 구약시대에도 활동하셨고(출 31 : 3, 삼상 16 : 13, 사 63 : 11 - 12) 성자가 세상에 계실 때도 사역하셨다(마 3 : 16, 눅 4 : 1 - 2, 요 1 : 38). 그러나 오순절 이후 성령은 모든 신자에게 주어졌고(행 2 : 17), 영원히 임재하시면서(요 14 : 16), 그리스도가 이룩하신 구속사업을 더욱 충만케 하신다.

2. 성령은 성부와 성자와 동일한 인격을 가진 영이시다. 그는 신자에게 임재하시면서(요 14 : 17), 자기의 죄를 확인하여 회개케 하시고(요 16 : 8), 인도하시어(요 16 : 8) 그들이 하나님의 백성으로서 합당한 성결의 생활을 하도록 도우신다(살전 5 : 23, 살후 2 : 13).

3. 성령의 사역은 일반적인 은혜와 특수한 은사로 나타난다. 일반은혜라 함은 사람을 믿음으로 인도하사 구원에 이르게 하시는 것을 가리킨다. 즉, 성령은 사람을 감동하사 거듭나게 하시며(요 3 : 5), 죄를 깨달아 회개하고(요 16 : 7 - 9), 예수를 믿게 하심으로(고전 12 : 3) 세상의 다른 영과 구별되게 하신다(요일 4 : 3). 이와 같이 성령은 사람으로 하여금 그리스도를 믿음으로 의롭다 함을 받게 하시며(롬 3 : 22, 갈 2 : 16), 성결하게 하사(롬 15 : 16, 벧전 1 : 2), 성령의 열매를 맺게 하시며(갈 5 : 22 - 23), 미래의 영광을 대망하게 하신다(롬 8 : 23).

4. 성령의 특수은사는 사람에 따라 다양하게 나타난다(고전 12 : 4 - 11). 이는 믿고 구원 받은 자들의 봉사를 위해 주신 선물로 신자들에게 다양하게 주어진다. 그러므로 어떤 한 가지를 가지고 성령의 은사를 전체적으로 규정해서는 안 되며, 각자는 자신의 받은 은사를 지키고, 남이 받은 은사를 소중히 여겨야 할 것이며, 모든 은사는 오직 복음을 증거하는 데에만 쓰여져야 한다.

5. 성령께서 오순절에 강림하셔서 교회에 권능을 주시고(행 1 : 8) 십자가에 못 박혀 죽으시고 부활하신 그리스도의 복음을 만민에게 전파하게 하셨다(막 16 : 15). 따라서 교회 안에는 성령이 언제든지 임재하시면서 그리스도인을 믿음 안에서 성장케 하신다. 성령은 하나님의 섭리에 따라 사람에게 여러 가지 은사를 주시고, 정성을 다하여 예배하게 하시고 성도의 교제를 갖게 하시며(행 2 : 42 - 47), 목사들로 하여금 말씀을 선포케 하시며, 교인들이 말씀을 듣고 깨닫게 하며, 세상에 나가서 예수 그리스도의 십자가와 부활의 증인이 될 지혜와 의욕과 용기를 갖게 하신다(요 14 : 26, 15 : 26 - 27, 행 1 : 8, 16 : 7)."

제1절은 성령의 위격과 발출 근거, 성령의 사역, 그리스도의 구속

사업의 완성에 관하여, 제2절은 성령의 삼위일체성과 개괄적 사역에 관하여, 제3절은 성령의 일반은혜인 구원의 은혜에 관하여, 제4절은 성령의 특수은사에 관하여, 세5절은 성령과 교회에 관하여 고백하고 있다.

V. 제5장 인간

"1. 우리는 인간이 원래 하나님의 형상에 따라 바르게 지음을 받았으나(창 1 : 27) 범죄로 인해 타락하여 죽음과 비참한 상태에 놓이게 되었다가(창 3 : 16 - 19) 하나님의 은혜로 구원 받고 하나님의 창조의 본래 목적을 이룩하기 위해 살아가는 존재임을 믿는다.

2. 인간은 하나님의 형상에 따라 지음을 받은 피조자이다. 그는 모든 면에 있어서 유한한 존재이다. 그러나 하나님이 인간에게만 주신 몇 가지 본성이 있다. 거룩함과 의와 선과 영원과 자유가 그것이다. 이러한 본성은 하나님의 은혜의 도움과 빛 안에서만 그 기능을 바르게 발휘할 수 있다. 또한 하나님으로부터 받은 이성과 감성과 의지력을 통하여 자기의 죄적인 상태를 벗어나 하나님의 뜻에 따라 그의 자녀가 되려고 하는 삶을 영위하는 존재이다.

3. 사람은 일남일녀로 창조되어 그들의 결합에 의하여 한 가정을 구성한다(창 2 : 21 - 25). 사람은 남녀의 바른 결합에서 그 능력을 발휘하고, 생을 즐겁게 살 수 있으며, 하나님께 영광을 돌릴 수 있다. 그러나 성이 가정을 떠나 오용될 때에는 불행을 초래하게 된다. 그러므로 그리스도인은 신앙으로 순결을 지키고 특권을 누려야 하며, 인위적인 이혼은 금지되어야 한다(마 19 : 6).

4. 인간의 조상이 하나님께 불순종하여 금지된 열매를 먹고 타락하였고(창 3 : 6) 그 결과 그의 후손은 처음부터 원죄를 가지게 되며(롬 5 : 12, 엡 2 : 1 - 13), 거기서 모든 범죄가 나타나 인간을 부패케 한다. 이러한 타락 상태에서 인간은 하나님과의 교제를 잃어버리고, 개인적이며 사회적 또는 국가적인 혼란과 불행을 끊임없이 당하게 된다.

5. 이러한 상태에 빠져 있는 인간을 하나님은 그의 은혜로 그리스도를 믿고 의지하게 됨으로 의로움과 거룩함을 얻으며, 창조 때의 원상태를 회복하고, 나아가 완전한 구원에 이르게 한다. 구원 받은 인간은 그리스도 안에서 새로운 피조물이 되고(고후 5 : 17), 인종과 계급, 그리고 남녀의 구별 없이 동등한 특권을 누린다(갈 3 : 27 - 28). 그러므로 모든 사람의 인권은 하나님이 주신 은사이다. 따라서 우리는 인권수호에 깊은 관심을 가지며(롬 8 : 31 - 34) 인간의 존엄성을 지키는 데 힘써야 한다."

제1절은 인간의 창조, 타락, 구원, 성화라는 신학적 인간의 기본구조에 관하여, 제2절은 인간의 피조성과 유한성과 인간의 본성에 관하여, 제3절은 가정의 고귀와 성윤리에 관하여, 제4절은 원죄로 인한 하나님과의 교제의 단절에 관하여, 제5절은 은혜에 의한 그리스도 안에서의 새로운 피조물에 관하여 고백하고 있다.

Ⅵ. 제6장 구원

"1. 우리는 인간의 범죄로 인해 하나님과 격리되고 그 결과, 인간 사이에도 부조화와 온갖 불행의 상태에 놓여졌으나 하나님의 은혜로 인하여 믿음으로 구원 받아(엡 2 : 8), 다시 하나님과 화목하여 그의 자녀가 되고, 구원의 축복을 누리다가 세상의 종말에 부활함으로 우리의 구원이 완성될 것을 믿는다.
2. 인간의 구원은 하나님의 섭리에 따르는 은혜로써 이루어진다(창 15 : 6, 합 2 : 4, 롬 3 : 24, 6 : 23). 구약시대에 있어서의 인간은 하나님의 율법을 지키도록 명령을 받았으나 그 명령을 지키지 못했으므로 율법의 저주 아래 있게 되었다(창 2 : 16 - 17, 호 6 : 5, 갈 3 : 10). 때가 차매 그리스도가 오셔서 십자가를 통하여 율법의 권세를 소멸하고 하나님과 화목케 함으로써 구원의 길을 열어 주셨다. 그러므로 누구든지 그의 십자가의 공로를 믿으면 의롭게 되는 동시에 구원을 얻게 된다(요 3 : 16, 롬 3 : 23 - 24, 5 : 8).

3. 구원은 하나님이 주시는 은혜로 믿음에 의한 것이나 믿음에는 회개가 따른다. 회개는 하나님에 대한 불순종과(롬 5 : 16 - 17) 원수의 관계에서(엡 2 : 14 - 15, 고후 5 : 18 - 19) 화목의 관계로 돌아서는 것을 의미한다. 그러므로 회개를 경험하지 않고는 구원을 체험할 수 없다.

4. 사람은 믿음으로만 값없이 의롭다 하심을 받는 동시에(롬 3 : 24, 8 : 1), 하나님의 자녀의 특권을 누린다(요 1 : 12, 롬 8 : 16 - 17). 그리스도인은 칭의된 자리에 머물러 있지 않고 성령의 인도를 받아 하나님의 자녀답게 사는 성화의 생활이 계속된다(롬 4 : 6 - 8). 칭의의 은총은 일회적이나 성화의 생활은 일생을 통하여 계속된다. 그리고 구원의 완성은 세상의 마지막 날인 그리스도의 재림 때 부활에서 성취된다(롬 8 : 23 - 25). 그것은 영원한 생명으로 이어질 것으로 모든 성도가 굳게 지녀야 할 최후의 소망이다.

5. 구원은 우주지배를 포함한 하나님의 영원하신 섭리에 의해서 이루어진다. 인간의 자발적인 노력이나 공로에 의한 것이 아니라, 하나님의 자비로우신 경륜에 의한 선행적(先行的)인 은총에 의한다. 선행은총 안에는 하나님의 영원 전부터 예수 그리스도를 통한 예정섭리(롬 8 : 29 - 30, 엡 1 : 4 - 6)가 있다. 예정섭리는 인간의 자유나 선행을 약화시키는 것이 아니라 더 강화시킨다. 그러므로 그리스도인의 삶에 있어서 예정신앙과 자유의지는 모순되거나 배타적이 아니라 오히려 서로 보완한다.

6. 믿음으로 구원을 받은 그리스도인은 완전히 의롭게 되거나 성화가 되지는 못하나 하나님의 자녀에 합당한 생활을 해야 한다. 이러한 성화의 생활은 죽을 때까지 계속되어야 한다(빌 3 : 2). 그러므로 누구든지 지상생활에 있어서 완전한 성화의 단계에 도달했다고 하거나 완전한 의인이 되었다고 해서는 안 된다(롬 3 : 10, 시 14 : 1 - 4, 53 : 1 - 3). 그리스도인이라 해도 지상에서 사는 동안에는 계속해서 하나님의 은총과 도움이 필요하다(고전 12 : 31).

7. 그리스도인은 예수 그리스도의 생활과 교훈에 따라 사랑과 공의와 거룩한 생활을 해야 한다(요 17 : 17, 살전 5 : 23). 남을 이용하

고 남으로부터 빼앗으려는 것이 아니라 그들을 도와주고 그들에게 봉사하는 사랑의 생활을 계속해야 한다. 또한 하나님은 공의로우신 분이며 그의 공의를 보여 주셨으므로 그리스도인은 하나님의 공의가 개인과 사회와 국가의 기초가 되도록 노력해야 한다. 세상의 모든 죄와 부정은 하나님의 공의에 대립되는 것이다. 그러므로 그리스도인은 하나님과 같이 거룩한 자가 되도록 노력해야 한다(벧전 1 : 16)."

제1절은 이신칭의와 구원의 과정과 완성에 관하여, 제2절은 율법의 저주와 십자가의 화목에 관하여, 제3절은 구원과 회개에 관하여, 제4절은 성화의 계속성에 관하여, 제5절은 구원에 대한 하나님의 선행(先行)은총과 이중예정론에 관하여, 제6절은 성화의 불완전성, 계속적인 은총에 관하여, 제7절은 하나님의 공의와 성화의 실현과 노력에 관하여 고백하고 있다.

Ⅶ. 제7장 교회

"1. 우리는 교회가 시대와 지역과 종족과 인간의 계급을 초월한 그리스도의 몸임을 믿는다(엡 1 : 23, 4 : 16). 그리스도인들은 한곳에 모여 하나님께 감사하는 마음으로 찬송과 기도를 드리며, 세우심을 받은 자들로부터 하나님의 말씀을 듣고, 주님의 몸에 접붙임을 받기 위하여 세례를 받고, 주님의 구속적 사역인 십자가의 사건을 기억하고, 영적으로 그 사건에 동참하기 위하여 성만찬에 참여한다. 이러한 예식을 통하여 그리스도인들은 성도의 교제를 증진한다.

2. 교회는 그리스도인들의 신앙생활을 공고히 하기 위하여 말씀으로 훈련하며, 필요에 따라서는 권징을 시행한다. 그리스도인들은 그리스도가 교회에 위탁하신 임무를 수행하기 위하여 세상에 나가서 복음을 전파하여 땅 위에 하나님의 뜻이 성취되도록 노력한다.

3. 교회는 하나님의 일을 하기 위하여 택함을 받은 사람들에 의해서 구성되므로 구약시대에 그 예표를 볼 수 있다. 예수 그리스도가 이 세상에 오셔서 제자들을 불러 그의 일을 맡겨 주심으로 보이는 교

회의 원형이 시작되었으나, 예수 그리스도의 부활과 오순절의 성령강림을 통하여 비로소 보이는 교회의 실재가 지상에 형성되었다. 교회에는 보이는 교회와 보이지 않는 교회가 있다. 보이는 교회는 예수 그리스도를 구주로 믿는 신앙을 고백한 사람들의 모임으로써, 거기에서는 최후에 구원을 받을 사람과 받지 못할 사람들이 함께 생활한다(마 13 : 24 - 30). 보이지 않는 교회는 하나님의 택함을 받아 구원이 확실한, 전 세계에 흩어져 있는 모든 사람들로 구성된다. 그러나 후자는 전자를 떠나서 단독적으로 존재하지 않는다.

4. 교회는 그리스도의 몸으로 언제, 어디에서, 누구에 의해서 구성되었든지 간에 하나인 동시에 거룩하며, 사도의 전통을 이어 받은 보편적 특징을 가지고 있다. 교회는 하나이어야 하므로 교파 간에 연합사업을 적극적으로 추진할 것이며, 거룩한 모임이므로 교회를 모든 세상적 더러움에 오염되지 않도록 해야 한다. 또한 교회는 사도적 믿음과 가르침과 증언 위에 세워진 것이므로 사도성을 고수해야 하며, 개별성을 가지는 동시에 보편성을 견지해야 한다.

5. 교회는 하나님으로부터 받은 임무를 수행하기 위하여 교회 안에서와 교회 밖에서 활동한다. 교회 안에서는 성경에 기록된 말씀의 선포를 통하여 하나님의 창조주 되심과 역사의 주관자 되심과, 예수 그리스도를 통해서만 인류의 구원이 가능하다는 것을 재확인하고, 성경연구를 통해서 하나님의 섭리를 더 자세히 알고, 성례전을 통해서 그리스도 안에서 신앙의 성장을 도모한다. 그리스도인은 교회 밖에서도 그리스도인으로서의 활동을 수행해야 한다. 그리스도인은 세상의 소금과 빛의 역할을 해야 한다(마 5 : 13 - 16). 그들은 세상에 속하지는 않으나 세상을 떠나서는 존재하지 않는다(요 17 : 14 - 15). 세상의 부패를 막고, 하나님의 공의를 확립하여, 모든 사람들이 하나님으로부터 받은 은총을 향유하도록 하며, 세상 사람들이 눈이 어두워 바른길을 가지 못할 때 그들에게 그리스도의 빛을 비춰 줌으로써 어두운 세상을 밝게 해 주어야 한다.

6. 지상에서의 교회는 성장과 갱신과 악에 대한 투쟁을 계속한다. 현 역사 안에서 교회가 완성되어 휴식의 단계에 들어갈 수는 없다.

교회는 하나님의 뜻이 이 땅에서 실현되기 위하여 투쟁을 계속해야 한다."

　제1절은 교회 내적 기본사명인 예배와 성례전에 관하여, 제2절은 교회의 그리스도인 훈련과 권징과 선교의 사명에 관하여, 제3절은 교회의 기원과 보이는 교회와 보이지 않는 교회와 선택교리에 관하여, 제4절은 AD 381년 니케아-콘스탄티노플 신조의 교회론인 '하나의 거룩한 보편적인 사도적 교회'(the One, Holy, Catholic and Apostolic Church)라는 교회의 보편적 특징에 관하여, 제5절은 교회 내외의 임무에 관하여, 제6절은 전투적 교회에 관하여 고백하고 있다. 특히 제1절에서 '하나님의 말씀을 듣고'와 성례전에 관한 고백과 제5절에서 '성경에 기록된 말씀의 선포를 통하여'와 성례전에 관한 고백에서 우리는 종교개혁에서 주장하는 '두 가지 교회 표지론'(Marks of the Church)을 따르고 있음을 알 수 있다. 루터와 칼빈은 두 가지 교회의 표지를 주장하고 있으나 루터는 아우크스부르크 신앙고백에서 말씀의 설교와 세례와 성만찬을 말하고, 칼빈은 말씀의 설교보다도 말씀을 듣고 순종하는 면을 더 강조하고 있다. 우리의 신앙고백은 칼빈 계통의 개혁전통을 따르고 있다.

Ⅷ. 제8장 국가

　"1. 우리는 모든 그리스도인이 주 안에서 그가 소속한 민족을 사랑하고 국가에 복종할 의무가 있음을 믿는다(벧전 2 : 13-14). 지상의 권세 자체가 하나님의 권세를 대행하는 것은 아니나, 하나님은 지상 국가와 사회의 질서를 유지하기 위하여 그 권세를 지상의 특정인에게 주셨다(롬 13 : 1). 그러므로 우리 그리스도인도 지상국가의 법과 권세에 복종해야 한다.
　2. 국가는 하나님의 통치권 아래 존재하며, 하나님이 허락한 한도 안에서만 지상 권세를 행사할 수 있다(단 4 : 25). 따라서 국가의 존립 목적은 하나님의 창조질서를 유지하고, 인류구원을 위한 예수 그

리스도의 사역의 전파를 도우며, 그리스도의 몸인 교회의 성장과 발전에 협조하여 하나님 나라의 완성을 촉진하는 데 있다.

3. 만약 지상의 권세가 하나님의 우주 통치권을 부인하고, 하나님이 역사의 주이심과, 예수 그리스도가 인류의 구주가 되심을 부인하거나, 그리스도의 몸인 교회와 그의 지체인 그리스도인을 박해할 때, 교회는 성경이 허락하는 모든 방법으로 그것에 항거하여야 한다.

4. 그리스도인은 두 가지 국적을 가지고 있다. 지상국가의 국적과 하나님 나라의 국적이다(빌 3 : 20). 이 두 국적은 상호 배타적이거나 적대관계에 있는 것이 아니라 상호 보완적이다. 만약 양자택일을 강요당했을 때 모든 그리스도인은 지상국적을 버리고 하나님 나라의 국적을 고수해야 한다.

5. 국가에 전쟁이 발발했을 때 교회는 그 전쟁이 하나님의 공의에 모순되는 것인가를 예의 검토할 것이며, 국가가 불의의 세력에 의해서 침략을 당했을 때, 모든 그리스도인은 교회와 복음과 하나님 나라를 수호하기 위하여 불의의 세력과 싸워야 한다.

6. 우리는 분단된 조국이 그대로 계속되는 것이 하나님의 뜻이 아니며, 하나님은 하나가 될 것을 원하고 계심을 믿는다. 그러므로 우리 그리스도인은 민족과 국가가 통일이 되어 전 국토와 온 국민이 하나님을 믿어 구원을 얻도록 전력을 다해야 한다. 하나님은 개인이나 국민이 적대관계에 있는 것을 원치 않으신다. 모든 원수관계를 없게 하고, 화해의 대업을 성취하신 예수 그리스도를 본받아 우리도 민족을 신앙과 자유의 토대에서 화해케 하고, 이 땅에 평화를 정착시키는 사명을 다해야 한다."

그리스도인은 이 땅에 사는 동안에 그리스도의 왕국 나아가 하나님의 나라와 세상왕국, 즉 지상국가와의 구성원으로서의 두 가지 지위를 갖는다. 이 두 왕국의 개념은 아우구스티누스의 '두 도성론'에 기원을 두고 있는 루터의 '두 정부론'과 칼빈의 '두 왕국론'에 해당하는 개념이다. 제1절은 국가의 기원을 아우구스티누스의 두 도성론과 같이 단순히 인간의 죄악에 시작된 것에 두지 않고 로마서 13 : 1에 그 근거를 두고 하나님이 지상국가와 사회질서의 유지를 위하여 그 권세를 특정인에 주신 것으로 고백하고, 칼빈주의적 개혁교회의 전통을 따라 그리스도인은 국가의 법과 권세에 순종해야 한다고 고백하면서 그리스도인의 지상국가의 구성원에 관하여, 제2절은 국가의 존재 이유에 관하여 적극적으로 고백하면서 지상국가의 존립 목적과 하나님의 통치권과의 관계 또는 국가권력의 한계에 관하여, 제3절은 칼빈과 존 낙스가 실천했고 '바르멘 신학선언'을 고백했던 독일의 '고백교회'가 감행했던 바와 같이 개혁주의 교회 전통의 국가 권력에 대한 그리스도인의 태도와 행동을 고백하면서 교회의 지상국가에 대한 저항권(抵抗權) 또는 교회의 국가에 대한 복종의 한계에 관하여, 제4절은 그리스도인의 두 가지 국적인 지상국가의 국적과 하나님 나라의 국적과 그 관계에 관하여, 제5절은 그리스도인이 국가의 의로운 전쟁에 참여하여야 하나, 아우구스티누스의 '정당한 전쟁' 또는 '의로운 전쟁'뿐만 아니라 그 범위를 확대하여 복음, 교회, 하나님의 나라의 수호를 위하여 싸워야 한다고 고백하면서 그리스도인의 전쟁 참여의 범위에 관하여, 제6절은 조국 통일과 평화 정착에 관하여 고백하고 있다.

IX. 제9장 선교

"1. 우리는 선교가 모든 그리스도인에게 주어진 지상 명령임을 믿는다. 예수 그리스도는 생전에 제자들에게 각지에 가서 복음을 전하도록 명하셨을 뿐만 아니라(눅 9 : 1 - 6) 부활 후에도 제자들에게 명하시기를 천하의 모든 족속과 땅 끝까지 가서 복음을 전하라고 하셨다(마 28 : 19, 행 1 : 8).

2. 선교에는 국내선교와 국외선교가 있다. 국내선교는 교회를 중심하여 복음을 전하는 일반선교와 특수지역을 대상으로 하는 특수선교가 있다. 현대사회는 복합적인 구조를 가지고 있으므로 정상적인 선교방법으로는 불가능한 지역과 대상을 위하여 특수선교를 추진해야 한다. 즉, 군대와 학원과 산업사회를 위시하여 모든 분야를 대상

으로 한 선교를 적극적으로 추진해야 한다.

　3. 현재 지구상에는 예수 그리스도의 복음을 듣지 못한 사람들이 많이 있으므로 우리는 국외선교를 적극적으로 추진해야 한다. 하나님은 한 사람의 생명도 멸망 받기를 원치 않으시므로(벧후 3 : 9) 모든 사람이 다 복음을 듣고 구원을 받을 때까지 국외선교를 추진하는 것이 교회와 그리스도인의 임무요(막 16 : 15) 우리 한국교회가 받은 은혜에 보답하는 길이다.

　4. 선교의 대상에는 제한이 없다. 모든 인종과 민족과 국가와 사상과 계급이 다 그리스도의 복음의 선교 대상이다. 모든 사람이 하나님의 지으심을 받은 것과 같이 모든 사람이 예수 그리스도의 십자가의 구속의 은총의 대상이므로 한 사람도 복음선교의 대상에서 제외되어서는 안 된다(롬 1 : 14). 종교 간의 대화에는 긍정적인 면이 있기는 하나 타 종교 안에 그리스도의 복음과 같은 구원에 이른 복음이 있음을 인정할 수 없다. 그러나 그리스도인은 타 종교인을 적대시할 것이 아니라, 복음선교의 자세에서 그들과의 대화를 게을리 하지 않아야 할 것이다(행 17 : 22 – 31)."

　본장은 복음주의적인 선교를 중시하여 복음의 전파, 교회의 개척, 교회의 성장을 위주로 하는 소위 '복음전도'(Evangelism)에 관하여 고백하면서, 제1절은 그리스도의 지상명령인 그리스도인의 복음 전파의 의무에 관하여, 제2절은 선교의 종류인 국내선교와 국외선교, 일반선교와 특수선교에 관하여, 제3절은 국외선교의 적극적 추진에 관하여, 제4절은 선교 대상의 무제한성과 종교다원주의 부인과 복음과 교회의 정체성 유지 및 타 종교 간의 대화 노력에 관하여 고백하고 있다.

Ⅹ. 제10장 종말

"1. 우리는 개인과 역사에 종말이 있는 것과 하나님의 마지막 심판에 의해서 우리의 구원이 완성되고 하나님의 나라가 완성될 것을 믿는다(롬 14 : 10, 고후 5 : 10).

2. 사람이 죽으면 육체는 흙으로 돌아가나(창 3 : 9, 행 13 : 36), 그리스도인의 영혼은 하나님께로 돌아간다(눅 23 : 43, 고후 5 : 1, 6, 8, 히 12 : 23). 거기서 그들은 빛과 영광 가운데서 마지막 날에 그들의 육체까지 완전한 구원을 얻을 날을 기다린다. 이와는 달리 예수를 믿지 않고 거역한 사람들의 영혼은 음부에 던지어서 고통과 절망 가운데서 최후의 심판 날을 기다리게 된다(눅 16 : 23 - 24, 벧전 3 : 19, 유 1 : 6 - 7).

3. 그리스도가 주관하시는 마지막 심판대에서 모든 사람은 심판을 받게 된다(마 25 : 31 - 32, 행 10 : 42, 롬 14 : 10, 고후 5 : 10). 거기서 하나님으로부터 믿음으로 옳다고 인정받은 사람은 영광의 처소로, 옳지 못하다고 인정받은 사람은 고통의 처소로 가게 된다(단 12 : 2, 마 25 : 46, 요 5 : 29, 10 : 28, 롬 2 : 7).

4. 하나님의 나라는 인류 역사가 시작되었을 때부터 그 안에 보이지 않는 형태로 임재하고 있다. 그러나 예수 그리스도가 육체를 입고 세상에 오심으로 하나님의 나라는 역사 안에 보이는 형태로 나타나게 되었다(마 3 : 2, 4 : 7). 하나님의 나라는 지상에 교회가 형성됨에 따라 교회와 함께 성장하게 된다(마 13 : 31 - 33, 막 4 : 30 - 32, 눅 13 : 18, 17 : 21). 세상의 마지막 날에 그리스도께서 재림하여 모든 존재에 대한 심판이 있은 다음에 하나님의 나라가 완성되어 성도들과 함께 영속된다(고후 5 : 1, 계 21 : 1 - 7)."

본장의 종말론은 전천년설 또는 후천년설을 따르지 않고, 또한 우리나라 개신교 다수가 미국 근본주의의 영향을 받아 전천년설을 취하고 있는 데 반하여, 아우구스티누스, 루터 신학, 칼빈 신학, 아브라함 카이퍼, 바빙크, 루이스 벌콥, 미국의 칼빈 신학교 및 웨스트민스터 신학교의 주장인 무천년설의 주장을 취하고 있다. 제1절은 개인적 종말과 역사적(일반적) 종말에 관하여, 제2절은 죽음 이후의 육체와 영혼에 관하여, 제3절은 최후 심판에 관하여, 제4절은 심판 후 하나님 나라의 완성과 성도의 영생에 관하여 고백하고 있다.

본 고백서의 전체적인 특징은 10개 항목에 관하여 진술하고 있는데 이는 사도신경과 니케아 신조, 칼케돈 신조를 그대로 수용하고 있다. 또 종교개혁기의 개혁 신앙과 신학을 따르며, 웨스트민스터 신앙고백과 12신조를 근거로 하고 있다. 제4장 성령 제1절에서 "……성부와 성자로부터 보내심을 받아 오신 성령이……"라고 함으로 성령의 발출 근거의 이론 중 쌍발설을 취하고 있어, 이는 AD 381년의 니케아–콘스탄티노플 신조를 따르지 않고 AD 586년 톨레도 회의 시 삽입한 '필리오케'(Filioque)를 취하였다. 제8장 국가와 제9장 선교에 관한 진술을 제외하고는 12신조와 같으며, 모든 항목에 관하여 웨스트민스터 신앙고백의 각 항목 안에 포함되고 있는 것들이다. 그러나 우리 헌법은 1647년 영국판을 취하지 않고 1903년 미국 수정 삽입판을 취하였기 때문에, 제34장 성령에 관하여, 제35장 하나님의 사랑의 복음과 선교에 관하여와 선언문으로 인하여 웨스트민스터 신앙고백과 그 내용이 같다고 말할 수가 없게 되었다.

본 신앙고백서는 시국에 관한 신앙이나 신학의 성명, 또는 선언이 아니고 정통 개혁주의 신앙과 신학에 입각한 성경 요약적인 신앙고백이라 할 수 있다.

제7편 21세기 대한예수교장로회 신앙고백서

제1장 21세기 대한예수교장로회 신앙고백서의 의의

I. 21세기와 신앙고백

1. 21세기 신앙고백의 의의

교회는 시대마다 그 시대의 필요에 의해 자신의 신앙과 신학을 고백, 증거, 선언함으로 자신의 정체성을 나타내어 왔다. 초대교회 시대에는 삼위일체론과 기독론 위주로 고대 5대 에큐메니칼 신조가 등장하여 이단과 투쟁하면서 자신의 정체성을 확립해 왔다. 종교개혁기에 쏟아지는 각종 신앙고백은 신·구교 간의 갈등과 마찰, 나아가 전쟁까지 치르면서 구교인 로마교에 벗어나서 프로테스탄트 개신교의 정체성과 독자성을 확립, 유지하기 위한 피의 대가였다. 19세기 자유주의 신학의 등장과 경건주의와 복음주의로 인한 신앙고백주의의 쇠퇴를 만회하기 위하여 바르멘 신학선언(1934)을 필두로 신정통주의 신학적인 현대사회의 시대상에 걸맞는 신앙고백이 나오기 시작하였다. 20세기에는 고도자본주의를 넘어 최첨단산업주의인 지식정보산업의 발달, 정보기술의 혁명, 생명공학의 발달, 종교다원주의와 종교혼합주의의 미명 아래 등장한 이단과 사이비로 인한 기독교의 정체성의 위기가 도래하였다. 20세기 말에서 21세기에 이른 이 시대의 요구에 대처하기 위하여 우리 대한예수교장로회는 새로운 신앙고백이 필요한 바, 1990년 미국장로교 신앙선언에 이어 21세기 대한예수교장로회 신앙고백서를 채택, 선언, 고백하면서 AD 381년 니케아-콘스탄티노플 신조도 헌법에 첨가, 채택함으로 인하여 정통 보수주의 신학에서 이탈하지 않으려 애를 쓴 흔적을 보였다. 그런데 이는 심중의 진실함을 그리스도와 칼빈의 이름으로 표현하면서 칼 바르트의 신정통주의 신학마저 넘어서서 에큐메니칼 신학을 우리의 방향으로 잡은 것을 나타내고 있어 교회헌법학상 내면적, 논리적으로 모순과 갈등을 감출 수가 없다.

2. 미국장로교회 신앙선언(1990)

1) 미국장로교회 신앙선언의 배경

1958년 미국장로교(PCUSA, 보통 미국 북장로교라 부른다.)와 북미연합장로교(UPCNA)가 통합하여 미국연합장로교(UPCUSA)가 출범하여 1967년 신앙고백을 채택한 바 있었고, 다시 미국연합장로교는 1983년 6월 10일 조지아 주 애틀랜타 총회에서 122년간의 분열을 종식하고, 미국연합장로교(UPCUSA, 미국 북장로교 후신)와 미주장로교(PCUS, 보통 미국 남장로교라 부른다.)가 통합하여 미국장로교(PCUSA)로 출범하여 1990년 21세기를 십여 년 앞두고 새로운 신앙선언을 하였다. 이 신앙선언이 '미국장로교회 신앙선언'(1990)이다. 이 선언의 원명은 "간결한 신앙진술"(A Brief Statement of Faith)이다.

2) 미국장로교회 신앙선언의 내용

"1. 사나 죽으나 우리는 하나님께 속해 있다, 2. 우리 주 예수 그리스도의 은혜와, 3. 하나님의 사랑과, 4. 성령의 교통하심으로, 5. 우리는 오직 한 분 삼위일체 하나님, 이스라엘의 거룩하신 분을 믿으며, 6. 그분만을 예배하고 섬긴다.

7. 우리는 예수 그리스도를 믿는다, 8. 그는 완전한 사람이시고, 완전한 하나님이시다, 9. 예수님은 하나님의 통치를 선포하셨고, 10. 가난한 자에게 복음을 전하시며, 11. 포로된 자에게 해방을 선포하시고, 12. 말씀과 행위로써 가르치시며, 13. 어린이를 축복하시고, 14. 병든 자를 고치시며, 15. 마음 상한 자를 싸매어 주시고, 16. 버림받은 자와 함께 잡수시고, 17. 죄인을 용서하시고, 18. 모든 사람을 불러 회개하고 복음을 믿게 하셨다, 19. 예수님은 신성모독과 소요선동 죄로 부당하게 정죄되어, 20. 십자가에 못 박히시고, 21. 인간의 고통의 깊이를 몸소 겪으시며, 22. 세상 죄를 위하여 자기 생명을 내어 주셨다, 23. 하나님은 이 예수를 죽은 자들 가운데서 살리시어, 24. 그의 죄 없는 삶을 변호하시고, 25. 죄와 악의 권세를 깨뜨려, 26. 우리를 죽음에서 건져 영생에 이르게 하셨다.

27. 우리는 하나님을 믿는다, 28. 예수님은 그를 아빠, 곧 아버지라 부르셨다, 29. 하나님은 주권적 사랑으로 세상을 선하게 창조하셨으며, 30. 각 사람을 하나님의 형상대로 동등하게 지으시어, 31. 남자와 여자, 각 인종과 백성을, 32. 한 공동체로 살게 하셨다, 33. 그러나 우리는 하나님을 반역하고, 우리의 창조자를 피하여 숨는다, 34. 하나님의 계명을 무시하고, 35. 다른 사람과 우리 자신 속에 있는 하나님의 형상을 깨뜨리며, 36. 거짓을 참이라고 받아들이고, 37. 이웃과 자연을 착취하며, 38. 우리에게 맡겨 돌보게 하신 지구를 죽음에 직면케 하고 있다, 39. 우리는 하나님의 정죄를 받아 마땅하다, 40. 그래도 하나님은 창조하신 세상을 구속하시려고 공의와 자비로 행동하신다, 41. 사랑으로, 42. 아브라함과 사라의 하나님은 언약의 백성을 택하시어, 43. 이 땅에 만민이 복을 받게 하셨다, 44. 그들의 울부짖음을 들으시고, 45. 하나님은 이스라엘 자손을, 46. 종 되었던 집에서 구원해 주셨다, 47. 지금도 우리를 사랑하셔서, 48. 하나님은 그리스도와 더불어 우리를 언약의 상속자로 삼으신다, 49. 마치 젖먹이를 물리치지 않는 어머니처럼, 50. 집으로 돌아오는 탕자를 맞으러 달려가는 아버지처럼, 51. 하나님은 여전히 신실하시다.

52. 우리는 하나님이신 성령을 믿는다, 53. 그는 어디서나 생명을

주시고, 생명을 새롭게 하시는 분이시다, 54. 성령은 은혜로 믿음을 통하여 우리를 의롭게 하시고, 55. 우리를 자유케 하사 자신을 받아들이게 하시며 하나님과 이웃을 사랑하게 하시고, 56. 우리를 모든 믿는 자와 함께 묶어, 57. 그리스도의 한 몸인 교회 되게 하셨다, 58. 바로 이 성령께서, 59. 일찍이 선지자와 사도들을 감동시키셨고, 60. 이제는 성경을 통하여 그리스도 안에서 우리의 신앙과 생활을 다스리며, 61. 선포된 말씀을 통하여 우리를 붙드시고, 62. 세례의 물로 우리를 자기의 소유로 삼으시며, 63. 생명의 떡과 구원의 잔으로 우리를 먹이시고, 64. 여자와 남자를 교회의 모든 교역(all the ministries of the Church)으로 부르신다, 65. 깨어지고 두려운 세상에서, 66. 성령은 우리에게 용기를 주시어, 67. 쉬지 않고 기도하게 하시고, 68. 모든 백성 중에서 그리스도를 주와 구세주로 증언케 하시며, 69. 교회와 문화 속에 있는 우상숭배를 폭로케 하시고, 70. 오랫동안 말 못하고 살던 사람들의 소리를 듣게 하시며, 71. 정의, 자유, 평화를 위하여 다른 사람들과 함께 일하게 하신다, 72. 하나님께 감사하면서 성령이 주시는 힘으로, 73. 우리는 일상생활에서 그리스도를 섬기며, 74. 거룩하고 기쁘게 살기를 힘쓰며, 75. 하나님의 새 하늘과 새 땅을 깨어 기다리면서, 76. '주 예수여 어서 오시옵소서.'라고 기도한다.

77. 모든 시대와 장소의 믿는 자들과 더불어, 78. 우리가 기뻐하는 것은 사나 죽으나 그 아무것이라도, 79. 우리 주 그리스도 예수 안에 있는 하나님의 사랑에서 우리를 끊을 수 없기 때문이다, 80. 성부와 성자와 성령께 영광을 돌릴지어다. 아멘."[1]

3) 미국장로교회 신앙선언의 특징

① 삼위일체 하나님에 대한 신앙, 성자 하나님 예수 그리스도의 위격과 그 사역에 관한 신앙, 성부 하나님의 위격과 그 사역에 관한 신앙, 성령 하나님의 위격과 그 사역에 관한 신앙, 결론으로 소망과 영광에 관한 신앙으로 5개 부분을 나누어 아주 간결하고 짧게 기독교의 본질을 다루고 있다. ② 개혁신학보다 성경적 신앙과 보편교회의 신

---

1) 총회교육부 전게서, pp. 434-437. 나채운 전게서, pp. 438-441.

앙을 더 강조하고 있다. ③ 이 고백을 「신앙고백집」(*The Book of Confession*)에 포함시켜 「예배모범집」과 함께 미국장로교 헌법으로 삼았는데, 이에는 개혁신앙의 신앙고백 가운데 9가지 신앙고백, 즉 고대 에큐메니칼 신조인 사도신경, 니케아 신조, 종교개혁기의 신앙고백인 스코틀랜드 신앙고백, 하이델베르크 요리문답, 제2 스위스 신앙고백, 웨스트민스터 신앙고백, 웨스트민스터 소요리문답과 대요리문답, 현대 신앙고백인 바르멘 신학성명, 1967년 미국연합장로교 신앙고백을 다 수용하여 헌법으로 삼은 점이 특이하다. 이들 간에는 웨스트민스터 신앙고백과 바르멘 신학성명 및 1967년 신앙고백이 서로 중요한 교리면에서 충돌하고 모순을 노출하는데도 불구하고 이것들을 하나의 책에 받아들인 것은 참으로 이상하나, 오늘날 성경과 신학의 다양성을 인정하여 이들을 수용하고, 또한 복음을 성경과 신학의 통일성으로 보기 때문이라고 한다.

우리 헌법도 이와 같은 현상을 노출하고 있어 '복음'도 좋고 '에큐메니칼 운동'도 좋지만, 장로교의 정체성이 상실될까 봐 본 저자는 고민하고 있다.

Ⅱ. 총회 헌법과 21세기 신앙고백

1997년 9월 23~26일 제82회 총회에서 헌법 전체를 개정하기로 결의하여 정치와 권징은 1998년 제83회 총회에서 통과되고, 노회 수의를 거쳐 1999년 9월 13~17일 제84회 총회에서 시행공포를 하였고, 교리와 예배·예식은 많은 준비작업과 오랜 과정을 거쳐 2001년 제86회 총회에서 통과되고, 노회 수의를 거쳐 예배와 예식은 노회 수의 통과 즉시 2002년 8월 26일 시행공고를 하였고, 교리는 노회 수의 통과하고도 다음 총회를 기다려야 하므로 2002년 9월 9~13일 제87회 총회에서 시행공포를 하였다. 이때 21세기 대한예수교장로회 신앙고백서가 헌법 제1편 교리 제6부로 추가, 편입하여 시행공포한 것이다. 제정작업을 한 지 4년 만에 통과되고 노회 수의를 거쳐 다음 총회에서 공포하기까지 5년이라는 긴 세월이 걸렸다.

제2장 21세기 대한예수교장로회 신앙고백서의 내용

헌법 제1편 교리 제6부
21세기 대한예수교장로회 신앙고백서[2]

머리말

"1990년대에 접어들면서 세계는 급변하고 있다. 공산 동구권의 붕괴와 구 소비에트 연방체제의 해체 이후, 인류공동체는 급격한 지구화(globalization)의 과정 속에 말려들고 있으며, 남북한은 화해와 교류의 급류를 타고 있다. 시장경제 원리(신자유주의)의 지구화와 기술과학의 지구화, 특히 지식정보화와 정보기술(information technology)의 혁명 및 인간복제를 포함한 생명공학의 발달과 사이버세계의 확산으로, 북반구와 남반구는 그 어느 때보다도 삶의 질에 있어서 괴리와 소외와 경제적, 문화적, 종교적 정체성 위기를 경험하고 있다. 나아가서 우리는 자연환경을 파괴하고 있고, 여기에 더하여 공동체를 해체시키는 개인주의, 보편적이고 객관적인 사도적 신앙내용을 거부하는 상대주의와 다원주의, 그리고 사유화되고 감성적 경험을 중요시하는 다원화 종교와 같은 '후기 근대주의'(Post-Modernism)의 부정적인 가치들에 직면하고 있다.

우리 한국교회는 이상과 같은 세계사적 도전과 이 시대의 징조들을 바로 읽고, 우리의 신앙과 신학의 방향을 가늠해야 할 것이다. 선교 제2세기에 돌입하고 있으며, 한국장로교회가 복음전도와 하나님의 선교를 위하여 하나를 지향하고 있는 상황에서, 우리 대한예수교장로회는 우리 자신의 정체성을 확실히 하면서 다른 장로교회들과의 일치운동은 물론, 다른 교회들과도 일치 연합하는 운동에 적극 참여하여 이 시대가 요구하는 복음전도와 하나님의 선교(missio Dei)에 정진하

---

[2] 교단헌법 Ⅲ 전게서, pp. 158-167 ; 이하 각주 2~9는 헌법 원문의 각주 1~8에 해당한다.

여야 할 것이다. 물론 우리는 사도신경 이외에 이미 12신조(1907), 웨스트민스터 소요리문답 및 웨스트민스터 신앙고백(1647)을 사용해 오고 있고, 1986년엔 우리 나름대로 '대한예수교장로회 신앙고백서'를 손수 만들었다. 그러나 새 술은 새 가죽 부대를 요구한다.

 1997년 제82차 총회는 헌법(1. 교리와 신앙고백, 2. 정치, 3. 권징, 4. 예배와 예식)개정을 결의하였다. 그리하여 이미 '정치'와 '권징'의 개정은 노회들의 수의과정을 거쳐 확정되었다. 그리고 헌법개정위원회는 '교리와 신앙고백' 및 '예배와 예식'의 개정을 위하여 각각 전문위원들을 위촉하여 연구케 하였다. 하지만 교리와 신앙고백 분과위원회는 신앙고백서를 작성하기에 앞서 그것을 위한 준비 작업으로 먼저 '21세기 한국장로교의 신앙과 신학의 방향'이라고 하는 문서를 내놓기로 하였다. 그리하여 이와 같은 과정을 거쳐서 나오게 된, '21세기 대한예수교장로회 신앙고백서'와, 예배를 위해서 6항목으로 축약된 '21세기 대한예수교장로회 신앙고백서'는 우리가 사용해 오고 있는 기존의 신조와 신앙고백서들에 하나 더 첨가된 것이다."

Ⅰ. 제1장 21세기 대한예수교장로회 신앙고백서(예배용)[3]

"1. 우리는, 성부, 성자, 성령 삼위로 거하시며, 사랑과 생명의 근원이시요, 찬양과 예배를 영원히 받으실 한 분 하나님을 믿습니다. 성부 하나님은 창조자이시고, 섭리자이시며, 구원자이시고, 온 인류와 만물을 영원한 사랑과 생명의 교제(코이노니아)로 부르시는 분이심을 믿습니다.

---

[3] 하나의 신앙고백서("21세기 대한예수교장로회 신앙고백서")가 둘로 만들어졌다. 그중 하나인 본 신앙고백서는 여섯 항목으로 축약된 짧은 신앙고백서로써 공적 예배 시에 사용될 수 있다. 이 신앙고백서는 기존 헌법에 들어 있는 사도신경, 12신조, 요리문답, 웨스트민스터 신앙고백서 및 대한예수교장로회 신앙고백서(1986)에 하나 더 첨가된 것이다. 본 신앙고백서를 작성한 동기와 목적은 우리 대한예수교장로회가 21세기 상황에 대응하는 신앙과 신학을 표명하고 고백하는 데에 있다.

2. 우리는, 하나님의 선한 창조세계가 사단의 유혹을 받아 죄에 빠져 타락한 인간 때문에 파괴되고, 인간과 하나님과의 교제가 깨어졌음을 믿습니다. 그 결과로 인류와 다른 모든 영원한 하나님의 진노와 심판 아래 있음을 믿습니다.

3. 우리는, 하나님의 지혜와 말씀으로 영원히 거하시며, 성령님의 역사로 동정녀 마리아를 통하여 성육신하신 성자 예수 그리스도를 믿습니다. 예수님은 참하나님과 참인간으로서, 십자가에 달려 죽으시고 부활하심으로 인간의 모든 피조물을 구속하시고, 하나님과의 영원한 교제를 회복하신 화해자요 중보자이심을 믿습니다.

4. 우리는, 생명의 부여자이시며 성부와 함께 천지를 창조하시고 영원히 예배와 영광을 받으실 성령님을 믿습니다. 성령님은 복음에 대하여 믿음과 소망과 사랑으로 응답하게 하시며, 하나님과의 새로운 교제를 이루게 하시고, 만물을 새롭게 하시는 분이심을 믿습니다.

5. 우리는, 교회가 하나님의 백성이요, 이 세상에 현존하는 그리스도의 몸이요, 성령님의 전임을 믿으며, 성도의 교제 가운데 하나님이 임재하심을 믿습니다. 모든 그리스도인은 하나님의 나라를 이 땅 위에 실현하며, 하나님의 영광을 위하여 예수 그리스도의 성육신의 삶을 실현하고, 복음전도와 정의, 창조보전의 사명을 받았음을 믿습니다.

6. 우리는, 예수 그리스도의 재림으로 새 하늘과 새 땅이 이루어질 것을 믿습니다. 그 세계는 부활한 하나님의 백성과 새롭게 된 만물이 하나님을 예배하며, 사랑과 생명의 교제를 나누는 영원한 나라가 될 것을 믿습니다."

II. 제2장 21세기 대한예수교장로회 신앙고백서[4)]

1. "1. 사랑과 생명의 근원이신 삼위일체 하나님

우리는 한 하나님이신, 성부, 성자, 성령을 믿는다. 하나님 아버지

---

4) 본 신앙고백서는 각주 1에서 언급한 신앙고백서 가운데 두 번째의 것으로써, 1997년 제82차 총회의 헌법개정 결의에 따른 것이다. 총회 헌법개정위원회 신앙고백과 교리분과위원회는 21세기 한국장로교회의 신앙과 신학을 가늠하는 연

께서는 그의 아들 예수 그리스도를 통하여 성령님의 조명과 능력으로 신·구약성경에 의해서 자기 자신을 계시하셨다.

하나님께서는 온 인류와 우주만물[5]을 창조하시고, 지탱하시며, 구속하여 성화시키고, 새 하늘과 새 땅으로 인도하사 영화롭게 하시며, 영원한 사랑의 교제(코이노니아)[6]를 누리게 하신다. 하나님께서는 개인의 완전한 자유와 인류사회의 공동체성, 교회의 통일성과 다양성, 사람들과 모든 피조물들 가운데 사랑과 생명의 교제의 근거이다."

2. "2. 죄로 인해 하나님과 인간과 피조물 사이에 깨어진 교제

우리는 선하게 창조된 온 인류와 다른 모든 피조물들이 죄로 말미암아 하나님의 교제로부터 단절되었고, 이로 인해 인간과 인간, 인간과 피조물 사이에 교제가 파괴되었음을 믿는다. '의인은 없나니 하나도 없으며'(롬 2 : 11), '죄의 값은 사망'(롬 6 : 23), '모두가 길

구논문들을 모아 책으로 발간하였다. 이것에 근거, 위원회는 이 시대의 징조들을 읽으면서 21세기에 꼭 필요한 신학적 주제들을 심의하여, 본 신앙고백서를 작성하였다. 참고 : 총회 헌법개정위원회 신앙고백과 교리분과위원회 편, 「21세기 한국장로교의 신앙과 신학의 방향」(서울 : 한국장로교출판사, 1999).

5) 예수 그리스도를 통한 하나님의 화해사역에는 인간뿐만 아니라 나머지 모든 피조물들이 포함된다. 그러나 우리는 인류와 자연을 완전히 일원화시킬 수는 없다. 언어와 사고를 가진 인간은 하나님의 구속의 은혜에 대하여 믿음과 사랑과 소망으로 반응하지만, 나머지 피조물들은 이 하나님의 자녀들의 믿음과 사랑과 소망에 동참하며, 어디까지나 교회는 나머지 피조물들을 대신하여 제사장적 역할을 해야 하는 것이기 때문이다. 하지만 인류의 구속은 자연의 그것과 불가분리한 관계를 가지고 있다. 인류의 죄악이 곧바로 자연파괴로 이어지기 때문이다.

6) 우리는 본 신앙고백서의 작성에 있어서 '코이노니아'를 중심개념(a key-concept)으로 사용하였다. 이 개념은 신앙과 직제 전통에서 나온 것이다. 1993년 스페인의 산티아고 데 콤포스텔라에서 열린 신앙과 직제 제5차 세계대회의 주제는 "신앙과, 삶과, 증언에 있어서 코이노니아를 향하여"(Toward Koinonia in Faith, Life and Witness)였다. 이 주제는 세계교회들이 사도적 신앙을 공유하고, 세례, 성만찬, 직제를 중심으로 하는 공동의 삶을 살며, 나아가서 함께 복음을 전하고 하나님의 선교에 동참하기 위하여 '코이노니아'를 지향해야 한다는 것이다. 그런데 이 대회는 선물(은혜)로써의 '코이노니아'와 과제로서의 '코이노니아'를 말한 다음, 성경적 메시지에 근거하여 이 '코이노니아'의 의미를 6가지로 해석하였다. '교제'(fellowship), '참여'(participation), '공동체'(community), '성만찬'(communion), '나눔'(sharing), '연대성'(solidarity)이 그것이다.

잃은 어린 양처럼 불신앙과 불순종으로 인하여 하나님의 품을 멀리 떠나 방황하고'(눅 15 : 11 - 32, 사 1 : 3 - 15, 호 1 : 2, 9 : 10), 나아가서 하나님의 진노와 심판 아래 있다(롬 3 : 19, 2 : 5). 뿐만 아니라 모든 나머지 피조물도 역시 허무한 데 굴복하고, 썩어짐에 종노릇하고 있다(롬 8 : 20 - 21). 타락한 모든 인류와 나머지 모든 피조물들은 사단의 권세와 죄의 지배 아래에서 하나님과의 교제를 상실하여 저주 가운데 떨어져 영원한 멸망 이외에 다른 소망이 없다(창 3 : 1 - 24)."

3. "3. 복음을 통하여 새롭게 창조된 하나님과 인간과 피조물 사이의 교제

우리는 하나님의 지혜와 말씀으로 영원히 거하시며, 성령님의 역사로 동정녀 마리아를 통하여 성육신하신 예수 그리스도를 믿습니다. 하나님 아버지께서 '세상을 이처럼 사랑하사 그의 독생자를 주심'(요 3 : 16, 요일 4 : 9 - 10)으로 온 인류와 모든 피조물들을 구원하셨다. 하나님 아버지께서는 성령님의 능력으로 예수 그리스도의 3년 어간의 공생애와 십자가와 부활사건을 통하여 인류와 모든 피조물과의 새로운 교제를 이룩하셨다(고후 5 : 19, 골 1 : 20). 인간이 되신 하나님의 아들, 예수 그리스도는 참하나님과 참인간(vere Deus, vere Homo)으로서 죄악과 저주를 대신 짊어지시고 십자가에서 대속하시며, 부활하시고, 그의 삼중직(예언자직, 왕직, 제사장직)을 통하여 하나님 아버지의 화해사역을 성령님을 통해서 완성하셨다. 하나님 아버지께서는 이 중보자 예수 그리스도를 통하여 인류와 나머지 모든 피조물에 대한 칭의와 성화와 영화롭게 하심을 계시하고 약속하셨다."

4. "4. 성령을 통하여 이 땅 위에 실현되는 하나님과 인간과 피조물 사이의 교제

우리는 성부 하나님께서 '생명의 부여자시요, 성부와 성자와 함께 예배와 영광을 받으시는'(니케아-콘스탄티노플 신조, 381) 성령님을 이 땅 위에 보내시어 예수 그리스도의 탄생, 사역, 십자가와 부활에 동참하게 하심으로써 인류와 우주만물을 구속하시고, 새 창조를 약속하셨다고 믿는다(계 21:1-6).[7] 또한 성부 하나님께서는 아들과 함께 성령님을 이 땅 위에 보내셨고 특히 교회에게 성령을 부어주사 복음을 전파하게 하셨다. 그리하여 믿는 사람들은 죄인들임에도 불구하고 성령님의 역사로 이 복음을 통하여 예수님을 그리스도(메시야)로 받아들여 믿음으로 의롭다 하심을 받아 회개에 이르고(롬 3:21-26, 6:1-23), 성화와 영화롭게 됨에로 나아가며(롬 8:30), 영원한 삼위일체의 하나님과의 교제를 누리게 된다. 성령님의 교제케 하심과 감화와 감동, 그리고 역사하심으로, 예수 그리스도께서 완성하신 화해사역은 믿는 사람들에게 적용되며, 이들은 복음에 대하여 믿음, 소망, 사랑으로 반응한다. 이처럼 아버지 하나님께서는 예수 그리스도를 통하여 성령님의 역사로 이 땅 위에 그리스도의 몸이요(엡 1:23), 하나님의 백성이요(벧전 2:9-10, 고전 6:16), 성령님의 전(고전 6:19, 엡 2:21)인 교회를 세우셨다."

5. "5. 교회와 하나님의 나라

우리는 교회가 예수 그리스도를 통해서 계시되고 약속된 새 하늘과 새 땅을 이 땅 위에 실현하기 위하여 이 세상 속으로 파송 받은 새로운 '하나님의 백성'임을 믿는다. 성부 하나님께서 이 교회를 통하여 죄의 지배 아래에서 저주에 빠진 사람들을 구속하시고, 이 땅 위에 하나님 나라를 세우시며, 하나님이 지으신 선한 창조를 회복하시고, 새 창조의 세계를 약속하셨다.

교회는 '하나의, 거룩한, 보편적, 사도적 교회'(니케아-콘스탄티노플 신조, 381)로서 죄와 죽음의 세상으로부터 부름 받은 모이는 교회일 뿐만 아니라(행 2:27-47, 요 17:14, 16) 이 세상을 위하여

---

[7] 첫 번째 창조는 '무로부터의 창조'(creatio ex nihilo)였으나 '새 창조'(계 21:1-6)란 '첫 창조세계'를 새롭게 만드는 것(creatio ex vetere : transformation and transfiguration)이다.

이 세상 속으로 파송 받은 흩어지는 교회이다(요 20 : 21). 이 교회는 믿지 않는 사람들에게 복음을 전할 뿐만 아니라 정치, 경제, 사회, 문화 및 가치관과 인생관들을 그리스도 중심으로 재정립하여 이 세상에 하나님의 나라를 확장하고, 하나님의 선한 창조세계의 보존을 위해서 힘써야 한다."

6. "6. 새 하늘과 새 땅

우리는 예수 그리스도의 재림으로 새 하늘과 새 땅이 이룩될 것을 믿는다(계 21 : 1-6). 그 세계는 부활한 하나님과의 백성과 새롭게 창조된 만물이 하나님을 예배하며, 경건한 교제를 이루는 영생의 나라가 될 것이다(계 7 : 15-17, 22 : 3-5)."

우리의 사명

"1. 우리는 교회가 하나임을 선포한다. 삼위일체 되신 성부, 성자, 성령께서 나뉠 수 없는 한 분 하나님이신 것처럼, 하나님의 백성이요, 그리스도의 몸이요, 성령의 전인 교회는 하나가 되어 삼위일체 하나님께 예배하고, 영광을 돌리며, 복음선교에 힘쓴다.

2. 우리는 사도적 복음과, 사도신경과 니케아-콘스탄티노플 신조에 나타난 삼위일체 하나님을 포함한 사도적 신앙을 공유하고 있는 모든 교회들과 더불어 함께 예배하고, 세례와 성찬과 직제에 있어서 일치를 추구하며, 협의를 통한 교제와 공동의 결의와 공동의 가르침을 지향하고, 나아가서 선교와 사회봉사에 함께 참여한다.

3. 우리는 인간과 모든 나머지 피조물들이 하나님과 영원한 교제를 누릴 새 하늘과 새 땅을 소망한다. 그러나 우리는 이 땅 위에 공의와 사랑이 강같이 흐르는 사회를 건설해야 하고, 하나님의 복음으로 정치, 경제, 사회, 문화를 변혁시키며, 나아가서 자연을 보전하여 하나님의 영광으로 가득한 세상을 만들어 가야 한다. 교회는 세상 속에 있으면서도 세상에 물들거나 세상 속에 용해되어서는 안 되고, 오직 복음과 하나님 나라의 가치를 따라 항상 자기 개혁에 힘써

야 한다.

4. 우리는 시장경제와 과학과 기술의 지구화, 특히 정보기술의 혁명으로 민족적 문화적 정체성이 위기에 직면한 나라와 민족들, 비인간화되어 가는 수많은 대중들, 착취되고 파괴되어 가고 있는 자연세계, 인간을 착취하는 구조악들을 사도적 신앙으로 변혁시켜 하나님의 나라를 건설해야 할 사명을 가진다."

1967년 신앙고백의 핵심 개념이 칼 바르트의 '화해' 개념인 반면에 본 신앙고백의 핵심 개념은 '교제'(코이노니아) 개념이다.

제1조에서 경세적인 삼위일체 하나님에 대한 신앙을 고백하면서 창조에서 신천신지에 이르기까지 하나님과 인류와 우주만물의 코이노니아의 중요성에 관하여, 제2조는 코이노니아의 총체적 파괴와 성부 하나님의 사역에 관하여, 제3조는 객관적, 보편적, 종말론적 코이노니아의 복음과 성자 예수 그리스도의 사역에 관하여, 제4조는 코이노니아의 실현 및 적용과 성령 하나님의 사역에 관하여, 제5조는 종말론적 비전에 입각한 교회의 본질과 사명에 관하여, 특히 니케아-콘스탄티노플 신조에서 말하는 "하나의 거룩하며 보편적이고 사도적인 교회와 루터와 칼빈이 말하는 교회의 표지인 "말씀을 설교하고 세례와 성만찬을 베푸는 교회"라는 정태적(靜態的) 교회가 아니고, 모였다가 세상 속으로 흩어져서 복음을 전할 뿐만 아니라 세상의 변혁, 자연보전, 하나님의 나라 확장을 위하여 인생관, 가치관을 재정립하여 '하나님의 선교'를 감당하는 역동적(力動的) 교회에 관하여, 제6조는 하나님과 온전하고 영원한 코이노니아와 인류와 우주만물의 종말론적인 완성인 '새 하늘과 새 땅'에 관하여 고백하고 있다.

제1장 예배용은 제2장의 신앙고백의 내용을 압축한 것이다. 우리의 사명 4가지는 기독교의 기본 신앙을 고백, 진술하고, 20세기 말 1990년대와 21세기의 시대적 상황에 대응하여 우리와 우리 교회가 감당하여야 할 행동을 사명을 제시하고 있다.

Ⅲ. 제3장 니케아 - 콘스탄티노플 신조(381)[8]

"우리는 한 분 하나님을 믿습니다. 그분은 전능하사 천지를 창조하시고, 보이는 것과 보이지 않는 모든 것을 지으신 아버지이십니다.

우리는 한 분 예수 그리스도를 믿습니다. 그분은 영원한 아버지로부터 나신 하나님의 독생자로서 빛으로부터 오신 빛이시요, 참하나님으로부터 오신 참하나님이십니다. 그분은 피조된 것이 아니라 나셨기 때문에 아버지와 본질이 동일하십니다. 만물은 그로 말미암아 지은 바 되었습니다. 그분은 우리 인류와 우리의 구원을 위해서 하늘로부터 내려오사, 성령과 동정녀 마리아를 통하여 성육신하셔서 인간이 되셨습니다. 그분은 우리를 위하여 본디오 빌라도에 의하여 십자가에 못 박히시사, 고난을 받으시며 장사 지낸 바 되셨습니다. 그리고 그분은 성경대로 사흘만에 죽은 자 가운데서 부활하사 하늘에 오르시고, 하나님 우편에 앉으셨습니다. 그분은 살아 있는 자와 죽은 자를 심판하기 위하여 영광 가운데 재림하시고 그의 나라는 영원무궁할 것입니다.

---

8) 세례신경(Baptismal creed)에서 유래한 사도신경은 서방교회가 사용해 오고 있는 신조요, 고대 에큐메니칼 공의회에서 결정된 니케아-콘스탄티노플 신조(381)는 동방교회가 사용해 오고 있는 신조인데, 서방교회는 589년 톨레도 공의회에서 성령론 부분에 "그리고 아들에게서도"(filioque)라고 하는 구절을 첨가하여 사용하기 시작, 800년 이후는 이 신조의 사용을 보편화시켰다. 그러나 세계교회협의회 소속 회원교회들은 1980년대 이래로 "filioque"를 뺀, 본래 니케아-콘스탄티노플 신조의 원 본문을 세계교회가 함께 고백해야 할 하나의 신앙고백으로 다시 받아들이기 시작하여, 1991년에는 이 신조에 대한 공식 에큐메니칼 해설까지 나왔다.
본 신조는 나사렛 예수를 하나님으로 보는(하나님의 아들로서 아버지 하나님과 본질이 동일하신 분) 니케아 신조(325)와, 성령님을 하나님으로 보는(아버지 및 아들과 더불어 동일하게 예배와 영광을 받으시는 분) 콘스탄티노플 신조(381)를 결합시킨 것이다. 이 신조는 니케아 신조보다 성령론을 부연시켰고, 이어서 교회론(하나의, 거룩한, 보편적, 사도적 교회)을 첨가하면서 죄의 용서와 장차 임할 하나님의 나라를 고백하고 있다. 따라서 삼위일체 하나님과 복음, 그리고 교회론과 종말론을 근간으로 하는 본 신조야말로 사도적 복음에 대한 보편교회의 공동의 이해와 해석이요, 공동의 표현이다. 때문에 사도적 복음과 본 니케아-콘스탄티노플 신조는 다양한 교회들과 신학들의 통일성의 원리이다.

우리는 주님이시고, 생명의 부여자이신 성령님을 믿습니다. 그분은 아버지로부터 나오시고, 아버지와 아들과 더불어 동일한 예배와 영광을 받으십니다. 이 성령님은 예언자들을 통하여 말씀하셨습니다.

우리는 또한 하나의 거룩하고 보편적이며 사도적인 교회를 믿습니다. 우리는 죄 사함을 위한 하나의 세례만을 인정합니다. 우리는 죽은 자들의 부활과 장차 임할 세상에서의 영광을 바라봅니다.[9]"

Ⅳ. 21세기 대한예수교장로회 신앙고백서의 문제점

 전통적 사도적(使徒的) 교회와 종교개혁기의 정태적(靜態的) 교회의 역할도 하면서 교회의 21세기의 시대적 사명을 감당해야 하는 역동적(力動的) 교회를 특히 강조하며, 교회의 연합과 일치를 위한 에큐메니칼 신학과 그 운동을 우리 교단 헌법이 수용한 것까지는 좋다. 왜냐하면 개혁된 교회는 항상 다시 개혁되어야 한다는 개혁교회의 전통적인 에토스를 따라서 우리의 삶과 신학을 새롭게 해야 하기 때문이다. 그러나 하나의 헌법 규범 안에 모순과 충돌은 용서할 수 없다. 예를 들면 이중예정론과 아르미니우스주의적 조건예정론, 제한구원론과 아르미니우스주의적 보편구원론의 헌법 수용의 충돌과 모순, 이에 관하여는 미국판 웨스트민스터 신앙고백에서 설명하였고, 본란에서 성령의 발출근거의 모순과 충돌을 거론코자 한다.

 1903년 미국판 웨스트민스터 신앙고백을 채택한 우리 헌법에서 이 신앙고백의 제34장 제1절에 "성령은 삼위일체 신의 제3위로서 성부와 성자에서 나왔으나……"라고 고백하여 성령 발출근거에 관한 쌍발설을 취하고 있고, 1986년 대한예수교장로회 신앙고백서 제4장 성령, 제1절 "……성부와 성자로부터 보내심을 받아 오신 성령이……"라고 고백하여 역시 쌍발설을 채택하고 있고, 21세기 대한예수교장로회 신앙고백서 제4조 성령을 통하여 이 땅 위에 실현되는 하나님과 인간과 피조물 사이의 교제, "……성부 하나님께서는 아들과 함께 성령님을

---

9) 본 신조는 서술형으로 번역되나 예배 시에는 존칭어로 사용키로 한다.

이 땅 위에 보내시고……"라고 진술하여 역시 쌍발설을 취하고 있음이 명백한 데 반하여, 니케아-콘스탄티노플 신조에는 "……그분은 아버지로부터 나오시고……"라고 고백하여 단발설을 말함으로 서로 모순된다. 헌법 제6편 21세기 대한예수교장로회 신앙고백서 제3장에 니케아-콘스탄티노플 신조(381)를 실을 필요가 없고, 이는 고대 5대 에큐메니칼 신조로 우리의 정통 보수주의 신학과 신앙의 고백으로 헌법에 편입하지 말고 그대로 남겨 둠이 좋다고 생각한다.

제8편 헌법의 정체성

제1장 헌법의 정체성의 개념

우리 교단 대한예수교장로회(통합)의 정체와 본질 및 본성, 이념을 규정하고 있는 근본 규범이 대한예수교장로회 헌법이며, 그 헌법 중에서 규범의 기본과 잣대가 되는 것이 제1편 교리 부분이다. 제2편 정치, 제3편 권징, 제4편 예배와 예식은 본질직 규범을 도와주는 보조적 규범에 불과하다.

제1부에 사도신경을 편입하여 규범화함으로 말미암아 고대 에큐메니칼 신조를 간접적으로 인정, 수용하게 되고, 제2편에 12신조를 규정함으로 인하여 정통 보수 개혁주의에 입각한 칼빈주의의 조직신학의 핵심과 요점을 규범화했으며, 제3부에 요리문답(웨스트민스터 신앙고백서의 소요리문답)과 제4부에 웨스트민스터 신앙고백을 수용함으로 인하여 칼빈주의 신학의 정수를 규범화했으나, 1903년의 제34장과 제35장과 선언문이 추가된 미국판 웨스트민스터 신앙고백을 채택함으로 칼빈의 엄격한 선택교리인 이중예정설 및 제한구원론(제한속죄론)과 보편구원론과의 충돌이 발생하고 있으며, 제5부 대한예수교장로회 신앙고백서를 제정, 편입함으로 인하여 복음전도를 넘어 하나님의 선교를 하여 조국의 통일과 그리스도의 화해를 강조함으로 신정통주의 칼 바르트 신학에 입문하고 있으며, 나아가서 제6부에 21세기 대한예수교장로회 신앙고백서를 선언함으로 인하여 코이노니아를 주

제로 삼아 에큐메니칼 신학에 접목하고 있다.

결론적으로 지금까지는 칼빈주의의 신학과 신앙의 일부를 삭제나 수정 등 수술을 하지 않고 약간의 다른 신학과 교리를 추가 삽입 형식을 밟아 도입함으로 깊이 해부하지 않는 한 그냥 그대로 묵인할 수가 있으나, 여기까지가 그 한계인고로 이 범위를 일탈하거나 유월하면 우리 장로교의 정체성이 백척간두에 있게 된다. 그래서 이하에 그 문제점을 들어 우리 헌법의 정체성을 확립하는 데 도움을 주는 분명한 이정표를 제시하고자 한다.

제2장 에큐메니칼 운동

I. 에큐메니칼의 개념

에큐메니칼(Ecumenical)이라는 말은 헬라어 '오이쿠메네'(οἰκουμένη, 거주하는 땅, 세상)에서 유래된 말인데 사람들이 살고 있는 온 누리, 새로운 세계, 새로운 인류로서의 교회, 보편의 뜻으로 쓰이고 있다.

에큐메니칼 운동(Ecumenical Movement)은 범세계적으로 기독교의 일치와 연합을 지향하는 운동을 말한다. 1910년 에든버러 대회의 개신교 국제선교대회(국제선교협의회, I.M.C., 1921)에서 선교, 복음전도, 봉사, 연합운동의 모임을 표현하는 데 에큐메니즘(Ecumenism)이라는 말을 쓰기 시작한 후로 로마가톨릭교회가 제21차 공의회인 제2차 바티칸 공의회를 교황 요하네스 23세가 1962~1965년 동안 소집하여 회의한 결과 유포된 말이었고, 이 공의회에서 한 중요한 결정은 1517년 종교개혁으로 분리된 개신교를 분리된 형제로 인정하고, 1054년 로마가톨릭교회와 동방정교회로 분열된 것을 화해하고, 타 종교에도 배울 점이 있으나 그리스도의 복음을 전해야 한다는 것이다. 이러한 결정과 관련하여 광범위한 에큐메니즘이 유포되었고, 이는 세계교회일치운동을 뜻하게 되었다.

Ⅱ. 에큐메니칼 운동의 범위와 한계

1. 에큐메니칼 운동의 범위

우리의 기독교는 AD 590년 교황 그레고리우스 1세가 교황직 세습제로 하여 변질된 기독교인 로마교의 출현 전까지를 초대교회로 친다면, 그 초대교회는 '하나의 거룩한 보편적인 사도적 교회'로 삼위일체론과 기독론, 성령론의 확립에 의한 교회의 본질과 정체성의 정립시기였고, 로마교 성립부터는 기독교로 명명하기보다는 로마교로 개칭된 변질된 기독교로 기독교의 암흑시기였고, 종교개혁 후 프로테스탄트교회는 개인의 구원론과 그것에 연관된 기독론으로 전통적 사도적 교회의 회복과 아울러 정태적 교회를 지향하였고, 오늘날 현대 교회는 '복음전도'(Evangelism)와 '하나님의 선교'(missio Dei)를 통하여 모였다가 세상 속으로 흩어져서 사회복지의 증진, 사회정의의 실현을 위하여 사역하는 역동적 교회로 진화하였다.

이러한 역동적 교회는 세계교회협의회(W.C.C., World Council Churches)의 에큐메니칼 운동에 의하여 교회의 사회현실 참여, 하나님의 창조질서 보존을 위한 환경운동, 인권운동을 전개하여 '복음전도'뿐만 아니라 '하나님의 선교'를 함께하여 교회가 화해의 복음을 사회현실 속에서 실천·구현하여야 한다는 것이다. W.C.C.의 위와 같은 운동은 교단과 교파 간의 벽을 헐고 타 종교를 폄하, 비하, 저주함으로 인한 종교분쟁을 방지하고 국가 권력의 독재와 인권유린 정책에 공동 대처하고, 정의와 평화와 환경보전을 위한 연대를 하고, 연합과 일치를 통하여 복음과 진리 안에서 협력하고 연합하는 긍정적인 면이 있으므로 여기까지가 에큐메니칼 운동의 범위이다.

2. 에큐메니칼 운동의 한계

위의 범위를 넘어서 자유주의 신학이나 신신학을 수용하고 사회주의 운동 또는 공산주의 운동 등 좌파운동이나 하고, 좌파적 노동운동 및 학생운동의 선동, 조종하는 일은 그 한계로써 우리 교단의 헌법은 이러한 운동을 결코 좌시할 수 없다.

W.C.C.에는 현재 세계 110개국에서 장로교, 감리교, 루터교, 영국 성공회, 동방정교회(그리스정교회, 러시아정교회, 콘스탄티노플정교회 등) 등 349개 교단, 5억 8천만 명이 가입한 세계 최대 개신교 단체이며, 7년마다 총회를 열고 있으며, 1948년 암스테르담에서 제1차 회의를 열었으며, 교회일치운동의 대표기관으로 자리를 굳혔다. 그러나 이 단체의 진보성 문제로 우리나라 장로교가 두 개의 교단 통합과 합동으로 분열되는 아픈 역사가 있었고, 보수 성향의 교단들은 가입하지 않고 있으며, 또 로마가톨릭교회도 가입하지 않고 있다.

3. 세계교회협의회의 진보성향

W.C.C.가 에큐메니칼의 이름으로 종교다원주의, 종교혼합주의, 신앙무차별주의, 포용주의를 수용해서는 결코 안 된다.

종교다원주의(Religious Pluralism)는 참으로 위험하고 저주받을 사상이다. 이는 자유주의 신학의 한 결과로 모든 종교가 같은 하나님을 섬기는 다양한 길이며, 결국 다 천국에 간다는 사상을 말한다. 폴 틸리히(Paul Tillich)[1]는 "기독교 자체는 최종적이지도 않고 보편적이지도 않다. 단지 그것이 증거하는 바가 최종적이고 보편적일 뿐이다. 기독교의 이 심오한 변증법을 잊어버리고 교회적인 혹은 정통적인 자기주장들로 기울어져서는 안 된다. 그러한 자기주장들에 대항하여 소위 자유주의 신학은 한 종교가 최종성이나 심지어 우월성을 주장할 수 있다는 것을 부정함에 있어서 옳다."라고 말함으로 종교다원주의의 길을 열어 놓았다.

종교혼합주의(Religious Syncretism)란 두 개 이상의 종교의 신앙, 의식을 혼합하여 수용하는 주의를 말한다. 각각의 종교는 각각

---

1) 1886~1965, 독일의 철학자, 신정통주의 신학자, 철학은 쉘링(Schelling, 1775-1854)의 영향을 받고 신학은 칼 바르트의 영향을 받았다.

다른 교리를 갖고 있으므로, 혼합이란 포용과 아량을 나타내기 위한 인위적 공작에 불과하다. 1991년 제7차 W.C.C. 캔버라 총회에서 한국의 모 신학교수가 초혼제를 지냈는데 그 제문을 보자. "오소서. 우리들의 신앙의 조상 아브라함과 사라에 의하여 이용당하고 버림받은 검둥이 여종, 이집트 여인 하갈의 영이여. 오소서. 그의 아내 밧세바에 대한 다윗 왕의 욕정 때문에 다윗에 의하여 전쟁터로 보내져 죽임을 당한 충성스런 군인, 우리아의 영이여. 오소서. 전쟁에서 승리한다면 자신을 마중 나온 첫 사람을 번제물로 드리겠다고 하나님께 약속한 아버지 입다의 믿음의 희생물이 된 그의 딸의 영이여." 계속하여 예수님이 탄생할 때에 헤롯의 군병에 의하여 살해당한 사내아이들의 영, 잔 다르크의 영, 마녀사냥으로 인하여 화형당한 중세 여인들의 영, 십자군 전쟁 때 희생된 사람들의 영, 기독교가 식민지주의 시대와 이교도 세계에 대한 우월의식을 지니고서 선교하던 시대에 학살된 토착민들의 영을 초혼하고, 인간의 탐욕으로 파괴되고 착취된 땅과 공기와 물의 혼을 부르는 샤머니즘적 행위까지 했다고 한다. 이는 종교혼합주의 극치라 할 수 있다.

신앙무차별주의 역시 각 신앙마다 그 종교적 특색이 있기 마련인데 보편적 동일한 가치를 부여한다는 것 자체가 있을 수 없다. 만약에 종교포용주의라는 명목으로 변질에 변질을 거듭하고 있는 로마교까지 수용한다면 W.C.C.도 갈 데까지 다 간다는 이야기이다.

벤자민 워필드는 "기독교의 가장 큰 위협은 반기독교 세력이 아니다. 이슬람이 아무리 칼을 들이대도 기독교를 없앨 수는 없다. 아무도 불교가 기독교를 삼킬 것이라고 걱정하지 않는다. 도리어 시대마다 등장하는 타락한 기독교야말로 기독교의 생명을 가장 크게 위협하는 존재이다."라고 말했다.

제3장 칼빈주의의 위기

Ⅰ. 칼빈주의의 개념

종교개혁기의 요리문답과 신앙고백이나 신조 가운데 본서에 소개된 것 중에 루터의 요리문답(1529)과 아우크스부르크 신앙고백(1530), 4개 도시 신앙고백(1530)을 제외하고 칼빈의 요리문답(1537, 1542), 하이델베르크 요리문답(1563), 웨스트민스터 소요리문답(1647), 스위스 신앙고백(1536), 프랑스 신앙고백(1559), 스코틀랜드 신앙고백(1560), 벨기에 신앙고백(1561), 제2 스위스 신앙고백(1566), 웨스트민스터 신앙고백(1647), 도르트 신조(1619), 스위스 일치신조(1675) 등 모두가 칼빈이나 그의 영향을 받은 동료나 제자들이 작성한 것이다. 이러한 요리문답이나 신앙고백, 신조에서 나타낸 교리가 칼빈주의 신학의 근간을 이룬다.

협의의 칼빈주의라 함은 칼빈 개인의 신학과 사상 교리 가르침을 말하나, 광의의 칼빈주의라 함은 루터나 루터파의 신학을 제외하고 칼빈뿐만 아니라 칼빈의 동료이며, 동시대의 개혁자인 츠빙글리, 불링거, 부처 등의 개혁신학을 말한다. 제2세대 칼빈주의자들은 루터파 신학과 로마가톨릭 신학과는 달리 개신교 스콜라주의 신학의 학문 체계를 구축하였다. 이들은 칼빈의 제자요 후계자인 베자(Theodore Beza), 고마루스(Francis Gomarus), 잔키우스(Girolamo Zanchius),[2] 우르시누스(Zacharias Ursinus), 퍼킨스(William Perkins),[3] 어셔(James Ussher), 투레틴(Francis Turretin) 등을 들 수 있다.

Ⅱ. 칼빈주의에의 도전

1. 1차 도전

칼빈주의에 대한 최초의 신학적 교리적 도전은 전술한 바와 같이 1619년 도르트 신조가 나오게끔 한 아르미니우스주의이다. 아르미니

---

[2] 1516~1590, 히에로니무스 잔키우스(Hieronymus), 이탈리아 출신의 칼빈주의자로 베자와 같이 개혁주의 예정교리를 확립하였다.
[3] 1558~1602, 영국 청교도의 아버지로 불린다. 칼빈주의를 조직화하였다.

우스 신조인 조건예정론, 보편속죄론, 부분타락론, 가항력적 은혜론, 견인불확실론에 대응하여 칼빈주의 5대 강령인 무조건선택론, 제한속죄론, 전적 타락론, 불가항력적 은혜론, 성도의 견인론을 선언하여 칼빈주의에 대한 도전을 막았다. 아르미니우스주의의 핵심은 조건예정설과 자유의지론과 보편구원론이었으나, 개혁주의 교리 체계의 근본적 개념에서 궤도 이탈하고 비성경적이라 하여 채택되지 않았고, 이들은 축출당했다. 1647년 웨스트민스터 신앙고백이 나옴으로 인하여 칼빈주의의 핵심인 하나님의 작정과 예정을 신학의 제1 원리로 하는 칼빈주의의 특징이 되었다. 이에 관하여 제3편 신조 제1장 신조의 역사에서 상론하였다.

2. 2차 도전

칼빈주의에 대한 두 번째 도전은 1675년 스위스 일치신조가 신앙으로 고백되도록 한 프랑스의 소뮈르 학파의 주장에 의한 것이다. 소뮈르 학파는 아미로[4]의 가설적, 가정적 보편구원론과 플레이스의 원죄간접전가설로 칼빈주의에 도전하였으나 실패하고, 스위스 일치신조를 채택함으로 변경된 칼빈주의를 정죄하고, 엄격하고, 철저한 칼빈주의를 확립한 것이다. 이것 역시 제3편 신조 제1장 신조의 역사에서 상론하였으니 거기를 참조하기 바란다.

3. 3차 도전

1) 자유주의 신학의 도전

17세기 데카르트(Rene Descartes)[5]에서 시작한 합리주의와 베이

---

[4] 아미로(Amyraut)는 프랑스어 발음이고, 이를 아미라우트라고 잘못 발음하여 아미로주의를 아미라웃주의로 표기하는 이도 있다. 또 아미로주의를 영어로 Amyraldianism이라 하여 이를 아미랄드주의라 하는 이도 있으나, 모두 잘못된 것이다. 학파의 이름을 따서 소뮈르주의(Salmurianism)라고도 한다.
[5] 1596~1650, 프랑스의 철학자, "나는 생각한다. 고로 존재한다."

컨(Francis Bacon)에서 출발한 경험론으로 인하여 개혁주의 신학의 연구는 일단 주춤하기 시작하였다.

18세기 계몽주의와 19세기 낭만주의의 영향으로 자유주의 신학이 등장하기 시작하였다. 자유주의 신학은 종래의 신앙고백주의에 의한 정통 보수신학에 반대하여 인간의 주체적인 사고와 활동을 적극 인정하는 신학을 말한다. 이러한 신학의 뿌리는 슐라이어마허(Schleiermacher)의 신학과 헤겔의 철학에서 비롯되었다.[6] 리츨(Albrecht Ritschl),[7] 하르낙(Adolf von Harnack)[8]으로 계승된다. 20세기에 들어와서 디트리히 본회퍼(Dietrich Bonhoeffer),[9] 오스카 쿨만(Oscar Cullmann),[10] 요하킴 예레미아스(Joachim Jeremias),[11] 볼파르트 판넨베르크(Wolfhart Pannenberg)[12] 등을 들 수 있다. 이들의 신학은 인간 중심의 신학과 인본주의를 주장하며 기독교를 말씀 중심의 종교로부터 인간 중심의 합리적 종교로 만들며, 이성과 과학을 진리의 척도로 보고 성경과 복음과 계시의 본질을 거부, 왜곡하고 있어 기독교를 계시종교에서 윤리종교로 만들고 있고, 정통보수주의의 개혁주의 신학과 신앙에 도전함으로 말미암아 칼빈주의가 약화되었다.

2) 신정통주의 신학의 옹호와 도전

신정통주의는 제1차 세계대전 후에 일어난 기독교 세계의 위기를 극복하기 위하여 20세기 유럽과 미국에서 일어난 개신교 신학운동으로 위기신학 또는 변증법적 신학이라고도 한다. 전통적인 신학 용어를 사용하여 삼위일체, 창조주, 인류의 타락과 원죄, 구세주이신 주 예수 그리스도, 칭의, 화해, 하나님의 나라 등에 대하여 진술하여[13]

---

6) 네이버 백과사전.
7) 1822~1889, 독일의 루터교 신학자.
8) 1851~1930, 독일의 자유주의 신학의 고전적인 대표작「기독교의 본질」(1899-1900, *What Is Christianity*)을 저술하였다.
9) 1906~1945, 독일의 개신교 신학자, 에큐메니칼 운동의 옹호자.
10) 1902~, 프랑스 개신교 신약학자, 구속사 학파의 시조.
11) 1900~, 독일의 신약학자.
12) 1928~, 독일의 신학자, 판넨베르크 학파의 시조.
13) 다음 백과사전.

전통 개혁주의 신학에 근접하여 자유주의 신학의 비기독교적인 요소를 인식하면서 전통적인 개혁주의 신학과 자유주의 신학의 원리 중 일부를 접목하여 신정통주의 신학체계를 수립하였다. 그러나 구체적으로 그들의 신학에 침투하여 연구하면 자유주의 신학의 아류라 할 정도로 칼빈주의와는 상거가 있음을 느낄 수 있다. 대표적 신학자로 신정통주의 신학의 시조는 칼 바르트(Karl Barth)이며, 에밀 브루너(Emil Brunner),[14] 루돌프 불트만(Rudolf Bultmann),[15] 시 에이치 다드(C. H. Dodd),[16] 라인홀트 니부어(Reinhold Niebuhr),[17] 폴 틸리히(Paul Tillich) 등을 들 수 있다.

Ⅲ. 칼빈주의의 옹호

자유주의 신학의 공격으로 칼빈주의적 개혁주의가 위기에 처한 시대인데도 불구하고 같은 시대에 칼빈주의의 신학과 사상을 옹호하고 계승, 발전시킨 위대한 신학자들이 있었으니, 하나님께서 그루터기를 남겨 놓으시고 싹이 트게 하신 것을 알 수 있다. 이들은 찰스 핫지(Charles Hodge)와 에이. 에이. 핫지(Archibald Alexander Hodge), 제임스 손웰(James H. Thornwell), 헨리 스미스(Henry B. Smith), 쉐드(W. G. T. Shedd) 등과 세계 3대 칼빈주의 신학자라는 칭호를 받는 네덜란드의 아브라함 카이퍼(A. Kuyper)와 헤르만 바빙크(Hermann Bavinck), 미국의 벤자민 워필드(Benjamin B. Warfield)이다. 20세기의 개혁주의 신학은 대륙에서는 카이퍼를 계승한 네덜란드의 자유대학 학파와 워필드의 전통을 계승한 미국의 웨스트민스터 학파로 나눌 수 있다. 워필드 사후 미국은 웨스트민스터 신학교 출신의 메이첸(Grasham Machen),[18] 반틸(Cornelius Van Til), 머레이

---

14) 1889~1966, 스위스의 신학자, 자유주의 신학에 반대하면서 프로테스탄트의 종교개혁의 주제 등을 재확인하려 했다.
15) 1884~1976, 독일의 신약학자, 불트만 학파의 시조.
16) 1884~1973, 영국의 신정통주의 신학의 대표, 신약학자.
17) 1892~1971, 독일계 미국의 신학자, 사회윤리학자.

(John Murray),[19] 프린스턴 신학교 출신의 보스(Gerhardus Vos), 펜실바니아 대학의 클라크(Gordon H. Clark) 등이다.

워필드 박사의 저술인 「칼빈주의 정의」에서 그는 헤이스티의 말을 인용하면서 끝맺음을 하고 있는데, 본 저자도 그것을 그대로 인용하면서 본 저술의 대미를 장식하고자 한다.[20]

"그럼에도 불구하고 과거처럼 미래의 기독교는 칼빈주의의 번영과 단단히 묶여 있다고 주장될 수 있다. 칼빈주의에 의해 해석된 하나님 개념에 기초한 교리체계에 대해 헤이스티(W. Hastie)는 인상적으로 말하기를, '이는 세계의 전 질서를 은혜의 교리와의 합리적인 연합으로 이끄는 유일한 체계이다. …… 우리가 완전한 정복에 대한 소망을 가지고 우리 시대의 모든 영적인 위험과 공포에 맞설 수 있는 것은 오직 생생하게 설정된 하나님에 대한 우주적인 개념을 가지는 것이다. …… 그러나 칼빈주의는 세계의 창조자, 보존자, 주관자, 그리고 인격적이신 하나님의 공의와 사랑의 지지 가운데 이들 모든 것들(영적인 위험과 공포)에 맞서 싸우기에 충분한 깊이와 충분한 넓이와 충분한 경건, 올바른 이해를 가지고 있다.'라고 하였다."

---

18) 1881~1937. 프린스턴 신학교가 자유주의 신학으로 좌경화하자 반틸과 머레이와 함께 미국 필라델피아의 웨스트민스터 신학교를 설립하였다.
19) 1898~1975. 스코틀랜드 출신의 미국개혁주의 신학자. 프린스턴 신학교에서 워필드와 메이첸의 영향을 크게 받았다.
20) Benjamin B. Warfield 전게서, p. 131 ; W. Hastie, *Theology as Science*, Glasgow, 1899, pp. 97-98.

헌법교리론

초판 인쇄 2010년 4월 1일
초판 발행 2010년 4월 10일

지 은 이   이성웅
펴 낸 이   채형욱
펴 낸 곳   한국장로교출판사
주   소   110-470 / 서울 종로구 연지동 135
전   화   (02) 741-4381~2 / 팩스 741-7886
영 업 국   (031) 944-4340 / 팩스 944-2623
등   록   No. 1-84(1951. 8. 3.)

ISBN 978-89-398-3375-3 / Printed in Korea
값 22,000원

편집과장 이현주   기획과장 정현선
교정·편집 원지현 오원택 김은희   표지디자인 최종혜
업무과장 박호애   영업과장 박창원

※ 이 출판물은 저작권법에 의해 보호를 받는 저작물이므로 무단전재와 무단복제를 할 수 없습니다.